KB154383

히드라

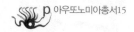 아우또노미아총서15

히드라

The Many-Headed Hydra

지은이 피터 라인보우 · 마커스 레디커
옮긴이 정남영 · 손지태

펴낸이 조정환
책임운영 신은주
편집부 오정민 · 김정연

펴낸곳 도서출판 갈무리 등록일 1994. 3. 3. 등록번호 제17-0161호
용지 화인페이퍼 인쇄 중앙피앤엘 제본 은정제책
초판 1쇄 2008년 5월 1일
초판 2쇄 2008년 5월 18일
초판 3쇄 2012년 12월 12일

주소 서울 마포구 서교동 375-13호 성지빌딩 101호
전화 02-325-1485 팩스 02-325-1407
website http://galmuri.co.kr e-mail galmuri@galmuri.co.kr

ISBN 978-89-6195-005-3 04300 / 978-89-6195-003-9(세트)
도서분류 1.인문학 2.역사 3.서양사 4.세계사

값 30,000원

이 도서의 국립중앙도서관 출판시도서목록(CIP)은 e-CIP 홈페이지(http://www.nl.go.kr/ecip)에서 이용하실 수 있습니다(CIP제어
번호: CIP2008001077).

제국과 다중의 역사적 기원

히드라

THE MANY-HEADED HYDRA
Sailors, Slaves, Commoners, and the
Hidden History of the Revolutionary Atlantic

피터 라인보우 · 마커스 레디커 지음
Peter Linebaugh and Marcus Rediker

정남영 · 손지태 옮김

차례

크리스토퍼와 브리짓 힐께

서론
Introduction

먼저, 레이철 카슨Rachel Carson과 함께 위에서 내려다보자. "영원한 해류들은 어떤 면에서는 바다의 가장 장엄한 현상이다. 해류들에 대해서 생각하노라면 우리의 정신은 즉시 땅으로부터 들어올려져서 마치 다른 행성에서 보는 것처럼 지구의 회전을 볼 수 있고, 바다의 표면에 파도를 크게 일으키거나 그 표면을 부드럽게 감싸는 바람들을 볼 수 있으며, 해와 달의 영향력을 볼 수 있다. 이 모든 우주적 힘들은 거대한 해류들과 긴밀하게 연결되어 있어서, 그 해류들의 가장 걸맞은 형용사 즉 '행성적'이라는 형용사를 붙일 수 있게 될 것이다." 북대서양의 행성적 해류들은 순환적이다. 유럽인들은 아프리카를 통해서 카리브해로 가고, 그 다음에 북아메리카로 간다. 멕시코 만류는 그 다음에 3노트의 속도로 북쪽으로 움직여 라브라도르Labrador에 이르고 북극 해류들은 북대서양 완류처럼 동쪽으로 움직여서 유럽 북서부의 기후를 완화시킨다.

잉글랜드의 서쪽 발치에 해당하는 랜즈 엔드Land's End에는 멀리 폭풍우 치는 뉴펀들랜드 연안에서 시작되는 파도들이 몰려온다. 이 파도들의 일부는 플로리다 연안이나 서인도제도에서 그 연원을 찾아볼 수 있기도 하다. 수세기에 걸쳐, 아일랜드의 쓸쓸한 해변에 사는 어부들은 이 멀리서 오는 대서양의 큰 파도들을 해석할 수 있었다. 바다 파도의 힘은 그 파도를 가동시킨 바람의 속도 및 지속시간과 직접 연관되어 있으며, "취송거리" 즉 발생되는 지점으로부터의 거리와 직접 연관되어 있다. 취송거리가 멀수록 파도는 더 커진다. 멀리서 오는 파도들을 멈출 수는 없다. 이 파도들은 파도가 높이 일어 해안을 때리는 시점에서야 눈에 보이게 된다. 취송 도중에는 대부분 바다의 표면이 잔잔하기 때문이다. 1769년에 우체부장관직에 있던 벤저민 프랭클린Benjamin Franklin은 팔머스Falmouth에서 온 파도들이, 상선이 로드 아일랜드Rhode Island에서 런던으로 항해하는 데 걸리는 시간보다 약 2주가 더 걸려서 뉴욕에 도착하는 것을 알아냈다. 그는 낸터킷Nantucket의 고래잡이 어부들과 대화하면서, 어부들과 고래들은 멕시코 만류를 피하는 데 영국의 선장들은 "너무나도 현명하여 평범한 아메리카 어부들의 조언을 듣지 않고" 멕시코 만류를 거슬러 간다는 것을 알았다. 그는 1786년에 「해상관찰들」을 작성하였으며 멕시코 만류의 해도海圖가 이것과 함께 아메리카에서 출판되었다.

*

인간의 경험이 유럽에서 아프리카를 거쳐 아메리카로 가고 또다시 돌아오는 순환적 이송경로는 대서양의 해류들을 가동시키는 바로 그 우주적 힘들에 상응하며, 17세기와 18세기에는 북서유럽의 상인들, 제조업자들, 식민농장경영자들, 관리들이 이 해류들을 쫓아서 무역경로와 식민지를 개척하는 등 대서양을 가로지르는 새로운 경제를 구축했다. 그들은 유럽, 아프리카, 북남아메리카로부터 노동자들을 모아서 금괴, 모피, 생선, 담배, 설탕 및 공산품들을 생산하고 수송하였다. 그것은 그들 자신이 누누이 설명했듯이 헤라클레스급의 역사役事였다.

대서양경제의 건설자들은 고전적으로 교육을 받았기에 헤라클레스—열두 개의 노역을 수행함으로써 불멸성을 획득한 고대의 신화적 영웅—에게서 힘과 질서의 상징을 발견하였다. 그들은 영감을 얻기 위하여 그리스인들과 로마인들에게 눈을 돌렸는데, 헤라클레스는 그리스인들에게는 영토 위에 건립된 중앙화된 국가의 통합자였으며 로마인들에게는 원대한 제국적 야망을 뜻하였다. 헤라클레스의 노역은 경제적 발전을 상징하였다. 가축 길들이기, 상업의 확립 및 기술의 도입뿐만 아니라 토지개간, 습지의 배수 및 농업의 발전 등등. 지배자들은 헤라클레스의 모습을 화폐와 옥새, 그림, 조각, 궁전들 그리고 개선문들에 재현하였다. 영국의 왕족 중에서 윌리엄 3세, 조지 1세 그리고 조지 2세의 동생인 "컬로든의 살육자"Butcher of Culloden 등이 모두 자신을 헤라클레스라고 생각하였다.[1] 존 애덤스John Adams도 "헤라클레스의 심판"이 새로운 국가인 미국의 국새國璽가 되어야 한다고 1776년에 제안하였다.[2] 헤라클레스는 진보를 나타냈다. 나폴리의 철학자인 잠바띠스따 비꼬Giambattista Vico는 단계론적 역사이론을 발전시키는 데 헤라클레스를 활용하였으며, 다른 한편 철학자이자 정치가인 프랜시스 베이컨Francis Bacon은 근대 과학을 진전시키기 위해 그리고 자본주의가 거의 신에 가까움을 시사하기 위해 헤라클레스를 거론하였다.

바로 이 지배자들은 여러 머리 히드라에게서 헤라클레스와 반대되는 무질서와 저항의 상징을 즉 국가, 제국 및 자본주의의 건설에 가해지는 강력한 위협을 발견하였다. 헤라클레스의 두 번째 노동은 레르나Lerna 지역에 사는 독이 있는 히드라를 죽이는 것이었다. 히드라는, 머리가 세 개 달린 개인 케르베로스Cerberus*, 사자머리에 뱀꼬리를 한 염소인 키메라,** 몸이 세 개인 거인 게리온 그리고 사자의 몸을 한 여성인 스핑크스를 포함하는 여러 괴물들과 함께 티폰(돌풍 혹은 태풍)과 에키드나(반은 여성이고 반은 뱀)에게서 태어났다. 헤라클레스가 히드라의 머리 중 하나를 자르면 그 자리에서 두 개가 새로 생겼다. 헤라클레스는 그의 조카인 이올라스의 도움으로 가운데 머리를 잘라내고 불붙은 나무로 자른 자리를 지져버림으로써 마침내 히드라를 죽였다. 그런 다음 그는 죽은 히드라의 독을 화살에 발랐는데 그래서 그는 치명적인 힘을 갖게 되었고 그의 노역들을 완수할 수 있게 되었다.

17세기 초 영국 식민지 확장의 시작부터 19세기 초 도시중심의 산업화에 이르기까지, 지배자들은 점점 세계적으로 되어 가는 노동체계에 질서를 부과하는 데서 겪는 어려움을 나타내기 위하여 헤라클레스-히드라 신화를 참조하였다. 그들은 땅에서 쫓겨난 농민들, 추방된 중범죄자들, 하인들, 종교적 급진주의자들, 해적들, 도시 노동자들, 병사들, 선원들 그리고 아프리카의 노예들을 그 괴물의 다양하고도 항상 변하는 머리들이라고 불렀다. 그런데 그 머리들은 원래는 그들의 헤라클레스인 지배자들에 의하여 생산적으로 결합되게 되었지만, 곧 그들 사이에 그 지배자들에 대항하는 새로운 협동의 형태들—해상반란과 파업에서부터 폭동, 봉기 및 혁명에 이르는 것들—을 개발해냈다. 그들이 생산한 상품들처럼 그들의 경험은 대서양을 도는 행성적 해류들을 타고 순환하였는데, 종종은 동쪽으로 즉,

---

* 케르베로스(Cerberus 혹은 Kerberos)는 그리스어로 '구덩이의 악마'란 뜻으로 지하세계 하데스의 개이며 머리 셋에다 꼬리는 뱀의 형상을 하고 있다. 죽은 자는 하계를 벗어나지 못하고 산자는 들어오지 못하도록 지킨다.
** 키메라는 사자의 머리, 염소의 몸, 뱀의 꼬리를 한 불을 뿜는 괴물이다.

레르나의 히드라를 죽이고 있는 헤라클레스와 이올라우스. 에리트리아의 암포라, 기원전 525년경. J. 폴 게티 박물관 소장품, 말리부, 캘리포니아.

아메리카의 식민농장들로부터 아일랜드의 공유지들 및 대양을 가로지르는 선박들을 거쳐 다시 유럽의 대도시들로 되돌아갔다.

　1751년에 수리남의 전前 총독이었던 모리시우스J. J. Mauricius는 홀란드로 되돌아갔는데, 거기서 그는 싸라마카족*에게 당했던 패배를 회상하는 시적 회고록을 쓸 작정이었다. 싸라마카들은 식민농장을 탈출한 노예들로서, 정글 깊숙이 마룬 공동체들을 지었으며 그들을 다시 노예로 되돌리려

---

* 싸라마카족(the Saramaka)은 탈주노예들인 마룬들(the Maroons)의 한 집단으로서 수리남강을 따라 작은 촌락들을 세웠다.

는 끝없는 군사작전에 대항하여 그들의 자유를 지키고 있었다.

거기서 당신은 늪지의 오리들을 쏘듯이 당신을 쏘는
보이지 않는 적들과 맹인처럼 싸워야 한다.
비록 씨저와 유진*의 용기와 지략을 가진
수만의 군대가 모인다할지라도
그들은 알키데스[헤라클레스]조차도 피하려고 할 만큼
머리가 늘어나는 히드라를 퇴치하는 일이 그들의 과제임을 알게 되리라.

정복이라는 기획에 공감하리라고 예상되는 다른 유럽인들에게 그리고 그
들을 위해 글을 쓰면서 모리시우스는 자신 그리고 여타 식민지경영자들
을 헤라클레스로 보았으며 노예제에 도전하는 탈주노예들을 히드라로 보
았다.[3]

옥스퍼드의 제조업 철학자인 앤드류 유어Andrew Ure는 1835년에 영국
산업사회의 투쟁들을 개관하면서 이 신화가 유용함을 발견했다.** 랭커셔
의 스테일리브리지Stayleybridge에서 직조공들의 파업이 일어난 이후에 그는
"경험 있는 직조공의 생각과 감정과 재치를 가진" 새 기계인 자동방적기의
가동을 주장하기 위하여 인류에게 불과 기술을 가져다 준 프로메테우스를
헤라클레스가 구한 일화를 사용하였다. 이 새로운 "헤라클레스적인 경이로
운 기계"가 "혼란이라는 히드라를 교살하였다"는 것이다. 그것은 "산업계급
에 질서를 회복하고 대영제국에 기예技藝의 제국이라는 칭호를 확보해주도

---

 * 유진(Eugene)은 '싸보이의 군주 유진'(Prince Eugene of Savoy)으로 알려진 프랑솨 유진(François-
   Eugène)을 말하는 듯하다. 유진은 오스트리아의 장군으로서 스페인왕위계승전쟁 때 단독으로 혹
   은 영국군과 함께 프랑스군을 물리쳤다.
** 유어는 1835년에 『제조업의 철학』(The Philosophy of Manufactures)이라는 저서를 출판하였다.

14 히드라

록 운명지어진 창조물"이라는 것이었다. 여기서 다시, 유어는 자신을 그리고 다른 제조업자들을 헤라클레스로 보았으며, 자신들의 권위에 도전하는 산업노동자들을 히드라로 보았던 것이다.[4]

청교도 성직자인 코튼 매서Cotton Mather가 1702년 아메리카에서 기독교의 역사를 책으로 출판하였을 때 그는 1638년의 반율법주의 논쟁을 다룬 2장에 「침수된 히드라」"Hydra Decapita"라는 제목을 붙였다.* "하나님의 교회가 이 황야에 있게 된 지 오래지 않아 용이 여러 번 홍수를 보내서 교회를 삼키도록 했다"고 그는 썼다. "은총"에 맞선 "노동"의 신학적 투쟁은 "모든 평화로운 질서"를 전복하였다는 것이다. 이 논쟁은 종교 및 정치계의 고위직에 있는 사람들에 대한 의구심을 일으켰으며, 피쿼 인디언들the Pequot Indians에 대한 정벌을 막았고, 읍의 토지구획계획을 혼란시켰으며, 여성들에게 특별한 호소력을 가졌다. 매서에게 청교도 장로들은 헤라클레스들이었으며, 다른 한편 성직자와 치안판사의 권위와 제국의 확대와 사유재산의 정의定義 및 여성의 종속을 의문시하는 반율법주의자들이 히드라를 구성하였다.[5]

헤라클레스와 히드라의 신화를 단지 국가의 장식이거나 고전적인 비유, 예식복의 치장물 혹은 고전적 학식의 표식으로 보는 것은 잘못일 것이다. 예를 들어, 베이컨은 괴물스러움에 관한 생물학적 이론 및 살인의 정당화를 위한 지적 토대를 마련하는 데 이 신화를 사용했는데, 그 이론과 정당화는 라틴어 어원을 가진 단어들—'debellation'(무력에 의한 정복), 'extirpation'(줄기제거, 근절), 'trucidation'(조각내기, 도살),

---

* 반율법주의(Antinomianism)는 종교 집단의 구성원들은 종교의 권력자들이 제시하는 윤리 혹은 도덕의 법들을 지킬 필요가 없다고 보는 신학적 사상을 말한다.

<수리남 늪지의 네덜란드 병사들과 안내인>, 1775년경, 윌리엄 블레이크 그림. 존 게이브리얼 스테드먼,
『5년 동안 수리남의 반란 검둥이들을 토벌하는 이야기』(1796).

'extermination'(경계 바깥으로 몰아내기, 박멸), 'liquidation'(녹여 없애기), 'annihilation'(말살), 'extinction'(소멸시키기, 멸종시키기) ―의 의미론을 가지고 있다. 이 신화를 거론하는 것은 단순히 비유를 사용하거나 심지어는 분석적 오성의 개념을 사용하는 것이 아니었다. 그것은, 앞으로 이 책에서 보여주겠지만, 저주이며 사형선고를 내리는 것이었다.

히드라 신화가 지배계급의 공포를 표현하고 지배계급의 폭력을 정당화하여 그들로 하여금 정복과 강탈, 단두대와 처형집행자들, 농장, 선박, 공장들로 이루어진 새로운 질서를 구축하는 것을 도왔다면, 그 신화는 우리 역사가들에게는 아주 다른 어떤 것, 즉 하나의 가설을 시사한다. 히드라는 다수성, 운동, 연결을 즉, 인류의 긴 파도들과 행성적 해류들을 탐구하는 수단이 되었다. 다수성은 시장에, 들판에, 부두와 선박들에, 식민농장에, 전장에 모인 다중들에게서 말하자면 실루엣의 형태로 암시되었다. 다수의 힘은 운동에 의하여 확대되었다. 히드라는 바람과 파도가 데려다주는 대로 여행·항해하거나 추방되거나 여러 곳으로 이산離散되었던 것이다. 선원들, 수로안내원들, 중범죄자들, 연인들, 번역자들, 음악가들, 모든 종류의 이동 노동자들이 새롭고 예기치 않은 연관들을 만들었는데 이는 때로는 우연적인 것으로 때로는 일시적인 것으로 때로는 심지어 기적적인 것으로 보였던 것이다.

우리의 책은 밑에서부터 본다. 우리는 자본주의와 근대적 세계경제의 발생에 필수적이었던, 다민족계층의 잊혀진 역사의 일부를 복원하려고 시도하였다. 이 책의 주제들 중 다수―화형용 말뚝, 고문용 도마, 단두대, 배의 어두운 선창船艙의 족쇄들이 가진 폭력―가 가진 역사적 비가시성은 원래 그 주제들에 가해진 억압으로 인한 측면이 크다. 그 비가시성은 또한 역사서술에서의 추상 즉, 오랫동안 민족국가의 포로였던 역사서술의 가혹성이 갖는 폭력에 크게 기인하는데, 그 가혹성은 대부분의 연구에서 대체적으로 의문시되지 않는 분석틀로 남아있다. 이 책은 여러 세기에 걸쳐 보통 부정되고 무시되고 외면되었던, 그럼에도 불구하고 우리 모두의 삶과 죽음이 이루어지는 세계의 역사를 저 깊은 곳에서 형성한 연결관계들에 관한 것이다.

1

씨벤처호의 파선

1

씨벤처호의 파선

The Wreck of the Sea-Venture

1609년 7월 25일, 씨벤처Sea-Venture호의 선원들은 수평선을 살피다가 위험을 감지했다. 플리머스Plymouth에서 출발하여 서쪽으로 버지니아—영국의 최초의 신세계 식민지—로 항해하다가 같이 가던 여덟 척과 헤어진 그들은 돌풍 혹은 카리브해 지역 인디언들이 허리케인이라고 부르는 것이 빠른 속도로 그들을 향해 다가오는 것을 발견했던 것이다. 승객 윌리엄 스트래치William Strachey가 쓴 바에 의하면 "구름이 시커멓게 몰려오고 바람이 평소와는 매우 다르게 윙윙 소리를 내는" 가운데,

공포스럽고 끔찍한 폭풍이 북동쪽으로부터 불어오기 시작했다. 마치 발작을 하는 듯이 어떤 때는 다른 때보다 더 격렬하게 불어치고 으르렁대던 폭풍은 마침내 하늘로부터 오는 모든 빛을 꺼버렸다. 그리하여 하늘은 마치 어둠의 지옥처럼 어두워졌고 그만큼 큰 공포와 두려움이 모든이들의 흐트러지고 압도된 감각을 뒤덮었다. 혼비백산한 선원들의 귀에

끔찍한 바람소리와 동료들의 비명소리가 너무 잘 들려서 가장 무장이
잘 되어 있고 준비가 잘 되어 있는 선원조차도 적지 않게 흔들렸다.

다가오는 폭풍은 "몸의 피가 놀라서 굳게 만들었으며 가장 굳건한 선원들
의 용기조차도 무력화시켰다." 98피트의 길이에 흘수량이 300톤인 배에 타
고 있는 승객들 중에서 배짱이 부족한 축은 두려워서 소리를 질러댔지만,
이 소리들은 "바람 속에 묻혔으며 바람소리는 다시 천둥소리 속에 묻혔다."
배의 선체를 이루는 목재들이 삐거덕 소리를 내기 시작하자 당황했던 선원
들은 정신을 차리고 맡은 일을 손에 잡았다. 6~8명의 선원들이 힘을 합해
배의 키를 잡았다. 다른 선원들은 삭구索具와 돛을 잘라서 바람의 저항을
줄였다. 그리고 하중을 줄이고 전복의 위험을 줄이기 위해서 선적된 화물
과 보급품을 배 밖으로 내던졌다. 그들은 촛불을 손에 들고 배의 이음새들
을 따라 기어가면서 물이 새는 곳들을 눈과 귀로 찾고 막을 수 있는 곳은
뱃밥으로 혹은 뱃밥이 없으면 식용육으로 막았다. 그럼에도 불구하고, 선
박 속으로 물이 콸콸 흘러 들어왔으며 선창에 큰 통 두 개 이상의 높이인
수 피트에 이르도록 물이 찼다. 선원들과 승객들은 "애굽의 밤과도 같이
공포가 이어지는 3일"* 동안 끊임없이 펌프로 물을 퍼냈다. 평범한 신분의
사람들은 "갤리선**의 노예들처럼 발가벗은 채"였다. 일을 해본 적이 없는
신사들조차도 번갈아서 펌프질을 했는데, 펌프질을 할 수 없는 사람은 솥
과 물통으로 물을 퍼냈다. 물이 새는 배로부터 2천 톤으로 추정되는 양의

---

* 애굽의 밤(Egyptian night), 성서에 나오는 말로서, 최후의 심판이 있기 이전에 짙은 어둠이
 3일 동안 땅을 덮는 것을 말한다. 「출애굽기」 10장 22절 참조.
** 고대부터 존재했던 배로서, 전적으로 사람들이 노를 젓는 배를 말하는데, 노예나 죄수들이
 주로 노를 젓는 일을 맡았다.

물을 퍼내면서 그들은 먹지도 못했고 쉬지도 못했다.[1]

아직 충분하지 않았다. 물은 줄지 않았으며 펌프질을 하는 사람들은 힘과 인내와 희망의 한계에 도달했다. 이제 기력이 다한 선원들은 허리케인의 묵시록적 힘에 대항하기 위하여 인간에게 가능한 모든 것을 다했으므로, 그들이 확실한 죽음에 직면했을 때 행하는 바다의 제의祭儀 즉 바다세상을 뒤엎는 일에서 위안을 구했다. 사유재산의 제한과 크리스토퍼 뉴포트 Christopher Newport 선장의 권위에 대항하면서 또한 조지 쏘머스경Sir George Somers과 토머스 게이츠경Sir Thomas Gates과 같은 버지니아 신사들의 권위에 대항하면서 선원들은 배에 실린 술들을 마구 꺼내서 유대감의 마지막 표현으로 "서로 건배하며 더 축복 받은 세상에서 더 즐겁고 행복한 만남이 이루어질 때까지 작별을 했다."[2]

씨벤처호는 7월 28일 버뮤다 제도의 두 거대한 암초 사이에서—기적적으로 죽는 사람 없이—파선하였다. 물에 젖어 공포에 떠는 150명의 승무원들 및 승객들—이들은 원래 런던의 〈버지니아 회사〉Virginia Company에 의해서 그 회사의 새 식민농장에 지원인력으로 보내지는 중이었다—은 낯선 해변에 흩어져 올랐는데 이 해변은 선원들 사이에서는 오랫동안 악마와 괴물이 들끓고 유럽 선박들의 유령같은 공동묘지인 마법에 걸린 "악마의 섬"으로 여겨져 오던 곳이었다. 1511년에 해도에 기록되었으나 그 이후 100년 동안 항해자들이 기피한 버뮤다는 대부분 몇몇 선원들, 배교자들 그리고 추방자들의 기록을 통하여 알려졌는데 그러한 자들 중 하나인 좁 호톱Job Hortop은 스페인령 서인도제도에서 갤리선 노예로 있다가 탈출하여 이 섬을 지나게 되었으며 런던으로 무사히 가서 이 섬에 대하여 말했던 것이다. 씨벤처호의 승객인 실베스터 저데인Sylvester Jourdain이 나중에 쓴 바에 의하면 버뮤다에는 "돌풍, 폭풍, 악천후밖에는 없으며 이로 인하여 모든 항해자와 선원이 마치 스킬라Scylla와 카리브디스Charybdis라도 되는 양 혹은 악마 자신이라도 되는 양 그 열도를 피했다." 그곳의 으스스함은 카호우cahow라고 불리는 야행성 새의 귀에 거슬리면서도 공허한 울음소리에 기인하는 바가 큰데, 이 새의 비명 지르는 듯한 소리가 지나가는 배들의 승무원들에게 귀신처럼 들러붙었던 것이다.[3]

파선 후에 곧 발견되었지만, 버뮤다의 현실은 그 평판과는 전혀 달랐다. 표류한 사람들이 보기에 그 섬은 기후가 항상 봄이고 먹을 것이 풍부한 에덴과도 같은 곳으로 판명되었다. "그들이 본 중에 가장 풍요롭고 기운차고 즐거운 [꿈]"이었던 것이다. 앞으로 식민지 개척자들이 될 이들은 몇 년 전 스페인 선박 파선 이후에 이 섬으로 헤엄쳐와서 번식한 흑돼지를 마음껏 먹었고 손이나 구부린 못이 달려있는 막대기로 잡을 수 있는 물고기(찬바리, 비늘돔, 물퉁돔)를 마음껏 먹었으며 사람의 팔이나 어깨에 내려앉는 새들을 마음껏 먹었고 50명분이나 나가는 거대한 거북을 마음껏 먹었으며, 여러 종류의 맛있는 과일을 마음껏 먹었다. 〈버지니아 회사〉의 간부들은 원통해하겠지만, 버뮤다제도는 "그들 중 다수로 하여금 집으로 돌아갈 욕망을 까맣게 잊게 만들 정도로 풍요로움, 평화, 안락함 속에 있었다." 평범한 신분의 사람들은 일단 이 풍요의 땅을 발견하자 "그곳에서 계속 거주할 바탕을 다지기" 시작했다. 그들의 만남은 결국 "더 축복 받은 세상에서 더 즐겁고 행복한 만남"이 되었던 것이다.[4]

난파선의 평민들이 그렇게 반응한 것은 놀랄 일이 아니다. 여행의 종착지가 낙원일 것이라는 말을 들었기 때문이다. 마이클 드레이튼Michael Drayton은 그의 「버지니아 여행부」"Ode to the Virginian Voyage", 1606에서 버지니아에 대해 이렇게 주장한 바 있다.

대지의 유일한 낙원인 이곳에는
새, 사슴, 물고기가
자연 속에 그득하고,
　극히 비옥한 토양은
　땀 흘리지 않고도,
수확을 세 번 더하게 하니,
이 모든 게 원하던 것 이상이네.5

1610년에 로벗 리치Robert Rich는 〈버지니아 회사〉를 선전하는 그의 시에서
버뮤다와 버지니아의 경험을 편리하게도 혼동하게 된다.

여기서는 배고플 걱정이 없네.
여기서는 옥수수가 많이 자라고,
멋진 강들에는 물고기가 많으니.
이는 정말로 사실이라네.

그는 버지니아에는 "실로 부족한 게 하나도 없다"라고 맺었다. 또 다른
〈버지니아 회사〉 옹호자는 그러한 보고가 거짓임을, 영국에 있는 몇몇 사
람들이 이 보고를 허황된 것으로 치부하고 있음을 알았다. 그럼에도 불구
하고 그는 장차 앞으로 그곳에 갈 노동자들에게 하루 6시간 노동을 약속
하여 "육체의 수액"이 "다른 사람들의 이익을 위해서 쓰이"지 않게 한다는
거짓말을 유지했다.6 많은 사람들이 "로마 희년의 해"의 "열정과 열의"를
갖고 씨벤처호나 기타 선박들을 통해 버지니아로 향했다. 성서에 나오는
희년(「레위기」)은 속박의 종말에 대한 요구와 땅을 박탈당한 자에게 공유
지를 반환하라는 요구를 승인하였다. 버뮤다는 이러한 성서적 예언을

<낙원으로서의 신세계>, 씨오도어 드 브리 그림, 1588년. 토머스 해리엇, 『새로 발견된 땅 버지니아에 대한 간략하고도 진실한 보고』(1590).

실현하기에 완벽한 장소인 듯 보였다.[7]

〈버지니아 회사〉의 주주이자 중역인 스트래치는, 난파당한 사람들에게 즉시 "위험하고도 은밀한 불만"이 생겼는데 이는 선원들에서 시작하여 다른 사람에게로 퍼졌음을 주목하였다. 곧이어 "마음과 손의 분열"이 따랐다. 버지니아로의 돈벌기 모험을 계속하고자 하는 사람들과 그들을 그곳에 데려다 주기로 되어있는 일손들의 사이가 벌어졌던 것이다. 선원들 및 기타 "일손들"의 주된 불만은 "버지니아에는 부족한 것도 많고 관리도 인색하여 [즉, 식량도 빈약하여] 비참함과 고역만이 있음에 틀림없을 터인데, 여기서는…… 쉽고 즐겁게 즐길 수 있는…… 어육, 수육, 새고기가 거기에는 없기 때문이다"라는 것이었다. 어쨌든 그들은 자신들이 무엇에 관하여 말하는지 알고 있었다. 버지니아 이주민들은 그 순간에 가죽장화와 뱀을 먹고 있었으며, "배고파 죽겠어요. 배고파 죽겠어요 하고 외쳐대는 해골들처럼" 보였기 때문이다. 어떤 사람은 자신의 아내를 죽여서는 토막을 내고, 먹으려고 소금에 절였다. 무덤에서 시체를 파내어서 먹은 사람들도 있다. 그러는 동안 버뮤다 표류자들은 "외적인 궁핍이 최소인 곳에서 앉아서 쉬"고 싶어했다. 비교인구학적 사실들이 그들의 주장을 뒷받침한다. 원래 씨벤처호와 같이 항해를 하던 다른 8척의 배와 350명의 사람들은 버지니아에 도착하긴 했지만, 치명적 사망률로 인해 2년에 걸쳐 535명의 정착민들이 60명으로 줄게 되었다. 이에 비해서, 버뮤다 정착민들은 10개월에 걸쳐서 150명 중 3명의 순 인명손실을 입었다. 5명이 죽었고—1명만 자연사이고, 다른 둘은 살해되었으며, 나머지 2명은 처형되었다— 2명이 태어났던 것이다. "게으르고 제멋대로고 천한 대중의 동의와 관심을 끌기에 자유와 감각의 충만함보다 더 강한 힘을 가진 것은 무엇일까?"[8] 라고 스트래치는 묻고 있다.

난파당한 사람들 중 일부는 자신의 자유를 지키기 위해서 섬을 빠져나가게 할 "그 어떤 일이나 노력도 하지 않을 것을 서로 약속했"으며 이러한 맹세와 함께 숲속으로 들어가서 따로 정착을 했다. 나중에 그들은 독자적으로 다른 섬에 정착할 계획을 세웠다. 이렇듯 영국민의 식민植民의 시작부터 파업과 탈주가 일어났던 것이다. 이러한 행동의 지도자들 중에는 선원들과 종교적 급진주의자들이 있었는데, 후자는 필경 하느님의 은총이 자신들을 율법 위에 놓았다고 믿는 반율법주의자들이었을 것이다. 자율적인 공동체를 세우려는 노력은 실패했다. 그러나 마음과 손 사이에 투쟁은 계속되었다. 스테판 홉킨스Stephan Hopkins는 학식있는 청교도이며 로벗 브라운 Robert Browne을 따르는 사람으로서, 장로, 왕, 혹은 국가에 대한 경의敬意에 기반을 두기보다는 상호합의에 기반을 두어 통치를 하는 분리된 회중교회들의 창출을 옹호했다. 홉킨스는 씨벤처호가 파선된 순간 치안판사의 권위는 끝났다고 주장을 하면서 폭풍 속에서 선원들이 행한 의식儀式의 논리를 확대하였다. 그는 섬에서 "모든 종류의 식량을 풍성하게 주신 하느님의 섭리"의 중요성을 긍정하였으며, 평민들이 투기꾼들을 위한 노예가 될 뿐인 버지니아로 가기를 거부했다. 홉킨스의 반란 역시 좌절되었다. 그러나 그 자신은 좌절하지 않았다. 그는 살아나서 1620년 아메리카로 다가가던 메이플라워호 선상에서 또 한번의 반란선동연설을 했던 것이다.9 버뮤다섬의 반란모의자들도 마찬가지로 굴복하지 않았다. 홉킨스의 팔목에 족쇄가 채워지자마자 세 번째 모반이 진행되었는데, 또 다른 일군의 반란자들이 난파선에서 구해낸 물자들을 포획하고 토머스 게이츠 총독을 공격하기로 계획했던 것이다. 비록 그들의 계획이 당국에게 적발되었지만 저항은 계속되었다. 또 한 명의 반란자가 총독과 그의 권위에 말로 반란을 일으켰다는 이유로 곧 처형당했는데, 이에 대한 반응으로 다른 몇 명이 다시 탈주자로서 숲으로 달아났다. 그 숲에서 그들은, 게이츠가 불만스럽게 말한 바에 의하면, 야만인들처럼 살았다.

마침내 당국이 이겼다. 버지니아로의 항해를 계속 할 배를 두 척—딜리버런스Deliverance, 해방와 페이션스Patience, 인내라고 각각 이름이 붙은 작은 범선들—을 지어서 1610년 5월 11일 물에 띄웠다. 그러나 선원들 및 다른 "게으르고 제멋대로인 천한" 자들은 섬에서 머무는 42주 동안 〈버지니아 회사〉 및 그 경영진에 대항하여 다섯 번의 반란을 조직하였으며 이에 경영진은 저항을 잠재우고 식민의 과제를 계속하기 위해서 영국령 아메리카에서 행한 최초의 사례들에 해당하는 두 번의 사형—한 번은 교수형, 또 한 번은 총살형—으로써 대응하였다. 다른 사람들은 배를 타고 버지니아로 떠났지만, 선원을 포함한 두 사람은 남아서 버뮤다에서 "최후를 맞기"로 결심했다. 여기에 또 한 사람이 가세하여 이들 셋은 "형제같이 다스리는 …… 그들의 조그만 공동체를 세우기 시작했다."[10] 뒤에 남은 사람들이 지혜로웠다는 것을 확실히 알려주는 일이 그 배들이 버지니아에 도착한 지 한 달이 채 못 되어 일어났는데, 토머스 게이츠 경이 상황이 안 좋은 버지니아 본토에 식량을 조달하기 위해 즉 육류와 생선 6개월분을 조달하기 위해 조지 쏘머스경을 파견했던 것이다. 그러나 조지경 자신은 버지니아로 돌아오지 못했다. 버뮤다의 즐거움을 재발견한 그는 "돼지고기의 과식"으로 사망했다. 버뮤다에서 버지니아로 항해해간 선원들과 승객들이 개인적으로 어떤 운명을 겪었는지 모르긴 하지만, 그들 중 다수가 본토에서의 끔찍한 사망률로 인해서 곧 사망했을 가능성이 높다. 그런데 집단적으로 보았을 때 그들은 버지니아의 허세부리는 지도자인 존 스미스John Smith가 제3보급물이라고 부른 것, 즉 초기의 식민농장이 생존하도록 돕기 위해 투입된 인력을 구성했다.[11]

씨벤처호의 파선과 그 배에 탔던 사람들 사이에서 일어난 반란의 드라마들은 초기 대서양 역사의 주된 주제들을 시사한다. 비록 선원들과 종교적 급진주의자들 모두가 핵심적인 역할을 했지만, 이 사건들은 해상에서의 영국인의 위대함과 영광의 이야기에 기여하지도 않고 종교의 자유를 위한 영웅적 투쟁의 이야기에 기여하지도 않는다. 이는 오히려 자본주의와 식민화의 기원들에 관한 이야기, 제국의 건설과 세계무역에 관한 이야기이다. 그것은 또한, 필연적으로, 인간 집단들이 살던 곳을 떠나 이동하는 것에 관한 이야기, "일손들"이 형성되어 대서양을 가로질러 배치되는 것에 관한 이야기이다. 그것은 착취 및 착취에의 저항에 관한 이야기, 어떻게 "몸의 수액"이 이용되는가에 관한 이야기이다. 그것은 여러 종류의 사람들이 이윤과 생존이라는 대조되는 목적들을 위해서 협력하는 이야기이다. 그리고 그것은 대안적 삶의 방식들에 관한 이야기이며, 그 방식들을 저지하고 파괴하기 위하여, "자유와 감각의 충만함"으로 향하는 민중의 성향을 압도하기 위하여 폭력과 테러를 공식적으로 사용하는 이야기이다.

우리가 씨벤처호의 이야기에서 역사적 의미를 찾는 최초의 사람들은 결코 아니다. 최초의—가장 영향력 있는—사람들 중 하나는 윌리엄 셰익스피어였다. 그는 그의 희곡 『폭풍』*The Tempest*을 쓰면서 1610~11년에 일어난 파선의 직접적 기록을 활용했다. 셰익스피어는 세계무역을 통하여 유럽, 아프리카, 아메리카 대륙들을 공격적으로 연결한 탐험가들, 무역업자들 및 식민지개척자들의 기록들을 오랫동안 연구했었다. 게다가, 그는 그런 사람들을 개인적으로 알고 있었으며, 심지어는 생계를 그런 사람들에게 의존하기조차 했다. 싸우샘턴 백작*Earl of Southampton*과 같은 그의 후원자들 다수가 그랬듯이, 셰익스피어도 영국 식민지개척의 선봉인 〈버지니아 회사〉에 투자를 했다.[12] 그의 희곡은 신세계에 정착하고 신세계를 착취하는데 대한 영국 지배계급의 점증하는 관심을 서술하고 또한 증진했다. 다음 절부터는 17세기 초 영국의 대서양자본주의의 기원들과 발전에 있어서 주요한 네 주제―수탈, 대안적 삶의 방식을 위한 투쟁, 협력과 저항의 패턴들, 계급규율의 부과―를 다루는 데 씨벤처호의 파선을 활용할 것이다. 씨벤처호와 거기에 탄 사람들의 이야기 안에는 자본주의의 부흥과 인간 역사의 새로운 시기의 시작에 관한 더 큰 이야기가 들어있다.[13]

수탈

씨벤처호의 파선은 제국주의 열강들의 경쟁과 자본주의적 발전에 있어서 결정적으로 중요한 순간에 일어났다. 북유럽 대서양의 해양국가들인 프랑스, 네덜란드, 영국이 유럽의 강자 자리를 놓고 또 점차적으로는 세계의 패권을 놓고 스페인, 포르투갈, 알제리, 나폴리, 베니스 등 지중해의 왕국들과 도시국가들에 도전하여 그들을 압도하게 되었는데, 실로 〈버지니아 회사〉의 형성은 17세기 초에 일어나고 있던 이러한 근본적 권력전환을 반영하(고 가속화하)였던 것이다. 당대의 공학의 가장 세련된 업적이었던 더 빠르고, 더 튼튼하며, 노동력이 덜 드는 북유럽의 배는 지중해의 갤리선을 무색하게 하였다. 영국의 지배계급은 특히 이베리아 반도 국가들의 신세계에 대한 장악력에 도전하고 싶었고 그러면서 스스로를 부유하게 만들고 싶었다. 그리하여 일군의 영국 투자자들이 1606년에 〈버지니아 회사〉를 차렸는데, 그 주된 역사기록가인 웨슬리 프랭크 크레이븐Wesley Frank Craven에 따르면 이 회사는 "무엇보다도, 투자로부터 예상되는 수익이 주된 관심인 투기꾼들이 투자한 거대한 자본으로 만들어진 사업조직이었다." 여기에 즉

새로운 세계무역조직을 위해 자본을 공동출자한 데 씨벤처호의 여행의 기원이 있다.[14]

〈버지니아 회사〉의 옹호자들은 식민화 지지운동을 널리 펼쳐서 그들의 사적인 자본가적 기업심이 왜 국민 전체에게 좋은가를 설명하고 또 설명하였다. 그들은 다각도로 논거를 제시하였다. 영국의 모든 훌륭한 개신교도들은 아메리카의 미개인들이 기독교도로 개종하는 것을 도울 의무가 있으며 해외의 구교도들과 싸울 의무가 있다거나, 모든 이들은 영국의 통치영역을 확장하고 민족의 영광이 자신들을 부르는 데 응할 의무가 있다는 등등. 그러나 가장 끈질기고 가장 반향을 많이 얻은 것은 식민화를 영국의 내적인 사회 문제들에 대한 해결책으로 제시한 것이었다. 이 회사를 선전하는 자들이 지칠 줄 모르고 되풀이 한 주장은 이 회사가 영국에 있는 "할 일 없는 떼거지들"을 제거하고 그들을 버지니아에서 일을 하도록 함으로써 필요한 공공 써비스를 제공하리라는 것이었다. 식민화의 주된 선전자였던 리처드 하클류이트Richard Hakluyt*가 바로 20년 동안 이러한 주장을 하였다. "종교가 없는 방종한 젊은이들," "고액 지대"에 의하여 땅에서 쫓겨난 사람들, "극심한 가난"으로 고통받는 모든 사람, 요컨대 "고향에서 살 수 없는" 모든 사람들을 위한 곳이 바로 신세계였다. 비록 우리는 씨벤처호에 탄 대부분의 사람들의 이름이나 개인적 배경을 모르지만, 땅에서 축출된 일정 수의 사람들이 끼어 있다는 것은 알고 있다. 1609년에 〈버지니아 회사〉는 "사망과 기근의 계속적인 원인이며 영국에서 일어난 모든 역병들의 원래적

---

* 리처드 하클류이트(Richard Hakluyt, c. 1552~1616) 영국 작가로 셰익스피어와 다른 이들에게 자료가 된 『항해』(Voyages)란 저작으로 유명하며, 그 저작은 여행문학 장르의 기초가 되었다. 그의 정치적 영향력은 엘리자벳조의 해외 팽창, 특히 북아메리카의 식민화를 끈질기게 옹호한 데 있다.

원인인 불필요한 주민들을 도시와 교외로부터 제거해 달라고" 런던의 시장, 시의회 의원, 회사들에 청원하였다. 버뮤다에 난파된 신사인 로벗 리치는 "그들에 대하여 부랑자들이 우리와 함께 살았다"고 쓰곤 했으며, 한편 토머스 게이츠경과 가까운 익명의 저자는 (게이츠경 자신도 그럴지 모른다) "영국에서는 살 방도가 달리 없어서 배에 탄 저 사악한 악당들"에 대하여 불만을 표시하곤 했다.[15]

〈버지니아 회사〉는 자본주의 자체가 그렇듯이 16세기 후반과 17세기 초에 영국에서 일어난 일련의 사회적·경제적 변화들에서 기원하였다. 이 변화들이 바로 1609년에 씨벤처호로 하여금 버지니아로 향하게끔 하였으며 곧 이어 『폭풍』의 창작의 바탕이 되었다. 이 변화의 특징들은, 생활을 위한 경작에서 상업적 목적의 목축으로의 전환, 임금노동의 증가, 도시인구의 증가, 가내수공업제도 혹은 하청제도의 확대, 세계무역의 확대, 시장의 제도화, 식민체제의 수립이다. 이러한 변화의 전개는 토지에 울타리가 세워지고, 수천의 사람들이 공유지로부터 축출되어 시골, 도시, 바다에 재배치되는 깊고도 방대한 원인에 의하여 가능하게 되었다. 수탈은 자본의 시초 축적의 원천이었으며 토지와 노동을 상품으로 바꾼 힘이었다. 바로 이런 과정을 통해 씨벤처호를 탄 노동자들 중 일부가 "일손들"이 되었던 것이다.

『폭풍』에서 "야만인이자 흉한 외모의 노예" 캘리번Caliban이 그의 귀족 주인인 프로스페로Prospero에 맞서서 토지에 대한 자신의 권리를 주장하는 대목에서 우리는 셰익스피어가 강탈의 진실을 인식하였음을 알 수 있다.

이 섬은 나의 어머니 싸이코락스로부터 물려받은 나의 것,
그것을 당신이 나에게서 빼앗았소.

이것이 당대의 핵심이었다. 지주들이 유럽의 노동자들로부터 땅을 빼앗고 유럽의 상인들이 북남아메리카의 원주민들로부터 땅을 빼앗을 때 네덜란드의 법률가인 휴고 그로티우스Hugo Grotius는 "다른 누군가에 속했던 것을 발견할······ 수 있는 나라가 있는가?" 버뮤다는 누구의 것인가? 아메리카는 누구의 것인가? 아프리카는 누구의 것인가? 영국은 누구의 것인가? 역사상으로 세상의 민족들은 자신의 생활수단―땅이든 다른 재산이든―을 스스로 소유하는 데서 오는 경제적 자립성에 집요하게 매달렸기 때문에 유럽의 자본가들은 대다수 민중을 예로부터 살아온 고국으로부터 강제로 떼어내어 그들의 노동력이 새로운 지리적 환경에서 새로운 경제적 기획들에 다시 사용될 수 있도록 해야 했다. 민중들을 땅으로부터 축출하여 새로운 위치로 이동시키는 과정은 500년 동안에 걸친 세계적인 규모의 것이었다. 〈버지니아 회사〉 전체, 그리고 특히 씨벤처호는 구세계의 수탈과 신세계의 착취 사이의 중앙항로를 조직하는 것을 도왔던 것이다.

영국에서 수탈은 어떤 식으로 일어났는가? 이는 오랫동안 느리면서 격렬하게 일어난 과정이었다. 영주들은 중세시대부터 그들의 군대를 개인적으로 폐지하였으며 그들의 봉건적 시종단侍從團을 해체하였다. 한편 16세기 초에 영국의 지배자들은 수도원을 폐쇄하였으며 순회 수도사들, 면죄부판매인들, 거지들을 발본하였고 중세적인 자선제도를 파괴하였다. 아마 가장 중요한 것은 16세기 말과 17세기 초에 거대 지주들이 새로운 국내 및 국제시장을 개척할 기회들에 반응하면서 취한 행동들일 것이다. 이들은 경작 가능한 토지를 폐쇄하고 소자작농들을 쫓아내고 시골의 차지농들을 축출하는 등 수천의 사람들을 땅으로부터 쫓아내고 그들로 하여금 공유지에 접근하지 못하게 함으로써 농촌의 관행을 근본적으로 바꾸어 놓았다. 16세기 말쯤에는 재산이 없는 사람들이 100년 전의 12배가 되었다. 17세기에는 영국의 토지의 거의 4분의 1이 종획되었다. 항공사진술과 발굴을 통해 천 개 이상의 버려진 마을들과 부락들의 위치가 확인되었으며, 이로써 농민들의 토지로부터의 축출이 얼마나 방대하게 이루어졌는지가 확인되었다. 토머스 모어Thomas More는 『유토피아』Utopia, 1516에서 이 과정을 풍자하였지만, 그 자신도 땅에 울타리를 쳤으며 제한이 가해져야 할 할 정도였다. 셰익스피어도 종획에 참여하였다. 그는 웰콤Wellcombe에 있는, 10분의 1 교구세를 내는 공유지의 절반에 대한 권리를 소유하고 있었는데, 그 중 탁 트인 들판을 종획하자고 윌리엄 콤William Combe이 1614년에 제안하였다. 셰익스피어는 자신의 소득이 줄지는 않을 것이기에 반대하지 않았지만 땅으로부터 축출되게 될 사람들은 반대하여 울타리용 관목들을 심기 위해 새로 파 놓은 홈들을 다시 메웠다. 콤은 말에 탄 상태에서 반대자들과 맞섰으며, 반대자들을 "그 색채가 청교도 악당들이자 아랫것들"이라고 불렀다. 반대자들의 지도자인 토머스 그린Thomas Green은 다음날 여성들 및 아이들과 함께 다시 와서 저항을 계속하였다. 그린은 부대법관과 추밀원에 청원을 냈으며 마침내는 울타리를 제거하라는 허가증을 얻어냈다.[16]

대부분의 농업노동자들은 이렇게 운이 좋지 않았다. 유익한 일도 찾지 못하고 땅도 없으며 신용이나 직장도 없는 이 새로운 프롤레타리아는 길바닥에 내팽개쳐졌으며 길바닥에서 근대사에 등장한 것 중 가장 가혹하고 끔찍한 노동 규범과 형법의 몰인정한 잔인함을 고스란히 겪었다. 강도행위, 주거침입, 절도를 금하는 법령들 대부분은 범죄가 도시 삶의 영구적 부분이 된 16세기와 17세기 초에 작성되었다. 한편 유랑을 금하는 법은 땅에서 축출된 농민들에게 물리적 폭력을 가할 것을 공약하였다. 헨리 8세의 치하(1509~1547)에서 유랑민들은 채찍질을 당했으며 귀를 잘리거나 교수형당했다. (당대에 대한 한 기록은 유랑민의 수를 7만5천 명으로 보고 있다.)[17] 에드워드 6세 치하(1547~1553)에서는 유랑민들의 가슴에 V자의 화인을 찍었고 2년 동안 노예로 삼았다. 엘리자벳 1세 치하(1558~1603)에서 유랑민들은 채찍질을 당하거나 갤리선에서 노역을 하도록 보내지거나 교도소로 보내졌다. 에드워드 6세 치하에 다듬어진 형법은 무산자들에게 이보다 덜 악랄하지 않았다. 〈장인법〉the Statute of Artificers*과 〈구빈법〉the Poor Law **도 마찬가지로 임금받기 혹은 임금노동을 입법화하려고 하였다.[18]

고용주의 밑에 들어가 있지 않은 사람들이 잉글랜드 튜더 왕조 후기와 스튜어트 왕조*** 초기의 변별적 특징이었으며, 이것이 그 시대의 특징적인 혼란상황을 불러일으켰다. A. L. 베이어가 썼듯이, 유랑민들은 "국가와 사회질서를 파괴하려는 태도를 가진 히드라와 같은 괴물"이었다. 이러한 묘사는 철학자인 법무차관 베이컨의 주장과 일치하는 것이었는데, 베이컨은 개인적인 경험을 기반으로 그러한 사람들을 "국가에서 위험과 소요의 씨앗"으로 간주하였다. 수탈과 (탄광 및 하청제도를 통한) 산업착취 및 전례

---

* 본래의 명칭은 '장인·노동자·농업하인들·도제들에 대한 제규정에 관한 법령'(An Acte towching dyvers Orders for Artificers. Laborers. Servants of Husbandrye and Apprentises)으로서, 1563년부터 그 후에 일부 수정을 거쳐 1831년까지 존속한 법령이었다. 장인법은 상공업과 농업 양대 부문으로 대별되는 전체 40개 조항으로 구성되어 있다.

** 구빈법은 16세기부터 영국과 웨일스에서 사회안전을 위하여 시행하던 법으로서 20세기의 복지국가 시기 이전까지 계속된다. 1601년의 구빈법은 '엘리자벳조 구빈법' 혹은 '구(舊) 구빈법'이라고 불리는데, 세금을 걷어서 빈민을 구제하는 것을 내용으로 한다.

*** 튜더(Tudor) 왕조는 헨리 8세(1485년 즉위)에서부터 엘리자벳 1세(1603년 사망)까지의 왕들이 지배한 시기를 말하고, 스튜어트(Stuart) 왕조는 제임스 1세(1603년 즉위)에서부터 찰스 1세(1649년 처형)까지, 그리고 크롬웰의 혁명에 의해 끊겼다가 다시 찰스 2세(1660년 즉위)에서부터 앤 여왕(1814년 사망)까지의 왕들이 지배한 시기를 말한다. 따라서 "튜더 왕조 후기와 스튜어트 왕조 초기"는 대략 16~17세기를 말한다.

없는 군사적 동원은 튜더 시대의 거대한 지역 반란들—콘월 봉기Cornish Rising, 1497, 레이브넘 봉기Lavenham Rising, 1625 그리고 링컨셔 반란Lincolnshire Rebellion, 1536 —을 낳았고 또한 은총의 순례the Pilgrimage of Grace, 1536, 기도서 반란the Prayer Book Rebellion, 1549, 케트의 반란Kett's Rebellion, 1549을 낳았다. (이 반란들은 모두 시골 지역에서 일어났다.) 러드게잇 감옥 봉기the Ludgate Prison Riot, 1582, 크리스마스 거지 봉기the Beggars' Christmas Riot, 1582, 성령강림절 봉기들the Whitsuntide Riots, 1584, 미장이 봉기the Plaisterers' Insurrection, 1586, 펠트제조공 봉기the Felt-Makers' Riot, 1591, 써더크 양초제조공 봉기the Southwark Candle-Makers' Riot, 1592, 써더크 버터 봉기the Southwark Butter Riot, 1595 등 도시의 봉기들 또한 16세기 말 경에 격렬하게 일어났는데, 이 봉기들은 그 이름들 자체가 자신들의 자유와 관습을 유지하려는 수공업 노동자들의 투쟁임을 알려준다. 엔슬로우 힐 반란the Enslow Hill Rebellion에서 옥스퍼드의 학생들이 런던의 견습공들과 연합을 했을 때, 베이컨과 법무부장관 에드워드 코크Edward Coke는 운동의 지도자들 중 하나를 고문하였으며, 종획에 대한 공격은 대역죄에 버금간다고 주장하였다. 그 시대의 가장 큰 반란은 1607년의 미들랜즈 반란the Midlands Revolt였는데, 이 사건은 부분적으로는 셰익스피어의 고향 주州에서 종식되었으며 그가 『코리올레이너스』Coriolanus를 쓰는 데 영향을 미쳤다. 종획을 몰아내기 위해서 직접 행동을 취한 사람들이 처음으로 수평파Levellers라고 불렸다. 수탈에 대해 무성하게 일어나는 저항은 종획의 속도를 늦추었으며, 임금의 삭감을 지체시켰고, 우리가 '튜더 온정주의'Tudor paternalism라고 (마치 그것이 가부장적 지배층의 선함에서 나오는 순전한 선물인 양) 잘못 부르는 양보와 타협의 기초를 놓았다.[19]

땅에서 축출된 사람들을 분류하고 분석할 시간이 되자 1592년부터 1607년까지 고등법원의 수석판사이자 〈버지니아 회사〉의 주된 조직자이기도 한 존 포펌John Popham은 30가지 유형의 부랑자들과 거지들의 목록을 작성하였고 이들을 5개의 주된 집단으로 분류하였다. 첫째는 행상, 땜장이, 떠돌이장사꾼이었는데, 이들의 소소한 거래가 프롤레타리아의 미시경제의 상행위를 구성하였다. 둘째는 해고되거나 부상을 입은 사람들, 혹은 그렇게 주장되는 사람들, 군인들 및 선원들이었는데, 이들의 노동이 팽창주의적 거시경제의 기반을 제공했다. 셋째 집단은 봉건적 헌금의 온존하는 하위구조에 아직 남아있는 사람들이었는데, 수도원 재정관리인들, 교구세징세원들, 면죄부판매인들이 이에 속했다. 그 당시의 오락제공자들―던지기 곡예사들, 검술가들, 순회악사들, 춤추는 곰을 부리는 사람들, 운동선수들, 촌극배우들―이 넷째 집단을 구성했다. 다음으로 포펌은 점술가들과 "스스로를 학자라고 부르는 사람들"뿐만 아니라 수상手相이나 관상 같은 '기묘한 학學'에 대해 지식을 가지고 있는 체 하는 사람들을 언급하면서, 민중의 지적이고 철학적인 욕구를 충족시키는 다섯 번째 집단을 정하였다. 마지막으로, 그는 법규 전문前文에서, "몸을 쓸 수 있으면서도 자신이 거주하거나 거주하게 될 지역에서 법적으로 사정査定되거나 통상적으로 지급되는 바의 적절한 임금을 받고 일을 하기를 거부하고 빈둥거리며, 자신의 생활을 유지할 다른 벌이는 없는 모든 부랑자들과 하층 노동자들"을 거론하고 있다. 그리하여 이 휘발적이며 불안정하고 체제에 의문을 제기하는 프롤레타리아의 문화, 전통 및 자율적 자기이해를 포괄했던 활동을 한 사람들만이 아니라 조직된 임금노동의 외부에 있는 모든 사람들도 "억센 부랑자들과 거지들"의 성문법적 의미에 해당되게 되었던 것이다. 맑스와 엥겔스는 수탈을 당한 사람들을 잡색 군중the motley crowd이라고 불렀다.[20]

수탈과 저항은 식민화의 과정을 가열할 땔감을 제공하게 되어, 17세기 전반 동안에 씨벤처호 및 다른 많은 대서양 횡단 선박들에 사람들이 가득

타도록 추동했다. 어떤 사람들은 땅을 박탈당하고 나서 새로운 시작을 절실히 원했기 때문에 기꺼이 갔지만, 더 많은 다른 사람들은 마지못해 갔는데 이는 미들랜즈 반란 뒤에 베이컨이 설명한 바와 같은 이유로, 즉 "만일 땔감이 준비된다면 어디서 불똥이 튀어서 불이 붙을지 알기 어렵기 때문에 폭동을 막는 가장 확실한 방법은 그 연료를 제거하는 것이기에" 그렇게 되었다. 1594년에 아일랜드를 혹은 1612년에 버지니아를 식민화하는 것을 찬성하는 사람들은 "기층 다중"이 그렇게 국외로 이송될 수 있으며 "폭동의 연료는……도시 바깥으로 이동될 수 있다'고 주장하였다. 정책 전체는 1597년(엘리자벳 1세 즉위 후 36년)의 〈걸인법〉the Beggars Act에서 나왔는데, 이에 따르면 영국에서 (대부분 재산관련 범죄로) 유죄선고를 받은 부랑자들과 건달들은 식민지들로 이송되어 식민농장에서 즉 하클류이트가 "벽 없는 감옥"이라고 부른 곳에서 일하도록 선고를 받을 것이었다. 여기가 바로 런던의 죄수들을 위한 장소였다. 실로 전 지역이 다 그랬다. 아메리카 대륙으로 이송된 최초로 알려진 영국 중범죄자는 어떤 염색공의 도제인데, 이 사람은 자신의 장인master의 물건을 훔치고 구빈원에서 도주한 죄로 1607년에 버지니아로 보내졌다. 수천 명이 이 사람의 뒤를 따랐다.[21]

대안들

〈버지니아 회사〉의 지지자들은 토지수탈이 한때는 공유지를 통해 생계를 유지했던 "게으른 무리들"을 창출했음을 알았다. 상인이고 투자자이자 시사평론가인 로벗 그레이Robert Gray는 다음과 같은 시절을 회상했다.

우리 시골의 공유지들은 가난한 평민들이 자유롭게 이용할 수 있도록 열려있었다. 모든 사람이 사용할 수 있을 만큼 땅이 충분했기 때문에 다른 사람의 땅을 침범하거나 아니면 서로 자신의 땅에 울타리를 칠 필요가 없었다. 이로써 분명해지는 점은, 그 시절에는 우리가 낯선 곳의 이야기들을 좇거나 희한한 모험담을 따를 필요가 별로 없었다는 것이다. 우리에게 충분한 만큼 있었을 뿐만 아니라 모든 사람을 배려할 수 있을 만큼 흘러넘칠 정도로 있었기 때문이다.

남의 땅을 침범하는 것과 종획은 오직 인구의 증가와 인구밀집화에 의해 야기되었다는 그의 편향된 견해에도 불구하고, 그레이는 영국의 많은 사람들이 한때는 다르게 살았음을, 더 자유롭고 모자람 없이, 심지어는 풍요롭게 살았음을 이해하고 있었다. 씨벤처호의 평민들이 버지니아로 가기보다는 버뮤다에 정주하겠다고 결심했을 때 그들은 자신들이 원하는 것은 버지니아에서 기다리고 있을 비참, 노동, 노예상태가 아니라 공유지의 편안함, 즐거움, 자유라고 〈버지니아 회사〉 간부들에게 설명했다.[22]

난파선의 평민들의 행동에서 영감을 받은 셰익스피어는 『폭풍』에서 대안적인 삶의 방식을 주요 테마로 삼았다. 이 작품에서 왕 및 다른 귀족들과 함께 버뮤다로 추방된, 현명한 노신老臣 곤잘로Gonzalo는 자신이 "만일 이 섬을 가꾼다면" 수립할 수도 있을 이상적인 "공화국"commonwealth에 대해서 생각한다.

공화국에서 나는 세상과는 반대로
모든 일을 처리하리라. 어떤 종류의 부정거래도,
치안판사의 이름도 인정하지 않을 것이다.
문자도 가르치지 않을 것이다. 부, 가난

그리고 노역의 사용 또한 없을 것이다. 계약, 계승,

두렁, 땅의 경계, 경작, 포도원도 없을 것이다.

금속, 밀, 술, 기름을 사용하지 않을 것이며,

직업도 없을 것이다. 모두 빈둥거릴 것이다, 모두.

여성도 역시 그러할 것이나, 순수하고 순결할 것이다.

주권도 없을 것이다——

그는 계속한다.

자연은 만물을 공히 땀도 노력도 없이

만들어낼 것이고, 반역, 중죄,

검, 창, 칼, 총 혹은 기계는 필요하지

않을 것이다. 자연은 본연의 방식으로

모든 풍부함과 풍요로움을 산출하여

나의 순박한 이들을 먹이리라.

그의 공화국은 "황금시대를 넘어서리라"라고 그는 결론짓는다.[23]

씨벤처호의 사람들은 고전적인 황금시대, 기독교의 에덴동산(곤잘로의 "순박한 사람들") 및 광범한 민중적 전통들—반율법주의 전통(법의 부재 혹은 중죄와 치안제도의 부재), 아나키즘 전통(주권 혹은 반역의 부재), 평화주의 전통(검, 창, 칼, 총의 부재), 평등주의 전통(부자와 빈자의 부재), 수렵 및 채취 경제의 전통(광업과 농업의 부재)—을 포함하는 대안적인 삶의 방식들에 관한 지식의 여러 원천들을 셰익스피어와 공유하고 있었다. 계승이 없는 사회는 태생을 통해 귀족이 되는 일이 없는 사회였고, 한편 노역의 사용이 없는 사회는 임금노동이 없는 사회였다. 이 전통들은

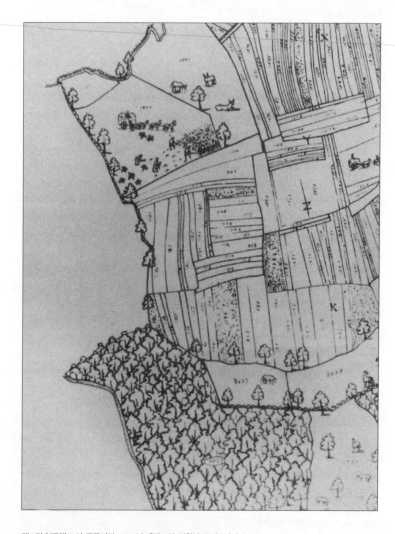

랙스턴(잉글랜드)의 공동경작, 1632년. 『랙스턴 장원의 토지조사서』(1635).

"뒤집어진 세상"을 표현하는 야외극들에서 표현되었는데, 여기에는 셰익스피어의 트린큘로Trinculo* 같은 알록달록한 옷을 입은 광대들이 깃발들, 말들, 수공예품, 질탕한 궁정풍 축제의 한 가운데에 등장하며, 비기독교적 의식儀式들, 농민 민속전통들, 다른 세계를 표현하는 유토피아적 배경들(버뮤다와 같은 '다른 땅')이 새로운 포괄적이며 볼거리가 풍부한 오락들로 통합된다. 1552년의 에드워드 6세의 축하연들의 사회자인 조지 페레스George Ferrers는 "한 이상한 짐승"을 타고 축제장에 들어갔는데, "히드라라 불리는 7개의 머리를 가진 뱀이 나를 지탱하는 것들 중 제일가는 짐승이었"기 때문이었다. 「코케인의 땅」"Land of Cockaigne"과 같은, 봉건시대의 풍자에서 온 희극적 우화들은 한가로운 즐거움과 절대적인 만족의 모습을 그림으로써 유토피아의 한 유형을 살아있는 것으로 유지하였다.[24]

가장 직접적인 대안은 물론, 경작tilth이나 두렁bourn이 암시하는 사유재산이 부재하는 공유지의 경험이었다. 'tilth'는 쟁기질 혹은 써레질, 다시 말해서 특수한 노동을 가리키며 함축적으로는 목초지, 숲, 황무지와 대조되는 경작의 상태를 가리키는, 고대 프리슬란트Friesland 단어이다. 이 단어는 연상에 의해서 삼림지대의 상태로의 귀환을 환기했는데, 이러한 상태는 잉글랜드에 그리고 특히 아일랜드에 여전히 남아있었다. 아일랜드에서는 잉글랜드인 정복자들이 숲의 주된 자원을 공유하는 친족 기반의 사회를 파괴하기 위해서 이미 숲을 고엽화시키기 시작했다. 'Bourn'은 밭 사이의 경계를 나타내는, 더 최근의 단어로서 16세기에 잉글랜드의 남부에서 많이 사용되었으며 따라서 종획과 연관된다. 땅에서 쫓겨난 사람들은 비탄만을 갖고 있는 것이 아니라 공동경작농업open-field agriculture과 '공동으로

---

* 『폭풍』에 나오는 광대이다.

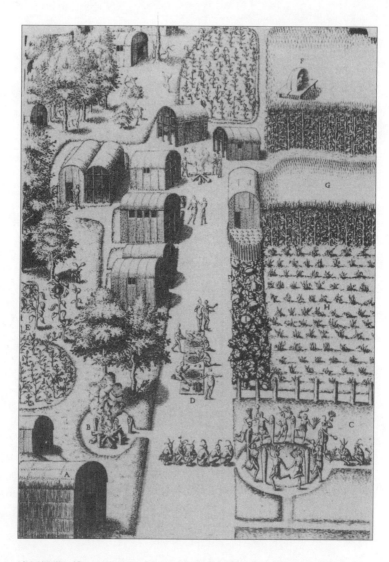

남부 알곤퀸족 마을, 1588년. 해리엇, 『버지니아의 새로 발견된 땅에 대한 간략하고도 진실한 보고』

하기'commoning에 관한 살아있는 기억을 가지고 있었다. 따라서 많은 사람들에게 "두렁, 땅의 경계, 경작"의 부재는 이상적인 꿈이 아니라 잃어버린 최근의 현실 즉 실제적인 공유지였다.

씨벤처호의 반란자들이 숲으로 들어가 미개인들처럼 살았다고 토머스 게이츠 총독이 불평을 했을 때 그는 과연 정확하게 무슨 의미의 말을 한 것인가? 게이츠와 그의 세대의 유럽인들에게 아메리카의 무계급적이고 무국가적이며 평등한 사회들은 대안적 삶의 방식의 강력한 사례들이었다. 〈버지니아 회사〉의 대변인인 로벗 그레이는 아메리카 원주민들에 관하여 자주 반복되는 취지의 말을 하였다. "그들 사이에는 내 것과 네 것이 없다." 윌리엄 스트래치가 발견했듯이, 그들은 사적 소유에 관한 생각이 없으며 노동 자체에 대한 생각도 극히 없었다. 그가 주목했듯이 버지니아의 인디언들은 "1년의 거의 대부분을 빈둥거렸다." 빈둥거리기는 했겠지만 굶어죽지는 않았다. 헨리 콜트경Sir Henry Colt은 서인도제도의 쎄인트크리스토퍼St. Christopher에서 "많은 벌거벗은 인디언들을" 보았는데, "비록 그들의 배는 전체 몸의 크기에 비해 너무 컸지만, 오히려 그것이 그 땅이 그들을 풍요롭게 먹여 살리고 있음을 보여준다"고 1631년에 쓴 바 있다. 이러한 발견들은 유럽의 집단적 상상력에 불을 붙여서 사유재산과 노동과 주인나라들과 왕들이 없이 사는 종족들에 관한 끝없는 논쟁들을—땅에서 쫓겨난 사람들만이 아니라 정치가들, 철학자들, 작가들 사이에—일으켰다.[25]

아메리카에 있는 이러한 대안적 사회들에 관한 이야기들은 선원들에 의하여 유럽으로 다시 전해졌다. 이 선원들은 실제 세상에 존재하는 수백 명의, 그리고 곧 수천 명이 된 래피얼 히슬로데이Raphael Hythloday—토머스 모어의 『유토피아』에서 '유토피아'에 관한 이야기를 하려고 신세계에서 되돌아간 뱃사람—들이었다. 상층문화와 하층문화에 속하는 사람들 모두 선원들과 그들이 가지고 온 "낯선 보고들"에서 '다른 땅'에 대한 소식을 들으려고 했다. 미셸 드 몽떼뉴의 몸종은 브라질 원주민들 사이에서 선원으로 12년 동안 살았던 경력을 가지고 있었다. 이 "평범하고 무식한 친구"는 의심할 여지없이 "진짜 목격자"로서 그 이야기들은 인간의 가능성에 관한 그의 주인의 사고에 영향을 미쳤다.[26] 이런 이야기들, 그리고 런던과 같은 항구 도시들을 도는 다른 이야기들을 통하여 셰익스피어는 아메리카에서 볼 수 있는 "고역이 없는 황금 세상"에 관해서, "법도, 책도, 판사들도 없는" 곳들에 관해서 읽고 들었다. 몇 세기 후에 러자드 키플링Rudyard Kipling은 버뮤다를 방문하여 셰익스피어가 『폭풍』을 쓰기 위한 많은 아이디어들을 "어떤 취한 선원"으로부터 얻었다고 주장하게 된다.[27] 이런 식으로 선원들은 신세계의 원시적 공산주의와 구舊세계의 서민적 공동주의commonism를 한데 연결하였는데, 이는 1609년 버뮤다에서 일어난 씨벤처호의 파선을 둘러싼 사건들에서 선원들이 주도적이고 전복적인 역할을 맡게 된 이유를 (적어도 부분적으로는) 시사해준다.

'공동으로 하기'는 단일한 농업적 관례가 아니었으며, 또한 공유지도 인간이 고정적으로 보유하는 획일적인 생태적 장소가 아니었다. 양자는 스트래치가 그리고 다른 많은 이들이 알았듯이 때에 따라 그리고 장소에 따라서 달랐다. 스트래치는 "신이 자연의 봉사에 의해 창조한 것은 무엇이든지 처음에는 사람들에게 공동의 것이었다"고 설명했으며, 그가 만난 아메리카 원주민들은—이들을 그는 "자연인들"이라고 불렀다—자신의 조상들 즉 로마인들에 의해 정복당한 고대 픽트족Picts과 브리턴족Britons을 많이 닮았다고 설명했다. 공동경작지의 마련을 포함하는, 독특한 잉글랜드식 공동경작농업이 있었는데, 이는 매사추세츠의 써드베리Sudbury에서 그대로 성공적으로 실행되었다가 나중에 사적 축적의 공격에 의하여 사라진 것으로 보인다고 한다.[28] 그러나 공유지는 특수하게 잉글랜드적인 농업관례 혹은 그 아메리카적 변종 이상의 것이었다. 이와 마찬가지의 사고가 클라칸clachan,* 쎕트sept,** 런데일rundale,*** 서부아프리카 마을, 그리고 아메리카 원주민들의 토착적인 장기휴작 전통의 근저에 자리잡고 있었다. 바꾸어 말하자면, 공동경작은 지구에서 사유화되지 않고 종획되지 않은 채 남아있는 모든 곳들, 상품이 아닌 것으로, 인간의 상호성의 다양한 가치들의 지주로 남아있는 모든 곳들을 포괄하였다. 셰익스피어는 버뮤다에서 벌어진 대안적 삶의 방식을 위한 투쟁의 진실을 알았다. 그러나 그는 현실적인 장소를 꿈같은 문학적인 "비非장소" 즉 유토피아로 전환하기를 선택했다. 〈버지니아 회사〉에 있는 그의 동료 투자자들도 유사한 일을 했다. "풍요로움, 평화 그리고 안락함"이 있는 삶을 잡으려고 하는 사람들과 반대로, 그들은 잔인하게 자신들의 유토피아를 추구했다.

협력과 저항

씨벤처호의 역사는 인간 협력의 다양한 형태들의 소우주로서 이야기될 수 있다. 이 형태들 중 첫째는 선원들 사이의 협력이며, 궁극적으로는 태풍이

---

* 클라칸 혹은 클로콘은 20세기 중반까지 아일랜드와 고지대 스코틀랜드에 흔하게 존재했던 유형의 작은 전통적 정착지이다.
** 쎕트는 가문의 한 분파 혹은 씨족의 한 분파를 나타내는 영어 단어이다. 'sect'의 변화된 형태로 추정된다. 이 용어는 아일랜드와 스코틀랜드에서 발견된다.
*** 런데일제(the rundale system)는 땅을 점유하는 한 형태로서 영국의 공동경작제도와 다소 닮았다. 땅이 불연속적인 부분들로 나뉜 다음 공동으로 붙여먹는 여러 명의 소작인들에 의해서 경작되고 점유된다. 아일랜드에서는 흔하며, 스코틀랜드에서도 '런 릭'(run rig)이라는 이름으로 존재했다.

몰아치는 동안 배를 조종하고 돛을 급히 내리고 갑판을 정리하고 선체로 스며들고 있는 물을 퍼내면서 보여준, 배에 있는 모든 이들의 협력이다. 파선 이후에 협력적 노동은 확대되었으며 해변에 있는 모든 "일손들" 사이에서 재조직되었다. 한편으로는 〈버지니아 회사〉의 지도자들에 의해서도 재조직되었으며, 다른 한편으로는 그들과는 대립적으로 그렇게 되었다. 이 일은 팔메토나무*의 잎으로 비바람을 피할 오두막을 짓는 일과 생계를 위한 '공동으로 하기'—수렵과 채취, 어렵 및 찌꺼기음식 찾아먹기—로 구성되었다. 평민들은 선원들의 주도 아래 배에 탄 상관들에 대한 도전을 시작으로 하여 섬에서 5번의 별개의 모반들—파업과 탈주를 포함한다—을 꾸미는 데서 협력했다. 이 투쟁적 협력과 병렬적으로 그리고 그에 맞서서 〈버지니아 회사〉의 간부들은 그들 자신의 협력적 노동 프로젝트를 조직하였다. 히말라야삼목을 베고 난파민들을 버지니아로 데려다 줄 배들을 만드는 일이었다. 전복적인 형태의 협력과 공식적인 형태의 협력들 사이의 긴장이 1609년에서 1610년까지 버뮤다에서의 삶에 대한 스트래치의 보고에 담긴 드라마를 구성하였다.

협력은 많은 상이한 노동경험을 가진 많은 상이한 종류의 사람들을 한데 묶었다. 선원들, 노동자들, 수공업기술공들, 두 아메리카 원주민들인 내먼택Namuntack과 맷첨프스Matchumps—이들은 영국으로 여행을 한 후에 체사피크에 있는 파우허탠Powhatan**으로 돌아가고 있었다—를 포함한 여러 종류의 평민들이 이들의 인적 구성이었다.[29] 이러한 협력적 저항을 보고

---

* 팔메토(palmetto)는 야자나무의 일종이다.
** 파우허탠(Powhatan, Powatan 혹은 Powhaten이라 쓰기도 함)은 아메리카 선주민 중 하나의 이름으로 그들이 주도한 부족 연맹체를 가리키기도 한다. 알곤퀸어를 썼고 초창기 영국 대 아메리카 선주민들의 접촉기에 지금의 버지니아에 살았다.

셰익스피어는 『폭풍』에서 노예인 캘리번과 광대인 트린큘로 그리고 선원인 스테파노Stephano가 꾸민 모반—이 3인은 서로 힘을 합해서 프로스페로를 죽이고 섬(버뮤다)을 장악할 계획을 세운다—를 구상하게 되었다. 캘리번은 아프리카인, 아메리카 원주민, 아일랜드인, 잉글랜드인의 문화적 요소들을 구현하며, 다른 한편 트린큘로와 스테파노는 포펌 판사 시대 영국에서 땅에서 쫓겨난 사람들의 주된 유형들 중 둘을 나타낸다. 폭풍우를 피하기 위해 개버딘 망토를 쓰고 캘리번과 합류할 때에 트린큘로는 "비참은 사람으로 하여금 낯선 동료들과 사귀게 한다"고 생각한다. 그러나 곧 그는 "이게 뭔가? 사람인가, 물고기인가?"라고 자문한다. 스테파노는 이들이 있는 곳에 도착하여 그가 생각하기에 다리가 많이 달린 동물을 훑어보고는 새로운 종류의 존재가 창조된 것이 아닌가 생각한다. "이는 다리가 넷 달린, 섬의 어떤 괴물이군." 물론 그것은 물고기가 아니며 괴물도 아니고 잡종도 아니다('잡종'hybrid이란 말은 원래 돼지들의 품종개량에서 사용된 말이며, 1620년 벤 존슨Ben Jonson이 젊은 아일랜드 여성들을 지칭할 때 처음 인간에게 적용되었다). 오히려 이는 잡색의 노동자들 집단 사이의 협력의 시작이다. 캘리번은 트린큘로와 스테파노에게 낯선 땅에서 어떻게 살아남는가, 어떻게 어디서 먹을 것과 담수와 소금과 목재를 찾는가를 보여주기 위해 그의 '공동으로 하기' 능력(즉 수렵과 채취)을 사용할 것을 약속한다. 그들의 협력은 궁극적으로 버뮤다 섬에서 씨벤처호의 평민들이 꾸몄던 것과 같은 모반과 반란으로 진화한다. 그들 역시 실패하지만 말이다.[30]

우리는 개버딘 망토 아래에서 이루어진 캘리번과 트린큘로의 회합이 저 **잡색**motley 집단의 시작이라고 말한 셈이다. 우리는 이 용어의 의의를 설명해야 할 것이다. 르네상스기 잉글랜드에서 왕족의 복장들 중에 'motley'(얼룩덜룩한 광대옷)는 왕에 의해서 권력자에게 농담을 하고 심지어는 진실을 말할 수 있도록 허용받은 광대가 입는 여러 색으로 된 옷 혹은 종종 모자였다. 하나의 상징으로서 'motley'는 무질서와 전복에 대한 축제적 기대들을 가져오는 것 즉 조그만 울분풀기였다. 더 확대하면, 'motley'는 또한 여러 색깔의 옷들이 어울려서 흥미로움을 유발하는 군중처럼, 여러 색깔의 사람들의 집합을 가리킬 수 있었다. 잡색의 군중은 누더기를 입은 집단 혹은 '룸펜'프롤레타리아(룸펜은 '넝마'를 의미하는 독일어에서 왔다)일 가능성이 컸다. 비록 우리가 잡색 집단이 여러 인종으로 되어있는 점을 말하고 강조하지만 우리는 독자들이 그 다른 의미들 즉 권력의 전복 및 가난의 외적 드러남도 마음에 새겨두기를 바란다.

공유지의 수탈은 영국에서만 아니라 아일랜드, 아프리카, 카리브해 지역, 북아메리카에서도 일어났다. 이렇게 창출된 프롤레타리아는 초기에 대서양을 항해하는 배에서 숙련 항해사들과 선원들로서 일했으며, 아메리카의 식민농장들에서 노예로서 일했고 런던에서 오락제공자로서, 성노동자로서, 하인으로서 일했다. 노예무역에의 영국의 참여는—이는 자본주의의 발생에 필수적이다—1563년에 시작되었는데, 이는 셰익스피어가 태어나기 전이었다. 1555년에 존 록John Lok가 최초의 가나인 노예들을 영국에 데려왔는데, 이들은 가나로 되돌아가서 노예무역을 위한 통역자가 되기 위해서 영국에서 영어를 배웠다. 존 호킨스John Hawykins는 1562년과 1563년 사이에 아이티에서 스페인인들에게 3백 명의 노예들을 팔아 막대한 이익을 남겼다. 엘리자벳 여왕은 그의 두 번째 노예원정을 위해 그에게 배와 승무원들을 빌려주었다. 벤 존슨Ben Jonson의 『흑의 가면』 The Masque of Blackness에서 오씨애너스Oceanus는 아프리카의 흑인에게 "그런데, 이 조용하고 축복받은 땅에까지/ 그대의 헤라클레스 같은 노동을 확대한 목적은 무엇이지[?]"라고 순진하게 물을 수 있었다. 신화 속의 존재들 중에서 헤라클레스를 좋아했던 셰익스피어가 이 질문에 대답하는 것을 도울 것이었다. 1607년에 노예무역선인 드래곤Dragon호와 헥터Hector호의 승무원들은 씨에라리온에 정박해 있을 때 『햄릿』과 『리처드 2세』를 공연했다. "기독교도가 된 흑인이며 고향의 왕인 보리어Borea와 친척간인" 루카스 퍼난데즈Lucas Fernandez는 그곳을 방문하는 아프리카인 상인들을 위해서 연극들을 통역해주었다.[31] 〈기니와 비니로 무역하는 런던 투기자 회사〉the Company of Adventurers of London Trading to Gynney and Bynney라는 이름으로 제임스 1세에게 인가를 받은 영국의 노예무역상들은, 『폭풍』이 최초로 공연된 지 얼마 안 되는 1618년에, 서부아프리카에 최초의 영구적인 영국 상관商館을 지었다.[32]

셰익스피어는 캘리번, 트린큘로, 스테파노의 모반을 천한 등장인물들의 희극으로서 제시했다. 그러나 그들의 연합은 웃을만한 것과 거리가 멀다. 드레이크Drake는 남아메리카의 북안北岸을 공격할 때에 탈출한 아프리카계 인디언 노예들인 씨마론인들the Cimarrons의 우수한 지식에 의존했었다.[33] 그리고 우리가 보았듯이, 민주적이고 반율법주의적이며 코뮌주의적인 생각들을 아래로부터 수립했던 버뮤다에서의 실제적 반란은 셰익스피어가 허용한 것보다 더 다양하고 복잡하며, 지속적이고 지적이며 위험한 것이었다. 아마도 셰익스피어는 선택의 여지가 없었을 것이다. 그 당시의 어떤 법은 무대에서 신성神性에 대해 언급하는 것을 금지했으며 따라서 스테판 홉킨스 같은 비국교도들—이들은 자유에 대한 자신들의 생각을 바로 그러한 원천으로부터 끌어냈다—의 주장들을 고려하는 것을 어렵게 만들었다. 1604년의 교회법 또한 영국 국교의 39개 조항들 각각이 신의 말에 합치함을 영국에 있는 모든 교회가 인정할 것을 요구하였다. 제37조는 "영국 국법이 기독교인들을 죽음으로써 처형할 수 있다"고 되어있고, 제38조는 "기독교인들의 부와 재화는 그것의 권리와 소유권과 점유에 관한 한 일부 재침례주의자들이 잘못 떠벌리듯이 공동적이지 않다"고 주장했다.

씨벤처호의 반란자들처럼 『폭풍』에서 반란을 일으킨 "낯선 동료들"의 협력과 결합도 괴물스러운 것으로 제시되었다. 여기서 셰익스피어는, 17세기 후반의 영국 반란사인 『반란자의 운명』*The Rebel's Doom*을 쓴 익명의 저자에 의하여 요약되게 될, 민중의 반란에 대한 지배계급의 진화하는 견해에 기여하였다. 저자는 영국에서의 예전의 소요들은 거의 전적으로 "나라의 대부분의 신분이 높은 분들의 불충과 불복종"의 결과였던 데 비해 1381년의 농민봉기 이후로는 "폭도들"rabble ─프로스페로는 캘리번, 스테파노, 트린큘로를 이렇게 부른다─이 "괴물스런 히드라처럼 그 흉한 머리들을 쳐들고 군주의 왕권과 권위에 쉿쉿 소리를 내며 대들기 시작했다." 파선 이후 버뮤다에서 일어난, 권력을 가진 〈버지니아 회사〉에 대항하는 파업들, 반란들, 분리들, 항의들은 식민화의 과정에서 주요한, 심지어는 결정적인 역할을 하게 될 것이었다. 이는 버뮤다와 버지니아의 나중의 이야기들이 보여줄 것이다.

계급규율

씨벤처호가 버지니아의 "식민지를 계속적으로 통치할 모든 주요한 행정관들을 선복船腹에 싣고 왔"긴 하지만(이 행정관들 모두는 버뮤다에 난파되었다), 그리고 토머스 게이츠경은 〈버지니아 회사〉로부터 자기 재량으로 계엄령을 선포할 권한을 부여받긴 했지만, 이 신사들은 권위를 세우느라고 끔찍하게 고생을 했다. 태풍과 파선이 계급의 구별을 없애버렸기 때문이다. 대안적 삶의 방식을 제안하는 저항에 직면하여 〈버지니아 회사〉의

헤라클레스가 죽인 것으로 간주되는 히드라. 에드워드 톱셀. 『뱀의 역사』(1608).

간부들은 '공동으로 하기'라는 선택항을 파괴함으로써, 그리고 노동과 테러 즉 삶과 죽음의 새로운 방식들을 통해 계급규율을 다시 천명함으로써 대응하였다. 그들은 노동을 재조직했고, 극형 처벌을 내렸다.[34]

　〈버지니아 회사〉의 동료 투자자들이 직면한 문제들에 늘 민감한 셰익스피어는 『폭풍』에서 권위와 계급규율의 문제들을 숙고하였다. 배에 타고 있을 때 곤잘로는 모든 사람을 평등하게 하는 폭풍이 몰아치는 동안 감히 귀족들에게 명령하며 이리저리 부리는 한 건방진 선원과 대면하게 된다. 그는 이 노골적인 뱃사람에 대해서 이렇게 말한다.

이 친구는 내게 큰 위안을 주는군. 내 생각에 이 친구는 물에 빠져 죽을 것 같지 않아. 얼굴을 보니 완전히 교수대에서 죽을 상이군. 훌륭하신 운명이여, 그의 교수형에 꼭 붙어 있으시게. 그의 운명의 목매는 밧줄을 우리의 구원의 밧줄로 만드시게. 우리 것은 쓸모가 거의 없으니 말이야. 만일 그가 교수형으로 죽기 위해 태어난 것이 아니라면 우리의 상황은 비참하군.

물론 배가 위험에 처해있는 한 곤잘로는 말로 하는 반란에 대해서 아무 대응도 할 수 없다. 따라서 그는 "교수형에 처할 운명인 사람은 물에 빠져 죽을 것을 두려워할 필요가 없다"는 서민 속담을 떠올리며 교수형에 처할 운명이란 데서 위안을 얻는 것이다. 이렇듯 셰익스피어는 원양항해 선박들(한 〈버지니아 회사〉 간부는 이 선박들을 "우리나라의 보석들"이라고 불렀다)과 선원들의 중요성을 시사하였다. 그는 식민화과정을 감독하는 지배자들이 이 선박들이나 선원들 모두를 단단히 통제해야 한다고 조언한다. 선박과 선원은 상품의 수송을 통한 자본의 국제적 축적에 필요했는데, 여기에는 우리가 보았듯이 땅에서 축출된 노동자들이 저 새로운 자본을 창출하는 것이 포함되어 있었다. 중요한 통제수단의 하나는 공개교수형이었다.
　　수부장의 운명이 지배계급에게 생명줄이 되어달라고 곤잘로가 운명의 신에게 빌 때에 그는 현실적 관계를 명시적으로 밝히고 있는 셈이다. 월터 롤리경Sir Walter Raleigh은 베네수엘라의 바다를 탐험할 때에 비슷한 경험을 했다. "마침내 우리는 수로안내인을 교수형에 처하기로 결정했다. 우리가 만일 밤에 돌아가는 길을 잘 알았더라면 그는 확실히 죽었을 것이다. 그러나 우리들 자신의 필요가 그를 살려놓기에 충분했다." 교수형은 프롤레타리아의 일부에게는 운명이었다. 그것이 대서양 양쪽의 노동시장들(해상이든 아니든)의 조직과 기능에 필요했으며 버뮤다에서처럼 급진적인 사상들을 진압하는 데 필요했기 때문이다. 『폭풍』이 처음 공연된 1611년에 미들섹스Middlesex에서만 (이 카운티는 런던에서 가장 인구가 많은 교구들을 이미 포함하고 있었다) 대략 130명이 교수형을 선고받았으며 98명은 실제로 교수형에 처해졌다(이는 한 해 평균인 약 70명을 꽤 넘어서는 숫자이다). 다음 해에 청교도 분리주의자 로벗 브라운의 추종자인 동시에 스테판 홉킨스의 교회 형제들인 바쏠로뮤 리게잇Bartholomew Legate와 에드워드 라잇먼Edward Wrightman은 이단죄로 화형에 처해졌다. 훨씬 더 섬뜩한 처벌들이 바다에서 행해졌다. 어떤 선원이든 보초를 설 때에 잠자다가 세 번 걸리면 총알이 든 바구니를 팔에 매단 채 큰 돛대에 묶였다. 네 번째 걸리면 비스킷과 칼이 주어진 채 배 앞쪽의 바다로 뻗어나간 부분에 매달아졌다. 그리하여 결국은 굶어죽든가 아니면 스스로 줄을 끊고 익사하든가 하나를 택할 수밖에 없었다. 배를 훔치려고 한 사람은 머리가 뱃전에 부딪쳐 골수가 터질 때까지 발목을 묶여 거꾸로 매달아졌다. 셰익스피어는 그의 작품에서 이러한 현실들을 회피했다. 그러나 그와 〈버지니아 회사〉에 있는 그의 친구들은 자본주의적 식민화가 그들에게 의존한다는 점을 잘 알고 있었다.[35]

여러 끔찍한 종류의 극형에 처하는 것이 씨벤처호에서의 계급규율의 유일한 형태들은 아니었다. 그 중 한 형태는 버지니아 식민지에 대해서, 아니 실로 영국의 대서양 제국 전체에 대해서 장기적인 영향을 미치게 될 것이었다. 그 출처는 16세기 후반 네덜란드에서 오렌지의 모리스Maurice of Orange가 병사들을 위해서 개발한 새로운 형태의 군사규율이다. 모리스는 병사들의 움직임을 구성부분들로 분해하고 그것들을 다시 결합하여 새로운 협력, 효율, 집단적 힘을 창출함으로써 군사적 업무과정을 다시 디자인했는데, 이는 나중에 "군사혁명"의 핵심으로 판명될 것이었다.[36] 이러한 아이디어들과 관행들은 토머스 게이츠경과 토머스 데일경Sir Thomas Dale에 의해서 1610년과 1611년에 버지니아로 가져와졌으며 다시 나중에 총독 대니얼 터커Daniel Tucker에 의하여 거기서부터 버뮤다로 가져와졌다. 군사적 협력을 조직하는 이 새로운 방법은 궁극적으로 교수대와 채찍질대의 테러에 의존했다(어떤 경우에 터커는 아침 식사 전에 40명을 사적私的으로 채찍질하였다). 이 방법의 현실성과 필요성은 초기 버지니아의 사회·정치적 동학에서 볼 수 있다. 버지니아 초기의 지도자들—게이츠, 들 라 워De La Warr, 데일, 여들리Yeardley 등—거의 모두는 "전쟁의 대학인 네덜란드에서 제대로 교육받은" 장교들이었던 것이다.[37]

버뮤다에서 처음 등장한 저항은 이주민들이 노동을 거부하고 반란을 일으키고 종종은 파우허탠 인디언들에게로 도망가는 식으로 버지니아에서도 존속하였다. 여기서도 "이견異見의 폭풍"이 계속되었다. "자신의 가치를 과대평가하는 모든 사람은 지휘자가 될 것이었다. 다른 사람의 가치를 과소평가하는 모든 사람은 명령 받기를 거부할 것이었다." "분별없고 대담하며 제멋대로 구는 다중의 결과물[인] 분방, 폭동, 광란"이 여기에 있었다. 병사들, 선원들, 그리고 인디언들은 모반을 하여 총과 도구들을 〈버지니아 회사〉의 창고들로부터 몰래 빼냈으며, "야시장"을 열어서 훔쳐온 물건들을 팔았다. 버지니아의 지도자들 중 다수는 아일랜드에서도 같은 문제들에 직면한 적이 있는데, 거기서 영국 병사들과 정착민들이 농장을 떠나서 아일랜드인들과 합류한 바 있었다. 한 익명의 관찰자는 버지니아의 1609년에 대하여 이렇게 썼다. "이 배고픈 시절에 우리들 중 다수는 먹기 위하여 미개인들에게로 도망쳤는데, 이들에 대하여 나중에 아무 소식도 듣지 못했다." 탈출사건들의 일부는 이렇듯 원주민 말로 "모우칙 워요흐 토흐 노어라흐 카케레 메체?"(Mowchick woyawgh tawgh noeragh kaquere mecher?, 나는 매우 배고프다. 무엇을 먹을 것인가?)라는 긴급한 물음에서부터 시작했다. 제임스타운에서는 정착민 7명 당 1명이 1609에서 1610년 사이의 겨울에 도망쳤다. 파우허탠족의 언어를 배우기 위해 그들 사이에서 산 적이 있는 청년 헨리 스펠먼Henry Spelman은 1609년에 그 부족으로 돌아왔는데, "식량이 부족하다는 이유"에서였다. 그러나 굶주림이 유일한 문제는 아니었다. 영국 이주민들은 "1607년에 정착하는 순간부터 1622년 학살 이후 영국인들과 원주민들의 관계가 거의 전면적으로 붕괴될 때까지 정기적으로" 아메리카 원주민들에게로 도망쳤다. 존 스미스 대위는* "미개인들과 살" 기회가 도망자들을 끌어당기는 주요한 매력이라는 것을 알았다. 버뮤다에서 미개인들처럼 살았던 사람들이 주는 일부 매력도 부인될 수 없을 것이다.[38]

이러한 상황은 〈버지니아 회사 제2설립강령서〉(1609)가 프랜시스 베이컨의 조언을 얻어 승인한 〈신성하고 도덕적이며 군사적인 법〉을 불러오는 것을 도왔다. 베이컨은 스트래치에 따르자면 "〈버지니아 회사〉의 가장 고결한 지지자로서, 처음부터 (다른 귀족들 및 백작들과 함께) 그 회사를 번성케 하고 이끄는 고위 고문단의 일원이었다." 위에서 시사한 대로 이 설립강령서는 식민지에 규율을 부과하고 그럼으로써 새 주주들에게 돈을 벌어주기 위하여 계엄령을 선포할 권한을 토머스 게이츠에게 주었다. 게이츠가 버지니아에 도착한 다음 날 부과한 새 법의 첫 19개 조항들은 버뮤다

---

* 존 스미스 대위(Captain John Smith, 1580~1631)는 영국의 군인, 선원, 저자이다. 그는 버지니아의 제임스타운에 북아메리카 최초의 영구적인 영국인 정착지를 세우는 데서 큰 역할을 하였다. 또한 원주민 처녀 포카혼타스와의 관계로 유명하다.

에서 그의 지배에 도전을 한 모반들이 이루어지는 동안에, 그리고 그 섬의 자유, 풍요로움, 안락함을 배경으로 하여 작성되었을 가능성이 높다. 계엄법의 성격이 강한 이 법은 노동에 군사적 규율을 부과하고 저항에 대해서는 사형을 포함한 가차없는 처벌을 행하였다. 전체적 이 법은 37개의 조항들로 되어 있는데, 채찍질, 갤리선 노역, 사형을 많이 가할 것을 약속하고 있었으며 그 중 25개 조항이 극형처벌에 해당했다. 토머스 데일은 〈신성하고 도덕적이며 군사적인 법〉의 후반부를 "자신이 가지고 온 군령에 관한 군사서적"에서 따왔다. 이 법의 주된 목적들 중 하나는 영국 정착민들과 아메리카 원주민들을 갈라놓는 것이었다.[39]

데일의 법에 항거하여 이주민들이 도망쳐 간 쪽의 부족은 알곤퀸족 Algonquians에 속하는 30여 개의 소규모 집단의 '체나코마카'Tsenacommacah 혹은 느슨한 연합이었다. 그들의 최고 추장인 와훈쏘나콕Wahunsonacock — 이 사람은 영국인들이 파우허탠이라고 부르는 파문키Pamunkey 인디언이었다 —은 "키가 크고 균형있는 몸집과 못마땅해 하는 표정"을 가진 60살의 노인으로서 "그 어떤 노동도 견뎌내는 매우 능력있고 강인한 몸"을 가지고 있었다. 1만4천 명의 연합한 알곤퀸들은 숲과 체사피크의 물길들이 섞여있는 풍요로운 생태지대에서 살고 있었는데, 여기서 그들은 채집과 원예술의 경제를 영위해나가고 있었다. 그들은 사냥을 했으며(버지니아흰꼬리사슴, 곰, 야생칠면조, 거위, 메추라기, 오리), 물고기를 잡았고(청어류, 철갑상어), 뱀장어와 갑각류(게, 대합조개 굴, 홍합)를 포획했으며, 채취를 했고 (과일류, 딸기류, 견과류), 경작을 했다(옥수수, 콩, 호박). 그들은 유럽인들의 것보다 더 좋은, 영양가가 고루 들어있는 식단으로 자양분을 공급받았다. 이 연합은 토지소유 없고 계급이 없고 국가가 없는 소규모의 집단들로 구성되어 있었는데, "섬세한 늙은 여우"인 와훈쏘나콕에게는 모두 공물을 바치고 있었다. 그들은 경제의 전문적 분화를 거의 추구하지 않았으며 무역을 거의 시도하지 않았다. 그들은 자족적이었다. 그들의 사회는 모계 중심으로 조직되어 있었으며 남녀 모두 결혼 외부에서의 성의 자유를 누리고 있었다. 그들의 대략 1천5백 명의 전사들에게는 정치적/군사적 관료제가 존재하지 않았다. 와훈쏘나콕조차도 보통사람이 하는 일을 행하고 있었으며 모두가 그를 그의 직위명이 아니라 개인 이름으로 불렀다. 곤잘로가 그의 유토피아에 "두지 않으려는" 모든 항목들이 파우허탠 사회에서도 존재하지 않았다. 단 하나가 예외였는데, 옥수수 혹은 인디언 옥수수였다. 영국 정착민들은 음식을 찾아서 그리고 많은 이들이 명백하게 마음에 맞는다고 본 삶의 방식을 찾아서, "백인 인디언," 혹은 "붉은 영국인," 혹은―인종적 범주들이 아직 형성되지 않았기 때문에―앵글로-파우허탠들―이 되기를 선택했다.[40] 그런 사람들 중 하나가 로벗 마컴Robert Markham이었다. 버지니아로의 첫 여행(1607년 5월~6월)에서 크리스토퍼 뉴포트 선장과 함께 이 지역으로 와서 결국 배반자가 된 선원인 그는 알곤퀸 문화로 개종했으며 무타파스Moutapass라는 이름을 가졌다.[41]

이반은 계속되었다. 특히 서쪽의 헨리코Henrico에서 힘든 규율에 의하여 요새들―여기서 자라나온 것이 리치몬드Richmond이다―의 구축을 강요당하고 있는 병사들과 노동자들 사이에서 그랬다. 1611년에 "인디언들에게 도망친" 사람들 중 몇 명이 파견된 군대에 의하여 다시 잡혔다. 토머스 데일 경은 "매우 엄한 태도로 [그들을] 처형하도록 했다." 이들 중에 "일부는 교수형으로, 일부는 화형으로, 일부는 바퀴로 깔아죽이는 형으로, 일부는 말뚝에 매달아 채찍질하는 형으로, 또 다른 일부는 총살형으로 처형하도록 데일이 지정하였다." "같은 일을 시도하지 못하도록 공포를 주기 위하여" 이 "극단적이고 잔인한 고문들을 그는 그들에게 사용하고 가하였던 것이다." 데일은 〈버지니아 회사〉의 보급품으로부터 물건들을 훔치던 몇 명을 잡았을 때, "그들을 나무에 묶어 굶어죽도록 했다." 테러가 경계境界를 창출했던 것이다.[42]

이렇듯 반자본주의적인 민중적 전통들—노동, 사유재산, 법, 중죄, 반역, 혹은 재판관이 없는 세상—은 토머스 데일의 버지니아에서 완전한 대립물을 발견하는데, 이곳에서는 북소리가 정착민들을 노동으로 부르고 〈신성하고 도덕적이며 군사적인 법〉은 감히 저항하고자 하는 그 누구에게나 테러와 죽음을 약속하였다. 군인들이 버뮤다와 버지니아를 "자유와 감각의 충만함"이 존재하는 장소에서 천역과 전쟁과 궁핍과 기근의 장소로 바꾸었다. 1613년쯤에 버뮤다의 정착민들은, 뒤틀어지고 창백해진 몸으로, 이 섬을 영국인들이 벌이는 식민화의 초기 국면에서 전략적인 군사적 전진기지로 만들어줄 요새들을 짓는 노동을 하느라고 원기를 소진하며 굶어 죽어가고 있었다. 어떤 무명씨는 "숲에 숨어서 몇 달 동안을 쇠고둥과 참게만을 먹으며 통통하고 쌩쌩하게 사"는 식으로 옛날의 버뮤다를 보존함으로써 새로운 현실에 굴복하기를 거부했다. 버뮤다 낙원의 파괴의 전조는, 대대적으로 쥐가 들끓고 "한 떼의 갈가마귀들이" 불길하게 날아와서 "기아로 인한 대량사망의 기간 내내 머문 다음에 떠난" 일이었다.[43]

2

장작 패는 자들과 물 긷는 자들

2

장작 패는 자들과 물 긷는 자들
Hewers of Wood and Drawers of Water

내가 이 세상에서 해야 할 바는 흥겨워하는 일로, 터전을 내게서 앗아가지 않는다면 그리 하리.
— 프랜시스 보몽, 『불타는 공이의 기사』(1607)

소년, 소년아 차라리 네 유모 땜에 주리는 게 낫지 돈 자루 자른 탓에 목매달리려 사느니
— 벤 존슨, 『바쏠로뮤 난장』(1614)

전형적인 제국주의적 모험가인 월터 롤리 경Sir Walter Raleigh에 대한 공회公會
에서 적들은 국왕을 죽이려 스페인과 공모했다는 실체 없는 근거로 1603
년 제임스 1세의 즉위 직후 그를 런던 타워에 가두었다. 감옥에서 롤리는
『세계의 역사』History of the World를 쓰고 거기서 헤라클레스와 "아홉 머리를
가졌으되, 하나가 잘려나가면 그 자리에 둘이 자라는 히드라라는 이무기"
를 들먹였다. 물론 롤리는 헤라클레스와 자신을 동일시하고, 자본주의의
점증하는 혼란들을 상징하기 위해 히드라를 써먹었다. "무정형의 노동하는
계급이, 농노제의 전래하는 속지들로부터 풀려나와 당대의 사람들에게 어

떤 새로운 현상으로 출현했다"고 역사가 조이스 애플비Joyce Appleby는 지적한 바 있다.[1] 그리스 신화와 구약성서를 한데 엮어서, 롤리는 헤라클레스에 대한 어떤 역사적 해석을 펼쳤다. "그가 수많은 도둑들과 압제자들을 베넘겼다는 것이 시적 허세가 덧붙여짐 없이 사실로 기록되었음을 나는 받아들인다," 그리고 "그리스의 많은 도시들이 방대히 그에게 결속된 것은 확실한 바, (모든 노력을 공동의 선에로 기울여) 그 영토를 많은 억압에서 벗어나게 한 때문이다"라고 썼다. 헤라클레스는 특정한 인종 집단인 그리스인들의 득세 속에 왕권, 혹은 정치적 주권 그리고 교역을 확립하는 데 일조했다. 그는 탐험, 무역, 정복 그리고 영국 중상체제의 식민개척에 하나의 모델로 적용되었던 것이다. 실제, 헤라클레스 숭배라 할 만한 것이 17세기의 영국 지배계급 문화를 물들이고 있었다.[2] "혹자는 괴물들을 악[으로] 해석해서 헤라클레스란 말로써 용기, 절제 그리고 지조를 뜻한다. 다른 이들은 헤라클레스를 태양으로 받들고, 그의 여정이 황도의 열두 지표라고 말한다. 그의 업적들을 역사적으로 그들 자신의 착상에 적용시키는 축들도 있다"라고 롤리는 지적하고 있다.

프랜시스 베이컨은 대법관으로서 1618년 롤리를 재판에 넘겼고 그에게 사형 선고를 제일 먼저 알려준 터였는데, 헤라클레스와 히드라란 신화를 정말 강렬한 착상으로 변모시켰다. 엘리자벳조의 잘 나가는 정신廷臣에게 태어나고 케임브리지에서 교육 받은 베이컨은 귀납적 사유와 과학적 실험법을 내세운 철학자였고, 동시에 엘리자벳 여왕의 총애를 잃었다가 제임스 1세 치하에서 막역한 친구들을 배신하여 그걸 되찾은 정치가이기도 했다. 그는 〈버지니아 회사〉에 투자하는 한편 『신 아틀란티스』New Atlantis, 「제국에 관하여」"Of Empire", 그리고 「식민개척에 관하여」"Of Plantation"를 쓰면서 유토피아적인 사유와 실제적인 기획들을 결합시켰다. 식량과 반反종회을 내건 옥스퍼드셔의 시위자들이 반항하는 도제들과 합류하기 위해 런던으로 행진할 계획이었던 엔슬로 힐 반란Enslow Hill Rebellion(1596) 후에 그는 시론 「준동과 분란에 관하여」 "Of Seditions and Troubles"의 초를 잡았다. 목수이자 시위자들 중 하나였던 바쏠로뮤 스티어Bartholomew Steere는 "우리는 좀 더 흥겨운 세상을 머잖아 맞을 것이다…… 하루 일하고 또 하루는 놀 테니"라고 내다보았다. 스티어는 런던의 브라이드웰 감옥Bridewell Prison에서 베이컨과 다른 관리들 손에 두 달간의 심문과 고문을 당했다. 베이컨이 자신은 "모든 것이 가능해지도록 인간 제국의 경계를" 확장시키려 한다고 내세웠지만, 그의 권력에의 의지는 스티어가 꿈꾸는 것과 같은 대안들을 광포하게 짓밟았다.

베이컨은 프로메테우스Prometheus를 해석하는 가운데 헤라클레스에 대해 썼는데, 전자는 정신과 지력을 지칭하고 그로 말미암아 인간이 "세상의 중심으로" 여겨질 수 있음을 입증했다는 것이다. 오직 인간을 위하여 바람은 배를 움직이고 기관을 돌게 했다. 식물과 동물들은 오직 인간을 위하여 음식과 거처를 마련해 주었다. 심지어 별마저 인간을 위해 운행했다. 진리를 향한 추구는 항상 권력을 잡기 위한 투쟁이었다. 프로메테우스를 풀려나게 하려는 헤라클레스의 여정은 베이컨에게 인류를 구원하는 하느님의 이미지처럼 여겨졌다.[3] 헤라클레스 이야기는 그가 『어떤 성전을 다루는 공론』An Advertisement Touching an Holy War을 쓰게 되었을 때 염두에 둔 바였는데, 그것이 출판된 1622년은 기근의 해였고 베이컨이 몰락하면서 뇌물 혐의들로 유죄를 받은 직후였다. 그는 그것을 빚을 갚고 다시 권력의 회랑으로 복귀하는 길을 찾기 위해 썼다. 그 소론은 누가 정부의 돈주머니 끈을 쥘 것인가를 놓고 의회 구성원들과 국왕 사이에 빚어진 갈등을 다루었다. 베이컨은 "그 커가는 균열을 치유할 [유일한] 기회는 국가가 해외에서 어떤

프랜시스 베이컨의 『위대한 부흥』(1620)의 표제부 : 발견선 하나가 헤라클레스의 표주인 지브롤터 해협을 통과해 되돌아오고 있다. 폴저 셰익스피어 도서관의 게재허락.

대대적인 싸움에 관여하도록 하는 것이다'라고 조언한다. 그 무렵 카톨릭계 스페인과의 국가적 분란은 거기 부합하지 않을 터인데, 제임스 1세가 일방 스페인과의 동맹을 선호했기 때문이다. 그래서 베이컨은 자신이 제안하는 성전에 적합한 적들을 다른 곳에서 찾았다.

그는 전쟁을 극형에 비유하는 것으로 출발한다. 둘 다 그 정당화는 국가의 법률, 자연의 법도, 그리고 신적 규율에 조응하여 "완전하고 명확해야" 마땅한데, 그래야 "우리 복된 구세주"가 몰록(그러니까 제물이 바쳐지는 어떤 우상)이 아닐 수 있기 때문이다. 사형선고는 신이 부정한 자들, 생래의 이성을 손상시켜버리고 권리로나 이름으로나 국민이 아닌 자들로 "그저 다중, 한 떼인 사람들"에 대해 정당화되는 것이다. 같은 시론의 다른 곳에서 베이컨은 사람들의 "떼"와 "무리"에 대해서 거론했다. 자신의 용어들을 자연사—벌 "떼", 물개나 고래 "떼", 늑대 "무리"—에서 취해 사람에 적용시킴으로써, 베이컨은 괴물스러움에 대한 지론의 근거를 끌어댔다. 이런 사람들은 자연의 법도에서 퇴락하여 "그들의 몸과 상태의 틀 안에 괴물성"을 받아들여 버렸다. 1620년 베이컨은 괴물들, "자연에서 새롭고 드물며 특이한…… 모든 것에 대해" 엄밀한 연구를 요청한 바 있었다. 그에게 괴물들은 경이로운 어떤 것, 신기한 것, 혹은 이국적인 것 이상이었다. 그 보다는 자연의 주요한 갈래 중 하나로, 자연은 1) 제대로의 자연, 2) 만들어진 자연 그리고 3) 어긋난 자연으로 되어있다. 이들 세 영역들이 정상적인 것, 인공적인 것, 그리고 괴물스러운 것들을 이룬다. 마지막 범주가 자연적인 것과 인공적인 것의 경계들을 이어주며 그래서 실험과 통제의 과정에 핵심적이다.[4] 이런 구분들은 베이컨 사유의 잘 알려진 요소들이다. 『어떤 성전을 다루는 공론』은 상대적으로 잘 안 알려져 있지만 그럼에도 그 시대의 형식과 기질을 드러낸다.

베이컨은 고전 고대와 성서, 그리고 근세사에 근거하여 파멸해 마땅한 그런 "다중"의 일곱 예를 든다. 서인도제도인, 가나안 사람들, 해적들, 떠돌이들, 암살자들, 아마조네스들, 재침례교도들이다. 이들을 열거한 뒤, 이렇게 쓴다.

예들로는 충분하다. 다만 우리로서는 헤라클레스의 노역들을 덧붙인다면 말이다. 비록 훨씬 엄청난 내용으로 부각되어야 하겠지만, 그대로도 그런 것이 거인들과 괴물들 그리고 외방의 압제자들을 절단 내고 정복하는 것을 합법적일 뿐 아니라 영예롭고, 심지어 거룩하게 영광스럽다고 인정하는 데는 모든 민족들과 세기에 걸쳐 일치됨을 분명히 설명해 주기 때문이다. 그리고 다만 이때 그 해방자는 세계의 한쪽 끝에서 다른 쪽으로 강림한다.

이것이 그 핵, 그러니까 핵심 사상인데, 거기서 대량학살과 거룩함이 만난다. 어떤 성전에 대한 베이컨의 공론은 그렇게 여러 유형의 대량학살을 요청하는 것인바, 그 정당화를 성서적이며 고전적인 고대에서 찾았다. 그가 거명한 집단들이 괴물스런, 여러 머리 히드라로 몸을 드러내면서, 베이컨은 그렇게 그 형태 없는 것에 형태를 부여했다. 그러나 이 집단들은 누구였는가? 그리고 왜 그는 이들에 대한 성전을 촉구 했는가?

노동의 저주

이런 질문들에 대한 대답은 앞 장에서 시작된, 롤리와 베이컨 시대의 수탈과 착취 그리고 식민화 과정에 대한 분석을 계속하는 데서 찾아질 것이다.

당대의 (종획과 정복으로 말미암은 공동토지에 대한, 휴일을 청교도식으로 앗아간데 따라 시간에 대한, 아이 훔치기와 여성 불태우기에 의해 몸에 대한, 그리고 길드의 파괴와 고대종교에 대한 공격으로 지식에 대한) 많은 수탈들은 공포에 의해 직접적으로 강제되는 새로운 종류의 노예제 속에 새로운 유형의 일꾼들을 낳았다고 우리는 주장한다.[5] 우리는 동시에 새로운 방식과 새로운 규모로 일꾼들 사이에 협력이 자라나오면서 그들 가운데서 새로운 형태의 자기조직화를 촉진시켰으며, 이는 당대의 지배계급에게 경악스런 일이었다고 본다. 베이컨은 그러한 일꾼들의 새로운 연합을 괴물스러운 것으로 보았고, 여러 머리 히드라란 신화를 괴물성에 대한 자신의 소론, 미묘하게 한 꺼풀 가린 테러와 대량학살 정책을 전개하는 데 이용했다. 그 괴물성이란 어법은 1640년대의 잉글랜드에 하나의 혁명적 운동이 자라나오면서 각별한 정합성을 갖는데, 거기서 베이컨이 적대한 프롤레타리아 세력들이 결정적인 역할을 맡았다.

우리는 이 장에서 "장작 패는 자들과 물 긷는 자들"의 형성에 집중할 터인데, 이 어구는 『폭풍』이 쓰인 해(1611)에 출간된 흠정본 성서*에 차용된 것으로 근대 사회 묘사에까지 널리 쓰이는 말이다. [영어로는 Hewers of Wood and Drawers of Water로 쓰기 때문에―옮긴이] 두운과 유음流音이 얼마간 매력을 느끼게도 하지만, 그 구절이 묘사하는 실제 일이 천하고, 힘겨우며 더러운 까닭에 본디 용법은 어긋남과 아이러니를 축으로 삼는다. 17세기 런던의 장인들은 그 어구를 탈숙련, 기계화, 값싼 노동, 그리고 독립성의 상실에 대항하는 데 차용했다. 1729년 스위프트는 1790년 울프 톤 Wolfe Tone**과 거의 두 세기 후 제임스 코널리James Connolly***가 그랬듯이 영

---

* 'King James Version'을 말한다.

국 군주들 하의 아일랜드인을 묘사하는 데 원용했다. 1736년 귀족출신 강경 토리Tory인 볼링브로크Bolingbroke가 인종적인 관점을 더했는데, "인류의 한 떼"가 "그 나라에 태어나긴 했으되 공동체의 박약한 구성원들로," "마치 유태인들처럼 한 자별한 인종, 장작 패는 자들과 물 긷는 자들로 구별되는," "또 다른 종"을 구성한다는 것이다.6 19세기에 영국 차티스트들은 그 어구에 동물적인 함축들을 부여했던바, 일하는 계층들을 짓눌린 야수들—장작 패는 자들과 물 긷는 자들로 만들려는 시도로 말미암아 "노동하는 계층들—진짜 '사람들'—이 깨어 일어났다."7 영국령 카리브해 지역에서 출판된 첫 영어 소설인 『이매뉴얼 아빠도까』*Emmanuel Appadocca*(1854)에서 맥스웰 필립Maxwell Philip은 아프리카인들에 대해 "세상에 철학, 종교, 그리고 정부를 주었지만, 이제는 장작을 패고 물을 나르느라 몸을 수그려야만 한다"고 썼다. 『고래의 천민』*The Ancient Lowly*(1888)에서 오스본 워드Osborne Ward는 "그들이 단지 노예이기만 한 것이 아니라, 말 그대로, 또 다른 인종을 이루었다. 그들은 보통사람들, 프롤레타리아트로 '장작 패는 자들과 물 긷는 자들'이다"8라고 명기했다. 그 어구의 사용은 마커스 가비Marcus Garvey*의 추종자이자 〈전미유색인권리향상협회〉NAACP**의 뉴욕Newark 지부장인 쌔무

** 씨오볼드 울프 톤(Theobald Wolfe Tone, 1763~1798)은 아일랜드 독립운동의 지도적 인물이었고, 아일랜드 공화주의자들의 대부로 여겨진다. 1789년의 아일랜드 반란에서의 역할 때문에 사형을 언도 받은 다음, 뒤이은 지병 끝에 스스로 목을 베 숨졌다.

*** 아일랜드 이름은 Séamas O'Conghaile 혹은 O'Conghalaigh(1868~1916). 스코틀랜드–아일랜드 사회주의 지도자. 스코틀랜드의 에딘버러에서 아일랜드 이민자 부모에게 태어났다. 11살에 일하며 살기위해 학교를 그만두었지만, 당대의 지도적인 좌익 이론가가 되었다.

* 마커스 모사이어 가비(The Right Excellent Marcus Mosiah Garvey, 1887~1940) : 자메이카의 국민적 영웅이며 출판인, 저널리스트, 사업가이자 흑인 민족주의 운동가로 UNIA-ACL (Universal Negro Improvement Association and African Communities League)의 창립자였다. 흑인들의 아프리카로 이주를 주창한 "Back-To-Africa" 운동의 옹호자로 흔히 기억된다.

** National Association for the Advancement of Colored People.

얼 헤인스Samuel Haynes가 중앙아메리카 벨리즈의 국가國歌를 썼을 때 20세기로 넘어들어 왔는데, 그 가사가 "진리의 힘과 신의 은총으로/더 이상 아니네 장작 패는 자들이"에서 절정을 이룬다. W. E. B. 뒤 부아*는 흑인 장인의 목표가 "한낱 장작 패는 자들과 물 긷는 자들의 족속에 대한 백인 측의 경멸을 피하는 것"이었다고 설명했다. 범凡아프리카주의**의 해석적 과제 중의 하나는 이 성서적 용어가 백인들에게도 적용되었다는 점을 보이는 일이었다. 이 말들은 1912년 남아프리카에서 〈아프리카민족회의〉African Natioanl Congress의 결성에 핵심이 되었고 1991년 아파트헤이트의 철폐에 대한 넬슨 만델라Nelson Mandela의 연설에서도 다시 모습을 드러냈다. 흑인 혁명가인 조지 잭슨George Jackson은 자산 없음이 동반하는 사태를 강조했는바, "땅이든 도구든 갖지 못한 사람들이 언제 독립적인 적이 있는가? …… 장작 패기와 물 나르기는 더 할 나위 없다."9

패기와 긷기는 무시간적인 노역들을 시사하면서도, 사실 자본주의의 이른 시기에 연원한 어구였다. 윌리엄 틴덜William Tyndale이 1530년 자신의 구약성서 번역에서 "장작 패는 자들과 물 긷는 자들"이란 말을 만들었다. 그것은 두 가지 대조되는 성서적 맥락에서 등장한다. 첫째는 「신명기」 29장인데, 모세가 야훼의 명령에 성약을 맺는 대목이다. 그는 백성들에게 애굽으로부터의 해방, 황야에서의 사십 년, 정복 전쟁들에 대해 상기시킨다. 그는 부족의 수장들, 장로들, 그리고 장교들을 한데 불러 모아 "너희의 어

---

* William Edward Burghardt Du Bois는 저명한 학자, 편집자이자 흑인 운동가였다. NAACP의 창립 멤버로 20세기 전반기 미국에서 인종문제에 관한 저술과 열정적인 강연으로 인종, 정치, 역사에 관한 논의에 심대한 공헌을 했다.
** 범아프리카주의(Pan-Africanism)는 아프리카 원주민들과 아프리카로부터의 이산자들을 통일시키고 그 의기를 앙양하는 것을 목적으로 하는 운동.

린 것들, 아내들, 장작 패주고 물 긷는 자까지 너희 진영에 있는 이방인들은" 어떤 성약에 들어야 한다고 명령한다. 야훼는 그러자 십여 절에 이르도록 저주를 내린다. 그 성약은 포괄적이며, 위협 아래 공포 속에서 한 백성 혹은 민족을 구성하고 있다. 두 번째 맥락은 「여호수아」 9장 21절에 있는 바, "수장들이 또 그들[기브온 사람들]에게 말하고, 그들을 살게 하라 하지만 온 공동체를 위하여 장작 패는 자와 물을 긷는 자가 되게 하라." 두 절 아래, 그 구절의 징벌적 성격이 설명된다. "이제 그대들은 저주를 받아, 그대들 가운데 일부는 영원히 종이 되어 내 하느님의 집에서 쓸 나무를 패거나 물을 긷게 될 것이다." 기브온 사람들은 노예로 잡혀 벌을 받았으되, 성약 안에 남는다.

17세기 전반에 아프리카, 유럽, 그리고 아메리카의 장작 패고 물 긷는 자들에게, 일은 저주이자 징벌이었다. 이들 일꾼들은 자본주의의 성장에 필수적이었는데, 그들이 작업장, 제작소 혹은 길드 등에서 장인들이 할 수 없거나 하지 않으려는 일들을 했기 때문이었다. 장작 패고 물 긷는 자들은 역사가들이 대개 당연한 것으로 치부해 온 수탈의 기본적인 노역들을 수행했다. 예를 들어 수탈 그 자체는 주어진 것으로 취급된다. 땅갈기가 시작되기 전에 들판은 거기 있고 노동자들이 노동일을 시작하기 전에 도시는 거기 있다. 장거리 교역에도 마찬가지여서, 배가 거기서 돛을 펼치기 전에 항구는 거기 있고, 노예가 땅을 경작하기 전에 식민농장은 거기 그렇게 있다. 통상의 상품들은 스스로 교역되는 듯 보인다. 마지막으로 재생산은 가족이 지닌 초역사적인 기능인 것으로 여겨진다. 그 결과 장작 패는 자들과 물 긷는 자들은 보이지 않아, 이름 없이 잊히는 데, 그들이 "문명"의 하부구조를 건설함으로써 대지의 얼굴을 바꿔놓았는데도 말이다.

패는 자와 긷는 자의 노동들

장작 패는 자들과 물 긷는 자들은 세 가지 주요 기능을 가졌던바, 그들이 수탈의 노동을 떠맡았고, 항구와 배를 지었고 항해자들에게 대서양 교역을 제공했으며, 나날이 가계들을 지탱했다.

수탈의 노동들은 숲의 개활, 소택지의 물 빼기, 담장의 재활용, 그리고 경지의 종획 — 요약해서 공동소유의 '생활터전'*habitus*을 제거하는 일을 포괄했다. 숲 지대는 영국, 자메이카, 버지니아 그리고 뉴잉글랜드에서 숲속 사람들의 번성하는 경제들을 보듬고 있었다. 숲들의 파괴는 농업 "문명"을 향한 첫 걸음으로 신석기 시대에 경작자들에게 땅을 주었을 때의 헤라클레스가 집약해 주는 바대로다. 이것이 경작자들과 "개량자"들, 그리고 초기 스튜어트 왕조들이 수입원을 저돌적으로 찾으면서 왕실 소유지를 벌목하던 때처럼, 더 나아가 돈 독 오른 정부가 하는 말이었고 지금도 그렇다. 베어진 나무들이 철 제련, 유리, 양조, 조선 산업들에 연료를 댔고, 1570년에서 1640년 사이에 화목 가격이 세배나 뛰어 오르는 결과를 낳았다. 1640년에는 "〈산림제한법〉Act for the Limitation of Forests …… 이 수목의 광범위한 파괴의 시작을 알리는 신호가 되었다."[10] 1649년 〈목재 보존을 위한 하원 위원회〉가 만들어져 숲에 대한 공동체적 권리를 계속 주장하려드는 "정처 없고 무질서한 부류의 사람들"의 약탈행위를 저지하려 들었다. 1636년 쏘버린 오브 더 씨Sovereign of the Seas호 상갑판 큰 돛대에 쓰일 거대한 오크목을 끄는 데 스물네 마리의 거세 수소가 필요했고, 동시에 스무 남짓의 사람들이 그걸 정확히 배치하여 수레 그러니까 짐마차에 올리는 데 노역을 바쳤다. 17세기가 끝날 무렵 영국의 단지 8분의 1만이 식재된 상태로 남았다.

아메리카에서도 유사하게 정주자들이 농업 식민지들의 토지를 차지하고

베어지고 종획된 아메리카 풍경, 그리고 커누를 타고 지나가는 미원주민들 패트릭 캠블,『1791년과 1792년에 북아메리카의 내륙 거주 지역들을 여행』(1793).

개간했다. 버지니아에서는 협업노동으로 초기 정착지들을 건설하느라 "삽 질꾼들은 땅을 파고, 벽돌꾼들이 벽돌을 굽고, 식민회사는 나무를 베어 넘 기고, 도목들이 쪄내고, 톱질꾼들은 켜고, 군인들은 요새를 구축하는 데 달려들었다. 처음에 식민지 개척자들은 큰 도끼와 벌목 도끼에 익숙하지 않았지만, 서쪽으로 길을 연 피큇 전쟁Pequot War* 이후에는 금세 켜고, 베 고, 나누고, 잘라 목재와 그 부산물을 바베이도스나 서인도제도 다른 지역 으로의 수출 경제에 기반으로 삼았다. 하인들과 노예들이 바베이도스의 우 림에 거칠게 손을 대, 식민농장들을 위한 땅을 서서히 개간해서 신 정착지

---

* 1637년의 피큇 전쟁은 한 종족으로서 피큇 인디언들이 사실상 절멸되는 사태였다. 영국에서 온 매사추세츠와 코네티컷 정착자들과 그 동맹군들이 거의 모든 피큇 인디언들을 사로잡거나 죽였다. "피큇"이란 말은 "파괴자"를 뜻하는 알곤퀸어에서 온 말이다.

들의 첫 환금 수확인 목재를 영국으로 보냈다. 영국인들이 해외의 땅을 차지할 때도, 종획토지와 사유재산의 표지들인 울타리와 바자를 세움으로써 그렇게 했다.[11]

수탈의 또 다른 주요 노역은 소택지의 물 빼기였다. 1600년의 하원 입법은 소택지에서 대규모 공유자들이 배수 체계가 지나는 데 걸리는 공동 권리를 눌러버릴 수 있도록 허용했다. 유례없는 노동의 집약을 요하는 계획들과 일들이 넘쳐났다. 제임스 1세는 17세기 초반 쏘머셋 일부 지역의 물을 빼고 구획 짓는 데 수백 명을 조직해서 고기잡이, 들새사냥, 갈대 베기와 토탄 캐기의 공동 경제를 목양牧養의 자본주의 경제로 바꿔놓았다. 쏘머셋 "작은골들"warths에서 해안가 땅들은 간척되고 내지의 토탄 황지는 물 빼기가 되었다. 만천여 명 남짓의 일꾼들이 1650년대에 걸쳐 일리Ely 주변의 소택지 물을 빼는 데 들어갔고, 그 무렵 네덜란드 출신 배수 공학자들이 "말 그대로 천지개벽의 기술로 채비하고" 로마정복 시대 이후 어느 것보다 큰 인공 수로들을 만드느라 강 물길들을 바꿔놓아서 그들이 지나간 자리에 곧바른 도랑들과 반듯한 경지들의 완전히 새로운 풍경을 낳았다. 그 지역의 시인 마이클 드레이튼Michael Drayton은 그 땅을 "허벅진 다리 황지와 살진 옆구리 습지"[12]라 묘사했다.

"소택지 쟁탈전"이 1605년 최고 법관 포럼("욕심 많고 빌어먹을 포럼") 같은 주요 소유자들과 새잡이, 소택지인, 평민들 사이에서 시작되었다. 쟁탈전의 양상은 한편으로 살해, 사보타지와 마을 태우기에서 다른 한편으로 소송 끌기, 글 싸움, 그리고 고도의 수리 과학에 걸쳐 있었다. 물 빼기에 대해 산발적으로 터져 나오던 반대는 대개 여성들 주도로 평민들이 1620년대 후기와 1630년대에 햇필드Hatfield, 액솜 소도the Isle of Axholme와 여타 지역에서 일꾼들, 수로, 제방과 기구들을 공격하면서 긴장된 행동 시위로 커졌다. 대평원^{Great Level} 물 빼기에 감독관이 된 올리버 크롬웰^{Oliver Cromwell}은 자기 연대의 대령을 보내 준동하는 평민들을 진압하게 하고 그 대가로 물 뺀 땅 이백 에이커를 받았다. 공동권을 도둑질과 등치시킨 한 시인은 운문으로 그 승리를 찬양했다.

> 새 일꾼들 일 배우며, 훔치기 잊으리
> 새 발품들 교회 가고, 새 하인들 조아리리

1663년 쌔무얼 핍스^{Samuel Pepys}는 거기 사는 사람들을 일러, "그 자식들"(그는 거기 사는 사람들을 이렇게 불렀다) "의 슬픈 삶을 내내 바라보면서 가장 슬픈 소택지들을" 거쳐 나왔다. 그 슬픔은 특정한 패배의 결과였다. 1655년 토머스 풀러^{Thomas Fuller}는 이렇게 썼다. "거기 물 빼기를 허용하고, 그렇게 계속 된다. 그러니 이제 거기서 큰 고기들이 작은 것들을 먹이로 삼듯, 그렇게 재산 있는 사람들이 더 가난한 부류의 사람들을 먹어치우고 …… 부유한 자들이 자신들만의 공간을 넓히느라 공유지들에서 가난한 자들을 밀어 젖힌다."[13] 박탈당한 평민들이 다른 이들의 권리를 뺏느라 노역하는 그 모순된 과정이 낳는 또 다른 결과는 한가한 "영국 농촌지대"의 탄생인데, 거기서 다시 한 번 그걸 가능케 한 이들의 신고^{辛苦}는 보이지 않게 되어버렸다.[14]

장작 패는 자들과 물 긷는 자들의 두 번째 노동은 장거리 교역을 위한 항구를 건설하는 일로, 상업적 농업을 위한 토지의 개활과 마찬가지로 새로운 자본주의 질서에 핵심이 되는 과제였다. 존 메링턴^{John Merrington}이 초기 정치 경제론자들을 주목했는데, 이들은 자본주의로의 이행에서 토지를 도시와 농촌지대로 엄격하게 분할할 것을 강조했다.[15] 이 대규모 분할 가운데 특별한 의의를 지닌 것이 한 특정 유형의 도시와 한 특정 유형의 농촌지역, 즉 항구와 식민농장의 분할이다. 17세기 초반은 그 각각에 관건이 되는 형성 단계였다.

1611년 존 스피드John Speed가 네 권짜리 지도 『대영제국의 강역疆域』*The Theatre of the Empire of Great Britain*을 펴내는데, 거기서 영국, 아일랜드, 지중해지역, 서아프리카, 서인도제도와 북아메리카의 다리들, 강벽들, 탑들, 요새들, 관문들, 성벽들 그리고 항만과 항구의 외보外補들을 그렸다. 애덤 퍼거슨Adam Ferguson은 조악한 나라들에서 시설물들의 건립으로의 진전을 설명하는 가운데, "유해한 늪지는 엄청난 노역으로 물이 빠지고 바다는 강고한 방벽들로 둘러쳐진다"고 쓰고 있다. "항구들이 개방되고 정박한 배들로 가득한 가운데, 과적한 배들은 그런 상황을 내다보고 건조되지 않으면 떠오를 물길이 없다. 우아하고 거창한 건조물들이 빈약한 토대 위에 솟아오른다."16 런던과 브리스틀은 예전부터 항구도시였지만, 둘 다 새로운 화물 교역을 수용하느라 패는 자들과 긷는 자들이 돌을 깔고 부두들을 건설하면서 확장되었다. 1626년 모습을 갖춘 리버풀은 세기 중반 이후 급격하게 커졌다. 아일랜드에서는 간척한 토지 위에 카릭퍼거스 벌목꾼들Carrickfergus* hewers이 베어낸 거대한 오크목들을 사용해 벨파스트(1614)가 세워졌다. 더블린은 그 일꾼들이 곡물을 수출하고 선박을 건조하면서 "바다 저편의 브리스틀"이 되었고, 코크와 워터포드가 수로들과 섬들, 감아 도는 강들의 배후로 커져가는 한편, 웩스포드는 어류 사업으로 번성했다. 데리는 항구와 식민농장 모두 영국 침략 이후 17세기 초반 정복당한 원주민들의 노동에 의해 다시 세워졌다. 스코틀랜드에선 글래스고우 상인들이 버지니아의 담

---

* 카릭퍼거스는 벨파스트 협호의 북쪽 연안에 위치한 곳이다.

배 밭들과 처음으로 서서히 연계를 맺기 시작했다. 지중해 연안의 항구들도 트리폴리 해벽 안의 얕은 반달만에서부터 알제리와 모로코의 살레 항에 이르기까지 모두들 부분적으론 난바다에서 잡힌 유럽측 노예들에 의해 세워져서 통상에 한 몫을 했다. 서아프리카에서는 포르투갈인들에 의해 1610년 케이프코스트 성이 세워져서, 네덜란드인들이 운영하다 최종적으론 1664년 영국인들이 차지한다. 네덜란드인들은 저 다카르쪽에서 아프리카와 유럽측 일꾼들의 노동을 빌어 1617년 고리아일랜드의 노예무역항을 건설하느라 분주했다. 서아프리카 해안에 연한 가장 초창기의 유럽측 교역 상관商館인 엘미나가 1621년 다시 세워졌다. 서인도제도의 항구들인 바베이도스의 브리지타운과 자메이카의 포트로열, 킹스턴이 담배와 나중에는 식민농장에서 산출된 설탕을 취급하기 위해 건조되었다. 북아메리카의 대륙에서는 보스턴이 수많은 내항 섬들 뒤에서 번성했다. 뉴욕과 필라델피아가 네덜란드와 스웨덴측 연원에서 성장해 주요 영국계 항구들이 되었다. 1670년 캐럴라이나에 정초한 찰스타운은 남부의 가장 큰 항구가 되었다.

이런 대서양 해양 네트워크들의 지절들은 정박지를 보호하기 위해 잡석을 끌어다가 방파제—인공항, 잔교 혹은 선창—를 만들어낸 일꾼들이 세웠다. 돌을 켜고, 날라서 해상 위에 배열한 다음, 배수관과 눈물 구멍이 있는 버팀벽 즉 해벽을 갖추기 위해 바위들을 쌓아 올렸다. 그들이 나무를 베고, 옮겨서 통나무 틀들 안의 석재 기초 위에 안착시켰다. 호안, 안벽과 내만을 만드느라 개흙을 파고 끌어올렸다. 『베니스의 돌들』*The Stones of Venice*에서 존 러스킨John Ruskin이 말하다시피, "그저 돌 하나를 놓는 데 얼마나 많은 기지, 얼마나 깊은 생각, 얼마나 많은 상상, 마음의 냉정함, 용기와 단호한 결의가 필요한지는 말할 나위도 없다. …… 이것이 바로 우리가 존중해 마땅한 것이다. 흙손을 쥐고 모르타르를 놓는 기술적인 혹은 경험적인 방도가 아니라 이렇게 사물에 깃든 인간의 대단한 힘과 가슴이."

그렇게 드러난 "대단한 힘"은 수없는 도목들과 굴착공들, 초짜들과 수레꾼들 사이의 협력의 힘으로, 이들은 삽이나 정, 도끼, 가래, 물통, 항아리, 들통과 두레박 같은 초보적인 도구들을 써서 항구도시들의 기초를 놓았다.

장작 패는 자들과 물 긷는 자들의 세 번째 노동은 육지와 바다 위의 지역사회를 위한 생활 용역을 유지해 주는 것으로, 패기와 모으기에서 퍼 올리고 퍼 담기에 이르는 일이었다. 식민농장들에서처럼 선박들에서도, 전체 도시들에서와 마찬가지로 가정들에서도 나무와 물은 생활의 기반이었다. 버지니아의 초창기 제임스타운은 "맑고 풍부한 샘들"과 "지근의 충분한 나무"로 유명했다. 가나의 영국령 포구인 딕스코브는 1692년 "옥수수에 좋고, 나무 구하고 물대기 좋은 장소"로 불렸다.17 포구 노예들이 이들 생활 용역을 배들에 대주었고, 이 배들은 자주 "나무와 물이 달렸다." 일례로 하루에 배 한 척이 엘미나 서쪽의 샤마에 정박한 네덜란드 노예상인들에게 물을 날랐고, 정작 엘미나에도 빗물 수조는 1695년까지는 지어지지 않았다.18

장작 패는 자들이 남성이었다면, 물 긷는 자들은 어쩔 수 없이 거의 여성이었다. 애덤 클락Adam Clark의 물 긷는 자들에 대한 성서론적 논평은 그 문제를 확연히 한다. "이 사태의 불미스러움은 그것의 수고로움에 있는 것이 아니라, 그것이 항용 여성들을 고용하고 있다는 것이다." 1840년대에 디킨스는 그의 소설 『바너비 러지』Barnaby Rudge에서 그 저항적이며 민주적인 위험성을 띠었던 고든 소요들Gordon Riots*을 되돌아보면서, "만약 높은

---

* 고든 소요들은 1780년 런던에서 1778년의 <로마 카톨릭 구제 법안>(Roman Catholic Relief Act)을 겨냥해 일어난 개신교도들의 종교적 봉기였던 일련의 사태를 가리킨다.

사회적 위치에 있었더라면 통풍일 터. 고작 장작 패고 물 긷는 자이다보니 그녀는 류마티스다. 친애하는 헤어데일, 자연적인 계급 구분이란 게 있으니, 거기에 따르게나"라는 언명과 함께 어느 하인 여성을 등장시켰다. 존 테일러John Tayler는 1639년으로서 여실하게 "여성들이란 그대들의 노역자요 노예에 불과하다. …… 여성의 일은 결코 끝이 없다"라고 적었다. 핍스는 저항의 증언들에서 이렇게 추론했다. "다른 여성들의 남편이라면 아침에 일어나 아내들에게 불을 피워주고, 물을 가져다주고, 똥 걸레를 빨고, 집을 쓸고, 난로받침을 닦고, 침대를 정리하고, 식당목판을 훔치고, 신발들을 깨끗이 하고, 양말을 부비고, 천 가지를 내걸고, 타구를 비울 터이다."[19] 브리지 힐Bridge Hill은 물 긷기를 집안일의 기초로 강조했었다.[20] 노역 혹은 "노예짓"이 빅토리아시대 가정에서 물을 들여오고 개숫물을 내보냈다면 "주전자, 대야 또는 물통으로 어머니들과 큰 아이들이 쉼 없이 오가며" 나날의 재생산에 물을 댔다.[21]

물 긷기는 17세기에 부분적으로 국가 후원의 과학이었던바, 농업과 광업이 습지들을 말릴 것인지 혹은 물찬 광산들에서 물을 퍼 올릴 것인지에 대해 수리학에 의존했었기 때문이기도 했다. 광산에서의 필요가 토머스 쎄이버리Thomas Savery, 존 캘리John Calley와 토머스 뉴코먼Thomas Newcomen을 자극해서 증기기관을 발전시켰다. 18세기의 이론가 한 사람은 이렇게 썼다.

인간은 이미 바람이나 물로 옥수수를 갈고, 나무판을 켜며 종이를 만드는 기계들, 물을 끌어올리고 광산에서 물을 빼거나 등등을 위한 화력기관을 발명해서, 인류를 노역에서 해방시켰다. 그리고 이런 일반적 종류의 더 많은 기관들이 틀림없이 건조되어서, 창의적이고 공학적인 철학자들의 사고를 동원해, 지나친 육체노동과 단순히 무식한 힘만을 행사하는 일에서 더욱더 인류를 풀려나게 할 일이다. 왜냐하면 장작 패고 물 긷는 자들일지라도 낮은 등급의 인간들인 탓이다.[22]

현실에서는, 물 공급 체계에 있어서 기술적인 변화들이 그랬듯이, 기계화가 패는 자들과 물 긷는 자들의 수를 늘였다. 15세기 말에 이르러 아일링튼이나 타이번에서 런던까지 목재 파이프로 물을 댈 때 〈런던 물꾼 성 크리스토퍼 형제 조합〉 Fellowship of the Brotherhood of Saint Christopher of the Waterbearers of London이 수정水程에서 끌어오는 일을 대부분 했다. 물은 공짜였다. 1581년 처음 개인 소유의 퍼 올리는 물 공급시설이 런던 브리지에 건설되면서 이것이 바뀌었다. 존슨은 1598년 "우린 이제 물장수들 대신 물 회사를 갖게 되었네"라고 썼다. 실제로, 1600년에는 "불쌍한 런던시 및 인근 교외 물 질통꾼 전체 무리, 그들과 그 가족 도합 사천여 명"이 의회에 (물 도관을 의미하는) 개인 수조들에 맞서 청원을 냈다. 그럼에도 민영화는 1619년 허가를 받은 〈뉴 리버 컴퍼니〉 New River Company와 더불어 계속됐는데, 이 회사는 헛포드셔에서 클러큰웰 저수지들까지 나무 도관을 통해 물을 가져온 다음 개인 가입자들에게는 납 도관에서 물을 가져왔다. 1660년대쯤이면 권리 상 공짜 물 시대가 막을 내렸고, 이는 또 다른 평민들에 대한 수탈이었다. 가난한 자들은 다시 우물이나 낙차로 긷는 샘들로 되돌아갔다.

요약하자면 장작 패는 자들과 물 긷는 자들이 상업 자본주의의 하부구조를 건설했다. 그들은 숲을 개활하고, 늪지의 물을 빼고, 자본주의적 농업을 위한 경지를 만들었다. 그들이 자본주의적 교역을 위한 항구를 건설했다. 그들이 가정과 가족 그리고 자본주의적 노역을 위한 노동자들을 재생산했다. 베고 긷는 노동은 대개 인구 구조의 구성원들 가운데 가장 약한 자들 그러니까 추방자들, 이방인들, 여성들, 아이들, 영국, 아일랜드, 서아프리카, 또는 북아메리카에서 필경 납치, 유인, 유괴, 혹은 "바베이도스"됨 직한 사람들이 수행했다. 테러는 내재했는데, 그런 일이 저주이자 벌이었 기 때문이었다. 형태 없고 무질서하던 노동하는 계급에 새로운, 그것도 생 산적인 형태가 주어졌다. 임금을 받든 그렇지 않든, 장작 패고 물 긷는 자 들은 노예들이었는바, 비록 그 차별이 아직 인종으로 드러나지는 않았지만 말이다.

테러

영국에서 농민들에 대한 수탈에는 형벌 제재, 공개 수색, 감옥, 군법, 극형, 유형, 강제 노동 그리고 식민화 등을 통해 조직된 체계적인 폭력과 테러가 동반했다. 행정관들은 수천의 사람들을 때리고, 자르고, 낙인찍고, 목매달 고, 불태우느라 잔인하고 가차 없는 입법권을 행사했다. 사적인 추적들은 수천 이상의 주인 떠난 남자들과 여자들을 체포했다. 『게잇워드 판례』 (1607)로 알려진 사법적 결정은 촌민들과 자산 없는 평민들에게 공동권을 부정했다.[23] 이런 잔인한 수탈들에도 불구하고, 온정주의의 잔재도 남아있 었다. 벤 존슨의 연극 『바쏠로뮤 난장』(1614)에서 인용하자면 '더하기' 판 사는 "가난한 자에게 푸딩을, …… 배고픈 자에게 빵을, 아이들에겐 커스타 드를 줄" 태세일 것으로 여전히 기대를 모았다.

실제 삶에서 연극 속 '더하기' 판사에 해당하는 이들은 일상적으로 가 난한 자들, 배고픈 자들, 그리고 젊은이들을 영국에서 테러 체제의 핵심을 이루는 기관, 즉 감옥으로 보냈다. 토머스 덱커Thomas Dekker*는 런던 한 군

---

* 토머스 덱커(Thomas Dekker, 1572~1632)는 영국 극작가이자 특히 런던 생활의 생생한 묘사

데에서만 "강고한 비애의 집들" 열셋을 거명했다. 브라이드웰은 1553년 고아들, 떠돌이, 경범죄자들과 난잡한 여성들을 위한 감옥이 되었다. 교정시설들이 영국 전역에 건립되었는데, 예컨대 에식스에는 1587년, 1607년과 1609년에 건립되었다. 감옥들과 구치소들은 거기를 거쳐 간 수천의 남자, 여자, 아이들에게 노동을 강요했다. 고통과 거기 수반하는 일의 결합을 1596년 한 수감자는 이렇게 묘사했다. "나날의 과제는 25파운드의 삼이나 뭐 그런 것을 질긴 데 하나 없도록 발로 짓이기는 것이다. 그런 다음 도르래에 사슬 묶여 아홉 주하고도 한 달을 더 차고 그리곤 런던 타워의 리틀 이즈*와 마찬가지로 험한 소탑 중 하나에서 사슬 없이 다섯 달이었고, 오주 동안 감방myll에 들어갔고, 10일 동안 선 차꼬 속에서 벽을 향해 머리 위로 양손을 들어 올린 채 서 있었다." 감옥은 그렇게 노역-강제를 창출하기 위해 생산에 징벌을 결합시켰다.[24]

극형은 떠돌이에게 즉결 처형을 집행하는 군법장교가 표현하든 더 느린 형사 재판 체제로 체화되든, 테러 체제가 지닌 극한적이고 장대한 힘을 구현했다. 에드먼드 스펜서Edmund Spencer는 림릭에서 벌어진 머로 오브라이언Murrough O'Brien**의 처형을 기억해 낸다. "그의 양어머니인 늙은 여인이 그가 사등분되는 동안 머리를 받쳐 들고 거기 흘러나온 피를 모두 빨아들이면서, 말하길 대지는 그걸 마실 자격이 없다며, 가장 끔찍하게 울고 소리치면서 그걸로 역시 낯과 가슴을 적시고 머리를 뜯었다." 스펜서에게 그 여인의 행동은 정당화되기는커녕 아일랜드의 야만성에 대한 증거를

로 잘 알려진 산문 팸플릿 작가. 1613년에서 1619년 사이 덱커는 빚으로 감옥에 있었다.
* 리틀 이즈(Little Ease)는 런던 타워의 지하 감방으로 두꺼운 벽 안에 만들어져, 죄수가 앉지도 서지도 눕지도 못하고 웅크린 자세로 형기를 마치도록 되어 있었다.
** 아일랜드의 오래된 귀족 출신으로 1543년 인치퀸 남작에 봉해진 쏘몬드 왕자를 말한다.

제공했다.

그렇게 몰아내는 체제에서 보호 받지 못하고 반역하는 노동자들이 기거하는 교외지역들을 거느린 런던 그 자체가 사형 처벌을 상기시키는 것들로 둘러쳐져 있었다. 남쪽으론 범죄인들의 머리가 미늘창에 꽂혀 런던 브리지의 남단에 전시를 위해 박혀 있었다. 동쪽으론, 해적들이 처형의 계단에 세운 교수대들에 매달려있거나, 템스강의 차오르는 조수로 와핑에 수장되었다. 북쪽으로는, 스미스필드에서, 퀸 메리의 통치기에 수많은 개신교도들을 "불질"로 순교시켰으나, 1638년 이후 시장이 설치되고는 거기서 도살에 처해지는 것들은 원칙적으로 가축이었다. 마지막으로 서쪽으론 요즘의 스피커스 코너Speaker's Conner 근처에 타이번 교수대가 서 있었고, 1783년까지 계속 작동했다. "서西로 간다"는 말은 죽음을 뜻하는 속어가 되었다.

목매달기는 영국 영역 전체에 걸쳐 시연되었다. 1598년 74명의 사람들이 엑스터에서 목매달렸고 (공교롭게도) 또 다른 74명이 데본셔에서 목매달렸다. 빅토리아시대의 형법 사학자인 제임스 피츠제임스 스티븐James Fitzjames Stephen에 따르면 총 마흔 개의 영국 카운티에서 17세기에 한 해 동안 대략 800명이 교수대로 갔다. 1620년과 1680년 사이에 에식스에서 목매달린 436명 가운데, 166명은 빈집털이였고, 38명은 대로변 강도들이며, 110명은 도둑들이었다. 1630년대에 도둑들은 적게는 겨우 18펜스 가치의 물건들을 훔쳤다고 목매달렸다. 에드워드 코크는, "마치 한 큰 들판에서 한꺼번에 영국 전체에 걸쳐 고작 한 해 동안 모든 그 기독교인들이 그 느닷없고 수치스런 죽음을 맞이하는 것을 보느니만큼, 그토록 많은 기독인 남성과 여성들이 저 저주받은 교수대의 나무에 목매달리는 것을 보는 일은 얼마나 통탄할 경우인지, 혹 자비와 인정의 불씨가 조금이라도 인다면 동정과 측은함에 그 가슴이 피를 흘리게 될 터이다"라고 『제삼의 기관』Third

마녀들이라며 갇히고 목매달린 많은 가난한 여성들. 랄프 가디너, 『찾아본 영국의 비애』(1655), 희귀도서 디비전, 뉴욕 공립도서관, <애스터, 레녹스와 틸든 재단>.

*Institute*에서 결론 내린다. 코크가 동정심을 느꼈다면, "수변水邊 시인" 존 테일러는 "목매달기의 필연성"을 믿었고, 그걸 찬양하여 수천 행의 운문을 지었다.

> 목매달기에는 유형의 다양성이 있노니
> 마치 저마다의 나라들처럼 많네.
> 세상에서 모든 것들이 이리 매달리니
> 안 매달리는 것이 신기하고 귀할지다

테일러가 1616년 함부르크를 방문했을 때, 집행자에 의해 형거 위에서 조각들로 으스러지는 측은한 목수 하나의 처형에 매료되었다. 시인은 감탄하기를, "우리 타이번 망나니나 울대 찢는 자"에 비하면, 그 함부르크 집행자는 헤라클레스의 기둥들 중 하나 같았다![25] 테일러는 목매달린 자들을 "죽은 상품들"에 비유하면서 목매달기와 자본주의 사이의 관계를 분명히 했다.

이른바 "마녀놀음"에 대한 처벌이 보다 심해졌던 1604년 이후, 사천여 명의 마녀들이 불에 타고 수백 이상이 목매달린 데서 보듯 여성들은 테러의 특정한 대상이었다. 그 테러는 1590~97년, 1640~44년, 1660~63년 세 차례의 고조기가 있었다. 1558년부터 1680년 사이에 전 영국의 기소 사건들 가운데 5퍼센트, 그리고 런던 순회 재판구 내에서 온전히 13퍼센트가 마녀의 마술이란 혐의를 포함하고 있었다. 제임스 1세 자신이 마술로 고소된 여성들을 심문하여 장황한 여성혐오를 담은 시론『악마론』 *Daemonologie*을 쓰고, 회의론자들에 맞서 마술의 실제와 극형의 필요를 내세웠었다. 실비아 페드리치Silvia Federici는 유럽에서 마녀 사냥이 1550년과 1650년 사이에 가장 강한 강도에 달했고, "자본주의적 노선들에 맞춘 일의 재조직화가 진행 중이었던 나라들에서 종획운동, 노예무역의 시작 및 떠돌이들을 다스리는 법안들의 수립 등과 동시적"임을 보여준 바 있다. 조리돌림 의자, 마차 후미 태형, 낙인찍기, 차꼬, 철창, 동네발림, 재갈 등이 모두 여성들을 고문하는 데 쓰였다.[26]

그 모든 형태들에서, 테러는 인간 정신을 부셔놓기 위해 고안되었다. 자본주의의 태동기 런던이건 오늘날의 아이티이건, 테러는 집단적 상상을 오염시켜, 온갖 악마들과 괴물들을 낳는다. 프랜시스 베이컨이 위로부터 테러의 과학을 개념화했다면, 1596년 씌어진 루크 휴튼Luke Hutton의 『뉴게잇의 검은 개』*Black Dog of Newgate*는 테러에 관한 민간전승을 아래로부터 표현했다. 휴튼은 1589년 (구체적으론 수술도구들을 훔쳤다고) 절도로 기소되어 뉴케이트에서 짧은 형기를 살았다. 비록 떼 강도짓과 참회에 대한 대단한 발라드("주의하라, 젊은 망나니들, 대마大麻가 성스런 푸르름으로 통하노니")를 지었지만, 그의 생애는 1598년 요크의 교수대에서 마감한다. 그가 최고 법관 포펌에게 『검은 개』를 헌정했고, 포펌은 추정컨대 그 이전의 한 혐의에 대해 사면을 내렸으되 그에게 그 시는 알 수 없는 종류의 사례였다.[27] 그 책은 휴튼의 체포, 구금, 그리고 뉴게잇에서의 처음 며칠의 이야기를 풀어 놓는다. 시에서 검은 개는 조용히 거리를 쓰는 청소부로 처음 등장하는 악마적 원령인데, 테러가 항용 청결함으로 스스로 위장한다는 것을 일깨운다. 가령 추밀원은 떠돌이들의 거리를 "쓸어버렸다." 쓰는 자는 다시 야수로 변신하여 마치 (히드라의 형제인) 케르베로스처럼, 귀는 뱀이고 배는 야로冶爐이며 심장은 쇠, 허벅지가 바퀴인 개가 휴튼을 후려잡아 뉴게잇으로 집어 던진다. 시를 짓누르는 것은 그 개를 이름짓는 것인데, 결코 치워지지 않을 짐이다. 억압자를 이름짓지 못하는 것은 그렇게 테러로 말미암은 첫 무력함이 된다.

검은 개 신화는 중세의 어느 기근의 시대에 연원을 두고 있다. 뉴게잇에 갇힌 한 학자는 ("주문과 사악한 마술로 너무 많은 해를 끼쳤던" 주술 때문이었는데) 다른 죄수들로부터 "아주 좋은 고깃감"일 것으로 여겨졌다. 그의 동료 수감자들은 그 학자가, "게걸스런 주둥이로 그들의 내장을 찢어발길 태세인" 한 마리 개로 변하는 것을 공포 속에서 지켜보았다. 무섭고 넋 나간 격분에 내몰려, 그들은 감옥지기를 죽이고 탈출했지만, "어디로 오고 가건 검은 개가 뒤따라온다고 상상했다." 혹자는 그 검은 개가 림보라 불리는 지하 감옥의 한편에 서있는 돌이라고 말했는데, 그곳은 "유죄인 죄수들이 최후의 심판 이후 처넣어지는 장소로 밤에는 그 돌 위에다 불붙은 양초를 세우고, 내 듣기로 한 절망한 사형수는 자기 골수를 거기 으깨어 버렸다 한다."[28] 어떤 측면에서 뉴게잇의 검은 개는 부두교의 박카*backa* 즉 억압된 개에 대응하는데, 그 역시 인간 존재를 먹고 산다. 박카는 살아난 죽은 자, 즉 좀비가 취하는 한 모습이다. "그건 검은 개 비슷한 형상으로 처형의 시간 조금 전에 거리를 미끄러지듯 오르내리며 배회하는 정령이었다." 아일랜드에서 에드먼드 스펜서는 패배한 아일랜드인들 속에서 좀비들을 보았고, 이들은 "죽은 신체들처럼 보였으며, 마치 무덤에서 울부짖는 귀신들처럼 말했다."[29]

뉴게잇의 검은 개는 휴튼과 다른 많은 이들을 테러 통치의 정점인 목매달기로 인도했다.

> 그대들 보기에 저토록 창백하고 힘없는 너희 사람들
> 때로 올려다보고 또 때로 내려다보며
> 모두들 형이 내렸다, 그래 하나씩 모두 죽어야 하네.
> 판결은 밧줄이 그 숨결을 끊는 것이야.
> 섬뜩한 사실들 때문에—살인, 절도 또 반역 같은.
> 덧없는 목숨! 법이 생각키로 죽기 마땅하니.
>
> 설교가 끝나고, 죽기로 된 사람들은,
> 가까웠던 친구들에게 저마다 작별을 고하고
> 서러운 모습으로 발걸음을 옮기며, 내몰려
> 그들을 기다리는 어느 방으로 내려가
> 거기 관리 하나가 있어 삶의 희망을 꺾으려
> 손을 줄로 묶고 밧줄을 목에 두르니.
>
> 그렇게 두르고 묶여서, 계단을 내려가느니
> 뉴게잇의 검은 개가 제 몫을 하려 날치고

뉴게잇의 검은 개. 루크 휴튼, 『뉴게잇의 검은 개라 칭하는 런던 괴물에 대한 발견』(1638).

저들의 걱정을 더하려 조금도 멈추지 않아,
저들 스스로 마차꾼이 마차를 바짝 대게 하네.
이렇게 되니, 이 사람들, 달려 죽는 두려움 안고
마차로 향해 매달리려 실려 간다.

이 서글픈 광경, 허나 운명지어진 슬픔에 끝이라
날 소스라쳐 생각게 만든다.
애재 또 애재라! 그렇게 더없이 애잔한데서
비탄의 물결이 더 한다. 그리곤 숨을 죽인다.
하지만 시간의 도움으로 되살아난다.
내가 죽었던들 그 고통 덜할까!

압도하는 공포는 그렇게 테러가 낳는 두 번째 무력함인 죽음에로의 욕망으로 가 닿았다. 검은 개는 이성과 법의 노릇을 실제로 해서, 노동력을 하나의 상품으로 탄생시키는 일에 불가결한 어떤 공포의 문화를 엮어내는 데 죽음을 사용했다.[30]

감옥, 교정소 그리고 교수대들이 영국에서 자본주의의 한 측면을 드러냈다면, 군사적 원정, 식민화와 식민농장은 대서양 주변에서 또 다른 측면을 나타냈다. 험프리 길벗경Sir Humphrey Gilbert*이 1583년 뉴펀들랜드에 신세계의 첫 영국 식민지를 건립했을 때, 정착지의 연보 기록자는 그것을 여호수아의 군사 원정에 빗대었는데, "이상한 나라들"을 정복한 여호수아는 그들의 땅을 취하여 신의 백성들에게 나누어주고, 정복당한 자들은 "나무

---

* 험프리 길벗경(Sir Humphrey Gilbert, c. 1537~1583)은 데번 출신의 모험가로 엘리자벳 1세의 재위기에 활동했다. 월터 롤리경의 이복형제로 북아메리카의 뉴펀들랜드에 대한 영국왕실의 지배권을 확립하는 데 일조했다.

베고 물 긷는" 일손으로 확보했다. 길벗의 베는 자들과 긷는 자들에는 "야
만인들" 뿐만 아니라 자국민들—"고국에선 놀며 지내다" 이제 아메리카에
서 광산일, 제조업, 농장일, 고기잡이, 그리고 특히 "나무를······ 넘기고,
베어, 켜는······ 일과 예술과 과학하는 사람들이 아닌 나머지들에게 어울
리는 그런 일들"을 맡은 저들 남자, 여자와 아이들도 포함된다.. 영국의 탐
험과 정착에 대한 주요 선전가들인 길벗과 리처드 하클류이트는 신세계 식
민지들을 향한 유럽측의 혼전에 영국이 늦게 들어선 것을 하나의 이점으로
보았다. 식민화와 병발한 수탈들은 영국이 포르투갈, 스페인, 네덜란드, 혹
은 프랑스와 달리 해외에 다시 배치될 엄청나고 다급한 인구를 보유하고
있음을 뜻했다.[31]

　　권력자들은 1596년 카디즈 원정*을 위해 그리고 다시 1624년 맨스필
드 원정군을 위해 감옥들을 비웠다. 1598년의 〈걸인법〉에 따르자면 구걸
로 첫 위반자는 옷을 벗겨 등이 피투성이가 될 때까지 채찍질을 당해야 했
다. 두 번째 위반자들은 영국에서 추방되어, 이주 정책의 시발을 이루었다.
1597년부터 1601년 사이에 런던의 브라이드웰 감옥에서 수천의 병사들이
징집되었고, 1601년 및 1602년에는 네 척의 갤리선이 건조되어 중범들로
채워졌다. 1617년 이후에는 이주가 중범들에 대한 법정 허용 처벌로 확대
되었다. 그래서 매 순회재판소마다 대여섯 명이 갤리선 노역으로 형이 유
예되었고, 10명이 군대에 징발되었다. 윌리엄 몬슨경Sir William Monson**은
수탈과 절도, 테러 및 노예제 사이의 관련을 이렇게 써서 표현했다.

---

* 1596년 5월에 있었던 2대 에섹스 백작 로벗 드브로(Robert Devereux)에 의한 카디즈 원정을
　가리킨다.
** 윌리엄 몬슨경(Sir William Monson, 1569~1643)은 영국의 제독으로 근대적 의미에서 최초
　의 해군 장교로 알려져 있다.

갤리선에 의한 테러는 사람들에게 나태와 절취를 금하고 노동과 고통에 스스로 조응하도록 만든다. 하인들과 도제들을 경외 속에 묶어두며, 다른 어떤 곳보다 이 왕국에 많은 도둑들과 범법자들을 처형하느라 개탄스럽게 뿌리는 많은 피를 아끼게 하니 …… 그리고 다른 사람에게 알려져야 하니 머리와 얼굴이 깎여야 하고, 뺨에는 달군 쇠로 표시를 해야 마땅하다. 그래야 사람들이 그들이 국왕의 노동자들임을 알아볼 수 있고, 노예가 아니라 그렇게 이름 지어져야 마땅하기 때문이다.[32]

추방의 법제화는 1590년대 이후 아일랜드인들, 집시들, 아프리카인들을 겨냥한 것이었다. 1596년 영국의 아일랜드 정벌은 뒤따르는 모든 정벌들에 물질적 기초를 놓고, 그 모델을 확립했다. 토지 몰수, 산림파괴, 법적 강제, 문화적 억압 및 고질적인 생존 위기 등이 아일랜드인들의 이산을 낳고, 갑남을녀들을 물결치듯 영국과 아메리카로 밀어냈다. 1594년 모든 원주原主 아일랜드인들은 영국을 떠나도록 명령 받았다. 1620년 웩스포드* 반란자들이 그랬듯이, 더블린에서 발견되는 울스터인들은 버지니아에 노예로 수송되었다. 모리스 춤**이 영국으로 흘러들게 만들었던 집시들, 유랑하는 족속은 토지소유권도 없고 주인도 없이 살아 내야하는 삶의 일례를 보여주었다. 퀸 메리의 한 법안에 따라, 한 달 이상 영국에 머무는 집시는 누구라도 목매달릴 수 있었다. 엘리자벳 1세의 한 법령은 극형 법안을 확

---

* 웩스포드(Wexford)는 1600년대 초반에 아일랜드 연방을 강력히 지지하는 세력이 근거를 두었던 곳이다.
** 모리스(Morris)춤은 헨리 8세에 의해 궁정 가면극이 만들어진 뒤 마을 축제들에서 유입되었다. "모리스"란 말은 '무어인들의'란 뜻의 '모리스코'(morisco)라는 말에서 연원했다. 춤꾼들이 제의적인 가장의 일부로 얼굴을 검게 한 데서 출발했다는 추정이다.

대해 "모종의 꾸며낸 언사나 행동으로" 집시들 행세를 하는 이들까지 포괄하도록 했다. 1628년에는 이들 법안을 위반했다고 해서 여덟 남자들이 목매달렸고 여자들은 하딩턴*에서 수장되었다. 아프리카인들 역시 엘리자벳 1세의 주목을 끌어, 이 여왕이 1596년 런던 시장과 다른 도시들의 시장 및 행정관들에게 공개서한을 보내 이르기를, "여왕 폐하께서는 몇몇 서역 흑인들이 최근 이 강역에 들어옴을 인지하사, 거기 그런 부류의 사람들은 이미 여기 너무 많으니 …… 폐하의 기쁨은 하여 그런 부류의 사람들이 영토로부터 추방되어 마땅하다는 것이도다"라고 하였다. 같은 해에 여왕은 한 독일 노예 거래자를 고용하고 영국 내의 검은 사람들을 징발하여 영국 전쟁 포로들과 맞바꾸도록 했다. 1601년 여왕은 스스로 천명하기를 "엄청난 수효의 토인들과 서역 흑인들이 이 강역에 기어들었음을 인지하여 몹시 불쾌하다"고 한다.

테러의 또 한 부분은 다른 종류로 "서^西로 간다"인, 해외의 강제 노동이었다. 17세기에 문서화된 노역의 제도가 대서양권역에 제도화되면서, 노예 상인들과 그 "홀림꾼들"spirits (즉 아이들과 어른들의 유괴꾼들)이 (영국, 스코틀랜드 및 아일랜드를 떠난 모든 이들 중 3분의 2인) 이천여 명 정도를 배에 실어 아메리카 연안들로 보냈다. 어떤 이는 범죄로 기소되고 극형에 처해졌으며, 다른 이들은 납치되거나 홀린, 반면 다른 이들은 수년간의 노동을 땅과 차후의 독립에 대한 기대와 맞바꾸면서 선택에 의해—대개는 절망적인 선택으로—갔다. 17세기의 전반기에 노동 시장 창출자들은 (특히 런던과 브리스틀 그리고 적게는 리버풀, 더블린과 코크 등지의) 항구도

---

* 하딩턴(Haddington)은 링컨셔의 포스 웨이 로먼 로드 곁 위덤 강(River Witham)안의 작은 마을이다.

시들의 가난한 자들과 박탈당한 자들을 뽑아서 버지니아로 보냈고, 거기서 처음으로 계약 고용살이의 관행과 실행이 연원했다. 초창기 식민지에서 정착자들을 유인하고 노동력을 확보하기 위해 런던의 〈버지니아 회사〉는 사측과 일꾼들 사이에 하나의 계약을 만들어냈다. 다른 식민지들, 가장 대표적으로 바베이도스에서 제국측 및 현지 지배자들은 그 새로운 제도를 그들의 노동력 수요에 조응시켰다. 에릭 윌리엄스Eric Williams는 문서화된 노역이 아메리카의 노예제가 근거를 둔 "역사적 토대"라고 지적한 바 있다.[33]

다양한 형태의 감옥들―선창, 거룻배, 감옥선, 알선꾼 집, 징발칸, "취사장"(런던), 바라크, 창고, 관(골드코스트), 짐칸(휘다), 수용소(바베이도스), 혹은 도시 옥사(거의 모든 곳)―은 스콧 크리스찬슨Scott Christianson이 예시한대로 갇힌 자들이 선원이건, 아이들이건, 혹은 흉악범이건 아프리카에서 왔건 유럽에서 왔건 여러 대서양 노예무역에 불가결했다.[34] 1642년 토머스 버니Thomas Verney가 설명하길, 많은 계약 하인들이 "감화소와 감옥들" 출신이라고 했다. 조사이어 차일드경Sir Josiah Child은 여성 하인들의 "대부분"을 "브라이드웰, 턴볼 스트릿 및 유사한 감화소들로부터 데리고" 왔다고 주장했다. 당시는 "감옥들이 비워지고, 젊은이들은 꼬임을 받고, 못된 여성들은 순치되는" 그런 시기였다. 1632년의 한 팸플릿에 따르면 그들이 향하게 된 식민농장들은 "왕국이 가장 무법적인 주민들을 부려놓는 흔한 저지대'sinkes'보다 나을 것이 전혀 없었다." 버지니아의 하인들은 "주거도 없고, 종적 혹은 능력에 대한 어떤 증명서도 지닐 수 없어 왕국 내 보다 차라리 밖이 낫다"고 일컬어 졌으며, 메릴랜드 축들은 "거개가 되는대로 부랑자 영국 주인들로부터의 도주자로 여겨지는 인간쓰레기들로 방탕하고, 하릴없으며 게으른, 탕아들, 빵잽이들 등등"이라 했다. 존 던John Donne은 1622년의 한 설교에서 〈버지니아 회사〉가 "하릴없는 사람들과 하릴없는 자들의 자손들을 그대들의 거리에서 쓸어내고, 문간에서 씻어내고 그들을 고용할 것이며, 그래서 진정으로 전체 국가가 그런 브라이드웰 감옥 같아 하릴없는 사람들을 일하게 할 것 같으면, 그건 쓸모가 있으리라'고 내다보았다. 그는 아메리카가 하나의 감옥으로 기능하기를 바랐으며, 많은 이들에게 아메리카는 실제로 그랬다.[35]

그런 많은 사람들 가운데 수천의 아이들이 있었으니, 패고 긷는 자들이 어렸기 때문이다. 〈버지니아 회사〉는 여덟에서 열여섯 살 사이의 불쌍한 아이들 수백 명을 시의 브라이드웰 감옥에서 버지니아로 옮기는 데 대해 런던시와 계획을 세웠다. 런던시 의회는 그 요청을 받아들였고, 경관들이 아이들을 한데 모으도록 승인하여, 1619년 초봄 최초의 어린 노동자들을 배에 태워 보냈다. 두 번째 요청이 이루어지자, 의회가 다시 받아들이려 하였으나, 아이들 자신이 다른 생각을 갖고, 브라이드웰 감옥에서 반항을 조직해 "버지니아로 가려들지 않는다는 의지"[36]를 천명했다. 그들의 저항은 일단 주목을 끌었고, 아이들을 의지에 반해 수송할 권한이 시에 없다는 점이 곧 밝혀졌다. 프랜시스 베이컨이 당시 의원이었던 추밀원이 소동에 뛰어들어 합당한 권한을 부여하고, 계속 저항하는 아이는 누구든 수감한다고 위협했다. 이 시기에 버지니아로 수송된 수백 명의 아이들 가운데 165명의 이름이 기록되었다. 1625년이 되자 그 가운데 단 12명만이 여직 살아있었고, 다른 153명 즉 93퍼센트가 사망해 버렸다. 1627년 버지니아로 향한 것으로 알려진 1,400명에서 1,500명의 아이들, 혹은 1653년 "저들의 침상에서" 도둑맞아 뉴잉글랜드와 버지니아로 보내진 400명의 아일랜드 아이들에 대해 다른 결과를 추정한 근거는 없어 보인다.[37]

17세기의 노예상태에 대한 경험은 직접 겪은 두 사람의 설명으로 살아남았는데, 제임스 레블James Revel과 스스로를 "유인된 처녀"라 부른 무명의 여성에 의해 쓰였다. 절도로 기소되고 교수형 선고를 받았던 레블은 버지니아에서의 14년 노동으로 감형되자 살아있는 죽은 자들의 땅으로 들어왔다. 이 세기 중반을 넘겨 거기 도착했을 때 한 농장주에게 팔려 "노역할 때 입을 홀대 작업복"을 지급받고 10명의 유럽 출신 및 18명 아프리카 노예들과 더불어 한 식민농장에서 일하기 시작했다. 자신에게 내린 선고가 지닌 테러를 강조하면서 그는 아메리카로 "가느니 차라리 죽는 걸 택하는 것이 나았다"고 말했다. 여자 측은 그 여성 하인이 한 홀림꾼에게 "교묘히 꾐을 당해" 그렇게 버지니아로 보내졌고, 거기서 "슬픔, 비애, 비탄"의 세월을 겪었다. 누더기를 입고, 지푸라기 침대에 자고, 물만 마시며, 빈약하게 먹고, 고기는 일체 주어지지 않았다. 그녀는 나무를 패고("도끼와 괭이/나의 복종을 빚었고") 물을 길으며("샘에서 물을/머리 위에 나르며"), 내내 "우리 마님"의 패악을 견뎠다. 거기에 "내가 누릴 휴식은 없었으니,/ 난 여기 한 노예인지라."[38]

1609년 『신 대영제국』*Nova Britannia*의 저자는 식민화의 기획이 헤라클레스의 영웅적인 행위를 "훨씬 능가한다"고 보아, 없는 자들, 새로운 처벌 규약, 그리고 새로운 생산양식의 발흥 사이의 연관들을 이렇게 설명했다. "특별히 여기서는 두 사안이 필요한데, 식민농장을 만들 사람과 돈이다. …… 첫 번째를 위해선, 두 말할 여지없이, 이 땅에는 한가한 사람들이 떼로 넘쳐나고, 그들의 비참을 누그러뜨릴 아무 수단도 없어, 한결같이 비천하고 되지못한 행태로 모여드니, 만약 우리가 해외 고용을 위한 길을 찾지 못한다면, 그들의 나쁜 환경 때문에 더 많은 감옥과 교화소를 즉시 마련하여만 할 터이다." 1617년 지배계급의 정책은 수탈당한 자들을 한껏 넓어진 노동시장들로 실어 보내는 것이었고, 다양한 노예무역이 자라나 그 정책을 수용하고 확대했다. 그렇게 나중 중앙항로*로 불리게 되는 것이 시작되었다.

테러는 도구가 되었고, 확실히 패는 자들과 긷는 자들을 겨냥한 노동시장의 한 메커니즘이었다. 그들은 뿌리 뽑히게 된 것이었다. 이것이 테러가 낳는 세 번째 무력함이었다.[39]

헤라클레스의 유령

일부에서 형태 없는 이들에게 형식을 부여하기 위해 "장작 패는 자들과 물 긷는 자들"이란 성서적 관념을 사용했다면, 다른 축들은 그 무정형의 계급을 여러 머리 히드라로 보고 그 괴물을 겁주고 파괴하기 위해 헤라클레스를 불러냈는데, 특히 1640년대의 혁명적 정황 속에서 이 발생기의 계급이 새로운 자기조직화의 수단들을 발견하기 시작했을 때였다. 역설적이게도, 억압과 테러가 최악인 장소들이 협력의 기회를 제공했다. 가령 파선과 마찬가지로 감옥은 수평화하는 측면이 꽤 있어서, 급진적 개신교도, 억센 부랑자, 해고된 장인, 가톨릭 국교 기피자, 험한 아일랜드인, 공동주의자 commonist, 소매치기 등이 대충 대등한 견지에서 만났다. 1642년 웨스민스터 게잇하우스Westminster Gatehouse에서 러브리스*는 "돌 벽들이 감옥 세우는 것 아니네/ 쇠창살이 우리를 세우는 것도 아니니"란 시구를 썼다. 엘리자벳조 감옥들에 대한 사학자 E. D. 펜드리Pendry는 17세기 20년대에 일어난

---

* 아프리카인들을 대서양을 건너 노예로 실어 보내는 항해를 "중앙항로"(middle passage)라고 불렀다.
* 리처드 러브리스(Richard Lovelace, 1618~1657 혹은 1658)는 영국의 시인이자 군인으로 멋들어진 시들과 남다른 경력이 제임스 1세 시대의 기사당원으로 이름 높게 했다. 1642년 적대적인 하원에다 왕당파적인 청원을 냈고, 그로 말미암아 런던의 게잇하우스에 수감되어, 「알씨어에게, 감옥으로부터」("To Althea, from Prison")를 썼고, 거기에 문제의 시구가 들어있다.

감옥 소요들의 물결은 조건의 악화에 기인하기보다는 이단자들과 도둑들, 혹은 정치범들과 평민 죄수들의 만남에서 이루어진 것이라 주장한다.[40] 브라이드웰 감옥의 하급관리 마틴 마컬Martin Markall은 지상 범죄자들 가령 아일랜드 저항자들, 집시들 및 떠돌이 강도들과 바다 범죄자들, 가령 선원들과 해적들 등의 교류를 강조했다. 영어, 라틴어 그리고 네덜란드어가 감옥 안의 소통 언어들이었다.[41] 감옥은, 배와 공장이나 마찬가지로, 많은 수의 사람들을 착취를 위해 조직했지만, 동시에 그것에 맞서서 죄수들이 조직화하는 것을 막을 수 없었다. 패는 자와 깁는 자들은 영국 혁명English Revolution의 개시를 도왔던 것이다. 여기서 베이컨의 괴물스러움에 대한 이론으로 돌아간다면, 그의 "성전"이란 실제로 절멸과 대량학살의 선동이었음을 알 수 있다. 1622년의 그 살인적인 처방을 이해하려면 그의 히드라가 가진 일곱 머리를 아래로부터의 역사라는 "사탄의 빛"을 향하여 쳐들어야만 하겠다. 과학혁명의 "현자" 베이컨은 1897년 콩고에서의 콘래드의 외침, "모든 야만인들을 절멸시키라"*에 원조격의 목소리를 부여했다.

그 성전의 첫 번째 대상은 캘리번이었다. 베이컨은 그를 서인도제도 사람, 카리브해 지역, 북쪽, 남쪽 혹은 중앙아메리카이든 여느 아메리카 원주민 누구에게나 적용될 수 있었던, 특히 카리브인**들처럼 유럽의 침입에 감히 저항하는 어떤 집단을 향한 호칭으로 불렀다. 아메리카의 원주민들은, 베이컨에 따르면, 벌거벗음, 문맹과 말 타기에 무지함("말들이 재갈을 실제

---

* 조셉 콘래드(Joseph Conrad)는 중편 『암흑의 핵심』(*Heart of Darkness*, 1902)에서 콩고 지역의 오지에 들어간 커츠(Kurtz)의 행적을 그리는 가운데 식민주의자들의 목소리를 빌어 그렇게 표현한다.

** 카리브(Carib or Island Carib)는 레서안틸레스제도(Lesser Antilles islands)에 사는 이들에게 붙여진 이름으로 여기서 카리브해란 명칭이 유래했다. 서인도제도 남부와 남아메리카의 북부에 연원을 둔 아메르인디언들이다.

먹어버리고 글자들이 말한다고 생각하니") 그리고 "사람을 먹는 일" 때문에 신과 자연의 법도 바깥에 있었다. 제국주의자들은 식인풍습이란 비난을 수탈을 정당화하는 데 오래도록 써먹었으되 (물론 정작 그들 자신이 식인종들이었는데, 많은 상층계급 사람들이 인간 시체들로부터 조제하고 특별히 목매달린 자나 고대 리비아인에게서 만들면 강력하다고 하던 약제 "미이라"를 먹었다.)[42] 베이컨은 "야생의 미개한 사람들은 짐승이나 새와 같아서, 자연의 야수*feræ naturæ*이니, 취득하면 되고 정복한 자에게 돌아가는 자산이라" 설명했다. 그는 이것을 1622년 버지니아 식민지에 대한 파우허탠족의 공격 바로 직후에 썼고, 거기서 (전 주민의 거의 사분의 일인) 347명의 유럽 측 정착자들이 살해당했다. 『어떤 성전을 다루는 공론』에서 베이컨은 〈버지니아 회사〉와 다른 식민자들에게 복수보다 더 오래가는 무엇, 대량학살의 이론을 제공했다.

절멸되어도 좋을 두 번째 범주의 사람은 가나안 사람들로, 이들은 이스라엘 사람들에게 땅을 잃은 이들, 한마디로 박탈당한 평민이었다. 여기에는 영국 내의 박탈당한 자들, 영국령 너머의 험한 아일랜드인, 아프리카인들 등 수천이 포함될 터이다. 베이컨은 식민지들을 위한 노동자—"시간의 손실 없이 보다 지속적으로 일에 매일 모든 부류의 일하는 족속들"—를 원했고 종획, 아일랜드에서의 소모전 (스펜서가 바란 대로 거기서 계략은 "모든 옥수수를 불태우고 모든 가축을 죽이며 기근을 불러오는" 것이었던 바), 그리고 노예무역으로 동원되기를 기대했다.[43] 나중에 윌리엄 페티 William Petty*는 1641년부터 1652년 사이에 50만4,000여 명의 아일랜드인

---

* 윌리엄 페티경(Sir William Petty, 1623~1687)은 영국 정치 경제학자이자 통계학자로 그의 주요 저작인 『세금 및 공여에 관한 시론』(*Treatise of Taxes and Contributions*, 1662)은 경제에 있어서 국가의 역할을 검토하고 노동가치론에 관해 다루었다.

들이 "검과 역병, 기근, 곤궁 및 추방으로 희생되어" 사라졌다고 추산했다. 토머스 모튼Thomas Morton은 매사추세츠에서, 1637년의 그의 책 제목을 따오자면, 『새로운 영국의 가나안, 혹은 새 가나안』*New English Canaan, or New Canaan*을 보았으되, 땅을 차지하는 것은 아메리카 원주민들과의 우호적인 거래에 의하기를 권고했다. 그는 원주민들의 산파, 치료사, 땅의 활용 등을 칭찬했다. 여러 언어와 피부색을 지닌 그의 추종자들, 하인들 그리고 도망자들은 오월제 기둥을 내걸고 윤무에 모여들어, 청교도들의 진노를 샀는데, 청교도들이 민중 문화의 감각성을 대하는 태도는 베이컨의 것과 비슷했다. 제국의 설계자인 베이컨에게 가나안 사람들―국경 없는 패는 자들과 긷는 자들―이 식민농장들을 위해 필요했고, 실제로 아프리카인들이 이미 버지니아에서 일하고 있었다. 하지만 그가 『신 아틀란티스』(1627)에서 설명하는 대로 그의 이상 사회에 그런 사람들의 자리는 없었다. 여기서 베이컨은 미래의 한 정화된 국가, "세상의 처녀"를 상상하여 이런 가부장적인 소망을 "조그맣고 사악하게 못난 이티오피아인"이 대표하는 "간음하는 기질"44과 대비시켰다.

절멸에 값하는 세 번째 사람들의 "떼" 혹은 "다중"은 해적들로, "인간 사회의 공동의 적"이었다. 이 적을 선택하면서 베이컨은 북아프리카의 해적들을 떠올리고 있는데, 이들은 제임스 1세의 치하와 그 이후에 영국 전함만 아니라 (1609년과 1616년 만해도 거의 오백 척의 배를 취했다) 노예노략질로 영국과 아일랜드의 해안까지 공격했다. 영국인과 아일랜드인을 포함한 일부 북유럽 바다사람들이, 알제리 해적들에게 사로잡힌 게 아니라 외려 투항하여―혹은 그들이 일컫는 대로 "투르크가 되어"―기능, 기술 (가령 "둥근 배")과 경험을 지중해지역 해적들의 다언어사회에 도입했다. 이런 배반자들에는 전 쏘머셋 농장 노동자로 나중에 라마단 레이스Ramadan

Raïs가 된 헨리 챈들러Henry Chandler, 1611년 사십 척의 배를 거느렸던 피터 이스턴Peter Easton, 그리고 켄트의 페이버샴에서 "가난한 어부의 자식"으로 태어나 1603년 선상반란을 주도하고 배 한척을 훔쳐서 리틀 존이라 이름 한 다음, 해적질에 나섰던 존 워드John Ward가 있었다. 북아프리카 해적들을 다룬 첫 유럽 역사가인 댄 신부Father Dan는 쌀레의 해적 항구가 그렇게 "하나의 공화국이 ······ 되어," 이단자들과 종교적 급진주의자들(랜터파the Ranters*와 수피교도**들)의 복합 사회가 되었다고 썼다. 베이컨은 알제리 해적들의 "피난처와 저택"을 없애버리고 싶어 했다.45

베이컨이 파괴를 겨냥해 지목한 네 번째 부류는 대로변 강도들부터 소소한 도둑들까지 육상 떠돌이들로, 헤라클레스가 자신의 땅을 압제로부터 해방시키며 베 넘겼던 바로 그 사람들이었다. 그들의 존재는 토머스 덱커와 로벗 그린Robert Greene***의 얼치기coney-catching 팸플릿들에 기록되어 있다. 덱커는 경고하기를, "그렇게 불그레한 자는 활달하고 강한 불한당으로 ······ 사라센족 같이 노려보는 얼굴이다. ······ 이 나라에 오르락내리락 거리는 이들은 여자들과 아이들에게 민머리 핏뼈 요괴나 정령 로빈, 혹은 다른 악귀의 이름보다 더 끔찍하다"고 했다. 이것이 그 이후 룸펜프롤레타리아, 라짜로니들lazzaroni, 혹은 최하층이라 일컬어지는 바에 대한 초창기 묘사이다. 변말 혹은 도둑들의 은어에 등장하는 말들에는 떠돌이들, 임금노동을 거부하는 모든 이들의 생생한 등장인물이 제시된다. 즉 희광이들****, 떼

---

* 랜터파(the Ranters)는 17세기 영국에서 하느님이 모든 존재에 깃들어있다고 보고, 교회와 성서의 권위를 부정한, 범신론적이고 반율법주의적인 분파였다.
** 이슬람 신비주의자들.
*** 로벗 그린(Robert Greene, 1558~1592)은 영국 극작가, 시인, 팸플릿 집필자에다 산문 작가였다.
**** 조금 아래에 나오는 토머스 하먼(Thomas Harman)은 엘리자벳시대의 작가로 단 하나의 저

거지들*, 동냥아치들clapperdudgeons, 선원 떨거지들**, 벙어리 풍수들***, 꾀쟁이들files, 쇠잡이들****, 달림꾼들cursitors, 떠돌이 강도들*****, 비적들swadlers, 좀도둑들prigs, 훌치기꾼*, 오래비들fraters, 상이꾼들**, 여자 방물잡이들***, 난봉녀들****, 홀잡이들*****, 간난이들*, 처녀잡이들**이다. 이 모두의 우두머리

작 『항용 부랑자라 불리는 흔한 떠돌이들에 대한 경고』("A Caveat or Warning for Common Cursitors, vulgarly called vagabonds", 1566)로 유명하다. 하먼은 그의 자료를 떠돌이들과의 면담으로 모았다고 주장했는데, 떠돌이 생활의 이야기들, 그들 사회와 기술에 대한 묘사, 불한당들의 분류, 그리고 은어 모음집 등을 그 내용으로 하고 있다. 이하의 역주에 등장하는바 떠돌이들을 가리키는 여러 어휘들의 풀이는 그의 기록에 따른 것이다. 희광이들(Abraham-men)은 어원적으로 성서의 아브라함의 이름을 딴 것인데, 『신약성서』 「누가복음」 16장 19~21절의 기사에서 죽은 후 아브라함의 품 안에서 안식을 얻었다고 한 걸인 나사로(Lazarus)와 연관이 있다. 16, 17세기 영국에서 흔히 미친 것을 가장해 적선을 얻으러 돌아다니는 거지 무리를 가리켰다.

* 떼거지들(palliards) : 뒤의 동냥아치들(clapperdudgeons)이라고도 한다. 누더기 옷을 걸치고 아내들과 함께 적선을 바라며 다녔지만, 그들이 받은 것을 팔기도 했다.

** 선원 떨거지들(whipjacks 혹은 freshwater mariners)은 용인되기 쉬우며 고향이라 하는 곳으로 가도록 허용되고 도움도 받을 수 있어 파선한 선원들이라 가장하곤 했다.

*** 벙어리 풍수들(dummerers)은 말을 하지 못하는 것으로 가장했고, 하먼에 의하면 대개 웨일즈에서 온 것으로 되어 있다.

**** 쇠잡이들(dunakers)은 소들이나 송아지들을 "훔친" 사람들을 가리킨다.

***** 떠돌이 강도들(Roberds-men)은 14세기부터 유랑하는 도둑들이나 강도들을 가리켰다.

* 훌치기꾼들(hookers or anglers)은 긴 막대를 지니고 훔칠 것이 없나 살피면서 낮 동안 구걸을 하러 집들을 돌아다녔다. 어두워지면 돌아와 쇠갈고리가 있는 막대를 써서 창문을 통해 옷가지나 침구 따위를 훔쳐, 주변에 숨겼다가 가져다 팔았다.

** 상이꾼들(rufflers)은 16세기 이후 떠도는 부랑자들 혹은 거지로 항용 부상당한 병사라 주장하곤 했다.

*** 여자 방물잡이들(bawdy baskets)은 집집마다 돌아다니는 여자 도부꾼들이었다. 하먼은 이들이 물건을 훔치거나 하인들로부터 헐값에 물건을 사들이곤 했다고 한다. 흔히 그들을 보호하는 총대들(uprignt men)과 함께 살았다.

**** 난봉녀들(autem-morts)들은 실제로 교회에서 결혼한 여성 부랑자들이지만 남편에 충실하지 않은 경우로, 하먼은 집안에 훔치러 보내는 아이들과 함께 돌아다닌다고 설명한다.

***** 홀잡이들(walking morts)은 결혼하지 않은 여성 부랑자로 도부질이나 구걸로 살았지만 물건들은 총대가 가졌다.

* 간난이들(doxies)은 여성 부랑자들로 그들의 처녀성을 총대에게 빼앗기고 총대나 다른 부

로 총대*가 있는데, 켄트 출신 향사 토머스 하먼Thomas Harman은 그 부류를 이렇게 쓰고 있다. "이들 느런히 있는 무뢰한 무리들 중, 혹자는 하인, 쟁이, 그리고 소작에 팔린 울력하는 자들이다. 생계를 얼굴에 흘리는 땀으로 얻으려하지 않고, 모든 고역을 다 떨쳐버린 이들은 음험한 저들 식대로 이 강역의 모든 지방을 두루 돌아다닐 것이다."46

다섯 번째 부류는 암살자들이었다. 스튜어트조의 왕들은 암살의 살벌한 공포 속에서 살았다. 법무대신으로서 프랜시스 베이컨은 늙은 성직자 에드먼드 피첨Edmund Peacham을 심문했는데, 그의 집에서 민중들에 의한 반란과 왕의 죽음을 예견하는 설교가 발견되었기 때문이다. 아무런 음모도 발견되지 않았지만, 그는 "고문 전에, 고문 중에, 고문 사이에, 그리고 고문 후에 취조를"47 받았다. 존 웹스터John Webster는 자신의 군대에 급료를 주지 않은 로마 장군에 대한 연극 한편을 썼는데, 확연히 왕의 총신인 버킹엄공을 가리킨 것으로, 그는 1625년 급료를 못 받아 성난 수병에게 살해당했다.48 한때는 장군 아피우스Appius**가 사람들에게 경외 속에 받들어지지만, 다음 순간 감옥에서 사슬에 묶여있다.

랑자에게 얹혀 지내는 경우를 말한다. 하먼은 그들의 난잡한 생활방식을 문제 삼았다.
** 처녀잡이들(dells)은 아직 처녀인 부랑자를 말한다. 하먼은 그들이 간난이들에게 태어난 난 처녀잡이들(wild dells)이거나 부모를 잃은 경우, 혹은 "가혹한 아씨" 때문에 도망친 경우라 말한다.
 * 총대(uprightman)들은 능숙한 전문 도둑들로, 다른 거지들에게 권위를 행사해 돈이나 다른 과실을 요구할 수 있었다. 그 지위의 표시로 홀대(filchman)라 하는 지팡이를 가지고 다녔다.
** 아피우스 클로디우스 카에쿠스(Appius Claudius Caecus, BC 3세기에 활동)를 가리키는 것으로 로마 역사상 뛰어난 정치가이자, 법률 전문가였고 초기 로마의 주목할 만한 인물들 중 하나였다. 아피우스가 장군으로도 불리는 것은 집정관 계급으로서 BC 312년에 시작된 그의 감찰관 시절을 염두에 둔 것이다. BC 296년에는 두 번째로 감찰관에 선출되어 수리남에 대항하는 로마 군대들을 지휘했다.

세상이 이제 변했다네. 온갖 저주들이
히드라 머리 한 무리들에 달라붙네,
오직 바꾸는 것만 바라는!
아 뉘라서 세상사람 믿겠느뇨?

초기 스튜어트조의 폭군살해(1625년의 버킹엄 그리고 1649년의 찰스 스튜
어트)는 국가 권력을 다투는 정신들과 공화주의자들에 의해 야기된 반란의
위험을—베이컨 자신이 익히 알았던 너저분한 상황을 보여준다.[49]
　절멸에 해당하는 여섯 번째 부류는 헤라클레스의 또 다른 집단적 적인
아마조네스들로, 이들의 "공적이고 사적인 정부政府 전체, 정말이지 군대
그 자체가 여자들의 수중에 있었다." 무장한 여성들은 베이컨의 시대에 빈
번히 대중적 소요를 이끌었다. 아일랜드 해적 여왕 그레이스 오말리Grace
O'Malley, "사십년 동안 모든 저항의 대모"였던 그녀는 여러 가문의 다양한
추종자들을 자랑하며 1603년 사망 때까지 널리 상인들을 공포로 몰아넣었
다. 1607년 "수장 도로시"Captain Dorothy는 요크셔의 노스 리딩에서 컥비 말
지어드Kirkby Malzeard의 종획에 맞서서 칼을 휘두르고 돌을 던지는 36명의
여성들을 이끌었다. 베이컨은 이 투쟁에 대해 알고 있었던바, 십년 후 대법
관으로서 "몽둥이 법"Clubb Lawe이 압도했음을 술회하고 있기 때문이다. 무
장한 여성들은 식량 폭동에도 앞장서서, 1595년에는 와이에서 식용 옥수
수를 압류하고, 1605년에는 메드웨이 항구들로 행진하여 곡물의 수출을
막았으며, 1608년에는 싸우샘튼에서 곡물선들에 올라 화물이 선적되어 나
가는 것을 저지하기까지 했다. 서부 반란Western Rising(1629～31) 시기에는,
여성들이 다시 식량 폭동을 이끌었고, 같은 시기 버크셔와 에식스에서 그
랬다. 1626년에는 성실청*이 길링엄 (월셔) 숲 종획구역들을 파괴하겠다

고 위협한 여성들을 기소했다. "무지한 여자들 다수가" 1628년 종획구역을 무너뜨렸다. 그런 한편 브레이든 숲에서는 "레이디 스키밍튼"이 스스로 여성이라 가장한 남성 반란자들의 별칭이었다.[50]

성전이 수행되어야 할 마지막이자 가장 위험한 부류가 재침례교도들이었는데, 16세기에 뮌스터에서 "그 어떤 법률이나 규칙이 아니라 영혼의 은밀하고 무궁한 움직임과 본능에 따라 모든 사태가 합당해야 하니, 이는 바로 신께서 어느 나라도 사람도 영지領地도 모르시는 것이라"[51] 주장했다. 공산주의의 유령이었던 것이다! 그리고 베이컨은 "그들을 대지의 표면에서 제거해" 버리려 했다. 1615년 법무대신으로서 베이컨은 존 오언John Owen에게 사형을 선고했는데, 그의 저작들이 재침례교적이라 보았고, "법령을 무너뜨리고," "왕들을 사슬에 그 귀족들을 쇠 차꼬에" 묶어버리려 들었다는 것이다. 베이컨의 적들 가운데 하나가 로벗 브라운으로 장로, 왕, 혹은 국가 등에 의해 위로부터가 아니라 아래로부터 통제되며 적법한 논쟁, 논란, 항의 그리고 문제제기란 원칙에 따라 조직되는 독립교회의 후원자였다. 브라운은 스테판 홉킨스에 직접 영향을 주어, 후자는 1609년 버뮤다에서 저항을 이끌었다. 브라운의 자기조직화 이론은 혁명적 함축을 지녀, 말 그대로 민주적인 성약을 요구하는 것이었다. 그보다 먼저 토머스 내쉬Thomas Nashe는 독일농민봉기에서의 재침례교파에 대한 탄압에 대해 썼다. "그대들이 확연히 알아듣기에 이 비극보다 무엇이 더 심란하겠는가? 당장 말하자면 …… 존 라이든John Leyden*이 어떻게 죽었는가, 그것인가? 그는 개처럼

---

* 성실청(The Star Chamber)은 라틴어 Camera stellata에서 따온 말로 1487년부터 1641년 사이 본디 법원이 철폐되었던 시기에 웨스트민스터 궁에 존재했고 매우 편파적으로 악명이 드높았던 영국 법정을 가리킨다. 그 이름은 에드워드 3세 재위기에 왕의 위원회를 위해 특별히 만든 스타 체임버(Star Chamber)에서 따왔다.

죽었으니, 목매달려 밧줄에 달렸다. 그의 동료들에 대해 말하자면, 그들이 마음 쓰이는가? 전에 그들이 몇몇을 성가시게 했던바, 그들은 죄 죽임을 당해 하나도 도망치지 못했으니 무지개의 이야기*를 들려줄 그 누구도 말이다."52 고문자로서의 일에 있어, (1619년 학교 선생인 쌔뮤얼 피콕Samuel Peacock을 고문대에서 기절할 때까지 잡아 늘였으니) 베이컨은 그 비슷한 헛된 욕심에 빠져드는 듯한데, "무지개의 이야기" 그 자체마저 근절시킬 수 있다고 믿었기 때문이다. 그는 그렇게 헤라클레스와 히드라를 국가 테러의 확장과 강화를 뜻하는 데 써먹었다.

괴물스러움과 테러에 관한 베이컨의 이론은 토머스 에드워즈Thomas Edwards에 의해 17세기 중반으로 넘어 들어오게 되는데, 그는 혁명기 영국의 이설들을 공부하여 1646년 세 권으로 『타락: 우리 시대의 분파들이 지닌 무수한 오류와 이설, 신성모독 및 해로운 관행의 발견과 그 목록』 *Gangraena: Catalogue and Discovery of many of the Errours, Heresies, Blasphemies and pernicious Practices of the Sectaries of this time*을 출판했다. 에드워즈는 1권에 176, 2권에 23, 3권에 53 모두 252개의 다른 이설들을 나열했다. 헌사에서 그는 "몸뚱이 셋인 괴물 게이로네스**와 머리 셋인 케르베로스" 그리고 "저 히드라 또한 그들의

---

* 네덜란드인 John of Leiden (네덜란드 이름으로는 Jan van Leiden, Jan Beukelsz 혹은 Jan Beukelszoon; John Bockold or John Bockelson이라고도 알려짐, 1509?~1536)은 라이든 출신의 재침례교도로 추종자가 많은 카리스마적인 지도자였다. 뮌스터에 공동체주의적이고 다혼주의적인 신정통치를 펼치다 1535년 몰락한 뒤 이듬해 잔인하게 고문당하고 살해되었다.

* 토머스 내쉬는 하느님이 인류를 파괴시켰던 홍수가 물러갈 것을 예시하기 위해 무지개를 그 징표로 노아에게 보냈던 성서적 전통을 인용하고 있다. 무지개의 징표는 안전과 "새로운 성약"의 표시였다. 내쉬가 이 글을 쓰던 시기에 농민들이 모든 것을 공동소유로 두려 추구했던 1526년의 뮌스터 코뮌을 염두에 두고 있는바, 유럽 코뮌주의의 한 상징이었다,

** 그리스 신화에서 게이로네스(Geryones, Geyron)는 지중해 서쪽 저편의 신비한 헤스페리데스 지역 에리테이아 섬에 사는 무서운 거인이다. 신화에는 전부 여섯 팔을 가진 세 개의 몸과 세 개의 머리를 지녔고 전사의 모습을 하고 있다고 한다.

거소에서 막 일어나려는" 데 맞서는 자신의 싸움을 그리고 있다. 2권의 초입에서 그는 "내가 이 응답을 쓰는 동안, 이 세 머리 케르베로스를 쓰러뜨리고 그걸 막 마치려는 순간, 분파주의란 저 괴물스런 히드라의 새 머리들이 뛰어 나왔다"고 적었다. 에드워즈의 저작에서 종교적 급진주의자들, 아메리카 선주민들, 아프리카인들, 평민들, 선원들 그리고 여성들의 모습으로 베이컨의 히드라의 머리들이 불쑥 삐져나온 것이다.

베이컨이 백안시한 "재침례교도들"은 이어지는 세대에 걸쳐 세가 불어나, 1640년대와 1650년대에 혁명적 공세를 제기하여 에드워즈 같은 사람들이 작업하도록 만들었다. 이들 이설 가운데 일부가, 에드워즈의 설명으로는, 공산주의를 선호하여, "모든 사람은 권리상 평민들이라" "온 지상에 성자들이니, 재화의 공동체가 있어 마땅하고, 성자들이 신사들과 부자들의 토지나 재산을 공유해야 할 것"이라 주장했다. 이와 연관된 믿음은 그리스도가 실제로 새로운 천년을 주재해, 모든 압제자들을 무너뜨리는 한편, 그리스도교인들이 지상의 기쁨 속에서 살게 되리라는 (한데 누구도 언제 그 천년의 계산을 개시하는지 모르는) 것이었다. 재침례교도들의 다수는 반율법주의자들이기도 해서, "도덕률은 믿는 자들에게 아무런 소용도 [없고]," 구약은 신의 선민들에게 적용되지 않으며, 믿음과 양심이 선행이나 법으로 구성된 권위보다 우월하다고 믿었다. 실제로, 일부는 "그리스도교인이 행정관이 되는 것은 법도에 어긋난다"고 주장하는 한편, 다른 이들은 세속의 정부 자체가 억압이라 느꼈다. 규율, 법령과 의식에 대한 회의가 계시와 비전이 그렇듯이 팽만했다. 일부 종교적 급진주의자들은 "보통 사람의 몸이야말로 지상의 주권이라"고 내세웠다.

베이컨과 마찬가지로 에드워즈는 자신의 주제에 대해 국제적 관점을 취해, "다른 나라에서 쫓겨난" 사람들이 많은 이설들을 조장한다고 지적했다. 그는 뉴잉글랜드의 수많은 정신적 극단주의자들을 비난했다.

> 반율법주의, 재침례교 등등으로 얼마나 많은 사람들이 뉴잉글랜드에서
> 쫓겨 넘어와 여기서 그들의 오류를 책으로 인쇄하고, 여기저기 자유로이
> 설교하는지. 그래서 가여운 영국이 토사물처럼 다른 교회들의 입에서 쏟
> 아져 나온 그런 사람들을 대접해야 되니, 모든 곳으로부터의 이설과 오
> 류들의 오물 속에 받아들이는 공동의 해안과 시궁창이 된다. 한니발의 군
> 대를 두고 무어라 했던가, 그것은 온갖 종족들의 혼합*colluvies omnium gentium*이
> 라, 우리로서도 온갖 종류의 분파들과 이교들에 대해 같은 말을 할 수
> 있을 터, 온갖 오류와 분파들의 혼합인 영국*anglia colluvies omnium errorum & sectarum*
> 이라.

한니발 군대의 핵심은 아프리카인들이었고, 기실 1640년대에 영국 노예무
역자들이 모여들던 그 대륙이 에드워즈의 생각에 결코 멀리 있지 않았다.
17세기 영국의 많은 이설들은 에드워즈에게 도나투스주의자들*의 교설과
같은 초기 기독교의 북아프리카측 변종들처럼 비쳐졌다.[53] 그는 "오류는,
만일 우리가 그것에 양보하다면, 한계를 모르고 깊이를 알 수 없으니, 누구
도 영국이 어디까지 갈지 말할 수 없으나, 아프리카처럼 매일 괴물들을 불
러내게 되리라"고 썼다.

　에드워즈가 특히 조롱 삼아 "털북숭이에, 거칠고, 사나운 붉은 인간들"
이라 묘사한 저들 괴물을 따로 지목했을 때, 더 폭넓게 원래의 아메리카가

---

* 도나투스주의자들(Donatists)는 베르버 크리스티안 도나투스 마그누스(Berber Christian Donatus
　Magnus)가 창시하여 대개 카톨릭으로 한 이단으로 취급되는 교리를 추종했고, 로마지배의 아프
　리카 지역에 살면서 4~5세기에 번성했다.

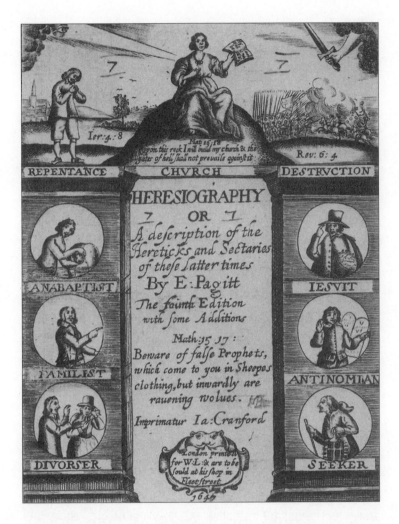

이프리엄 파짓 지음, 『이단교설』(1654)의 표지면. 하버드 대학교 휴튼 도서관의 게재허락.

그렇듯이 캘리번이 혁명기의 영국에 다시 등장한 것이었다. 아주 같은 맥락에서, 한 영국 소식지의 편집자가 1649년 4월 프랑스 궁정에 등장한 두 "야만의 인디언들"의 전언을 보도했다.

> [한 인디엔]은 그가 놀라워 한 두 가지 사실들을 술회했다. 첫째로, 억세고 고결한 정신을 지닌 듯싶은 그 수많은 용감한 사람들이 모두들 홑몸으로 서서, 한 아이[루이 14세]의 뜻과 희망에 따라야만 한다는 것이다. 둘째로, 시내의 어떤 이들은 지극히 호사스럽고 비싼 옷치레로 치장한 반면, 다른 이들은 그토록 가난해서 배고픔에 주려 죽기 직전인데, 그가 보기에 자연이란 저울에서는 그들 모두가 동등하여, 하나가 다른 하나보다 높이 처지지 않는다는 점이다.

편집자는 그 선주민들을 "두 미개한 평등론자들"이라 폄하했다.[54] 아메리카에서는 인디언들의 공격과 노예반란에 대한 공포가 "가족주의Familism[사랑의 가족이라 불린 16세기의 한 분파의 교의], 재침례교, 혹은 반율법주의"에 대한 공포와 늘 함께 했고, 여러 머리 히드라는 그런 위협을 하나의 강력한 비유적 형상으로 요약했다.[55] 에드워즈는 교황의 교설 뿐 아니라 자유주의자와 재침례교의 이설들도 공격한 존 캘빈을 "그 많은 괴물들을 굴복시킨 기독교의 헤라클레스"라고 썼다.

베이컨의 아마존들도 에드워즈의 해석에서 되살려지는데, "여성이 설교하는 것이 적법하단다, 그러니 왜 못하겠는가, 남자들만큼 재능을 지녔다면"이라는 교설로서다. 마찬가지로 위협적이기는 "어느 남자든 설교하는 것을 공적이나 사적으로 듣는 것"이 합당치 않다고 주장하는 여성들이었다. 박탈당한 평민들이나 떠돌이들은 그리스도가 세상에 온 것은 (감옥에) 갇힌 자들에게 해방을, 극형에 대한 비판, 즉 "신께서는 먼저 매달고, 후에 심판치 아니 하리라"는 것을 설교하러 세상에 왔다는 "희년" 이설을 표현하는 자들이기 십상이었다. 다른 이단자들은 베이컨의 성스럽든 세속적이든 전쟁 전략 전체에 맞서, "다른 사람을 한 사람이 죽이는 것으로 이룬 승리를 감사하는 것은 법도에 어긋난다"—간단히 말해 "무기를 들거나 누구든 죽이는 것은 법도에 어긋난다"고 주장했다. 보다 특정하게는 한 "신실한 시민"이 에드워즈에게 "군대에 소속된 어느 위대한 이단자가 말하길, 아일랜드를 거론하며, 아일랜드인에 맞서 싸우는 것이 과연 합당한지 의문이며 군대의 많은 다른 이들도 그렇다고, 또 영국이 우리들 것인 만큼 저 나라도 그들의 것이라 한다"고 했다는 것이다.

베이컨은 요약하자면 처리해야 할 주체들을 히드라에 위로부터 접근해서 지목했으니, 그가 다중을 일컫는 대로, 떼, 무리, 폭도들이 그것이다. 한 세대 후에 에드워즈는 그 괴물에 반작용적으로 아래로부터 접근했다. 즉 그것이 성약의 교회들을 이루고 군대 조직들, 농촌의 공동체들, 혹은 도시 군중들을 정치화하는 지점에서 접근했다. 평민들, 유랑자들, 군인들과 선원들, 하인과 노예들, 주인 없는 남자와 여자들, 장작 패는 자들과 물 긷는 자들—저 모든 새로운 노예들—은 멀리 또 널리 와서 더 많이 떠돌며, 전도하고, 개입하며, 떠들며, 소리치고, 조직화했다. 에드워즈가 경탄하다시피, "다른 나라들에서 그들의 잘못으로 내쳐진 사람들이 어떻게 여기 살기만하는 것이 아니라 교회를 이루어 모이고, 그들의 의견을 공개적으로 전파하다니! 저 온갖 무식쟁이 직인 설교자들, 아 여자와 애송이 설교자들! 이 도시에만 대체 몇이나 이단 모임이, 한 교구에 열하나는 되리!" 바다 건너 버뮤다에서는 1640년 쌔러 레이필드Sarah Layfield란 이름의 여덟 살짜리 혼혈 소녀가 "국왕 폐하의 인격을 겨냥한 어리석고 위험한 말"을 내뱉었다는

The rising of Prentises and Sea-men on South-wark side to assault the Arch-bishops of Canter-burys House at Lambeth

도제들과 바다사람들의 봉기, 1646년 메이데이. 『토머슨 논설 모음』 E116/49. 대영도서관의 게재허락.

혐의로 법정에 세워졌다.[56]

　　1641년 12월절 동안 런던의 군중, 혹은 폭도가 화잇홀*과 웨스트민스터에 무질서하게 모여들어, 자유와 국왕의 권력에 대한 제한 등의 견해가 같은 달 발간된 대간의서**에 제시된 하원 내 급진파에 지지를 표명했다. 국왕은 그들을 "브라운주의자들***, 재침례교도들과 다른 이단들의 무리"라고 폄하했다. 런던 시의원 둘이 그 소요를 꾸몄다는 비난을 받았다.

---

　　* 화잇홀(Whitehall Palace)은 1530년부터 1698년까지 영국 국왕들이 거주하는 곳이었다. 템스강과 오늘날의 세인트제임스 공원 사이에 있다.

　** 대간의서(The Grand Remonstrance)는 장기의회(Long Parliament)와 영국 내전기(English Civil War)에 찰스 1세에게 1641년 12월 1일 의회가 제출한 목록으로 의회에 의한 국왕의 불신임을 담고 있다.

*** 오늘날 회중파 교회주의(Congregationalism)의 모체가 된 16세기의 청교도 로벗 브라운의 추종자들.

그들은 "집에서 집으로" 돌아다니며 "이 히드라 머리를 웨스트민스터로 가져와 그들의 입에다 '주교도 안 돼, 카톨릭 군주도 안 돼'라고 외치도록 했다"는 소리를 들었다. 선원들, 직인들, 뱃꾼들, 도제들, 하층민과 천민들—아니, 달리 표현하자면, 혁명적인 도시 프롤레타리아—로 이루어진 그 히드라가 이제 독자적인 행동을 취하고 있었다.57 한때 프랜시스 베이컨의 비서였던 토머스 홉스Thomas Hobbes는 가령 수부들과 도제들이 1640년 메이데이에 감옥들을 깨부수느라 시가전의 도구들(곤봉, 소총, 노, 농부의 삼지창, 밀낫)을 사용하자 조직된 힘의 이런 새로운 형태에 주의를 돌렸으며, 또한 통상적인 수단인 돈을 통해 그들을 통제하지 못하는 왕의 무능력에 주목했다.

B. 너는 읽었을 터, 헤라클레스가 히드라와 싸울 때, 많은 머리 중 어느 하나를 베어내도, 여전히 그 자리에 두 다른 머리가 솟아나온다고. 하지만 마침내 그가 그 모두를 베어냈네.
A. 그 이야기는 잘못됐네. 왜냐면 처음에는 헤라클레스가 그 머리들을 베어낸 게 아니라, 매수해 들이려 했네. 그런데 그 후로 그것이 아무런 소용도 없음을 알자, 그제야 그것들을 베어버리고, 승리를 차지했지.

국왕은 결국 "승리를 차지하지" 못했는데, 일부에서 말하듯이, 히드라에 대해 충분한 폭력과 테러를 구사하지 않았기 때문이다. 스트래퍼드Strafford 백작*은 국왕 찰스에게 돈을 빌려 주길 거부한 지방 총독 몇을 목매달라 간

---

* 토머스 웬트워스(Thomas Wentworth, 1st Earl of Strafford. 1593~1641)는 정치가로 영국 내전기의 주요 인물이었으며 찰스 1세의 가까운 자문역이었다. 의회에 의해 절대 왕정의 상징처

언했다. 그 대신 젊은 소요자 둘이 목매달렸는데, 그 중 하나는 고문대에서 고문당한 후였고, 이는 영국에서 그 기구가 마지막으로 사용된 사례였다.[58] 1649년 1월 30일 화잇홀에서 찰스 1세가 목이 잘린 뒤, 앤서니 애스컴 Anthony Ascham은 『정권 내의 혼란과 혁명에 관하여』 Of the Confusions and Revolutions in Government(1649)를 써서, 모두에게 "괴물들을 길들이기 위한" 새로운 헤라클레스의 필요성을 일깨웠다. 그렇게 올리버 크롬웰과 혁명적 부르주아지들의 역할이 규정되었던 것이다. 그들의 사명은 그 여러 머리 히드라를 다시 장작 패는 자들과 물 긷는 자들로 되돌려 놓는 것이었다.

럼 여겨져 제거 당한다.

3

"프랜시스라는 이름의 검둥이 하녀"

"프랜시스라는 이름의 검둥이 하녀"
"A Blackymore Maide Named Francis"

곧 그 날에 도피한 자가 네게 나아와서 네 귀에 그 일을 들리지 아니하겠느냐. 그 날에 네 입이 열려서 도피한 자에게 말하고 다시는 잠잠하지 아니하리라.

— 「에스겔서」 24:26~27

그 때에 내가 또 내 신(영靈)으로 남종과 여종에게 부어줄 것이며 ……

— 「요엘」 2:29

만일 하느님이 만든 첫 여성이 세상을 혼자서 뒤집을 만큼 강했다고 하더라도 이 모든 것들은 세상을 되돌려 바로 세울 수 있어야만 한다.

— 『쏘저너 트루스』(1851)

1640년에 영국 혁명이 일어났다. 처음에는 문제가 스코틀랜드, 아일랜드, 잉글랜드 사이에서의 갈등인 것처럼 보였다. 지역의 지배와 영국 국교 신봉문제를 놓고 경합이 벌어진 것처럼 보였던 것이다. 그러나 곧 의회가 "대의 없이 과세 없다"라는 슬로건을 내걸며, 그리고 인신보호영장Habeas Corpus을 임의적 투옥에 맞서는 개인적 자유의 도구로서 확대하면서, 찰스 1세의 개인적이고 절대적인 지배에 반대하여 그 권리와 힘을 주장했다. 왕(기사당원들)과 의회(의회당원들) 사이에 싸움이 붙어 내전이 발생했다. 1645년의 신형군新型軍, New Model Army* 창설은 의회파에 일련의 군사적 승리를 가져다주었다. 점점 더 성공해가는 혁명 세력은 언론의 검열을 폐지하였고, 성실청(베이컨은 한때 여기서 판결을 하였다)과 같은 억압적 법정들을 폐지하였으며, 1649년 1월에 찰스 1세를 목베어 처형했다. 그런 다음에 그들은 왕정과 상원을 해체하였으며 공화국을 선포하였다.

올리버 크롬웰과 전투적 청교도들이 혁명 세력을 이끌었다. 크롬웰을 지지하는 경향을 가졌던 대서양 상인들, 군소 젠트리들,** 그리고 신흥 산업가들은 모두 국가가 장려하는 경제적 변화들로부터 많은 이익을 얻었다. 〈항해조례〉 The Navigation Acts는 영국의 무역과 해운업을 보호했고, 농촌에서 벌어지는 종획은 재산을 사유화했다. 산업 입법은 생산 영역에서 이윤추구를 구속해오던 온정주의적 제한들을 제거했으며, 증권시장과 고정부채에서 일어난 금융상의 변화는 투기적 자본주의를 증진하였다. 영국 상인들은 브라질로부터 도입된 사탕수수농장들이 서인도제도 전역에 확대되자 결정적으로 노예무역을 향해 움직였다. 크롬웰과 유산자有産者층인 그의 동맹 세력들은 혁명을 함에 있어서 머리가 여럿인 히드라의 급진적인 목소리들— 수평파와 디거파the Diggers***, 병사들과 선원들, 도시의 봉기자들과 농촌의

---

* 영국내란기의 여러 의회파 군대 가운데 가장 널리 알려진 것으로 1645년 2월에 조직된 의회파 군대. 귀족 출신 지휘자가 아니라 훈련된 장군들이 이끌던 전문 군인들로 이루어져 있었다. 1644년 내전의 처리를 놓고 의회파 내에 생긴 분열로 말미암아 탄생했다.
** 젠트리(gentry)는 작위(공작, 후작, 백작, 자작, 남작, 기사)가 없는 지주들을 지칭한다.
*** 디거파(Diggers)는 1649~50년 어간에 영국에서 토지의 균등 분배를 주장한 집단이다. 1649년 4월, 20여 명의 빈민들이 써리의 쎄인트조지스힐에 모여 공유지(共有地)를 경작하기 시작한 것이 시초가 되었다. 이들은 청교도 혁명이 왕과 대주지들에 대한 싸움이었으며 찰스 1세가 처형당했으므로 토지를 극빈자들에게 주어 경작하게 해야 한다고 주장했다. 1649년

평민들—에 의존해야 했다. 히드라에 속한 이들은 자신의 고유한 의제들을 가진 것으로 판명되었다. 크리스토퍼 힐Christopher Hill은 이 혁명기를 "영국에 있는 모든 것을 위대하게 전복하고, 문제시하고, 재평가하기"로 요약하였다. 브레일스포드H. N. Brailsford는 "걸려있는 것은 영국의 소유권이었다"라고 간단하게 말했다.[1] 급진 세력의 사상들은 결국 크롬웰과 그 일파에 의하여 억눌러졌다. 그러나 이 사상들은 그럼에도 불구하고 그 시대에 그리고 나중에도 영향력을 미쳤다.[2]

그 시대의 상대적으로 더 혁명적인 사상들 중 일부는 "검둥이 하녀"인 프랜시스라는 이름의 여성에 대한 이례적인 텍스트에 의해 예시될 수 있다. 이 하녀는 1640년대에 브리스틀에 있는 한 급진적인 종교단체의 일원으로서 특히 그 단체의 여성들의 지도자 역할을 하였다. 이 텍스트는 그 교회의 장로인 에드워드 테릴Edward Terril에 의해서 쓰였는데, 이는 이 이야기가 단순히 프랜시스에 대한 이야기일 수만은 없음을 의미한다. 이 이야기는 또한 필연적으로 이야기를 하는 사람에 대한 이야기일 수밖에 없다. 그녀는 흑인이었고, 그는 백인이었다. 그녀는 여성이었고, 그는 남성이었다. 그녀는 그 단체의 여신도였고, 그는 그 교회의 장로였다. 그녀는 하인이었고, 그는 주인이었다. 이 낯익은 대립들의 근저에 있는 것은 기본적인 모순이다. 즉 그녀는 1640년대의 혁명기에 살다 죽었고, 그는 1640년대에

4월 공화정 시기의 혁명적 분위기 속에서 제라드 윈스턴리(Gerrad Winstanley)와 윌리엄 에버라드(William Everard) 등의 주도로, 쎄인트조지힐, 월턴온템스, 써리, 코범 부근 등지에서 공동으로 토지를 경작하는 집단 거주지를 결성했다. 이 시도는 사상 유래가 없는 식품가격의 폭등 시기에 이루어졌다. 1649년 한 해 동안 디거파의 수는 2배 이상으로 늘어났지만, 그들의 행동은 공화국 정부를 긴장시켰고, 공유지를 요구하고 있던 지방 지주들의 적개심을 불러일으켰다. 그들은 계속적인 정부의 탄압과 폭도들의 폭력에 시달리다가 1650년 3월 말에 뿔뿔이 흩어지고 말았다.

성인이 되었지만 1660년대의 반혁명 시기 동안이 한창때였다. 프랜시스와 테릴의 이야기는 영국 혁명에서 인종, 계급, 성의 동학動學을 조명하고 급진적인 목소리들이 어떻게 궁극적으로 억눌러졌나 하는 것을 보여주는 데 도움이 된다.3 영국 혁명의 결과는 극적으로 달라졌을 수도 있었다. 공유지가 보존되고 시장사회와 상품생산의 가치들 이외의 가치들이 승리할 수도 있었으며, 노동이 인간구원의 조건으로 간주되지 않을 수도 있었고, 가족 내의 가부장제가 살아남지 못하고 여성들의 노동 또한 낮게 평가되지 않을 수도 있었으며, 고문과 테러가 법과 그 집행에서 존속하지 않을 수도 있었다. 또한 민중들의 집회가 번성하고 개방적이 될 수도 있었고, 개별적 축적보다는 상호존속이 경제활동의 토대가 될 수도 있었으며, 주인과 노예의 구분이 폐지될 수도 있었다.

혁명전쟁이 발생했을 때 에드워드 테릴은 아직 소년이었다. 1634년 아몬즈베리Almondsbury에서 태어난 그는 1640년에 브리스틀로 이사했으며 1645년에 견습 필경사가 되었다. 그는 1654년 한 종교적 경험에 의해 "회개하게" 되었고 1658년에 침수沈水세례에 의해 세례를 받았다. 브로드미드 교회Broadmead Church를 재정적으로 지원하는 설탕무역업자인 토머스 엘리스와 동업을 하면서 테릴은 성공했으며 곧 그 교회의 장로가 되었다. 한편 왕(찰스 2세)이 왕좌에 복귀하였으며 억압의 시기가 뒤따랐다. 테릴과 브로드미드 침례교회(왕정복고 이후에는 이렇게 불렸다)는 〈지방자치단체법〉the Corporation Act, 1661,* 〈통일법〉the Act of Uniformity, 1662, 〈심사법〉審查法, the Test Act, 1673 아래에서 고통을 겪었는데, 이 법들은 모두 도시 공직자

---

* 지방자치단체법은 1661년에 제정된 법으로, 지방자치단체의 임직을 맡은 전원에게 국왕에 대한 충성을 선서케 하고, 성공회에서 성찬을 받도록 명령한 것. 1828년에 폐기되었다.

들, 모든 종교인들, 모든 정부 관리들이 영국 국교의 전파자가 될 것을 요구하였다. 그들은 더 나아가 비국교도 예배를 개인집에서도 금하는 〈비밀집회법〉the Conventicle Act, 1664과 비국교도 성직자들로 하여금 도회지의 5마일 이내에 사는 것을 금하는 〈5마일법〉the Five Mile Act, 1665 아래에서 고통을 겪었다.[4]

이 시기와 박해의 시기에 현명하게도 테릴은, "쓸모없는 책"이라고 알려지게 된 기록을 해나가기 시작했는데, 이는 이후에 『브리스틀의 브로드미드에 있는 그리스도 교회의 기록, 1640~1687』*The Records of a Church of Christ in Broadmead, Bristol, 1640-1687*이라는 이름의 책(1672년과 1678년 사이의 기록들의 모음집)으로 출판되었다.[5] 이 책의 내용은, 프랜시스와 테릴 모두 속한 단체의 창립자인 도로시 해저드Dorothy Hazzard와 대화하면서 테릴이 기록한 구술 역사, 이제는 유실된 다른 원고노트로부터 뽑은 것들, 그리고 저자 자신이 왕정복고기의 억압에 촉발되어 역사를 다시 쓴 것을 포함하는 혼합적인 기록이다.[6] 테릴은 프랜시스에 대해서 이렇게 말한다.

하느님의 선함에 의해 그들은 한 기억할만한 신도를 얻었는데, 프랜시스라는 이름의 검둥이 하녀였다. (브리스틀의 백the Back 지역에 사는 어떤 사람의 하인이었다.) 이런 일은 우리 시대 우리나라에서 다소 드문 일이었다. 이집트인이나 흑인이 그녀처럼 진정으로 죄를 자각하고, 구세주 없이는 절망적인 상황을 자각하며, 주 예수 그리스도에게로 진정으로 개종하는 일은 드문 것이다. 그녀는 신도로 받아들여질 때에 진지한 대화와 함께 신앙고백 혹은 선언에 의해 그러함을 보여주었다. 그녀는 진정으로 예수의 사람이 되었다고 믿게 할 만한 많은 근거를 보여주었다. 이 가련한 에티오피아의 영혼은 하느님과 매우 가까운 듯이 보였고, 대화에서도 끝까지 매우 겸손하고 순결했다. 임종 시에도 그녀는 그녀와 같이 걸었던 교회 신도들 전체에게 마지막 청으로서 놀라운 권고의 말을 보냈다. 이 말에서 그녀는 자신이 주를 얼마나 신성하고 순수하게 두려워하는지를 입증했으며 주께서 그녀의 영혼에 얼마나 소중한지를 입증했다. 이는 그녀가 자신을 표현하는 방식에 의해서 관찰되는 바였다. 그녀의 말은 이러했다. 교회의 여성 신도들 중 하나가 아픈 그녀를 방문했을 때 그녀는 이승을 떠난다는 작별인사를 근엄하게 하고는 그 여성신도에게 전체 신도들에게 자신의 인사를 전해줄 것을 간구하였고, 자신은 모든 영혼이 하느님의 영광이 그들에게 소중하게(교회에서 계속 기억할만한 말이다) 되도록 유념하고, 모든 개별 신도들은 가정에서나 동네에서, 혹은 하느님이 보내시는 장소들에서 하느님의 영광을 소홀히 하지 않도록 조심하기를 빈다고 신도들에게 말해달라고 간구하였다. 이는 검둥이가 죽어가며 한 말로서 백인이 마음에 새겨두기에 적합한 것이었다. 이 이후에 이 에티오피아인은 영혼을 예수님께 바쳤고 구원을 받았으며, 장로들과 남성 신도들 중 주요 인사들에 의해 (신앙이 돈독한 남자들에 의해) 장지로 옮겨져서 영광스럽게 묻혔고, 그곳에서 주께서 성도들과 함께 오실 때까지 휴식하게 될 것이었다. 우리는 이로써 우리 시대에 실제 경험으로 성서가 실현된 것을,[*] '하느님은 사람의 외모를 보지 아니하시고 각 나라 중 등등'(「사도행전」, 10 : 34~35)임을 볼 수 있다.

이것이 프랜시스에 관해서 테릴이 쓴 전부이다. 단편일 뿐이라고 생각될 수 있을 정도로 적다. 더 정보가 없는 것은 우리가 그녀를 일반적인 전기적 방식으로 다룰 수 없음을 의미한다. 그 대신에 우리는 그녀를 사회적 관계들의 집합이라는 맥락 속에서 살펴볼 수 있는데, 네 가지 관계가

---

[*] 원래는 이 자리에 그리스어가 들어가 있고 그것이 다시 영어로 옮겨져 있다.

The Church being thus Settled as aforesaid by their Non-
Congregating, and leaving those that Sucked in Libertisme
Notions to forbear, in that manner they kept to their
Simplicity of y Gospell with drew from them and kept
together meeting as aforesaid Lords dayes and on y fifth day
haueing now a Pastor, they chose mr Ingello aforesaid (other-
wise called Doctor Angell) to be their teacher and sate
under his Minnistry about four or five years: They also
desired him to break bread unto them which accordingly he did
dureing y said time; and soo y Church walked together and
increased: And while they thus walked with Mr Ingello
their teacher: By the Goodness of God they had one   *Franc*
Memorable member added unto them namely a   *a blacke*
Blackymore maide named Francis (a servant to one   *woman*
that liued upon y Back of Bristoll) which thing is some-
what rare in o dayes and Nation to haue an Ethyopian
or Blackmore to be truly Convined of Sin: and of their
lost State without y Redeemer and to be truly Convorted
to y Lord Iesus Christ, as she was: which by her profession
& declaration at y time of her reception: together with
her sincere Conversation; She gaue greate ground for charity
to beleiue she was truly brought over to Christ, for this poor
Ethiopian's soule savoured much of God, and she walked
very humble and blameless in her Conversation, to her
end; and when she was upon her death bed, She sent a
Remarkable Exhortation, unto y whole Church with whom
she walked, as her last request unto them: which argued
her holy childlike feare of y Lord; and how precious the
Lord was to her soule; as was observed by the manner
of her Expressing it: Which was this, one of the Sisters
of y Congregation coming to visit her, in her Sicknesse; She
Solemnly tooke her leave off her, as to this world: And prayd
y Sister, to remember her to y whole Congregation, and tell
them, that she did Begg every soule to be heed that they
did lett The glory of God to be deare unto them: and
most for y Church now to remember, and for every particular
member to observe; that they doe not loose y glory of God in their
families, neighbourhoods or places wher God casts them: it being y

에드워드 테릴의 "프랜시스라는 이름의 검둥이 하녀"에 대한 서술『브리스틀의 브로드미드에 있는 그리스도 교회의 기록, 1640~1687』 브로드미드 교회, 브리스틀.

영향력 있는 것으로 두드러지다. 그녀는 "하인"이었는데, 이 당시에 이 말은 그녀에게 할 일로서 지정된 특수한 과제들에서나 그녀에게 주어진 낮은 무방비의 지위에서나 장작 패는 사람과 물 긷는 사람을 암시하였다. 그녀는 "검둥이"였는데 이 말은 식민주의에 대한 사회적·종교적 함축을 가졌다. 그녀는 당시로서는 최근에, 여성에 의해서 여성을 위해서 조직된 교회 신도단의 여성신도였다. 그녀는 이산적인 종파들의 형성이 일어나기 전의 역사 시기에 자유와 자유의 사상들에 바쳐진 침례교도였다.

하인, 검둥이, 여성신도, 그리고 침례교도

하인인 프랜시스는 필경 그녀의 시대에 가장 큰 직업범주일 것의 일원이었다. 농업노동자들도 다양한 수공업들의 가내 생산자들과 식민지의 농장노동자들처럼 하인들이었다. 그러나 프랜시스는 특별한 유형의 하인이었다. 하녀였다. 하녀의 노동은 방에서 심부름을 하는 하녀냐, 음식 만드는 하녀냐, 응접실과 침실을 맡은 하녀냐, 모든 일을 하는 하녀냐, 설거지만 맡은 하녀냐에 따라, 요리, 설거지, 세탁, 땔감모으기, 물 긷기, 아픈 사람 돌보기, 괴로움을 당한 사람 위로하기를 포함할 수 있었다.7 그 자체가 길드와 왕권의 모델인 가부장적 가족은 그러한 노동들에 의존했다. 그러나 17세기에 자본주의가 등장함에 따라 직업은 변화를 겪었다. 하인들은 민주적 참정권을 지향하는 제안들의 일부로부터 계획적으로 배제되었으며, 고용살이가 점차 양극화되고 여성화됨에 따라서 도시에서 그들의 지위는 하락하였다.8 1643년 폴 베인Paul Bayne이라는 이름의 한 케임브리지 학자는 그러한 고용살이의 종교적 정당화를 다루는 1천 쪽의 논문에서 "고용살이는 일면 죄악에 대한 하느님의 저주에 근거를 두고, 일면 시민적 규약에 근거를 둔, 종속의 상태이다. 그것은 비참한 상태이다"라고 썼다. 그 토대는 복종이었다. "내가 누구에게 가라고 하면 그는 가고, 오라고 하면 오고, 하라고 하면 한다."[9] 이 학자는 영구적인 복종은 기대할 수 없음을 주목했다. 일단 실직하면 하인들은 할 수만 있다면 주인들의 수염을 잡아 뽑으려하고 주인들의 목을 따려고 하기 때문이다. 우리는 프랜시스는 프롤레타리아였다고 말할 수 있다. 그녀는 생산수단이 없었으며, 그녀의 노동에 대한 보수는 모호했다. 그녀는 1년 단위로 보수를 지급받았으며, 그 외에는 팁과 부수입으로, 혹은 가재도구들에 대한 관습적인 권리로 살았는데, 이 관례를 베인은 "다른 사람의 비둘기들을 자신의 비둘기집으로 몰고 들어가는" 것이라고 비난했다. 고용살이의 천함에 대한 지배계급의 견해와는 반대로 하인들 사이에서는 낙천적인 정신적 전통이 생겼다. 이는 넬 페인터Nell Painter 교수가 "가사노동을 수행하는······ 보이지 않는 거룩한 여성들"[10]에 대해 서술하면서 포착했던 섬광이었다.

이렇듯 프랜시스는 다른 하인들처럼 가난했으며 브리스틀의 신도들은 이 점을 잘 이해하고 있었다. 실제로 테릴의 텍스트는 신도들 사이에 벌어진 프랜시스의 가난에 대한 논의를 간접적으로 반영하고 있다. 1640년대의 경제적 불안정성은 독립교회들*로부터 오는 물질적인 지원의 약속을 가난한 이들에게 매력적인 것으로 만들었으나, (청교도들의 집회는 이단적이며 불법이라는 근거에 의한) 비밀종교집회의 억압은 테릴이 글을 쓴 왕

---

* '독립'이란 말은 가톨릭으로부터의 독립을 의미할 수 있다. 이런 경우에는 영국 국교인 성공회도 해당된다. 그런데 여기서는 맥락상 영국 국교로부터의 '독립한 교회들'을 지칭하는 쪽이다.

정복고기에는 그러한 은의恩誼관계를 충족시키기 어렵게 했다. 이것이 프랜시스의 종교적 진지성 혹은 진정성에 대한 테릴의 강조를, 프랜시스는 정말로 예수님의 사람이 되었으며 진정으로 자신의 죄를 회개하고 있음을 그가 강조하는 것을 설명해준다.

테릴은 프랜시스가 브리스틀의 백에 사는 어떤 사람의 하인이었다고 우리에게 말해준다. 백은 에이번강에 인접하고, 원양선박들(노예수송선 포함)이 정박해있는 부두들 옆의 가장 큰 화물 하역용의 작업 광장을 따라서 놓여있는 특수한 지역이다. 1568년에서 1673년 사이의 브리스틀 지도들을 비교해보면 집약적인 발전이 일어났음을 알 수 있다. 프랜시스는 브리스틀의 백에 거주함으로써 삼각무역의 접촉면에 놓여있게 되었고 대륙의 사람들에 대한 소식을 접할 수 있었다. 북대서양의 교류들—게일, 아프리카, 아메리카, 서인도, 네덜란드의 목소리들—이 그녀의 귀에 들어왔을 것이다. 눈으로는 남성, 여성, 아이들의 노동시장들을 보았을 것이며, 그녀의 영혼은 그들의 영靈을 보았을 것이다. 브리스틀은 그 당시 영국에서 세 번째로 큰 도시였으며(인구는 1만 2천 명) 두 번째로 큰 항구였다. 그 상층부에는 부유한 엘리트 상인층이 있었고 극빈 상태로 살아가는 이전의 숲속 사람들과 영락한 직조공들이 하층부를 이루고 있었다. 1640년에 〈상인투기자협회〉 the Society of Merchant Venturers의 기성 무역업자들이 대서양 자유무역에 깊게 관여하고 있는 일단의 공격적인 신진 무역업자들에 의해 도전을 받았다. 노동시장의 개척자들은 1623년 이래 브리스틀 교도소를 카리브해 지역으로 강제노동 보내는 환적장으로 사용하여 인간을 사고파는 무역을 고도로 이익을 남기는 사업으로 전환시킨 바 있다. 피터 프라이어Peter Fryer 는 "소투기업자들은 대상인들과 나란히 주둥이를 여물통에 집어넣었다"고 쓰고 있다. 노동을 대서양을 가로지르는 상품으로서 다루는 무역을 확립한 후에 상인들은 이제 아프리카의 노예무역으로 이동해가기 시작했다. 이는 17세기 말쯤에는 부의 중요한 원천으로서 판명될 것이었지만, 1640년대에는 이것이 결코 분명하지 않았다. 네덜란드인 총독이 1645년과 1647년 사이에 포트엘미나Fort Elmina에서 영국 배 19척이 노예 해안* 근처에서 오락가락하고 있음을 보고했지만, 영국의 지배는 아직 확실하지 않았다.

프랜시스에 관해 테릴이 서술한 대목의 직접적인 문제는 그가 그녀를 신도단의 기억할만한 일원이라고 부른 한편 정작 그녀를 기억하게 해주는 것으로서 제시한 것은 거의 없다는 점이다. 그는 그녀의 말을 열 단어 미만 인용함으로써 그녀의 목소리를 단락의 중간에 묻어버린다. 필경사로서 테릴은 그의 표현수단인 펜의 달인이었다. 그는 언제 대문자를 사용할지, 철자가 어떻게 되는지, 언제 강조를 위해서 글자의 크기를 키워야 할지를 알고 있었다. 일반적으로 이러한 기술은 연대기 기록자의 직업이나 은행업을 가능하게 하며, 테릴에게서도 이러한 직업의 기미가 발견될 수 있다. 필법은 서인도 무역으로부터 이익을 얻는 것만 아니라 교회의 역사를 기록하는 일을 할 수 있게 했다. 이 텍스트에서 테릴이 프랜시스의 출신 인종을 명시적으로 6번, 암시적으로 2번 더 언급함으로써 어떻게 그것을 강조하는지가 주목할 만하다. 그는 "검둥이 여성, 프랜시스"라고 주위 여백에 적어서 해당 단락에 이름을 붙인다. 그는 'blackamoor'(검둥이)와 'Ethiopian'의 철자를 일관되지 못하게 씀으로써 대상의 어떤 측면이 작가를 불안정하게 했음을 시사한다. 예의 대목은 따라서 수수께끼를 담고 있다. 왜 불안할 것일까?

다른 흑인들이 프랜시스 이전에 브리스틀에 산 바 있다. 기록된 최초의

---

* 노예 해안(Slave Coast)은 아프리카 서부 기니(Guinea)만 연안으로서 옛 노예 매매 중심지이다.

흑인은 카텔리나Cattelena인데 이 사람은 1625년에 사망하였다. 그런데 브리스틀의 노예무역업자들이 점점 더 많은 수의 아프리카인들을 바베이도스로 데려오고 일부는 다시 고향 항구로 데려감으로써 브리스틀의 인구는 증가하고 있었다. 프랜시스의 시대에 '피부가 검음'은 모순적인 연상들을 낳았다. 제네바 성서(1560)*는 "흑인이 자신의 피부를 바꿀 수 있는가?"라고 묻고(「예레미야」 13:23) 위선의 외투는 벗겨져야 하며, 그로써 피부의 검음을 신성한 진실성과 연결시켜야 한다고 논평했다. 『국민협정』*Agreement of the People* **을 불어로 옮긴 바 있는 수평파 쎅스비Sexby는 푸트니 논쟁—다음 장에서 보겠지만 1647년 이 논쟁에서 하급 병사들은 영국의 미래에 대해 논쟁하였다—에서 "우리는 한 흑인을 하얗게 씻기려고 했었는데, 그는 그러려고 하지 않았다 …… 내 생각에 우리는 왕들의 권력을 세우려고, 그 권력의 일부를 세우려고 하고 있는데, 이는 하느님이 파괴할 것이다"라고 주장하였다.[11] 이렇듯 그는 피부의 검음을 공화주의와 연결하였다. 피부색의 차이는 테릴이 글을 쓸 때에는 진지성이나 공화주의와는 다른 어떤 것을 의미했다. 그러나 우리가 왜 이 시기에 프랜시스가 테릴에게 불안을 유발했는지를 이해하려면, 우리가 달리 알아야 할 것이 많다.

프랜시스는 1630년대에 침모인 도로시 해저드를 중심으로 형성된 집단에 속한 여신도였으며 "재침례주의자"였는데, 해저드는 작문학교 교사,

---

* 제네바 성서(the Geneva Bible)는 개신교도들에 의해 영어로 옮겨진 성서이다. 셰익스피어, 존 던, 존 버년 등의 작가들이 읽었던 성서가 바로 이것이었으며, 메이플라워호를 통해 아메리카로 가져가진 것도 바로 이 성서이다. 이 성서는 영국의 비국교도들에 의해 사용되었으며, 영국 혁명 당시에 올리버 크롬웰의 병사들에 의해 사용되었다.
** 『국민협정』은 영국 혁명기의 새로운 정부를 겨냥한 사회적 협정안으로 그 원안자인 존 와일드먼(John Wildman, 1623~1693)은 시민 수평파였다. 이 문헌은 남성 보통선거권과 하원 내의 균등한 대표제에 강조를 둔 더 평등한 정부를 요구했고, 1차 영국 내란 직후인 1647년 푸트니 논쟁의 주제였다.

장갑장수, 집짓기 목수, 농부, 푸줏간주인, 편자공, 젊은 목사를 모아서 같이 예배를 보았다.[12] 그들은 모여서 "그 시대의 고위성직자들과 그들이 퍼뜨리는 미신을 꺾어달라고 하느님께 밤낮을 가리지 않고 외쳐댔다." 그들은 예수의 이름을 향해 절을 하는 것을 인정하지 않았다. 성사聖事에서 무릎을 꿇는 것도 거부했다. 그리고 우상숭배적인 그림이나 이미지들에 반대했다.[13] 그들은 또한 성자聖者들과 연관된 축연祝宴 일들을 지키지 않았다. 해저드는 크리스마스에도 상점을 열었으며, 대낮에 상점에서 바느질을 하며 앉아있었다.[14] 테릴은 해저드를 브리스길라Priscilla(사도 바울을 위해 목이 잘리는 위험을 감수한 로마인), 룻(충성스러움에 대한 대가로 "저를 당신의 여성 노예들 중 한 명으로만 대하지 말아 달라고 부탁을 드릴 수 있나요?"라고 물었던 이삭 줍는 여인), 그리고 데보라(물 긷는 사람들 사이에 일어난 저항을 인정하여 "들어라, 여성들이 물을 긷는 곳들에서 울려 퍼지는 연주자들의 소리를"[「사사기」 5:11]이라고 말했던 사람)와 같은 성서 속의 인물들에 빗댔다. 해저드는 그녀 주위에 도움을 필요로 하는 임신부들, 장사꾼들, 노동자들을 모았는데, 이들 중 일부는 원시적인 초기 교회의 단순함과 평등함을 찾아서 뉴잉글랜드로 가는 길이었다. 그들은 1640년에 "주의 힘과 도움을 받아 세상으로부터 나와 더 순수하게 주를 경배하겠다는" 새 성약(신약)을 맺었다. 테릴은 해저드를 "양 떼 앞의 숫염소"(「예레미야」 50:8)라고 부르면서 그녀의 여성 지도력을 인정하였다.[15]

전쟁이 터졌을 때 도로시 해저드는 왕의 조카인 루펏공Prince Rupert의 공격에 맞서서 브리스틀의 프롬게이트Frome Gate를 방어한 200명의 여성들 중에서 두각을 나타냈다. 이러한 저항에도 불구하고 루펏공은 마침내 전략적 요충지인 이 항구도시를 장악하였으며 중무장된 왕립병기고를 장악하였다. 그러자 해저드와 그 영적 여행의 동료들은 거리로 나섰다. 처음에 그들은 월터 크래덕Walter Craddock이 이끄는 한 웨일스 교회로부터 구원을 받고자 하였으며, 그런 다음에 런던으로 걸어갔는데, 이는 "전쟁으로 인하여 생긴 혈해를 거쳐 황무지의 상태로 들어가는" 것이었다. 회합assembly(그들은 자신들을 이렇게 불렀다)은 독립적이었고, 여러 사람들을 모은 것이었으며, 순수했고 전투적이었지만, (아직) 침례교적이지는 않았다. 프랜시스는 바로 이 회합 혹은 모임에 합류한 것이었다.

그 시대는 선동의 시대였다. 크래독은 "복음이 짚단에 붙은 불처럼 브렉녹셔Brecknockshire와 몬머스셔Monmouthshire 사이의 산들을 넘어 달렸다"고 외쳤다.16 1644년에 존 밀턴John Milton은 그의 『아레오파지티카』에서 이렇게 썼다.

> 이제 보라 이 방대한 도시를, 이 피난의 도시를, 자유의 저택을, 그의 보호에 의해 둘러싸인 이 도시를. 포위공격을 받는 진리를 지키기 위해 전쟁 작업장이 무장한 정의正義의 갑옷과 도구들을 만들어내려고 일깨우는 모루와 해머들만큼이나 많은 펜들과 머리들이 면학의 등불 옆에 앉아서 생각하고 탐구하고 있으며, 다가오는 변혁을 경의와 신의로써 제시하는 데 필요한 새로운 사상들과 이념들을 궁리하고 있다. 다른 이들도 마찬가지로 열심히 책을 읽고 있고 모든 것들을 시험해보며 이성과 회개의 힘에 동의하고 있다.

밀턴의 단어들은 혁명적 희망, 열렬한 탐구정신, 전투적 진리추구를 표현하고 있으며, 이것이 프랜시스와 그 동료신도들을 기다리고 있는 것이었다.

그러는 동안, 브리스틀에서의 전투는 계속되었다. 토머스 레인보로 대령Colonel Thomas Rainborough이 지휘를 하고 있으며 네이스비Nasbey에서 막 승리를 거둔 의회군은 1645년 연발탄과 산탄이 비 오듯 쏟아지는 가운데 병사들이 프라이어즈힐포트Prior's Hill Fort의 담을 넘으면서 루펏공의 군대에 반격을 시작하였다. 월담용 사다리들이 너무 짧은 것으로 판명되었을 때 보병들이 총안銃眼으로 기어 들어와서, 미늘창의 공격에 맞서 2시간 전투를 벌인 끝에 승리하였다. 레인보로 대령의 승리는, 설교단說敎壇을 탈취하고 거리에서 설교를 하며 가차 없는 우상파괴적 행동을 함으로써 전투적 캘빈주의 혹은 자유론적 반율법주의 안에 혁명적 에너지를 산출하였던 종교적 급진주의자들의 중심지로서 이 도시를 보존하는 것을 도왔다.[17] 전자는 청교주의적 노동규율의 교의였고, 후자는 자유에 대한 호의적인 견해를 제시하였다.

반율법주의의 정점인 1644년과 1649년 사이에, 나중에 침례교도가 될 사람들이 "1650년대에 퀘이커교도들의 발흥이 있기까지는 가장 성공적으로 급진적 종교사상을 전파한 사람들임을 입증하였다."[18] 그들은 신형군의 혁명적 성공과, 그리고 수평파의 조직화 및 탄생과 직접적으로 연관이 있었다. 런던에 머무는 동안 해저드가 이끄는 소규모의 브리스틀 집단은 "다가오는 변혁"의 이성과 진리에 크게 고무되었다. 테릴의 보고에 따르면 일단 브리스틀에 돌아왔을 때 "교도들 중 많은 이들의 머리와 정신은 논쟁으로 가득 찼는데, 모든 모임이 거의 토론과 논쟁으로 채워질 정도였다. [그래세 그들은 큰 혼란의 와중에 [있었으며] 질서는 거의 없었다. 그들 중 일부는 규례ordinance에 반대했는데, 그것을 넘어선 것으로 여기거나 그리스도의 교회가 그 황무지 상태에 있는 동안은 규례를 이용해서는 안 되며 따라서 그것을 삼가도 된다고 주장을 했다." 그들은 다른 성약을 맺었는데, "자유 사상을 흡수하는 사람들로 하여금 삼가게 하는" 것이었다.[19] *

그들의 모임에서 "모든 남성 신도는, 또 모든 여성 신도도 남성 신도를 통해서, 성서의 그 어떤 부분에 대해서도 의문을 제기하거나 혹은 이해의 욕구를 제안할 자유가 있었다." 회중會衆의 나머지는 "하나가 말하고 침묵하면 그 다음으로 다른 사람이 말하고 그 다음으로 또 다른 사람이 말하는 식으로" 말했다. 이는 민주주의가 직접적으로 실행되는, 세계사의 창조적 순간이었다. 최초의 규칙들 몇 개가 있었다. 로렌스 클락슨Laurence Clarkson은 이 때쯤인 1647년에 이렇게 썼다. "귀족과 젠트리 말고 누가 억압자인가? 그리고 자영농과 소작농과 소매상인과 노동자들 말고 누가 피억압자인가? 그렇다면 생각해보라, 그대는 억압자들이 그대를 억압에서 구원하는 쪽을 선택한 것은 아닌가? …… 그대의 노예상태가 그대의 자유이고 그대의 가난이 그대의 번성이다. 그렇다. 요컨대 그대가 그들을 존중하는 것은 공동체성communality을 존중하지 않는 것이다 …… 그대가 주인으로 모시는 자들을 주인의 위치에서 끌어내려라."20 브로드미드 회합은 너새니얼 안젤로 Nathaniel Angello를 목사로 고용하였으나 그가 음악과 옷을 너무 좋아해서 곧 그를 내보냈다. 순회 반율법주의자인 월터 크래독이 다음으로 들어왔다. 그는 "모든 것이 우리에게 허용되었다"all things are lawful for me라는 대목(『고린도전서』 10:23)에 대해 설교하면서 "이제 긴 밤이 지난 후 낮이 밝아오고 있습니다. 그리고 하루가 지날수록 날은 더 밝아지고 있습니다. 많은 복음의 특권들이 있으며, 우리가 나중에 누릴 새 예루살렘에 관한 것입니다"라고 말했다. 크래독은 술주정뱅이들 및 간통한 사람들도 그의 모임에 반갑게 맞아들였으며, "때때로 어부들과 가난한 사람들"에 의한 설교를 장려

---

* 'Libertisme'을 '자유사상'으로 옮기고 'libertinism'을 '자유주의'로 옮긴 것은 번역의 편의를 위한 것이며, 이 역어 자체로 어떤 의미를 전달하지 못함을 밝혀둔다. 특히 'liberalism'을 이미 굳어진 대로 '자유주의'로 옮기고 이것과 구분하여 'libertarianism'을 '자유론'으로 옮기고 나면 이와 또 다른 'Libertisme'과 'libertinism'을 역어로 사용되는 단어 자체로 구분하기는 어렵다.

하였다.[21] 1648년에 "너희는 온 천하에 다니며 만민에게 복음을 전파하라" (「마가복음」 16:15)에 관해 설교하면서 "우리는 갤리선의 노예들로 하여금 노를 젓게 하기 위해서 보내진 것이 아니다"고 말했다. 그는 가장 단순한 사람들이 보통 복음을 가장 잘 이해한다고 생각했다. 그는 이렇게 썼다.

> 나는 웨일스의 산악에서 가난한 여성들을 보았다 …… 그들은 너무나 가난해서 응유凝乳나 버터밀크*를 구걸하려고 왔을 때 구걸한 것을 담을 단지나 접시를 빌릴 수밖에 없었다. 이렇듯 …… 우리는 하느님이 영적인 두레박을 주시지 않는다면 한 톨의 은총도 집으로 실어갈 수 없다. 여기에 물이 있는데, 두레박은 어디에 있는가? 라고 그 여성이 말했듯이 하느님은 그대는 은총을 원하는데 두레박은 어디에 있는가라고 말하실 수 있다. 그러면 겸허한 영혼은 말한다. 주여, 나는 없습니다. 주께서 물도 주시고 그것을 집으로 가지고 갈 두레박도 빌려주소서라고.[22]

이것이 가난한 자에 관한 가난한 자를 위한 가난한 자에 의한 성경해석이다. 1648년에는 약 800명의 웨일스 순회목사들이 설교하고 있었다. 〈반反유랑법〉the Vagrancy Act은 특히 이들을 노리고 통과되었다.[23]

테릴의 서술에서 프랜시스는 브리스틀의 흘려서 유괴당한 영혼들이 거의 아무 곳에나 내던져질 수 있는 무력함을 잘 이해하고 있다. 그녀는 한 여성 신도에게 "가정에서나, 동네에서나 혹은 하느님이 보내시는 장소들에서 하느님의 영광을 소홀히 하지" 말라는 메시지를 전체 신도들에게 전하도록 부탁한다. 그녀는 이웃이 국제적일 수 있음을, 같은 배를 타고 대양을 건너는 사람들처럼 한 가족일 수 있음을 인식하고 있다. 프랜시스는 거리

---

* 버터밀크는 버터를 채취하고 난 다음에 남은 우유를 말한다.

상의 근접과는 관계없는 공동체를 이해하고 있다. 그녀에게 이웃이란 그녀가 심오하고도 잊을 수 없는 방식으로 양육한 회중이다. 프랜시스는 노예제에 대해서 알았을 것이고 노예제에 대한 싸움도 알았을 것이다. 예를 들어서 1638년 5월 1일에 영국사 최초의 노예반란이 프로비던스 아일랜드Providence Island에서 일어났다. 프랜시스는 부두로부터 대서양의 소식을 그녀의 회중에게 가져왔을 것이며, 끔찍한 이야기들을 자세히 들려주었을 것이다. 엘미나카슬Elmina Castle의 인간무역, 바베이도스에서 일어난 하인들의 폭동, 수리남의 압제적인 사탕수수처리장, 혹은 보스턴 반율법주의자들의 억압에 대한 이야기들을. 우리는 프랜시스가 브리스틀에 살기 이전에 어디에 살았는지 모른다. 그녀는 1690년 쌀렘의 티투바Tituba of Salem처럼 바베이도스 출신인가? 소설가이자 극작가인 아프라 벤Aphra Behn*이 이 당시에 어린 시절을 보냈던 수리남 출신인가? 아프리카 노예무역에 대한 최초의 법적 도전이 있었던 때에 그녀는 보스턴에 있었는가? 하느님의 영광은 그녀의 권고사항들 중 맨 마지막일 뿐이다. 그녀의 다른 권고사항들을 아는 것이 흥미로울 것이다.[24]

영광 그리고 사람을 가리지 않는 하느님

프랜시스에 관한 테릴의 서술은 그리스어 인용으로 끝맺는다. 『기록』의 표

---

* 글 쓰기를 생업으로 삼은 영국 최초의 여성이다. 소설 『오루노코』(*Oroonoko*)는 그녀가 남아메리카에서 만난 노예가 된 한 아프리카 왕자의 이야기로, 소설 장르의 발달에 영향을 미쳤다. 수준이 고르지 않은 여러 편의 시들은 과소평가되어왔으나, 당시에 큰 인기를 얻었으며 숱한 풍문의 주인공이었다. 주로 희곡을 썼지만, 현재는 소설이 더 흥미로운 것으로 평가된다. 재치와 재능으로 명성을 얻었으며, 찰스 2세에게 고용되어 네덜란드에서 첩보활동을 했다. 보수를 받지 못하는 바람에 빚을 못 갚아 징역살이를 하게 되자, 생계를 꾸리기 위해 글쓰기를 시작했다.

지도 마찬가지로 그리스어로 되어있으며, 각 쪽의 머리말은 그리스어와 히브리어로 교대로 되어있다. 테릴의 그리스어 사용은 중요한 논쟁에 주의를 집중하게 한다. 이러한 종류의 훈고학은 개신교에 특징적이다. 그리스어 인용이 어두운 목적을 가리는가? 프랜시스는 성서를 입증한 사례이지 그 반대가 아니라고, 성서의 영적 도움을 받은 사람이라고 테릴은 주장한다(그는 그녀를 실험이라고 부른다). 만일 그녀가 성령을 강조한다면 그는 문자를 강조한다. 이렇듯 테릴은 프랜시스의 메시지를 전복하며 심지어는 반박한다. 그 메시지는 과연 무엇인가? 그리고 왜 테릴은 그것을 전복하는가? 텍스트에서 프랜시스는 성서의 두 가지 사상과 연관되어 있다. 하나는 그녀 자신의 것("하느님의 영광")이고 다른 하나는 명백하게 테릴의 것("하느님은 외모를 보지 아니하신다")이다. 잉글랜드의 혁명적 내전의 와중에 이것이 과연 무엇을 의미했는가? 왜 이것들이 기억되어야 하는가?

성서에서 영광의 세 주된 의미들이 구분될 수 있다. 「에스겔서」와 「이사야」에서 발견되는 첫째는 외적인 의미로서 어떤 분위기를 의미하는데, 치품천사織品天使, seraphim나 지품천사智品天使, chrubim와 같은 이차적 형상들이 거룩한 야훼를 둘러싸고 있는 모습이다. 우리는 이 의미를 중상주의적 혹은 바로크적 국가의 건축과 음악에서, 팔라디오Palladio 양식의 화잇홀 궁에서부터 렌*의 "영광스러운" 사도 바울 성당에 이르기까지에서 발견하는데, 이는 광휘와 아름다움과 장엄함이 포틀런드석石**으로 표현된 것이다. 이것이 대주교 로드Archbishop Laud의 영광, 올려다보기, 위로부터 아래로의

---

* 렌(Christopher Wren)은 영국 17세기의 건축가로서 사도 바울 성당을 비롯하여 수십 개의 교회를 설계하였다.
** 프틀런드석(Portland stone)은 영국 아일 오브 포틀런드(Isle of Portland)산(産)의 건축용 석회암이다.

영광이었다. 이는 프랜시스와 관련된 의미가 아니었지만 다른 두 개는 그녀와 관련된 것들이었다. 이들 중 하나는 복음에서 예수의 삶을 서술하는 세 핵심 에피소드들에 나오는데, 여기서 영광은 땅으로 내려와 있다. 목자들이 예수의 탄생을 지켜볼 때, 예수의 현성용顯聖容, Transfiguration("인자가 아버지의 영광으로 그 천사들과 함께 오리니, 그 때에 각 사람이 행한 대로 갚으리라"[「마태복음」 16:27]), 그리고 예수가 세계의 종말을 서술하는, 예루살렘에서의 마지막 날들이 그 셋이다. 영광은 종말론의 일부로서 최후의 것들에 속했다. 그것은 또한 정의正義의 시간이었다. 영광의 또 다른 의미는 「요한서」에 나오며 바울의 편지들에서 발전된다. 여기서 영광과 영광스럽게 하기는 속박의 종언에 대한 약속(「로마서」 8:15~17)과 관련되어 있고, 땅으로 내려와서 하느님의 자식들의 성령 속으로 들어가는 내적 영광과 관련되어 있다. 그것은 안에 있는 것이었다. "어두운 데서 비취리라 하시던 그 하느님께서 하느님의 영광을 아는 빛을 우리 마음에 비취셨느니라"(「고린도후서」 4:6). 영광은 민주화되었으며, 모두에게 가능한 것이 되었다.

프랜시스는 "이스라엘의 공화국의 영광은 거지가 없다는 것, 바로 그것이다"라고 쓴 디거파 제러드 윈스턴리Gerrard Winstanley에 동의했을 것이다. 윈스턴리는 "그 어떤 영광을 당신 자신의 눈으로 보고 당신 자신의 귀로 들을 수 있든, 그것은 안에 있던 영광스러운 힘이 밖으로 터져나온 것에 불과하다. 아버지의 영광은 아버지의 바깥에 있지 않기 때문이다"라고 설명했다.[25] 로도빅 머글턴Lodovick Muggleton은 1658년에 "영광의 왕국이 이 세상처럼 경계를 가진 것이라고 생각하면 안 된다 …… 앞으로 올 세상은 다 열려있는, 경계가 없는 왕국이다"라고 역설했다.[26] 1640년대에 영광은 바빌론의 파괴 및 시온 혹은 새 예루살렘의 건설과 연관되었다. 역사적 행위자들, 파괴자들, 건설자들은 종종 "가장 가난하고 가장 천한 자들" 즉 장작 패고 물 긷는 자들로 간주되었다. 영광은 초월적 현재를 의미했다. 천국 속에 있는 미래를 수동적으로 기다리는 것이 아니라 박탈당한 자들이 땅 위에 천국을 창조하기 위해 취할 행동을 의미했다. 영광은 성스러운 텍스트와 주체적 경험 사이를 매개하는 헌신적인 표현을 통해 나타났다. 이는 신음하거나, 소리치거나, 비명을 지르거나, 고통의 소리를 지르는 것처럼 들릴 수도 있었지만, 사람을 변형시키는 힘을 가지고 있었다.[27] 따라서 그것은 홉스가 다음과 같이 설명한 대로 권위를 가진 지배층에게는 불안감을 조성하는 것이었다. "영광 혹은 내적 의기양양함 혹은 정신의 승리감은 우리 자신의 힘이 우리와 싸우는 자의 힘보다 우월하다는 상상 혹은 생각에서 나오는 열정이다." 말의 과시와 행동에서의 오만이 그 표시들이었다. 1640년대의 서민들의 회합들에서 영광의 담론은 대담함 및 창의성과 동의어였다.[28] 의기양양함은 역사적 작용력을 상징하였다.

이 생각들은 핸서드 놀리Hanserd Knolly가 행하고 출판한 중요한 설교 「시온의 영광의 일별」(1641)에서 나타난다. 이 설교는 「요한계시록」의 대목 "또 내가 들으니 허다한 무리multitude의 음성도 같고 많은 물 소리도 같고 큰 뇌성도 같아서 가로되 할렐루야 주 우리 하느님 곧 전능하신 이가 통치하도다"(「요한계시록」 19:6)에 대한 것이었다. 설교의 내용은 바빌론이 무너지고 영광이 오른다는 것이다. "많은 영광스러운 예언들이 실현될 것이며, 영광스러운 약속들이 성취될 것이다." "가장 가난하고 가장 천한 자들"은 영광스러운 혁명적 행동을 위해 부름을 받았다. "바빌론의 악당들을 돌에 패대기치는 자에게 복이 있을 것이었다." 유사한 생각들이 마스턴 무어Marston Moor와 네이스비에서의 전투들 이후에 표현되었는데, 이 전투들로써 최초의 내전이 끝났으며 승리는 청교도들과 의회의 신형군에게 돌아갔다. 침례교도인 토머스 콜리어Thomas Collier는 1647년 9월 29일 푸트니의 군대 본부에서 「이사야」의 대목 "보라 내가 새 하늘과 새 땅을 창조하나니"(「이사야」 65:17)에 관해 설교를 하였다. 그는 성도들이 새 예루살렘을 지을 때에 하느님의 영광은 땅에 나타나는데, 새 예루살렘에서는 사자와 양이 함께 누울 것이라고 설명했다. "이 새로운 창조의 영광은…… 사람을 가리지 말고 올바름, 정의, 자비를 실행하는 데 있다. 그것은 모든 속박을 제거하는 것이다."[29] 영광은 노예제에 반대하여 투쟁하는 데 있다고 그는 설교했다.

콜리어는 영광을 프랜시스와 연관된 두 번째 사상 즉 하느님은 사람을 가리는 분이 아니라는, 혹은 테릴의 번역에 따르자면 "외모를 보지 아니하"는 사상과 연결시킨 유일한 사람이 아니었다. 이 문구는 오래된 것이었지만(내쉬Nashe는 1594년 독일농민봉기의 참가자들을 주목하면서 이 문구를 사용한 바 있다), 1611년의 흠정본 성서에 통합되기 전까지는 영어 성서의 일부가 아니었다. 우리는 사람을 어떤 방식으로 가릴 수 있는지를 물어야 한다. 인종, 민족, 종족, 성, 그리고 계급에 의해서이다. 찰스 1세는 "전쟁의 위험은 균등하며 대포도 사람을 가리는 법을 알지 못한다"라고 공언하였다.[30] 북남아메리카에서는 1637년에 언더힐 선장이 코네티컷의 미스틱 포트Fort Mystic에서 어린아이들을 포함하여 6백 내지 7백 명의 피퀏족을 학살한 것을, 자신의 신은 "사람을 가리지 않는다"는 말을 끌어대어 정당화하였다.[31] 이렇듯 이 문구는 평등주의적 함축들만이 아니라 군사적 함축도 가졌으며, 이로 인해 이 문구는 혁명에서 널리 쓰이게 되었다. 이 문구는 수평화levelling하는 문구이다. 위에 인용된 것들에서 수평화는 죽은 자들의 수평화이다. 이와 반대로 이 문구는 사회경제적 정의 혹은 산 자들의 수평화와도 연관되며 우리에게는 바로 이것이 중요하다.

디거파와 랜터파는 영광을 산 자들의 수평화와 연결했다. 디거파의 마니페스토인 『진정한 수평파의 기치를 내걸다』(1649)을 보면 바라는 바의 목적은 "올바름 속에서 일하고 대지를 부자와 빈자 모두를 위한 공동의 보물로 만드는 일의 초석을 놓을 수 있도록" 하는 것이었다. 그리고

> 땅에서 태어난 사람은 창조를 지배하는 이성에 따라 그를 낳은 어머니인 대지가 먹여 살릴 수 있도록. 어떤 부분도 특정의 토지로 가두지 말며, 모두가 한 사람처럼 같이 일하고, 같은 아버지의 아들들 즉 가족인 것처럼 같이 먹으며. 한 사람이 다른 사람을 지배하지 않으며, 모두가 평등하게 창조된 존재로서 서로를 보며. 그리하여 우리를 만드신 주께서 그 자신의 손으로 하신 일 속에서 영광스럽게 되도록, 그리고 주께서 사람을 가리지 않고 창조하신 모든 존재를 똑같이 사랑하시며 뱀 말고는 그 누구도 증오하지 않으심을 모든 사람이 볼 수 있도록 [인용자들의 강조]

하는 것이었다. 영광은 윈스턴리에게는 근본적인 개념이었다. 실로 그것은 "창조 전체의 정신"이었다.[32] 랜턴파는 랜턴파대로 『미친 무리의 정당화』 Justification of the Mad Crew, A, 1650)라는 제목의 팸플릿을 출판하였는데 이는 "저 감미롭고 말할 수 없는 기쁨과 안에 머물다가 터져 나오는 영원한 영광에 대한 진정한 증언"이다. 하느님을 아는 사람이라면 반드시 그 자신의 영광이 터져 나오게 하리라고 그 팸플릿은 생각했다. 영광은 "악당들, 도둑들, 포주들, 그리고 세계의 천한 자들" 사이에 거했다. 하느님은 사람을 가리지 않는 존재로서 "강력한 힘을 가진 자를 권좌에서 끌어내리고 지위가 낮은 사람들을 세웠다." 따라서 하느님이 사람을 가리기를 거부하는 것은 일종의 영광의 인터내셔널가號를 구성하였다. "하느님은 영국, 프랑스, 그리고 터키에 있"으며 따라서 "영국, 프랑스, 그리고 터키에 있는 사람들은 하나

의 민중이자 하나의 몸이 [되어야 한다. 하나가 사는 곳에 다른 하나도 살기 때문이다." 17세기의 지리 용어에서 "터키"는 이슬람교와 아프리카대륙을 모두 의미했다. 프랜시스 같은 사람은 특별하게 포함되었다. "여기에 영광이 있으며 대부분의 사람들에게는 가려져 있다. 영광은 격자 안을 들여다보고 벽 뒤를 보는 일부 사람들에게 온다. 영광은 다른 사람들에게는 훤히 드러나 있다. 영광은 과연 무엇인가?" 사람을 가리는 것은 아니었다. 오히려

하느님은 똑같은 순수함으로 그리고 똑같은 순수함 속에서 모든 사물과 사람들을 보신다. 똑같은 영광으로 그리고 똑같은 영광 속에서 보신다. 하느님 안에서 완벽하고, 완전하고, 올바르며, 즐거움의 자식들인 모두를. 춤추고 같이 자고 입을 맞춤이 하느님 안에서 순수하고 완벽함을 하느님은 보신다. 하느님은 모두를 영원한 사랑으로 사랑하신다. 단두대로 가는 도둑이나 그 도둑을 판결하는 판관이나, 모두 영원한 사랑으로 사랑하신다.

테릴이 "사람들"persons을 "얼굴"faces로 바꿈으로써* 흠정본 성서의 친숙한 평등주의를 포기했다는 것은 의미심장하다. 그의 번역은 그와 그의 교회를 그 어구의 몇몇 혁명적인 의미들로부터 멀어지게 한다. "얼굴"은 이 맥락에서는 무언가 피상적인 것, 가면을 나타낸다. 그리고 이 경우에 가면은 "검둥이"의 가면이다. 이 번역은 피부색에 주의가 끌리게 한다. 이 "검둥

---

* 한국의 개역판 성서에서는 "외모"로 옮겼고 테릴의 텍스트를 옮기는 곳에서는 이것을 따랐으나 여기서는 논지의 전개상 "얼굴"로 옮겼다. 이곳과 테릴의 텍스트를 제외한 모든 곳에서는 저자들의 견해에 따라 이 대목을 "사람을 가리지 아니하신다"로 옮길 것이다.

이가 죽어가며 한 말"은 "백인이 마음에 새겨두기에 적합한" 것이었다고 테릴은 탄식한다. 그리고 그는 「사도행전」 10장 34절을 그리스어로 인용하는 것이다. 그를 읽은 독자들은 성서적 맥락을 알았을 것이다. 이 이야기는 기독교의 성장에 중요했다. 비유태인의 첫 세례에 관해서 말하고 있기 때문이다. 하느님을 경외하는 사람이지만 로마인 혹은 비기독교도인 고넬료Cornelius는 환상vision 속에서 베드로를 방문하여 그의 앞에 부복한다. 베드로는 그를 환영하면서 "자신이 인식하는, 하느님은 사람을 가리지 않는다는 진실"에 대하여 말한다. 따라서 프랜시스는 고넬료에 해당하며 테릴은 베드로에 해당한다. 이 유비는 초기 기독교와 영국 혁명의 보편주의를 가리키며 인간의 유대라는 사상에 초기 기독교와 영국 혁명이 한 기여를 가리킨다. 제임스 네일러James Nayler는 성서의 이 결정적인 사건에 대하여 이렇게 물었다. "베드로가 그에게 설교를 하기 전에 고넬료는 자신 안에 충분한 빛을 가지고 있었는가? 대답 : 예수께서는 보이지 않는 눈을 여시려고 오신 것이지 없는 눈을 주시려고 오신 것은 아니다." 테릴이 선택한 단어들은 이 의미를 희석시킨다. 우리는 곧 그 이유를 보게 될 것이다.[33]

테릴이 프랜시스에 관해서 쓴 대목의 마지막 부분은 그녀 자신의 증언으로 구성되어 있다기보다는 다른 이들의 증거로 구성되어 있으며, 이런 경우에 그녀를 무덤으로 옮겨간 교회의 원로 신도들의 탁월함과 헌신이 그 증거가 된다. 프랜시스와 연관된 사상의 혁명적 함축들은 우리로 하여금, 왜 테릴이 그녀의 말들을 한편으로는 그녀의 진실한 진지성을 반복적으로 말한 대목과 다른 한편으로는 그녀를 무덤으로 옮겨간 장로들, 신도들, 신앙이 돈독한 이들에 대해 말한 대목 사이에 끼워 넣을 필요를 느꼈는가를 이해하는 것을 돕는다. 그는 프랜시스에 대해 이야기하기에 앞서 7~8쪽 분량을 존 칸John Canne에 대해서 말하는데, 이는 칸이 (테릴이 암시하는 바처럼) 1640~41년이 아니라 1648년에 브리스틀에 왔다는 점을 놓고 볼 때 놀라운 삽입이다. 왜 테릴은 이런 삽입을 했을까? 칸은 브리스틀을 지배하는 과두집단의 상속자로서 청교주의운동 안에서 큰 영향력을 갖고 있었다(그의 한 친척이 스코틀랜드와 아일랜드의 죄수들을 식민농장의 노예로 수송하는 계약을 따 가지고 있었다).34 그는 1630년에서 1647년까지 암스테르담의 한 독립교회의 지도자였고, 영국 청교주의의 주요 출판자였으며(그의 1647년에 그가 출판한, 완전하게 상호참조가 되도록 만든 성서는 권위가 있었다), 1649년에 잉글랜드로 다시 돌아온 후에는 수평파들을 공격하였고 국무회의에서 영향력을 행사하였다. 테릴은 침례교의 분리의 훌륭함을 나타내기 위해서 이보다 더 학식있고 존경받는 사람을 고를 수는 없었을 것이다. 테릴은 칸을 당당한 교사로서 제시하는데, 그의 '12조치들'Twelve Steps은 회중으로 하여금 엄한 지도에 따라 하나의 종파로 분리될 수 있게 할 것이었다. 테릴 자신도 슬쩍 담그거나 물을 뿌리는 것이 아니라 물속에 깊이 잠기게 하는 침수浸水세례를 설교하였다. 그러나 그 실제 목적은 1세기 전 사유재산과 가부장적 가족을 전복하였던 독일농민봉기 당시의 재침례교도들이라고 의심받는 것을 피하기 위한 것이었다. 칸은 독일 재침례교파가 어떻게 "몇몇 매우 비정상적인 행동들"을 취했는가를 보여줄 수 있었을 뿐만 아니라 수평파의 반대자이기도 했다. 따라서 칸이 지도력을 행사한 날짜를 테릴이 틀리게 적어 브로드미드가 처음부터 특별한 침례교 회중이었던 것으로 보이게 되었을 때, 날짜를 틀리게 적은 목적은 단지 종파의 창립을 더 앞으로 당기기 위한 것일 뿐만 아니라 1641~49년 시기의 반율법주의 혹은 "자유사상"을 가리기 위한 것이기도 하다. 예의 삽입은 침례교의 분리의 기율있는 훌륭함을 입증하여 1670년대와 1680년대에 교회를 보호하려는 것으로 보인다. 프랜시스를 침묵하게 한 것은 역사의 수

정의 일환이었던 것이다.

여성 선지자들에서 프롤레타리아로

프랜시스의 이야기를 함으로써, 그것도 자신이 한 바로 그러한 방식으로 함으로써, 테릴은 처음에는 공동체 내에서, 교회의 통치조직 내에서, 막 생겨나는 교리들 내에서 여성의 영성靈性이 맡는 역할을 주목하였다가 나중에는 침식한다. 모인 회중들 중 여성들은 1640년대에 거리낌 없이 말하기로 악명이 높았으며, "회중의 여성 신도들 중 하나"인 프랜시스도 그 중 하나였다. 테릴은 남성적 권위와 남성적 통치 그리고 남성 목사들에 의해 공표된 교리들을 주장하며 대응하고, 프랜시스가 죽으면서 "**장로들과 남성 신도들 중 주요 인사들에 의해 (신앙이 돈독한 남자들에 의해) 장지로 옮겨져서 영광스럽게 묻혔**"다는 점을 강조한다(강조는 인용자의 것). 왜 이것이 필요했을까?

　천년왕국설을 신봉하는 제5왕국파Fifth Monarchism*의 메리 케리Mary Cary

---

* 제5왕국파(Fifth Monarchist)는 극단적인 청교도 종파로 크롬웰의 호국경시대에 영국에서 유명해졌다. 이들이 이 명칭으로 불린 까닭은 제5왕국이 곧 임하리라고 믿었기 때문이다. 그들은 제5왕국이 (성서 여러 곳에 대한 전통적인 해석에 따라) 아시리아, 페르시아, 그리스, 로마 제국의 뒤를 계승하며, 이때 그리스도가 그의 교도들과 함께 지상에서 천년 동안 다스릴 것이라고 믿었다. 군주제가 몰락한 뒤에 그들은 올리버 크롬웰을 지지했다. 독립교회에서 지명된 사람들 가운데서 선출된 1653년의 베어본스 의회는 그리스도교도들의 규범을 빠른 속도로 실행하자고 제안했다. 그러나 호국경 제도의 창설로 이 희망이 산산이 부서지자 이 종파는 크롬웰을 반대하게 되었다. 그들의 격렬한 폭동으로 인해 이 종파의 지도자였던 토머스 해리슨 소장, 로벗 오버턴 소장, 크리스토퍼 피크, 존 로저스를 비롯한 여러 사람이 체포되었고 토머스 베너가 1657년 4월에 주도했던 무장봉기도 쉽게 진압되었다. 베너는 1661년 1월에 다시 무장봉기를 일으켰으나 역시 실패했다. 결국 그를 비롯한 많은 사람이 사형당했고, 이 종파의 특별한 교리는 사라졌다.

는 1651년에 이렇게 썼다. "남자만이 아니라 여자도 예언을 하는 때가 오고 있다. 나이든 사람만이 아니라 젊은 사람도 예언을 하는 때가 오고 있다. 윗사람들만이 아니라 아랫사람들도 예언을 하는 때가 오고 있다. 대학교 공부를 한 사람만이 아니라 그렇지 못한 사람도, 심지어는 하인들과 하녀들도 예언을 하는 때가 오고 있다." 모든 성자는 "선지자라고 할 수 있다 …… 주께서 영혼에게 자신을 드러내시고 자신의 비밀을 드러내셨을 때 …… 영혼은 그것을 다른 영혼들에게 공표할 수밖에 없기 때문이다"라고 언명했다. 필리스 맥Phyllis Mack은 남성 "장인匠人 설교자"보다도 여성 선지자가 "전통적 기준으로 보면 부적절하고 괴물스럽기조차 하지만 지상과 천상에서의 인간의 평등에 대한 더 급진적인 견해에 상응하는 종류의 권위를 나타냈다"라고 쓰고 있다.35 프랜시스 이전에 예언을 했던 여성들 중에 1640년대에 이단사냥꾼들에 의하여 종종 매도당한 순회성직자인 "일리의 여인"Woman of Ely이 있고 불량한 삶을 살던 젊은 병사 존 버년*을 개종시킨 예언을 한 가난한 여성이 있다. 여기서는 이 두 사람 말고 쌔러 와이트Sarah Wight, (하녀이자 "영국에서 태어나지 않은 무어인"인) 다이너Dinah, 그리고 매사추세츠의 반율법주의 논쟁가인 앤 허친슨Anne Hutchinson이 더 논의할 가치가 있다. 쌔러와 다이너의 만남은 노예제의 종식과 "신약"의 결합을 암시했다. 한편, 허친슨의 경우는 이 시기의 여성 선지자가 어떻게 이단, 마녀, 혹은 괴물로 낙인찍힐 수 있는가를 보여준다.

1647년 5월 말에 (나중에 사람들이 부른 바대로 "무어인"인) 다이나가 "영혼과 몸이 모두 고통을 받는 상태에서" 쌔러 와이트를 방문하러 런던에

---

* 존 버년(John Bunyun, 1628~1688)은 기독교 작가이자 설교가. 『천로역정』(The Pilgrim's Progress)의 저자이다.

왔을 때 써더크Southwark에 있는 분리주의 회중의 침례교 지도자인 헨리 제시Henry Jessey는 방 안에 같이 있으면서 그들의 대화를 기록하였다.36 쌔러는 두 달 동안 금식을 하고 있었고 침상을 떠나지 못하고 있었으며 그녀 자신도 마음이 혼란스러운 상태였다. 그녀의 친한 친구이자 하녀는 트롤리 Traleigh의 아일랜드인 침례교도이자 크래독의 지인知人인 해너 가이Hanna Guy였다. 또한 쌔러의 동아리에는, 영어를 사용하는 아메리카 지역에서 노예무역에 반대하는 최초의 공식적인 항의를 제출한 리처드 쌜턴스톨Richard Saltonstall, 1789년에 리처드 프라이스Richard Price에 의해서 칭찬을 받고 에드먼드 버크Edmund Burke에게는 비난을 받게 될 미래의 국왕시해자* 휴 피터 Hugh Peter, 혁명군의 목사이며 "사해동포주의"를 주창하는 "이상한 천재이며 일면 시인이고 일면 쉴 새 없이 움직이는 금욕적 수도사"인37 구도자 존 쏠트마쉬John Saltmarsh가 있었다. 이렇듯 이는 아일랜드인, 아프리카인, 웨일스인, 잉글랜드인, 아메리카인의 모임이었다.

> 하녀[다이내 : 나는 종종 내 삶에 거스르는 유혹을 받아요.
> 쌔러 : 도대체, 무엇 때문이지요?
> 하녀 : 때대로는 내가 다른 사람들 같지 않기 때문이에요. 나는 생김새가 다른 사람들과 달라요.

계속해서 쌔러는, 반율법주의의 원칙을 표명하기 전에, 기독교적 구원의 힘과 신도들의 평등성에 대해서 설명한다. "이것이 나의 언약입니다. 나는 그들의 부정한 행위들에 대해 자비로울 것입니다. 그리고 그대에게 새로운

---

* 찰스 1세를 사형에 처한 재판관들을 말한다.

마음을 줄 것입니다. 나는 나의 두려움을 그대의 마음에 넣을 것이며, 거기에 나의 법들을 적을 것입니다." 그러나 다이나는 의문을 버리지 못했다. "예수께서 일부 소수의 사람들에게 이렇게 할지는 몰라도 나에게는 아닙니다." 그러자 쎄러가 대답했다. "예수께서는 이것을 한 사람에게만 하지 않으시며, 한 나라에게만 하지도 않으십니다. 많은 나라들이 주 안에서 축복을 받을 것이기 때문입니다. 예수께서는 많은 사람들의 죄를 씻기 위해 자신의 목숨을 바치러, 세상의 삶을 위하여 자신을 바치러 오셨습니다. 예수께서는 자유롭게 행하십니다. 왜 당신 자신을 배제하나요?"

쎄러는 내적 속박으로부터의 구원과 외적 속박으로부터의 구원을 동시적인 것으로 보았다. 그녀는 내면의 왕국과 외부의 왕국 사이의, 새로운 천국과 새로운 땅 사이의 통일성을 확언하였다. 존 쏠트마쉬는 이 이례적인 대화를 담은 책의 서문을 썼다. 제시의 요크셔 고향사람인 쏠트마쉬는 앞에서 말했듯이 전쟁에서의 승리를 통해 첫 내전을 종식시킨 페어팩스Fairfax*의 군대의 군목軍牧이었다. 1646년에 그는 "교회는 없으며 규례도 아직 없다"고 썼다. 사람들은 교회와 규례를 찾고 있었으나 "아직은 원시 시대에서처럼 타고난 재능들과 기적들만으로 시작해야 한다"고 그는 설명했다.[38] 그 역시 검은 피부색, 인종, 노예제도에 관하여 생각이 정리되지 않은 상태였다. 쏠트마쉬는 쎄러의 법적 지위에 대해서는 "그녀는 속박되어 있고, 암흑과 어둠과 폭풍 속에 있다"고 말했으며, 그녀의 복음상의 지위에 대해서는 하느님이 "어둠 속에서 하느님의 영광을 알리고 있다"고 말했다. 쏠트마쉬는 『사원의 연기』Smoke in the Temple에서 그리스도의 왕국은 "순종과 복종과

---

* 토머스 페어팩스(3rd Lord Fairfax of Cameron, 1612~1671) : 영국내란기의 장군이며 총사령관. 왕당파의 패배 이후 의회와 국왕, 의회파 내의 여러 분파들 간의 협상에 있어 신형군이 적극적 역할을 하게 되자, 의회와 군인들 사이의 중재자를 떠맡게 된다.

여러 머리 히드라로서의 "괴물스러운 탄생." 『기적 중의 기적』 (날짜 없음, 18세기 초기일 가능성이 큼).

굴종"의 왕국이 아니라 "협의, 토론, 자문, 예언, 투표 등"의 왕국이라고 주장했다.[39] 그는 쌔러 와이트가 하느님의 "새 성약"을 이루도록 도와줄 수 있으리라고 믿었다. "가난하고, 천하고, 겸손한" 사람들이 그 도구이며 "점점 더 많은 것이 계시되리라"고 그는 혁명적인 기대를 품고 썼다. 문제는, 밀턴이 혁명적 프로그램의 전개를 제시한 대로, 노예무역의 폐지가 "다가오는 변혁"에 포함될 것인가? 였다.

1634년 앤 허친슨은 새로운 땅을 건설하는 것을 돕기 위해서 매사추세츠 베이Massachusetts Bay로 갔다. 거기서 그녀는 산파, 치료사로서 그리고 쌔러 와이트처럼 영적靈的 상담사로서 일했다. 그녀는 하이스트릿High Street에 있는 우물에서 여성들, 즉 프랜시스와 다이나와 같은 물 긷는 여성들과 함께 모여 예언을 하고 그녀의 반율법주의적 사상을 폈다. 제인 호킨스Jane

Hawkins — 나중에 이단으로 식민시市에서 쫓겨나게 된다 — 와 메리 다이어 Mary Dyer — 나중에 선동죄로 교수형을 당하게 된다 — 는 날마다 보스턴 하이스트릿의 우물에서 만났다.[40] 이 변변찮은 시작으로부터 점점 더 큰 비밀집회들이 생겨나서 정통 청교도 목사들의 설교들을 토론하였고, 이 목사들은 모임들을 — 그리고 특히 허친슨을 — 자신들의 힘에 대한 모욕으로 보기 시작했다. 그들에게 반율법주의 사상의 재생산은 베이 식민시 인구의 확대재생산과 긴밀하게 연결되어 있었다. 지역방위군*에 있는 허친슨의 동료들 또한 군대의 군목의 임명에 반대하여 피쿳족과의 전쟁에 나가기를 거부하겠다고 위협하고 식민시에 대한 군대의 힘을 약화시켰다.[41] 뒤를 이은 반율법주의 논쟁은 매사추세츠 베이에서 존 윈스롭 총독Governor John Winthrop과 청교도 장로들의 지배적 권위에 주된 도전을 제기하는 결과를 낳았다.

윈스롭과 청교도 장로들은 앤 허친슨을 공식적으로 마녀라고 비난한 적은 없으나, 캐럴 칼슨Carol Karlsen이 주목한 대로 그러한 비난에 근접하는 비꼼과 빗댐이 일의 경과 전체를 흔들고 있었다.[42] 윈스롭과 그 외의 사람들은 허친슨의 1638년의 유산流産을 "놀랄 정도로 이상한" 것으로 간주했다. 허친슨은 "괴물같이 한 번에 약 30명을 낳았는데, 어떤 아기들은 크고 어떤 아기들은 작았으며 아기들의 모습이 서로 달랐다. 아기들 중 누구도 (내가 아는 한) 인간의 모습이 아니었다." 메리 다이어에 대해서도 "짐승처

---

* 지역방위군(militia)은 봉건체제가 무너지고 16세기의 군사혁명이 일어나면서 자치군은 영국의 삶에서 중요한 제도가 된다. 자치군은 행정단위 카운티(셔)를 기초로 하여 조직되며, 왕의 관리인 카운티지사(Lord Lieutenant)의 책임 아래 있다. 소행정단위 헌드레드(hundred)의 지역방위군은 부지사(Deputy Lieutenant)의 책임 아래 있으며 그 아래로 치안판사들(justices of the peace 혹은 magistrates)이 있다. 각 교구에 일정 수의 사람들이 명부에 올라 있으며 훈련 목적으로 때때로 소집된다. 자치군은 비상상황에 대한 대비가 잘 안 되어 있는 편이라고 한다.

럼 뿔이 있으며 홍어thornback*라고 불리는 물고기처럼 거친 피부 위에 귀
와 비늘들이 있고 매처럼 다리와 발톱이 있는" 아기를 낳았다고 말했다. 일
부 사람들에게는 이것이 전형적으로 흡수성이 강하고 상처입기 쉬운 여성
들에게 악마가 분명히 영향을 미친 것으로 보였다. 여기서 생식에서의 여
성의 힘은 청교도 가부장들에게 가장 악몽 같았다. 즉 괴물스럽고, 위협적
이며 규제되지 않았다. 괴물에 대한 베이컨의 이론을 배경으로 하고, 사탄
에 대한 자신들의 견해가 머릿속에서 가장 전면을 차지하고 있는 청교도들
의 첫 반응은 흉악한 것이었다. 두 번째 반응도 극단적인 점에서는 크게
뒤떨어지지 않았다. 앤 허친슨은 식민시로부터 로드아일랜드Rhode Island, "잘
못의 섬"로 추방되었다. 그녀의 패배로 인해 피쿼 전쟁에 대한 반대가 제거
되었으며, 노예제에 방해가 되는 것들이 정리되었다. 많은 생존한 피쿼족
이 노예가 되어 신세계의 다른 청교주의적 식민시인 프로비던스아일랜드
Providence Island로 수송되었다. 이에 대한 교환물로서 매사추세츠로 오는 화
물은 아프리카의 노예들이었다.[43] 반율법주의 논쟁에 대하여 쓰면서 에드
워드 존슨Edward Johnson은 "하나가 잘리자마자 바로 그 자리에 둘이 솟아오
르는 히드라의 머리들처럼 아주 많은 잘못들이 생겨도 놀랄 일이 아니"라
고 보았다.[44] 코튼 매서가 자신의 저서 『아메리카에서의 예수의 위대한 업
적』Magnalia Christi America, 1702** 중 같은 주제를 다룬 장은 제목이 「참수된
히드라」라고 되어 있다.

　실로 매슈 홉킨스Matthew Hopkins가 영국 마녀추적부 장관이라는 공식적
직위에 의거하여 이른바 마녀들에 대한 테러리스트적 사냥을 이끌었던 것

---

　* 'thornback'은 '가시'(thorn)가 돋아있는 '등'(back)이라는 의미이다.
** 이 책은 영어로는 'The Ecclesiastical History of New England'라고 옮겨져 있다.

은 바로 프랜시스와 여성 선지자들이 활약하던 때였다. 통치 당국이 마녀 관련법들을 종교적 급진주의자들을 기소하는 데 사용하자, 1645년과 1647년 사이에 1,000명으로 추산되는 여성들이 생명을 잃었다. 해상법 및 보험 전문가인 홉킨스는 마녀들이 배를 저주함으로써 무역을 방해할까봐 걱정했다. 그는 이 일에 있어서 왕립 점성가인 릴리Lilly의 자문을 받았다. 나폴리와 바베이도스에서 그에게 문의가 들어왔다. 의회의 지지를 받을 뿐만 아니라 그 당시의 주도적인 "합리주의자들"(홉스, 보일Boyle, 보딘Bodin, 하비Harvey)의 지지를 받는 이 여성차별주의자는 악마적 성性에 강박관념을 가지고 있어서, 여성의 몸을 악마의 표시로 "점찍었다." 그의 조수는 사탄이 자신의 마녀들로 하여금 "회합, 안식일, 세례, 성약과 같은 많은 일들에 있어서 그리스도 흉내를 내"도록 했다고 써서, 1640년대에 여성들이 이끄는 급진적 종교운동과 사탄 사이에 연관이 있는 듯한 암시를 주었다.

여성의 예언은 17세기 중반 생식의 위기라는 맥락에 위치시켜야 한다. 이 시기는 유럽 전역과 영국에서 영아살해, 유산, 마술과 관련된 여성들을 기소하는 일이 최고조에 이름에 따라 여성들을 범죄자로 만드는 일이 정점에 이른 때였다. 이 시기는 또한 남성들이 생식에 대한 통제권을 여성들로부터 빼앗기 시작하는 때이기도 하였다(1625년에 남성 산파들이 등장했으며 곧 이어서 겸자鉗子가 등장했다). 이전에는 "출산과 해산의 시기는 여성들에 의하여 집단적으로 실행되고 통제되는 일종의 의식儀式이었으며, 남성들은 이로부터 배제되어 있었다." 지배계급이 증가된 생식력에 대한 관심을 드러내기 시작한 이래로 "경제적·정치적 분석의 근본적 범주로서 '인구'에 대해 관심이 집중되었다."[45] 근대적 산부인과학obstetrics과 근대적 인구학의 탄생은 위기에 대한 동시적 반응들이었다. 양자는 마술을 범죄로 간주하여 기소하는 행위들과 마찬가지로 자본주의적 맥락에서 사회적 생식(재생산)을 (말하자면) 노동력의 양육으로서 합리화하려 했다.[46] 지배계급의 상상에서 되풀이해서 나타나는 모티프는 영국 마녀와 "흑인"—악마 혹은 도깨비—사이의 교섭이다. 테러는 공포라는 상상적인 방에 국한되지 않았다. 그것은 반혁명의 현실이었다.

1650년쯤 "독립적인 여성 예언의 시대는 끝났다."[47] 그러나 불만이 사라진 것은 아니었다. 여성 선지자 애너 트랩널Anna Trapnel에 의하면, 자신이 1654년 콘월에서 체포되었을 때 "판사들이 …… 침대 밖으로 나를 끌어내어 가려고 왔"으며 "몇몇은 '마녀, 마녀'라고 외치며 위층으로 올라왔다." 판사들이 동네 사람들에게 그녀를 잡는 일을 도울 것을 청했을 때 "내 친구들 중의 하나가 그들에게, 가난한 사람들은 그 일을 하지 않을 것이므로 그들이 그 일을 하려면 자신들의 왕실변호사들을 데리고 와야 한다고 말했다." 여성들은 전체적으로 침묵당했다. 이전의 10년 동안에 열린 공간들은 닫혔다. 수평파 여성들은 1649년에 다음과 같이 청원했다. "우리는 공화국에서 남성들과 동일한 몫과 이익을 가지고 있으며 이는 (지금처럼) 낭비될 수 없는 것이고 우리가 공화국에서 가장 절망적으로 고통받는 집단이 될 수도 없음을 고려해볼 때, 그리고 가난, 비참, 기근이 강력한 홍수처럼 우리에게 밀려오고 …… 우리는 우리의 아이들이 우리에게 매달려 빵을 달라고 조르는 것을 볼 수 없고 그들을 먹일 음식도 없음을 고려해 볼 때 우리는 그런 날을 보느니 차라리 죽을 것이다."[48] 브리스틀에서 쌔러 라챗Sarah Latchett은 브로드미드의 목사 이윈스Ewins에게 욕을 퍼부었으며 이런 수고를 한 이유로 투옥되었다. 그리고 마찬가지로 브로드미드의 회합을 콧노래로 방해했던 프린스 부인Mrs. Prince은 랜터파로 간주되어 내쫓겼다.

토머스 에드워즈가 서술한 52번째 이단은 그 시대의 중심적인 모순을 드러낸다. 왜냐하면 "모든 사람들은 태생적으로 재산, 자립, 자유를 가질 똑같은 권리를 타고나기 때문이며, 우리는 모든 사람이 선천적인 자유와 재산을 갖고 자연에 의해 신의 품으로부터 이 세상으로 나오게 되므로, 바로 그렇게 우리는 모두 선천적인 권리와 특권을 똑같이 누리면서 살아야 하기 때문이다." "자유롭게 태어난 영국인"에게 자유는 태생에 기반을 두고 있으나, 출산은 괴물스럽고 임계적liminal인 동시에 악마적인 것으로 간주되었다. 바로 이 시기에 프롤레타리아라는 용어가 영국의 어휘가 되었다. 이 용어는 고전학자들이 고대 로마의 쎄르바우스의 헌법*에서 빌려왔다는 의미에서 학식있는 입장入場을 했다. 이 용어가 갖는 경멸적인 의미—가장 가난한 계급, 가장 저속한 계층, 그리고 가장 천한 층의 일원을 지칭—는 존속하였으나, 그 원래의 의미는 더 정확한 지시대상 즉 "후손을 잉태하고 번식시키는 백성들"(1609), "아이들을 잉태하는 일만 할당받은" 사람들(1610), 혹은 제임스 해링튼James Harrington이 『오세아나』Oceana, 1658에서 설명한 대로 "가난으로 인해 아이들을 낳는 것 말고는 공화국에 기여하는 것이 없는 사람들"을 지시하게 되었다. 이렇듯 이 용어는 여성의 생식노동의 가치감소를 반영한다. 이 용어는 마녀 화형火刑의 시기에 유통되었다. 자본주의의 발생은 착취되는 불불不拂노동에 기반을 두고 있으므로 이렇듯 심지어는 인간의 출산에 대한 통제도 필요로 했다.

말과 행동에서의 정적靜寂주의

운동의 남성적 측면에 대해서는 반혁명의 압박이 더 느리게 가해졌다. 이

---

* 쎄르비우스(Servius Tullus) : 578∼534 BC. 고대 로마의 전설적인 여섯 번째 왕이다.

압박은 패배자들 사이의 다툼에 의해 촉진되었는데, 우리는 패배자들의 점증하는 종파주의를 크롬웰 체제 내에서 서로 권력을 차지하려는 다툼과 노예무역을 위한 전쟁들에서 부를 차지하려는 경쟁이라는 맥락에 놓고 보아야 한다. 이전에는 데니스 홀리스터Dennis Hollister(식료품상), 토머스 이윈스Thomas Ewins(재난사), 그리고 로벗 퍼늘Robert Purnel(카펫직조공)이 브로드미드의 장로들(프랜시스를 장지로 옮겼던 사람들)이었다. 그러나 서인도구상*, 통상파괴전,** 네덜란드 전쟁, 아프리카 무역이 벌어지는 크롬웰 공화국의 새 세상에서 신앙이 돈독한 신도들은 서로 사이가 틀어졌다. 이런 식으로 한 때는 공통적이었던 구도자들이요 사상가들notionists이 서로 다른 분파들인 침례교파와 퀘이커교파가 되었다. 그들의 쟁론을 반율법주의와 노예무역이라는 비교적 투명한 논점에서 보기는 어렵지 않다. 아일랜드의 죄수들이 1652년에 추방될 때 퍼늘은 그의 적들을 "사상주의"notionism요 "재침례주의"라고 비난하며, "그대들은 곧 완전히 패주하게 되리라. 그대들은 같이 모였으나, 흩어질 것이며, 산산이 부서질 것이다"라고 예언하였다. 홀리스터는 관념주의라는 비난에 랜터주의ranterism라는 비난을 덧붙였으며 의미심장하게도 "그대들은 도움을 구하러 아시리아인들the Assyrians에게로 달려가며, 그대들을 양의 얼굴로부터 숨길 덮개를 다시 구하려고 어둠의 장소인 이집트의 땅으로 갔다"라고 비난하였다. 그는 "그대들은 가톨릭, 무신론자, 독립파, 재침례교파 등등의 이름 아래 여러 형태, 분파, 견해들로 나타나는, 머리가 여럿인 짐승이다"라고 결론지었다. 침례교파와

---

* 서인도구상(Western Design)은 1655년 크롬웰이 군대를 파견하여 서인도제도의 스페인령 히스파놀라 섬을 공격한 것을 말한다.

** 통상파괴전(guerre de cours)은 군대를 직접 공격하지 않고 군대에 물자를 조달하는 민간 상선을 공격하는 전략을 말한다.

제임스 네일러. 『신·구 광신도단과 퀘이커교의 공포』, 『재침례교도와 광신도의 만신전』(1702)의 6부.

퀘이커교파를 낳았던 운동의 진원지인 브리스틀은 아이러니하게도 반혁명의 억압적인 정숙주의quietism의 가장 무서운 행동이 벌어지는 장소를 제공했다. 바로 거기서 저 "급진적인 반율법주의가 청교도 보수주의에 의해 지하로" 혹은 해외로 "밀려나기 전에 자신을 표현하려는 막바지 노력을 했"기 때문이다. "우리들 중 몇몇은 소리를 질렀으며 '호산나, 거룩하도다, 거룩하도다, 제임스 네일러에게 이스라엘의 왕을 등등'이라고 외쳤다."49 이 사람 네일러에게는 가장 끔찍한 테러가 가해졌다.

1656년 10월 제임스 네일러는 브리스틀의 통문들을 말을 타고 지나가고 있었으며, 그의 말은 3명의 여성들—마사 시몬즈Martha Simmonds, 해너 스트레인저Hanna Stranger, 도카스 어베리Dorcas Erbery—가 끌고 있었다. 그들은 진흙에 무릎까지 빠진 상태로 힘들게 가고 있었으며, 가면서 찬송가들을 부르고 길에 꽃들을 뿌렸다. 네일러는 요크셔 사람으로서 그 당시에 퀘이커교파의 창시자인 조지 폭스Geroge Fox보다도 더 성공적인 복음전도자였다. 그는 도급노동자들에게 호소하며 시골 지역을 돌아다녔다. 그는 투옥되었으며 해적들과 바닥에 깐 지푸라기 잠자리를 같이 했다. 그의 계급의식은 잘 발달되어 있었다. 네일러는 이렇게 썼다. "당신들이 쟁기질을 비웃기는 하지만, (쟁기질이 합법적인 일임을 아는) 나는, 일을 결코 하지 않고 남의 노동을 폭력적으로 탈취함으로써 남의 노동에 의존하며 사는 타산적인 고용인보다 쟁기질을 더 잘한다. 그런데 쟁기가 그대에게 수치라면 쟁기의 결실인 십일조 교구세는 왜 수치가 아닌가?"[50] 1653년에 그는 왜 모자를 벗거나 무릎을 굽히지 않는지를 설명했다. "성서는 사람을 가리는 자는 죄를 범하는 것이라고 말한다." 그는 강력한 설교자였다. 그는 희년jubilee 즉 주의 기꺼운 해, 잡힌 자들의 해방의 해를 설교했다. 그는 에스겔을 인용하며 "주께서는 뒤엎고, 뒤엎고, 뒤엎지 않는가?"라고 혁명을 설교했다.[51] 그는 다음과 같이 억압자들이 공유지를 탈취하는 것을 통렬히 비난하였다. "세상에서 큰 저택을 얻고, 집과 집을, 땅과 땅을 붙여 가난한 사람들이 있을 장소를 없앤다. 그들이 그대들의 기만으로 가난해지면 그 때 그대들은 그들을 경멸하고 그대 자신들을 더 우월하다고 생각하며, 그대들이 모두 하나의 틀로 만들어졌고 하나의 피로 만들어졌으며 사람을 가리지 않는 한 분의 판사 앞에 모두 출두해야 함을 잊고 있다."[52] 그는 노예무역을 대놓고 비판하였다. "순진한 사람들을 덫으로 잡아서 이 납치자들 중 일부에 속박되고 노예가 된 상태로 만들지 않는 곳이 어디에 있는가?"[53] 그는 이렇게 선언하였다. "나는 이 땅에서 굴과 황량한 곳에 사는 사람들과 같은 동포이다."

당국에게 네일러의 브리스틀 진입은 불경하게도 예수의 예루살렘 진입을 흉내 내는 것처럼 보였다. 놀란 의회는 "불복종하는 분파주의자들에게 결정적인 정치적 메시지를 보내"고 싶어하면서 〈불경법〉 the Blasphemy Act 위반죄로 그를 재판하였는데, 이 법은 정말로 그에게 불리하게 집행되었다. 그는 모자는 벗지도 않고 심문에 대답하였는데 이것이 어떻게 그를 처벌할까에 관한 길고도 전례없는 논쟁을 촉발하였다. 비록 조지 다우닝George Downing*이 근엄하게 "우리는 하느님의 집행자들이며, 하느님의 명예를 지키는 사람이 되어야 한다"고 주장하였으나, 투표에서 근소한 차이로 간신히 그의 목숨이 보존되었다. 네일러는 뉴게잇New Gate에서 왕립증권거래소 the Royal Exchange 근처의 블랙 보이 인the Black Boy Inn으로 이송되었으며, 거기서 그의 고통이 시작되었다. 그는 마차의 뒷부분에 묶어 런던을 가로질러 움직이며 310대의 채찍질을 당했다. 타우너 힐Towner Hill에서 그는 처형 집행자와 대면하였는데, 이 집행자는 그의 이마에 낙인을 찍은 다음 붉게 달구어진 쇠로 그의 혀에 구멍을 뚫었다.[54]

네일러는 이렇듯 침묵당했으며, 당국의 의도대로 다른 많은 이들도 테러의 메시지를 듣게 되었다. 수천 명의 개신교 급진주의자들이 투옥되었다. 다른 이들은 해외로 추방되었다. 퀘이커파와 머글턴파**는 1660년대와

---

* 조지 다우닝경(Sir George Downing, 1623~1684)은 영국 군인이자 외교관이었다. 그의 가족이 1638년 매사추세츠 세일럼에 정착했고, 하버드 대학에서 공부했다. 1645년 뱃사람들의 교사이자 설교자로 서인도제도로 항해했다.

** 머글턴파(The Muggletonians)는 루도빅 머글턴(Ludovic Muggleton)의 이름에서 따온 것으로

1670년대에 그들의 역사를 다시 썼는데, 그들의 운동의 급진성을 약화시키고 선지자들과 반율법주의자들의 목소리들을 숨겼다.[55] 브로드미드의 첫 목사인 너새니얼 안젤로조차도 승진을 하고 네일러를 조롱하는 대열에 합류하여 『벤티보글리오와 우라니아』*Bentivoglio and Urania*라는 알레고리적인 로망스를 출판하였다.[56] 여기 따르면 가짜 선지자인 네일러는 "열렬한 격정"을 끌어냈으며 방화, 미신, 성, 기만과 연관되어 있었다. 그는 여러 해 동안 사악한 조롱의 대상으로 남아 있었다. 예를 들어, 톰 브라운Tom Brown의 『죽은 자들이 산 자들에게 보내는 편지』*Letters from the Dead to the Living*, 1702에서 네일러는 지옥에 있는 것으로 상상되며, 여기서 "검은 영적 근위대들"과 "불멸의 흑인들"에 둘러싸인 루시퍼는 그에게 바보의 르네상스적 상징이며 'motley'(잡색 옷)라고 불리는 "무지개 색깔의 외투"를 차려 입히고 있다. 네일러는 굶주린 장인匠人들과 함께, 전갈들, 서인도제도의 이구아나들, 삽 모양의 코를 하고 있는 상어들, 그리고 거대한 해수海獸, leviathan를 음식으로 먹는다. 히드라의 여러 머리들—선원들, 광대들, 아프리카인들, 장인들, 급진적 분파주의자들—을 보기 위해서는 이러한 야만적인 조롱을, 프랜시스 베이컨과 토머스 에드워즈의 괴물스러움에 대한 이론처럼, "사탄의 빛"을 비추어서 읽어야 한다.

그러는 한편 "새 시대"의 개척자들처럼 일부 침례교도들과 퀘이커교도들은 해외(특히 아일랜드와 카리브해 지역)의 부를 획득하면서 번성하기

17세기와 18세기에 가장 성행했던 작은 청교도 종파이다. 이 시기에 등장한 다수의 비국교도 저항 집단의 하나로 1652년 그 추종자들이 "하느님의 마지막 선지자"라고 본 한 재단사 존 리브(John Reeve)와 그의 사촌 루도빅 머글턴의 비전과 "하느님으로부터의 명"에 따라 탄생했다. 무엇보다 천년왕국과 예수의 재림을 강조했고, 영혼이 유한하다는 것과, 퀘이커교도들처럼 외적인 종교적 의식은 불필요하다고 보았다. 일부 학자들은 머글턴파의 교의가 시인이자 예술가인 윌리엄 블레이크의 작업에 영향을 끼친 것으로 생각한다.

시작했다. 1647년의 푸트니 논쟁에서 압제자 살해를 암시한 바 있는 브리스틀의 퀘이커교도인 조지 비숍George Bishop은 1662년쯤에는 이승에서의 삶의 고통 대신에 저승에서의 삶의 위안을 제시하고 있었다.[57] 수평파 존 릴번John Lilburne과 함께 도제를 한 바 있으며 그 자신이 영국 침례교 사회에서 강력한 인물이고 찰스 스튜어트Charles Stuart에게 중벌을 가하는 것을 반대한다는 이유로 엘리자벳 풀Elizabeth Poole을 회중에서 쫓아낸 바 있는 윌리엄 키핀William Kiffin은 왕위를 되찾은 왕에게 10만 파운드의 선물을 제시했다. 에드워드 테릴 자신도 바베이도스의 사탕수수업에 중개인으로서, 창고업자로서, 채권자로서, 정제업자로서, 식민농장주로서 관여했다. 그의 아들인 윌리엄은 바베이도스에서 캐비지 트리 홀Cabbage Tree Hall이라는 가족 농장을 운영했으며 다른 두 농장의 상속녀인 레베카Rebecca와 결혼하였다. 1657년에 출판된 「몇몇 식민농장주들의 이름을 표시한, 서인도제도 바베이도스 섬의 지형 서술과 측량」에서 테릴의 이름은 작은 농장기호 옆에 세 번 나온다.[58] 그의 후손들은 18세기 식민농장업 엘리트의 주도적인 가문들 중의 하나를 이룰 것이었다.[59]

우리는 이제 테릴의 텍스트에 있는 억압적 우려를 이해하기 시작한다고 할 수 있다. 영광스러웠던 한 때 그의 교회는 노예제에 반대하는 운동의 일부였다. 그러나 그 시기의 역사는 그와는 다른 사악한 때, 즉 노예제가 바로 그 교회의 번영의 토대가 되고 난 후에 쓰였다. 이 브리스틀 침례교도들이 신앙이 돈독한 기독교인들이면서도 동시에 열렬한 노예무역상들로 남아있을 수 있는가? 이 문제에 그들은 무슨 해결책을 발견할 것인가? 대답은 부분적으로는 테릴의 우려 자체에 들어있다. 이러한 양심의 껄끄러움들에 해결책을 제공한 것이 인종주의였기 때문이다.[60] 우리는 존 버년이라는 또 하나의 급진적인 침례교도에게서 직접 그러한 인종주의 의식이

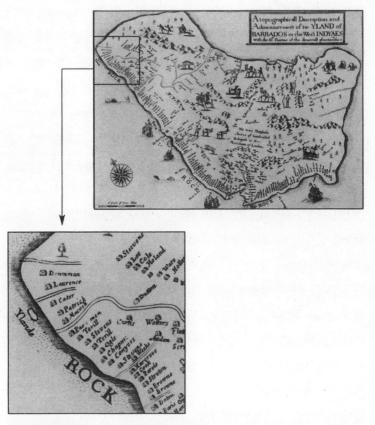

테릴의 식민농장들이 자세히 나온 바베이도스의 지도. 리처드 리곤, 『바베이도스 섬의 진실하고도 정확한 역사』 (1657). 베이네커 희귀도서 및 수고(手稿) 도서관, 예일 대학교.

성장하여 번성하는 것을 본다.

밭들이 공유지인 마을에서 땜장이의 아들로 태어난 버년은 혁명적인 병사로 1644년의 레스터Leicester 포위공격에 참가했다.[61] 그는 랜터파, 디거파, 수평파의 영향을 받아 그 자신이 고함지르고, 폭언하고, 욕하고, 소리를 쳐대는 사람이다가 한 가난한 여성에 의하여 개종을 한 이후에 설교를 하고 침례교에 들어갔으며 투옥이 되었다. 혁명 이후에 버년은 혁명적이고 희망적이며 천년왕국론적이었던 시기를 되돌아보기 시작했다. 그의 가장 잘 알려진 알레고리인 『천로역정』에서 '크리스천'Christian, 기독교도이라는 이름을 가진 순례자는 "살색이 검은 사람"을 만나는데, 이는 가짜 사도로서, "그의 이웃에게 아부하고 이웃이 발을 딛는 곳에 덫을 놓는 사람"이었다. 그는 천상의 도시로 향하는 가짜 길을 보여준다. 이 만남 이후에 '크리스천'은 '호프'Hope, 희망와 대화를 하는데, '호프'는 허영의 시장에서 "폭동, 난장, 음주, 욕하기, 거짓말하기, 더러움, 안식일 위반하기 등"을 발견한 바 있다. 버년은 이렇듯 아프리카적인 것을 랜터파의 활동 혹은 자신의 젊은 시절의 활동과 연관시킨다. 실로 '호프'는 "우리의 모든 옳음은 더러운 넝마들과 같으며, 법의 작용에 의해서는 어떤 사람도 정당화되지 않으리라"라고 말한다. 이러한 종류의 반율법주의는 영국 비국교도에 잔존해있다. 그러나 여기서 버년은 희생자를 비난한다. 그 시대의 부(허영의 시장)가 점점 더 아프리카인들로 채워지는 노예들의 노동에 의하여 축적되는 것은 맞다. 그러나 노예들 자신이 버년이 그토록 심하게 비난하는 허영에 책임이 있다는 것은 맞지 않다. 바로 이 점을 마커스 가비는 『천로역정』에 대한 그의 논평에서 지적할 수 있었던 것이다.

'크리스천'의 아내인 '크리스티애너'Christiana는 또 한 명의 흑인을 만나는데, 이 인물은 결코 깨끗하게 씻길 수 없는 "혐오스러운 사람"을 상징한다. 버년의 자식들 중 한 명이 쓴 시들은 인종주의적 색채의 신학을 가르치고 있었는데, 여기서는 "살이 희고 잘 생긴" 모세가 "가무잡잡한 에티오피아인"인 그의 아내와 대조된다. 버년은 1640년대의 병사로서의 경험에 기반을 두고 알레고리인 『성전』The Holy War, 1682을 썼다. 이 작품은 이렇게 시작한다. "옛날 옛적에 디아볼러스Diabolus라는 거대한 거인이 있었는데 이

거인은 유명한 맨쏘울Mansoul시를 공격하여 이 시를 탈취해 자신의 거주지로 삼으려고 했다. 이 거인은 흑인들, 혹은 검둥이들의 왕이었으며, 가장 시끄럽게 소리를 쳐대는 군주였다." 여기서 버넌은 역사적 진실을 전도하여, 유럽인들이 아프리카를 공격한 것이 아니라 아프리카인들이 유럽의 기독교왕국을 공격한 것처럼 해놓았다. 정치적 선전도 이보다 더 큰 거짓을 말할 수는 없었을 것이다. 백이 흑이 되고 흑이 백이 된 것이다. 이는 아프리카계 아메리카인 신학자인 제임스 콘James Cone이 울린 경종의 가치를 예증해준다. "자유와 평등이라는 유럽의 언어 아래에는 노예제와 죽음이 놓여있다."62

검은 악마와 흰 악마

프랜시스가 모두에게 하느님의 영광에 유의하라고 일깨웠을 시점에서는 자유주의적 자본주의가 창출되리라는 것은 불확실했다. 사탕수수농장과 대서양의 노예무역이 경제적 성장의 지반이 되리라는 것도 불확실했으며 종획된 사유재산이 토지보유의 원칙이 되고, 백인의 우월성이 인종의 차이를 설명하는 이론이 되리라는 것도 불확실했다. 심지어는 다양한 상이한 생각들을 가진 다중의 회중이 침례교회가 되리라는 것도 불확실했다. 이러한 사태의 전개는 불가피한 것이 아니었다. 여기에 대한 항거들이 있었으며 프랜시스가 대표하였던 많은 사상들은 패배했던 것이다. 이는 혁명과 반혁명이었다. 그러나 프랜시스와 그녀의 사상은 아직 존속한다. 1세기 반이 지난 후 맞은 또 다른 반혁명의 국면에 셸리Shelley가 그의 자유 찬가를 썼을 때 혁명적인 영광 개념은 다시 등장했다.

잉글랜드의 사람들이여, 영광의 상속자들이여,
쓰이지 않은 이야기의 영웅들이여,
거대한 어머니의 젖먹이들이여,
그녀의, 그리고 서로의 희망들이여

정복될 수 없는 숫자로
잠 깬 사자들처럼 일어나
그대들을 대지에 묶은 사슬들을 이슬처럼 떨쳐라
잠자는 사이에 그대들에게 채워진 사슬들을—
그대들은 다수이고—저들은 소수이니.

여기서 영광은 프랜시스가 남긴 대목에는 낯선, 성^性적·민족적 함축들을
가지고 있다. 그럼에도 불구하고 에드워드 톰슨Edward Thompson은 『영국 노
동계급의 형성』*The Making of the English Working Class*, 1963에서, 셸리를 언급하고
영국의 급진적 전통을 이해하려고 노력하면서 이렇게 썼다. "18세기 동안
보존되었다가 19세기에 재차삼차 터진, 잠자는 급진주의를 우리가 발견하
는 것은 무엇보다도 버년에게서이다." 『천로역정』은 "1790년에서 1850년
사이의 운동의 원료를 구성하는 사상들과 태도들의 비축에 가장 크게" 기
여했다. 1660년대의 억압의 시기에 감옥에서 쓰였으며, 한가로운 부유층에
신랄한 태도를 보이고 담겨있는 신앙이 위안을 주는 『천로역정』은 존속과
패배에 대한 흥미롭고 영감을 주는 증거물로 남아있다. 버년이 그 자신에
대해 말했듯이,

그는 그들의 여행에 대한, 영광으로 이르는 길에 대한

알레고리로 갑자기 떨어졌다.

애틀랜타의 교도소에서 마커스 가비는—부제인 『백인의 정의의 비극』*The Tragedy of White Man's Justice*과 달리—제목을 『천로역정』에서 따온 『허영의 시장』*Vanity Fair, 1926*을 썼다. 가비는 다시 한 번 "하느님은 사람을 가리지 않는다"고 말하면서 인종주의를 비난했다. 실로 한 자메이카인시이자 범아프리카주의자가 버년의 인종주의는 빼면서도 그의 개인주의와 양양함을 유지하는 방식으로 급진적 전통을 재발견하였던 것이다.[63]

    "곧 그날에 도피한 자가 네게 나아와서 네 귀에 그 일을 들리지 아니하겠느냐. 그 날에 네 입이 열려서 도피한 자에게 말하고 다시는 잠잠하지 아니 하리라."(「에스겔」 24:26~67) 이와 같은 것이 1645년과 1649년 사이에 영국에서 일어났다. 상이한 출신의 프롤레타리아가 한데 모이게 되어 따로 할 수 있는 것보다 함께 할 수 있는 것이 더 많음을 깨닫기 시작했다. 이것이 프랜시스가 가동시키려 했던 동학이다. 쌔러와 함께 속박으로부터의 해방의 이야기를 발견하였을 때의 다이나 역시 분명히 그러했을 것이다. 보스턴 반율법주의자, 요크셔 농부, "잉글랜드 바깥에서 태어난 무어인," 그리고 장인 설교자들이 만나서 말하기 시작했던 것이다. 물론 그러한 대화들은 평민 정치범들이 엘리자벳조의 감옥들에서 폭동을 일으킨 경우들처럼 여러 해 동안 계속 진행되고 있었으며, 1649년 이후에도 네일러가 해적들과 갇혀있었던 감방에서, 혹은 머글턴파의 사람들이 저주받은 노상강도들로부터 보호를 받았던 뉴게잇에서 ("아니오, 나는 말했다, 죄수가 죄수들에 대해서 불만을 표시하는 게 아니요")[64] 계속 진행될 것이었다. 디거파의 가장 주목할 만한 팸플릿은 『버킹엄셔에 밝혀진 빛 하나』*A Light Shining in Buckinghamshire*이라는 제목을 달고 있었다. 이 팸플릿은 동등한 권리와 자유로운 선거, 공익과 모든 사람에게 정당한 몫의 할당을 요구하였다. 이 팸플릿의 부제는 디거파가 지역적/전지구적 의식을 가지고 있었음을 시사한다. 버킹엄셔에서 발견된 빛은 『세계의 모든 노예제의, 그러나 주로 영국 노예제의 주요 토대들과 원래의 원인들의 발견』*A Discovery of The Main Grounds and Original Causes of all the Slavery in the World, but chiefly in England*, 1648으로 가는 길을 인도했던 것이다.

　"[흑인 여성들의] 다른 모든 수단들이 실패할 때 존속과 자율적 행동을 가능하게 했던 힘이 성화聖化에 있는 것으로 보았다"라고 넬 페인터는 말했다.[65] 테릴이 프랜시스에 대한 언급을 완전히 누락하지는 않았다는 점은 그녀가 부정할 수 없는 영적 힘을 가지고 있다는 사실의 증거이다. 어떻게 그 힘이 기억될 것인가는 우선은 1645년과 1649년 사이에 대서양 노예제에 반대하여 제기된 웅변적인 새로운 목소리들의 출현에 의하여 결정되었고 그 다음으로는 크롬웰과 왕정복고에 의하여 그 목소리들이 침묵당하는 것에 의해 결정되었다. 크롬웰과 왕정복고는 인종주의화된 노예제의 승리를 확실하게 하였다. 그러나 쌔러 와이트와 존 쏠트마쉬 같은 노예제 반대자들조차도 인종주의화된 이미지로 자신들의 견해를 표현했다. 『밝혀진 압제술책』*Tyranipocrit Discovered*, 1649을 쓴 익명의 저자의 경우에도 마찬가지이다. 이 사람은 부유층, 권력층, 유산층을 비난하였고 극형 처벌을 신랄하게 비판하였으며 코뮌주의를 옹호하고 세계 전역의 노예제를 공격하였다.[66] 그는 계급지배의 복잡성을 이해하려는 모색을 하였으며 계급지배의 계기들인 힘과 동의同意 양자를 이해하려고 하였다. 버년처럼 그도 알레고리를 사용했다. 사탄은 압제와 위선의 결합을 주재했다고 그는 썼다. 하나는 검은 악마로 등장하고 다른 하나는 하얀 악마로 등장한다.

나의 검은 아이들 즉 매춘부들, 악당들, 탐욕스런 자들, 주정뱅이들, 욕하는 자들, 안식일을 위반하는 자들, 볼품없는 도둑들, 그리고 모든 가난하고 불경스런 자들이 모두 그대의 노예들이 되고 술책을 쓰는 압제자와 그 친구들의 시중을 들 것이며, 그대는 그들을 마음껏 자유롭게 사용하고 부릴 수 있다. 이들은 나의 아이들이지만 말을 안 듣고 무질서하여 나도 그들을 어떻게 믿을지 거의 모르기 때문이다……

오, 그대 하얀 악마여, 나는 모든 사람들이 그대가 추하고 혐오스런 악마임을 볼 수 있도록 기꺼이 그대를 드러내고 그대의 비열한 행위들을 폭로할 것이다. 불경한 행위들로 명예를 얻으려는 그대, 하느님을 입에 올리지만 악마를 그대의 마음 바깥으로 내쫓지는 않으려는 그대, 그대가 입으로는 선하다고 하지만 마음으로는 증오하는 것을 하도록 다른 사람들에게 명령하고 가르치는 그대, 무거운 짐을 묶어서 다른 사람들의 어깨에 지우면서 정작 그대 자신은 그 짐에 손가락 하나도 대지 않으려는 그대. 오, 그대는 숙련된 솜씨로 훔치면서도 뻔뻔스러운 얼굴로 법에 대항하려 하는구나.

프랜시스는, 프랜시스 베이컨의 말을 빌자면, 히드라의 세 개의 머리를 구현하였다. 그녀는 재침례주의자였으며, 독립적인 여성이었고, "서인도인"이었다. 그녀의 이 측면들을 강조하는 것은 물론 그녀를 근절되어야 하는 떼swarm, 혹은 폭도로 보려는 것이 아니라 그 반대로 그녀를 동포로서 그리고 대서양 지역의 프롤레타리아로 인식하는 것을 돕기 위해서이다. 비록 그녀가 전달하는 메시지를 지우려는 시도가 단지 그 메시지가 히드라의 머리처럼 번성하는 것을 보장했을 뿐이지만, 그녀는 괴물이 아니었다. 그녀를 순결한 '신 아틀란티스'New Atlantis를 더럽힌, "더럽고 작은 추한 에티오피아인"으로 받아들이는 것은 불가능하다. 그녀는 실제의 대서양 지역에 말과 의도의 비범한 순수성을 가져왔기 때문이다. 하느님은 사람을 가리지 않는다는 견해를 가진 사람들은 그 자신들이 영국 혁명의 정치적 패배 동안에 그리고 그 이후에 심하게 경멸당했다. 특히 여성들이 그러했는데, 이들은 자본주의적 가부장제에 의하여 양육에나 쓸모가 있고 다른 쓸모는 없는 것으로 생각되었다. 프랜시스의 임종에서나 장례식에서나 아이들에 대한 언급이 없으므로 우리는 프랜시스가 미혼 여성이며, 가족에 대한 그녀의 견해가 아이들의—특히 미래의 노예로서의 혹은 노동력으로서의—양육을 포함하지는 않았을 것이라고 생각할 수 있다. 그녀는 아틀라스 산맥의 양쪽에 있는[67] 미래의 세대들에게 하느님은 사람도 가리지 않고 생김새도 가리지 않는다는 메시지를 전달하는 수단이 되었다. 버지니아 울프 Virginia Woolf는 "모든 이들—모든 남성들과 여성들—이 가진, 자신들에게 있는 정의와 평등과 자유라는 위대한 원리들을 존경받을 권리들"을 주장했다.[68] 사람을 가리지 않는 것은 계급, 성, 인종에 기반을 둔 위계구조의 역가관계가 받아들일 수 없는 것임을 아는 것이다. 프랜시스는 이 셋을 결코 구분하지 않았다. 영국 혁명에서 대서양 프롤레타리아의 다양한 형상들이 영광을 가져오고 사람을 가리지 않는 존재로서 엄연하였음은 부정할 수 없다.

4

푸트니 논쟁의 확산

푸트니 논쟁의 확산
The Divarication of the Putney Debates

진정으로 생각느니 영국에 있는 제일 가여운 자라도 살아갈 삶이 있어, 가장 대단한 누구처럼. 그러하니 참으로 말이지요, 그건 분명하오, 누구든 어느 정부 아래 살려거든 먼저 그 자신의 동의로 스스로를 그 정부 밑에 두어야만 하는 것. 그리고 생각하건대 영국의 제일 가여운 자도 스스로 그 아래에 든다고 말할 목소리를 지니지 못할 만큼 엄격한 의미로 그 정부에 온통 얽매이지는 않는다고…… 그런 일들을 의심해야 한다면 그가 영국인인지 아닌지 나는 의심할 밖에.

— 토머스 레인보로 대령, 『푸트니 논쟁』(1647)

도로시 해저드와 브로드미드 신도들의 무리가 1640년대 중반 런던으로 나아가면서, 푸트니 마을에서 템스강을 건넜다. 북으론 충적토 평원이 남으로는 산마루들이 있어, 푸트니는 평민들, 여염집 하인들, 남새밭 주인들, 거기 사는 뱃사공, 나룻배꾼, 어부 같은 강 일꾼들에게 뿐만 아니라 여행자들에게도 만남의 장소였다. "푸트니는 늘 중요한 공로公路였던 것 같다"고 1790년대의 교구목사이자 역사가인 대니얼 라이슨스Daniel Lysons가 설명했다. "예전에는 런던에서 영국 서부의 여러 지점들로 여행하는 사람들에게 이곳까지 수로로 오는 게 상례였다."[1]

해저드가 1647년 가을 브리스틀로 돌아오는 길에 푸트니에서 템스강을 건넜다면, 햄튼 궁의 국왕과 웨스트민스터의 의회 사이에서 전략적 거점을 확보하라는 올리버 크롬웰의 명령을 받고 황지에 주둔하고 있던 신형군을 보았을 것이다. 병사들은 대단한 승리들을 거둔 터였지만 이제는 말을 안 듣고, 저항하며 그들 자신의 이해를 제기하려 조직되어 있었다. 그들은 자신들의 급료를 원했고, 징병으로부터의 자유를 구했으며, 상이자와 미망인들 그리고 고아들을 위한 대비책을 요구했다. 그들은 아일랜드로 가기를 원치 않았다. 단 몇 달 전만해도 청원하던 군인들은, "병사들이, 국민의 잃어버린 자유를 회복하는 데 도구가 되었던 이들이 기껏 스스로를 노예 처지로 몰아넣었단 말인가?"라고 회의하고 있었다. 그들은 스스로 "영국의 자유로운 평민들로 자기 자신과 민중의 권리 및 자유를 수호하려 양심과 판단에 따라 한데 뭉쳐 무장하여 나아간다"고 여겼다. 그들은 "너희가 원한다면 너희는 자유로우리라, 지금 그리고 영원히 자유로워, 지금 아니면 아니니, 이는 일곱 번째 해, 희년의 해"라고 하며 성서적 희년설을 통해 노예제의 종식을 내세웠다. 그들은 토머스 페어팩스Thomas Fairfax 장군의 통제를 벗어나 그들의 이해를 대변할 "선전원들"agitators을 선출했다. 페어팩스는 병사들의 급여에 관한 청원을 억누르려 하였지만 궁극적으로 실패했다. "이것은 고작 히드라의 머리 하나를 베어내는 데 불과했다"고 하면서 "왜냐하면 그들이 사령부 가까운 곳에서가 아니라 군의 훨씬 먼 저 한쪽 구석에서 다시 시작했기 때문이다"라고 그는 썼다. 연이어 그들은 몹시 거슬려하는 의회에 그들의 청원을 제출했다.[2] 댄 울프Dan Wolfe는 "그 싸움의 진수는 과감한 행동으로서 민주주의, 설득, 잠정적인 판단, 정신의 겸허함의 그것이다"라고 쓰고 있다. 이런 것들이 모두 푸트니에서 기로에 서있었다.[3]

10월 말 혹은 11월 초 푸트니를 건너가면서, 브로드미드 집단은 한편으로 신형군의 장교들을 이끄는 크롬웰과 다른 한편으로 일선 병사들을 대변하는 선전원들 사이에 핵심적인 논쟁이 벌어지던 무렵의 쎄인트메리스 교회를 지나갔을 것이다. 후자는 영국의 미래, 사실상 "영국"이란 것의 의미를 토론하는 가운데 불경스럽게도 그들의 모자를 눌러쓴 채 교회의 성찬 단상에 둘러앉아 있었다. 푸트니 논쟁에서 보통 병사들을 가장 강력히 대변한 이는 토머스 레인보로로, 해양가문의 일원이며 그 자신이 바닷사람이었다. 1643년까지 해군에 복무했고, 그 해 의회측 군대의 지휘를 맡아 내스비, 셔번, 옥스퍼드, 우스터 및 브리스틀에서 용감히 싸운바, 거기서 우리는 익히 그를 본 바 있다. 신형군 내의 주도적 장교들 가운데 가장 급진적이었던 그는 일반 병사들의 전투성과 통하고 국왕에 맞서 전쟁을 일으키러 아메리카에서 영국으로 돌아온 병사들과 연계되어 있었다. 1647년 8월의 위기 때는 반국교 신교도들에게 런던 브리지를 열어 주기도 했었다. 그는 또 수평파들의 실질적 지도자였고, 그들은 아마도 그런 류의 최초의 정치 정당이었으며 민주적인 것으로는 확실히 최초였는데, (그 때까지 소송 절차는 라틴어여서) 영어로 된 법률과 증인을 소환할 수 있는 권리, 빠른 심리에 대한 권리, 법 앞에서의 평등, 징병 폐지, 종교적 관용, 배심제 재판, 일사부재리, 고발자에 대응할 권리, 절도에 대한 극형 폐지 등을 주창했다. 그는 "영국에 있는 제일 가여운 자"의 주권과 권리를 강조했고, "영국의 정직한 사람들과 그들 위에 군림하는 자들 사이의 수많은 다툼들"을 의식하고 있었다. 그런 다툼 가운데 하나가 공유지에 대한 접근을 부정하는 것에 관련되는데, 레인보로에게 그것은 "세상에서 생각할 수 있는 최대의 전횡"이었다. 젠트리들은 "가난한 사람들을 문밖으로 내몰아" —즉 축출해 버리는 것이었다. 공유지와 그것이 담보하는 생계에 대한 대중의 권리를 옹호하면서, 레인보로는 "하느님께서 그 사안을 당신의 이런 율법, **도둑질하지 말라**는 것에 합당한 것으로 정하셨다"고 주장했다.[4]

공동주의와 노예제는 푸트니에서의 논쟁을 규정하고 있었다. 한편으로 귀족들과 젠트리를 위한 유식하고 유유하게 자신만만한 대변인 헨리 아이어튼Henry Ireton이 있었다. 그도 레인보로처럼 현역 군인으로 네스비, 뉴버리, 게인스보로, 에지힐과 브리스틀에서 싸웠던 터였다. 옥스퍼드의 함락 후에 그는 크롬웰의 딸과 결혼했다. 논쟁에서 그는 솔직히 인정하며, "내가 나서서 말하는 모든 주요한 사안은 내가 자산을 염두에 두기 때문이다"라고 한다. 그는 레인보로의 "영국에 있는 제일 가여운 자"에 대한 언사를 못마땅하게 여겼고, 그것이 영국인이 아닌 프랜시스같은 사람들에게 적용됨을 분명히 알고 있었다. 레인보로가 공격한 법들과 권위를 뒷받침하느라 모세의 율법을 끌어대면서, 모인 병사들에게 그리고 기실 전체 국민에게 "네 아비와 어미를 영광되게 하라"고 충고하는데, 이 격률은 "우리들의 통치자…… 에게까지 적용된다"는 것이었다. 레인보로는 즉각 아이어튼의 언사가, 왕이든 의회이든, 상층계급의 권위를 위한 논법임을 간파하고, 성마르게 대답하기를 "최대의 쟁점은, 누가 올바른 아비이고 올바른 어미인가이다"라고 한다. "영국의 민중들은…… 그들의 아비와 어미를 선택하는 데 목소리를 낼 수 없기" 때문에 "그들은 그 계명에 얽매이지 않는다." 그의 견해는 윈스턴리의 것과 병치되는 것으로, 그에게 아비는 공동체의 정신이요 어미는 대지였다. 다른 한편에서 너새니얼 리치Nathaniel Rich 대령은 왕국의 자산 없는 오분의 사가 표결을 한다면, "재화와 영지에 균등함이 존재하도록" 법제화할지도 모른다는 우려를 표명했다. 레인보로는 그 논리적 추론을 이렇게 설명했다. 만약 부유한 자들만 통치한다면, "한 부분이 다른 [네 부분을] 장작 패고 물 긷는 자들로, 국민의 절대 부분이 노예가

군의 총 평의회 모임, 오른편으로 선전원들과 함께, 1647년. 『토머슨 논설 모음』 E409/25, 대영도서관의 게재허락.

되는 것이다."

　푸트니는 그렇게 비단 지리적으로 뿐만 아니라 역사적인 교차로가 되어, 지난 세기에 걸쳐 여러 갈래로 해석되기에 이르렀다. 주요 해석들에 대해 여기서는 세 가지 고찰이 있을 수 있겠다. 첫째, 혁명적 맑스주의를 사회민주주의로 향하게 하느라 푸트니를 원용한 독일의 사회주의자 에두

아르트 베른슈타인Edouard Bernstein을 따라, 일군의 해석자들은 1647년 논쟁에서 보다 폭넓은 선거권과 시민권의 연원들을 강조했다. 그 기획은 의회 민주주의였고, 그 주체는 존중받는 시민 일꾼들이었다.5 둘째, 1942년 메이데이, 군사적 패배가 다가오던 시간에 노동당 의원이자 나중에 국가 보건 서비스의 창설자가 되는 아너린 베번Aneurin Bevan이 「토머스 레인보로」"Thomas Rainborough"라는 이름하에 한 논문을 출판했고, 이는 1945년의 노동당 승리로 귀결되는 전시 정치 논란을 촉발시키는 데 일조했다. 또한 푸트니 논쟁은 에드워드 톰슨을 비롯한 영국 병사들에게도 큰 의미를 지녀, 톰슨은 자신의 배낭에 『자유 편람』Handbook of Freedom, (1939) 한 권을 가지고 다녔는데, 거기서 이절 릭워드Edgell Rickword *와 잭 린지Jack Lindsay **는 이렇게 썼다. "이제는 고상한 어법에서 그처럼 이상하게 바뀐 '공동'이란 말과 그 파생어들이, 어떻게 여러 세기에 걸쳐 하나의 주제처럼 나타나고 또 거듭 나타나는지 주목해야 할 것이다. 농민들이 무기를 들었던 것은 한때 광활했던 공동 토지를 위해서였다. 그들이 한데 모였을 때 스스로를 대변한 것은 '진정한 평민들'로서 였고, '모든 사물은 공동이어야 한다'는 것은 왜소한 자산가 의식에 오염되지 않은 사람들의 열망이었다."6 베번은 그 논쟁을 두 호흡의 탁월한 교차 대구로 요약했다. "빈곤이 자산의 힘을 파괴하는 데 민주주의를 이용해야만 한다, 아니면 빈곤이 두려운 자산이 민주주의를 파괴할 것이다." 베번의 기획은 산업화한 복지국가였고, 그 주체는 산업 노동자였다.7 셋째, 1945년 9월 라스 테파리 매커넨Ras Tefari Makonnen은

---

* 존 이절 릭워드(John Edgell Rickword, 1898~1982)는 영국의 시인이자 비평가, 저널리스트이며 문학 편집자. 1930년대에 활동한 주도적 공산주의 지식인 중 하나였다.
** 로벗 리슨 잭 린지(Robert Leeson Jack Lindsay, 1900~1990)는 오트레일리아 태생 작가로 출판인이며 활동가. 이절 릭워드와 함께 좌파 정치에 참여함.

토머스 레인보로 대령, 푸트니 논쟁가. 토머슨 논설 모음, 대영도서관의 게재허락.

맨체스터에서 범아프리카회의Pan-African Congress를 주최했다. 대표단들은 "우리는 더 이상 세계의 고역을 해내면서 굶주리고 싶지 않다"고 결의했다. 응크루마Nkrumah*나 케냐타Kenyatta** 같은 독립을 추구하는 사람들 가운

---

* 크와메 응크루마(Kwame Nkrumah, 1909~1972)는 아프리카 반식민주의 지도자로 가나의
  건국자이자 초대 대통령이었으며 20세기의 가장 영향력 있는 범아프리카주의자였다.
** 조모 케냐타(Jomo Kenyatta, 1892?~1978)는 아프리카의 정치인으로 독립 케냐의 초대 수상
  (1963~1964)과 대통령(1964~1978)을 지냈다.

데 푸트니 논쟁을 연구하는 이들이 있었고, 그 중 두드러지게 C. L. R. 제임스C. L. R. James*는 노예제와 제국에 대항하는 투쟁의 역사 속에서 논쟁의 의의를 파악했다.8 이 경우 빈곤은 자산을 공격하는 데 사용할 민주주의가 없었다. 제임스와 다른 사람들의 기획은 민족해방이었으며, 그 주체는 노역 일꾼들이었다.

푸트니 논쟁은, 늘 해석의 여지를 남기면서, 그렇게 참정권, 복지국가, 그리고 식민지 해방을 향한 투쟁에 쓸모가 있었다.9 하지만 더 이상의 것이 있다. 우리로서는 두 개의 간과된 주제를 보게 되는데, 공유지를 위한 투쟁과 노예제에 반대하는 투쟁이다. 『버킹엄셔의 밝혀진 빛 하나』의 저자는 "사람이, 그 욕심에 따라, 종획꾼이 되어 버렸으며, 그래서 모든 토지가 몇몇 돈 되는 자들의 수중에 갇히게 되어 나머지는 모두 그들의 노예가 되고"라고 썼다. 푸트니에 놓인 갈림길은 공유지가 있고 노예제가 없는 미래거나, 노예제가 있고 공유지는 없는 다른 미래를 가리켰다. 공유지는 하나의 실체였지, 그림의 떡이 아니었다.

푸트니에서 병사들은 캠프파이어를 위한 나무를 모으면서, 그 논쟁이 모든 평민들에게 관련이 있음을 알았다. 푸트니의 그들은, 예컨대, 바다빙어, 연어, 넙치, 청어, 잉어, 황어, 돌잉어, 장어, 그리고 모샘치 따위의 강 자원들과 더불어 공동 초지, 땔감, 토탄, 자갈, 덤불 및 돌들을 마음대로 취하고 있었다. 논쟁은 1637년 햄튼 코트와 리치몬드 사이의 236 에이커

---

* 씨릴 라이오널 로벗 제임스(Cyril Lionel Robert James, 1901~1989)는 저널리스트, 사회주의 이론가이자 작가였다. 트리니다드 토바고에서 태어나 1930년대와 1940년대에 걸쳐 영국을 거쳐 미국으로 옮겨 오면서 여러 갈래의 사회주의 정당 운동에 관여 했고, 흑인 민족주의 운동에 대한 사회주의적 지원을 강조했다. 소비에트 러시아를 '타락한 노동자 국가'로 본 트로츠키식 견해를 버리고 '국가 자본주의'로 인식하면서 점점 억압된 소수자들의 자율적 투쟁에 주목하게 되었다. 제임스의 저작들은 자율주의적 맑스주의의 발전에 영향을 주었다.

의 황지를 사냥터로 구획지우는 찰스 1세의 결정에 영향을 받는 이들에게 특별히 다급한 것이었다. 왕당파인 클라렌던Clarendon *은 공유권에 대한 공격이 "민중의 웅성거림과 소란을 증대시켰다"고 지적했는데, 이것은 결국 혁명적인 아우성으로 커져서 로드 대주교Archbishop Laud **, 스트래퍼드 백작, 국왕 찰스 1세King Charles I로 이어지는 일련의 압제자들을 무너뜨리게 될 터였다. 그의 후견인의 푸트니 영지에 대한 약탈이 아마도 젊은 토머스 홉스Thomas Hobbes에게 그가 자신의 학생인 미래의 찰스 2세에게 물려준 사유재산에 대한 열망과 공유지에 대한 혐오를 확고히 했을 것이다.[10]

레인보로는 분노에 찬 열변으로 노예제에 반대해 말했다. 노예제 역시 하나의 실체였기 때문이다. 한 사람의 군인으로서, 레인보로는 특별히 병사들과 선원들에 유념했다. "정말 알고 싶다, 병사가 이토록 내내 무엇을 위해 싸웠는지?"라고 그는 반문했다. "그는 자신을 노예로 만들기 위해, 부유한 자들, 영지를 가진 자들에게 권력을 넘겨주고, 자신을 영원한 노예로 만들기 위해 싸웠던 것이다." 그는 신랄히 비꼬면서 덧붙였는데, "진행되는 모든 징병에서 과연 자유보유권을 지닌 자들은 누구도 징병되지 말아야 함을 안다. 이 신사들이 자기들 사이에 불화가 생기면 불쌍한 못난 놈들이 나서서 그들을 [위해 또 다른 놈을] 죽이도록 징발할 것이다." 레인보로는 어디를 가리켜 말하는 것인지 알고 있었다. 그는 런던의 한 교구로 서인도제도로 유인되어 간 아이들의 수용소가 있기도 했던, 세인트 가일스인더필즈

---

* 제 1대 클래런든 백작 에드워드 하이드(Edward Hyde, 1609~1674)는 역사가이자 정치가였다. 영국내란기에 국왕의 추밀원에서 재정관(Chancellor of the Exchequer)으로 일했고 왕당파 진영 중 좀 더 온건한 경향이었다.
** 윌리엄 로드(William Laud, 1573~1645)는 캔터베리 대주교로 찰스 1세의 열렬한 지지자였다. 그의 찰스 1세와 절대 왕정에 대한 지지 및 반대 의견에 대한 박해가 영국내란 중 참수형으로 이어졌다. 찰스 1세의 처형은 4년 후 일어난다.

St. Giles-in-the-Fields에서 유동인구와 도제들 가운데에서 병사들을 모병한 적이 있었다. 해군 장교로서 그는 징병에 저항하는 선원들을 보았었고, 수평파로서 그는 그들의 저항이 수평파들이 하나의 성문 헌법을 마련하기 위해 시도했던 『국민협정』에 기록되어 있음을 알았다. 그들은 "전쟁에 복무하도록 우리들 중 누구라도 징발하거나 강제하는 사태는 우리의 자유에 반한다"라고 경고하고, "노예가 되는 상황"에 저항할 것임을 맹세했었다. 징병은 노예제였다.[11]

다른 유의 노예제가 푸트니에서 몇 마일 강 아래쪽에서 시행되고 있었다. 1643년의 한 의회 칙령이 말하기를, 서인도제도를 향하는 배치고 홀린 자들을 한 짐 싣지 않고 항해하는 배는 없었다. 버지니아 무역의 전문가 하나는 이렇게 썼다. "하인들은 우리가 여기서 홀림꾼이라 부르는 자들에게 붙들려, 그들이 세인트 캐서린스St. Katherines호 같은 데 취사실에 처넣고, 거긴 일단 들어가면, 어느 주인이 풀어 낼 때까지 죄수로 갇힌다. 이런 곳에 그렇게 실려 한 달 혹은 좀 더, 배가 준비되어 그들을 데려 가지 전까지, 홀림꾼들은 값을 셈하고 요리사가 먹인 값을 받고나면, 그들은 내보내진다," 아메리카로. 정확한 어휘가 그런 실행에 동반했다. "잡아채다"라는 것은 한 사람을 억류해 넣는 것이고, "유괴하다"라는 것은 한 아이를 수중에 넣는 것, "홀리다"라는 것은 한 사람을 꾀어내 해외로 옮기는 것이며, "바베이도스하다"는 누군가를 꾀어내 바베이도스로 실어낸다, 또 "빠뜨리다"는 것은 한 사람을 함정에 빠뜨려 노역에 옭아 넣는 것이었다. 이런 속된 어휘들은 1640년대와 1650년대에 출현하게 되었는데, 반대가 없지 않았다. "못된 입질에 사태가 나빠졌다. 왜냐하면 그저 평범한 부류의 사람들 사이에서 버지니아로 보내기로 한 하인들이 노예로 팔린다는 보고가 늘 이어지기 때문이다."[12] 늦게는 1660년까지 평범한 부모들이 가엾게도 "그들이 노예

처지에서 구출되기를 울며 애걸하여"13 서인도제도로 아이들을 실어가는
배를 따라 강 아래 그레이브슨드까지 쫓아 왔었다.

레인보로는 또 아프리카측 노예제에도 목소리를 높였는데, 북아프리카
에 수감된 유럽인들의 노예제와 북남아메리카에서 팔리기 위해 수감된 아
프리카인들의 그것 모두에 대항해서였다. 레인보로의 아버지 윌리엄은
1637년 배 여덟 척으로 북아프리카 쌀레를 막는 해상 봉쇄를 이끌었고,
339명의 수감자들을 구출하여 런던으로 환향한 바 있었다. 1641년 국왕에
게 제출된 대간의서*는 수천의 선원들을 노예제로 잃었다고 항의했다. 수
평파로 팸플릿 필자인 리처드 오버튼Richard Overton은 "늙고 병들거나 불구
가 되어 반 페니 적선을 구걸하는 이들"에서, 바다 배를 탄 "불쌍한, 그대들
의 기아에 주린 형제들" 그리고 "너희들 스스로의 부당한 법이 너희들 자신
의 감옥에 가둔 이들"을 거쳐, 마지막으로 "터키나 알제리의 갤리선 노예"
에 이르기까지 확대되는 참혹한 노예제의 연쇄를 목도했다.14 레인보로는
비단 영국민의 노예화에만 관심을 가진 것은 아니었다. 그가 손가락에 낀
인장 반지에는 "한 무어인 머리 그대로의 문장이, 은빛 화관에, 흑단 수염
을 한" 형상으로 새겨져 있었다. 그의 공식적 신원과 기록한 말의 권위는
그렇게 노예제로부터의 해방의 상징이자 한 아프리카인의 형상으로 제시
되었다.

레인보로가 노예제를 규탄했을 때, 그는 여러 종류의 억류를 포함시켰
다. 징병의 실행, 아메리카로 홀리기 혹은 납치, 서아프리카와 북아프리카
에서 영국민의 강제노동에로의 구금, 그리고 아프리카인들의 노예화 등이

---

* 대간의서(The Grand Remonstrance)는 찰스 1세에게 장기의회 동안 영국의회가 1646년 12월
제출한 유감과 불만의 목록이다.

다. 노예제에 반하는 선동은 수평파들의 출판과 실천에 핵심적 요소였다. 그들은 노예제를 철폐하기 위해 싸웠다. 그래서 관건이 된 것은 정치적 선전의 수사적인 추상화가 아니라 실제로 경험하고 고통 받으며 알고 있는 무엇이었다. 그 당시 노예제에 대한 대강의 규정에는 이런 요소들이 포함되었을 것이다. 그것은 수탈과 테러의 행위에서 비롯되었다. 그것은 특히 어린이들과 젊은이들에게 영향을 미쳤다. 그것은 광포한 착취를 불가피하게 만들었다. 그리고 적잖이 죽음으로 귀결되었다. 패는 자들과 긷는 자들, 즉 대서양 경제의 노동하는 주체들은 인종과 민족이 노예제를 규정하게 되기 훨씬 전인 시기에 이런 규정에 부합했다.

토머스 레인보로는 영국 혁명에서 살아남지 못했다. 그는 1648년 어느 왕당파 습격단에 의해 암살되었고, 이는 그의 장례에 런던의 거리들로 쏟아져 나온 수천의 사람들에게 비탄스러운 일이었다. 허나 그가 푸트니에서 대변했던 바는 템스강을 따라 흘렀고, 거기서 수십만의 바닷사람, 뱃사공 그리고 거룻배 일꾼들이 영국을 대서양 수로 체계로 연결시켰다. 노예제폐지론자인 토머스 클락슨Thomas Clarkson에게 강들은 자유의 형상을 제시했고, 아일랜드 영혼의 단련자인 제임스 조이스James Joyce에게 강들은 언어들을 전파했다. 강들에 대한 최근의 한 연구자는 쓰기를, "강들이 영원히 한 곳에서 실질적인 무언가를 집어 올려 다른 곳에서 부려놓는다"[15]라고 한다. 강들은 확산된다. 푸트니로부터, 1647년 이후, 자유와 노예제 모두의 관념과 실행이 흘러 내렸다. 한 남자, 한 여자 혹은 아이는 거기서 배에 올라, 다른 종류의 선박에 옮겨 타는 것을 제외하곤, 새넌 혹은 리피(아일랜드), 브리지타운 혹은 포트 로열(카리브해 연안), 감비아 혹은 니제르(서아프리카), 체사피크 혹은 포토맥(버지니아) 등지의 거친 하구 물결에 닿기 전까지는 내리지 않을 것이었다.[16]

1647년, 나폴리

1647년 7월 7일, 마사니엘로Masaniello*란 이름의 나폴리 어부는 유럽에서 둘째 내지 셋째로 큰 도시의 시장 여인들, 마부들, 짐꾼들, 선원들, 어부들, 직조공들, 비단 감는 자들 및 다른 가난한 사람들 즉 하층민들에 의한 저항을 이끌었다.[17] 반란은 나폴리의 시장에서 시작되었는데, 도시의 전설적인 과일에 (괴테는 나폴리 사람들이 레모네이드를 발명해 냈다고 믿었던바)[18] 스페인 총독이 새로운 소비세 즉 세금을 부과했음을 농촌과 도시의 생산자들이 알아차렸다. 반란자들은 세상을 거꾸로 뒤집어서, 갤리선 노잡이들이 선장이 되고, 학생들에게는 책이 주어지고, 감옥은 열리고, 세금 기록이 불태워졌다. 귀족들은 값비싼 의상들을 입는 것이 금지되었고, 한편에서 그들의 저택들을 파괴하기로 표시가 되었으며 세간들이 길거리에서 불태워졌다. "이 물건들은 우리 심장의 피로 만들어졌다. 그것들이 불타니, 그걸 소유한 흡혈귀들의 영혼과 몸도 그래야 하리, 지옥의 불길 속에 끓어오르리라"라고 봉기자 중 하나가 외쳤다.[19] 반란자들은 누구든 약탈을 하다 잡히면 처형되리라 공표했는데, 그래야 "온 세상이 우리가 이 과업을 스스로 배불리기 위해서가 아니라 공동의 자유를 요구하기 위해서 감행했음을 알게 될 터였다." 빵의 가격은 온당한 경제에 부합하는 시세로 내렸다. 이것이 저항의 본질이었고, 이를 마사니엘로가 "야만의 달변"으로 표현했다. 그가 연설에서 택한 비유는, 그러나, 르네상스기의 수사법 편람에서 발견되는 그런 것이 아니었다. 대신 그것은 가격 목록이었다. "여길 보시게, 이 사람들아, 우리가 어떻게 시달리고 있는지, 세금 위에 또 세금, 빵 한 덩이

---

* 마사니엘로(Masaniello)는 원래 이름이 토머스 아니엘로(Thomas Aniello)이다. 나폴리의 어부였으며 나폴리가 스페인의 통치를 받던 1647년에 일어난 반란의 지도자였다.

에 36온스, 치즈 1파운드에 22라" 기타 등등. "이런 일들을 견뎌야만 하나? 아니오, 친구들. 내 말을 가슴으로 받아들여, 이 시의 거리마다 울리게 하라."

비록 열흘밖에 가지 못했지만, 1647년 7월 나폴리의 반란은 어느 유럽 도시의 프롤레타리아가 권력을 장악하고 스스로 통치했던 첫 사례를 기록했다. 바로크 시대 화가인 미켈란젤로 체르쿠오찌Michelangelo Cerquozzi는 이 사건의 무게를 인식하고 하나의 전투 장면으로 〈마사니엘로의 반란〉*The Revolt of Masaniello, 1648*을 그렸다. 혼잡한 시장의 천막들과 좌대들, 상품의 물결, 모아놓은 가축, 물수레 위의 거대한 통 사이에서 수백 명의 사람들이 행동을 취하기 시작했다는 것이 돌멩이를 향해 몸을 수그리는 남자들, 치켜든 맨 팔뚝들, 가리키는 손가락들 같은 새로운 몸짓으로 그려진다. 그의 평가는 도시 봉기에 대한 있는 그대로의, 온정주의도 영웅주의도 공히 없는 것이다.[20] 18세기의 한 역사가는 눈을 홉뜨고 놀라 내뱉기를, "수세기가 지나면 이 우스꽝스런 지도자가 어떤 권력의 정점에 도달했는지 거의 믿기 어려울 터인데, 옥좌를 맨발로 짓뭉개고 왕관 대신 선원 모자를 쓴 이자가, 나흘 사이에, 15만 명이 넘는 군대를 일으키고, 스스로 세계에서 가장 인구가 많은 도시 중 하나의 주인이 되었다"[21]라고 했다.

마사니엘로의 이야기는 유럽 해양 개척의 중심이던 영국과 네덜란드에 특별한 중요성을 지녔다. 영국 상인들은 이 무렵 동지중해 연안 해운에서 이탈리아측 상대를 능가하고 이제는 매년 나폴리에 많게는 120여척의 배와 3천여 선원들을 보내고 있어, 거기에 배를 버리거나 전복되는 것도 따랐다. 선원들이 반란에 대한 주요 정보원이었다. 당장 효과가 미치기는 덜 하지만 더 오래가는 것으로 암스테르담에서 주조되는 기념 메달들, 은밀히 런던에서 제작되는 연극, 그리고 그 봉기에 대한 일차 기록의 번역들이 있었다.[22] 1649년 익명의 T. B.는 『나폴리의 반란 혹은 소위 마쎄넬로의 비극: 그러나 제대로는 나폴리인들의 사령관 말파의 토마소 아니엘로, 이것이 실제로 벌어진 그 피의 무대, 나폴리의 거리에서 목격자였던 한 신사가 씀』*The Rebellion of Naples or the Tragedy of Massenello commonly so called : but rightly Tomaso Aniello di Malfa Generall of the Neopolitans. Written by a Gentleman who was an eye-witness where this was really acted uopn the Bloudy Stage, the Streets of Naples*이라 제목 붙인 연극을 출판했다. 1650년에는 〈동지중해 회사〉Levant Company에 끈이 닿는 실업가이자 왕당파이며 문필가인 제임스 하우얼James Howell이 앨릭잰더 지라피Alexander Giraffi의 『나폴리에서의 최근 혁명에 대한 정확한 내력, 그리고 그 끔찍한 성공에 관하여』*An Exact History of the Late Revolutions in Naples; and of Their Monstrous Successes*와 같은 해에 『마사니엘로 제 2부 …… 소요의 종말』*The Second Part of Masaniello ··· The End of the Commotions*을 번역했다.[23] 이것들은 〈동지중해 회사〉의 총재에게 이런 일깨우는 글과 함께 헌정되었다.

> 민중은 짐승이요, 머리가 많은,
> 다름 아닌 작금의 영국이 이걸 잘 보여주니

권력과 연대는 연극 『나폴리의 반란』의 주제였다. 출판된 저본底本의 표지면에는 마사니엘로 자신의 도상이, 맨 다리에 모자를 눌러쓰고, 전함들의 무리에 벼락을 내리는 맨 팔뚝이 있는 하늘을 바라다보는 모습으로 등장했다. 방진을 이룬 창기병들로도 몇 안 되는 수부들이 나폴리시 전체를 바다에서 해안으로 끌어올리는 것을 막는데 실패하자 바다의 신 넵튠은 그의 삼지창을 들어 올린다. 첫 번째 독백에서, 마사니엘로는 자신을 갤리선의 노잡이에 비유한다. 군중 측으로부터의 첫 말들은, 그런 한편, 선원들의 연대에 대한 변치 않는 원칙이자 1626년의 여러 폭동들에서 들렸던 특별한 외침, "하나와 모두, 하나와 모두, 하나와 모두"24이다. 영국의 수평파들과 세례자 요한을 (나폴리에서 그를 기리는 유월제일은 소요를 우려해서 취소되었었는데) 넌지시 가리키며, 마사니엘로의 참모는 약속하기를, "그것이 터 잡은 땅에 맞추어 정청政廳의 높은 성벽을 평평하게 하려니. 도끼가 이미 그 기초에 가해졌다"고 한다. 스페인 총독은 여러 머리를 가진 성난 야수를 가리키면서 "만약 오렌지를 짜지 않으면 어찌 소스를 만들려는가? 혹은 와인은, 포도를 짓이기지 않는다면?"이라 거리낌 없이 묻는다.

노예제, 아프리카 그리고 나폴리의 여성들이 그 연극과 번역된 역사 모두의 주요 관심사였다. 마사니엘로의 참모들 중 하나는 알제리에서 19년 동안 노예로 있었고, 다른 하나는 갤리선 노예였다. 어느 공작의 노예인 한 무어인이 풀려나게 되었다. 마사니엘로에게는 흑인인 딸이 하나 있었는데, 검음을 찬양하는 노래를 불렀다. 실제로 봉기의 발화점을 제공한 여름 축제 의식 중에, 마사니엘로는 시장 한 가운데 가짜 요새를 공격하는 검은 얼굴의 마스크로 가린 청소년들의 무리를 이끌었다. 지라피는 나폴리의 무장한 여성들과 소녀들과 그들의 결정적인 거리투쟁 기술들을 그 많은 아마존들에 비유했다. 마사니엘로 자신의 아내는 소비세를 못내 투옥되었다. 그 여성들은 "그들이 더 이상 짐 나르는 짐승이 되기 전에, 아이들을 잘나고 거만한 귀족에게 노예가 되고 짐 진 마소가 되도록 기르기 전에, 도시를 그리고 스스로와 아이들을 더불어 불태우고 말리라" 맹세했다. T. B.는 그 여성들을 벤 존슨의 『바쏠로뮤 난장』에서 무질서의 상징인 어슐라에 비유했다. 그 흑인 딸을 주목하던 한 늙은 여인은 그녀와 백인 딸이 서로를 뜯어보는 대신 다른 곳을 보아, "그 모든 돈과 땅이 어떻게 되는지 알아야"한다고 제안했다. 과연 누가 득을 보았는가.

마사니엘로와 나폴리를 포획하는 그의 어부 군대. T. B., 『나폴리의 반란, 혹은 마쎄넬로의 비극······』(1649), 베이네커 희귀도서 및 수고 도서관, 예일 대학교.

『나폴리의 반란』은 나폴리와 런던 모두로부터 사람들과 사건, 관념들을 결합해서, 봉기의 경험이 유포되고 있음을 드러내 보이고, 다양한 장소에서 계급 갈등이 한결 같음을 시사했다. 사람들은 그들 스스로의 힘을 발견해 냈던바, 이는 그 힘과 위력이 존중받아 마땅한 자율적 봉기였으며—무대 밖에서 그저 웃어넘길 수만은 없었다. 그것은 부르주아 국가의 막 출현하는 정치에 공포의 근원이 되었으며, 또한 우리가 나중에 보게 되는대로 토머스 스펜스Thomas Spence처럼 정의를 추구하는 현실의 프롤레타리아들에게는 희망의 예증이 되었다. 한 초고에서 스피노자Spinoza는 자신을 생선 장수로 가장해 묘사하기도 했었다.[25] 존 로크John Locke는 왕들의 신성한 권리를 조롱하느라 마사니엘로를 농단壟斷했다. 그의 친구 제임스 티렐James Tyrrell은 이합집산들, 즉 도시 군중들이 자심한 세금들에 웅성거릴지라도, 반란을 일으키는 것으로 정당화될 수는 없는 데 그것은, 마사니엘로가 입증했듯이, 필연적으로 자신의 광범위한 약탈로 이어지기 때문이라고 주장했다.26 메릴랜드, 뉴욕, 매사추세츠, 버지니아, 그리고 런던의 권력자들은 마사니엘로라는 이름을 정치적 반대자들에게 오명을 씌우기 위해 사용했다. 톰 페인Tom Paine *은 그 이름을 두려워했지만, 영국 혁명의 병사들, 선원들, 평민들은 그러지 않았다. 1647년 11월, 푸트니에서의 논쟁 직후 며칠 되지 않아, 런던의 한 연설자는 말하기를, "우리에게 닥친 이 사안이 나폴리에서 온전히 이루어지고 있소, 왜냐, 거기서 누구든 군주제를 위해 나서면 즉각 제 집에서 목매달리니"라고 했다.27

1649년, 런던

1647년의 마사니엘로 반란과 푸트니 논쟁이 혁명적 가능성의 한 정점에 해당한다면, 퇴조는 1649년 두 본때를 보인 처형들로 시작됐다. 하나는 군주제와 위계에 의한 구체제를 끝장낸 듯했고, 다른 하나는 그 둘 어느 것도 아닌 것에 기초한 새로운 체제에의 희망을 말살한 듯했다. 첫 번째는 1월 30일의 국왕 찰스의 참수였다. 애빙튼 출신으로 엘리자벳 풀Elizabeth Poole이

---

* 토머스 페인(Thomas Paine, 1737~1809)은 영국 태생 미국의 작가. 정치적인 문제를 다룬 소책자 『상식』(*Common Sense*), 『위기』(*Crisis*)를 통해 아메리카 독립전쟁에 중요한 영향을 끼쳤다. 역사상 위대한 정치선동가로서 명성을 얻게 된 중요한 저서로 프랑스 혁명과 공화주의 원칙을 옹호한 『인간의 권리』(*Rights of Man*)와 사회 속에서 종교의 위상을 해설한 『이성의 시대』(*The Age of Reason*)가 있다.

라는 한 가련한 여성이 신형군의 총 평의회에 두 번씩 비록 하느님은 "지상의 대단하고 힘 있는 자들과 생각이 틀릴"지라도, 그들로서는 "사람들을 차별해서"는 안 되며 따라서 국왕을 처형해서는 안 된다고 조언했다.[28] 많은 급신주의사들도, 수평파들을 포함해서, 국왕의 죽음을 놓고 주지했으나, 소용이 없었다. 선원으로 가장한 한 처형자가 그의 목을 잘랐고, 크롬웰 공화국은 유혈 속에서 탄생했다. 4월 27일에 병사 로벗 로키어Robert Lockyer를 사살조가 처형한 일은 급료를 받지 못한 병사들이 아일랜드로의 "흉악한 원정"이라 부른 바에 대해 불만을 터트린 데서 비롯되었고, 이는 4월에 비숍스게잇에서의 반란으로 확대되었다. 크롬웰은, "불만에 찬 사람들, 하인들, 무보직 장교들reformadoes [그리고 거지들"의 총 봉기를 두려워하여, 반란의 진압을 이끌러 페어팩스와 함께 비숍스게잇으로 달려가, 일단의 사람들을 체포하고, 다섯은 유죄로, 병사들 중의 한 주도자인 로키어를 세인트 폴스에서 총살하도록 처분했다. 처형의 순간이 다가오자, 로키어는 눈가리개를 무시해버리고, 동료 병사들인 처형자들에게 총을 내려놓으라고 호소했다. 그들은 거부하고, 발포하여, 그를 죽였다. 그의 장례식에서 (수평파들과 토머스 레인보로의 색깔인) 초록으로 차려입은 수천의 사람들이 런던의 거리를 가득 채웠다.

국왕과 병사의 처형은 혁명 운동의 일정 부분이 극형에 도전하기 시작하는 시점에 벌어졌다. 그 주제는 토머스 브라운Thomas Browne의 연구를 이끌어내, 1646년 목베기, 질식시키기, 십자가에 못 박기, 올가미에 엮기의 생체역학과 그 각각이 연출하는 극적 효과에 주목한 그의 생각을 출판해냈다.[29] 병사들과 종교적 급진주의자들이 제기한 비판은 푸트니 논쟁에서 그 어졌던 바로 그 연관, 수탈과 노예제 사이의 그것을 드러냈다. 수평파이자 목사인 쌔뮤얼 치들리Samuel Chidley는 만약 아메리카로 이송된 중범들이 "노예로 팔린"다면, 그때는 목매달아 "그들의 생명을 앗아가는 것은 더 나쁜 노예제, 그럼, 정말 엄청난 압제다"라고 논평하기도 했다.30

국왕의 처형이 있은 지 한 달 만에, 국무회의Council of State*는 월턴온템스Walton-on-Thames로부터 윌리엄 에버라드William Everard에 대한 보고를 받는데, 써리의 조지스 힐로 와 "방풍나물, 당근, 콩 등을 땅에 심었다고"하며, 이는 디거파의 시발을 알리는 행위였다. 그 몸짓은 한껏 낮춘 것이었지만, 디거파의 희망은 그렇지 않았는데, 그들의 공동부락에서 기아는 말할 것도 없고 수탈과 수감, 목매달기, 그리고 노예제의 해결책을 보았기 때문이었다.

이렇게 공동 토지에 씨를 뿌리는 자유는 강도질, 훔치기와 살인하기를 막을 터이며, 감옥은 죄수들로 엄청나게 넘쳐나지 않을 것이다. 그리고 그로써 그토록 많이 그렇듯 매 재판 개정마다 목매달림을 보는 저 가슴 찢는 참경을 막을 수 있을 것이다. 그리고 확연히 사람을 이렇게 수감하고 목매다는 것은 여전한 침략자식 권력이요, 자유와 함께하지 못한다. ……

공동의 대지에서의 이런 자유는 창생의 법도와 성서의 정의에 따라 가난한 자의 권리로서, 대지가 소수를 위해 만들어진 것이 아니라, 모든 인간을 위해서이며, 하느님은 사람을 가리지 않으시기 때문이다.

---

* 크롬웰 집권기의 국무회의(The English Council of State)는 후에 호국관의 추밀원(Protector's Privy Council)으로 알려지기도 했는데, 찰스 1세의 처형 이후 잔여 의회(Rump Parliament)에 의해 1649년 2월 14일 처음 임명되었다. 회의의 임무는 국왕과 추밀원을 대신하여 정부의 실행기구로 기능하는 것이었다. 신형군과 약해진 의회 사이의 불화로 말미암아 군이 주도권을 행사했다. 왕정복고 직전인 1660년 4월 25일 국왕의 소집 없이 열린 이른바 컨벤션 의회(Convention Parliament)에 의해 폐지된다.

후에 디거파는 물었다.

가두고, 때리고, 목매는 법들이 우리에게 무슨 소용인가, 서로를 속박으로 몰아넣느냐? 그리고 이 온당한 법에 복속하는 저들 누구도 제 형제를 대지에서 나는 것들을 위해서건 그것들에 관해서건 감히 붙들거나 얽매지 않으니, 대지는 우리 창조주께서 사람에 가림이 없이 어느 누구든 다른 누구에게처럼 공동의 살림 밑천으로 만드신 탓이다.

땅을 되찾는 직접적인 행동을 취하고 열두어 개의 공동부락을 건설함으로써, 디거파는 스스로를 노예제에서 해방시켰다.[31]

국무회의 측에 에버라드의 씨뿌리기는 "우스꽝스러우나, 그 사람들의 합류가 보다 심대하고 위험스런 결과가 자라나오는 출발이 될 수 있다"고 비쳐졌다. 걱정된 페어팩스경은 에버라드와 윈스턴리를 4월 화잇홀에서 면담했다. 그들은 모자 벗기를 거부했다. 에버라드는 쌔러와 다이나의 예언을 되풀이하듯 그는 "유대 민족의 일원이나 …… 이제 해방의 시간이 다가왔으며, 하느님께서 그의 사람들을 이 노예제로부터 벗어나 대지의 과실과 소출을 누리는 자유를 되찾게 할 것이라 말하며" 답한다. 법정에서 윈스턴리는 푸트니에서 레인보로가 한 말을 연상케 하는 언어로 자신을 변호하여, "나는 정당함의 법도에 따라 제일 가난한 자도 제일 부유한 자와 마찬가지로 진짜 작위와 온당한 권리를 그 땅에 실제로 가짐을 밝힌다"라 한다. 페어팩스는 디거파의 다른 대안의 예증은 너무 위험해 파멸을 피할 수 없다고 결론을 내렸다. 그가 몸소 기병 중대를 공동부락 가운데 가장 중요한 조지스 힐로 몰아, 가래를 부러뜨리고 작물들을 짓이겨 그들의 집들을 파괴하면서 평민들을 그 땅에서 몰아내 버렸다. 신생 영국 공화국의 주도자들이 한 첫 행위들 가운데는 그렇게 사유재산의 이익을 위한 직접적인 군사 개입이 있었다. 그들은 농촌의 평민들과 도시 프롤레타리아가 나폴리에서 그랬듯이 그 무리에 힘을 합할까 두려워했다.

윈스턴리와 디거파는 보다 나아가서 사형 처벌이 논리적으로 종획운동에 연결된다고 믿었다. 국왕의 권력이 "악한 자들을 대지에서 몰아내서, 굶겨 죽이거나, 가난으로 몰아 남에게서 앗아가도록 하고, 그런 뒤 그랬다고 목매다는 것이다."[32] 그렇게 가난한 자들이 호구지책도 못하며 일하도록 몰린다면, "감옥, 채찍, 교수대로 거기 복종하도록 사람들을 겁주고 몰아대는 이 법이란 바로 악마의 왕국이요, 어둠의 것으로, 창생이 오늘날 그 아래 신음하고 있는 것이다." 로벗 코스터Robert Coster *는 되묻기를 "영주들이 평민들에 대한 저들의 권리와 작위를, 그저 왕의 뜻으로부터 지니는 것 아니던가 …… 저들의 작위를 유지하려는 법률에서 가장 강한 요체는 그를 죄수로 만들어 버려라가 아니던가?"라 했다. 『밝혀진 압제술책』의 저자는 1649년 비슷한 주장을 내놓았는데, 대서양 권역으로 넓혀서였다. 이 폐지론자 논고는 아메리카에서 가난한 사람들과 인디언들 모두로 진전되가는 노예제를 거부했다. 한량한 부자들이 다른 이들을 노동하게 하고, 도둑질하는 부자들이 다른 이들을 훔치지 못하게 명하고, 그들이 합쳐 의회의 법령으로 도둑들을 만든 다음 그들을 목매달았다. 그런데도 하느님은 사람에 가림이 없었다.[33]

쌔뮤얼 치들리는 사형을 땅을 피로 더럽히는 혐오스런 행위로 간주했다. 1649년 6월 런던 시장에게 그는 극형이 "비인간적이고, 잔인하며, 야만적인데다 압제적이"어서 사형법안들은 "나로선 따라야할 규칙들이 아니라"

---

* 로벗 코스터는 써리 지역에서 디거파의 행동을 이끈 인물들 중 하나이다.

고 청원을 냈다. 그는 국무회의에도 청원을 내, "대지의 근간이 궤를 벗어 났다"고 경고했다. 그는 올드 베일리Old Bailey*를 찾아가 "[죄수들 …… 이 란 불쌍한 노동자들이나 그런 족속들로, 우연히 그저 필요에 따라 조그만 값의 물건들을 훔친 것임을 보았다." 치안판사들은 그를 내쳤다. 그는 의회 가 근본에 손대기를 조언했다. "모든 이들이 최고의 것에 앞서 가장 보잘 것 없는 것을 취하게, 즉 한 사람의 소중한 생명에 앞서 우상숭배의 표지를 그 위에 단 한낱 사악한 매먼**을 취하게 만들어버리는 그런 법은 분명코 좋을 수 없다." 1652년 뉴게잇의 그리스도 교회의 평 교직자로서 그는 『엄 청난 죄에 맞선 외침』*A Cry Against a Crying Sin*을 출판하는데, 이는 붉은 잉크 로 인쇄되었다. 그는 그 책을 타이번 교수대에 못 질러 놓으려 했지만, 군 중이 하도 밀집해서, "교수대 곁의 둑에 서있는 나무에 못 박을 수밖에" 없 었는데, 거기서 많은 사람에 의해 읽혔다. 한 익명의 필자가 치부에 손가락 질을 하는 데 치들리에 가세했다. "인간이 모든 땅과 피조물을 그의 동류로 부터 막아버리는 짓은 극도로 부자연스러우며, 사악하고, 믿을 수 없는 짓 이라. …… 새겨 둘지라 이를 너희 잘난 잰체하는 자들, 너희들 자신이 동 포로부터 모든 땅과 피조물 등등을 훔치면서도 필요한 것들 때문에 훔쳤다 고 한 사람을 목매달다니."[34]

국왕 살해에 뒤이어, 수평파들은 그들대로 농촌의 가난한 자들, 도시 프롤레타리아들, 그리고 마지막으로 군대 내의 병사들과 연대를 꾀했지만, 로벗 로키어의 처형은 그들의 몰락의 시작을 가리켰다. 크롬웰은 테이블을 내리치며 페어팩스에게 설명하기를, "내 경에게 말하노니 이자들[수평파들

---

* 런던의 중앙형사법원을 가리키는 속칭.
** 매먼 (혹은 맘몬, mammon)은 부자들과 탐욕의 거짓 신을 대체로 뜻한다.

을 다루는 데는 산산이 조각내버리는 것 외에 다른 길은 없소." 왜냐하면 "만약 그들을 경이 부수어버리지 않는다면 그들이 경을 부수어버릴 것이니"라 했다. 2주일 후 수평파의 군사력은 버포드에서 시험대에 올랐다. 수평파들은 포위되고 가두어져, 암살되거나, 처형되었고 망명길에 올랐지만, 그들의 사상들은 가두어질 수 없었다. 기근에 가까운 조건에도, 런던의 부르주아는 성찬의 날을 즐기듯 바라보았다. 어비저 콥Abiezer Coppe은 동시대의 계급 전쟁 희년설에 대한 가장 강렬하고 일관된 격론인, 『불타듯 나는 명부 : 모든 위대한 자들에게 주는 주님의 말씀』*A Fiery Flying Roll : A Word from the Lord to All the Great Ones*에서 반론을 폈다. 수평파들은 "수다히 요동치는 소요들의 원인이었던바, 히드라의 머리들처럼, 하나가 잘려지면, 금세 다른 것들이 튀어나오는데," 가까이는 1656년 무렵까지 그랬듯이 말이다.[35] 그렇게 로키어의 살해는 장대한 스케일의 순교는 아닐지라도 수평파의 사상들이 살아남는다는 것을 확증하는 데 보탬이 되었다.

> 그들의 자기 의지가 그들의 법이니, 일어나라 지금, 일어나 지금,
>   그들의 자기 의지가 그들의 법이니, 일어나라 지금.
> 압제가 들어서니 저들은 그것 죄라 여기잖네
> 감옥을 덫으로 만들어, 거기서 가난한 자들을 주려 죽이는 것을 .
>   일어나라 지금, 일어나 지금.
>
> 향반들이 다 둘러있네, 일어나라 지금, 일어나 지금,
>   향반들이 다 둘러있네, 일어나라 지금,
> 향반들이 다 둘러있네, 어느 곳도 다 그들일세,
> 이 처세는 참 심오해, 우리를 속여 우리 땅을 앗아가네.
>   일어나라 지금, 일어나 지금.

「디거파의 노래」는 프랜시스를 연상시키는 곡조, "영광 여기에, 디거파 모두에게"로 끝을 맺는다. 일단 반율법주의적 도전이 패퇴하자, 아일랜드를 정복하고, 네덜란드와 스페인에 맞서 전쟁을 일으키고, 바베이도스를 평정하고, 사메이카를 확보하여, 서아프리카와 카리브해 지역을 연결해 그 어느 때 보다 더 폭넓게 노예제를 확립하려는 길이 열렸다.

1649년~1651년, 아일랜드

1649년 5월 29일 존 릴번, 윌리엄 월윈William Walwyn과 리처드 오버튼의 체포로 수평파의 지도부가 무너지자, 크롬웰은 아일랜드를 정복하려는 원정의 책임을 맡기로 동의했다. 제임스 코널리James Connolly가 쓴 대로 그렇게 "아일랜드인들의 고난의 길""the Via Dolorosa of the Irish"과 그 역사적 귀결인 "초록 대서양" 시대의 개시가 시작되었다.36 일단 크롬웰의 아일랜드 원정이 발표되자, 거기에 대한 반대가 4월과 5월에 군대 전체에 걸쳐 빠르게 커져갔다. 『영국 병사들의 교범』The English Soldiers' Standard의 저자는 장교들이 병사들을 노예로 삼으려한다고 경고하며 새로운 선전원들의 선출을 조언했다. 존 해리스John Harriss가 출판한 소식지인 『군사 보도』Mercurius Militaris는 "이 아일랜드 기획"이 "이 나라를 노예제로 묶어 놓으려" 의도된 것이라 설명했다. 수평파들은 그들대로, 점잖게 이름붙인 『아일랜드로의 복무로 의도된 바에 대한 고려에서 제기하는 몇몇 질문들』Certain Queries Propounded to the Consideration of such as were Intended of the Service of Ireland이란 것을 돌려 보았는데, 제기하는 질문은 결코 점잖지 않았다. "줄리어스 씨저, 앨릭잰더 대왕; 노르망디 공작 윌리엄, 또는 다른 세계의 위대한 정복자들이 대단하고 무법적인 도둑들이 아니고 무엇이던가?" 수평파들은 아일랜드 원정이 하나의 견제임을 간파했다. "일단 우리가 아일랜드로 넘어 들어가게만 하면 (그들의 생각으론) 우리를 확실히 장악하는 것이다. 우리가 목이 잘리든지 굶어 죽든지 간에, 큰못 대서양을 건너 다시 돌아오지 못하리란 것을 그들은 확신한다." 수평파의 리플릿 하나는 "하느님과 자연이 허여한 땅을 한 민족에게서 빼앗고 그들의 동의도 없이 법률들을 부과하려는" 영국인들의 권리에 대해 의문을 제기했다. 그 필자는 과연 아일랜드인들이 "영국의 침탈로부터 스스로를 지켜 벗어나려 …… 행한 그 모든 것에 있어" 정당화되지 않느냐고 생각하며, 크롬웰의 출정에 반대하는 것이 모든 정직한 사람들의 의무임을 선언했다. 공개적인 저항은 진압되었지만, 수천 명이 탈영했다.[37]

크롬웰은 더블린을 향해 7월에 브리스틀을 출발했다. 그의 목적지는 드로이다였고, 거기서 학살이 감행되었다. 크롬웰은 자신의 진격을 묘사하여 "병사들 열 중 하나는 죽었고, 나머지는 바베이도스를 향해 선적해 버렸다"고 했다.[38] 크롬웰은 2,100명이 죽임을 당했다고 추산한 한편, 휴 피터Hugh Peter는 그 숫자를 3,552로 매겼다. 푸트니 논쟁에서 사유재산의 옹호자였던 아이어튼은 이년 후 섀넌 강의 림릭에 포위공격을 가했다. "어튼은 성안을 휘젓고 있는 기근과 역병에 주로 기대를 거는 데 머물렀다"고 한 역사가는 쓰고 있지만, 기근을 강제하는 중포와 교수대가 수중에 있었음을 덧붙여야만 하겠다. "한 노인이 그의 딸 대신 목매달리려 했지만, '그것은' 러드로우Edmund Ludlow가 말하길 '거부되었고, 그와 나머지들은 시내로 되몰렸다.' 그런 뒤 교수목이 성벽이 보이는 곳에 세워졌고, 거기에 처분당한 범죄자들이 목매달렸으며, 이는 탈출을 중지시켰다." 포위 동안 수천이 스러졌고, 아이어튼 자신도 포함되어, 감기에 걸려 죽었다.[39] 가디너에 따르면,

아일랜드에서의 신형군의 한 "가련한 병사" 『아일랜드 군의 가련한 병사들의 우리 의회에 대한 겸허한 청원』(1647).

아일랜드를 겨냥한 새로운 극형 법안이 80,000명을 처형의 위험에 처했다. 존 데이비스John Davis경은 한 세대 전, 아일랜드는 다른 잘 통제되는 왕국이나 공화국들과 달리 사형 처분이 없었다는 바로 그 때문에 야만적이었다라고 주장하기도 했다.[40]

크롬웰은 그 다음 병사들과 아일랜드에서의 땅 투기에 (각각 200파운드씩을 댄 토머스와 윌리엄 레인보로를 포함한) 투자한 자들에게 보수를 주기 위해 땅을 확보하는 데 주의를 돌렸다.[41] 군 평의회는 "원주민들을 제거해 버릴 것인지" 아니면 그저 "토지에의 권리만 박탈할 것"인지를 놓고 토론했다.[42] 몇 년 뒤, 1652년에, 〈아일랜드 정주법〉Act for the Settlement of Ireland의 전문이 이 쟁점을 결정해서, 지주제도가 정착되었다. "그 국민 모두를 몰아내는 것이 의회의 의도는 아니"었는데, "원주민들의 도움 없이는" 땅이 경작될 수 없었기 때문이었다. 획정된 구획지가 개활지를 대체하고, 흩어져있는 단일 농장들이 결집된 정주지 혹은 촌락을 대신하고, 상업적 경작지와 농업 노동의 증대가 생계용 경지들과 환경에 부응하는 평등체제를 대체했다. 아일랜드 땅을 이주 지주 계급으로 이렇게 무자비하게 이양한 데는 거대한 지적 측량 사업이 동반했는바, 윌리엄 페티경의 1650년대의 다운 수록조사Down survey가 그것으로, 아일랜드를 종이 위에 "적는" 것이었다.[43] 그리고 그것은 "시골의 거친 사람들로, [지주들에] 기대하기를 대개 방해가 되거나 맞서는," 반도tories라고도 알려진 이들의 물결을 일으켰고, 이 이름은 1647년 처음 공식적으로 주인 없이 무리지어 사는 사람들에게 붙여졌다.

박탈당한 아일랜드인들의 노동이 이제 비단 아일랜드 뿐 아니라 대서양 전역에 걸쳐 영국 영주들의 영지들에 동원되었다. 크롬웰은 수천의 아일랜드인들을 자메이카로 보냈다.[44] 이것이 전적으로 새로운 경험은 아닌 것이, 1601년 킨사일에서의 패퇴 전야에 휴 오닐Hugh O'Neil이 지적하다시피, "우리 아일랜드인들은 쫓겨나 낯선 외방 공작의 농노와 하인이 된다." 1천여 명의 아일랜드 노예들이 1610년 스웨덴에 팔려나갔다.[45] 윌리엄 페티경은 성인 남성의 육분의 일인, 약 34,000명의 사람들이 1649년 정복의 결과 아일랜드로부터 실려 나가 팔려갔다고 추산했다. 1660년 서인도제도에 최소한 1만2천여 명의 아일랜드 노동자가 있었으며, 9년 후에는 바베이도스에만 8천여 명이 있었다. "그들을 잡아들이는 데 완력을 써야 하지만, …… 그만한 숫자로 적절하다고 볼 그런 그들이 있다는 점은 전혀 의심할 바 없소"라고 헨리 크롬웰Henry Cromwell*이 아일랜드 소녀 1천여 명과 소년 1천여 명에 대한 자메이카로부터의 요구에 답하여 썼다. 한 시인은 한탄하기를,[46]

> 부족도 없이, 땅도 없이, 이름도 없이,
> 재산도 없이, 주인 없이, 영예도 없이
> 떠도네 이제 그대의 정처 없이
> 어린 것들 여기저기로.

소년 소녀들과 땅에 더해, 지식도 찬탈되었다. 로벗 보일**은 엄청난 규모의 아일랜드 토지를 받아 거기로부터의 수익이 왕립학회를 유지하는 데 보탬이 되었고, 보일이 아일랜드 장인의 기예와 비책으로부터 습득한 비법들로 또 학회가 득을 보았다. 일례로 그는 "망치하나 든 대장장이가 …… 무쇠 덩어리들로부터 거대한 지레나 쐐기를 불려내고," 아일랜드에서 자산을 보호하고 해외에서 더 많이 산출해 내기 위해서 "죄인들에게 지우는 데나, 나아가 거리와 성문을 단속하는 데 소용되는 저 강하고 무거운 사슬들을 만드는 것"에 깊은 인상을 받았다.[47]

---

* 헨리 크롬웰(Henry Cromwell, 1628~1674)은 아일랜드의 정치가. 올리버 크롬웰의 넷째 아들로 1657~59년 아일랜드를 통치했던 인물이다.
** 로벗 보일(The Honourable Robert Boyle, 1627~1691)은 아일랜드 출신 자연 철학자(화학자, 물리학자, 발명가)로 물리와 화학에서의 업적으로 이름 높다. 그의 연구와 개인적 철학은 확연히 연금술의 전통에 뿌리를 두고 있지만, 오늘날에는 최초의 근대적 화학자로 여겨진다.

1649년, 바베이도스

아일랜드인들이 1649년 자신들을 자유로운 사람들이자 바베이도스의 주인들로 만들려 기도한 모반자들 가운데 있었다. 1640년 네덜란드인들이 브라질의 페르남부코에서 그 섬으로 들여와 성공적으로 사탕수수를 재배하게 되면서 식민농장 노역자들의 착취가 강화되었다. 리처드 리건Richard Ligon*은 한 목격자로서, 그 모반에 하인 계급의 대부분이 관여되어 있다고 믿었는데, 당시 그 숫자는 1만여 명에 가까웠다. 그는 그 사건이 주인들의 가혹함에 대한 직접적인 반응이라 보았고, 그 탓에 하인들은 자유를 구하거나 행동하다 죽기로 한 것이었다. 그러나 그들은 한 밀고자가 그들의 계획을 당국에 알려, 결국 행동의 순간에는 이르지 못했다. 수백 명이 체포되었고, 많이들 고문을 당하고, 열여덟이 처형되었다. 그 지도자들은 "그 결의가 하도 높고 완강해, 두 번째 계략에 마저 행동에 나설 듯했다." 처형에도 불구하고, 아프리카인들에 의해 조직된 새로운 계획을 포함해 노예제에 대한 저항은 계속되었다.[48]

1640년대 말에 이르자 바베이도스의 주인들은 그것을 생산한 사람들로부터 지킬 만큼의 부를 축적했다. 1645년 8월 섬을 방문한 뒤, 조지 다우닝은 쓰기를, "바베이도스에 가면, 번창하는 섬에 많은 유력자들을 볼 것

---

* 리처드 리건(Richard Ligon, 1585?~1662)은 영국의 혼란스럽던 시기인 1647년 재산을 잃고, 스스로 묘사하듯 "제 나라에서 이방인인" 처지가 된다. 같은 해 6월 다른 많은 동시대 영국인들처럼 신세계에서 재산을 되찾으러 바베이도스로 향했다. 그 섬에서 이년을 거주한 뒤, 열병에 걸려 1650년 영국으로 돌아왔으나 곧 채권자들에 의해 투옥되었다. 지도와 도판을 곁들인 그의 사절판 저작은 『바베이도스 섬의 사실적이고 엄밀한 역사』란 제목으로 런던에서 1657년과 1673년 출판되었다. 바베이도스에서의 삶에 대한 리건의 묘사는 많은 학자들에 의해 여러 잡지와 역사 저작에 등장해, 그 섬에서의 생활을 이해하고 유럽인들, 특히 영국인들이 설탕 무역에서 노예들과 그들의 역할을 어떻게 받아들였는지를 파악하는 데 일조했다.

이다. 믿기로는 저들이 올해에 1천여 명이 더되는 흑인들을 데려왔는데, 더 많이 살수록 더 살 여력이 되는바, 한해 반 정도면, 그들이 (하나님의 가호로) 비용이 든 만큼 벌어들일 것이기 때문이다"라고 했다. 1647년 브리지타운에 리처드 리건이 처음 도착했을 때, 그는 항구에서 "활발히 부산스럽고 수다한" 스물두 척의 배를 헤아렸다. 바베이도스의 1651년 헌장은 "섬 거주민들의 부의" 주요 원천은 "주로 그 하인들의 노동으로 이루어진다"고 적시했다. 바베이도스는 영국의 가장 부유한 식민지가 되었고, "태양 아래 가장 번성한 지점들 중 하나"가 되었다.[49]

바베이도스는 "영국이 그 쓰레기를 내치는 똥 무더기다. 불한당들과 창녀들 그리고 그런 부류들이 대개 여기로 오는 자들이다"라고 묘사되었다. 기실 그랬던 것이, 첫 번째 죄수들의 선편이 1642년 바베이도스에 도착했다. 1652년의 한 법령은 영국의 치안판사들이 간단하게 유랑자들이나 거지들을 붙들어 식민농장으로 실어 보낼 수 있게 허용했다. 런던의 감옥들에서 온 창녀들 한 선편이 바베이도스에 출산자들breeders로 이송되었다. 이들 외에도, 섬은 영국인, 프랑스인, 네덜란드인, 스코틀랜드인, 아일랜드인, 스페인 출신 유태인, 인디언, 아프리카인 등 온갖 부류들이 거주하고 있었다. 찰스 스튜어트를 위해 싸웠던 독일 용병 하인리히 폰 유흐테리츠 Heinrich von Uchteritz는 "1백여 명의 기독교도들, 1백여 명의 흑인들, 그리고 1백여 명의 인디언들이 노예로" 있는 한 식민농장에 팔려 왔다. 아메리카 원주민들은 대부분 가이아나인ᄉ 애러왁족들로, 일찍이 자유로운 사람들로 섬에 왔으나 1636년 경 노예가 되었다. 영국 출신 하인들과 아프리카 노예들은 1627년 첫 영국 선편들로 도착했고, 1630년대에는 아일랜드인들이 그랬다. 1640년대에는 한해 2천여 명이 영국에서 왔고, 1650년대에는 3천여 명이 왔다. 그들은 때로 그 무게에 따라 팔렸다. 많은 수가 영국 혁명의 참전군인들—병사들, "가족주의자들"* —로 가난한 개척이민들, 자산 없는 자유민과 계약 하인들이 된 사람들이었다. 그들 중 일부는, 반율법주의자들 마냥, 모든 의식들을 부정했다. 조지 폭스는 1671년 바베이도스를 방문해 비슷한 관념들을 "흑인들, 황인종들, 그리고 백인들"에게 설교했다.[50] 식민농장주들은 122명을 추방함으로써 1649년의 모의에 개입되었다고 의심받은 종교적 급진주의자들에 대항해 움직였다.

사탕수수 개척자들은 청교도적 작업 규율을 부과했고, 노예들에게 이는 축적의 물리력과 경제학 모두에 있어 사탄의 원칙을 구체화한 것이었다. "악마는 영국인 속에 있었다. 그가 모든 것을 일하게 하니. 검둥이를 일하게 하고, 말이 일하게 하고, 당나귀가 일하게 하고, 나무가 일하게 하고, 물이 일하게 하고, 바람이 일하게 하니."[51] 경질목, 막대나무rodwood, 톰톰 관목, 괭이자루 나무 등으로 이루어진 섬의 건조지대 숲을 개활 하는 데 사십여 년이 걸렸다. 벌목의 마지막 단계는 1650년에 시작되었고, 이후에는 당을 계속 끓이느라 영국으로부터 석탄이 수입되어야 했다. 사탕수수의 성공적인 경작은 수수밭에서의 다인종 무리들의 노동 과정에 의존했다.

찌꺼기, 풍차, 공장의 분류 거품 통

---

* 가족주의자들(The Familists)의 정식 이름은 <사랑의 가족>(Familia Caritatis, Family of Love)으로 네덜란드에서 시작된 종교 분파이다. 16세기 네덜란드 상인 헨드릭 니클라스(Hendrik Niclaes)의 추종자들을 말한다. 니클라스는 1540~60년에 동부 프리슬란트 엠덴에서 주로 활동했다. 그는 『왕국 복음』(Evangelium regni, A Joyfyl Message of the Kingdom이라 하여 영국에서도 발행됨)이라는 책에서 "그리스도교인 · 유대교인 · 이슬람교인 · 터키인 · 이방인 등 어느 민족, 어느 종교에 속해 있든 진리를 사랑하는 사람들"에게 모든 교리적 주장을 버리고 그리스도의 몸에 참여하여 하나가 됨으로써 평화의 사귐체인 사랑의 가족에 가입하라고 초대했다. 이 단체는 억압 조치에도 불구하고 영국 동부 카운티들에 널리 퍼졌으며, 공화국 시대에 부흥하여 18세기 초반기까지 잔존했다.

머리 위의 한 짐, 수레 속의 한 짐, 분쇄기는 돌고 돌고 돌고
시럽, 곤 물, 들판의 피, 세월을 흘러.

초기 식민농장의 노역자들은 노예들이었던 바, 그들의 노동은 폭력으로 조직되고 유지되었다. 채찍질과 낙인찍기는 몸에 상상을 넘는 상처를 남겼고, 1654년 이런 형벌들을 목격한 앙트완 비에 신부Father Antoine Biet도 그렇게 생각했다. 올랜도 패터슨Orlando Patterson은 "흔히 구분하듯 그들의 사람됨을 파는 것에 비해 노동을 파는 것이란 차이는 진정한 인간적 견지에서 아무런 의미가 없다"라고 썼다. 같은 악마가 모든 것을 통제했다.52

저항에는 도망치기, 방화, 살인, 봉기 등이 포함되었다. 1657년 썰Searle 총독에 따르면, 아일랜드인들은 방랑자들처럼 돌아다니며, 노동하기를 거부했다. 식민농장주인 제임스 홀딥James Holdip은 모반의 해인 1649년, 1만 파운드 가치의 사탕수수 밭들이 불꽃 속에 살아 오르는 것을 보았다. 1634년에는 하인들이 주인들을 죽이고 스스로를 자유롭게 한 다음, 들어오는 첫 배를 탈취하여 해적으로 바다에 나가려 모의했다. 그들의 지도자들인, 존John과 윌리엄 웨스턴William Weston은 1620년과 1630년대에 브리스틀 주변의 반종획 소요들을 경험한 바 있었다.53 코널리어스 브라이언Cornelius Bryan이란 분노한 아일랜드인은 반란혐의로 채찍질 당하고, 투옥되었다가 결국은 추방되었다. "쟁반에서 고기를 먹으면서," 그는 "쟁반에 고기만큼 영국인의 피가 있다면, 그걸 먹으리라, 그리고 더 요구하리라"고 말했다. 그런 아일랜드인들과 아프리카 노예들과의 연합이 당국자들에게는 악몽이었다. 총독의 자문위원회는 1652년 통과된 법령인 〈하인 및 검둥이 유랑 제한법〉 An Act to Restrain the Wanderings of Servants and Negroes을 무색하게 만들며 "그대들의 주변에 반란에 나선 몇몇 아일랜드 하인들과 흑인들이 있다"고

1655년에 공표했다. 바베이도스에서 처음 기록된 탈주노예들의 집단은, 되붙잡힌 도망자들을 집어넣는 수도 브리지타운의 철창이 그랬듯이 여러 인종이 섞여있었다. "개척이민들이 무엇보다 두려워한 것은 노예들과 하인들 사이의 저항하는 연합이었다"라고 바베이도스에 대한 역사가 힐러리 맥디베클스Hilary McD. Beckles는 설명한다. 아일랜드인들과 아프리카인들은 1675년, 1686년, 그리고 1692년의 모의에 함께 가담했다. "검은 아일랜드인"은 몬스래트와 자메이카에 하나의 지역적 인종집단으로 등장했다.[54]

그들의 통치를 안정시키기 위해, 바베이도스의 지배자들은 하인들과 노예들, 그리고 종교적 급진주의자들을 서로 분리시켰다. 이를 그들은 1650년대와 1660년대에 올리버 크롬웰, 세균*, 그리고 "홀림꾼들"의 우연한 도움으로 성취했다. 1655년 크롬웰의 서부 계획에서, 버너이블스Venables와 펜Penn이 이끄는 함대는 섬에 정박하여 자메이카를 공격하여 스페인으로부터 빼앗기 위해 4천여 명의 하인들과 바베이도스의 전직 하인들을 데려갔다. 그들 중 대다수는 황열병으로 죽었다. 하인들이 섬을 떠나거나 없어지자, 대규모 식민농장주들은 그들을 아프리카 노예들로 대체했는데, 1660년대에는 계약 하인들의 거래자들이 제공할 수 있는 것보다 더 많은 수와 더 낮은 가격으로 노예 무역상들에 의해 조달되고 있었다. 상층 계급은 또 분열을 일으키고, 범법을 조장하여 노역자들끼리 싸우는 동안 편리를 취하는 비공식적인 정책을 쓰기도 했다. 모건 거드윈Morgan Godwyn은 이것을 "쳇, 그들은 바꿀 수 있어"란 정치학으로 설명했다.

---

* 아프리카인들과 유럽인들은 여러 세균들에 의해 옮겨지는 병에 저항력이 각기 달랐다. 이런 면역력의 차이가 인구 구성에 영향을 미쳤고 당국자들에 의해 정치적·사회적 분리의 토대로서 이용되었다.

그들이 노예들에게 음식을 모자라게 주는 결과는 이들 굶주린 사람들이 더 불쌍한 영국인들에게 범하는 강도질과 도둑질 등이다. 거기에 대해, 나는 그 주인들이 문제임을 확언해야 하겠는데, 내가 정곡을 크게 벗어나 이리 저리 말하지 말아야 하겠다고 생각한다. 그들이, 제대로 행해지기만 하면, 그것에 못마땅해 하지 않는다는 것이 피해자들의 일반적인 믿음이요 느낌이다. 그리고 이것이 그 검둥이들의 양식이 모자란다는 지배인이나 감독들의 지급 요구에 대한 그 상투적인 대답, 쳇, 그들은 바꿀 수 있어란 것의 진정한 의미라고 말해야 하겠다.[55]

이 시나리오에서는, 굶주림이 도둑질을 낳았고, 거기에 불쌍한 영국인들은 도둑들을 쏘아 죽이는 것으로 반응했다. 하인들과 노예들 사이의 분화가 1661년의 포괄적인 노예 및 하인 규약에 법제화 되었고, 이는 자메이카, 싸우스캐럴라이나, 안티구아, 그리고 쎄인트크리스토퍼의 유사한 규약들의 모델이 되었다. 식민농장주들은 법적으로나 사회적으로 노예를 하인으로부터 차별하여, 전자는 절대적인 사유 자산으로 규정하는 한편, 후자에는 폭력과 착취에 맞서 새로운 보호책들을 제공했다. 하인들과 노예들에게 식민농장 체제 안에서 상이한 물질적 지위를 부여함으로써 그 계급을 재구성하려는 노력은, 식민농장주들이 남은 하인들을 장인으로, 감독자들로, 그리고 무기를 들려 노예 봉기를 짓누르는 데 이용할 민병대의 구성원들로 전환시키면서 계속되었다. "쳇, 그들은 바꿀 수 있어"란 정책은 아메리카 식민농장 사회의 항구적인 구조적 성격으로 제도화되었다. 일단 영국 혁명의 노예제폐지론이 패퇴하자, 바베이도스에서 사탕수수 생산은 세배로 증가되었다.[56]

1652년, 감비아 강

1649년의 처형들과, 아일랜드 정벌, 그리고 바베이도스에서 하인들의 반란이 패배한 이후, 이 시대의 두 주요한 경쟁자인 올리버 크롬웰과 루펏공은 같은 목적지, 서아프리카를 향해, 한 사람은 정치적으로 다른 사람은 실질적으로, 다른 길을 택했다. 1643년 브리스틀 공세에서 레인보로의 적수였고, 참수당한 찰스 1세의 조카이며 미래의 찰스 2세의 사촌인 루펏은 왕당파 사략선私掠船장으로 그의 아우, 모리스공Prince Maurice과 함께 바다로 나아갔다. 한편 크롬웰은 네덜란드의 힘을 누그러뜨리고 영국을 대서양 최고의 해양 세력으로 확립하려 기도한 공세적인 전략을 밀고 나갔다. 영국 지배계급의 두 분파("신흥 상인들"과 구래의 귀족들)가 감비아 강에서 만나 부딪혔는데, 거기에서 그들은 삼각 노예무역을 형성하고 있었다. 영국인들이 17세기 말에는 아프리카의 주요 노예상인들이었으나, 처음에는 그렇지 않았다.[57] 실제로, 1632년 한 영국 노예상, 리처드 좁슨Richard Jobson은 감비아에서 "어떤 젊은 흑인 여자들"을 맞닥뜨리자 대답하기를, "우리는 그런 상품들을 거래하지 않는 사람이며, 서로 사거나 파는 일도 않소"라고 했다. 이것이 1649년경에는 달라졌다.

노예무역의 드라마는 그 강의 사람들이 두 역사적 세력인, 공동주의와 노예제 사이에 어떻게 포획되었는가에 놓여 있다. 네그리뛰드*의 시인인 레오폴드 쌍고르Léopold Senghor는 "흑인 아프리카 사회가…… 유럽인들이 도래하기 이전에 벌써 사회주의를 실현하고 있었다"라고 말한다.[58] W. E. B. 뒤부아는 서아프리카 마을의 인간적 온기를 높이 기렸다. 월터 로드니

---

* 1930년대 문학운동으로 '흑인 아프리카 세계의 문화적 유대의 총화'라 정의된 네그리뛰드 (negritude) 운동

Walter Rodney*는 정치적 조직화를 족장제와 "공동체적으로 조직된 종족들"로 규정했다. 감비아 강은 아프리카의 주요 수로로 오백 마일까지 운항이 가능하다. 좁슨은 서아프리카 경작자들이 쇠를 끝에 댄 일련의 팽이들로 밭에 씨를 뿌리는 것을 눈여겨보았다. "하나가 선두에 서서, 자기 앞으로 땅을 훑어 나가면, 수많은 다른 사람들이 그를 따라, 여러 개의 쇳대로, 그가 이끄는 대로 하면서, 충분한 고랑을 쳐 올리는 것이다."[59] 졸라** 여인들이 담수 늪지에서 기르는 쌀은 주요 생계 작물이었고 나중에 싸우스캐럴라이나의 쌀 재배의 토대를 이루었다. 강 하구의 주요 상품은 소금이었다. 카누들이 맹그로브 숲의 굴들과 물고기를 거래했다. 제임스 아일랜드는 1651년 요새화되었고, 여러 이권들이 본토에 나무를 베고 물을 대는 니우미 부족들과 교섭되었다. 남쪽 제방의 졸라 족들은 노예무역으로부터 헤어나지 못했다. 종교적 혁명가이자 버버족 성직자인 나시르 알‒딘Nasir al-Din, 1674년 사망은 마을들에서 벌거벗은 채 노예무역으로 타락한 왕조들을 뒤엎어야 한다고 설교했는데, 노예무역은 그 세기 말에는 국가사업이 되어 있었다.[60]

문제의 1649년, 영국 상인들이 골드코스트에 무역항, 혹은 상관의 건설을 명했다.[61] 동시에 1618년 처음 설립된 〈기니 회사〉Guinea Company가 "신흥 상인들"과 국무회의에 의해 조사를 받아, 새로운 허가를 1651년 취득하게 되고, 이때 배들이 서아프리카로 배치되었다. 〈기니 회사〉의 대표이자 영국과 아프리카, 그리고 서인도제도 사이의 삼각 무역자인 매슈 백하우스Matthew Backhouse가 1651년 9월 프렌드쉽Friendship호에 블레이크Blake 선장과 함께 타고 감비아 강으로 항해했다. 그들의 목적은 정기적인 무역

---

 * 월터 로드니(Walter Rodney, 1942~1980)는 기니의 저명한 역사가이자 정치가였다.
** 졸라(The Jola, 프랑스어 표기로는 Diola)족은 세네갈, 감비아 및 기니‒비사우에 터를 둔 종족으로 주로 카사망스 지역에 거주한다.

관계를 확립하고, 바베이도스로 데려 갈 15에서 20명의 "젊고 튼튼한 15살 남짓의 검둥이들"을 확보하는 것이었다. 백하우스 자신은 25개의 상아와 아프리카산 직물들, 눈부신 밝은 색조가 브라질, 카리브해 지역 및 아메리카의 시각적 전통에 영향을 준 유명한 "만딩고 지방 천"을 거래했다.62 이전의 한 영국 배가 노예들이 "무기를 손에 넣고, 선원들에게 달려들어, 머리를 내리치고, 그처럼 빠르게 목을 베어버려서," 선장은 포기한 채, "선창으로 내려가 모두를 자신과 함께 폭파해 버렸고, 이는 그들이 강을 빠져나오기 전이었던" 선상반란을 겪은 직후에 그들은 감비아에 도착했다. 그런 사건들이 〈기니 회사〉로 하여금 배들에 "반항적인 그런 검둥이들 때문에 차꼬와 걸쇠들"을 채비하도록 했고, "바라건대 그들을 아래쪽에 붙들어 두도록 아주 조심해야 마땅하며 그들이 음식을 제때에 받아 다른 배에서 그랬듯이 대항해 일어나지 않도록 해야 한다는 것이다."

브리스틀에서 루펏공이 레인보로에 패퇴한 다음, 그는 아일랜드 항구 킨세일로 도피해, 거기서 바베이도스를 왕당파로 묶어두려 기도하면서 지중해와 대서양을 떠돌기 위해 출발하기 전 작은 함대에 채비와 인력을 조달했다. 1651년 12월 루펏은 제리코Géricault의 그림 〈메두사호의 뗏목〉*에서 추념된 그 끔찍한 재난이 있었던 근처 해역, 케이프블랑의 바로 안쪽인 아르귄에 정박했다. 루펏은 카보베르데제도Cabo Verde, Cape Verde Islands에서 도선사 하나를, 그 다음 감비아 강 어구에서 또 하나를, 그 후 세 번째

---

* 제리코의 대표작으로 대작 〈메두사호의 뗏목〉(The Raft of the Medusa, 1818~19, 루브르 박물관)를 말한다. 이 작품은 당시 한 프랑스 선박의 난파사건 뒷이야기를 묘사했다. 그 사고에서 난파선의 생존자들은 뗏목을 타고 바다를 표류하다가 구조의 손길이 미치기 전에 거의 굶어죽은 일이 있었다. 이 사건은 프랑스 본국에서 정치적인 물의를 불러일으켰으며 그 때문에 뗏목과 생존자들의 모습을 그린 제리코의 그림은 정부당국의 탄압을 받았다.

로, 야쿠스Jacus란 이름의 그로메타grometta* 하나를 고용했다. 15세기에 출현하여 랑사도lançados**로 알려진 아프리카계 혼혈과 포르투갈인 사이의 크리올 종족이 중개자 역을 맡았다. 그의 입장에서, 야쿠스는 처음에는 크롬웰측에, 다음으로 왕당파에 봉사한 것이다.[63] 3월 18일에 케이프마사트르Cape Mastre와 리치Reatch 성읍으로 항해해 나가기 전, 3월 2일 강 위쪽의 한 지류에서, 루펏은 프렌드쉽호와 써플라이Supply호 두 영국 상선을 포획하는데, 그 선원들은 말라리아로 쇠약해져 있었다.

야쿠스는 한 번 멈출 것을 조언했다. "그들 중의 일부가 카누 하나에 모리스공의 선원 하나를 빼돌렸는데, 그곳 원주민으로, 오랫동안 기독교인들 사이에서 살아, 그 자신이 기독교도가 된 사람이었다. 하지만 그가 다시 배에 오르게 되리라는 다른 이들의 보장에, 부모를 만나러 그들과 함께 갔다." 그 시대의 점검 명부들에는 어느 배이든 허다한 무단 외출이 드러나 있으니, 이것은 전혀 특별한 것이 아니었다. 그런데도, 공은 강제로 그 선원을 붙잡으리라 결심하고, 1백여 명의 사람들을 뒤쫓아 보냈는데, 그들은 연안 풍랑에 배에서 내릴 수밖에 없었다. 두 신사, 홈스Homles와 헬Hell이 인질로 붙들렸다. 헬에 대해선 우리가 아는 바가 거의 없지만, 홈스는 제국국가의 형성에 조력했다. 여기에 해양 세력이 토착민들과 대결하는 바다와 연안에서의 급박한 일련의 사태들이 뒤따랐다("꿈의 해안, 터무니없는 깨어남"이라 쎄제르Césaire***는 썼다). 한 카누는 교섭하기 위해 노 저어 나왔

---

 * 그로메타는 포르투갈어에서 연원한 말로 17세기에 아프리카 연안에서 아프리카측 교역자들과 이베리아인 교역자들 사이에 중계역을 맡았던 사람들을 가리킨다.
** 랑사도(The Lançados, 축자적으로는 내몰린 자들이란 뜻)는 카보베르데제도와 서아프리카의 다른 지역에 거주한 포르투갈 연원의 정주자들과 모험가들이다. 다수가 포르투갈의 종교재판에 따른 박해를 피해 온 유태인들이었고, 현지 아프리카 종족들에서 아내를 맞았다. 때로 이 명칭은 그들의 아프리카쪽 후손들에게도 붙여졌다.

다. 사람들 중 하나가 살해 되었다. 공은 다른 1백여 명의 총사들을 풀었다. 원주민들은 "상당한 무리의 사람들을 바다로 내보내, 목들만 내놓고, 우리들의 상륙을 방해하려다, 그들에게 우리가 맞닥뜨린 것을 보자, 총알의 처단을 피하고자 물 아래로 잠겨 들었다. 그러고 나서 나타나 우리에게 화살을 일제히 퍼부었는데, 그 중 하나가 불행히도 루펏공 전하의 왼쪽 젖가슴 위에 살 아주 깊숙이 맞았고, 공은 즉시 칼을 달라하여, 그것을 친히 잘라내었다."

이걸로 그만이었고, 야쿠스 덕분에, 다른 이들은 구출되어서, 그들의 배로 빨리 노 저어 돌아와, 멀리 벗어났다. 야쿠스 자신은 루펏이 제안한 보상들을 거절한 채 거기 남는데, 해안 혹은 내포란 육지와 바다 사이의 중개 지역을 택해서였다. 그 지방의 구전 역사가들인, 그리오족은 이곳이 『뿌리』 *Roots*, 1976의 지역이어서 쿤타 킨테와 "한 아메리카 가족의 사가*saga*"만이 아니라, 해안들에 가한 유럽측 폭력의 여러 세기에 걸친 다수의 사가들을 기억하고 있다.[64] 왜 이 아프리카인 선원이 루펏에게 그렇게 중요했는가? 그의 언어적 능력인가? 그의 지역에 대한 그의 지식인가? 바다사람으로서의 기술들인가? 혹은 이 지역에서의 영국의 이해들에 위협적인 것으로 될지도 모르는, 아메리카 노예제에 대한 그의 범대서양적인 지식이었는가? 우리가 하는 이야기는 한 가족의 사가가 아니라, 유럽의 심해선 선원들과 아프리카 카누의 배꾼들이 결정적으로 만나는 계급적 힘들의 이야기이다. 이 만남은 이 경우 그 상처를 남은 그의 생애 동안 지니고 다니게 될 공통의 적에 대항하여 협력하는 저항의 가능성을 담고 있었다.

*** 에메 쎄제르(Aimé-Fernand Césaire, 1913~)는 마르티니크에서 출생하여 불어로 작품을 쓴 아프리카 시인이자 극작가. 레오폴드 쌍고르와 함께 네그리뛰드 운동을 창시했다.

루펏이 퇴각하기 시작하자마자 그의 배 중 하나에서 선상반란이 일어났고 배를 멀리 몰아가 버렸다. 그러자 두 번째 반란이 카보베르데제도에서, 윌리엄 콕슨William Coxon의 주도로 벌어졌다. 선사장인들, 포수들, 갑판장들, 항해사들이 그와 함께 했다. 그런 사관들이 1648년 반란의 선봉에 섰었다. 버나드 캡Bernard Capp은 "병참보다 우선"한다고 주장한 한 포수의 말을 전거로 든다.[65] 그 배에는 115명이 승선하고 있었는데, 프랑스인, 스페인인, 네덜란드인, 영국인, 그리고 다수의 아프리카인들이었다. 이 여러 언어를 쓰고, 민족이 복합된 선원 가운데 25명이 적극적인 반란자들이 되었다.[66] 그들은 배의 이름을 화잇홀의 복수Revenge of Whitehall(국왕 찰스 스튜어트는 화잇홀에서 참수되었다)에서 마마튜크Marmaduke호로 바꾸고, 그 이름으로 1655년 카리브해역으로 버너블스와 펜과 함께 항해하게 된다. 1649년 아일랜드로 가는 군사들에게 주어진 열 번째 설문은 "(지금 영국인들처럼) 자유를 걸고 싸우는 사람이, 만약 다른 이의 자유를 침해한다면, 과연 스스로가 전혀 면책될 수 없는 것 아닌가, 그리고 진정한 자유의 표본이 지닌 특별한 표지와 특징짓는 상징은 그 자신의 것과 더불어 모든 사람의 정당한 자유를 추구하는 것 아니겠는가?"라는 것이었다.

1652년 감비아 강에서의 조우들은 루펏공과 로벗 홈스Robert Holmes의 삶을 계속 틀지었고, 이들이 다시 영국 대서양 역사의 경로를 틀지었다. 로벗 홈스는 두 차례 감비아로 돌아오는데, 1661년 처음, 나중 제임스 아일랜드James Island가 되는 강상의 주요 영국 요새를 확보하기 위해, 그리고 나중에는 1663년에서 64년, 네덜란드측 상관商館들을 공격하기 위해서였다. 수년전 그와 루펏이 배꾼들과 교전했던 지역 근처로 항해하자, 그는 "이곳 포토댈리Portodally [포튜덜Portudal]에서 하느님의 뜻이 아니었다면 해안 촌락의 흑인들 몇몇에 살해당했을 터이다"라고 상기했다.[67] 해군이 국가를 형성하는 기관으로 되어가던 시기에 자신의 이력을 쌓아가면서, 홈스는 직접 두 세계 전쟁을 촉발시켰다. 특정하게는 제임스 아일랜드와 넓게는 감비아 강 전체가 "모든 아프리카 회사들의 내력 내내 아프리카 북부에서 영국인들의 주요 거점"이 되었다. 드라이든*이 그를 추켜올려, "그리고 홈스, 그 이름 장대한 노래 속에 살아남을…… 처음 우리들 눈을 기니의 금으로 홀리게 만든 이"라 했다. 드라이든은 루펏도 독수리, "대양의 위 높이 깃을 치는" 메시아로 칭송했다. 루펏은 찰스 2세가 왕좌에 복귀한 다음 1660년 과 다시 1663년에 〈왕립 아프리카 회사〉 Royal African Company를 재설립하는데 추진 세력이 되었다. 이때의 설립안은 헤라클레스의 표주들로부터 희망봉, "그리고 아프리카 방면들의 모든 독자적 항구, 내만, 후미, 섬, 호 및 지구들"에 이르기까지 전체 해양 연계점이 된다는 거창한 주장을 내놓았다. 놀라운 강탈을 그처럼 기괴하게 말로 이루어낸 것은 바오밥 나무에서 머리를 내밀고 니우미**의 첫 왕 (즉 만사mansa***)에게 이르길, "한 나라를 발견해냈다는 그대 주장을 부정치 않으리오만, 무슨 나라를 찾았건, 그건 주인이 있네"라고 말하는 박쥐와 비교될 만하다.[68]

루펏의 가슴께 상처란 사단은, 첫째, 노예무역에서 노역자들은 어떤 조건들—이 경우, 가족들에게 작별을 고하러 해안으로 내리는 것이 여느 수부이건 허용되는—아래에서만 가담했고, 그리고 둘째로, 프롤레타리아의 빠르게 늘어나는 부분이 선원들과 아프리카 노예들이었단 점을 일깨워 준

---

* 존 드라이든(John Dryden, 1631~1700)은 영국의 시인·극작가·문학비평가로 당대를 '드라이든 시대'라고 부를 만큼 당시의 문학계를 주도한 문인이다.
** 감비아의 니우미 지역은 바라(Barra)라는 비전통적인 이름으로 불리었다. 만딩고어를 쓰는 아프리카인들은 감비아 강 하구의 북쪽 연안 나라를 니우미라 불렀다.
*** 만사는 만딩고어로 "왕 중의 왕"이란 뜻이다.

다. 선원들은 여러 인종에 걸쳐―아일랜드인, 영국인, 아프리카인들―었고, 이런 아프리카측 해양 세계의 중심은 런던이었다. 비록 블랙하우스 자신은 런던으로 되돌아올 수 없었지만, 그의 선하船荷는 돌아왔고, 거기에는 "검은 톰"*이 런던에서 어떤 싱투형으로 되던 때의 "한 검둥이 소년"도 포함되어 있었다. 웨스트민스터에서 톰은 자신을 어느 늙은 수전노에게 소개했는데, "훌륭한 상존, 내 올굴론 잉국인 아니데, 말로도 잉국인 아님. 내 갬사하는 아퍼리카 이뱅인, 나 맨코만은 됨임다"**라 했다. 톰은, 살아 내 내 영국을 한 번도 벗어나지 않았었고, 영어 말고 다른 말은 하지 못했었지만, 이방인들에 대한 런던치들의 탐욕과 편견을 그 자신의 편익으로 바꾸어내려 조종한 재간꾼이었다.[69]

1659년~1660년, 런던

1647년의 푸트니 논쟁이 노예제폐지론 운동으로서의 영국 혁명을 드러낸다면, 찰스 2세와 스튜어트 왕조의 복귀 전야에 열린, 1659년 노예제 및 "자유민다운 영국인"에 관한 의회의 논쟁은 하나의 반혁명적 역전으로 특징지어졌다. 프랜시스와 레인보로가 혁명적 가능성의 정점에 즈음하여 노

---

* "검은 톰"(Black Tom)은 일종의 문화적 상투형으로 영국에서 증가해 가는 아프리카 혈통의 사람들의 존재를 대변하는 것이다.
** 원문은 아프리카인이 하는 이상한 영어로 "Gwide Maystre, Me non Inglant by mine Phace, none Inglant by mine Twang : Me de grecat strawnger of Aphric, me de pherry phull of Maney"라 되어있다. 이것을 표준영어로 '번역한다면' 대략 "Good Masrer, I am not English by my face, nor English by my tongue: I am a grateful stranger from Africa, and I'm very full of money" 정도가 되겠다. 그래서 "모습도 말도 영국인 같지 않지만, 돈 많은 아프리카인이다"라는 뜻이다.

예제와 자유 사이의 관계를 문제 삼은 때로부터 상황은 변해 있었다. 급진론자들을 국내에서 억압하자 영국 부르주아에게 아일랜드, 바베이도스, 자메이카 그리고 서아프리카에서 새로운 모험이 가능해 졌다. 1569년 3월 25일에 마셀러스 리버스Marcellus Rivers와 옥슨브리지 포일Oxenbridge Foyle은 "이제 바베이도스에서 노예로 있는 그들 자신과 육십하고도 열이 되는 이 나라 자유로운 영국인들을 대표하여, 그들의 가장 비기독교적이며 야만스런 취급을 설명하며" 하원에 청원을 냈다. 이어진 논쟁은 이전 영국 혁명에서 적수였던 의회론자들과 왕당파들 사이에, 노예제, 인종 그리고 제국에 대한 생각들이 접근함으로써, 왕조 복고에로 길을 열게 되었다는 점을 분명히 해주었다.[70]

리버스와 포일은 찰스 스튜어트에게 총포를 겨누었다고 체포되어서 1645년 쎄일스버리 봉기의 여파로 구금되었다. 그들은 제대로 된 재판도 못 받고 일 년 동안 자의로 징역을 살았다는 이유로 "자유민다운 영국인"이 되지 못하게 취급받았음을 항의했다. 그러자 그들의 감옥들에서 끌려나와 플리머스로 급송되어, 심해선 하나에 내던져져 올랐다. 상인이자 의원인 마틴 노얼Martin Noell의 물건들과 가재처럼, 그들은 말들과 함께 하갑판에 구금되었다. 리버스와 포일은 얼마나 많은 동료 백인 노예들이 죽었는지, 캔버스천 관에 집들려져서, 뱃전 너머로 내던져졌는지는 말하지 않았지만, 그 항해가 전형적이었다면, 숫자는 여덟에서 열넷 사이였을 법했다. 몇 주 후 죄수들은 바베이도스에 도착해서 "그들의 일할 능력들에 따라, 대충, 천 오백하고도 50파운드 사탕 근당의 무게로, 가장 비인간적이며 야만스런 인간들에게" 팔렸다. 그 노예들은 강제로 노역에 몰려, "분쇄소에서 돌며, 화덕을 지키거나" 영국, 아일랜드, 스코틀랜드, 아메리카 및 아프리카 출신의 다른 노예들과 줄줄이 서 경작지들에서 일구는 일을 했다.[71] 그들은 더러운 집에서 살았고, 감자를 먹었으며 구정물을 마셨고, 채찍질을 당하며, 사고 팔렸다. 그들의 청원은 그런 착취에 맞서 인간적 권리가 있다는 뜻을 담았다.[72]

청원은 과열되고 표리부동한 논쟁을 촉발시켰다. 하원의원들은 청원자들이 앞서 30년 넘게 홀려 넘겨진 수천의 영국 남자들 여자들과 다를 바 없다는 것을 알고 있었다. 노얼은, 그들 중 다수를 홀렸던바, "나는 그들 지역들로 거래했노라"라고 인정할 수밖에 없었지만 서둘러 바베이도스에서의 식민농장주 계급을 옹호해, 거짓되게도, 사탕수수 식민농장들에서의 일이 드러난 것처럼 그리 심하지도 않고, 사실로는 그 섬이 "세상의 어느 지역만큼이나 거래에 흡족했노라" 말하며 답했다. 그는 청원의 영향을 식민농장 건설에 있어 계약 하인들이 지닌 역사적 중요성을 부정함으로써 그리고 인종적인 차별들을 슬며시 끼워 넣음으로써 누그러뜨리려 기도했다. 바베이도스에서, "일들이 대개 검둥이들에 의해 이루어진다"고 그가 의회를 안심시켰다.[73]

의회의 일부는 그 청원을 정치적으로, 왕당파적 쟁점처럼 다루었다. 하지만 1636년~37년 보스턴에서의 반율법주의 논란에서 앤 허친슨을 지지했었던 천년왕국론자 급진파 헨리 베인Henry Vane경은, "나는 이 사안을 왕당파스런 사안으로가 아니라, 다만 영국의 자유민다운 민중들의 자유에 관한 사태로 바라본다"라고 선언했다. 아서 앤슬리Arthur Annesley는 "대헌장*

---

* 1215년 잉글랜드의 존 왕이 내란의 위협에 직면하여 반포한 인권헌장. 1216, 1217, 1225년에 개정되었다. 이 헌장은 그 시대의 사람들보다 후세 사람들에게 더 큰 의미를 지녔다. 대헌장은 반포된 지 얼마 안 되었을 때부터 압제에 항거하는 상징과 구호로 인식되었으며, 이후에도 사람들은 자신들의 권리가 위협받을 때마다 그에 맞서 대헌장을 자신들의 보호장치로 해석했다.

이 이 의회에 반하여 움직인다고 들으니 유감이오. 영국 사람이라면, 왜 그 혜택을 보지 말아야 한다는가?"라고 덧붙였다.[74] 몇몇 의원들은 영국의 자유를 아프리카 노예제에 맞서 규정하기 시작했다. 1655년 스페인으로부터 자메이카를 손에 넣는 성공한 공세에 투자했었던, 에드워드 보스카우언 Edward Boscawen은 "그대 앞에 사도 바울의 건*이 있소, 로마시민은 맞서선 안 될 것이오"라고 설명했다. 이로써 그는 영국인됨이 그걸 가진 자들을 폭력에 맞서 보호하는 세계적 시민권으로 되어야 한다고 뜻했다. 만약 의회가 청원에 대응하지 못한다면, 그가 엄숙히 설명하되, "우리들 목숨은 저들 검둥이들 마냥 싸구려"가 될 것이라 했다. 아서 헤실리지Arthur Hesilrige경은 영국사람들이 아프리카인들과 나란히 일하는 것을 떠올려야만 하니 "눈물을 억누르기 힘들었다." 혁명의 보편론적 주장들이 편협한, 인종주의자의 민족주의로 물러서는데도, 몇몇은 아직 더 폭넓은 이상들에 매달렸다.

---

* 「로마인들에게 보낸 편지」 말미에서 바울은 자신이 예루살렘의 유대인들에게 화를 입지 않을까 하는 우려를 나타냈고, 심지어는 예루살렘 교회가 의연금을 받아들일 생각이 없을는지도 모른다는 것을 암시하기까지 했다. 이 2가지 우려는 현실로 나타났던 것 같다. 「사도행전」은 이방인 교회로부터 파견된 사람들이 바울로의 예루살렘 여행에 동행했다고 전하지만 의연금에 대해서는 전혀 언급하지 않는다. 이처럼 의연금을 언급하지 않은 것은 예루살렘 교회가 그것을 받아들이려는 생각이 없었음을 루가가 전하고 싶지 않은 것으로 가정할 때 가장 잘 설명된다. 만일 그렇다면, 의연금의 전달을 통해 이방인들이 하느님의 한 가족으로 받아들여졌음을 상징하려는 바울의 희망은 좌절된 셈이다. 예루살렘에서 바울은 이방인들이 범접할 수 없는 경계선 너머에 있는 성전의 안뜰로 이방인 교회의 파견자들 가운데 한 사람을 데리고 들어갔다는 거짓 고소를 당해 체포된다. 그것이 주된 이유는 아니지만 이 때문에 바울은 폭도들로부터 생명을 구할 수 있었다. 그는 로마 시민권 덕분에 좋은 대접을 받았다. 바울의 생명을 제거하려는 음모가 꾸며졌을 때, 그는 로마 군대의 사령부가 있던 카이사리아로 압송되었다. 총독 펠릭스는 유대교 당국의 반감을 사지 않기 위해 바울을 감옥에 가두었다. 2년 후 펠릭스의 후임자인 페스투스(페스도)는 재판을 받을 수 있도록 바울을 예루살렘으로 보내려고 했지만, 바울은 예루살렘행을 거부하고 로마 황제에게 상소했다. 로마를 향한 여행은 늦가을에 시작되었으나 도중에 배가 난파되는 바람에 여행자들은 몰타에서 3개월 동안 발이 묶였다. 그들은 AD 60년 봄 로마에 도착했다. 그곳에서 바울은 재판을 기다리며 2년 동안 가택연금 상태에 있었다.

존 렌설John Lenthall경은 "나는 우리 전쟁의 효과가 사람들을 상거래 하는 것이 아니길 바란다"고 염려했다. 토머스 기언Thomas Gewen은 "나라면 사람을 수소들과 말들처럼 팔리게 하진 않을 것이다. 사람을 파는 일은 높은 본연에 반함이다"라고 불평했다. 존 비크John Beake 소령은 요점을 정리하여, "다른 틀 아래에서와 마찬가지로 공화국에서도 노예제는 노예제다"라 했다.[75]

힐러리 맥디 베클스가 설명한대로, 그것은 어떤 결정적인 계기였다. "바베이도스인들, 그리고 다른 서인도제도인들이, 진짜로 백인 노동자를 더 이상 필요로 하지는 않는다―흑인 노예제가 온전히 자리 잡았고 아주 이익이 나는 것으로 입증되었다고 의회는 느꼈다." 한편, 식민본국에서 군사적 노동력은 그 자체로 문제적임을 드러내고 있었다. 푸트니 논쟁 이후 금세, 신형군의 보통 병사들은 다시 반항적이 되었고 다시 그들을 대변할 선전원들을 선출했다. 푸트니의 유령이 자산 있는 자들을 사로잡았고, 이번에는 그들이 왕조를 되살린 터였다.[76] 일단 권력에 복귀하자, 왕당파들은 "자유민다운 영국인의 권리들"에 대한 그들의 발상을, 애당초 그 담론을 진전시켰었던 바로 그 사람들에 맞서, 본보기로 목매달기를 포함한 탄압을 조직함으로써 실행에 옮겼다. 토머스 베너Thomas Venner라는 뉴잉글랜드인이 "우리 왕 예수와 성문 위의 머리들"이라―실행된 시해에서의 머리들을 뜻하여 노래하며 제5왕국파 노역자들을 1661년 국왕에 맞선 전투로 이끌었다.[77] 베너 자신은 붙들려, 목매달리고, 끌려 다니다 사지가 찢겨져, 머리는 공개리에 올려 꽂혔다. 참수된 히드라다.

백인 우월이라는 영국식 신조가 전개된 것은 그렇게 반혁명, 왕조의 복귀, 그리고 노예무역의 진전이란 맥락 속에서 일어났다. 영국의 지배자들은, 루펏과 홈스에 이끌리고 생각을 얻어, 아프리카로 가는 〈왕립 모험가

회사) Company of Royal Adventurers를 위한 면장을 새로 쓰고 서아프리카 인간-무역의 통제를 걸고 네덜란드인들에 대해 전쟁을 벌이는 것을 논의하기 시작했다.[78] "자유민다운 영국인"이란 표현의 의미는 그 이후로 세계의 사람들 대다수에게 결코 전적으로 순수하거나 희망적일 수 없었다. 왕정복고기의 탄압은 급진론의 이산을 완결 지었다. 대역자들은 아메리카와 유럽으로 실려 나가서, 랜터파, 퀘이커교도들, 머글턴파들은 해외로 사라져 버렸다. 퀘이커교도인 에드워드 버로Edward Burrough는 찰스 2세에게 말하길, "만약 이 인본人本들을 그대가 부수어야만 하더라도, 우리들 원칙은 결코 말살치 못하리니, 영원히 살아남아 살고 행하고 말하기 위해 다른 몸들로 들어가리라"고 했다.[79] 되돌아오는 히드라다.

1663년~1676년, 버지니아

1663년 9월 버지니아 (글로스터 카운티) 포플라 스프링에선 일단의 노동자들이 한밤 숲속의 한 집에서 은밀히 만났다. 그들은 집에서 집으로 행진하여 다른 이들에게 단결을 호소하고, 그 다음 총독에게서 그들의 자유를 요구하기 위해 무기들과 북 하나를 손에 넣으리라 계획했다. 반란자들의 몇몇은 신형군의 붉은 상의를 입었고, 일부는 제5왕국파들이며 다른 이들은 머글턴파들이었다. 왕정복고에 즉해 그들은 노역을 선고받고 버지니아로 실려 왔었다. 이들은 이제 총독을 축출하고 독립된 공화국을 세우려 계획하면서, 식민농장 체제 안에 널리 퍼진 노동자 불만을 동원하려 마음먹고 있었다. 어느 밀고자가 그 계획을 발설했다. 넷은 목매달리고 다섯이 유형에 처해졌다. 개척이민들은 봉기의 날인 9월 30일이 연례 휴일로 추념되어야 한다고 결의했다.[80] 혁명적인 반율법주의가 담배 밭들에서 고개를 들고 있었던 것이다.

초창기 체사피크 담배농 프롤레타리아는 뉴게잇 출신들, 퀘이커 교도들, 배교자들, 선원들, 병사들, 비국교도들, 하인들 그리고 노예들로 이루어져 있었다.[81] 1662년 버지시스 하원*은 태형기둥들을 세우고 주인들에게 그 하인들을 때리는 법적 권리를 허여했다. "제 주인들과 감독들에게 반항하여 여러 말 안 듣고 제멋대로인 하인들의 뻔뻔스런 통제 불능"을 개탄하면서, 그들은 그나 그녀 주인, 마님 혹은 감독에게 거친 손을 대는 누구에게나 구타와 특별 대접을 약속했다. 더글러스 딜Douglas Deal은 버지니아 동쪽 해안에서 점증하는 긴장들을 요약하여, "하인들에 의한 물리적 폭력, 언어적 능욕, 태업, 사보타지, 도망치기 등 모두가 1660년 이후 훨씬 흔한 게 되었다"라고 쓴다.[82] 바베이도스에서처럼, 하인들과 노예들은 흔히 함께 도망쳐서, 1661년과 1662년 노예가 주인에게서 벗어난 때 그 하인이 책임지게 만드는 억압적이고, 교묘히 분열시키는 법제화를 촉발했다. "제 자유로운 조건을 망각하고, 국가에 욕되게도 검둥이 노예들과 넘나맺어 그로써 그런 여자들의 건과 주인에게 참말로 닥치는 엄청난 손해를 다루어 또한 다양한 소송들이 일어날 수도 있는" 영국여성들에 맞서 1664년 메릴랜드의 지배자들은 하나의 법안을 통과시켰다. 버지니아의 거물들은 1672년 하인들이 "도망을 놓아" 탈주노예들의 집단에서 노예들에게 "한데로" 될 것을 염려하였다. 버지시스 하원은 식민지로 퀘이커교도들이 드는 것을 금지했고, 이미 거기 있는 자들의 구금을 요구했으며 그들의 회합과 출판을 금

---

* 버지시스 하원(The House of Burgesses)은 버지니아 식민지의 하원으로, 신세계에서 처음 선출된 입법 의회였다. 시간이 흐르면서 그 이름은 버지니아 식민지의 공식적 입법 기관 전체를, 아메리카 혁명 이후에는 독립주의 의회를 가리키는 것이 되었다.

지시켰다. 1662년 초반 제임스타운의 냄새나는 감옥에서 인디언들과 함께 기둥에 사슬로 묶였던 전前 신형군 병사, 조지 윌슨George Wilson은 다른 이들의 "노동과 땀에 대하여 제대로 먹으려는 데 아랑곳없는 게으르고 악한 무리"들의 잔혹성과 억압을 고발했다. 윌슨은 여성들이 이단적인 교설을 설파하는 인종이 섞인 모임들을 조직했다. 거대 식민농장주들은 담배 생산에 필수적일 때 외에는 인종간의 협력을 공격했다.[83]

식민농장 노역자들의 저항은 1675~76년에 베이컨의 반란Bacon's Rebellion*으로 폭발했고, 이는 사실상 두 개의 다른 봉기들이었다. 첫째는, 1675년 말에 시작되어, 인디언들과 버지니아의 식민지 지배 계급의 일부에 맞서 자유민들과 소농들이 땅을 두고 벌인 전쟁이었다. 둘째는, 1676년 9월에 시작된바, 버지니아 총독 버클리Berkeley의 군대에 대항한 군사 복무를 교환조건으로 너새니얼 베이컨에게서 자유를 약속받고 이 싸움에 뛰어든 하인들과 노예들이 벌인, 노예제에 맞서는 전쟁이었다. 9월 말에는, 반란군이 "자유민들, 하인들 및 노예들로 성리돼, 베이긴 군대의 조직이 이들 세 구성부분"으로 되었다. 다른 베이컨 추종자들 다수, 특히 소유주들인 이들은, 곧 그를 떠났다.[84] 하지만 하인들과 노예들을 자유롭게 하는 것이 베이컨에게 한 편의 조력을 잃게 했더라도, 다른 한편에서 늘어나, 가난하고 억센 패거리들이 식민지 전체에서 그에게로 몰려들었다. 1677년 런던에서 출간된『버지니아에서의 기괴한 소식』Strange News from Virginia은, 베이컨의 군대가 노예들 및 하인들과 더불어 "배교한 영국인"들로 이루어졌음을 주목

---

* 베이컨의 반란(Bacon's Rebellion) 혹은 버지니아 반란(Virginia Rebellion)는 버지니아 식민지에서 1676년 너새니얼 베이컨(Nathaniel Bacon)의 주도로 일어난 봉기였다. 아메리카 식민지들에서 처음인 반란으로 불만에 찬 개척이민들이 참여했다. 유사한 봉기가 메릴랜드에서 같은 해에 일어나기도 했다.

했다. 시인 앤드류 마블Andrew Marvell*은 한 배의 선장으로부터 베이컨이 "우선 모든 하인들과 검둥이들에게 자유를 선포하며" 제임스타운에 입성했다고 들었다.[85] 이것은 희년을 말하는 것이었다.

노예제폐지론자들은 제임스타운을 불태우고 버클리 지지자들의 재배지들을 약탈했다. 토머스 그랜섬Thomas Grantham이 국왕을 대리하여 1677년 1월 분규의 최종 타결을 교섭하려 들면서, 무장한 영국 및 아프리카 하인들과 노예들을 대면했다. 그는 재빠르게 하인들에게 더 나은 타협안을 제시함으로써 그들을 분열시키려 기도했다. 일부가 그 안을 받아들여 집으로 갔고, 다른 이들은 로어노크**로 도망했으나, 여전히 다른 이들은 계속 싸우길 원했다. 80명의 노예들과 20명의 하인들이 무장해 남아, 그랜섬이, 비록 안 지킬 것이나, 자유에의 약속을 되풀이하게 했다. 아직 무장한 반란자들이 탈주를 꾀하여 대형 범선들에 오르고 난 뒤, 그는 한 배의 포를 그들에게 돌려, 굴복하고 다시 노예됨을 감내하게 강요했다.[86]

베이컨은 수평파로, 그의 추종자들은 반율법주의자로 매도되었다. 그

---

* 앤드류 마블(Andrew Marvell, 1621~1678)은 영국의 시인으로, 그의 시는 정치적 명성에 가려 20세기에 와서야 빛을 보았다. 뛰어난 세속 형이상학과 시인으로 평가된다. 처음에는 올리버 크롬웰의 공화정에 반대했으나, 「아일랜드에서 귀국한 크롬웰에 관한 호라티우스풍의 송시」("An Horatian Ode upon Cromwell's Return from Ireland," 1650)를 썼고, 1653~57년에는 크롬웰의 보호를 받던 윌리엄 더턴의 가정교사가 되었다. 1657년에는 외무부에서 존 밀턴을 도와 라틴어 비서로 일하기도 했다. 1659년 헐 지역 하원의원으로 뽑혀 죽을 때까지 능숙하고 효과적으로 이 직책을 맡아나갔다. 1660년 찰스 2세의 왕정복고 뒤에는 정치적 풍자문을 썼는데, 특히 찰스의 대법관 클래런든경을 공격하는 풍자시 「화가에게 주는 마지막 교훈」("Last Instructions to a Painter")과 산문으로 된 정치풍자 「뒤바뀐 연습」("The Rehearsal Transpos'd," 1672~73)이 유명하다. 고상한 왕당파 시인과 견해를 같이하기도 했으나, 자연시들은 청교도 플라톤주의자의 시와 닮은 점이 많다. 당대에 드물게도 그는 일생 동안 정치나 종교의 어느 한 분파도 지지하지 않았다.
** 로어노크 식민지(the Colony of Roanoke)는 신세계의 첫 영국 식민지로, 로어노크 섬에 자리잡았다.

의 연극 『홀로된 랜터파, 혹은 버지니아에서 베이컨의 내력』*The Widow Ranter, or a History of Bacon in Virginia*, 1690에서 아프라 벤은 그 식민지의 17세기 반란들에서 혁명적 연속성을 보아, 버지니아에서의 사건들에 대한 랜터파의 영향을 암시했다. 그가 홀로된 랜터파란 등장인물을, 병사들과 더불어 죽기를 선택했던 창녀들을 포함하는 일군의 여성 반란자 중 어느 누구에게 근거를 두었을 법하다.[87] 동시대인들은 베이컨의 군대에서 반세기 전 프랜시스 베이컨이 이론화한바 지독한 괴물스러움을 보았다. 버클리 총독이 1676년 6월 "인민의 제일 저급한 중에 끔찍스런 숫자가" 그 자신 또 다른 마사니엘로인 베이컨으로 입장을 정했다고 썼던 한편, 에드워드 힐Edward Hill 대령은 "비천한 저 히드라의 꼬리질 아래 떨어진 용감하고, 현명하며, 곧고도 죄 없는 좋은 사람들" 다수를 개탄했다. 버지니아의 지배자들은 반란자들 스물 셋을 처형했다.[88]

1675~76년 식민농장 노역자들의 봉기는 체사피크 지역의 뒤이은 변화를 틀지었다. 반란이 끝난 바로 직후, 식민농장주들은 총독에게 "사악한 주인들이나 감독자들이 기독교인 하인들에게 가할지도 모르는 그 어떤 비인간적 잔혹함"도 제지해야한다고 공세를 폈다. 식민농장 프롤레타리아의 자의식적인 분화는 1682년의 입법조치에 한층 더 분명해져서, "기독교도가 아닌, 이 나라에 선적되어 수입된 모든 하인들"(즉 아프리카인들)은 평생 노예여야 하며, 반면 육로로 온 자들(인디언들)은 12년간 하인이어야 한다고 규정했다. 유럽출신 하인들은 여전히 단지 사오 년간 기한을 채우도록 했다. 버지니아의 대규모 식민농장주들은 유럽출신 계약하인들*을 아프리

---

* 계약하인(indentured servant)은 고용인과 계약서(indenture)를 작성하여 그에 따라 일정 기간 동안 일을 하는 노동자를 말한다.

카 노예들로 대신하기 시작했으며,[89] 이는 바베이도스에서 그랬듯이 체사
피크지역에서 계약 노역을 변화시킨 진전이었다. 점점 더 적은 계약하인들
이 수입되었고, 그들에게는 숙련된 관리직이나 감독직책이 주어지는 경향
을 띠었다. 1670년대 말부터 시작해 입법조치는 영국령 아메리카 식민농
장 식민지들 전체에 발효되어 "기독교도" ―점차로 "백인인" ―식민이주자
들을 발양하고 보호하게 되었다.[90]

1670년대가 되자 반율법주의자들은 그들이 식민농장 노동의 경험에
거리를 두고 반역적인 노예들로부터 식민지를 방어하는 지역방위군에서
복무하면서, "백인" 식민이주자들이란 그즈음 중요한 부분 노릇을 하는 한
에서만 대규모 식민농장주들에게 용인되었다. 조지 폭스는 1671년 노예
반역은 "우리들이 정말 거부하고 혐오하는 사안"이라 설명하여 바베이도스
노예소유주들을 무마했다. 영국 혁명에서 반율법주의의 첫 번째 패배가 노
예무역을 공고히 하고 자본주의의 성장을 가속하는 데 도움을 주었었다면,
아메리카에서의 두 번째 패배는 식민농장을 새로운 체제의 기초로서 공고
히 하는 데 도움을 주었다. 체사피크 지역의 "사나운 향토 기질"은 서서히
그 색깔을, 잡색으로부터 검게 바꾸었고, 1680년이 되자 대서양 권역에서
의 주된 혁명적 세력들로서의 계약하인과 반율법주의의 시대는 지나가게
되어버렸다. 개척이민들의 다인종적 반란에 대한 공포는 1680년과 1682년
에 통과된, "검둥이 봉기" 예방을 겨냥한 두 개의 법안들에 표현된 대로,
노예 폭동에 대한 공포로 대치되었다. 그런 전환은 〈하인 및 노예 관련
법〉An Act Concerning Servants and Slaves, 1705으로 완결되었는데, 이는 하인들의
권리를 보장하고 버지니아에서 생산의 토대를 이루게 되는 하나의 자산 형
태로 노예들을 규정하는 것이었다.[91]

1670년대 말이 되자 버지니아와 메릴랜드에서 식민농장은 그렇게 정

착되지만, 다른 대안들이 남아있었고, 그중 하나는 가까이 손에 잡힐 듯했다. 노예제에서 도망한 일부가 앨버말 내만에 위치한, 로어노크에 공유지들을 복원했다. 그 음습한 소택지로 (노역계약서가 있기도 하고 없기도 한) 유럽인들과 아프리카출신 아메리카인들, 중범들, 땅 없는 빈민들, 부랑자들, 거지들, 해적들 그리고 1640년대부터 시작해 터스커로라 인디언들의 보호 아래 거기 살았던 온갖 부류의 반란자들이 도망쳐 왔다. 그들 모두는 고기를 잡고, 사냥하고, 덫을 놓고, 작물을 심고, 교역하며, 섞여 결혼하고 그리고, 그들의 주요 연대기 편자 휴고 레밍Hugo Leaming이 메스티조 문화라고 부른 바를 이루었다. 그 공동체의 구성원들에는 세코턴이라 알려지기도 한, 터스커로라 제국의 전투 대장이자 터스커로라족들의 최고 회의 구성원인 너새니얼 배츠Nathaniel Batts, 아프리카출신 아메리카인들인 토머스 앤도버Thomas Andover, 안내인 그리고 프랜시스 존슨Francis Johnson, 난파선 약탈자, 또 존 컬페퍼John Culpeper 등이 포함되었는데, 후자는 "가난한 사람들이 부자를 약탈하도록 음모를 꾸미고 기도했다는 혐의로 목매달릴 위험에 처해서," 싸우스캐럴라이나의 찰스턴을 떠났다. 컬프퍼는 베이컨의 반란과 또 다른 뉴잉글랜드에서의 봉기에 가담하기도 했고 이는 1677년 영주 식민정부를 설립하려는 시도에 저항하여 무장한 전식민농장 노역자들, 선원들, "인디언들, 검둥이들, 여성들"을 이끌려 로어노크로 되돌아오기 전이었다. 로어노크의 사람들은, 그들의 "열성"과 서약에 대한 반대, 반교권주의, "내면의 빛"에 대한 강조, 그리고 "양심의 자유"에 대한 신심 등으로 유명하여, 반율법주의자이자 폐지론자들로, 일찍이 1675년에 노예제의 종식을 요구했다. 다인종의 탈주자 지역의 존재 자체가 버지니아에는 하나의 위협이어서, 총독은 그 해방된 지대로 "수백의 하릴없는 채무자들, 도둑들, 검둥이들, 인디언들 그리고 영국 하인들이 도망 나와" 거기를 식민농장 체제에 대한 공격의 기반으로 이용하게 될 것으로 염려했다. 식민지 당국자들이 로어노크를 길들이고 노쓰캐럴라이나를 하나의 공식적 식민지로 설립하는 데 수년이 걸릴 터였으며, 이후로는 공유지를 향한 투쟁이 바다로 돌려져, 새로운 달주자들인 선원들 및 해적들과 함께 할 것이었다.[92]

하인들과 노예들의 패배 그리고 식민농장 프롤레타리아의 재구성은 과학적 인종주의의 연원들과 함께 했다. 지도 제작자이자 외과의인 윌리엄 페티가 이 문제를 『피조물들의 등급』*The Scale of Creatures*, 1676에서 깊이 다루었다. "비단 사람이라도 여러 종들이 있는 것 같다"고 그는 썼다. "유럽인들은 앞서 언급한 아프리카인들과 색깔에서만이 아니라 …… 또한 …… 자연적인 거동과 그 마음의 내적 특질들에서 다르다고 하겠다." 프랜시스 베이컨을 쫓아서, 그는 채찍을 쥔 감독이나 갑판 위 떡대들의 인종적 편견과는 어조와 방법론이 다른 새로운 담론, 하나의 이데올로기적인 인종주의를 개진하고 있었다. 백인의 우월함에 대한 생물학적 구실은 영국 철학자 로크나 홉에 의해 그리고 영국 생물학자들에 의해 가다듬어졌지만, 그 전개에 있어서 당연한 것은 없었으니, 심지어 영국 내에도 대안적인 접근들이 존재했기 때문이다. 예를 들어, 1680년 모건 거드윈은 검둥이의 저열함이란 신조를 노역의 거부로 설명했다. "확실히 나태와 탐욕은 그것을 세상에 나오게 하고, 길러 돌보는 데 거북한 도구들이거나 조력자들이 아니었음이다." 더 일찍이, 1649년 4월, 윈스턴리는 "우리 인간 집단들의 다양한 구성원들이 다름 아닌 하나의 조직체를 완전하게 하듯이, 모든 구체적인 인간이 인류란 족속의 한 구성원일 따름이다"라고 썼고, 같은 해 8월에는 다시 대지가 "사람에 가림이 없이 모든 성원에게 전 인류를 위한" 공동의 보고라고 지적했다.[93]

공유지 혹은 노예제

제라드 윈스턴리는 1640년대 말에 걸쳐 가장 뚜렷이 혁명의 목소리를 냈다. 그는 노예제, 박탈, 공유지의 파괴, 가난, 임금노동, 사유재산, 그리고 사형 처벌에 반대했다. 그가 사회의 재구성을 위해 합당한 계획을 들고 나온 최초의 사람은 아니었지만, 크리스토퍼 힐Christopher Hill이 지적한대로, 그런 계획을 일상의 언어로 표현하여 특정한 사회계급—보통 사람들—에게 행동에 옮기도록 요청한 것으론 최초였다.[94] 그가 어떻게 이런 신념을 갖게 되었는지는 혁명의 연대가 시작될 때의 체험으로 드러나는데, 그때 그는 직물 상인으로 일하면서 사기에 희생양이 되었다. 직물 산업이 몰락하던 때에, 윈스턴리는 개인적으로 274파운드를 잃었고 교구의 자선을 받는 처지가 되었다. 그렇게 그는 "사고판다는 도둑질 기술"에 대해 힘겹게 얻은 쓰라린 지식을 갖게 되었다. R. J. 달튼Dalton은 세심하게 조사한 논문에서 이 사기가 "윈스턴리의 생애에서 유독 가장 영향이 큰 [경험]"이었으며 "그게 없었다면 그의 공산주의적 이데올로기를 결코 발전시키지 못했으리라"[95]고 주장했다.

윈스턴리를 사취한 사람은 매슈 백하우스로, 프렌드쉽호에 올라 1651년 감비아 강으로 항해했던 바로 그 노예무역 상인이었다. 백하우스는 한 연대 전에 "서아프리카의 기니 해변으로 미리 계획한 항해를 떠나기 전" 윈스턴리와 다른 이들에게서 대략 700파운드의 운용 자본을 속여서 모았을 정도로, 무역에 경험이 많았다. 그는 직물이 아프리카에서는 수요가 있음을 알았고, 노예가 바베이도스에서는 수요가 있음을 알았다. 1649년 초반 크롬웰과 의회파들의 급진론자 탄압 이후, 백하우스는 영국으로 돌아와 1651년의 항해로 이어진 신흥 상인들과의 5년 계약에 서명하여, 재구성된

〈기니 회사〉와 관계를 새롭게 했다. 1641년 윈스턴리를 갈취했던 백하우스는 그를 반율법주의와 공산주의 쪽으로 내몰았다. 윈스턴리가, 1647년 푸트니에서의 레인보로처럼, 노예제 없는 미래에 대한 혁명적 비전을 표현했다면, 백하우스는, 아이어튼처럼, 그 비전의 반혁명적 반대항을 실행에 옮기도록 조력했다.

백하우스가 17세기의 위기에 대한 하나의 해결책을 가지고 있었다면, 윈스턴리는 다른 하나를 가지고 있었다. 그 세기의 시작 무렵, 지배계급의 우려는 과잉잉구였었고, 그래서 식민농장들과 이주, 식민지화, 거의 거리낌 없는 대량학살의 발상이 나왔다. 세기의 끝에서는, 지배자들이 그 반대를 두고 초조해 했다. 그래서, 노동력의 창출을 향한 질적으로 새로운 정책―선원들의 동원, 출산 전의 재생산에 대한 주의, 아프리카 노예무역―이 중상주의 국가의 필수적인 과제들로 떠올랐다. 영국의 지배자들, 상인들 및 개척이민들은 노예제를 대서양 자본주의의 기초로 만들면서, 아일랜드, 바베이도스, 서아프리카, 및 버지니아에서 수만 명 이상의 자산을 박탈했다.[96] 백하우스와의 조우는 윈스턴리가 그 위기에 대한 새롭고도 다른 대답을 정식화하도록 도왔다. 그는 공유제를 택했고, 공유지에 대한 이론가가 되었지만, 보다 넓어진 관점에서였다. 영국의 직물이 아프리카로 수출되어, 거기서 바베이도스로 실려 나갈 노예들과 교역되었듯이, 윈스턴리는 정의가 한 국가만의 기획이 될 수 없으며, 공유지도 단지 한 나라에만 존재할 수는 없다고 보았다. "돈이 더 이상…… 일부를 안에 두고, 다른 이들을 밖으로 내모는 거대한 신이 되어서는 안 된다."[97] 1649년 7월 "이 신 포도, 탐욕적으로 살해하는 칼끝에 모든 나라들의 이빨이 물려 있다"고 썼을 때, 그는 바베이도스와 감비아를 염두에 두었다. 그는 계급에 대한 세계적인 의식의 방향으로 움직였다. "영국의 기독교도들이 이교도들 보다 더 낮고 못한 조건 속에 있다"며 그 오래된 상처, 영국의 기독교도들이 속이고 빼앗았다는 것부터 들쑤시며 개탄했다. "분명코, 이교도들의 삶이 심판하여, 가장 위대한 자부터 가장 보잘 것 없는 자에 이르기까지, 그대들에 맞서 살아오를 것이다."98 1649년 4월 30일 보통 사람들을 대신한 그의 선언이 "영국의 권력자들과 세계의 모든 권력자들"에게로 향했다. 압제에서의 해방이 "가난한 보통 사람들 사이에서" 일어나 "모든 나라들로 번져나갈 것이며," 그리하여 "영국과 세계의 모든 공유지와 황폐한 땅을 온당하게 갖춘 사람들이 취하게 될 것이었다."99

1650년 1월 조지스 힐에서 내몰린 뒤, 윈스턴리는 "나는 쓰고, 행동하고, 평화를 찾았다. 그리고 이제는 그 정신이 다른 사람들의 가슴 속에서 제 할 일을 하고, 진리가 승리하여 주재하는 그런 첫 땅이 과연 영국일지, 혹은 다른 곳들일지 지켜보아야만 하겠다"라고 정리했다.100 윈스턴리의 적들에 의해 런던의 수평파들, 아일랜드 병사들, 바베이도스 하인들, 버지니아 노예들에게 가해진 패배들에도 불구하고, 진리는 다른 땅에 과연 주재했다. 그것은 삼면이 단절된 습지의 공동체들에 들어앉았다. 그것은 심해선들의 갑판 위에서 주재했다. 그것은 확산된 항구 도시들의 선술집들에서 가난한 자들과 어깨를 맞대었다. 그것은 대각성운동* 교회들의 신자석이나, 밤이면 노예 오두막들의 진창 바닥 위 걸상에서 귀 기울임을 얻었다. 영국에서, 그것은 잠시 멈춘 것 같았다. "이제 그 정신은 그 자체로 동에서

---

* 대각성운동(Great Awakening)은 주로 1720~40년대 사이에 영국의 아메리카 식민주들에서 일어난 신앙부흥운동이다. 이 운동은 17세기말에서 18세기 초 서유럽을 휩쓸고 간 종교운동의 일부로 유럽에서는 개신교도와 로마 가톨릭교도 사이에서 일어난 경건주의·정적주의와 관련이 있고, 영국에서는 존 웨슬리(1703~91)가 이끈 복음주의와 관련이 있다. 아메리카 식민지 이주자들에게 신세계에서의 일체감과 하느님이 자신들에게 특별한 목적을 부여해주었다는 자각을 불어넣어준 초기 대운동 가운데 하나였다.

서로, 남에서 북으로 아들들과 딸들에게 뻗어나 영속하여, 결코 죽지 않으리라. 다만 그 스스로를 인류 속에서 인류에게로 발현하는 가운데 영속하며, 높이 더 높이 솟구친다."[101] 이것은 영속하는 진실로, 그토록 많은 말들로서 오토바 쿠고아노Ottobah Cugoano*와 윌리엄 블레이크William Blake**와 더불어 영국으로 되돌아오기까지 대서양 서쪽을 떠돌아다니게 되는 것, 즉 노예제에 대항한 투쟁, 공유권을 향한 투쟁이다.

---

 * 쿠오브나 오토바 쿠고아노(Quobna Ottobah Cugoano, 1757?~1801?)는 18세기 후반 영국에서 활동한 아프리카출신 노예폐지론자였다. 지금의 가나에서 펜테 부족 사이에서 난 그는 1770년 유괴되어 노예로 팔렸다. 처음 서인도제도로 실려 갔다가 1772년 영국에 도착했다. 1784년 예술가 리처드 코스웨이(Richard Cosway)와 그의 아내 마리아(Maria)에게 하인으로 고용되었고, 이것이 그의 삶에 전환점이 되었다. 그는 코스웨이 부부를 통해 윌리엄 블레이크나 웨일스공 같은 지도적인 동시대 영국의 정치적 문화적 인물들의 주목을 끌었다. 올로다 에퀴아노(Olaudah Equiano) 및 영국에 거주하는 다른 교육받은 아프리카인들과 더불어 <아프리카의 자손들>(Sons of Africa)이란 폐지론자 그룹에서 활동하며 노예제의 관행을 비판하는 글을 당대의 여러 신문들에 기고했다. 쿠고아노는 그 그룹에서 가장 대표적인 구성원이었고, 노예무역의 역사를 묘사하여, 문제의 주요 근원이 아메리카에서의 유럽 식민주의이며, 노예는 그 무렵 부상하던 대규모 식민농장들의 노역을 감당하기 위해 충원된다고 결론 내렸다.
** 윌리엄 블레이크(William Blake, 1757~1827)는 영국의 시인·화가·판화가·신비주의자였다. 『순수의 노래들』(Songs of Innocence, 1789)·『경험의 노래들』(Songs of Experience, 1794)를 필두로 삽화를 그려 넣은 일련의 서정시와 서사시는 서유럽 문화전통에서 매우 독창적·독자적인 작품들이다. 오늘날에는 최초이자 가장 위대한 낭만주의 시인 가운데 한 사람으로 꼽힌다. 그러나 당시 독자들에게는 무시당했으며, 외곬이고 비세속적이라는 이유로 미치광이라 불렸다. 이러한 까닭에 그는 가난하게 살다가 무관심 속에 죽었다. (이 책의 결론 부분에서 상세히 다루어진다.)

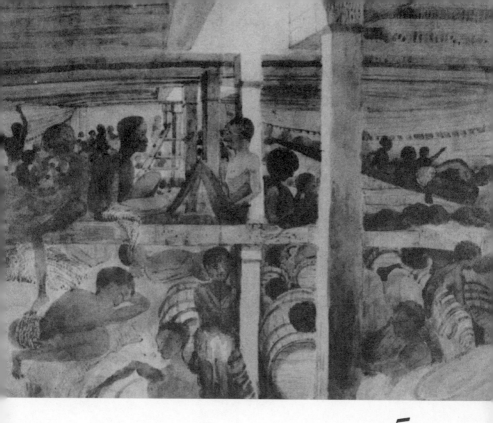

5

히드라국 : 선원들, 해적들 그리고 해양국가

히드라국 : 선원들, 해적들 그리고 해양국가
Hydrarchy : Sailors, Pirates, and the Maritime State

내가 다시 한 번 자유로워졌을 때, 나는 처음 만들어졌을 때의 아담과 같았다. 나는 가진 것이 아무 것도 없었고, 따라서 해적단에 가담하기로 결심하였다 ……

— 엑스커멀린, 『아메리카의 해적들』(1678)

배의 모든 승무원들은 정렬되어 있고, 농장으로부터 우리에게로 도망쳐 온 노예들은 모두 용감하고 굳건한 친구들이다

— 존 게이, 『폴리, 하나의 오페라』(1729)

영국 혁명에서 의회를 지지하였고 알제리의 해적에게 아들을 잃었던 리처드 브레스웨잇Richard Braithwaite은 17세기의 선원을 이렇게 묘사했다.

그는 일정 정도 이상의 공손함은 안 적이 없다. 바다는 그에게 다른 수사법을 가르쳤다 …… 그는 낮은 소리로 말할 줄 모른다. 바다는 매우 크게 말한다. 항해의 일에서 그의 조언은 거의 받아들여지지 않는다. 비록 그의 손은 강하지만 그의 머리는 둔하다 …… 별들도 동료애로 뭉친 이

뱃놈들보다 서로 더 의리가 있기 힘들다. 그들은 서로 모여 대열을 이룰 때 용감하게 행동하며 자신들의 모험을 경이로운 공포와 연관시킨다. 그들은 필요한 도구들이며, 그들이 사는 히드라국빼에서 주된 중요성을 가진 행동의 주역들이다. 국가의 담벼락들은 이들이 없이는 존속할 수 없기 때문이다. 그러나 그들은 자신들에게는 가장 덜 유용하며, 다른 사람들의 부양에는 가장 유용하다.[1]

상류층인 브레스웨잇은 자신의 책의 소재인 선원을 시끄럽고 우둔하며 심지어는 야만적이라고 부르며 생색을 냈지만 선원을 잘 알고는 있었다. 그는 선원들이 영국의 확장과 상업과 중상주의 국가에 필수적임을 알고 있었다. 더욱이 그들이 자신들의 방식을, 자신들의 언어와 이야기하기와 유대감을 가지고 있음을 그는 알고 있었다.

이 장에서 우리는 17세기 후반의 두 가지 연관된 사태전개 — 위로부터의 해양국가의 조직화와 아래로부터의 선원들의 자기조직화 — 를 지칭하기 위해서 브레스웨잇의 히드라국hydrarchy이라는 용어를 사용할 것이다. 브레스웨잇이 말한 선원들의 군건한 손으로 대서양 지역이 자본의 축적을 위한 지대가 되자 선원들은 다른 이들과 의리와 유대감으로 합치기 시작하여 해양의 급진적 전통을 산출하였고 이것이 또한 자유의 지대를 만들었다. 따라서 배는 영국 부르주아 혁명의 여파로 자본주의의 엔진이 된 동시에 저항의 배경이 되었다. 즉 크롬웰에 의해 그리고 그 다음에는 찰스 왕에 의해 패배당하고 억압당한 혁명가들의 사상과 실천이 옮겨가서 재형성되고 유통되고 존속했던 장소가 되었다. 1670년대와 1730년대 사이의 시기는 대서양 자본주의 역사의 새로운 국면으로서 이전 장에서 논의되었던 획기적 전진이 지리적으로 확대된 새로운 계급투쟁의 와중에서 공고히

아래 갑판에서 이야기를 하는 선원들, 1810년경. 찰스 네이피어 로빈슨, 『그림으로 보는 바다 노역들의 역사, 혹은 선상 혹은 육지에서의 선원들의 삶과 성격에 대한 그림을 통한 연구』(1911). 브라운 군사(軍事)소장품, 존 헤이 도서관, 브라운 대학교

되고 제도화되었던 때였다. 토지에 기반을 둔 사회에서는 혁명적인 사상과 행동이 사라졌거나 침묵하고 있던 휴지기에 히드라국이 바다에서 생겨나서 자본주의의 발전에 그 시기의 가장 진지한 도전을 제기했던 것이다.

제국적 히드라국 혹은 해양국가

영국, 아일랜드, 아프리카, 북남아메리카에서 벌어진 토지와 노동의 수탈은 자본주의와 제국주의를 위한 군사적, 상업적, 금융적 기초를 마련했는데, 자본주의와 제국주의는 브레스웨잇의 히드라국 즉 해양국가를 통해서만 조직되고 유지될 수 있었다. 이러한 사태전개에서 결정적 계기는 크롬웰과 의회가 1649년에, 찰스 1세의 참수를 좋게 보지 않는 유럽의 왕국들의 공격으로부터 공화국을 방어할 해군 선박들이 50척밖에는 없다는 끔찍한 사실을 발견한 일이었다. 영국의 새 지배자들은 긴급하게 (그리고 그 이후로 계속적으로) 채텀Chatham, 포츠머스Portsmouth, 울위치Woolwich, 뎁트포드Deptford의 조선소들을 가동하여 필요한 선박들을 건조하였다. 그들은 필요한 노동을 제공하는 수단으로서 징병을 인가하고 저항하는 자들에게는 사형으로 처벌하는 것을 정당화하는 〈군사령〉Laws and Ordinances Martial을 통과시켰다. 1651년쯤 신형해군the New Model Navy은 해상에서 왕당파를 물리쳤으며 여전히 적대적인 유럽의 다른 정부들을 위협하고 심지어는 협박하기 시작하였다. 영국의 새 집권층은 그들의 상업적·군사적 힘을 해상으로 확대하기 위한 즉각적인 조치들로서 두 가지 연결된 입법을 시행하였다. 해상화물운송업을 위한 1651년의 〈항해조례〉와 영국 해군을 위한 1652년의 〈군율〉the Articles of War이 그것들이다. 1660년 이후 왕정복고 정부에 의해서도 다시 긍정된 이 두 법은 해양국가의 힘들을 극적으로 확대하게 될 것이었다.[2]

크롬웰과 의회는 해상에서의 우위를 위해 네덜란드인들에 도전하고 대서양에서의 주권을 주장할 의도를 이 법들로써 표시했다. 첫 번째 법의 작성자들의 의도는 수입輸入을 영국 선박들에게만 할당함으로써 네덜란드인들을 대서양 무역의 주역의 자리에서 밀어내는 것이었다. 1660년의 새 항해조례는 대서양의 상품들이 영국 상인들, 선원들, 선박들에 의해 수송되도록 상세하게 정했다. 1673년에 부가된 법은 식민지 무역의 치안을 담당하고 법들을 시행하며 왕이 노획물에서 자신의 적절한 몫을 차지하도록 보장하기 위해 전담 부서를 세웠다. 의회는 영국의 해운업과 경제적 힘을 증진시키기 위한 방법으로서 해외무역을 강조하였다. 1629년에 영국 상인들은 115,000톤의 화물을 수송하였으나, 1686년쯤에 이 숫자는 3배인 340,000톤이 되었으며 이에 따라 그런 엄청난 양의 화물을 다루는 선원들의 수도 증가하였다. 담배, 설탕, 노예들, 공업제품들을 다루는 수지맞는 대서양 무역은 해상 화물운송업을 대략 1660년에서 1690년까지 해마다 2 내지 3퍼센트의 비율로 확대시켰다.[3]

〈항해조례〉의 성공은 그에 수반되어 해군에서 일어난 변화들에 달려 있었다. 1652년의 〈군율〉은 39조항들 중 25조항이 사형을 부과했으며 네덜란드와의 전쟁 동안에 영국 선박들을 통제하는 효율적인 수단으로 판명되었다. 1659년의 〈언론법〉 the Press Law — 이는 1649년의 계엄법을 갱신하였다 — 이후에 이 조항들은 1661년에 〈해군규율법〉 the Naval Discipline Act 으로서 재시행되었는데, 〈해군규율법〉은 군사법원의 힘을 확립하고 탈영을 사형으로 처벌하는 것을 정하였다. 그러는 동안 쌔뮤얼 핍스는 영국 해군을 다른 측면에서 조직화하는 데 착수하였는데, 장교단을 전문화하고 더 많은 수의 더 크고 강력한 선박을 건조하였다. 두 번째 영란전쟁 동안에 약 3,000명의 선원들이 해군을 탈영하여 적의 편으로 갔는데, 이로 인하여 영국 당국은 탈영병들을 눈에 크게 띄도록 처형하게 되었고 "함대를 돌며 채찍질하기"를 빈번한 훈육형태로 만들게 되었다. 〈군율〉은 1674년 세 번째 영란전쟁 동안에 또다시 갱신되었다. 이 시기 동안 일어난 해군의 변혁은 해양화물운송업의 발전과 거의 완전하게 유사한 관점에서 요약될 수 있다. 즉 해군은 1633년에는 50척의 선박과 9,500명의 병사들을 가지고 있었으나 1688년에는 173척의 선박과 42,000명의 병사들을 가지게 되었던 것이다.[4]

만일 크롬웰이 해양국가를 개시하고 찰스 2세가 네덜란드를 대서양의 헤게모니를 쥔 위치에서 최종적으로 몰아냄으로써 그 약속을 실현하였다면 이는 정치경제의 아버지 혹은 (그 당시에 불린 바로는) 정치적 산술의 아버지인 윌리엄 페티경(1623~1687)과 같은 사람의 조언 때문이었다. 찰스 2세를 위해서 『아일랜드의 정치적 해부』*Political Anatomy of Ireland*를 썼던 페티는 그의 직장 생활을 바다에서 선실 보이로 시작했다. 그는 아일랜드의 영국 정복군에 속해 있었는데, 1652년에는 의무대장으로서, 그리고 1654년의 다운 수록조사에서는 몰수한 땅의 지도 제작자로서 근무하였다(그는 케리Kerry 카운티에서 혼자 5만 에이커를 차지하였는데, 여기서 그는 장작 패는 자들, 어부들, 채석부들, 납광산 광부들, 제철공들을 조직하였다.) 그러한 경험들로 인하여 그는 토지, 노동, 대서양을 가로지르는 연결관계들의 주된 중요성을 명확하게 이해하게 되었다. "토지가 부의 어머니이듯이" 노동은 "부의 …… 아버지"라고 그는 믿었다. 토지들이 멀리 떨어져 있기에 노동은 이동적이어야 했(고 노동정책은 대서양을 가로지르는 것이어야 했)다. 그는 중죄인들을 해외의 식민농장들로 수송하는 것을 옹호하였다. "왜 지급불능의 절도범들이 사형당하기보다 노예일로 처벌받으면 안 되는가? 노예이므로 자연이 허용할 수 있는 가장 많은 노동을 하고 가장 싼 임금을 받도록 강제될 수 있어서 공화국에서 한 사람을 빼가는 것이 아니라 공화국에 두 사람을 추가하게 되는 것이다."5 그는 노예무역이 제국적 계획에 대해서 갖는 점증하는 중요성을 주목했다. "검둥이들이 아메리카 식민농장으로 가는 것은 (검둥이들이 모두 노동을 많이 하고 보수를 거의 받지 않기 때문에) 사소하지 않다." 그는 그의 계산에 생식을 포함하여, 뉴잉글랜드에서의 여성의 번식력은 아일랜드에서의 손실을 보충해주리라고 예측하였다. "아일랜드에서 살해된 노예들과 검둥이들을 보통 약 15파운드로 잡는데, 어른은 25파운드에, 아이들은 5파운드에 팔린다"는 전제에 기반을 두어 그는 아일랜드에서의 전쟁(1641~51)으로 인한 재정적 손실을 10,355,000파운드로 추산하였다.[6] 그러나 페티의 주된 요점은 선박들과 선원들이 영국의 부와 힘의 진정한 기반이란 점이었다. "농부들, 선원들, 병사들, 장인들, 상인들이 바로 공화국의 대들보이다." 그는 "선원들의 노동과 선박의 화물은 항상 수출상품의 성격을 가지고 있으며, 수입되는 상품보다 넘치게 되면 나라에 돈을 벌어준다 운운"이라고 결론지었다.[7] 선원들은 이렇듯 자신들의 생계를 포함한 생산비용을 넘어서는 잉여가치를 창출하였다. 정치적 산술가들은 이 과정을 "초과수익올리기"라고 불렀다. 페티는 이렇듯 노동자들을 도덕적 관점에서 생각하기를 거부함으로써 노동가치론을 만들어냈다. 그는 수, 무게, 척도를 통한, 양으로 환산할 수 있는 접근법을 더 좋아했다. 그의 사유방법은 해양국가의 발생과 장기계획수립에 필수적이었다.

그러한 계획수립은 세 번의 영란전쟁(대략 1651~75) 무렵의 4반세기 동안 출현하였는데, 이 당시 해운업과 해군은 근대적 형태를 띠었으나 1688년 윌리엄 3세의 즉위와 그 다음 해의 프랑스에 대한 선전포고 이후에 새로운 단계에 도달했다. 상업적 해운업의 무대가 그 무렵 지중해, 발트해 그리고 북해에서 대서양으로 —아프리카, 카리브해, 북아메리카로— 옮겨갔듯이, 전쟁의 무대도 이를 좇아 영란전쟁이 치러진 북쪽의 해양들에서 해외무역과 해외영토를 위한 더 광범하고 노골적인 전쟁들이 벌어질 대서양으로 옮겨갔다. 영국의 지배자들은 식민농장경제를 보호하기 위해서 싸웠으며 프랑스와 스페인하고만 싸운 것은 아니었다. 이제 뉴스페인New Spain으로 무역을 하고 물건을 몰래 들여갈 수 있기를 원하는 사탕수수농장주들과 상인들의 요청에 로벗 홈스경은 1688년 소함대 하나에 임무를 주어 한때 자메이카에 본부를 두었던 해적들을 파견하도록 하였다. 자메이카 금고를 스페인 금으로 채웠던 해적들은 이제 자본의 더 정돈된 축적—이는 곧 런던에서 계획되어 대서양을 둘러싼 지역을 포함하는 규모로 실행될 것이었다—에 장애가 되었다. "그것은 해적들의 시대에 뒤이어 해군 제독들의 시대가 오리라는 모든 유럽인들의 예측에서 원거리 식민지들과 대양 무역이 갖는 점증하는 중요성을 알려주는 신호이다"라고 패리J. H. Parry는 썼다.[8]

해양국가의 공고화는 1690년대에 일어났다. 이때쯤에 영국 해군은 영국 최대의 고용주가 되었고 최대의 물자 소비자가 되었으며 최대의 산업체가 되었다. 영국의 지배자들은 1650년대에 공화국을 방어한다는 의미에서 해군이 국가정책의 도구임을 발견한 바 있으며, 해운과 해외시장을 보호하는 기능을 확대한 바 있다. 1689년 한 팸플릿 저자는, 해군이 "대영제국의 영토의 보루이며 우리나라의 유일한 울타리"라고 쓰면서[9] 1661년의 〈군율〉과 〈해군규율법〉의 메아리를 울렸다. 이는 브레스웨잇이 말한 "국가의 담벼락들"이었다. 즉 1690년대의 일련의 변화들에서 그 가치가 표현되고 그 가치에 대한 인식이 표현된, 새로운 분야의 재산 주위에 둘러쳐진 울타리였다. 이 일련의 변화들이란 다음과 같다—해양자본의 합자회사로의 집중(합자회사는 1688년의 11개에서 1695년쯤 100개로 늘었다), 1694년 영국은행의 설립, 해상보험업의 성장, 〈왕립 아프리카 회사〉the Royal African Company, 1698의 규제완화의 시작과 다음 세기에 영국을 세계에서 가장 노예를 많이 수송하는 나라로 만들 자유무역업자들의 출현, 상업적 신문들의 사용의 증가, 매뉴팩처의 폭증하는 중요성과 이와 연관된 수출 및 재수출 무역. 1696년의 〈무역법〉은 모든 식민지 문제를 무역국the Board of Trade이 감시하게 하였으며, 해사법원제도the admiralty court system를* 제국 전체에 걸

---

* 해사법원(the admiralty court)은 해상에서 일어나는 모든 계약, 불법행위, 상해 및 위반에 관해

쳐 일반화하였다. 〈무역법〉은 새로운 대서양 자본주의의 이득을 공고히 하였으나 또한 홈스와 1688년의 해군에 의해 제거되지 않았던 위협을 적시하기도 하였다. 의회와 무역국이 직면한 가장 크고 가장 우려스러운 문제들 중 하나는 여전히 해적들이었다. 따라서 의회는 식민지 경영자들과 시민들에게 오랫동안 묵인되어왔고 때로는 격려되었던 범죄에 대한 사형 처벌의 필요성을 납득시키기를 바라면서 1698년에 〈효과적 해적행위 진압법〉을 통과시켰다.[10]

선박

17세기의 후반쯤에 자본가들은 네 가지 기본적인 방식으로 인간 노동의 착취를 조직했다. 이들 중 첫째는 자본주의적 농업의 실행을 위한 거대한 상업적 토지였는데, 아메리카에서 이에 상응하는 것이 여러 의미에서 가장 중요한 중상주의적 성과인 식민농장이었다. 둘째는 자작농민이나 잘 사는 장인이 누렸던 바와 같은 소생산이었다. 셋째는 유럽에서 매뉴팩처체제로 발전하기 시작했던 선대제도였다. 아프리카와 아메리카에서는 유럽 상인들이 무기를 선대하였고 이 무기들은 고객들에 의하여 (노예로 팔기 위하여) 사람들을 사로잡는 데, (모피를 얻으려고) 동물들을 잡는 데, 공동 생태환경의 부™를 파괴하는 데 사용되었다. 노동착취 조직화의 넷째 수단은 다른 모든 것들을 유통의 영역에서 통합하였던 생산방식 즉 선박이었다.

각 방식은 인간 노동을 상이하게 조직하였다. 대규모 토지와 농장은 근대 대량협동의 역사에서 최초의 장소들이었다. 소생산은 자력이 있고 독립

사법권을 행사하는 법원이다.

적인 개인적 능력의 발휘를 위한 맥락으로 남아있었다. 매뉴팩처와 선대제도는 단편화된 세부노동자를 창출하였는데, 이 노동자의 "게으름"은 18세기 정치경제학자에게 독과도 같은 것이 될 것이었다. 그 행동환경으로 인해 보편적인 동시에 독특한 것이 된 선박은, 많은 수의 노동자들이 복잡하고 동시에 진행되는 일을 인간의 의지가 기계도구에 종속되는 노예적이고 위계적인 규율 아래서 오로지 임금을 위해서 협력하여 행하는 장소를 제공하였다. 노동, 협력, 그리고 배의 규율은 배를 공장의 원형으로 만들었다.[11] 실로 'factory'(공장, 상관商館)이라는 용어 자체는 어원적으로 "무역대표자"를, 그것도 특히 서아프리카(원래 상관들이 여기에 위치해있었다)와 연관된 "무역대표자"를 의미하는 'factor'에서 왔다. 1730년대에 골드코스트the Gold Coast 부근의 한 무역기업은 배를 영원히 정박시켜 재고, 정보수집, 화물을 위한 기지로 삼곤 했다. 이는 떠있는 상관商館이라고 불렸다. 1700년쯤에 배는 상업의 엔진이 되었으며 제국의 기계가 되었다. 해양국가를 옹호하는 글을 쓴 에드워드 워드Edward Ward에 따르면 배는 "빛나는 제국을 먹고 사는 모든 비열한 잡배雜輩에게 독재적 법을 부과하는, 수상水上 세계의 주권자"였다. 그러나 숙련노동의 옹호자인 바너비 슬러쉬Barnaby Slush에 따르면 배는 "초보자들이 운영하기에는 너무 크고 다루기 힘든 기계"였다. 선원들과 배는 이렇듯 생산방식들을 연결하였고 국제적 자본주의 경제를 확대하였다.[12]

〈항해조례〉와 〈해군규율법〉의 민족주의에도 불구하고 그리고 영국 선박들은 영국 선원들이 움직여야 한다는 대담한 선언에도 불구하고 많은 선박들이 실제로 네덜란드 것이었으며(전쟁 중에 탈취되었다) 많은 선원들이 영국인이 아니었음이 사실이다. 17세기의 세 번째 25년 동안 일어난 상인 해운업과 해군의 확대는 해양국가에 지속적인 딜레마를 제기하였다. 노동이 희소하고 국가의 자원이 제한되어있는 상황에서 어떻게 선원 프롤레타리아를 동원하고 조직하고 유지하고 재생산할 것인가가 그것이었다. 지배자들은 그들의 다양한 해상 기획들을 움직이기에는 선원들이 너무 적고 임금을 지급할 돈도 너무 적다는 것을 재삼재사 깨달았다.

이 상황의 한 결과는 지배자들, 기획자들, 상인들, 선장들, 해군 장교들, 선원들 및 기타 도시노동자들 사이에 벌어진, 해양노동의 가치와 목적을 둘러싼 단속적이면서도 오래 끄는 전쟁이었다. 선상의 조건이 가혹하고 임금은 종종 2, 3년 연체되었기에 선원들은 반란을 일으키고 도망치고 소요를 일으키고 해군으로서 복무하기를 전적으로 거부했다. 자유와 돈을 목적으로 하는 이러한 만성적인 투쟁에 직면하여 국가는 선박에 사람을 대기 위해, 그것도 싸게 대기 위해 폭력과 테러를 사용했으며 대부분 다양한 민족들로 구성된 가장 가난한 사람들을 먹이로 삼았다. 1660년대에 휘젓고 다니면서 잔인하기로 소문났던 강제징병대는 1690년대에는 해양노동에 대한 수요가 지속적으로 증가하면서 더 활개를 치고 다녔다.[13] 선원들에게 강제징병대는 노예제와 죽음을 상징하였다. 징병된 사람들 넷 중 셋은 2년 이내에 사망했으며 사망한 사람들 다섯 중 하나만이 전투에서 사망했다. 운이 좋아 생존한 사람들도 임금을 지불받는 것을 기대할 수 없었다. 1690년대 해군에 대한 저명한 학자인 존 어먼John Ehrman이 쓴 바에 따르면 10년 동안 임금이 적체되는 경우가 드물지 않았기 때문이다. 잡색 승무원이 근대 해군의 영속적인 특징이 되었듯이 항구 도시에서 보이는, 굶고 있으며 때로는 다리를 저는 선원의 형상은 유럽 문명의 영속적인 특징이 되었다.[14]

선박의 인원을 조달하는 동력학은 상업 선박의 경우에는 달랐으나 결과는 유사했다. 선원으로서의 삶의 조건이 성쇠를 거듭함에 따라서, 딱딱

한 규율과 죽음 같은 질병 그리고 만성적인 탈영이 배의 선원들의 수를 줄임에 따라서, 선장은 선원들을 발견할 수 있는 곳이라면 어디에서나 선원들을 취했다. 배는 반란자들의 양성소는 아닐지라도 적어도 다양한 전통들이 국제주의의 속성재배용 온실에서 밀집해 있는 만남의 장소였기는 하다. 1651년의 〈항해조례〉가 영국 상품을 수입하는 배의 승무원의 4분의 3이 영국인이거나 아일랜드인이어야 하며 이를 어길 시에는 선박이나 삭구索具나 화물을 몰수당하는 벌을 받도록 정했지만, (네덜란드인, 폴투갈인, 인도인 선원들은 말할 것도 없고) 아프리카인, 브리턴인,* 쿼쉬인 quashee, 아일랜드인, 아메리카인이 계속적으로 영국 선박들에서 선원으로서 일을 했다. 따라서 "배의 앞머리 판자들을 고정시키는 못들은 세계의 우정을 고정시키는 대갈못이다"라고 말한 러스킨은 옳았다. 1648년에 선원이 되었으며 "왕과 의회의 해상 전쟁에서 여러 명의 주인 밑에서 일했던" 네드 콕시어Ned Coxere는 "다음으로 나는 스페인인들 밑에서 프랑스인들에 대항해서 싸웠고 그 다음에는 네덜란드인들 아래서 영국인들과 싸웠으며, 그 다음에는 됭케르크 사략선**에서 일하다가 영국인에게 잡혔고 그 다음에는 영국인들 아래에서 네덜란드인들과 싸웠으며 마지막으로 터키인들에게 잡혔는데 터키인들 아래서 나는 영국인, 프랑스인, 네덜란드인, 스페인인 등 모든 기독교 국가와 맞서 싸워야했다"고 썼다. 앨릭잰더 엑스커멀린 Alexander Exquemelin은 17세기 후반 해적들 사이의 문화의 혼합에 대해서 언급했다. 윌리엄 페티 또한 아래갑판***의 국제적 현실을 이해했다. "다른 경

---

* 브리턴인은 옛날 브리튼섬에 살았던 켈트계의 민족.
** 됭케르크 사략선들(Dunkirkers, Dunkirk Privateers or Flemish Warfleet)은 1568~1648년 동안의 시기에 플랜더스 연안의 항구들에서 스페인 제국을 위해서 활동하던 전투선들이다. 됭케르크(Dunkirk)는 이 항구도시들 중의 하나이다.

우에는 사람을 고용하는 것이 자국인에 국한된 반면에 선원들은 어느 나라 사람을 고용하든 자유였다." 1690년대에 영국 선원들은 모든 국적의 선박에서 근무하였는데, 존 어먼에 따르면 "상이한 해양국가들 사이의 선원들의 교환은 너무 널리 퍼지고 뿌리가 깊은 관행이어서" 제거할 수가 없을 정도였기 때문이다.[15]

배는 이렇듯 대륙들 사이의 소통수단일 뿐만 아니라 상이한 대륙들에서 온 노동자들이 서로 소통을 하는 최초의 장소였다. 사회적 적대의 모든 모순들은 선체 안에 집중되어 있었다. 제국주의가 그 중에서 주된 모순이었다. 유럽 제국주의의 태양이 항상 아프리카라는 그림자를 던졌던 것이다. 크리스토퍼 콜럼부스Christopher Columbus에게는 흑인 선실 보이가 있었을 뿐만 아니라 아프리카인 수로안내인인 페드로 니뇨Pedro Niño가 있었다. 메이플라워호는 순례자들을 내려놓자마자 아프리카에서 온 사람들을 화물로 싣고 서인도제도로 항해해갔다.[16] 여성과 남성을 모두 포함한 방대한 수의 이질적인 인간집단을 배로 수송하는 기획의 거대한 크기로 인해서 잔인한 목적지로 향하는 죽음의 항해를 감수할 수밖에 없었던 유럽의 제국주의는 또한 그것이 가동시킨 거대한 노동집단 안에서 경험이 유통되는 조건을 창출하였다.

경험의 유통은 부분적으로는 새로운 언어의 형성에 의존하였다. 영국 지배계급의 두 분파가 존 로크의 입헌주의적 후견 아래 공통의 언어를 말하는 법을 배웠던 바로 그 해인 1689년에* 리처드 씸슨Richard Simson은 남

*** 배에서 일반 선원들이 있는 곳을 말한다.

 * 이른바 명예혁명의 일환으로 의회파와 오렌지공 윌리엄이 연합하여 가톨릭인 제임스 2세를 폐위시키고 오렌지공이 윌리엄 3세로 왕위에 오른 것을 말한다. 로크는 명예혁명의 이론적 지지자였다.

쪽의 대양들에서 얻은 그의 경험에 관하여 다음과 같이 썼다. "기니로 무역을 하는 사람들이 검둥이들을 잠잠하게 만들기 위해서 사용하는 수단은 그 나라의 여러 지역에서 말이 상이한 자들을 선발하는 것이다. 서로 협의를 하지 못하기 때문에 함께 행동하지 못하게 만들기 위해서이다. 서로를 이해하지 못하는 한 함께 행동하지는 못한다." 『런던 스파이』London Spy, 1679에서 넷 워드Ned Ward는, 바다에서 말고는 마음이 편하지 않으며 집에서도 항상 방랑하는 와핑에* 사는 바다 유랑자들을 장난치는 어휘로 묘사하였다. 이들은 소통을 하기 위하여 이들 나름의 언어를 개발하였는데, 이 언어는 워드가 나중에 『나무 세상 분해되다』The Wooden World Dissected, 1708에서 주장한 바로는 "구두수선공에게는 모두 알아먹지 못할 소리였다." 17세기 선박의 항해일지를 공부하는 한 사람은 해상의 음성학이 육지인의 그것과는 얼마나 달랐는지를 빽빽하게 글자를 적은 16쪽의 문서에서 보여준 바 있다. 선원들은 "그들 고유의 방언과 어투"로 말했다고 『비평리뷰』Critical Review, 1757의 한 작가는 말했다.[17]

뒤보아W. E. B. DuBois가 "인간 역사의 마지막 천년 동안에서 가장 장엄한 드라마"라고 부른 것 — 대서양 노예무역 — 은 그 절節들과 운율학이 미리 만들어진 채로 연출된 것이 아니었다. 첫째는 해양 영어, 둘째는 지중해의 싸비르어**, 셋째는 "지하세계"의 신비로운 은어, 넷째는 서아프리카의 문법구조 — 이 넷의 결합은 노예무역이 벌어지던 격동기에 대서양 지역의 필수적 언어가 된 혼합 영어pidgin English를 창출했다. 한 현대 언어학자에 따르면 "영어의 역사에서 이보다 더 개탄과 논쟁과 옹호의 대상이 된 말은

---

* 와핑은 런던 씨티의 동쪽 옆에 있는 지역이다. 런던 씨티는 그레이터 런던(Greater London, 넓게 보았을 때의 런던)의 중심지이다.
** 싸비르어는 북아프리카의 여러 지역들에서 사용되는, 불어에 기반을 둔 혼합어이다.

<아래 갑판의 노예들>, 프랜시스 메이널 부장, 1830년. ⓒ국립해양박물관, 런던.

없다." 예를 들어 'crew'(부대, 집단)란 말은 원래 무장집단이라면 모두 다 의미했었는데, 17세기 말쯤에 통장이'부대', 포수炮手'부대', 돛 깁는 사람의 '부대'처럼 특정한 목적을 가진 노동자들의 소집단을 의미하거나 심지어는 배에 탄 사람들 전체를 의미하게 되었다. 트래븐B. Traven은 선원을 개인주의자로 본 윌리엄 뎀피어William Dampier, 대니얼 데포Daniel Defoe, 쌔뮤얼 테일러 코울리지Samuel Talyor Coleridge와는 달리 집단성을, '부대'를 강조하였다. 트래븐은 "모든 선원은 같이 살고 같이 일하며 동료들의 말을 쓰게 되고 그러다가 2개월 정도 지나면 배에 탄 모든 사람들이 모든 승무원에 공통되고 모두에 의해 이해되는 약 300개의 단어에 대한 실용적인 지식을 얻게 된다"고 주장했다. 그는 "선원은 언어에 관한 한 결코 낙오하는 법이 없다"고 결론지었다. 어떤 해안에 내던져지든 선원은 "우리 언제 먹느냐"고 물어

보는 법을 발견했다는 것이다.[18]

　언어학자들은 혼합어pidgin를 "중개" 언어로, 과격한 단순화에 의하여 특징지어지는 "다양한 언어상황"의 산물로 본다. 이는 그 표현력이 그 어휘의 범위에서 온다기보다는 강세와 음의 고저에서 오는 방언이었다. 아프리카가 해양영어에 기여하고 그를 통해 표준영어에 기여한 일부 표현들에는 "caboodle"(무리, 패), "kick the bucket"(뒈지다), "Davy Jone's Locker"(무덤으로서의 바다)가 포함된다. 사람들이 서로를 이해해야만 하는 곳에서 혼합 영어는 바다와 프런티어의 공통어lingua franca*였다. 18세기 중반쯤에 킹스턴Kingston, 브리지타운Bridgetown, 칼라바Calabar, 런던에서만이 아니라 필라델피아, 뉴욕, 핼리팩스Halifax에도 혼합어를 말하는 공동체들이 실존했는데, 모두가 통일적인 통사구조를 공유하고 있었다.[19] 혼합어는 드럼이나 바이올린처럼 피억압자들 사이에서 소통의 도구가 되었다. 상류사회는 이를 경멸하고 쉽게 이해하지 못했으나 그럼에도 불구하고 혼합어는 거의 모든 곳의 항구의 프롤레타리아 사이에서 강하고 탄력성이 있으며 창조적이고 고무적인 흐름이 되었다. 서아프리카 연안의 공통어인 크리오Krio어도 여러 곳에서 사용되었는데, 카메룬 혼합어, 자메이카 크리올creole어, 걸러Gullah어,** 스라난(수리남)어도 마찬가지였다. 많은 아프리카인들에게 공통적인 다언어성과 대서양 경험은 1694년에 인도양의 코모로스열도the Comoros Islands에 있는 한 흑인에 의해서 입증되었는데, 이 흑인은 "바다의 로빈 후드"인 해적 선장 헨리 애버리Henry Avery에게 영어로 환영인사를 하였다. 공교롭게도 이 사람은 런던의 버스널 그린Berthnal Green에서 산

---

* 공통어(lingua franca)는 이태리어로 '프랑크족의 언어'(Frankish language)라는 의미이다. 이것은 원어민의 범위를 넘어 광범하게 사용되는 모든 언어를 말한다.
** 아메리카 동남부의 해안 및 섬에 노예로서 정주한 흑인의 사투리 영어.

적이 있었다.[20]

선원들의 히드라국

수천 명의 선원들이 해운업, 해군, 그리고 상선을 나포하는 사략선에서 집단적인 협력노동을 위하여 조직됨에 따라 잡색의 승무원들은 그 노동과 새로운 언어를 통하여 자신을 위해서 협력하기 시작했는데, 이는 제국적 히드라국 내에서 상이한 나라가, 프롤레타리아적이면서도 대립적인 나라가 자라남을 의미했다. 그 과정은 느리고 균일하지 않았으며 추적하기 힘든 것이었다. 평민 선원의 대안적 질서가 반란, 파업, 혹은 해적행위의 형태로 머리를 쳐들 때마다 거의 매번 참수된 것이 중요한 이유들 중의 하나이다. 선원들이, 어떤 이의 표현을 빌자면, "스스로에게서 선택을" 얻는 데는, 즉 배와 그 축도 사회를 그들이 원하는 대로 조직하는 자율적 힘을 얻는 데는 오랜 시간이 걸렸다. 선원들의 히드라국은 여러 단계를 거쳤으며 선원들이 18세기 초에 스스로를 해적으로 조직했을 때 가장 분명하게—그리고 통치 당국에는 가장 위협적으로—나타났다.[21]

해적행위 자체도 같이 일하는 선원들이 그것을 자신들 고유의 그릇으로 삼기 전까지 여러 역사적 단계들을 거쳤다. 대서양의 해적행위는 영국에서 오랫동안 해양국가와 상인공동체의 욕구에 복무한 바 있다. 그런데 해적행위의 통제권이 사회의 상층에서 하층으로 이전되는, 즉 국가의 고위 관리들로부터(16세기), 거대 상인들로(17세기 초에서 중반), 그 다음에는 보통 식민지의 소상인들로(17세기 후반), 마지막으로는 밑바닥의 평민들로(18세기 초) 이전되는 장기적인 경향이 있다. 이렇게 밑바닥에 도달했을 때, 선원들이 ―해적들이 되어 ―중상주의적이고 제국적인 통치당국의 명령과는 별도로 사회를 조직하고 그것을 상인의 재산을 공격하는 데 사용했을 때(1690년대부터 시작되었다), 그 때 해양국가를 통제했던 자들은 해적행위를 근절하게 위해서 대대적인 폭력 ―군사적인(해군) 동시에 형법적인(교수대) ―을 수단으로 택했다. 히드라국을 파괴하기 위해서 테러 캠페인이 채택될 것이었고, 이렇게 해서 히드라국은 배 밑으로 쫓겨 들어가서, 오래 지속되는 도피로 판명될 상태에서 살아가게 될 것이었다.[22]

선원들의 대대적인 저항은 1620년대에 시작되었는데, 이 때 그들은 보수와 노동조건 문제로 반란을 일으키고 소요를 일으켰다. 선원들이 런던의 도시 군중들을 이끌고 1640~41년의 혁명적 위기를 촉발했을 때 이 저항은 새로운 단계에 도달했다. 1648년 6척의 전함을 채운 선원들은 왕의 이름으로 반란을 일으켰다. 일부는 나중에 루펏공과 같은 왕의 사령관들에 대항하여 반란을 일으킬 것이었다. 공화주의의 노선에 따른 함대의 즉각적인 재구성은 종교적 급진주의자들을 (비록 육군에 복무하는 만큼 많은 수는 아니지만) 해군에 편입시켰다. 크롬웰 정권은 상금을 약속하고 1652년에 "유능한 선원"이라는 새로운 직업범주 ―한 달에 보통의 19실링이 아니라 24실링을 받는다 ―를 개설함으로써 많은 선원들의 지지를 샀다. 그러나 선원들에게 문제가 남아있었는데, 여기에는 "돌리기"(이는 선원을 보수를 주기 전에 한 배에서 다른 배로 보내는 것이다), 임금의 체불, 화폐가 아니라 인플레된 전표로 지불하기, 강제징병이 포함되었고, 이에 대한 대응이 1653년과 1654년의 일련의 소요와 반란들이었다. 1654년 11월 4일자의 「영국 공화국의 선박들에 속하는 선원들의 겸허한 청원」 "Humble Petition of the Seamen, belonging to the Ships of the Commonwealth of England"은 질병, 불충분한 식량, 유혈, 임금체불, 그리고 무엇보다도 "자유와 자립의 원칙에

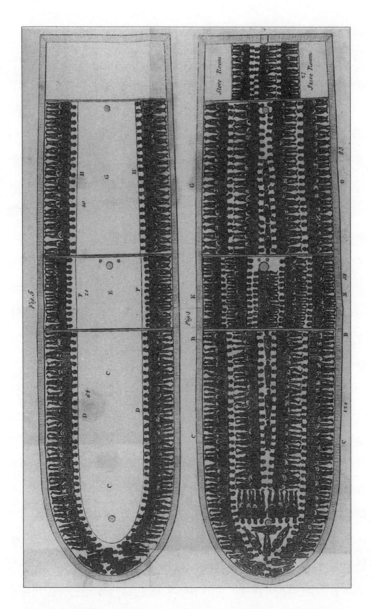

언어 수업. 토머스 클락슨, 『대영제국 의회에 의한 아프리카 노예무역의 발흥, 발전, 그리고 폐지 성취의 역사』(1818).

어긋나는" 징병의 "속박과 구속"을 불만사항으로 제기했다.[23]

1640년대와 1650년대에 출판된 급진적 담론—특히 수평파가 작성한 팸플릿들—에 선원들의 투쟁이 기록되어 있다. 1646년에 리처드 오버튼 Richard Overton은 "갑자기 사람을 놀라게 하고 자신이 하던 일을 강제로 그만 두게 하며 …… 사랑하는 부모들, 아내, 자식들과 생이별시켜 …… 그가 이 해하지 못하는 명분을 위해 싸우게 하고 같이 있으면 불편한 사람들과 함께 있게 하며, 만일 살아남아 돌아와도 직업을 잃거나 거지가 되게 할" 필요는 없다고 비난하며 강제징병을 공격하였다. 1차 『국민협정』에서 수평파는 "우리들 중 누구라도 징병하고 구속하여 전쟁에 복무하게 하는 것은 우리의 자유에 반하는 것이다"라고 분명하게 주장하였다. 1648년의 『새로운 약속 혹은 선언』*A New Engagement, or, Manifesto*에서 그들은 육상이나 해상에서 싸우도록 사람들을 징집하는 권한이 의회에 없음을 명백하게 밝혔다. "이보다 더 자유에 반대되는 것은 없다"고 그들은 1648년 9월 의회에 보내는 청원에서 설명하였다. 그들은 왕의 목이 잘리기 10일 전에 발표된 2차 『국민협정』에서도 징병에 반대하였다. 다음 달 의회는 징병을 승인했으며 수평파들은 또다시 『새로운 족쇄 발견되다』*New Chains Discovered*, 1649에서 징병제를 비난하였다. 마침내 1649년 5월 1일에 비록 형세가 불리하게 돌아갔지만 수평파는 3차 『국민협정』에서 이렇게 썼다. "우린 육상이나 해상에서 전쟁에 복무하도록 누구라도 징집하거나 구속할 수 있는 권한을 의회에 부여하지 않는다. 모든 사람의 양심은 자신의 생명을 위험에 처하게 하거나 다른 사람의 생명을 파괴하는 명분이 정당해야 충족될 것이기 때문이다." 이는 선원들을 포함한 수천 명이 패배하고 아메리카로의 디아스포라(이산)를 겪은 이후에도 아래갑판의 대항전통에서 근본적인 이념이 될 것이었다.[24]

혁명적 시기의 선원들이 생존, 임금, 권리를 위해서, 그리고 징병과 폭력적인 규율에 맞서서 벌였던 투쟁은 아메리카의 해적들 사이에서 처음 자율적으로 형성되었다. 영국, 프랑스, 네덜란드가 자신들의 공동의 적인 스페인과 신세계에서 싸우는 과정에서 해적행위가 이 세 국가의 상층계급에게 이익을 가져오게 됨에 따라 평민 선원들은 자기 나름의 전통을 세우고 있었는데, 이는 그 당시에는 '자메이카 규율' 혹은 '사략행위법'이라고 불렸다. 통치 당국이 규율이나 법과는 반대되는 것이라고 여겼던 이 전통은 정의에 대한 그리고 선주들, 소유자들, 상류층 투기꾼들로 향하는 계급적 적대에 대한 뚜렷한 견해를 자랑하고 있었다. 이 전통은 또한 권위에 대한 민주적 통제와 부상을 입은 사람들에 대한 배려를 특징으로 했다.[25] 해적들은 자신들의 히드라국을 만듦에 있어서 '코케인의 땅'이라고 불리는 농민의 유토피아를 참조했는데, 이곳에서는 노동이 폐지되고 재산이 재분배되며 사회적 구별이 사라지고 건강이 회복되며 음식이 풍부해졌다. 그들은 또한 국제적 해양관습을 참조했는데 이에 따르면 고대와 중세의 항해자들은 자신들의 돈과 재화를 배당 몫share으로 나누었으며 중요한 문제에 대해서는 집단적이고 민주적으로 협의를 했고 선장과 승무원들 사이의 불화를 판결하기 위해서 대표를 선출하였다.[26]

초기에 전통을 만든 사람들은 카리브해의 한 영국 장교가 "모든 나라에서 쫓겨난 자들"이라고 부른 사람들 즉 죄수들, 매춘부들, 채무자들, 유랑자들, 탈주노예들과 탈주한 계약하인들, 종교적 급진주의자들, 정치범들이었는데, 이들은 "선을 넘어서" 새로운 정주지로 이주하거나 추방되었다. 또 다른 정부 행정관은, 해적들은 이전에 하인들이었으며 "모두 불행하고 절망적인 조건에 처한 사람들"이라고 설명했다. 앨릭잰더 엑스커멀린과 같은 많은 프랑스 해적들은 계약하인들이었으며, 그 이전에 직조노동자였고 일용 노동자였다. 대부분의 해적들은 영국인이거나 프랑스인이었다. 그러나 네덜란드인, 아일랜드인, 스코틀랜드인, 스캔디나비아인, 아메리카 원주민, 아프리카인들 역시 가담했으며 종종은 막 발생하는 카리브해의 식민농장체제의 잔인성을 이런저런 식으로 피하여 탈출한 이후에 그렇게 하였다.

이 노동자들은 무인도로 표류하였는데, 거기서 탈주자 공동체들을 형성했다. 그들의 자율적인 정주지들은 다인종적이었으며 수렵과 채취 — 보통 야생 소나 돼지를 사냥했고 스페인왕의 황금*을 채취했다 — 를 중심으로 조직되어있었다. 이 공동체들은 농민 반란자들, 제대 병사들, 땅에서 쫓겨난 소차지농민들, 실업노동자들, 그리고 기타 카리브, 쿠나Cuna, 모스키토Mosquito의 인디언들 포함하여 여러 나라들과 문화에서 온 사람들의 경험을 결합하였다.[27] 해적 문화의 저변에 있는 가장 강력한 기억과 경험 중 하나는 영국 혁명이라고 크리스토퍼 힐은 쓰고 있다. "놀랄 만큼 많은 수의 영국 급진주의자들이 1660년 직전이나 직후에 서인도제도로 이주하였다." 여기에는 랜터파, 퀘이커파, 가족주의자들, 재침례파, 급진적 병사들, 그리고 기타 "혁명적 영국에서 생겨났던 이념들을 가지고 온" 사람들이 포함된다. 많은 해적들이 "신형군의 색 바랜 붉은 외투"를 입고 사냥을 하고 채취를 했음을 우리는 알고 있다. 이들 중에 84살의 "건강한 은발의" "즐거운 노인"이 있었는데, 이 노인은 "아일랜드 반란 당시에 올리버 밑에서 복무했으며, 그 다음에는 자메이카에 있었고 그 이후로는 줄곧 해적이 되었다." 이런 퇴역 군인들은 영국의 혁명 군대에서 그랬듯이 대서양 반대쪽의 신세계에서도 장교들의 민주적 선출을 주장했다. 브롬리J. S. Bromley에 따르면 해적문

---

* 16세기에서 18세기에 걸쳐 수백 척의 스페인 선박들이 해상에서 파선하였다. 이 중에는 금, 은, 금(은)화, 보석 등 신세계에서 생산된 보물들을 싣고 스페인으로 향하던 보물선들이 있었다.

화의 또 다른 원천은 1630년대 프랑스를 뒤흔든 농민봉기의 물결이었다. 많은 프랑스의 해적들이 "왕의 재정에 반대하고 왕의 대리자들의 번성에 반대하는 농민봉기에 의해 영향을 받은 지역들로부터" 자발적인 참여자로서 왔다. 봉기자들은 "자기조직화, '코뮌'의 구성, 대표의 선출, 법령의 공표를 할 수 있는 능력을 보여주었"는데, 이는 모두 "코뮌 민중"의 이름으로 이루어졌다.[28] 이러한 경험들은 일단 아메리카로 가져오게 되면 해적행위를 하는 "해안의 형제들"의 삶의 방식을 가득 채우는 요소가 되었다.

초기의 경험들은 항해업무의 장수長壽를 저해하는 시련들을 견디고 살아남은 힘찬 영혼을 가진 사람들에 의해 이후 세대의 선원들과 해적들에게로 이전되었다. 1689년 한 사략선 선장이 4명의 노련한 해적들을 배에 태웠을 때, 그가 보기에 그들은 "그들 자체로는 엉망이지만 그들의 대화와 지성이 가진 장점으로 인해 나중에 그는 그들을 〈쉽스 회사〉the Shipps Company에 여기저기 배치할 수밖에 없게 되었다"고 말했다. 고참들 중 일부는 스페인왕위계승전쟁 당시에 자메이카의 사략선에서 복무한 바 있으며 유트레히트조약 이후에 새로운 해적행위에 참가하였다. 자메이카 규율과 그것이 가능하게 한 공적功績들은 엑스커멀린, 페르 라바Père Labat 그리고 해적들의 삶을 직접 경험했던 다른 이들의 널리 출판된 (그리고 자주 번역된) 보고들에서는 말할 것도 없고, 민간설화, 노래, 민요, 민중들의 기억 속에서도 계속 살아있었다.[29]

따라서 17세기 후반과 18세기 초에 선원들이 바다에서 죽음 같은 삶의 조건들에 처했을 때 그들은 살아있는 기억 속에 대안적 사회를 가지고 있었다. 일부 선원들은 반란을 일으키고 자신이 탄 배들을 장악하여, 검은 깃발에 해골과 십자 모양의 뼈다귀를 꿰매 붙이고 세상에 선전포고를 했다. 그런데 해적이 된 사람들의 압도적 다수는 자신들의 배가 포획되었을 때

자발적으로 불법선박들에 가담한 사람들이다. 그 이유는 헤아리기 어렵지 않다. 쌔무얼 존슨이 다음과 같이 말했을 때 그는 이 문제를 간결하게 표현한 것이다. "감옥에 가기에 충분한 재간이 있는 사람이라면 아무도 선원이 되지 않을 터인데, 배 안에 있다는 것은 물에 빠져죽을 가능성을 안은 채 감옥에 있는 것이기 때문이다…… 실제 감옥에 있는 사람이 더 많은 공간과 더 좋은 음식과 일반적으로 더 나은 동료들을 갖는다." 물론 많은 선원들은 항구 도시들의 감옥에서 혹은 외국행 상선들의 감옥에서 얼떨떨한 상태로 혹은 그냥 취한 상태로 깨어나는 경험을 통해 직접 이런 비교를 한 바 있다. 존슨의 요점은 상선의 선원들의 운명은 혹독하다는 것이다. 선원들의 공간은 비좁아서 밀폐공포증을 자아낼 정도의 것이며 음식은 빈약한만큼이나 종종 썩어있기도 했다. 파괴적인 질병, 몸을 불구로 만드는 사고, 파선, 조기 사망은 그들의 일상적인 경험이었다. 그들은 그들의 상관들이 가하는, 잔인하며 종종 살인적인 규율과 대면해야 했다. 죽음을 불사하는 노동의 대가로 그들이 받는 임금은 얼마 되지 않았다. 평화시의 임금이 낮은데다가 보수지불에서 사기가 잦았기 때문이다. 선원들은 법으로부터도 거의 구제를 기대할 수 없었다. 법의 주된 목적은 "싸고도 양순한 노동력의 즉각적인 공급을 보장하는 것"이었기 때문이다.[30]

상선의 선원들 또한 해군의 확대에 의해 맹렬해진 징병과 싸워야만 했다. 해군에서 선상의 조건은 상선의 그것만큼이나 가혹했으며 어떤 측면들에서는 더 나빴다. 임금은 특히 전시에는 상선에서 일하는 경우보다 낮으며, 배에서 먹는 음식의 질과 양은 부패한 회계관과 장교들에 의하여 지속적으로 훼손되었다. 종종 막대한 숫자에 달하기도 하는 해군 선박의 해양노동자들 사이에 협력을 조직하고 질서를 유지하는 일은 폭력적인 규율을 필요로 했는데, 이 규율은 용의주도하게 실행되는 전시용 처형들로

선원들의 귀한 혹은 보상받은 용기, 1783년. 대영도서관의 게재허락.

가득 차있었으며 상선에서의 규율보다 더 가혹하였다. 많은 선원들이 통풍이 잘 안 되는 해군 선박들에 밀집한 결과들 중 또 하나는 장소를 가리지 않고 질병이 (종종은 전염병 수준의 질병이) 생기는 것이었다. 해적들 자신들이 즐겼을 아이러니는, 한 관리가 해군은 그 배들이 "선원들의 병, 죽음, 탈영으로 대단히 무력화"되었기 때문에 해적들을 효과적으로 진압할 수 없다고 주장한 점이다. 『해적행위 파괴되다』*Piracy Destroy'd*, 1700라는 제목의 한 팸플릿의 식견있는 익명의 저자는 징병, 가혹한 규율, 불충분한 음식과 건강, 배라는 공간에 오래 갇혀있는 것 그리고 임금체불이 수천 명의 선원들로 하여금 해적이 되게 했음을 분명히 했다. "선원들로 하여금 반란을 일으키고 배를 갖고 도망가게 한" 요인은 "선원들의 등과 배에 지휘관들이 가한 지나친 가혹성"이었다. 이 시기에 해군의 배는 "탈영, 참수당하기, 혹은 죽음 말고는 피할 수 없는 기계"라고 한 학자는 결론짓고 있다.[31]

사략선에서의 생활은 좀 나았다. 음식은 더 맛있었고 보수도 더 높았으며 근무시간이 더 짧았고 의사결정에서 승무원들의 힘이 더 컸다. 그러나 사략선들이 항상 행복한 것은 아니었다. 어떤 선장들은 자신이 배를 마치 해군 선박처럼 운영하여 경직된 규율을 부과하고 불만, 항의, 혹은 심지어는 노골적인 반란을 발생시키는 평판이 나쁜 기타 조치들을 부과하였다. 1708년과 1711년 사이에 크게 성공한 사략 원정을 한 명문출신 선장이며 나중에 바하마제도의 총독으로서 서인도제도의 해적들에게 재앙과 같은 존재였던 우즈 로저스Woodes Rogers는 피터 클락Peter Clark이라는 사람을 차꼬 속에 처넣었는데, 클락은 "해적선을 타"고 싶어 했으며 "우리를 제압할 수 있는 적이 우리와 같은 편이었으면 좋겠다"고 말한 바 있었다.[32] 피터 클락 같은 사람들이 일단 상선이든 해군 선박이든 사략선이든 그것을 벗어나서 "해적선을 타"게 되면 무엇을 하겠는가? 그들이 어떻게 자신들의 생존을 확보하겠는가? 그들이 어떻게 자신들의 노동을 조직하고 돈에의 접근, 권력에의 접근을 조직하겠는가? 그들은 배를 운영하는 법에 대한 지배적인 견해들을 내화하였는가? 아니면 이 가난하고 교육을 받지 못한 사람들이 더 잘 상상할 수 있었는가?

뒤집어진 해양세계

18세기 초 해적선은 "뒤집어진 세계"였는데, 해적들의 사회질서 즉 아래로부터의 히드라국의 규칙들과 관례들을 세운 민주적으로 동의된 규율에 의하여 그렇게 되었다. 해적들은 정의를 분배하였고 고급선원들을 선출하였으며 전리품을 똑같이 나누었고 자립적인 규율을 수립하였다. 그들은 선장의 권위를 제한하였으며 자본주의적 해운업의 관례들 중 다수에 저항하였고 다문화적이고 다인종적이며 다민족적인 사회질서를 유지하였다. 그들은 배가 상선업과 해군에서와 같이 잔혹하고 억압적인 방식으로 운영될 필요가 없음을 입증하려고 하였다. 극작가인 존 게이John Gay가 『폴리』Polly에서 맥히스Macheath로 하여금 모라노Morano라는 흑인 해적으로 위장하여 「세상이 뒤집혔네」라는 곡에 맞추어 노래를 부르도록 했을 때 그는 이 모든 것을 이해하고 있음을 입증하였다.33

해적선은 비민주적인 시대에 민주적이었다. 해적들은 추적과 전투에 있어서는 선장에게 전권을 허용하였지만 다른 일에 대해서는 선장이 "다수에 의해 지배될 것을" 주장했다. 한 관찰자가 주목했듯이, "그들은 그들이 선장의 선장이 될 수 있다는 조건으로 선장에게 선장의 지위를 허용했다." 그들은 선장에게 상선과 해군의 선장(함장)들이 보통 요구하는 여분의 음식과 개인 식사 혹은 특별 시설을 하나도 주지 않았다. 더욱이, 다수를 이루는 평선원들은 주기도 하는 만큼 도로 가져가기도 했는데, 선장이 비겁하거나 잔인할 때, 혹은 "영국 배를 포획하여 약탈하기"를 거부할 때, 혹은 심지어는 "너무 신사 같을 때" 그를 선장의 직위에서 내쫓았다. 자신들에게 부여된 권위를 감히 능가하려는 선장들은 때로 처형되었다. 대부분의 해적들은 "고급선원들의 학대로부터 고통을 받았기 때문에" 일단 배를 자신들 마음대로 조직하면 "이러한 폐단에 조심스럽게 대비했다." 선장의 권력에 대한 이 이상의 제한은 승무원의 이익을 대변하고 보호하기 위해서 선출되는 선원장quartermaster의 존재에 구현되어 있었으며, 배에 탄 모든 사

람들을 포함하며 항상 배의 최고 권위를 구성하는 모임인 평의회에 구현되어 있었다.[34]

위계적인 시대에서도 해적선은 평등주의적이었다. 해적들은 전리품을 균등하게 나누었으며 다른 모든 해상의 고용에 공통적인 정교한 호봉구조를 평준화했다. 선장과 선원장은 한 몫 반 내지 두 몫을 받았다. 군소 고급 선원들과 기술 선원들은 1과 4분의 1 몫 내지 한 몫 반을 받았으며 모든 다른 사람들은 각자 한 몫을 받았다. 이러한 평등주의는 물질적 사실들로부터 흘러나왔다. "해적들에게 통치가 거의 부재하고 복종이 거의 없어서 해적들이 때로는 모두가 선장이요 모두가 지도자"라는 점은 상선의 선장들에게는 짜증나는 일이었다. 해적들은 반란을 일으키거나 포획을 하여 상선을 강탈함으로써 해상의 생산수단을 움켜쥐고 그것이 그 생산수단으로 일을 한 사람들의 공동재산임을 선언하였다. 해적들은 상인 자본가가 소유한 도구들과 큰 기계(배)를 이용하여 임금을 받기 위한 노동을 하기보다는 임금을 폐지하였고 공동의 모험이 주는 위험을 똑같이 나누면서 그들 자신의 재산인 배를 지휘했다.[35]

해적들은 계급의식을 갖고 있었고 정의를 추구하였으며 평선원들을 학대한 상선의 선장들에게 복수를 했고 그렇게 학대할 수 있는 특권을 지지하는 정부 관리들에게 복수했다. 실로 "정의의 분배"는 해적들의 특수한 풍습이었다. 해적들은 배를 나포한 후에 배의 지휘관이 승무원들을 어떻게 다루었나를 심문함으로써 "정의를 분배"하곤 했다. 그런 다음에 그들은 "불만을 산" 지휘관들을 "채찍질하고 소금을 발랐다." 바쏠로뮤 로벗츠 Bartholomew Roberts의 승무원들은 이 문제를 매우 중요한 것으로 간주하여서 그들 중 하나—조지 윌슨George Willson인데 물론 맹렬하고 팔팔한 사람이었다—를 공식적으로 "정의분배자"로 임명하였다. 해적들은 사로잡은 선장들을 난폭하게 다루고 때로는 처형하였다. 몇몇 해적은 교수대에다가 정의의 복수를 한 것을 자랑하였다. 해적 선장 하우얼 데이비스Howel Davis는 "해적이 되는 이유는 비열한 상인들과 잔인한 선장들에게 복수를 하기 위해서였다"고 주장했다. 그러나 해적들이 무분별하게 선장들을 처벌했던 것은 아니다. 그들은 종종 "선원들을 결코 학대한 적이 없는 정직한 사람"에게 상을 주기도 했으며 심지어는 한 훌륭한 선장으로 하여금 "큰돈을 갖고 런던으로 돌아가서 상인들에게 도전하도록" 하는 시도를 하기도 했다. 이렇듯 해적들은 해운업의 야만적인 부당함에 맞섰는데, 한 승무원단은 심지어 자신들이 "로빈 훗의 사람들"임을 주장하기도 하였다.36

　　해적들은 생존권을 주장하였는데, 상선이나 해군 선박에서는 음식과 음료가 공급되지 않는 일이 매우 잦았기 때문이다. 이로 인해 많은 선원들이 애초에 "외상을 지게" 되었다. 1724년에 조지 갤리호George Galley를 탄 한 반란 선원은 뒤중간돛을 접으라는 선장의 명령에 "퉁명스럽고 일종의 경멸을 담은 어조로 '우리는 먹는 만큼 일을 할 것이다'"라고 말함으로써 응답했다. 다른 반란자들은 단순히 "굶어죽는 것이 자신들의 일은 아니다"라고, 그리고 만일 선장이 사태를 그렇게 만든다면 교수형 당하는 것보다 나을 게 없다고 주장했다. 해적들의 삶을 관찰한 많은 이들은 그 행사들—먹기, 마시기, 바이올린 연주하기, 춤추기, 흥겹게 떠들기—의 축제적 성격에 주목했으며 몇몇 사람들은 그러한 "무한한 무질서"가 바다의 훌륭한 규율에 유해한 것으로 간주하였다.37 다른 해양 직업에서 불충분한 식량 혹은 썩은 식량을 겪었던 사람들은 이제 "분방하고 소란스런 방식으로" 먹고 마셨다. 이것이 실로 그들의 풍습이었다. 그들은 "펀치 큰 병 하나"를 마시고 아주 많은 일을 수행했기에 취하지 않고 멀쩡한 상태의 사람이 때때로 "공화국"—배의 공동체를 말한다—"에 반하는 음모를 꾸미고 있다는 의심을 받게" 되었다. 바쏠로뮤 로벗츠의 규율 중 첫 항목은 모든 사람에게 "중요한 사안에 대한 투표권"을 보장했으며 신선한 식량과 독한 술에 대한 동등한 권리를 보장하였다. 해적에 가담한 사람들 중 일부에게 술은 "황금보다 …… 더 큰 동기였"으며 대부분의 해적들은 "배 채울 것 없이는 모험 없다"라는 경구에 동의했을 것이다. 대서양의 해적들은 이렇듯 자신들의 건강과 안전, 자기보존을 보장하기 위하여 투쟁했다. 안대를 한 눈과 의족 그리고 손 대신 갈고리를 가진 해적의 이미지는 본질적 진실을 시사한다. 항해는 위험한 종류의 노동이었던 것이다. 따라서 해적들은 모든 전리품의 일부 몫을, 시력을 잃거나 사지 중 일부를 잃은, 오래 계속되는 상해를 입은 사람들을 위해 할당된 공동기금으로 돌렸다. 그들은 빈궁에 대비하려고 노력했던 것이다.[38]

　해적선은 잡색이어서 다민족적이고 다문화적이고 다인종적이었다. 자메이카의 총독 니콜러스 로스Nicholas Lawes가 여기저기서 해적들을 "만국의 도적들"이라고 부를 때 그는 정부 관리들의 생각을 그대로 되풀이한 것이었다. 또 다른 카리브해 지역의 관리는 이에 동의하여, 해적들은 "모든 나라들로 구성되어" 있었다고 말했다. 1717년 블랙 쌤 벨라미Black Sam Bellamy의 승무원들은 노예선으로부터 해방된 24명의 아프리카인들과 함께 영국인, 프랑스인, 네덜란드인, 스페인인, 스웨덴인, 아메리카 원주민, 아프리카계 아메리카인을 포함하는 "만국인들이 섞인 다중"이었다. 1724년 조지 갤리호의 주된 반란자들은 잉글랜드인 하나, 웨일즈인 하나, 아일랜드인 둘, 스코틀랜드인 둘, 스웨덴인 둘, 덴마크인 하나였는데, 이들 모두 해적이 되었다. 벤저민 에번스Benjamin Evans의 승무원들은 잉글랜드, 프랑스, 아일랜드, 스페인, 아프리카 출신의 사람들로 구성되어 있었다. 해적 제임스 배로우James Barrow가 저녁을 먹은 후에 "네덜란드 기도서에서 스페인, 프랑스 노래들을 …… 불경스럽게 부르며" 앉아있는 모습은 이러한 국제주의의 현실을 예증하고 있다. 정부는 종종 해적들에게 "해적들은 조국이 없다"고 말했으며 해적들 자신들도 이에 동의하였다. 해상에서 다른 배들을 맞을 때에 해적들은 "바다에서" 왔다고 고지함으로써 국적의 거부를 강조하였다. 한 식민지 관리는, 해적들이 "같은 나라 사람을 인정하지 않으며 이미 조국을 팔았고 잡히면 틀림없이 교수형을 당할 것이라고 그리고 끼칠 수 있는 해악은 가차없이 다 끼칠 것이라고" 1697년 무역 및 농장 위원회에 보고했다. 그러나 1699년 한 반란자가 말한 바처럼 "잘 사는 한에서는 이 세상의 어느 곳에서 사는가는 중요하지 않았다."[39]

아프리카 출신 수백 명은 해적선이라는 사회 내에 자신들의 자리를 발견했다. 비록 해적들 중 (과반수는 아니지만) 적지 않은 수가 노예무역에서 일한 적이 있고 따라서 노예매매 및 노예수송의 메커니즘의 일부였긴 하지만, 그리고 비록 해적선들이 때로 노예를 포함하는 화물을 포획했(고 팔았)지만 아프리카인들과 아프리카계 아메리카인들 다수가 노예상태로 혹은 자유인의 상태로 해적선들에서 활동했다. 블랙 바트 로버츠Black Bart Roberts와 함께 항해하였고 그로 인해서 1720년 버지니아에서 목매달린 한 흑백 혼혈아처럼, 이 해상의 유색인들 중 몇몇은 "사방에서 불어오는 바람에 따라 춤을 추는 것"dancing to the four winds으로 끝을 맺었다. 씨저라는 이름의 또 다른 "단호한 친구인 한 검둥이"는 1718년에 해군에 항복하기보다 차라리 블랙비어드Blackbeard*의 배를 폭파할 태세였다. 그 역시 목매달렸다. 흑인 승무원들은 또한 해적 전위—나포할 배에 승선하여 공격하도록 지명

---

* 블랙비어드(검은 수염)는 본명이 에드워드 티치(Edward Teach)로서 해적의 전성기인 18세기 초에 카리브해와 서대서양에서 활약한 유명한 해적 선장이다.

된 가장 믿을 만하고 가장 무시무시한 선원들이다—의 일부를 구성했다. 예를 들어서 모닝 스타호의 승선 공격조에는 "이중으로 무장한 검둥이 요리사"가 있었으며, 드래곤호의 에드워드 콘덴트Edward Condent의 승선공격조는 반 이상이 흑인이었다.[40] 1724년 프랜시스 스프릭스Francis Spriggs의 배의 한 "자유인 검둥이" 요리사는 식량을 똑같이 나누었기 때문에 그 배에 탄 승무원들은 "매우 즐겁게" 살 수 있었다. "검둥이들과 흑백혼혈아들"은 거의 모든 해적선에 있었으며, 그들의 존재를 언급한 다수의 상인들과 선장들이 그들을 노예라고 부르는 경우는 드물었다. 벨라미, 테일러, 윌리엄스, 해리스, 윈터, 쉽턴Shipton, 라인Lyne, 스캄Skyrm, 로버츠, 스프릭스, 보넷Bonnet, 필립스, 밥티스트Baptist, 쿠퍼 등등의 선장들과 함께 흑인 해적들이 항해했다. 1718년에 블랙비어드의 100명의 승무원들 중 60명이 흑인이었으며, 윌리엄 루이스 선장은 80명이 되는 그의 승무원들 중 "40명의 유능한 검둥이 선원들"이 있음을 자랑했다. 1719년 올리버 라 부쉬Oliver La Bouche의 배는 "반은 프랑스인들, 반은 검둥이들"이었다.[41] 흑인 해적들은 매우 흔해서 한 신문으로 하여금 흑백혼혈아들로만 이루어진 바다의 강도들이 사로잡은 백인들의 심장을 먹으며 카리브해를 약탈하고 있다는 기사를 내게 할 정도였다.[42] 그러는 동안 런던에서는 그 시기의 가장 성공적인 연극공연에서 흑인 해적들의 현실을 묘사하지 못하게 되는 일이 발생했다. 의전장관이 존 게이의 『거지 오페라』The Beggar's Opera의 속편인 『폴리』Polly의 공연허가를 거부했기 때문이다. 『거지 오페라』는 맥히스Macheath가 노상강도죄로 막 교수형을 당하려는 장면에서 끝났었는데, 이제 『폴리』에서는 그가 서인도제도로 추방당하고 거기서 농장을 탈출하여 해적이 된 다음 "검둥이 악당"인 모라노Morano로 위장하여 해적단의 주요 지도자가 될 것이었다. 폴리 피첨Polly Peachum은 남장을 하고 물어가며 자신이 영웅과 그의 동

료 해적들을 찾는다. "아마 다음 농장의 노예들에게서 그의 소식을 들을
수 있을 거야."[43]

1721년에 "고급선원들이 너무 많고 일이 너무 힘든 것 등등의 이유로
반란"을 이끌었던 뎁트포드Deptford 출신의 한 노련한 "자유인 검둥이" 선원
처럼, 일부 흑인 해적들은 자유인이었다. 다른 흑인 해적들은 탈주노예들
이었다. 1716년에 안티구아의 노예들은 "매우 건방지고 무례하게" 되어서
그들의 주인들로 하여금 폭동이 일어날까봐 두려워하게 만들었다. 역사가
휴 랜킨Hugh Rankin은 상당수의 무법한 자들이 "피부색의 차이를 신경쓰지
않는 것처럼 보이는 저 해적들에 가담했다"고 쓰고 있다.[44] 안티구아에서의
일이 일어나기 전에 버지니아의 지배자들은 "해적들의 파괴행위"와 "검둥
이들의 폭동" 사이의 연관에 대하여 우려한 바 있었다. 1722년 블랙 바트
의 다른 승무원들과 함께 사로잡힌 유색 선원들은 해군에서 그들이 겪은
조악한 조건과 "빈약한 식사"에 항의하여 반란을 일으켰는데, 특히 그들 중
다수가 이전에 오랫동안 "해적의 방식으로" 살아왔던 것이 원인이었다. 해
적의 방식이란 다른 이들에게나 그들에게나 더 많은 음식과 더 큰 자유를
의미했던 것이다.[45]

그러한 물질적·문화적 접촉들은 드물지 않았다. 일단의 해적들이
1720년대 초에 서아프리카에 정착하여 크루족the Kru과 섞였는데, 크루족
도 해상의 일들에 능숙한 것으로 (그리고 노예가 되었을 때에는 신세계에
서의 반란들에서 지도자적 능력을 보인 것으로) 알려져 있었다. 물론 해적
들은 여러 해 동안 마다가스카르의 원주민들과 섞여서 "그곳에서 검은 피
부의 흑백혼혈인종"을 산출하는 것을 도왔다. 유럽 및 아프리카의 선원들
과 해적들 사이의 문화적 교류는 광범했으며, 그 결과 예를 들어서 아프리
카 노래들과 해변 오두막집들 사이의 잘 알려진 형태상의 유사성이 생겼

다. 1743년에 몇몇 선원들이 규율에 항거하여 "검둥이 노래"를 불렀다는 이유로 군법회의에 회부되었다. 반란자들은 또한 반란을 일으키기 전에 노예들이 행하는 것과 같은 의식儀式들에 참여하기도 했다. 1731년에 일단의 반란자들은 럼주와 화약을 마셨으며 다른 경우에 한 선원은 "소총 총열로 물을 마심으로써" 자신의 반란의도를 알렸다. 해적행위는 분명히, 대서양의 노예사회들에서 실행되고 시행되는 흑인단속법에 따라서 작동하지 않았다. 일부 노예들과 자유인 흑인들이 해적선에서 자유를 발견했는데, 흑인들의 자유란 탈주노예 공동체들을 제외한다면 해적들의 주된 활동무대인 카리브해와 아메리카 남부에서는 보기 힘든 것이었다. 실로 해적선 그 자체가 다인종적 탈주노예 공동체로 간주될 수 있는데, 여기서 반란자들은 다른 이들이 산악과 정글을 이용하듯이 높은 파도들을 이용하였던 것이다.[46]

해적행위가 남성만의 것이 아님은 앤 보니Anne Bonny와 메리 리드Mary Read에 의해 입증되었다. 이들은 칼과 권총을 손에 쥐고 해적생활의 많은 자유로움들을 여성도 향유할 수 있음을 보여주었다. 18세기에는 어떤 종류의 배이든 거기에 탄 여성들이 많지 않았다. 그러나 그들은 대서양의 노동자들 사이에서 인기를 얻게 된 남장 여성 전사들에 관한 민요들을 고취하기에 충분할 만큼의 수는 되었다. 그 공훈이 『해적 총사總史』A General History of the Pyrates의 표지에 공표되었으며 당대와 그 이후에 많은 다른 이야기들에 등장했을 것이 틀림없는 보니와 리드는 선원들처럼 걸게 욕했으며 전쟁기술에 잘 훈련된 사람처럼 무기를 다루었고 해적 승무원들 중에 가장 과감하고 존경받는 사람들만이 허용받는, 나포할 배에 승선하는 공격조로 활약했다. 가족, 국가, 자본의 전통적인 권력이 미치는 범위 너머에서 활동하고 해상의 무법자들 사이에서 삶의 거친 유대紐帶를 공유하는 그들은, 여성에게 허용된 사회적 행동의 영역이 좁아지고 있던 때에 일반적으로 남성에게 할당된 자유로움을 움켜쥠으로써 해적행위의 전복적 매력에 또 다른 차원을 추가했다.[47]

히드라국에 대한 전쟁

히드라국의 자유는 해적들에 의하여 분명한 자기의식을 가지고 수립되었고 옹호되었는데, 그 대항적 문화의 인원충원을, 따라서 그 재생산을 자신들이 도우리라는 것을 알았던 것도 그 중요한 이유이다. 아마 그들이 온전하게 이해하지 못한 것은 이 자유로움이 일단 지배계급에 의하여 인식된다면 그로 인하여 해상에서든 아니면 (더 위험하게도) 해변에서든 대안적 삶의 방식을 제거하기 위한 테러공세가 가속될 것이라는 점이었다. 권력을 가진 자들 중 일부는 해적들이 그 어떤 권력도 "그들과 다툴 수 없는" 지역에 "공화국을 세울" 수도 있다는 점을 우려했다. 식민지와 대도시의 상인들과 관리들은 마다가스카르, 씨에라리온, 버뮤다, 노쓰캐럴라이나, 캄페체베이the Bay of Campeche, 그리고 온두라스에서 일기 시작되는 분리주의를 두려워했다.[48] 벤저민 베넷 대령Colonel Benjamin Bennet은 해적들에 대해서 무역 및 농장 위원회에 다음과 같이 썼다. "대단히 많은 사람들이 잡혔을 때 그들에게 가담할 태세가 되어있기 때문에 그들이 곧 번성하리라는 점이 두렵다." 그들은 번성했다. 스페인왕위계승전쟁 이후에 해운업의 노동조건이 급속하게 악화되면서 선원들은 수천 명씩 검은 깃발로 향했다. 에드워드 잉글랜드Edward England의 승무원들은 1719년 봄 아프리카 해안 근처에서 9척의 배를 탈취하였으며 그 배들의 선원들 143명 중 55명이 가담하여 해적율에

서명할 준비가 되어 있었다. 존 제섭John Jessup은 해적들 사이에서의 즐거운 삶이 케이프코스트카슬Cape Coast Castle에 있는 거대한 노예무역거래시장에서 일하는 것보다 맹세코 낫다고 말했다. 그러한 탈영은 1716년과 1722년 사이에 흔했는데, 이는 한 해적이 상선의 선장에게 말했듯이, "사람들이 일반적으로 [해적단에] 가담하는 기회를 반가워했던" 시기였다.[49] 전리품과 바로 쓸 수 있는 돈, 음식과 음료, 동지애, 평등과 정의의 전망, 그리고 부상당한 사람들을 돌보리라는 기대─이 모든 것들은 매력이 있었음에 틀림없다. 이 매력들은 아마도 바쏠로뮤 로벗츠에 의하여 가장 잘 요약될 터인데, 로벗츠의 말에 의하면 상선에서는 "불충분한 음식, 낮은 임금, 힘든 노동을 겪지만, 여기서는 풍요로움과 만족, 즐거움과 편안함, 자유와 힘이 있으니, 이에 대해서 감수해야할 위험이란 최악의 경우에 목이 졸리는 것을 한, 두 번 못 마땅하게 쳐다보는 것뿐이니 누가 이쪽이 더 남는 쪽이라고 생각하지 않겠는가? 아니, 즐겁고 짧게 살자가 나의 모토가 될 것이다." 존 드라이든이 1667년에 『폭풍』을 다시 썼을 때 그는 선원들 중의 한 명으로 하여금 "짧고 즐겁게 살자, 이게 내 말이다"라고 말하도록 했다. 두 세대 후에 이 경구는 이제 사형집행자를 부르는 전복적인 어조를 띠게 되었다.[50]

히드라국은 그것이 점점 더 많은 가치를 가져오는 아프리카와의 노예무역에 가하는 위험 때문에 공격을 받았다. 1716년과 1726년 사이에 일련의 선원반란들이 노예무역을 뒤흔들었는데, 이는 식량, 규율에 대한, 그리고 그 당시에 영국을 떠나 서아프리카로 향한 노예선들에서 이루어지는 노동생활의 일반적 조건들에 대한 만성적 불만의 논리적 귀결이었다. 선원들은 법정에서, 노예선 완스테드Wanstad호의 선장 씨오도어 부처Theodore Boucher는 "그들이 먹고 살기에 충분한 만큼의 음식과 술을 허용하지 않았으며 음식에 있어서 매우 야만적이고 비인간적으로 그들을 대우했다"고 주장했다. 다른 선원들은 그들의 선장이 압제적인 규율을 부과했다고 비난했다. 선상의 조건들에 과감하게 반대하는 사람들은 "노예로서 쇠사슬로 한데 묶였고 …… 보통 노예가 먹는 음식인 고구마와 물을 먹었다."[51]

그러나 일부 반란선원들은 선박들을 탈취하고 검은 깃발을 올려 히드라국을 수립함으로써 족쇄의 운명을 피했다. 1720년 병들고 굶주린 병사들과 선원들이 〈왕립 아프리카 회사〉의 감비아캐슬Gambia Castle호를 탈취한 이후에 그들은 그 배를 '해방호'로 개명하고 1652년 감비아 인근에서 루펏 공의 호위함의 반란자들이 그랬던 것처럼 의기양양하게 항해하고 다녔다.[52] 로우써Lowther와 그의 부하들은, 특히 영국 정부가 1718년에 바하마 제도를 다시 탈환하고 수년 동안 카리브해에서 해적들의 주된 활동 기지였던 곳에 왕의 권위를 재수립했던 이래, 서아프리카 해안이 이미 해적들이 많이 출몰하는 곳이 되었다는 것을 알고 대담해졌을지도 모른다. 수백 명의 해적들이 아프리카 해안으로 향하면서 방어가 허술한 배들을 공격하고 그 화물을 차지하였다. 상인들의 재산에 대한 가장 거대하고도 가장 성공적인 공격은 바쏠로뮤 로벗츠의 지휘를 받는 한 해적 호위함에 의해서 실행되었다. 이 배는 "항해하는 길에 우연히 마주친 재화들과 배들을 침몰시키고 태우고 파괴하면서" 아프리카 해안을 누볐다.[53] 로벗츠의 관심은 노예를 실은 배들을 포획하는 데 있는 것이 아니라 노예무역을 하러 가는 배들 —"탄약, 식량 등 모든 종류의 저장품들을 가득 싣고 긴 항해를 하기에 적합한 좋은 배들" —을 포획하는 데 있었다. 그와 그의 동료들은 또한, 일단의 상인들의 설명에 따르면, 노예무역 요새들을 공격하였다. 해적들은 "때때로 주요 상관商館들에 상륙하여 필요하다고 생각되는 것을 강탈해 갔다." 18세기 초에 많은 노예선들이 포획되어 해적업으로 전환되었는데, 최근에 인양한 블랙 쌤 벨라미 선장의 휘다Whydah호도 여기 포함된다.[54]

바쏠로뮤 로벗츠나 기타 선장들과 함께 해적들이 쎄네감비아Senegambia 에서 골드코스트the Gold Coast 사이를 왔다 갔다 하며 1720년대에 영국 상인 들에게 가장 중요한 지역을 어지럽히고 있을 때, 그들은, 그 해안에서 여러 달을 보낸 바 있는 해양 의사인 존 앳킨스John Atkins의 말을 빌자면, "무역 업자들에게 공포를 불어넣었다." 1720년에 한 필자는 해적들이 이미 아프 리카 해안에 10만 파운드의 가치에 달하는 피해를 입혔다고 추산하였다. 1724년에 무역위원회에 속하는 한 익명의 필자는 해적들이 아프리카의 노 예무역에서 "2년의 시간 동안에 거의 100척의 배를" 탈취했다고 주장했 다.[55] 다른 이들은 훨씬 더 많을 것으로 추산했다. 브리스틀, 리버풀, 런던 의 상인들은 그들이 입은 손해에 대하여 항의하기 시작했는데, 수익성이 좋은 노예무역을 괴롭히는 무질서에 대하여 의회에 알리고 그들의 재산을 해군이 보호해줄 것을 요구했다. 그들의 항의의 소리가 공감하는 사람들에 게 가 닿았다. 1722년 초에 일군의 상인들이 국회에 구제해달라는 청원을 냈을 때 하원은 해적행위의 진압을 위한 법안의 즉각적 작성을 명령했다. 이 법안은 로벗 월폴Robert Walpole의 도움으로 신속히 통과되었다. 곧 찰로 너 오글Challoner Ogle 함장의 지휘를 받는 해군 소함대가 아프리카 해안으로 항해하기 위해 장비를 갖추었다. 그 해 안에 목적지에 도착한 소함대는 바 쏠로뮤 로벗츠의 배들과 교전하여 격퇴하였다. 전투에서 100명 이상의 해 적들이 죽었으며 다른 해적들은 정글 속으로 도망쳤다. 수백 명이 체포되 었으며 재판에 회부되었다. 체포된 해적들은 영국 노예무역의 중심지인 케 이프코스트카슬로 이송되었다. 이곳은 배를 기다리는 노예들이 사슬에 묶 이고 구금되고 "오른쪽 가슴에 달군 인두로 'D.Y.'Duke of York라고 표시를 당 하는" 곳이었다. 두께가 14피트이며 74문의 대포를 설치하여 방어하는, 케 이프코스트카슬의 벽돌담 안에서 한 무리의 해적들이 처형되었고 사슬에 묶인 그들의 시체는 공포의 극대화를 위해 일정하게 분배되어 연안을 따라 매달아졌다. 케이프코스트에는 9구, 윈드워드Windward 해안에는 4구, 아세라Acera, 칼라바, 휘다에는 각각 2구, 위네바Winnebah에는 1구가 매달아졌다. 다른 31구는 해상의 웨이머스Weymouth호에서 목매달아졌다. 또 다른 40구는 노예가 되도록 선고를 받아 배에서 혹은 금광에서 〈왕립 아프리카 회사〉를 위해 일하도록 강제되었다. 이들은 필경 몇 개월 이내에 사망했을 것이다.56 찰로너 오글은 런던으로 개선凱旋한 후 1723년 5월에 해적퇴치의 공으로 기사 작위를 받은 최초의 해군 선장이 되었다. 그는 조지 1세에게 작위를 수여받았는데, 로벗츠와 그의 동료 해적들은 조지 1세를 "무대가리"라고 조롱하였다.57

로벗츠의 패배와 그에 뒤이어 아프리카 해안에서 해적행위가 파괴된 일은 자본주의의 역사에서 또 다른 전환점을 나타냈다. 그 주된 이유는 해적행위와 노예무역은 전쟁경험, 상업, 제국적 확장의 측면에서 오랫동안 연결되어 있었다는 데 있다. 서아프리카 해안에서 해적들과 노예무역업자들 사이의 갈등은 1713년 스페인인왕위계승전쟁의 종말로 소급한다. 이때 수천 명의 선원들이 해군에서 제대하였는데, 이로 인해 해운업에서 노동자들의 임금이 급락하였고 음식이 나빠졌고 채찍질이 성행하였다. 이는 다시 선원들로 하여금 졸리 로저*에 자신의 운명을 맡기도록 추동하였다. 전쟁의 종말은 영국 상인들에게는 상을 가져다주었다. '아씨엔또'Assiento**가 바로 그것이었는데, 이는 1년에 4,800명의 노예들을 〈싸우스 씨 회사〉South Sea Company를 통해 스페인령 아메리카에 실어 나를 법적 권리를 (그리고 더

---

* 졸리 로저(Jolly Roger)는 해골과 교차된 뼈가 그려져 있는 해적의 깃발을 말한다.
** 'asiento'(영어의 "assent"에 해당한다)는 1543~1834년 동안 스페인 정부가 다른 나라들에게 스페인 식민지들에 노예들을 팔수 있도록 허가해준 것을 말한다.

많은 수를 실어 나를 불법적 권리를) 이 무역업자들에게 부여하였다. 이러한 인센티브는—허가받은 회사인 〈왕립 아프리카 회사〉가 아메리카의 식민농장에 대부분의 노예들을 이미 공급하기 시작한 자유무역업자들과의 싸움에서 진—1712년에 아프리카 노예무역이 최종적으로 규제완화되면서, 영국 상인들의 눈에는 노예무역의 중요성을 극적으로 증가시키는 것으로 보였다.[58]

이제 새로운 무역이 번성하기 위해서 해적들이 근절되어야 했는데, 이는 노예무역상인 윌리엄 스넬그레이브William Snelgrave 선장이 주장한 바였다. 이 선장은 "기니 해안 무역을 하는 런던 상인들"에게 바쳐진, 『기니의 몇몇 지역들과 노예무역에 관한 새로운 보고』*A New Account of Some Parts of Guinea and the Slave Trade*라는 책을 출판하였다. 그는 책을 세 부분으로 나누어서 "다호메Dahomè 왕의 최근 휘도Whidaw 왕국 정복사," 노예무역의 실제 업무와 통계들에 관한 보고, "저자가 해적들에게 사로잡힌 이야기"와 그것이 준 위험들에 대한 이야기를 독자들에게 각각 제공하였다. 그러나 1734년 스넬그레이브가 자신의 책을 출판할 때쯤에는 해적이 교수형의 공포와 증가된 해군 순찰에 의해 패배하여 죽어있었다. 비록 때때로 시체가 여기저기서 산발적으로 반란을 일으키고 해적행위를 하기는 하지만 말이다. 해적 진압의 즉각적인 결과로 영국은 아프리카의 서쪽 해안의 지배를 확립하였다. 제임스 A. 로울리James A. Rawley가 쓴 바처럼, "1730년대에 영국은 대서양권에서 노예를 최고로 많이 다루는 나라가 되었고, 이 지위는 1807년까지 유지되었다." 노예수출은 해적이 횡행하던 지난 10년보다 거의 27%에 달하는 가파른 상승을 보였다.[59] 만일 카리브해 지역의 식민농장자본이 거대도시의 상인자본과 결탁하여 첫 세대의 해적들—1670년대의 해적들—을 죽였다면(이 때 〈동인도회사〉의 배들은 반란과 폭동의 온상이었다), 그리고

서아프리카 연안의 해적 바쏠로뮤 로벗츠. 찰스 존슨 선장, 『해적총사』(1724).

만일 〈동인도회사〉의 자본이 1690년대의 해적들을 죽였다면, 이제 18세기 초의 해적들을 죽인 것은 아프리카 노예무역자본이었다. 아래로부터의 히드라국은 위로부터의 히드라국에는 불구대천의 적이었다. 해적들이 대서양 중앙항로를 파열했기 때문이다. 1726년쯤에 해양국가는 계속적으로 확장하는 대서양 체제에서 자본축적에 주된 방해가 되는 해적들의 제거를 완료하였다.[60]

영국의 지배자들과 대부분 개신교를 믿는 유럽의 다른 지배자들이 해적들을 다른 나라들의 부를 강탈하도록 풀어놓았던 것은 그다지 오래 전이 아니었다. 이제 그들은, 그리고 그들의 이전의 국가적 적들은, 정돈된 대서양 자본주의체제에서 공통의 이익을 발견하였다. 이 체제에서 무역은 공격받지 않은 채로 흐르고 자본은 방해 없이 축적될 것이었다. 물론 공격과 방해가 지배자들 자신이 선포하는 전쟁의 결과가 아니라면 말이다. 1720년대쯤까지 수천 명의 해적들이 세계의 해운업에 크게 피해를 주었었다. 그들은 또한 자율적이고 민주적이며 평등한 자기들 나름의 사회질서를 자기의식적으로 건설하였었다. 이는 상선, 해군선박, 사략선들의 질서에 대한 전복적인 대안이었으며 수탈과 착취, 공포와 노예제가 존재하는 대서양 문명에 대한 대항문화였다. 휘그당과 토리당 모두 1690년대의 억압을 반복하고 해적들 및 해적들과 거래하였던 부두의 사람들을 처단하는 교수대를 세움으로써 대응하였다. 상인들은 의회에 청원을 하였는데, 의원들은 치명적인 새 입법으로 소원을 이루어주었다. 그러는 한편 로벗 월폴 수상은 다른 수십 명의 관리들, 기자들, 성직자들처럼 해적행위를 종식시키는 데 적극적이고도 개인적인 관심을 가졌다. 그들은 해적들을 바다의 괴물들, 사악한 짐승들 그리고 여러 머리 히드라라고 비난하였다. 베이컨에게는 미안하지만, 이 괴물들은 모두 인간 사회의 경계 너머에서 산 존재들이었다. 월폴들의 격렬한 수사는 교수대의 사용을 요구하였고 정당화하였다. 해적들과 그들의 살아있는 대안은 절멸시켜야 할 분명한 표적이 되었다. 수백 명이 교수형을 당했고 그들의 시체는, 아래로부터의 도전을 허용하지 않는 해양국가의 단호함을 상기시켜주는 것으로서 세계의 항구도시들에 매달아졌다.[61]

선원들의 히드라국은 1720년대에 패배하였고, 히드라의 목은 잘렸다. 그러나 히드라는 죽지 않을 것이었다. 해양 급진주의의 뱀과도 같은 휘발성 전통은 장차 계속해서 다시 나타날 것이었다. 선실로, 선창을 가로질러, 그리고 해변으로 조용히 미끄러져가며 자신의 때를 기다리다, 갑자기 선상반란으로, 파업으로, 폭동으로, 도시의 봉기로, 노예반란으로, 그리고 혁명으로 고개를 쳐들 것이었다. 예를 들어 존 플레이스John Place는 1748년 10

월에 케이프코스트카슬에서 별로 멀지 않은 서아프리카 연안에서 해군선박 체스터필드호의 선상반란을 조직하는 것을 돕게 될 것이었다. 그는 거기에 가 본 적이 있었다. 그는 블랙 바트 로버츠와 함께 해적으로서 항해했었으며 1722년에 찰로너 오글 함장에게 잡혔고 어찌어찌해서 대량처형을 피했다. 4반세기 후 선상반란과 대안적 사회질서에 대한 노하우가 필요한 때가 왔을 때 바로 플레이스가 시기에 적절한 사람이었다. 그는 이번에는 당국에 의해 교수형을 당했다. 그러나 당국은 이야기들 속에, 행동 속에, 뚱하게 침묵하는 기억 속에, 그리고 체스터필드호 및 기타 많은 선박들의 아래갑판에 살고 있는 전복적 전통을 죽일 수는 없었다. 마티니끄Martinique 섬의 시인 에메 쎄제르Aimé Césaire가 "그것은 이 완강한 뱀이 파선을 헤치고 구불거리며 기어 나오는 것이었다"라고 썼을 때 그는 이러한 저항의 존속을 포착한 것이었다.[62]

6

"지상의 나라들에서 내쫓긴 자들"

6

"지상의 나라들에서 내쫓긴 자들"
"The Outcasts of the Nations of the Earth"

1741년의 뉴욕 모반의 핵심에는 한 사랑의 사연이 있었다. 연인들은 소문에 포트조지의 병사였다는 "의심스런 인품의 사내" 존 그윈John Gwin(또는퀸)과 맨해튼 서쪽 지역 존 휴슨John Hughson의 선창가 선술집에 살던 "고약한 매춘부" "검둥이 페그"였다. 그윈이 휴슨네에서의 페그의 하숙비를 치렀고, 헛간의 지붕을 타고 열린 창문을 통해 여러 날 밤을 거기서 그녀와 어울렸다. 이런 심야의 만남 중 어느 날 그는 그녀에게 반지 하나와 귀걸이하나 그리고 다이아몬드 네 개가 있는 금합 하나를 주었다. 마침내 페그는그의 아이를 낳았고, 그 피부색이 시내의 상당한 가십과 논란의 대상이었다. 누구는 아이가 하얗다고 하고, 다른 이들은 검다고 주장했다.[1]

존 그윈은 휴슨네에 단골인 지 오래였었고, 단지 페그를 찾아서만이 아니었다. 그는 키 크고 수척한 휴슨에게 줄 "좋은 장물"—얼룩무늬 아마포,스타킹, 모직모자 가득한 은화들—들을 자주 들고 나타났고, 휴슨이 그

훔친 물건들을 사들였다. 선술집에서 그원의 친구들은 늘 그를 만나는 것이 반가웠는데, 그 후한 인심을 잘 알았기 때문이었다. 낯선 이들과 그들의 비밀이 조수를 따라 드나드는 선창가에서는 별명들이 흔한 것이었기에, 그들은 그원과 페그가 다른 이름들로 불리는 것도 알았다. 그원은 아프리카계 아메리카인 노예로 적어도 그의 주인, 존 바아크John Vaarck에게는 씨저로 통했다. "검둥이 페그"는 "뉴펀들랜드의 아일랜드 미인"으로 알려지기도 했지만, 스물한 살 혹은 스물두 살의 마가렛 케리Margaret Kerry였다. 선술집 출입자들이 아는 또 다른 것은 나중에 "아메리카 북부에서 여태껏 알려진 것 가운데 가장 끔찍하고 파괴적인 음모"로 불렸던 모의에 그원과 페그가 깊이 개입돼 있었다는 것이었다. 그들과 다른 십여 명이 뉴욕시를 장악하는 "일제 봉기"를 모의한 곳이 휴슨네였기 때문이었다.[2]

1741년 성 패트릭의 날은 아일랜드에서 노예제를 철폐한 성 패트릭을 추념하는 날이었다. 쾩Quack이라는 이름의 혁명적인 방화범이 식민지의 주요 군사 시설이자 영국령 아메리카 전체에서 가장 큰 요새들 중 하나인 뉴욕시의 포트조지에 불을 질렀다. 불은 밤새 연기를 내다 다음 날에는 황색과 오렌지색으로 굽이쳐 치오르며 터져 올랐다. 거친 3월의 바람이 화염을 총독의 관저에서 영국 국교회 교회당, 군대 막사들, 그리고 지역 총괄 관리 사무실로 옮겨갔다. 날아오르는 불꽃과 불타는 파편들이 요새의 성벽들 바로 바깥에 자리 잡은 목조 가옥들 위로 떠오르며 시를 대화재의 위협으로 몰아넣었다. 바람의 변화와 갑작스런 소나기가 화염의 확산을 막았지만, 피해는 이미 가해졌다. 이 중요한 대서양 항구에 있는 영국 권부의 핵심이 주저앉아 재 속에서 연기를 피워 올리고 있었다.

그것은 이후 수주에 걸쳐 11,000명의 그 도시를 공포로 몰아넣게 될 열세 번의 화재 중 처음이자 가장 파괴적인 것이었다. 시의 유지 아돌프

<포트조지와 뉴욕시의 한 풍경>, 1735년. I. N. 펠프스-스톡스 컬렉션, 미리엄 앤드 아이라 D. 월라크 회화 프린트 및 사진 디비전, 뉴욕 공립도서관, <애스터, 레녹스와 틸든 재단>.

필립스Adolph Philipse가 소유한 노예 커피Cuffee가 열 번째 화재 구역을 떠나는 것이 목격되자, "검둥이들이 들고 일어났다"는 외침이 터져 나왔다. 대규모 검거로 흑인과 백인 거의 2백여 명이 붙들렸고, 다수는 이후 수개월간에 걸쳐 심문을 받고 재판에 넘겨졌다. 페그, 휴슨, 그리고 다른 사람들은 "뉴욕시를 불태우고 그 거주자들을 죽여 몰살하려 여러 검둥이 및 다른 이들과 작당하고 연합하여 공모한" 혐의를 받았다. 그 모반은 아일랜드, 카리브 해, 그리고 아프리카로부터 온 병사들, 선원들, 그리고 노예들에 의해 조직되었고, 관리들은 이들을 "지상의 나라들에서 내쫓긴 자들"이라 불렀다.3 이들은 뉴욕의 상업적 독재자들에게는 멸시를 받았지만, 스스로들 사이에서 존중하는 상호유대가 없지 않았다.

내쫓긴 자들은 휴슨네에서 정기적으로 만났었고, 거기서 그들은 "낙원의 희망과 약속들"을 실행했다. 여기서 모든 피부색의 쫓겨난 자들이 축연을 벌이고, 춤추며, 노래하고, 맹세들을 하고, 그들의 저항을 계획했다. 노예였던 바스티안Bastian은 몇몇 공모자들이 일했던 도축장에서 가져온 "송아지 고기, 오리, 거위, 양과 닭의 다릿살"로 넘쳐나는 식탁을 기억했다. 다른 이들은 휴슨네를 온 시내에서 유명하게 만든 떠들썩하고 즐거운 연주와 춤, 노래를 떠올렸다. 하지만 다른 축들은 엄숙한 맹세들이 뒤이은 전복적인 대화를 내세웠다. 그윈은 한 신참자에게 "그가 그들과 함께해서 그들 자신의 주인이 되려는지"를 물었다. 커피는 "많은 사람들이 너무 많이 가졌고, 다른 이들은 너무 적게 가졌다"고 말했다. 휴슨은 "이 나라는 틀렸다, 너무 많은 신사들이 여기 있고, 흑인들을 힘들게 일하도록 했다"고 단언했다. 휴슨의 선술집에서, 반란자들은 어떤 단순한 코뮌주의를 실천했다. 돈이 없는 축들은 "대가 없이" 대접을 받았다. 그들은 "무료로 음식과 술을 먹을 수 있었다." 휴슨은 "내 집에서는 언제나 환영이니, 언제든 오라"고 그들에게 말했다. 반란에서의 역할로 유형을 받은 바스티안은 "우리는 언제나 근사한 저녁을 먹었고 술이 모자란 법이 없었다"고 살갑게 회고했다. 다시 한 번 여기는 거꾸로 뒤집힌 세상이었고, 봉기 후의 더 큰 세상에서 그리 하려했듯이 아프리카인들과 아일랜드인들이 왕인 곳이었다. 그들은 뉴욕에는 "온갖 주민들만큼이나 다채로운 정부가 있어야 한다"고 믿었다.[4]

동요하는 뉴욕의 사람들은 지역과 세계 모두의 이유에서, 모반에 겁을 먹었다. 가혹한 겨울이 시의 가난한 노동자들을 평소보다 더 비참하고 거세게 만들었다. 뉴욕의 생활 원천인 교역이 최근 몇 년 사이 침체되었고, 이로써 지배 계급 내부에 분열이 깊어져서 아래로부터의 저항에 분출구가 만들어졌다. 상업 모사꾼인 로벗 젠킨스Robert Jenkins*가 기겁한 의회의 거물들 앞에서 잘린 귀를 흔들고, 이후 (1739년 젠킨스의 귀 전쟁이라 적절히

뉴욕에서의 아프리카인의 교수형, 1750년경. 『뉴욕시의 자치체 편람』(1860).

이름한) 스페인에 대항한 전쟁을 선포하여, 뉴욕의 지배자들에게 식량과 (그 시의 온전한 백인들 거의 여섯 가운데 하나 꼴인) 600명의 신병들을 전쟁 동원에 요구한 뒤에는 멀리서도 위험이 닥쳤다. 프랑스에 맞서는 방어와 북으로부터 이로쿼이 인디언 공세, 남쪽으로부터 스페인 사략꾼들, 그리고 내부로부터 지역 내 반란들에 더해 제국 통치자들은 그렇게 뉴욕의 식량 공급을 고갈시켰다.

화재들이 자산에 엄청난 피해를 가하자, 뉴욕의 지배자들은 그것에 값하는 대규모의 인간 학살이 있을 것을 분명히 했다. 5월 말과 6월 중순 사이 여섯 번의 오후와 저녁에, 13명의 아프리카인들이 화형으로 불태워졌

---

* 로벗 젠킨스(Robert Jenkins, 활약기 1731~1745)는 영국 상선 선장으로 "젠킨스의 귀" 사건의 주역으로 알려졌는데, 영국 내에서 언론과 반대세력에 의해 확대된 이 사단은 영국과 스페인 간의 젠킨스의 귀 전쟁(1739)의 발발 원인이 되었다. 1731년 쌍돛범선 레베카호를 서인도제도로부터 모국으로 데려오던 도중, 젠킨스의 배에 스페인 해안경비대 선박이 접선하고, 그 사령관이 그의 귀 하나를 잘라버렸다.

다. 3월과 8월 사이 여섯 번의 아침에 존 그윈과 페그 케리를 포함한 17명의 유색인과 4명의 백인들이 목매달려, 그들의 로맨스는 교수대에서 끝을 맞았다. 존 휴슨 또한 목매달렸는데, 그의 시체는 그윈의 것과 함께 쇠사슬에 효시되어 썩도록 내버려졌다. 바스티안도 그 중 하나로 아프리카 출신의 70명의 사람들이 뉴펀들랜드, 마데이라, 산토도밍고, 쿠라사우 등 다양한 지역으로 추방되었다. 유럽 출신의 다섯 사람은 강제로 영국 군대에 입대하도록 보내져서, 이후 카리브해 지역에서 스페인에 대항한 전쟁에 참여했는데, 그 병사 생활의 조건이 마치 사형 선고를 연기한 것이나 진배없었다. 모반에서의 역할 때문에 시에서 추방당한 선술집 주인 딸인 쌔러 휴슨Sarah Hughson은 그윈과 페그의 아이를 알지 못할 곳으로 데리고 갔다.

1741년의 사건들은 오래도록 논란이 많았다. 그것을 겪어낸 뉴욕 사람들은 정확히 무엇이 일어났는지와 왜인지에 대해 격렬히 논쟁했고, 그 시점 이후로 역사가들이 그렇게 했다. 기실, 모의의 특출하게 자세한 기록이 존재하는 것은 원래 사건들을 둘러싼 논란 덕분이다. 몇몇이 모반과 기소들에 대해 의문을 표한 이후, 뉴욕 대법원의 대니얼 호스맨든Daniel Horsmanden 판사가 "법원과 법조계 인사들이 작성한 노트들"을 취합하여 1744년 그것들을 『일부 백인들이 흑인 및 다른 노예들과 공모하여, 아메리카의 뉴욕시를 불사르고, 거주민들을 살해한 모반의 적발에 따른 소송들의 기록』A Journal of the Proceedings in the Detection of the Conspiracy formed by Some White People, in Conjunction with Negro and other Slaves, for Burning the City of New-York in America, and Murdering the Inhabitants으로 출판했다. 그의 목적은 "여러 기소들의 정당성"을 입증하려는 것일 뿐 아니라, 공공의 이익을 위하여, 노예들의 반역하는 행태에 대해 경종을 울리고 "그토록 전례 없는 반란의 음모에 대한 변치 않는 기념비"를 세우는 것이기도 했다.5

그 사태에 대한 동시대의 설명은 논쟁에서의 세 가지 기본 입장들을 표현했던바, 1741년의 사건들에 대한 현대의 해석자들이 취한 견해들을 미리 보여주었다. 일부 역사가들은 모반이란 없었으며, 전체 사태가 1692 년 매사추세츠 쎄일럼에서 일어났던 마녀사냥을 위한 목매달기를 닮았다고 주장한 1741년의 무명 필자를 따른다.6 다른 이들은 모의자들이 다만 "보다 쉽게 노략질을 하기 위해 경고를 발하려" 했다고 썼던 재판에서의 기소 대리인들 중 하나의 아들인, 윌리엄 스미스 2세William Smith, Jr.의 믿음을 되풀이해 왔다.7 세 번째의 주요한 해석은,『반역의 소문: 식민지 뉴욕에서의 "거대한 검둥이 음모"』*A Rumor of Revolt : The "Great Negro Plot" in Colonial New York*, 1985에서 T. J. 데이비스T. J. Davis가 제시한 것으로, 위험한 모반의 존재를 주장한 원심 기소자들이 옳았다고 보았다. 이 견해는 흑인들과 백인들이 휴슨네 선술집에서 불법으로 모여 술 마시고, 물건들을 매매하고, 주인들에 맞서는 음모를 꾸몄다고 주장한다. 그들은 스스로를 위한 돈과 자유, (모든 "백인들"이 아니라) 특정한 유력자들을 향한 복수, 그리고 (전체 도시가 아니라) 몇몇 지역들의 방화로 인한 파괴를 추구했다. 반역자들은 불만과 그것을 되갚으려는 계획들이 있었지만, 진정으로 혁명적인 목표들은 없었다는 것이다.8

이 장은 그 사태가 어느 변장한 사제에 의해 지휘되었다고 보았던 호스맨든이 상상하듯 "가톨릭세력의 음모"는 아니었지만, 대서양을 범위로 하는 하나의 혁명적 모반이 뉴욕에서 실제 전개되었다고 주장한다. 그것은, 오히려, 1647년 나폴리에서 어부 마사니엘로에 의해 주도된 반란과 다르지 않은, 도시 봉기를 야기하려는 다양한 프롤레타리아에 의한 모반이었다. 그것은 선창가의 작업으로부터, 다양한 종류의 일꾼들의 조직화된 협력에서 자라나왔고, 그들의 대서양에서의 경험들이 모반의 디딤돌이 되었다.

1741년의 반란들은 심해선(히드라국), 군사적 조직화, 식민농장, 선창가 패거리, 종교적 비밀집회, 그리고 인종적 종족 혹은 족벌의 경험이 결합되어 새롭고, 전례 없이, 강력한 무언가를 만들어 냈다. 1741년의 사건들은 그래서 아프리카 골드코스트의 마을들과 노예 상관들, 아일랜드의 오두막들, 아바나의 스페인 군사 전초, 종교 부흥을 위한 길거리 회합들, 그리고 자메이카 블루 마운틴의 노예 정착지들과 주변 사탕수수 식민농장 등에서의 모반자들의 대서양적 경험들에 주목해서야만 이해될 수 있다.

선창과 모반

1741년의 사건들은 뉴욕시의 부두들에서 시작되었다. 제국의 귀중한 전초기지들로서, 뉴욕과 다른 대서양의 항구들은 도시들과 자산 있는 사람들을 내부와 외부의 적들로부터 보호하기 위해 병사들을 주둔시켰다. 윌리엄 케인William Kane과 토머스 플럼스테드Thomas Plumstead 같은 병사들은 모두 포트조지에 주둔하여, 훈련하고, 호위하고, 빈둥거리며, 병사들의 가장 조용하면서도 제일 흔한 적 권태에 끊임없이 시달리는 일상의 순환을 헤쳐 나갔다. 범대서양 교역의 번잡한 중심지들로서, 해양 항구들은 경제의 해안 영역에서, 배를 몰고 건조하고 수선하며, 돛과 로프, 그리고 다른 필수품들을 제조하며, 보트로, 수레로, 그리고 그들 등의 힘으로 상품들을 나르며 노동하는 다중의 일꾼들을 수용했다. 아프리카 연원의 사람들은 거의 모두 노예상태로 특히 선창가에 중요했던바, 시의 인구 18퍼센트 가량 그리고 일꾼들의 온전히 30퍼센트를 차지했다. 가령 브래쉬Brash와 벤Ben은 목재를 실으며 허드슨 강에서 함께 일했고, 한편 밍크Mink는 그 주인의 밧줄

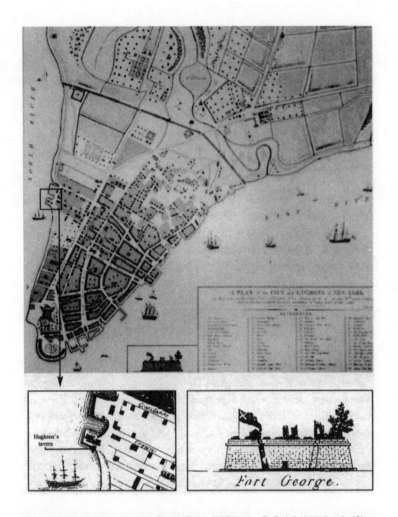

휴슨네 선술집과 불타버린 포트조지의 세부도와 함께인 맨해튼의 지도 『뉴욕의 중심지와 근교의 계획도』, 1742~4년, 데이빗 그림. 뉴욕 역사학회 소장품.

공장에서 노역했다. 커프Cuff의 상인 주인은 그를 선착장으로 내려가 백인 소년과 함께 "그의 범선 뱃전에 올린 풍향기를 수선하게" 했다. 모반에 개입된 스페인 "흑인들과 뮬래토* 들"은 모두 선원들이었고, 벤Ben과 런던London은 노예였다. 쿡은 포트조지 근처의 새로운 포대에서 병사들과 함께 일했다.[9]

일을 마치면 이들 병사들, 선원들, 그리고 노예들은 목로주점들, 선술집들, 선창가의 "무질서한" 집들에 물러앉아, "위스키, 펀치 그리고 다른 독주들을 마시고", 대개는 "새벽 두, 세시까지 …… 마시고, 노래하고, 주사위 노름을 하며" 머물렀다. 여기서 그들은 때론 과장인, 때론 진짜인 이야기들을 전했고, 그 중에는 1712년 뉴욕을 뒤흔들었던 반란의 이야기들도 있었다. 여기서 또 그들은 욕하고, 대취하고, 싸우고, 춤추며 그리고 연이은 공공연한 소란들을 야기했으며, 그 다음 대개는 시 청사의 지하 감옥에서 깨어났다. 반역적인 병사들과 선원들은 수십 년 동안 뉴욕시의 지배자들에게 하나의 문젯거리였으며, 그들의 무질서한 행태를 억누르고 처벌하기 위한 여러 번의 입법 조치들을 촉발했다.[10]

1741년의 반역자들은 부두를 따라 비밀 회합들, 휴슨네에서와 허드슨 강 가 컴포트네에서의, 그리고 "선착장 손더스라는 작자의 집"에서의 모임을 위해 떠돌았다. 선착장과 선술집들은, 배와 마찬가지로, 영국인, 아일랜드인, 아프리카인, 아메리카 원주민, 서인도제도인들이 만나고 공동의 이해를 탐색할 수 있었던 장소였다. 당국자들은 도발적인 경험의 흐름을 쉽게 가두어두지 못했는데, 항구 도시는 경비하기 어려웠기 때문이다. "시를 은

---

* 뮬래토(mulatto)는 작은 노새를 가리키는 스페인어 물라토(mulato)에서 온 말로 유럽계 백인과 흑인의 혈통이 섞인 사람을 뜻한다.

밀히 오가는 어떤 낯선 자들이" 언제나 있었고, 이들은 "존 드윗John Dewit네에 살던 키 큰 검둥이"로 묘사되었던 쌈보Sambo같은 사람들이었다. 언제나 "어슬렁거리고 하릴없는 사람들"이 발견되기 마련이었고, "뚜렷한 호구지책이 없는 미천한 사람들"이 있었던바, 도시들의, 특별히 그 해양 영역의 성장은, 몸과 영혼을 온전히 보전하기 위해서 임금을 받고 일하도록 강제된 필사적인 그러나 필연적으로 창의적인 프롤레타리아 대중에 달려 있었기 때문이다. 그런 사람들의 연합이 항구 도시에서 더 그럴 법했을 뿐 아니라, 국제적인 지배계급의 집중되고, 확립된 권력에 다른 곳에서보다 더 위협적이기도 했다는 것을 다들 알았다.[11]

선창가의 선술집들은 선창가 경제의 거점들로, 병사들, 선원들, 노예들, 계약 하인들과 도제들이 불법으로 취득한 물건들을 팔아, 박하거나 거의 없는 임금에 보태는 장소들이었다. 선술집 주인들은 때로 물건들을 받고 불입금으로 낸 뒤에야 계산서가 정산될 정도로 많은 외상을 늘여주어 그런 거래를 부추겼다. 뉴욕의 지배자들은 선술집 주인들이 일꾼들, 특히 병사들과 선원들에게 줄 수 있는 외상의 양을 제한하는 입법을 통과시켰다. 선원들은 불법 교역에 특히 중요했는데, 그들이 훔친 물건들을 팔았을 뿐 아니라, 그것들을 사들이기도 해서 그들의 배가 돛을 올리면 간단히 사라져버렸기 때문이었다. 다른 법안들은 훔친 물건들("옷감, 혹은 기타 동산들, 기명들, 혹은 잡화들")의 유통을 막기 위해 의도된 것으로, 어기는 선술집 주인들에게 두 배의 배상과 감옥을 예고했다. 1730년의 포괄적인 노예 규약인 〈검둥이와 다른 노예들의 모반과 봉기를 보다 효과적으로 예방하고 처벌하기 위한 법률〉An Act for the more Effectual Preventing and Punishing the Conspiracy and Insurrection of Negro and other Slaves은 또한 선창가 경제의 반역적인 잠재력을 인정하고 있었다. 그 첫 조항은 그 주인의 허가 없이 노예와의 어떤 "교역과 거래"도 금하여, "거래되는 물건 혹은 물품들의 가치 세배를 몰수하는 데 관한" 것이었다. 부총독 클락Clark은—거의 예언적으로—불법한 상거래가, "금지하지 않으면 장기적으로 전체 지역에 파괴적인 것으로 드러날 하릴없는 행태를" 부추긴다고 지적했다.[12]

병사들, 선원들, 혹은 노예들과 거래했던 선술집 주인들을 겨냥한 어떤 위협도 존 휴슨을 걱정스럽게 하지 못했다. 그의 집은 "검둥이들의 작당과 유흥"을 위한 그리고 훔친 물건들의 매매에 최적의 장소였다. 비밀스런 격실들이—지하실에, 여러 방들에, 그리고 층계들 아래에—미리 지어져있어, 좋은 품목들이 한 밤 중에 뒷골목 창으로 몰래 들여와, 숨겨질 수 있었다. 바스티안이 설명했던 대로, "검둥이들은 그에게 빼돌릴 수 있는 것들을 가져왔다." 그 대가로 그들은, 도제들, 계약 하인들, 병사들, 그리고 선원들처럼 돈을 받았고, 그 중 일부는 외상으로 "마셔 없애기로" 선술집 주인의 손에 떨어졌다. 다른 소소한 매매가 휴슨의 연계망을 통해 이루어졌다. 노예 윌Will은 그의 마님으로부터 은 숟가락 하나를 훔쳐서 병사 윌리엄 케인의 아내에게 가져왔고, 그녀는 그걸 남편에게 넘겼고, 그는 은세공사 피터 반 다익Peter Van Dyke에게 그걸 팔아 윌에게 "팔 실링의 돈"을 주었다. 다른 아일랜드 모반자들도 물품들의 불법 유통에 손을 댔다. 대니얼 페이건Daniel Fagan, 제리 코커Jerry Corker, 그리고 존 코핀John Coffin은 윌리엄 케인에게 "함께 집들을 털어 바르기"를 원했다. 하지만 그들이 "바르기" 전에, 에드워드 머피Edward Murphy가 몇몇 훔친 보석류를 현금으로 바꾸기를 원했을 때 그랬던 것처럼 휴슨네에 들렀을 것이다.[13] 기실, 그 많은 "달린 물품들"이 휴슨네 집을 통해 빼돌려져 그 집을 "엄청나게 유명한 시장"으로 만들어, 북쪽의 식민지 경계에서 영국인들과 이로쿼이 인디언들이 물품들을 교환하던 거대한 지역 교역관交易官에서처럼, 그 손님들이 비아냥거리듯이 그 집을 오스웨고라고 부르기 시작했다. 이로쿼이 인디언들처럼 휴슨네에 모여든 사람들은 총들, 화약, 그리고 탄약에 특별한 관심을 가졌고, 그것들을 1740~41년의 겨울 내내 쌓아 쟁였다.[14]

선창가 경제의—그리고 휴슨네의 "검은 사단"의 일부로—가장 대담하고 악명 높은 구성원들 중 둘이 존 그윈과 프린스Prince였는데, 부두, 선창, 그리고 창고를 따라 일하면서 크고 작은 수송물에 손을 댔다. 쉰 통의 버터, 스페인 레알 한 궤, 밀랍, 셔츠, 스타킹들, 코트, 그리고 무엇이든 걸리는 대로였다. 호스맨든에 따르면 이들 "아주 사악한 왈패들은 그전에 무슨 강도질들로 적발되었는데, 그 때문에 태형대에서 공개적으로 매질을 당했다." 당국자들은 네덜란드의 문명에 대한 기여이자 이 시대 런던 빈민들 중 절박한 목숨들의 마실 거리였던 진을 훔쳤다고 해서 그들의 등짝에 상처를 냈다. "시내를 도는 합당한 행렬"을 지으며 마차로 옮겨지면서, 그들은 "모퉁이마다 …… 그들의 벌거벗은 검은 등짝에 제대로 내리치는 쇠가죽 채찍으로 다섯 대를" 맞았고, 구경꾼들이 그들에게 "눈송이와 흙덩이를" 내던졌다. 그윈과 프린스는 그 순간의 패배를 손쉽게 웃으면서 받아 넘겼다. 그 사단을 기념하여 그들은 곧 "제네바 클럽"을 창립하고 스스로를 그 지도자로 선언했다. 그들은 장물들을 주머니, 등에, 혹은 "커다란 테이블보에 묶어가지고" 휴슨네에 나타나기를 계속했다. 문제의 거사에 이르자, 그윈과 프린스는 "흑인들 가운데 두 주요한 주모자들이" 되었다. 대니얼 호스맨든은 그가 선창가 일꾼들을 그들의 도둑질들이 실제로 "모반의 구성요소"가 되었던 "한패의 범죄자들"로 칭했을 때 이점을 분명히 했다. 선창가에서의 그런 작업들이 모반의 기획에 주효한 것으로 드러난 지도력, 연계망들, 그리고 연대들을 만들어 냈다.[15]

헌신하는 모반자들의 숫자가 늘어나자, 선창가 경제의 더 오래되고 작은 패거리들은 봉기의 목표들에 적합한 사회 조직의 준군사적 형태들로 발전되었다. 플라이 보이스로 불리는 패거리는 존 롬John Romme의 선술집에서 만났고, 롱 브리지 보이스는 휴슨네에서 만났다. 각각의 집단은 최고 지도자가 있었고, 그 밑에 몇몇 수하들이 있어, 각자 한 패를 책임졌다. 그윈은 롱 브리지 패의 지도자였다. 플라이 보이스에서 그의 상대는 노회한 스페인어를 쓰는 병사 후안Juan이었다. 둘은 분명히 휴슨에게 직접 보고했다. 다른 수하들에는 "꼭두쇠 혹은 수하"로 "최소한 1백여 명의 지휘자"인 벤Ben과 "최고 수하"로 불린 잭Jack이 포함되었다. 그 집단에는 커피와 프린스 둘 다 포함되었을 터였지만, 쿠라사오 딕Curaçao Dick, 요크York, 그리고 바스티안 등이 증언에서 수하들로 이름된 (혹은 자처한) 사람들을 이루었다. 모두들 휴슨과 긴밀하고, 항시적인 접촉 속에 있었다. 던디Dundee, 쿡Cook, 런던London, 그리고 고메즈의 커피Cuffee 등은 하급 지휘관들이었다. 각 패에는 늙은 톰 같은 전속 북장이와 브레이브보이Braveboy 같은 깽깽이 꾼이 있었는데, 후자는 올버니Albany가 모집하면서 "그가 깽깽이 꾼"이라는 바로 그 이유로 필요하다고 주장했던 터였다. 아마도 그는 과달루프 섬에서 노예반란을 이끌었고 그 섬의 마투바 요새의 포대에 앉아 프랑스인들에게 대항하는 동료 반란자들을 고무하느라 포연과 작열하는 탄환 속에서 미친 듯이 깽깽이를 켜고 있는 것이 마지막 목격되었던 마르티니크인, 루이 델그레Louis Delgres* 같은 존재였을 것이다.[16]

---

* 루이 델그레(Louis Delgrès)는 과달루프에서 나폴레옹치하의 프랑스에 의한 재점령(과 따라서 노예제의 재제도화)에 맞선 운동의 뮬래토 지도자였다.

서아프리카

서아프리카의 문화들과 기억들은 1741년 봉기를 위한 계획에서 핵심에 자리 잡고 있었다. 몇 개의 구별되는 아프리카인 그룹들이 참여했고, 실제로 다른 이들 중 존 휴슨은 그들의 다양성과 중요성을 예민하게 의식하고 있었다. 저항을 조직하기 위한 계획에 중심이 된 것은 "수장들"의 내부 모임이었고, 그들 각자는, 뉴욕의 아프리카인들의 특정한 공동체 내에서 지도자로서, 모집, 훈련, 그리고 연대에 책임을 졌다. 휴슨은 이 (모두가 남자였던) 가장 신뢰받는 이들을 세심하게 지도했다. 그들은 "자기 나라에서 온 이들이 아닌 누구에게도 모반을 공개하지 못하도록" 되어 있었는데, 대니얼 호스맨든이 지적하듯이, "그들은 아프리카의 서로 다른 지역들에서 왔고, 각자의 성격과 기질을 가장 잘 알 것으로 여겨졌다."[17] 그들은 계획에 따라 일했다. 봉기를 위해 자신의 몫을 하면서, 케이토Cato는 브리지워터 Bridgewater에게, "동포, 자네가 도우겠나?"라고 물었다. 벤이라는 이름의 노예도 같은 접근 방식을 사용해, 잭Jack에게 "동포, 내가 어떤 좋은 소식을 들었네"라고 말했다. 그 소식은 스페인인들이 시를 침공할 계획을 세웠으며, 내부로부터의 그들 자신의 봉기를 지원하리라는 것이었다. 케이토와 브리지워터는 휘다 근처의 슬레이브코스트에서 온 파파, 니제르 강 주변의 지역에서 온 익보, 뉴욕에서의 움직임에 혁명적 세포들을 이룬 마다가스카르 출신의 말라가세이 같은 인종 집단들에게 호소했다.[18]

주도적 세포들은 서아프리카의 골드코스트에서 온 아프리카인들로 이루어졌는데, 아칸*어를 사용하는 사람들로 그들이 배에 실렸던 노예무역

---

* 아칸족(Akan people)은 서아프리카의 언어집단이다. 아칸문화는 현재 가나에서 가장 지배적이다.

항구의 이름인 코로만티(혹은 판테어로 크로만체)로 알려졌다. 많은 "코로만티"는 붙잡혀서 아메리카로 실려 오기 전, 서아프리카의 군사화한, 팽창주의 국가들(아콰무, 덴키이라, 아산테, 판테)의 대중 군대들 중 하나에서 화기와 백병전으로 훈련받은 일반 병사 오코포쿰이었다. 펙의 씨저는 제라더스 컴포트Gerardus Comfort가 소유한 이름 없는 늙은 여인이 그랬듯이 "코로만티"로 밝혀졌다. 더 나아가 화형대에서 불태워진 13명의 노예들 중 다섯은 아칸어 요일명*([아칸어로 크와쿼, 쿼시[크와시], 그리고 커피[코페]라는 2명)을 가졌거나, 코로만티임이 알려져서(그웬), 모의의 주도력에 골드코스트 출신의 주요한 참여를 시사했다. 하지만 다른 하나, 쿼미노(크와메나)는 목매달렸으며, 한편 셋이 더 추방되었다. 실패한 모반의 후과後果로, 워윅이란 이름의 노예는 "[자신의] 목을 잘랐는데," 아마도 패배한 아산티 전사의 양식과 전통을 따른 것이었다. 닥터 해리라는 거의 틀림없이 골드코스트 출신의 주술사(심오한 자연적이고 영적인 지식과 힘들을 지닌 아칸의 샤먼이)였던 이는 실패했을 때에 모반자들이 들이키도록—그들이 기니에서 보았던 것과 같은 종류의—독을 만들어 냈다.19

크로만티들, 그리고 더 넓게 아프리카의 역할은 전쟁 서약들을 하는 데서 가장 확연한데, 휴슨이 기민하게도 그것을 "그들 자신의 풍속들에 맞게 만들었다." 아일랜드 병사 윌리엄 케인은 특정한 "검둥이 서약"이 있었음을 증언했는데, 사실상은 아마도, 호스맨든이 믿은 대로, 여러 개의 다른 서약들이 있었을 것이다. 이들 가운데 가장 빈번한 것은 "천둥과 번개에 대고 맹세하는 것"에 관련되어 있었는데, 아프리카인들 사이에서 흔히 사용되던

---

* 자메이카의 식민농장 일꾼들 사이에서 그 아이들을 그들이 태어난 일주일 중의 어느 요일의 아프리카 이름으로 부르는 것이 관행이었다.

"무서운" 맹세였다. 많은 노예들이 이 맹세로써 반란을 지지하고 공동의 비밀을 결코 누설하지 않을 것을 서약했다. 천둥과 번개의 원시의 힘들을 빈 군사적 맹세들은 18세기 중엽 아프리카의 골드코스트에서 사용되었고, 그 실행의 연원과 효과 모두를 드러냈다. 1730년대 윈드워드 마룬족들의 전설적인 지도자, 내니Nanny는 안티구아와 다른 곳에서 반란자들이 했던 것처럼 비슷한 맹세들을 했다. 호스맨든은 "그런 지독한 맹세에 따른 책임"이 뉴욕에서의 조사를 방해했다고 간파했으나, 그는 그 어려움의 원래 원천이 대서양 건너, 아프리카의 골드코스트에 걸쳐 있음을 결코 이해하지 못했다.[20]

이들 맹세들은, 보다 일반적으로 아프리카적 저항 전통들과 마찬가지로, 뉴욕에 새로운 것은 아니었는데, 한 세대 전 1712년에, 코로만티와 파파 출신의 노예들의 공모가 한 건물에 불을 놓아 화염을 끄러 나온 몇몇 백인들을 살해했던, 북아메리카 본토를 강타한 가장 유혈적인 저항들 중 하나에서 이미 쓰였기 때문이었다. 이후, 19명의 노예들이 — 불태워지고, 목매달리고, 굶어죽고, 형거에서 찢겨 — 처형되었지만, 잊히지는 않았다.[21] 반란자들을 "야만적이고 잔인한" 처형으로 몰아넣은 데 일조했던 검사 윌리엄 스미스William Smith가 그랬듯이, 호스맨든은 그 이전의 역사를 알고 있었다.[22] 이번에는, 1741년, 법정에서 증언되기로, 존 롬이 모반자들에게 "검둥이들이 이전에 저들의 나라들과 마님들에게 했었듯이, 저들 모두에 불을 붙이고, 가장 많은 돈을 가진 자들의 집을 불태우고, 저들 모두를 죽이도록" 부추겼다. 그 자신이 뉴욕 지역에서 성장한 휴슨은 "다른 무엇보다 먼저 요새를 불태울 것을 제안했는데, 이전의 봉기에서, 백인들이 요새로 달려들었었기 때문이다." 두 번째 봉기의 시점에 겨우 열여섯 살이었던 스와니Swaney란 이름의 노예의 증언은 그가 1712년의 이야기들을 아마도 "노

장" 쿡Cook이나 "컴포트의 늙은 코로만티 여인"같은 사람들에게서 들었음을 확인해 주었다.23

아일랜드인들

뉴욕의 반란 움직임의 또 다른 세포는 아일랜드인이었다. 이 음모자들은, 아프리카계 세포들처럼, 비밀 모임들과 모반에의 경향을 드러냈다. 그들 역시 서로를 동포들이라 불렀다. 그들은, 단지 11명만 이름이 기록되었지만, 모반에 개입하기로는 모두 아마도 30명 혹은 35명의 남녀였다. 한 사람은 휴슨네 선술집에서 한 모임에 17명의 병사들이 참석했음을 증언했다. 더 일상적으로는 늘 바뀌는 9명 혹은 10명이 모습을 드러냈다. 아일랜드인들은 전부다 포트조지에 주둔한 병사들―그들 스스로를 부르듯 "형제 병사들"―이었다. 그들은 개신교 영국인들에 대한 복수를 원했고, "영국 국교회를 불태우려는" 욕구를 드러냈다. 군대에 대한 염증은 또 다른 동기였다. 제리 코커는 "맹세코, 요새를 불태워버리고픈 마음이다"고 선언했다. 동료 모반자들에게 "그가 그의 수중에 있는 그들 모두를 돕겠노라"고 말했을 때 개입이 시작되었고 처벌로 카리브해 지역으로 이송되어버린 1742년에 종국을 맞은 윌리엄 케인은 병사들이 "저들의 자유를 찾도록" 요새가 화염에 휩싸이길 원했다. 코커와 케인의 공모는 모반자들이 얼마나 권력에 가까이 가 있었는지를 보여줄 뿐이다. 둘 다 포트조지 내에서 "총독의 방문에서 초병"으로 복무했었다.24

모반에 가담한 아일랜드인 개인들에 관해서는 알려진 바가 거의 없지만, 1741년 이전 몇 년 동안 대서양 주변에서 아일랜드인들을 움직인 역사적 경험을 대강의 윤곽으로 그려보는 것은 가능하다. 면직 산업의 불황, 지주들과 영국 성직자들에 의해 강화된 억압, 그리고 1728~29년의 기근이 아일랜드 유민과 이민의 새로운 물결을 만들어냈다. 1740~41년의 또 다른 기근은, 게일어로 "블리아테인 안 에어"("살육의 해")로 불려워, 수만의 사람들을 무덤으로, 수천을 더 생존을 찾아 바다 너머로 보냈다. 그런 유민들은 "성 패트릭의 해충"이라 불렸다.[25] 전통적인 건달 이민들이 이제는 더 넓은, 대서양 상의 행로들로 옮겨갔다. 많은 이들에게 그런 움직임은 — 영국, 프랑스 스페인 군대에서 — 군사적인 경험으로 이어졌고 이는 다시 제국의 주변부에서 병사 혹은 군대 노동자로서의 새로운 역할로 이어졌다. 다른 이들은 아일랜드 항구들로 가서, 대구잡이에 이름을 올려, 뉴펀들랜드로 항해하고, 다수가 빚에 몰려 그로 말미암아 계약하인이나 해양 노무자들로 북아메리카의 항구 도시들에 흘러들었다.[26] 이런 과정의 어떤 변형이 "뉴펀들랜드의 아일랜드 미인," 페그 케리의 경험이 되었을 것으로 보인다.

여전히 다른 이들은 법에 저촉이 되어, 국왕폐하의 7년– 혹은– 14년짜리 승객*으로, 장기간의 징벌 노역에 처해진 중범으로 선고받고 해외에 실려와, 마침내 아메리카 대륙에 오게 되었다. 이들 아일랜드 남자들과 여성들에게는 자산에 대한 새로운 정의를 수호하느라 빠르게 변해가는 법률들을 위반하여 살게 된 처지인 영국 내의 다른 수천의 사람들처럼 범죄와 반역은 한데 엉켜서 결합되어 있었다. 조지아로 이송된 아일랜드 중범들은 "악행의 모든 방식에 완전히 도가 터 억세고 버림받은 비참한 자들 무리로, 저들의 나라에서 거기 살게 허용하기에는 너무 위험하다고 간주된 범죄를

---

* 이것은 속어 혹은 변말로 영국법원에 의해 식민지들에 이송되도록 선고받은 이들을 가리키는 표현이다. 형량이 7년 혹은 14년일 수 있었다.

저질러 이송된 자들"이라 비하되었다. 이송된 자들의 일부는 견딜 수 없는 조건들에 거세게 저항한 반란자들이었다. 일단 아메리카로 오자, 그들은 주인들의 자산을 훔치고, "식민지에 맞서는 반역적 기도들을" 행했다.[27]

아일랜드인들은 아메리카에서 영국을 배반한 역사가 있었고, 영국인들 자체는 아일랜드에서 무자비하게 아일랜드인들을 복속시킨 역사가 있었다. 17세기 동안 몇 차례(1655년, 1666년, 그리고 1689년에), 아일랜드 계약 하인들이 쎄인트크리스토퍼, 몬트세라트, 그리고 네비스의 영국령 카리브 해 식민지들을 공격하는 데 스페인 혹은 프랑스를 도왔다. 이런 반역행위들은 18세기에, 특별히 아일랜드에서의 새로운 참경이 이민자들의 새로운 물결을 아메리카의 해안들로 밀어 보낸 뒤 영국 식민 당국자들 사이에 잘 기억되었다. 자메이카의 총독 로벗 헌터Robert Hunter는 아일랜드인들을 "게 으르고 쓸모없는 부류의 사람들로, 값싸게 불려와 부족분을 채우려는" (즉 소수의 백인 인구를 확대시키려는) 것이라고 간주했다. 1730년대 초에 그 의 섬에는 많은―아마도 너무 많은―아일랜드 계약 하인들과 병사들이 있었다. "언제라도 프랑스나 스페인과 불화가 생길 때 그들 다수는 그 종교 에 비추어 우리에게 도움이 되기보다 해가 될 것으로 드러났다." 헌터는, 불길하게도 그저 "그들의 마음이 우리와 함께 하지 않는다"라고 결론지을 뿐이었다. 같은 두려움들이, 특별히 1739년 스페인과의 전쟁이 터지고 동 시에 프랑스와의 전쟁이 임박했을 때, 뉴욕의 헌터에 해당하는 자들을 사 로잡았다.[28]

스페인령 아메리카

봉기의 음모 내부에서 세 번째 세포의 구성원들은 스페인어로 속삭였다.

여기서의 지도적 인물들은 스페인계 아메리카인 선원들, "검둥이들과 뮬래토들"로, 1740년 이른 봄에 존 러쉬John Lush 선장이 나포한 배에서 붙잡혀서, 서인도제도에서 뉴욕으로 보내져, 시의 법원에서 배의 나머지 사람들과 함께 형을 선고받아, 즉각 노예로 팔렸었다. 한 상인은 아바나에 있을 때, 선원 중 한 사람이 카르타헤나*의 노예 가문에서 왔다고 들었음을 증언했다. 선원들 스스로는 그들이 "스페인 국왕의 자유로운 신민"이며 따라서 전쟁 포로로서의 대우를 받을 자격이 있다고 주장했다. 모반자들 사이에서 "쿠바 사람들"로 알려진, 그들은 아마도 스페인령 서인도제도의 가장 큰 항구이자 사략 행위, 군사적 방어, 그리고 자유로운 흑인 인구의 중심인, 아바나에서 왔을 것이다. "그들 자신의 나라에서 자유민"이었던 까닭에, 그들은 뉴욕에서 그들에게 엄청난 불의가 행해지고 있다고 느꼈다. 그들은 "가혹한 처우, 노예로 팔리는 데 대해 불만을 터뜨리기 시작했다."29

선원들의 분노는 많은 대화를 뜨겁게 달구었다. 놀라울 것 없이, 이들 전리품들을 팔아 후하게 이득을 본 러쉬 선장이 특별한 증오의 표적이었다. 선원들은 "만약 그 선장이 그들을 자신들의 나라로 돌려 보내주지 않는다면, 시 전체를 파괴할 것이며, 그들이 불태울 첫 번째 집은 선장의 것이 될 터인데, 그들이 하는 일에 거리낌이 없기 때문이다"라고 주장했다. 러쉬의 집을 가리키며, 그들은 두말 할 것 없이 그의 집을 지옥으로 만들어 버림으로써 "빌××을 저 ×자식, 그놈을 혼내 주리라" 말했다. 그들은 심지어 그를 "장대에 묶어 쇠고기 조각처럼 구워버린다"고 위협하기까지 했다.30

그러나 스페인계 선원들은 시를 장악하려는 기도에 보태는 데 분노 이상을 가지고 있었던바, 전투의 방식들에 고도로 능하고 잘 알고 있었기 때

---

* 카르타헤나(Cartagena)는 스페인령 지중해의 도시로 이베리아 반도 남동쪽의 해군 주둔지이다.

문이었다. 키 크고 "아주 당당한" 성 안또니오 드 벤디또Antonio de St. Bendito 는 그들의 용감성을 숨기지 않았다. 그는 봉기하는 때가 오면, "요크 검둥이들이 하나를 죽일 동안, 스페인인들은 스물은 죽일 수 있다"고 으스댔다. 숙련된 싸움꾼들로서의 선원들의 명성은 선창가를 따라 떠돌았다. 존 휴슨은 요크에게 "스페인인들은 싸우는 방법을 요크 검둥이들보다 더 잘 안다"고 말했다. 그는 장교 아우구스틴과 플라이 보이스의 수하 후안을, 반군 지휘부의 가장 높은 지위 중 하나로 만듦으로써 그들의 군사 경험을 인정했다. 모반의 내부 모임의 한 구성원인 벤은 "스페인 검둥이들"이 "전쟁이 시작되면" 봉기에 손을 보탤 태세가 되어있다는 것을 좋은 소식으로 여겼다. 그는 회의적인 동포 잭에게 "저들 스페인인들은 요크 검둥이들보다 더 잘 알고, 그들보다 [시를] 장악하는 데 더 도움이 될 터인데, 저들이 전쟁에 더 익숙하기 때문이야, 하지만 저들이 우선 집에 (즉 집들에) 불을 놓기 시작해야 하겠지"라고 말했다.[31]

여기서도, 역시, 스페인계 선원들은 무언가 제공할 것이 있었는데, 특별히 카리브해 지역의 약탈, 노략질, 도시방화 전투에서 오래 전부터 쓰인 화구라 불린 방화 물질들에 대한 지식이었다. 휴슨네에서의 한 모임에서, 한 무명의 스페인계 선원이 "손에다 뭔가 검은 것을 굴려, 그것을 부수어 나머지에게 주었는데, 여러 곳의 지붕널에 불을 붙이기 위해, 집들에 던져넣기로 된 것이었다." 안토니오와 후안은 "집 안으로 던져 넣음으로써, 집들에 불을 붙이는 물질"에 대해 특히 잘 알고 있었다. 4월 6일, 월요일에 쌀리Sarly 선장의 집 양쪽에서 동시에 두 화재가 터지자, "스페인 검둥이들, 스페인 검둥이들, 스페인 검둥이들을 잡아라"는 외침이 솟아올랐다. 후안의 지식, 복수의 동기, 고발당하기에 아랑곳하지 않는 것 등이 끝내 그를 목매다는 데로 이끈 혐의들을 불러일으켰다.[32]

아프리카-스페인계 선원들은 또한 모반의 계획에 그들의 해양 경험에 기반을 둔 자유의 사례와 (내부 봉기에 스페인 세력들에 의한 외부 공격을 결합함으로써) 그것을 실현할 수단을 제공했다. 물론, 뉴욕의 당국자들은 신세계에서의 스페인 군사 계획들에 대한 소식들이 선원들과 선창가 일꾼들 사이에 떠도는 것을 알아채지는 못했다. 하지만 뉴욕 모반과 스페인계 아메리카 사이에 실질적인 연계가 있음을 간파한 그들은 비밀 첩자들—의사들, 춤꾼 선생들 등으로 위장한 신부들—이 "영국령 아메리카에서 모든 화약고와 주요한 도시들을 불태우고, 그로써 서인도제도에서 위대한 정복과 함대를 보전하는 것을 막는" 반란을 선동한다는 "가톨릭세력의 음모"에 대해 1741년 조지아에서 제임스 오글쏘프James Oglethorpe 장군이 쓴 서한에 착목했다. 오글쏘프 자신은 "이런 조언에 신뢰를 보내지 못했지만," 많은 뉴욕인들은 그랬다. 그보다 진정한 공로는 스페인계 선원들, 정보와 경험을 한 대서양 항구에서 다른 하나로 옮겼던 인간 선체들에게 속하는 것이었다.[33]

대각성운동

1741년 모반의 또 다른 대서양적 차원은 종교적이라 할 수 있는데, 그것이 대각성운동 기간에 일어났기 때문이다. 1730년대에 시작하여, 대서양 양쪽에서는 순회하는 설교자들이 그들 자신의 종교적 경험들을 증거하며 가는 곳마다 일하는 사람들에게, 개리 B. 내쉬Gray B. Nash가 표현한 대로, "그들 자신의 구원의 도구"가 되도록 부추기면서, 이곳저곳을 떠돌아다니는 대중적인 종교적 열성주의의 폭발을 목도했다. 사시에다, 큰 목소리에, 불타는 카리스마를 지닌 좀 왜소한 설교자 조지 화잇필드George Whitefield는 1739년 식민지들의 동쪽 해안을 오르내리며, 그의 말을 들으려 모여든 수천의 흑인과 백인 (뉴욕에서만 오천에서 칠천) 앞에서 불같은 설교를 끊임없이 토해냈다.[34] 좀 더 급진적인 순회자들은 "하느님은 사람에 가림이 없다"는 성서의 가르침에 기반을 둔 영성적 평등주의를 설파했고, 식민지 상층 계급들의 많은 구성원들은 그 때문에 그들을 싫어했다. 예를 들어, 제임스 대븐포트James Davenport는 기도서의 공산주의를 실현하고, 사유재산을 파괴하여 "물건들뿐만 아니라 아내들까지, 모든 것들을 공동으로" 만들려 기도한다고 보스턴의 보수주의자 찰스 천시Charles Chauncey에 의해 비난받았다. 복음주의자들이 일에 의한 정당화라는 더 전통적인 생각에 맞서 믿음에 의한 정당화를 설파할 때에, 급진적인 반율법주의의 유령이 그들의 전언에 드리우고 있었고 그 보수적 적수들을 사로잡았다. 혹자는 17세기 영국 혁명의 수평파들, 랜터파들, 그리고 제5왕국파들이 한 세기 후 다시 나타났다고 두려워했고, 이들이 전적으로 틀린 것은 아니었다. 의사인 앨릭잰더 해밀튼Alexander Hamilton은 그런 "새 빛 광신도들이New Light* fanatics" 기성의 종교에서 신비화하는 제의적 권능들을 벗겨 버리고, "움직이는, 저들 여러 머리 야수"를 조심스럽게 구축한 우리에서 풀려나게 만들 것이라 우려했다.[35]

검찰 측 변호인 윌리엄 스미스William Smith가 뉴욕의 노예 모반자들을 "이교도 검둥이들"이라 부르긴 했어도, 많은 부분 대각성운동의 결과인 기

---

* '새 빛'이라는 용어는 대각성운동기에 처음 쓰였고, 영국령 북아메리카 식민지들 전역으로 18세기 중반에 퍼져나갔다. 옛 빛(Old Lights)과 새 빛(New Lights)은 일반적으로 뉴잉글랜드에서 각성에 대해 두 다른 입장들을 취한 회중파들을 가리킨다. 새 빛은 식민지들 전체에 퍼진 부흥운동들을 받아들였고, 반면 "옛 빛"은 부흥운동들과 (그들의 권위에 대한 위협을) 의심하여 그것들을 억압하려 했다.

독교가 그들 다수에게 영향을 끼쳤다는 것은 분명하다. 존 휴슨은 몇몇 노예반란자들에게 서약의 맹세를 시행할 때 성서를 사용했다. 바스티안은 법정에서 그와 몇몇 다른 노예들이 "성서에 대고 서약했다"고 증언했다. 케이토는, 휴슨이 그와 올버니를 선술집의 위층으로 데려가 "성서에 대고 맹세하도록" 했으며, 그 후 그들은 "그 책에 입 맞추었다"고 동의했다. 일단 체포되자, 케이토는 그의 성서를 "가슴에" 그러안고 법정에 나타났다. "그는 그가 [그것을] 감옥에서 할 수 있는 한 자주 읽었다"고 말했다. 또 다른 노예, 오셀로Othello는 반란에 가담한 것이 "그가 천국에 가는 것에 방해가 되지 않을 것"이라 보증 받기를 원했다. 흑인과 백인, 다른 많은 이들은 그들의 신성한 맹세를 거스른다면 "스스로의 영혼에 저버리는 것이" 되리라 조바심을 냈다. 많은 뉴욕 노예들이 대각성주의자들의 기독교적 전언을 이해하고 관심을 가질 만큼 영어권 식민지들에 오래 살았고, 심지어는 그것에 혁명적인 의미를 부여하기도 했다. 한 영국 선교사가 설명한 대로, "저들 검둥이들은 그들이 세례를 받으면 즉각 그 주인들에게서 자유롭게 된다는 관념을 가지고 있었다."[36]

화잇필드는 1740년 "메릴랜드, 버지니아, 캐럴라이나 거주자들"에게 보내는 편지를 쓰고 출판하여, 근자에 버지니아와 싸우스캐럴라이나를 뒤흔든 노예반란들을 언급하고 그런 것들이 더 있지 않았다는 놀람을 표시하면서, 대각성운동에 노예제란 쟁점을 중심이 되게 만들었다. 그는 과거, 현재, 미래의 반란들이 하느님으로부터의 "심판," 하나의 "강림"을 이룬다고 보았다. 그는 기브온 사람들, "장작 패고 물 긷는 사람들"을 노예로 삼아서 기근에 시달리게 되었던 "사울과 그의 피투성이 가문"*이라는 성서의 이

---

* 사울(Saul)은 자신의 딸 미칼(다윗의 아내)과 아들 요나단의 마음을 다윗으로부터 돌려놓으려

야기를 인용했다. 하느님은 다윗의 날에 불쌍한 노예들의 복수를 행하였고 또다시 그렇게 하는 것이다. 화잇필드는 "너희 부유한 자들아, 너희에게 닥칠 불행에 울고 아우성쳐라!"라고 준엄하게 명했다. 하지만 그는 또한 죄 많은 주인들에게 그들 스스로 세운 바빌론에서 주인들과 노예들 모두의 영혼에 부응하는 온당한 기독교를 통해 벗어날 길을 제시했다. 주인들은 그들의 야만 행위들을 중지하고 "폭력의 아들들" 손에 놓인 극악한 심판을 막아야 할 것이다. 노예들은 반역적이기를 그만두고 자연히 더 나은 하인이 될 터이다. 양자 모두가, 하느님과 서로에 대한 "상대적인 소명들"을 유념하게 되는 것이다.[37]

그런 말들은 노예주들이 들어 넘길 수 있는 것 이상이었다. 앨릭잰더 가든Alexander Garden 목사는 싸우스캐럴라이나 찰스턴의 노예주들에게 사목하던 이로, 화잇필드를 "극성과 교만"을 지녔다고 비난하고, 그를 "크롬웰주의자, 랜터파, 퀘이커교도, 프랑스 예언자들"에 비유하는 것으로 응대했다. 가든은 말하기를, 그런 반율법주의는 화잇필드가 노예들 사이에서 봉기를 선무하는 데로 이끌었다. 카리브해 지역에서 쓴 윌리엄 스미스 같은 다른 이들이 거기 동의했다. "[노예들에게] 기독교의 원리들을 가르치는 대신," 화잇필드 같은 열성론자들은 "유행어, 몽환, 꿈, 환영, 그리고 계시들, 그리고 섭리가 이름하기를 금하는 그보다 더 사악한 무엇들의 꾸러미로 그들의 머릿

는 노력이 실패하고 비밀리에 다윗을 죽여없애려는 기도마저 실패로 돌아가자, 다윗을 죽이려는 의도를 공공연히 드러냈다. 다윗은 아무 이유 없이 자기를 죽이려는 사울 왕의 광적인 공격을 피해 사울이 손을 뻗칠 수 없는 필리스티아로 도피했다. 이러한 기록은 사울의 정신적 타락을 극적이고도 설득력 있게 묘사해주고 있다. 사울 왕의 정신착란 증세가 얼마나 심했는가를 가장 잘 보여주는 사건은 놉 지역의 제사장 85명을 학살한 사건인데, 이 사건은 「사무엘상」 22장에 기록되어 있다.

속을 채우고" 있는 것이다.[38]

그 더 사악한 무엇이 1741년 뉴욕에서 히드라의 머리를 곤추세웠고, 화잇필드의 유해한 영향력은 충분히 주목되었다. 존 어리John Ury는 모반에서의 역할로 인해 1742년 목매달린 성직자로, "우리가 이 모든 소요를 겪었던 것은 검둥이들이 화잇필드씨로부터 받은 엄청난 고무를 통해서였다"라고 믿었다. 그는 생각기를, 특별히 유해한 것은 화잇필드의 자유로운 성령에 대한 견해들로, 반율법주의 교설의 중심에 있는 신학적 쟁점인바, 스스로 천명한, 대개 가난한 성자들이 그들의 수하에 법률이 있다고 하는 것을 허용하는 포용이었다. 호스맨든 역시 1746년의 모반을 되돌아보면서 화잇필드와 다른 "의심스런 부랑자로 방랑하는 설교자들"의 "열성주의적 관념들"과 "새로운 유행의 원칙들"을 비난했다.[39]

뉴욕의 한 성공회 선교사는 그의 규탄에서 더 나아갔다. 그가 주장하기로, 화잇필드는 봉기에 직접 책임이 있었는데, 다른 곳에서처럼 뉴욕에서 그는 주인들을 분열시키고 기를 꺾으면서 노예들은 단결시키고 고무했기 때문이다. 그의 "최고의 연설은 검둥이들만을 향한 것이었다." 그는 노예들을 위한 학교를 세우기를 제안했고, 이로 말미암아 다수가 "여기서 저들이 수용되고, 자유를 얻으리라는 희망으로 주인들로부터 도망치게" 만들었다. 그 결과는 침례와, 노예들의 관점에서는, 그것과 함께 오는 자유였다. 화잇필드는 또한 그가 가는 곳마다 "불화와 반목"을 부추겼다. 그는 "스스로에게 맞서 분열된 왕국은 지탱할 수 없으며, 다만 황폐화로 이끌릴 뿐"임을 알았다. 화잇필드는 그렇게 "저들의 주인들에게 맞서 검둥이들에게서 원한을 품은 정신을 불러 일으켰다." 다른 곳에서처럼 뉴욕에서, "모든 식민개척자들은 그 경비에 두 배를 더하도록 강요되었고, 침대에 들면서도 안심하지 못해, 다음날 아침이 되기 전에 그들의 목이 잘린 판이었다. 그리고

그것은 여러 식민지들의 붕괴일 수 있었다."⁴⁰

반역의 카리브해 순환

봉기에 의한 몇몇 식민지들의 전복은 1730년대와 1740년대에 실질적인 가
능성처럼 보였다. 이 시기동안 격렬한 기도들과, 반역들, 그리고 전쟁의 공
세가 허리케인처럼 식민지 대서양 사회들을 휩쓸었다. 국가와 제국의 경계
들을 가리지 않고, 이 반역의 순환은 영국령, 프랑스령, 스페인령, 네덜란
드령, 덴마크령 영토들을 내달려서, 서인도제도를 가로질러 남아메리카의
북쪽 경계들에서 북아메리카의 남부 식민지들과 항구 도시들에까지 이르
렀다. 이들 사건들의 대부분은 식민농장 지역들에서 일어났고 아프리카계
아메리카인들에 의해 주도되었지만, (뉴욕 같은) 다른 지역과 (아일랜드인
같은) 다른 행위자들도 개입되어 있었다. 봉기의 규모는, 비교해보는 견지
에서 남달라서, 80여 이상의 모반, 저항, 반란, 그리고 방화의 개별 사례들
―1730년 이전의 십 수 년 혹은 1742년 이후의 십 수 년래에 발생한 유
사한 사건들의 숫자에 대략 여섯 혹은 일곱 배가 많은 수치―을 망라했다.
아프리카 노예들, 아일랜드 선원들과 스페인계 선원들의 행위들이 뉴욕에
서 1741년 가장 크고 가장 반역적인 의미를 띠게 된 것은 이런 반역의 순
환 속에서였다.

　　학자들이 이 반역의 순환을 이루는 저항의 행위들을 연구해 왔지만, 거
의 항상 고립된 사건들로서였다. 그들은 그것들을 서로 간의 관계 속에서,
통일성과 집합적인 인과적 힘 양자를 가진 것으로 분석하는 것이 드물었
다. 하지만 물론 1730년대와 1740년대의 반란자들과 식민 당국자들은 훗

날의 연대기 기록자들과는 달리, 이 투쟁의 심층적이고 생성하는 물결을 날카롭게 인식하고 있었다. 리워드아일랜즈Leeward Islands의 총독 매슈스 Mathews는 1737년 그 순환에 대해 질병의 용어로 기록했다. "반역의 전염력이 내가 알기로 발견된 것 이상으로 이 섬들 사이에 퍼져있다." 자메이카의 총독 에드워드 트릴로니Edward Trelawny는 마룬 전쟁*에서 최고조에 달한 수다한 봉기들을 직접 목격한 사람으로, 반역들에 깃든 정치적 의미를 분명히 보았고, 그에게 그것은 "자유라는 위험한 정신"을 드러냈다. 대니얼 호스맨든은 뉴욕의 분란들에 대한 그의 해석에서 다른 모의들과 반역들을 거듭 참조했다. 뉴욕의 반란자들 역시 어떤 이가 부른 대로 "그 더운 나라"에서 무엇이 일어나고 있는지를 알았다. 그곳은 근자에 여러 가지로 뜨거웠었다.[41]

1730년대와 1740년대 초반, "자유의 정신"Spirit of Liberty은 아메리카의 노예 사회 거의 전부에서, 특히 코로만티 노예들이 집중되어 있는 곳에서 거듭해서 솟구쳤다. 1730년 한 해만도 주요한 모반들이 버지니아, 싸우스캐럴라이나, 버뮤다, (뉴올리언즈) 루이지애나에서 드러났다. 이 가운데 마지막 것에는 쌈바Samba라는 이름의 남자가 주인공이 되었는데, 뉴올리언즈의 당국자들이 그의 몸을 형거에서 부스러뜨리기 전에 이미 그는 아프리카 해안의 어느 프랑스령 노예무역 요새에 맞서서 실패한 봉기와 노예선 상의 반란을 주도했었다. 그러나 뉴올리언스의 노예들은 테러에 위축되지 않았는데, 1732년 다시 일어섰기 때문이다. 그 다음해는 싸우스캐럴라이나, 자

---

* 1차 마룬 전쟁(The First Maroon War)은 자메이카에서 1731년에 한 정점에 이른 갈등에 붙여진 이름이다 1655년 영국인들에 의해 패배한 스페인 식민자들의 곤경에 즈음해, 자메이카의 중앙 산지로 마룬 공동체들을 형성하기 위해 그 전에 도망쳤던 아프리카 출신 노예들이 다른 이들과 연합했다.

메이카, (덴마크령 버진아일랜드의) 쎄인트 존, 그리고 네덜란드령 가이아나에서 반역들이 일어났다. 1734년에는 바하마 군도, 쎄인트킷츠, 다시 싸우스캐럴라이나, 그리고 뉴저지에 모의와 행동들이 도래했고, 나중의 둘은 쎄인트존에서의 봉기에 고무되었다. 1735~36년에는 거대한 노예 모반이 안티구아에서 발각되었고, 다른 반역들이 곧 쎄인트 바쏠로뮤, 쎄인트 마틴스, 앵귈라, 그리고 과들루프의 더 작은 섬들에서 뒤따랐다. 1737년과 또 1738년에는, 찰스턴이 새로운 반란들을 경험하였다. 한편 1738년 봄에는 "메릴랜드 프린스조지 카운티의 한 감옥에서 몇몇 노예들이 파옥하고, 일단의 밖에 있는 노예들과 결합하여, 소규모의 게릴라전을 벌이는 데로 나아갔다." 이듬해, 상당수의 노예들이 메릴랜드 애너폴리스의 무기와 탄약 창고를 습격하기로 작당하고, "이 지역 내의 국왕의 신민들을 죽이고, 전체 나라를 차지하려 하였다." 그것이 실패하자, 그들은 "숲속에 물러앉기로" 계획했다. 1739년 말에는, 스토노 반역*이 싸우스캐럴라이나를 뒤흔들었다. 여기서 노예들은 스페인령 플로리다에서의 자유를 향해 싸워나가면서 집들을 불태웠다. 1740년 6월에는 또 다른 반역이 터져 나와, 150명에서 200명의 노예들이 가담하였고, 그 중 50명은 그렇게 나선 탓에 목매달렸다.[42]

이들 사건들을 강렬하게 만들고―가능성의 표지를 높이 들어 올린―것은 십여 년 동안의 자메이카 마룬 전쟁이었다. 1720년대 말에 시작되어, 노예들은 점점 불어나는 숫자로 자메이카의 내륙으로 도망 나와서, 되돌아가 식민농장들을 습격하였고, 산속의 격리되고 접근 불가능한 탈주노예 지

---

* 스토노 반역(The Stono Rebellion)은 아메리카 대륙에서 노예제에 저항해서 조직된 행동들 가운데 가장 초창기의 것 중 하나다. 1739년 9월 9일 싸우스캐럴라이나 노예들이 스토노강에 모여들어 자유를 위한 무장 행진을 계획했다.

역사회들에 갖고 돌아가기 위해 가축, 농기구들, 그리고 때로는 다른 노예들을 포획했다. 다음 십년 동안 탈주노예들은 특히 섬의 북쪽 및 북동쪽 지역들에서 식민농장 체제에 주요한 위기를 낳고, 거기서 거듭 소규모, 주변부 식민개척자들로 하여금 그들의 영지를 포기하고 그들의 노예들을 (일부는 뉴욕으로) 팔아버리도록 했다. 1739년에 쓰기를, 찰스 레슬리 Charles Leslie는 탈주노예들이 "그 섬을 수다하게 격동하게 할 정도까지 늘어났다"고 주장했다. 다른 이들도 동의했다. 자메이카는 "비틀거리는 상태"에 있었다.[43]

탈주노예들이 영국의 최고 식민 속령의 지배자들에게 그토록 위협적이었던 이유들 중 하나는 그들이 무엇보다, 자메이카의 북쪽 해안에서 단지 카누로도 건널 수 있는 쿠바를 통해 스페인 정부와 접촉하고 있었기 때문이었다. 탈주노예들이 "[자메이카] 섬을 탈환하였을 때, 스페인인들이 그들의 자유를 보장한다는 조건으로 스페인에 넘겨준다고 제안하면서," 스페인 당국자들과 접촉하였다는 소문뿐만 아니라 실제 증언이 있었다.[44] 탈주노예들은 그들이 궁극적으로 그 섬을 자신들이 탈환하리라고 자신했을 뿐만 아니라, 그들의 내부로부터의 봉기에 더하여, 스페인의 외부적 공격이 부정할 수 없는 강력한 결합을 제기하리라는 것을 알고 있었다. 자메이카의 당국자들도 물론 그것을 부정하지 않았다. 실제로, 1739년과 1740년에, 처음에는 쿠조Cudjo의 확고한 지휘 하에 있던 리워드 탈주노예들과 화평을 맺고, 다음으로 윈워드 탈주노예들과 화평을 맺어, 향후의 모든 탈주노예들을 돌려보내고, 아마도 가장 핵심적으로는 외국 침략자들에게 맞서 싸운다는 약속과 맞바꾸어 두 집단 모두에 땅과 자율권을 주었다. 내부로부터의 주요한 적이 그렇게 중립화되자, 단지 석 달 후에 대영제국은 스페인에 전쟁을 선포했다.[45]

비슷한 장기적인 투쟁이 수리남의 우림들 깊숙한 곳에서 일어나고 있었고, 거기서 탈주노예들은, 총독 모리시우스에 따르면, 저항의 히드라를 처치하기 위해 애쓰는 네덜란드 정착자들과 전투를 벌였다. 네덜란드령 식민지들에서 차오르는 모반의 물결은 또 다른 관리가 1740년에 용납할 수 없는 "유색인들과 흑인들, 노예뿐만 아니라 자유민들의 오만함"이라 부른 바로서 나타났고 선창가의 선술집들에서 담배피우고, 술 마시고, 노름하고, 거래하고, 다른 이들이 작당한 모험으로 두려워하던 바를 아는 이들과 공모하는 반역적인 모임들에서 스스로를 드러냈다. 실제로, 네덜란드 당국자들은 1741년 봄 이런 일꾼들의 폭발적인 결합에 대해 불평하고 있었고, 이는 같은 종류의 사람들이 뉴욕에서 문제를 일으키고 있던 바로 그때였다.[46]

1728~29년과 1740~41년의 기근들과 그 각각의 이산들이 반역의 순환에 아일랜드적 차원을 더했다. 특별히 중요한 것이 "레드 스트링 모반"Red String Conspiracy으로 1736년 조지아의 써배너에서 일어났고 5년 후 뉴욕에서의 사건들의 전조가 되었다. 이송된 아일랜드인 중범들 40에서 50여 명의 무리가 허름한 독주집에서 만나, 훔친 물건들을 거래하고, 지배층들이 "스페인인들 혹은 프랑스인들의 선동들"을 우려하는 와중에 "식민지에 대한 음모와 반역적인 기도들"을 꾸몄다. 마침내 그들은 시내를 불태우고, 백인들을 죽여, 그들의 여자들을 구한 다음, 그들이 함께 탈출을 도모한 유랑 인디언들의 무리와 만나기로 계획하는데, 아마도 독일계 체로키 기독교인 고트리브 프리버Gottlieb Priber와 합세하기로 한 것으로, 그는 아메리카 원주민뿐만 아니라, 탈주한 아프리카 노예들과 유럽인 계약 하인들을 위한 공산주의적 사회인, "탈주자의 도시"를 건설하고 있었다. 써배너에서 반도들은 서로를 "오른쪽 손목의 붉은 끈"으로 서로를 알아보았다.

탈주노예들의 지도자 쿠조가 영국 당국자들과의 조약에 서명하다, 1739년; R. C. 댈러스, 『탈주노예들의 역사, 씨에라리온에서의 연원에서 주요 부족으로서의 확립에 이르기까지』(1803), 1권

그 음모는 좌절되었지만 그럼에도 불구하고 신생 식민지를 "커다란 혼란"
으로 몰아넣었다. 커비 A. 밀러Kerby A. Miller가 지적한 대로, 그런 사건들은
드문 것이 아니었다. "17세기 후반과 18세기 전반의 수다한 경우에, 뉴펀
들랜드, 노바스코시아Nova Scotia, 뉴욕, 그리고 서인도제도의 식민 당국자들
은 아일랜드 '구교도들'이 검둥이 노예들 혹은 외국의 적들과 함께 반란을
도모하는 것을 두려워했다."[47]

방화는 반역의 순환 내에서 흔한 파괴의 도구였던바, 갖지 못한 자들,
특히 일상생활의 일반 과정에서 그것과 더불어 일했던 사람들 사이에서 가
장 접근하기 쉬운 무기였기 때문이기도 했다.[48] 1733년 덴마크령 쎄인트존
섬에서는, 노예들이 포트크리스티안스바에른에 침입해, 몇몇 병사들을 죽
이고, 일제 봉기를 알리기 위해 불을 질렀다. 뉴저지의 쏘머셋에서는, 1734
년, 노예들이 그들의 주인들을 죽이고, 그들의 집들과 헛간들에 불을 놓고,
말들에 안장을 얹어, "프랑스 세력권에 있는 인디언들을 향해" 도망하기로
공모했다. 앞에서 보았듯이, 레드스트링 모반에서, 아일랜드인 일꾼들은 써
배너를 불태우고 자유를 찾아 도피하기로 계획했었다. 1738년 10월에는
일부가 포경꾼이었던 일군의 아메리카 원주민들이 낸터킷에서 "밤중에 영
국 거주민들의 집들에 불을 놓고, 무장하여 그들을 덮쳐, 할 수 있는 한
많이 죽이기로" 공모했었다.[49] 1739년 싸우스캐럴라이나에서 스토노 반란
을 주도한 노예들은 쎄인트오거스틴을 향해 그리고 스페인인들 사이에서
의 자유를 향해 나아가면서 몇몇 집들을 불태웠다. 더한층 불길하게, 의문
의 화재가 1740년 11월 18일 찰스턴을 유린하여, 삼백 이상의 건물을 소
진시키고, 모두 수십만 파운드 상당의 피해를 입혔다. 화염은 1741년 내내
계속되어 뉴욕, 보스턴, 찰스턴, 뉴저지, 하큰색Hackensack의 항구들과 도시
들을 괴롭혔다.[50]

불은 또한 예언, 소문, 그리고 이야기들에 두드러지게 나타났다. 조지 화잇필드의 친구인 싸우스캐럴라이나의 휴 브라이언Hugh Bryan은 1741년 초 동료 노예주들에게 "우리 노예들의 거듭되는 반란들"과 화재의 빈번함은 "하느님의 마땅한 심판이 우리에게 닥쳤다"는 위대한 설교자의 무서운 예언의 증거라고 썼다. 싸우스캐럴라이나의 대규모 식민개척자들은 그들 가운데에서 일어나는 이런 종교를 빙자한 배교에 브라이언과 화잇필드 모두를 중상자로 체포하는 것으로 대응했다. 2주 후—방화가 뉴욕에 불붙기 시작한, 쎄인트 패트릭의 날—대배심은 브라이언에게, 그가 자신의 노예들에게 기독교를 가르치고, "찰스타운의 파괴에 대한 갖가지 열렬한 예언들을 하고 검둥이들을 그들의 노역에서 풀려나게 한 것"으로 유죄를 선고했다.[51] 대니얼 호스맨든이 "싸우스캐럴라이나의 찰스타운과, 뉴욕시가 다음 3월 25일에 불타 무너지리라는, 검둥이들의 수다한 위장된 예언들"을 보고하는 것으로 이야기들은 1742년에도 계속되었다. 그 시점은 노예들이 혁명적인 이전 방화 행위들을 추념하기 위해 새로운 불놀이를 계획하고 있었다는 것을 시사했다. 호스맨든은 "여전히 우리들 가운데에는 저주스러운 모의 속에 연루된 다수가 있어, 이들은 아직도 같은 사악한 목적들을 고수하고, 새로운 기도를 할 정도로 대담한 자들이라"고 알고 있었다. 1742년 2월과 3월에, 몇몇 뉴욕 사람들이 그 예언들을 실증하려 들면서 실제로 새로운 기도들이 이루어졌다. 불은 여직 해방의 무기였다. 그것이 묵시록적 종말이라는 위협을 가했다면, 반면에 재로부터 새로운 세계가 태어날 수도 있었다.[52]

교역의 유형들

앨릭잰더 해밀튼 박사가, 실패한 반란 3년 뒤인 1744년 6월 15일 뉴욕에 도착했을 때, 처음 주목한 것은 항만 내 배의 돛들의 숲이었다. 진정으로 그 도시는 "엄청난 규모의 해운"을 수용하고 있었다. 그는 선창가에서 북쪽으로 브로드스트릿으로 올라가, 거기서 상인 로벗 호그Robert Hogg의 집에 유숙했다. 여기는 선원 크리스토퍼 윌슨Christopher Wilson이 동전 한 궤를 훔친 장소였고, 그것에 대한 당국자들의 수색이 종국에는 더 큰 모반을 적발해냈다. 여기서 해밀튼은 호스맨든의 『소송들의 기록』을 읽었고, 그런 다음 반역자들의 행위를 직접 조사했다. "4[원문대뢰]년전 모반자들에 의해 불태워져 버린 탓에, 성채, 혹은 요새는 이제 폐허가 되어 있다." 해밀튼은 그가 포트조지의 시커먼 잔해들을 응시하면서 본 것이 처음 시에 들어올 때 주목했던 바에 그 연원을 두고 있음을 거의 깨닫지 못했다. 부둣가들과 바다 저 멀리에 늘어선 뉴욕의 배들이 그것이다.[53]

1741년 사건들의 한 핵심은 뉴욕의 상거래 구조에 있었던바, 그것은 해밀튼이 금방 파악한대로, 이 상인들과 해양 일꾼들의 도시를 추동하는 힘이었다. 18세기의 전반부에 뉴욕의 교역은 삼각이라기보다 이원적이어서, 맨해튼에서 북아메리카의 해안을 따라 서인도제도까지 갔다가 다시 되돌아오는 것이었다. 1740년 전후의(1715~65) 반세기에, 대략 네 항해 중 셋은 해안/카리브해 항로를 따르는 것으로, 남으로 메릴랜드, 버지니아, 그리고 캐럴라이나와 더 일반적으로는 카리브해 목적지, 특히 영국령과 네덜란드령 섬들, 특별히 자메이카와 쿠라사오, 그리고 좀 덜하게는 프랑스령과 스페인령 식민지들을 향했고, 거기로 그리고 거기로부터 여러 종류의 상품들을 정기적으로 들여가고 내왔다. 캐드월래더 콜든Cadwallader Colden은

1723년 뉴욕의 가장 큰 자금들이 쿠라사오와 자메이카로 흘러갔다고 적시했다.[54]

하지만 모반은 뉴욕의 배들로 나가는 무엇에서가 아니라 그보다 그것에 실려 귀향하는 것에 관계되어 있었다. 해안과 특히 카리브해의 항구들에서 거듭 거듭 그것에 실려 귀향하는 것은 노예들이었다. 뉴욕의 교역에 서인도제도가 갖는 우선성은 그 섬들이 교역의 균형을 맞추기 위해서 시의 노예들 대다수를 제공했다는 것을 의미했다. 제임스 G. 라이든James G. Lydon 교수가 해군 장교들의 기록 대장과 감사원장의 원부에서 취합한 통계에 따르면, 1741년 이전 12년 동안, 노예 다섯 중 넷(79.5퍼센트)이 카리브해 지역에서(그 중 대부분이 자메이카에서) 온 한편, 다른 6퍼센트는 남쪽의 대륙 식민지들의 항구들로부터 왔다. 그들은 삼십에서 사십 톤의 적재량을 지닌 서너 척의 배로 도착해서, 맨해튼 동쪽 하단의 밀 마켓Meal Market에서 팔렸다. 뉴욕의 노예들 일곱 중 하나 보다 적은 수가 한 "짐"을 모으느라 몇 달을, 대서양을 건너는데 또 몇 달 더 걸리는 대형 노예선들에 실려 아프리카로부터 직접 왔다. 뉴욕의 남자노예들과 여자노예들은 특별 주문으로, 일부는 위탁 판매로 해안/카리브해 교역 항로들로부터 왔다. 다른 이들은 신체적 "결함들"이 있어 남쪽에서 그 판매가 금지된, 노예무역자들이 "폐물 검둥이들"이라 부른 이들이었다.[55]

우리의 의도들에 가장 핵심적인―그리고 아주 많은 뉴욕인들에게 가장 놀라운―것은 뉴욕으로 온 노예들 다수가 문제를 일으킨 내력, 대개는 숨겨진 내력을 갖고 있다는 점이었다. 서인도제도의 식민개척자들은 뉴욕의 무역자들에게 "난폭하고 사나운 성정"과 왕왕 저항의 경험을 지닌 노예들을 팔아넘겼다. 식민농장 아메리카에서 많은 계획 혹은 반란의 피로 물든 결과로 소규모 이산이 발생했고, 거기서 사건들의 주도자들은, 빈번히 그 가족들과 공동체로부터 멀리, 대서양의 다른 지역의 구매자들에게 팔렸다. 1736년 안티구아에서의 관행이 그러했는데, 88명의 노예들이 모반에 가담했다는 이유로 처형되고, 또 다른 47명은 팔려서 섬에서 실려 나갔다. 자메이카와 버뮤다, 그리고 다른 곳에서도, 1741년의 화재 이후 뉴욕에서 그런 것처럼 같은 절차를 따랐다.[56]

그런 문제자들을 받아들인 것이 뉴욕만은 아니었다. 뉴포트와 보스턴은 포함한 북부 항구들 전부가 노예들의 지역 무역에서 최후의 거점 시장 역할을 했다. 매사추세츠와 로드아일랜드 양쪽의 총독들은 18세기 초반에 그 문제에 대해 몹시 불만을 토했고, 전자의 총독은 무역자들이 그들의 조건에 폭력적으로 저항한 누적된 기록들을 가진 노예들을 포함해, "대개 그들이 가진 가장 최악의 하인들을" 보낸다고 주장했다. 에드거 J. 맥메이너스Edgar J. McManus는 "일부 식민지들이 노예주들에게, 방화와 살인을 포함한, 중죄를 범한 노예들을 수출하도록 허락한 까닭에, 식민지간 무역은 뉴욕 같은 수입 식민지들에 심각한 위험을 수반하게 되었다. 이런 노예들이 얼마나 많이 뉴욕으로 흘러들었는지는 정확히 산정할 수는 없지만, 그 숫자는 필시 많을 터이다"라고 썼다. 립 반 댐Rip Van Dam 총독은 1730년대 초, 남부로부터 수입되는 노예들 다수가 뉴욕의 안전에 심각한 위협을 제기한다고 경고했다. 코스비Cosby 총독은 1734년 "검둥이들과 죄수들의 너무 많은 수입"에 반대했는바, "검둥이"와 "죄수"는 빈번히 동일한 사람이었다.[57]

뉴욕시 의회는 노예 구매자들에게 "폐물 검둥이들과 그들이 온 곳들에서 그 소유주들의 탐욕이 그들을 공적 정의의 집행으로부터 면제되게 하지 않았다면 죽음을 경험했을 지도 모르는 그런 문제자들"을 주의하라고 경고하는 결의안을 통과시킴으로써 그 문제를 인정했다. 실제로, 의원들은 경고에 그치지 않을 정도로 그 사안을 심각하게 보았다. 그들은 간접적으로

―즉 카리브해와 아메리카 연안에서―수입되는 노예들에게 아프리카에서 직접 수입된 노예들에 대한 관세보다 두 배나 높은 특별 관세를 부과하였다. 이런 정책의 목적은, 라이든이 쓴 대로 "주로 다른 식민지들로부터 반항하는 흑인들의 수입을 억제하려는 것"이었다.[58]

대니얼 호스맨든은 다른 영국령 식민지들에서 수입된 반역적 노예들이 그 모반에서 주요한 역할을 했음을 알고 있었다. "서인도제도와 더 이웃한 영국령 식민지들의 우리 동포들에게 온당한 암시가" 되도록, 그는 어떻게 그와 그의 동료 뉴욕인들이 77명의 반란자들을 대서양의 다른 비영국령 지역들로 적절하게 이송했는지 설명했다. 그는 대영제국 내의 다른 지배자들에게 "우리의 악한들이 누구도 그들[지배자들―옮긴이]에게 떠넘겨지지 않도록, 우리들 권한 내의 모든 주의를 기울임으로써, 우리들이 그들의 평화와 안전을 잘 배려했는지" 알도록 요청했다. 호스맨든은 연안과 카리브해 아메리카의 동포 신사들이 그들의 악한들을 뉴욕에 떠넘겼고, 그럼으로써 뉴욕의 평화와 안전을 해쳤음을 조용히 불평하고 있었다. 그의 자메이카 식민개척자들이 문제 있는 노예들 다수를 북쪽으로 보냈던 바 있는 트릴로니 총독은 그 메시지를 알아차렸다. 하노버Hanover라는 이름의 노예가 계획에 가담했으나 이제는 실종되었다고 적시한 그 재판에 대한 호스맨든의 출판된 보고를 읽고 난 후, 트릴로니는 직접 자메이카의 112,000여 노예들 중에서 하노버를 찾아내, 즉시 그를 뉴욕으로 돌려보냈다. 트릴로니와 호스맨든 모두 노예제에 대한 반대의 경험을 함께 수입하지 않으면서 노예를 수입할 수는 없다는 것을 이해했다. 바로 이런 말 그대로의 의미에서 저항은 호스맨든이 "지상의 국가들에서 내쫓긴 자들"이라 부른 사람들에 의해 촉발되었다.[59]

그런 내쫓긴 자들 가운데 하나가 윌Will이란 이름의 노예였고, 그의 삶은 대서양 지배계급에게 하나의 긴 악몽을 제시하는 것으로, 봉기와 이산, 교역, 그리고 새로운 봉기 사이의 연계들을 예시했다. 1733년, 월은 덴마크 령 쎄인트존에서의 노예반란에 가담해서, 일군의 반란자들이 사탕수수 밀 낫(칼들)을 포트크리스티안스바에른으로 숨겨 들여와, 몇몇 군인들을 죽이고, 섬의 핵심 군사시설들을 장악했다. 그들은 제국 열강들이 그들 간의 차이를 차치하고 주로 코로만티인 반란자들을 격퇴하기 위해 합동 원정을 조직하기까지 요새를 일곱 달 동안 장악했고, 그 사이 반란자들은 48개의 식민농장들에 위해를 가하거나 파괴시켰다. 그 후과로, 146명의 노예들이 봉기에 연루되었고, 그들 중 27명이 처형되었다. 뉴욕에서는 이 봉기의 와중에 월이 여러 명의 백인을 그 자신의 손으로 죽였다고 알려졌다. 월은 쎄인트존에서 추방되어, 안티구아 섬의 한 식민농장주에게 팔렸다.

월은 다시 계획을 도모하기까지 오래 기다리지 않았는데, 1735년 안티구아의 아칸어를 사용하는 노예들이 섬을 장악하고 그들 자신들의 것으로 만들기로 한 계획으로 크레올 혼혈 노예들과 결합했기 때문이다. 쎄인트존에서의 반란자들과는 달리, 안티구아의 반란자들은 공개 행위의 단계까지 이르지 못했다. 한 밀고자가 그들의 계획을 털어놓았고, 그 후 그들은 즉각 포위되어 체포되었다. 다시 수감되어, 개혁하고자 하는 데 실패한 것이 확실한 죽음을 뜻한다는 것을 안 월은 당국 측의 증인으로 변하여, 수다한 노예들에 대한 증거를 제공하고, 88명의 동지들이 목매달리고, 불태워지고, 형거에서 찢기는 것을 보면서 잠시 배반자로서의 오명을 얻으며, 자신의 목을 보전했다. 46명의 다른 이들과 함께 월은 추방되어, 이번에는 뉴욕의 누군가에게 팔렸고, 로드아일랜드 프로비던스의 새 주인에게 다시 팔렸다가, 다시 한 번 뉴욕으로 되팔렸다.

월은 뉴욕 모반에서 핵심적인 역할을 해서, 그의 서인도제도에서의 경험이 열매를 맺도록 했다. 그는, 무엇보다, 법원이 애써 지적했듯이, "계획에 아주 전문가였는데, 이것이 그가 연루된 것으로 세 번째였기 때문이다." 월은, 휴슨네 등에서, 노예들과 아일랜드인 병사들을 만나, 물론 그의 이전 착취에 대한 흥미를 끄는 잔인한 이야기들을 들려주었고, 무엇이 잘못되었는지를 정확히 설명했다. 그는 안티구아에서의 반란자들의 용기를 하나의 모범으로 들면서, "여기 검둥이들은 겁쟁이들"이며 "안티구아에서의 저들 같은 담력이 없다"고 주장했다. 포트조지에 대한 공격 계획은 월의 포트크리스티안스바에른에서의 경험에 무언가를 빚지고 있었을 것이다. 월은 심지어 다른 반란자들에게 어두운 등불, "누구도 보아서는 안 되는 불빛"을 만드는 방법을 보여주기까지 했고, 이는 모반의 야간 활동을 용이하게 만들었다.[60]

월과 다른 많은 이들에게, 뉴욕은 일종의 가장한 유형지였다. 남부와 서인도제도의 식민개척자들이 은연중에 그렇게 만들었다. 하지만 뉴욕의 통치자들이 그들을 적발해 냈고, 그 과정에서 저항의 방식들에 능숙한 알 수 없는 그러나 상당한 숫자의 노예들이 있음을 발견했다. 그렇게 되면서, 뉴욕의 상인들은 그들의 배로 설탕, 당밀, 그리고 노예들뿐만 아니라 남쪽에까지 이르는 노예 소유 지역들의 말 그대로 폭발적인 계급 관계들도 수입했고―이들 지역들은 수년 동안 방화와 봉기 모두로 두드러지게 특징지어지는 반역의 거센 순환을 목격했다. 그런 반역의 경험의 수입―그리고 그 위험에 대해 막 인식하기 시작한 것―은 1741년 뉴욕의 히스테리의 이성적 토대를 이루었다.

봉기와 제국의 경쟁

봉기를 향한 조건들 다수가 1741년 뉴욕에 존재했다. 시의 지배계급은 분열되어 싸우고 있었다. 혹독한 겨울이 많은 이들에게 참경을 야기했다. 그리고 스페인과의 전쟁이 터져 도처에 어려움이 커졌고, 전쟁 기도를 뒷받침하려 600명의 건장한 남자들이 해외로 이송되자 군사적 방비를 약화시켰다. 한 모반자 런던은 몇몇 동료 봉기자들에게 "전시이니, 지금이 뭔가를 할 수 있는 최적기이다"라고 조언했다. 더욱이, 우리가 본 대로, 뉴욕의 노예 무역자들은 부주의하게 경험 많은 베테랑들로 이루어진 잡색의 부대 —1730년대와 1740년대의 카리브해에서의 반역의 순환의 지식을 가지고 온월 같은 봉기자들, 그리고 아일랜드, 쿠바 및 서아프리카로부터 전쟁과 군사 조직의 지식을 가지고 온 윌리엄 케인, 후안 데 라 실바Juan de la Sylba와 수많은 코로만티들 같은 병사들—를 시로 데리고 왔다.[61]

올버니는 "150명의 남자들이면 이 시를 차지하리라" 믿었지만(그는 월의 쎄인트존에서의 봉기에 관여한 것과 같은 숫자를 대략 가늠한 것인데), 계획자들은 처음부터 그들의 봉기의 성공이 —현지의(뉴욕에서의), 지역의(주변의 농촌지역들의), 그리고 국제적인(영국의 제국적 경쟁자들인 스페인과 프랑스로부터의) 지원에 달려있다는 것을 알았다. 휴슨은 봉기를 초반의 성공이 대의에 더 많은 지지자들을 끌어 모으게 되는 반도들의 일어섬으로 보았다. 다른 지원의 원천은, 변경 지역들로부터는 흑인과 백인 모두를 포함하는 사람들로, 특별히 자메이카 [사람 이름—옮긴이] 같은 "시골 검둥이들"과 휴슨네에서의 모임에 참석했던 몇몇 선원들이었다. 컴포트의 잭은 그의 시골 친지들을 계획에 끌어들였다. 페그 케리는 불들이 일어난 뒤 도시의 반란자들에 "시골 검둥이들이 합세하게 되리라고" 설명했다. 방

화는 실제로 조지포트가 불타고 난 뒤 롱아일랜드와 뉴저지의 농촌지역에서 붙어 올랐다.[62]

가장 중요한 지원은 영국의 제국주의적 적대자들인, 프랑스 혹은 특히 스페인으로부터 왔는데, 자메이카의 탈주노예들처럼, 뉴욕의 반란자들은 그들의 안으로부터의 봉기를 밖으로부터의 침공으로 연결시키도록 계획했기 때문이다. 『뉴욕 주간 일지』 *New York Weekly Journal* 는 그 점을 분명히 표현했다. "스페인계 검둥이들이 (이 지역에 그들이 많은데) 그 사안에 깊은 관심을 갖고 적극적이었다. 그리고 무슨 고무鼓舞나 지원을 해외로부터, 혹은 국내의 무시무시한 방화로부터 받건, 그들은 이 지역에서의 기도가 스페인인들과 프랑스인들에 의해 이루어지리라 믿었고, 그들을 얼마간 기다리리라 동의했다. 그리고 그런 기도가 일어나고, 우리들의 적들이 침공해 오는 것으로 된다면, 그들은 봉기하고 저들에 합세하여야만 하는 것이다." 그 계획에 참가한 아프리카계 아메리카인들 중 한 지도자인 바스티안도 같은 이해를 가지고 있었다. "그들에게는 한 무리의 좋은 조력자들 즉 뉴욕 검둥이들에 합세한, 다섯 혹은 여성의 스페인계 검둥이들이 있었다. 그들은 조만간 프랑스에 대한 전쟁이 선포될 것이고, 프랑스인들과 스페인인들이 여기 오리라고 기대했다." 재판 기록들은 최소한 10명의 다른 모반자들이 사태를 같은 방식으로 보았음을 지적한다. 프라이머스 Primus 는 프랑스인들과 스페인인들이 올 것이며 반란자들이 시를 차지하는데 그들을 도우리라고 들었다. 코트레히트의 시저 Caesar 는 잭으로부터 "스페인인들이 여기 올 것이며, 검둥이들은 봉기해서, 스페인인들을 도울 것"이라고 들었다. 스키피오 Scipio 역시 프랑스인들과 스페인인들이 침공할 것이며, 그때가 "그들이 모두 자유인이 될 수 있는" 좋은 기회가 되리라고 기대했다. 화재들이 근해의 스페인 함대에 공격의 시점이 도래했음을 알려서, 봉기의 신호탄이 될 터였다. 아니면 아마도 스페인이 포트조지의 파괴에 대해 알게 되고, 그러면 침공을 자체적으로 결정하리라는 것이었다. 뉴 스페인New Spain*의 병사들과 선원들은 반란자들이 (무엇보다, 최근의 기억에, 제국의 지배를 이미 한 번 네덜란드에서 영국으로 바꾼) 도시를 장악하도록 도울 것이었고, 혹은 그것이 실패 한다면, 저들이 "그들을 다른 나라로 데리고 나가서, 자유민으로 만들어" 주리라는 것이었다. 어떤 경우이든, 반란자들은 스스로 자유를 획득할 것이고, 스페인이 그 자유를 보호해 줄 것이었다.63

뉴욕에서의 그리고 1730년대와 1740년대의 반역의 순환을 통틀어, 스페인에 대한 언급들은 그 당시에는 잘 이해되던 그러나 그 이후로 별로 강조되지 않았던 어떤 진실을 드러냈다. 영어권 대서양의 노예들은 스페인을 해방자로 보았는데 스페인의 노예제폐지론의 전통이 중요한 이유 중 하나였다. 바스티안이 다른 모반자들에게 스페인이 그들의 궁극적 자유를 보장하리라 말했을 때, 그것이 그저 환상만은 아닌 것이, 스페인은 신세계에서 서아프리카계 혈통의 많은 사람들에게 바로 그렇게 했었기 때문이다. 실제로, 스페인계 선원들이 그곳에 있어서, 자유와 삶, 해방의 숨 막히는 순간들에 대한 그들 자신의 권리로써, 뉴 스페인에 자리한 가능성들을 확인해 주고 있었다. 스페인 국왕이 1733년과 1740년에 스페인 정착지를 향해 영국 정착지를 도망쳐 나온 누구에게든지 일차로 제한된 자유를 그런 다음 완전한 자유를 약속하면서, 영국 주인들의 노예들을 국왕의 칙서들로 공세적으로 부추겼다는 것은 널리 알려져 있었다. 플로리다에서 뉴 스페인의 관리들은 그들 정착지의 북쪽 변경에 가르시아 레알 산타 테레사 데 모세

---

* 정식 이름으로는 The Viceroyalty of New Spain (스페인어로, Virreinato de Nueva España)인데 북아메리카, 중앙아메리카, 카리브해 및 아시아-태평양 지역의 스페인 제국의 총독정치 영토들에 붙여진 이름이다.

Garicia Real Santa Teresa de Mose라는, 공식적인 탈주노예 마을을 만들어서 그런 약속을 더 뒷받침했는데, 거기서 주로 캐럴라이나에서 온 1백여 명의 탈주 자들이 정착하여 북쪽으로부터의 영국의 공격에 맞서는 첫 번째 방어선으로 모습을 바꾸었다. 뉴욕의 많은 자메이카 노예들이 잘 알고 있었듯이, 스페인은 여러 해 동안 영국의 카리브 해 식민지들의 탈주노예들을 고무시키고 있었다. 아프리카계 쿠바인들과 아프리카계 자메이카인들은, 1730년대에 쿠바와 자메이카 사이에서 바다를 건너 서로 교신하던 때 바로 그랬던 것처럼, 1741년 뉴욕에서 자유에 대해 교감한 것은 결정적인 것이긴 하나, 하나의 역사의 우연이었다.[64]

하지만 더 중요한 것은 스페인 관리들이 1742년 후반, 혹은 더 일찍이, 북아메리카의 영국령 영지들에서 노예반란을 조장하는 데 스페인계 선원들 같은 대리인들을 이용하는 것을 의식적으로 계획했었다는 점이다. 쿠바의 총괄 총독, 후안 프란시스코 데 귀에메스Juan Francisco de Güemes는, 임박한 군사 행동을 설명하기 위해서 플로리다의 총독 마누엘 데 몬티아노Manuel de Montiano에게 편지를 보냈다. 시골지역에 파고들기 위해 "온갖 언어를 쓰는 검둥이들"의 병력을 풀어, 영국 주인들의 노예들에게 땅과 자유를 약속하고, 그 지역 전체에 반란을 선동하며, 3,000명의 쿠바 병사들이 1742년 4월과 6월 사이에 싸우스캐럴라이나를 공격할 것이라는 것이다. 뉴욕의 망상에 사로잡힌 개신교도들이 생각한 것처럼, 봉기의 선동자들과 조직자들이 신부들이 아니라, 전직 노예들이어서, 바로 뉴욕에 존재하던 것과 같은 종류의 연계망들을 통해 작업할 터였다.[65]

그런데도 뉴욕의 봉기는 실패했다. 정확히 무엇이 잘못되었는지 알기는 불가능하나, 퀵이 요새를 몇 주 일찍 불태웠고, 반란자들이 오랫동안 계획한 봉기를 성사시키기 위해 그들이 할 수 있는 바를 수행하면서, 모두를 방심하게 했으며, 치밀하게 짜인 계획들이 혼란스런 일련의 소규모 화재들로 터져 나오도록 만들었다. 퀵은 동료 모반자들에 의해 "요새에 불을 놓을 사람으로" 선출되었던바 그의 아내가 거기서 총독의 요리사로 일하고 있었기 때문인데, 이는 그가 그 가장 전략적인 장소에 대한 필수적인 지식과 접근 가능성을 가지고 있음을 뜻했다. 반란자들에게는 불행하게도, 퀵은 금세 당국자들과 문제를 일으켰다. 그는 그의 아내를 만나는 것이 금지되고 요새에 드나들지 못하게 되었다. 홧김에 행동하고 일견 개인적 복수에 대한 욕망에 이끌려, 퀵은 규율을 어기고, 3월 17일, 때 이르게 첫 화재를 일으켰다. 여러 근거들이 — 한 반란자가 불을 놓을 다른 이에게, "우리가 모두 준비가 될 때까지 그렇게 해서는 안 된다"고 말한 것을 포함하여 — 이 화재들은 그때가 아니라 5월 초에 불붙이기로 계획되어 있었음을 드러냈는데, 바로 그때 다섯 척의 스페인 사략선이 연안에 도착하였고, 오는 길에 여덟 척의 배를 나포하였으며 그렇게 함으로써 뉴욕의 지배자들을 공포로 몰아넣었을 법했다. 그 배의 도착은 존 휴슨, 페그 케리, 커피, 그리고 퀵의 재판들과 때를 같이 했다.[66]

목매달린 자들의 반역

다인종적인 선창은 뉴욕의 지배자들에게 정치적 문제를 제기했다. 항구에서의 작업의 협업적 성격은 아프리카 혈통의 노예들—그윈이나 커피 같은 사람들—과 존 휴슨이나 페그 케리가 대표하는 "백인 인구 가운데 가장 무도하고, 타락한, 그리고 멋대로인, 최하층의 쓰레기들" 사이의 위험한 반란의 연계를 창출해냈다. 이 장의 초입에 언급한 사랑의 이야기는 그런 계획 속에서 발전한 인간적 연대의 한 사례이다. 토머스 레인보로 대령은 푸트니에서 온당한 어머니와 아버지를 선택하는 데 고심을 기울여야 한다고 경고한 바 있다. 연대는 유전적 핵가족에게만 한정되지도 않았고, "내쫓긴 자들"에게만 그렇게 한정될 수도 없었다. 프랜시스가 영적 공동체의 "자매들"을 말한 것처럼, 아일랜드 병사들은 다른 하나를 "형제"로 불렀다. 존 그윈과 페그 케리의 사랑은 그래서 더 넓은 연대와 나란히 했다.[67]

당국자들은 그 연대를 손에 든 삼지창으로 다루었고, 각각의 창끝은 대서양 뉴욕에서 널리 행해지는 다인종적 실행과 프롤레타리아적 삶의 유대를 뚫어 버리기 위해 주의 깊게 갈려있었다. 우선 그들은 가난한 백인들과 흑인들의 "작당들"이 이루어지고 반역의 계획들이 확산되어나가는 선술집들과 다른 장소들을 찾아 나섰다. 다음으로 그들은 선창을 따라 일꾼들이 그들 가운데 단합의 근거들을 찾기가 더 어렵도록 만들기 위해 의식적으로 뉴욕의 프롤레타리아를 재구성했다. 그리고 마지막으로 시의 다루기 힘든 인종적 분리들을 초월하고 단일화하는 백인정체성을 조장하면서, 뉴욕의 유럽 혈통 사람들에게 인종적 교설들을 가르치려 시도했다. 1741년 모반의 이 세 가지 주요 결과들을 차례로 다루어보도록 하자.

모반에 대한 재판들 도중과 이후 모두에, 뉴욕의 상층민이 시의 허름한 독주집을 공격하여, 흑백의 협동을 범법화하고 다인종적 모반들이 벌어질 장소들을 통제했다. 호스맨든은 "이 시 내의 허름한 맥주집들과 독주집," 특히 "검둥이들과 한데 연루된 최하층의 쓰레기 백인들"을 접대하는 곳들의 "살림과 행태들에 대한 공들인 조사"를 촉구했다. 그런 장소들은 절도와 방종을 조장하고, 더 나쁘게는 "우리들 가운데 가장 방종하고, 타락하여 멋대로인 비참한 자들이 작당하고 함께 공모하는, 그리고 이런 해악을 배우는 가운데서, 가장 대담하고 혐오스런 범죄기도들을 실행하기 위해 스스로 무르익는 기회들을" 제공했다. "나는 우리들 가운데 그런 집들이 아직도 많이 있다고 염려하며, 그것들은 시의 재앙이며 해악이다. 그것은 이 가장 무섭고 저주스러운 모반을 길러내는 기회를 제공한 그런 것이었다." 호스맨든은 옳았다. 휴슨네 같은 허름한 술집들은, 여러 인종과 국적의 버림받은 자들이 모이는 곳으로, 실제로 학교들이었다. 이들은 이런 사람들이 대서양의 소문들과, 사연들, 이야기들, 그들의 반역의 구전되는 역사와 지식을 말하는 곳이었다.[68]

두 번째로 주요한 정책 변화는 정부 조처의 문제가 아니라 그보다는 뉴욕의 상인들이 취한 일련의 사적인 사업상의 결정들이었다. 모반에 연관된 카리브해와 봉기의 차원들에 대한 가장 강력한 증거를 이룬 것에서, 시의 거대 상인들은 봉기에 그들의 노예무역을 재구성하는 것으로 대응하여, 노예를 찾는 데 그들의 배들 절대 다수를 직접 아프리카로 보내고, 훨씬 적은 수를 연안/카리브해 항로로 내려 보냈다. 부분적으로 이는 1730년대의 경제적 침체가 지나가고 난 뒤 싸우스캐럴라이나와 자메이카에서의 늘어나는 노예들의 수요에 대한 하나의 대응이었다. 하지만 그것은 또한 그들의 이전의 사업 행위들이 그들 자신의 축적 기반을 위태롭게 했다는 것에 대한 상인들의 집단적 인식이기도 했다. 1741년 이전 그들은 남부 지역에서 10명의 노예 중 일곱을 수입했고, 아프리카로부터는 열에 셋뿐이었다. 1741년 이후에 그들은 그 비율을 역전시켜, 10명의 노예 중 7명을 아프리카로부터 직접 그리고 열에 셋만을 그들 남부의 식민농장 지역에서 데려왔다. 제임스 G. 라이든이 썼듯이, "간접적인 공급원에의 의존에서 아프리카로부터의 직접 수입들로 이렇게 전환한 이유의 온전한 내역은 확실히 하기 어렵지만, 1741년 뉴욕에서의 노예 모의가 아주 중요했다고 보인다." "제멋대로인 노예들" 혹은 "불만자들"의 수입에 대한 두려움이, "시의 교역

유형에서의 이런 전환을 확실히 강제했을 법하다."고 라이든은 결론짓는다. 뉴욕의 상인들은 그 상품들이 언제나 보이는 대로가 아님을 깨달았다. 그들은 그들의 배에 그저 상처 나고, 두들겨 맞은 서인도제도의 노예들의 몸뚱이만이 아니라 그들 속에 봉기의 관념들과 행위들이라는 또 다른 피로 물든 실체를 실어 수입했던 것이다. 그들은, 이런 근본적인 사실에 대한 인식 속에서, 뉴욕의 프롤레타리아를 재구성하려고 들었고, 적어도 부분적으로 사회적 평화를 확보하기 위해 아프리카 종족의 언어적 그리고 문화적 장벽들을 염두에 둔 것이었다.[69]

1741년의 사건들에 대한 세 번째 주요한 대응은 종족들의 다양성을 가로지르고 연합하기 위해 고안된 백인정체성의 발양이었다. 물론 흑인을 싫어하는 장인들뿐만 아니라 상층민들 등 다수의 뉴욕사람들은 백인다움을 당연한 것으로 치부한지 오래되었다. 그러나 휴슨네에 모인 사람들에게, "백인"이란, 규범으로든 은어로든, 부유한 자들, 돈을 가진 사람들이었지, 단순히 특정한 피부 색깔의 표현형을 지닌 사람들이 아니었다. 뉴욕에서 인종적 유형화는 유동적이고, 열려 있으며, 때론 모호했다. 연인들 존 그윈과 페그 케리는 그런 모호성을 단적으로 보여주고 이용했다. 그윈은 아일랜드 이름을 쓰면서, 포트조지의 병사로 행세했다. "검둥이 페그"는 "저 망할 년" 메리 버튼Mary Burton*에 대해 불평했는데, 버튼은 그녀를 몇 번의 절도에 연루시켜 그것으로 "나를 나머지처럼 검게 만들었다"는 것이다. 노예 톰은 그의 모반에의 합류를 한 세대 후라면 불가능했을 방식으로 묘사

---

* 판사 대니얼 호스맨든은 휴슨네의 계약하인인 메리 버튼으로 하여금 절도 혐의들에 대해 휴슨에 불리하게 증언하도록 만들었다. 호스맨든은 화재들에 대해 이야기 하도록 버튼에게 엄청난 압력을 행사했다. 마침내 버튼은 화재들이 시내를 불태워버리기 위한 흑인과 가난한 백인들 사이의 모반이라 말했다.

했다. "백인들이 그가 백인들을 죽이는 데 가담하도록 원했다."70 "백인" 데이빗 존슨David Johnson은 휴슨네의 한 총회에서, 손에 펀치 한 컵을 들고 일어나, "시내를 불태우고, 할 수 있는 한 많은 백인들을 죽이겠다"고 맹세했다.71

지배하는 백인들은 모반 내의 인종적 유동성에 공포와 자비로 대응했는바, 새로운 규율과 다른 연대를 창출하기 위한 조합이었다. 첫째로 그들은 모의에 가담한 유럽 혈통의 사람들을 악마화했다. 휴슨과 그 부류들은 "본성이 괴물들"이요, "그 피부색에 치욕" 그 자체라고 일컬어졌다. 기실, 그들은 "검둥이들보다 더 사악"했다. 휴슨 자신은 "검둥이보다 더 검었"다. 그는 "그 피부색의 추문이며, 인간 본성의 치욕"이었다. 그런 언어들은 광포한 운명을 예고했고, 4명의 유럽계 아메리카인들은 그래서 목매달렸다. 다른 사람들은 서인도제도에서의 군사 복무에 강제되었고, 또 다른 이들은 지역에서 사라졌다. 하지만 다른 여섯은 조용히 그리고 자비롭게 법정에서 거의 아무런 언급도 없이 석방되었다. 그들을 풀려나게 한 결정은 법정 기록들 속에 간단한 주석으로 표현되어 있었다. "기소할 사람이 아무도 나타나지 않음"이라고. 이것 역시 "백인들"에 대한 그리고 위한 메시지였다. 뉴욕의 지배자들은 그렇게 백인성에 근거한 가상의 공동체를 통합시키고 강화하면서 프롤레타리아를 분할하고 약화시켰다.72

그러나 호스맨든과 그 부류들이 재판과 처형들을 백인성의 통합하는 이점들과 연관하여 인종에 관한 교훈들을 대중화하는 데 이용하려 들었을 때, 반란자들은 죽음 속에서도 순응하기를 거부했다. 휴슨이 목매달린 뒤, 그의 시신은 누구라도 자신의 인종을 감히 배반하려 드는 자에게 도덕적 가르침을 주기 위해 효시되었다. 존 그윈/씨저의 시체도 역시 사슬에 꿴채 그렇게 되어, 아프리카 혈통의 사람들이 뉴욕에서 노예제의 체제에 도전하기 전에 최소한 한 번 더 생각하게 했다. 둘은, 그 메시지가 계속 말하길, 사후에까지 처벌된다는 것이었다. 하지만 신기한 일들이 일어나기 시작했다. 목매달은 지 삼주 안에, 휴슨의 유해—그의 "얼굴, 손들, 목, 그리고 발들"—는 그의 "턱수염과 목의" 털이 (그의 머리는 모자를 써서 보이지 않았는데) "마치 검둥이의 턱수염과 머리의 복슬 털처럼 오그라진" 한편, "짙게 빛나는 검은 색"으로 변했다. 더 나아가, "그의 얼굴 모양이" "검둥이 미남의 균형"을 띠어, "코는 넓고 납작해지고, 콧구멍은 열려 확대되고, 입은 넓어져 입술이 부풀어 두터워졌다." 그원/씨저는, 대조적으로, 살아서는 "그의 인종 가운데 제일 검은 색깔의 사람"이었는데, 죽어서 그 반대의 변화를 겪었다. 그의 얼굴은 "그 때 얼마간 탈색이 되어서 희끄무레해졌다."

종국에는, 말해지기를, "휴슨은 검둥이로 변하고, 그리고 바이크의 씨저는 백인으로 되었다." 그들은 "색을 바꾼" 것이다. 뉴욕사람들은 "이런 모습들에 놀랐는데"—비단 한 때 "에티오피아인마저 곧 그의 피부를 바꾸겠다"고 말하여, 불가능한 과제를 묘사한 적이 있는 호스맨든만이 아니었다. 휴슨과 그원의 신체들에 일어난 바에 대한 소문이 멀리 그리고 널리 퍼져나가, "많은 사람들의 주목을 끌었고, 궁금해진 모든 계층의 사람들을, 그렇게 확연하게 그러하다고 전해지는 사태의 실제를 그들 자신의 눈으로 확인하도록, 며칠에 걸쳐 효수대로 불러 모았다." 백문이 불여일견이었고, 많은 사람들이 그 변화들을 "경이로운 현상들"이라 간주했다. 다른 구경꾼들은 "그것들을 기적으로 풀어낼 태세였다." 마지막까지 반란자들 그원과 휴슨은 그렇게 가발과 주름옷의 백인들에게 어떤 마지막 복수를 한 것이다. 그들의 죽은 몸들마저 반역할 수 있었다.[73]

7

아메리카 혁명의 잡색 부대

아메리카 혁명의 잡색 부대
A Motley Crew in the American Revolution

1765년 10월 얼굴을 검게 칠하거나 가면을 쓴 한 무리의 선원 시위대가 곤봉과 단도로 무장하고 찰스턴Charleston의 부유한 상인 헨리 로런스Henry Laurence를 찾아갔다. 수가 80명이고 술기운과 노염으로 후끈 달아오른 이 무리의 목적은 아메리카 식민시들에서의 조세수입을 올리기 위해서 의회에서 최근에 통과된 〈인지조례〉 the Stamp Act에 항의하는 것이었다. 이들은, 일상생활의 업무를 수행하기 위해서 구입할 수밖에 없는, 인지가 붙여져 있는 문서를 로런스가 자신의 집에 보관하고 있다는 소문을 듣고 "자유, 자유, 그리고 인지 붙여진 문서"를 반복해서 외치면서 〈인지조례〉에 대한 항의의 표시로 그 문서를 파기할 수 있게 내놓으라고 로런스에게 요구하였다. 로런스는 나중에 자신이 설명한 대로 당황하였다. 이 무리는 "큰 목소리로 협박을 했을 뿐만 아니라 때때로 나를 매우 난폭하게 다루었"던 것이다. 결국 로런스에게 문서가 없다는 것을 확신한 그들은 위장용 도구들을 땅에 버리며 부둣가를 가로질러 연기가 피어오르는 선술집으로, 낡은 하숙집으로, 축축한 선창으로, 삐걱거리는 배로 뿔뿔이 흩어져 사라졌다.

그들의 항의는 효과가 있었다. 의회는 이러한 저항에 놀라서 곧 〈인지조례〉를 폐지하였다. 그리고 찰스턴에서는 지난 번 일의 결과로 1766년 1월에 또 한 번 시위대가 모여 자유를 달라고 외쳤다. 이번에는 시위자들이 아프리카의 노예들이었는데, 이들의 행동은 더 큰 공포와 "지역 전체에 광범한 말썽"을 불러일으켰다. 무장한 순찰대들이 거의 2주 동안이나 도시의 길들을 누볐으나 소요는 계속되었다. 찰스턴의 항구는 배들로 가득 차 있었기 때문에 선원들은 곧 "다시 술렁대고 동요하는 상태"가 되었으며 냉소적인 로런스의 말에 따르면 자신들을 "자유의 수호자들"이라고 불렀다. 싸우스캐럴라이나의 총독인 윌리엄 불William Bull은 나중에 1765년 말과 1766년 초의 사건들을 회고하면서 찰스턴의 혼란을 "무질서한 검둥이들과 더 무질서한 선원들" 탓으로 돌렸다.[1]

로런스와 불은 당대인들에 의하여 종종 "잡색 부대"라고 불리는 혁명적 주체를 인지한 것인데, 이에 대해서는 아메리카 혁명의 역사에서 거의 논의되어 본 적이 없다. 바로 이 주체의 역사를 우리는 1710년대와 1720년대의 히드라국에서부터 1730년대와 1740년대의 노예봉기 및 도시반란에 이르기까지 추적해왔던 것이다. 이 운동들의 패배는 노예제와 해상무역의 확대를 가능하게 했다. 노예들의 수가 늘어나 농장의 면적이 확대되었고 더 많은 선원들이 계속적으로 증가하는 함대와 상선들에 배치되었다. 영국은 1763년 7년 전쟁에서 프랑스에게 승리를 거둠으로써 세계 최고의 자본주의 열강으로서의 패권을 확인하였고, 수지맞는 식민제국을 보호·확장하고 북아메리카와 카리브해 지역에 장작 패고 물을 긷기 위한 방대한 새로운 영토들을 열 수 있었다. 그러나 대영제국이 승리하던 바로 그 때에 노예들과 선원들은 반란의 새로운 주기를 시작하였다.

선상반란에서 봉기에 이르기까지 바다와 육지에서의 행동들은 잡색 부대를 1760년대와 1770년대의 혁명적 국면의 추동력으로 만들었다. 그러한 행동들은 제국의 시민사회를 불안정하게 만드는 것을 돕고 아메리카로 하여금 세계 최초의 근대적 식민지 독립전쟁으로 향하도록 추동하였다. 잡색 부대는 아래로부터의 운동을 활성화하고 이끌면서 당대의 사회적, 조직적, 지적 역사들을 형성하였으며 아메리카 혁명이 엘리트집단이 일으킨 사건도 아니고 민족적 사건도 아님을 입증하였다. 그 기원이나 과정, 결과 그리고 영향이 모두 대서양 지역의 프롤레타리아의 경험의 유통에 의존했기 때문이다. 경험의 이러한 유통은 1780년대에 접어들 때까지 계속될 것이었다. 아메리카 혁명 운동을 겪은 고참들이 그들의 지식과 경험을 대서양 동부 지역에 이월시켜 범아프리카주의를 창시하고 노예제폐지론을 내세우며 영국에서, 그리고 더 넓게는 유럽에서 잠자고 있던 혁명적 사유와 행동의 전통들이 부활하도록 도왔기 때문이다. 잡색 부대는 최초의 대영제국을 분쇄하는 것을 돕고 대서양 혁명 시대가 개시하도록 돕게 될 것이었다.

우리의 목적을 위해 "잡색 부대"의 구별되는 두 의미가 정의되어야 할 것이다. 첫째는 조직된 노동자집단, 즉 유사한 업무를 수행하거나 아니면 단일한 목표를 가진 상이한 업무들을 수행하는 사람들의 무리를 가리킨다. 담배 및 사탕수수농장의 일꾼 집단은 초기 아메리카에서의 부의 축적에 필수적이었다. 마찬가지로 필수적이었던 것이 배를 조종한다든가 상륙공격을 한다든가 아니면 나무와 물을 구하는 일과 같은 특별하고 임시적인 목적을 위해 배의 승무원 혹은 배의 일꾼들 중에서 차출된 부대이다. 이 무리들은 모이는 법, 함께 행동하는 법을 알았는데, 채찍을 맞아가며 노동을 한 것이 다른 것 못지않은 이유였다. 그렇다면 첫째 의미는 전문적인 것으로 농장과 해상의 노동과정에 해당하는 것이다. 18세기 대서양 지역의 경제는 이러한 단위의 인간 협력에 의존했다.

둘째 의미는 18세기 항구 혹은 도시의 사회경제적 구성체를 지칭한다. 이러한 의미에서의 "잡색 부대"란 도시의 시위대 및 혁명적 대중과 긴밀하게 연관되어 있다. 곧 보게 될 것이지만, 도시의 시위대와 혁명적 대중은 보통 다양한 무리와 도당徒黨의 응집으로서 고유한 운동성을 가지고 있고 종종 위에서 부과되는 지도로부터 독립적이다. 그들은 〈인지조례〉 위기에서부터 '월키스와 자유'봉기* 그리고 일련의 아메리카 혁명 봉기들에 추동력을 제공했다. 18세기 대서양 지역의 반란들은 이러한 더 광범한 형태의 사회적 협력에 의존하였던 것이다.

부대가 잡색이라고 말할 때 우리는 다민족적multiethnic임을 의미한다. 이는 우리가 주목했듯이 크롬웰 아래서 해양국가가 확장하던 시기와 그 이후에 배의 승무원들을 차출하는 데 있어서의 특징이었다. 이러한 다양성은 잡색 부대의 패배의 표현이었다. (노예선들의 인원배분에서 언어들과 민족들을 일부러 혼합하는 것을 생각해 보라.) 그러나 여러 민족들과 문화들로부터 처음에는 범아프리카인 정체성이 그리고 그 다음에는 아프리카계 아메리카인의 정체성이 형성될 때처럼 이 패배는 능동적 행위에 의해서 힘으로 전환되었다. 따라서 곧 소개하게 될 아프리카인 선원 올로다 에퀴아노 Olaudah Equiano에 대한 우리의 연구가 보여주듯이, "자유롭게 태어난 영국인"과 같이 원래는 "민족적인" 지칭어들이 일반화될 수 있었다.

시간이 지나면서 첫째의 (전문적인) 의미로부터 둘째의 (정치적) 의미

---

* 1768년 5월 10일, 당선되고 나서 체포된 영국 미들섹스의 급진적 국회의원 후보인 존 월키스 (John Wilkes)의 석방을 요구하는 과정에서 군대가 시위대에 발포하여 촉발된 봉기를 말한다. '월키스와 자유'(Wilkes and Liberty)는 그 당시 외쳤던 구호들 중 하나이다.

가 출현하여 협력을 확대하고 활동의 범위를 넓혔으며 명령권을 감독자들이나 하급 간부들로부터 집단 자체에게로 이전하였다. 이러한 이전은 항구 도시 거리들에서 보이는 잡색 부대들의 행동들에서 명백히 드러났다. 선원들은 배에서 해변으로 이동하면서 부두노동자들, 짐꾼들, 일반 노동자들, 자유를 찾는 노예들, 시골에서 온 자유로운 젊은이들, 다양한 종류의 도망자들이 선창가 공동체들에 합류하였다. 항구 도시들의 "민중봉기들," 아프리카계 아메리카 노예들의 저항, 전선에서의 인도인들의 저항—이 셋이 동시에 일어나거나 혹은 실제적으로 서로 연결되어 일어나는 것이 잡색 부대가 가진 혁명적 가능성의 정점이라고 볼 수 있다. 톰 페인은 바로 이러한 결합을 두려워하였는데, 이 가능성이 실제로 실현된 적은 없었다. 반대로, 우리가 곧 보게 될 것이지만, 혁명적 동력학이 전도되어 테르미도르를 향하게 되어 피난민들, 표류 난민들, 소개疏開된 자들, 죄수들이 패배의 인간적 형상을 나타내게 됨에 따라 이제 잡색 부대의 환경은 변모하게 되었다.

선원들

선원들은 반란의 순환에서 원동력이었다. 특히 북아메리카에서 그랬는데, 그곳에서는 선원들이 1765년과 1776년 사이에 영국에 대항하는 운동에서 많은 승리들을 확보하는 데 도움을 주었던 것이다. 그들은 1740년대에 시작된 강제징병에 대항하여 일련의 봉기를 이끌어서 토머스 페인Thomas Paine과 토머스 제퍼슨으로 하여금 (각각 『상식』과 아메리카 「독립선언서」〉에서) 강제징병을 주된 불만요인으로 등록하게끔 하였다. 항구에서의 그들의 전투성은 바다에서의 그들의 일상적 작업경험으로부터 나왔으며, 양자가 결합하여 대담한 주도성을 가진 협력을 일구어냈다. 선원들은 배에서는 음식, 임금, 작업 그리고 규율을 둘러싼 집단적 투쟁에 참여했으며 독단적이고 과도한 권위에 대항하는 전투적 태도, 다른 사람들의 고통에 대한 공감, 그리고 자기방어를 위하여 기꺼이 협력하려는 태도를 항구들로 가져왔다. 헨리 로런스가 발견한 바대로 그들은 목적을 달성하기 위하여 직접적 행동을 사용하는 것을 두려워하지 않았다. 선원들은 이렇듯 히드라국의 전통으로 무장한 채 1760년대로 들어섰다. 그들은 혁명의 시대에 새로운 전술들을 배울 것이었지만, 또한 그들이 이미 아는 방대한 양을 기여하게 된다.[2]

선원들이 아는 바의 일부는 강제징병에 저항하는 법이었다. 이 전통은 13세기 영국에서 생겼으며 푸트니 논쟁과 영국 혁명을 거쳐서 영국 해군이 확대되는 17세기 후반까지, 그리고 그 이후 전시 동원이 점증하게 되는 18세기까지 계속되었다. 1739년, 4반세기의 평화 이후에 영국이 스페인에 선전포고했을 때 선원들은 모든 영국 항구에서 강제징병대와 싸웠으며 종종 승리를 거두었다. 안티구아, 쎄인트키츠, 바베이도스, 자메이카, 그리고 뉴욕과 뉴잉글랜드 등 아메리카의 항구에서도 주먹과 곤봉이 날았다.[3] 선원들은 1741년 보스턴에서도 봉기를 일으켜 해군 전함인 포틀랜드호의 강제징병대를 도왔던 행정관과 치안판사를 구타하였다. 다음 해에 300명의 선원들이 곤봉, 단도, 도끼로 무장하고 아스트레아the Astrea호의 함장을 공격하였으며 해군 소속의 함재정艦載艇*을 파괴하였다. 그들은 1745년에 두 번 더 봉기하였다. 첫 봉기에서는 또 다른 행정관과 해군 전함 셜리Shirley호의 함장을 을러댔으며 7개월 후에는 포레스트 함장과 그의 전함 웨이저Wager호와 맞섰으나 강제징병대가 번쩍이며 휘두르는 단도들에 동료들 중

---

* 함재정은 사령관이 타는 배이다.

둘을 잃었다. 1745년에 피터 워런 제독Admiral Peter Warren은 뉴잉글랜드의 선원들이 혁명적 전통에 의해 대담해졌다는 사실에 유의해야 한다고 말했다. 그가 쓴 바에 의하면 그들은 "영국인들의 권리와 자유에 대한 최고의 견해들"을 가지고 있으며 "거의 수평파나 다름없다"고 한다.[4]

1740년대에 선원들은 강제징병대가 먹이를 채가기 위해서 타고 온 보트들을 불태우기 시작했다. 그럼으로써 전함과의 연락이 끊기게 만들었으며, "징병"이 불가능하게 만들지는 못하더라도 더 어려워지게 만들었던 것이다. 찰스 노울스 함장이 1743년에 쓴 바에 의하면, 카리브해 지역에서 징병을 하던 해군 선박들의 경우 "보트들이 거리로 끌어올려지고 불태워지며, 함장들이 한꺼번에 50명이나 되는 무장한 사람들에 의해서 무례한 짓을 당하여 친구의 집에서 묵을 수밖에 없게 되기도 했다." 펨브로크 프라이즈the Pembroke Prize호의 에이블 스미스 선장이 쎄인트키츠 근처에서 몇 명을 징병한 후 한 무리의 선원들이 "거리에 나와서는 해군 소속의 보트를 탈취하고 끌어올렸다 …… 그리고는 만일 함장이 징병당한 사람들을 돌려주지 않는다면 보트를 불태우겠다고 위협하여 이 함장은 보트와 사람들의 생명을 살리기 위해서는 왕의 권위에 (특히 그 대외적 측면에) 크게 불명예를 끼친다 할지라도 요구를 들어줄 수밖에 없었다." 영국 당국의 재산과 권력에 대한 이러한 공격들은 충분한 협박이 되었다. 1746년쯤에 영국 전함 설리호는 "시위대들에 의하여 핍박을 당하거나 …… 살해당하는 것이 두려워서 4개월 동안 감히 육지에 발을 들여놓지 못했다."[5]

강제징병에 맞서는 투쟁은 1747년에 또 한 번의 창조적인 전환을 겪었다. 토머스 허친슨에 의하면 이 해에 "그 이전의 어느 것과도 맞먹는 소요가 보스턴에서" 일어났던 것이다. 뉴잉글랜드 출신들이 일부 낀 50명의 선원들이 함장 노울스의 전함 라크H. M. S. Lark호를 탈영했을 때 일은 시작되었다. 이에 대한 대응으로 노울스는 강제징병대를 보내 보스턴 부두들을 휩쓸어버렸다. 300명의 선원들로 이루어진 시위대는 "수천 명의 사람들"로 불었으며 라크호의 장교들을 인질로 잡았고 부행정관을 구타하고 가축들 사이에 처넣는 모욕을 주었으며 지방의회건물the Provincial Council Chamber을 포위·공격하였고 모든 부두에 파견조를 배치하여 해군 장교들이 전함으로 돌아가지 못하도록 했다. 시위대는 곧 매사추세츠 총독인 윌리엄 셜리와 맞대면하여 1745년에 강제징병대가 선원들에게 가했던 살인적인 폭력을 상기시키고 존 포티어스 함장의 사례를 들면서 그를 협박했다. 1736년에 시위대의 한 사람을 살해하고는 체포되어 "푯말에 목매달린" 존 포티어스 는 에딘버러시市 근위대의 경멸받던 지도자였다. 셜리 제독은 윌리엄 성城 으로 서둘러 퇴각하여 거기서 폭동이 끝날 때까지 머물렀다. 그러는 동안, 무장한 선원들과 노동자들은 한 지역의 조선소에서 해군용으로 건조되고 있던 20문의 포를 장착한 선박을 불태울 것을 고려하였다가 다시 해군 함 재정으로 의심되는 것을 나포하여 도심지로 가지고 들어와서 보스턴의 커 먼Common 공원에서 불태웠다. 노울스 사령관은 그들의 불만을 이렇게 설명 했다. "슈가열도the Sugar Islands에서 강제징병에 반대하여 일어난 [1746년의] 행동은 모든 북아메리카 식민지들(더 특별하게는 뉴잉글랜드)에서 선원들 및 육지의 평민들의 마음을 해군에서 복무하는 것에 대한 증오로 채웠을 뿐만 아니라 사탕수수 식민지들에서 누려지는 것과 같은 자유에 대한 권리 를 주장하고 그러한 자유로움 속에서 자활自活할 것을 선언하는 반란의 정 신으로 채우기도 했다."

선원들은 권리의 이름으로 자유를 옹호하였기에 쌔뮤얼 애덤스 2세 Samuel Adams Jr.라는 청년의 관심을 끌었다. 자신의 적들이 "뱀과 같은 교활 함"이라고 부르는 것을 활용하며 "하층민들의 본성"을 잘 이해하는 애덤스는 잡색 부대가 자위自衛하는 모습을 지켜보았으며 그런 다음에 그 "반란의 정신"을 정치적 담론으로 옮겨놓았다. 그는 "인간의 자연권이 지역에서 시위대의 행위를 정당화하는 데 처음으로 사용된, 저항 이데올로기"의 새 형태를 정식화하는 데 노울스 봉기를 사용하였다. 애덤스는 시위대가 "정부조차도 심판의 대상으로 삼을 수 있는 인간 기본권을 구현하는" 모습을 보았으며 억압에 맞서서 폭력적이고 직접적인 행동을 취하는 것을 정당화하였다. 노예제에 대한 잡색 부대의 저항은 이로써 혁명적 사유에서 하나의 돌파를 이루어냈던 것이다.[6]

이렇듯 1747년에 애덤스는 "영국인의 권리"에서 더 광범하고 보편적인 자연권 및 인간의 권리라는 관용구로 이동하였다. 이러한 이동의 원인들 중 하나로서 충분히 가능한 것은 그에게 가르침을 주었던 시위대의 구성에서 찾을 수 있다. 애덤스는 딜레마에 처해 있었다. 아프리카인들, 스코틀랜드인들, 네덜란드인들, 아일랜드인들, 잉글랜드인들이 강제징병대와 싸우는 모습을 보고 어떻게 그들이 단지 "영국인의 권리"를 위한 투쟁에 참여하고 있다고 서술할 수 있는가? 어떻게 그의 1743년 하버드 석사학위 논문에 개진된 명백하게 전통적인 로크적 사상을 1747년에 봉기를 주도했던 "외국인 선원들, 하인들, 검둥이들, 기타 비천하고 저급한 자들"의 활동들과 일치시킬 수 있는가?[7] 반란주체의 다양성이 그의 사유로 하여금 더 광범한 정당화를 찾게끔 하였다. 애덤스는 그 봉기가 말 그대로 민중이 자유를 위해서 싸운 사례라고 이해했을 것이다. 18세기에 걸쳐서 배의 선원들은 "민중"the people이라고 알려져 있었고 이들은 일단 육지에 오르면 "자유"를 추구했기 때문이다.[8]

1747년의 대대적인 운동은 애덤스로 하여금 『자주적 선전자』Independent Advertiser란 이름의 주간지를 창립하게 했다. 이 잡지는 2년이 채 못되는 짧으면서도 힘찬 활동 기간 동안 주목할 만하고 심지어는 예언적인 급진적인 사상들을 다양하게 표현하였다. 이 잡지는 강제징병대에 대한 저항과 선상 반란에 관하여 기사를 실었다. 그리고 자기방어를 할 수 있는 자연권을 지지하였으며 평등의 사상과 실제를 강력하게 옹호하여 예를 들면 부의 축적에 대한 민중의 감시를 요구하고 뉴잉글랜드의 가난한 노동자들을 부양하기 위한 〈토지균분법〉 혹은 그에 준하는 것"(디거파가 주장한 것과 같은 토지의 재분배)을 요구하였다. "민중이 노예가 되는 이유는······ 자신들의 힘에 대한 무지이다"라고 이 잡지는 공표하였다. 『독립선전자』에 담긴 가장 중요한 사상 하나는 1748년에 나왔다. "모든 사람은 본래 동등하다. 동일한 몫의 자유를 가지고 태어났으며 거의 똑같은 능력을 부여받았다." 이 말들은 거의 1세기를 거슬러 영국 혁명과 수평파의 『국민협정』으로 소급되며 동시에 1776년의 「독립선언서」의 서두를 미리 구현하고 있다.9

1747년과 1776년의 또 다른 연관은 조너선 메이휴Jonathan Mayhew가 1750년 초에 보스턴에서 행하고 출판한 설교인 「고위 권력에 대한 무제한적인 복종과 비저항에 관한 설교」"A Discourse Concerning Unlimited Submission and Non-Resistance to the Higher Powers"에서 찾을 수 있다. 이 유명한 성직자는 봉기와 그 결과가 여전히 고장 사람들의 뇌리에, 특히 자신들의 고유한 웨스트 처치West Church를 만들었던 무역업자들과 뱃사람들의 뇌리에 남아있던 때에 예의 설교를 하였다. 1748년쯤에 메이휴의 설교들은 그 설교를 들은 젊은이 폴 리비어Paul Revere로 하여금 아버지로부터 제멋대로 군다는 이유로 채찍질을 당하게 할 정도로 충분히 이단적인 것으로 간주되었다. 1749년 초에 메이휴는, 강제징병을 합법화한 법과 같은 악법을 어기는 것은 죄가 아니라고 주장하는 등 일부 사람들이 선동이라고 생각하는 것을 향하고 있었다. 메이휴는 찰스 1세의 처형 기일忌日인 1월 30일의 설교에서 국왕 시해를 옹호하였는데, 이 날은 그에게는 애도의 날이 아니라 노예가 되지 않으려는 영국인들의 의지를 기억하는 날이었다. 그 이전의 애덤스처럼 메이휴도 시민불복종을 열렬히 주장하고 또한 무력을 사용하여 저항할 권리를 주장하였다. 수동적 비저항은 실질적으로 노예상태라고 그는 주장했다. 혁명을 할 권리에 대한 메이휴의 영향력 있는 옹호는 봉기의 행동과 쌤 애덤스Sam Adams의 조사활동 그리고 『자주적 선전자』의 독자들 없이는 이루어질 수 없었을 것이다.[10]

1747년의 사상들과 실제 현실은, 특히 7년 전쟁의 종식 이후에 잭타르Jack Tar*가 거의 모든 항구도시의 봉기에 참여하고 해군에서 퇴역함으로써 수천 명이 직장을 잃었던 1760년대와 1770년대에 세련되어지고 확대되었다. 선원들로 남아있었던 사람들의 경우에는 해상 생활의 물질적 조건들(음식, 임금, 규율)이 악화되어 다수가 탈영하였다. 제독부는 공포스런 처형으로 대응하였다. 1764년에 탈영병 존 에번스John Evans, 니콜러스 모리스Nicholas Morris, 존 터핀John Tuffin은 등에 700대의 채찍질을 당했다. 브라이언트 디거스Bryant Diggers와 윌리엄 모리스William Morris는 교수형을 당했다. 앨릭잰더 콜빌 제독Admiral Alexander Colvill은 이것들이 탈영병에게 "지금까지 가해진 것으로 알고 있는 처벌들 중에 가장 혹독한 것"이었음을 인정하였다. 바다에서의 이러한 끔찍한 규율의 존재로 인해, 강제징병대가 일단 그 업무를 재개하자 바다 인근 육지에서 벌어진 저항은 필사적으로 강렬한 것이 되었다.[11]

선원들은 이제 왕의 해군 재산에 대한 공격을 재개했다. 1764년에 해군 전함 쎄인트 존St. John호에서 나온 강제징병대가 뉴포트 부두에서 탈영

---

* 잭타르(Jacktar)는 '선원'이라는 의미의 단어이다.

병을 잡으려고 했을 때 일군의 선원들과 부두노동자들이 반격하여 탈영병을 탈환하였으며 강제징병대를 이끈 장교를 을러댔고 "[왕의] 스쿠너*를 뭍으로 끌어올려 불태우겠다고 협박했다." 나중에 시위대는 보트로 고트 아일랜드the Goat Island로 가서 쎄인트 존호에 대포를 발사하였다. 한 달 후 뉴욕에서 한 무리의 시위대가 살뢰Chaleur호의 강제징병대를 공격하였고 "그 보트를 시청 앞으로 끌어와서 불태웠다." 징병당한 사람들은 풀려났고 해군 대위는 공적인 사과를 하도록 강요받았으며 법정에서 시위대의 행위에 참여한 사람들을 범죄자로 만들려는 모든 노력들은 실패했다. 곧이어 메인 주의 카스코베이Casco Bay에 있는 또 다른 한 무리의 해양 노동자들이 강제징병대의 보트를 탈취하여 "읍의 중심지로 끌고 와서는" 일단의 징병된 사람들이 풀려나지 않으면 불태우겠다고 협박했다.[12] 1765년 뉴포트에서 선원들, 청년들, 아프리카계 아메리카인들로 구성된 시위대가 전함 메이드스톤Maidstone호의 강제징병용 부속선을 탈취하여 읍의 중심지로 가져와서는 불을 질렀다. 1760년대 후반 세관에 대한 민중의 적대감이 커지면서 선원들은 세관 선박들도 공격하기 시작했다. 1768년 보스턴에서 "세관에 속하는 보트 한 척이 의기양양한 분위기 속에 읍의 거리를 따라 끌려와서는 커먼 공원the Common에서 불태워졌다"라고 토머스 허친슨은 썼다. 선원들은 1765년에는 윌밍턴, 노쓰캐럴라이나, 네비스에서, 1769년과 1772년에는 다시 뉴포트에서, 1775년에는 두 번이나 뉴욕에서, 왕에 속하는 다른 선박들을 불태우겠다고 협박했거나 실제로 불태웠다. 이렇게 선원들은 국가권력의 가장 길고도 강한 팔을 비틀면서 지역 지도자들로 하여금 징병 영장에 서명하지 말도록 경고하였던 것이다.[13]

---

* 스쿠너는 두 개 이상의 마스트를 가진 세로돛의 범선이다.

1760년대 후반에 선원들은 임금과 노동시간을 둘러싼 노동자들의 봉기를 선거관련 정치와 연관된 투쟁들과 결합한 반란들―'윌키스와 자유' 봉기에서는 런던의 시위대가, 왕 및 의회와 싸우는 저널리스트이자 자신이 속한 계급을 배반한 존 윌키스를 지지하였다―에 참여함으로써 영국의 운동들과 아메리카의 운동을 연결하였다. 세계 최대의 항구인 런던의 선원들이 양 운동에서 주도적인 역할을 하였는데, 1768년에 선박들의 돛을 내려 대영제국의 주요 도시의 상업을 마비시키고 저항의 병기고에 파업을 추가하였다. 이후에 선원들의 파업은, 해상에서의 임금을 둘러싼 투쟁들이 그러할 것이듯이, 대서양을 사이에 둔 양쪽 모두에서 점점 더 자주 일어날 것이었다. 해상의 임금투쟁은 특히 1764년 영국 세관의 재조직화 이후에 증가하였는데, 이 당시 관리들은 선원들의 비화폐 형태의 임금을―즉 선원들이 자기 자신의 돈으로 운송료 없이 선창船倉에 선적했던 "투기물" 혹은 재화들을―탈취하기 시작했던 것이다.[14] 선원들은 1768년의 파업들을 주도하면서 히드라국의 전통에 기대어 프롤레타리아의 자유사상을 진전시켰다. 한 작가는 봉기를 되돌아보면서 이렇게 설명했다. "자유에 대한 그들의 생각은 비논리적 결합에 대한 생각으로 되어가고 있다." 그러한 결합은 "누구나가 반대해야 할 여러 머리 괴물이라 할 수 있는데, 그로 인해서 모든 사람의 재산이 위험에 처하기 때문이다. 아니 이 악을 그냥 놔둔다면 이 나라의 부, 힘, 영예가 위험에 처하게 될 것이 틀림없다."[15]

선원들은 또한 강제징병에 맞서는 투쟁을 계속하여, 1770년(스페인과의 전쟁 동안)과 1776년(선원들에게는 거의 그 명분이 받아들여지지 않았던 아메리카 식민지들과의 전쟁 동안)에 런던의 거리에서 강제징병대와 전투를 벌였다. "노티커스"Nauticus는 1770년대 초에 런던에서 선원들과 해군의 충돌을 목격하고는 『선원 권리 옹호』The Rights of the Sailors Vindicated를 썼는데, 여기서 그는 선원들의 삶을 노예의 삶에 비견하였으며 자기방어의 권리를 옹호하였다. 한 선원이 치안판사에게 "당신만큼이나 자유롭게 태어난 내가 순전히 당신 같은 비열한 자가 자신의 재산을 안전하게 누릴 수 있도록 하기 위해서, 그런 사소한 일을 위해서 나의 삶과 자유를 바쳐야 하는가?"라고 묻는 것을 상상하였을 때 그는 1세기도 더 이전의 푸트니 논쟁을 되살리고 있는 것이었다. 쌤 애덤스처럼 "노티커스"도 영국인의 권리라는 범위를 넘어갔으며, 사유재산의 권리에 공통적 권리와 "순수한 백성의 자연적 권리"를 대립시켰다. 존 윌키스 또한 1772년에 강제징병에 저항할 수 있는 권리를 옹호하기 시작하였다.[16]

잡색 부대는 또한 1760년대 중반에 괴짜지만 열정적인 그랜빌 샤프 Granville Sharp를 움직이게 함으로써 런던에서의 노예제폐지론 운동을 창출하는 것을 도왔다. 샤프는 노예제의 가장 비타협적인 적들 중의 하나가 되었다. 결정적인 계기는 1765년 런던의 한 병원의 대기하는 줄에서 이름 없는 완고한 서기이자 음악가인 샤프와 이전에 바베이도스에서 노예였던 조너선 스트롱Jonathan Strong이라는 이름의 10대 소년의 만남이었는데, 스트롱은 그의 주인에게 구타당해서 사지가 망가지고 온통 부어올랐으며 거의 눈이 먼 상태에서 버려졌었다. 샤프와 그의 형제인 외과의사는 스트롱을 돌보아서 다시 건강을 찾게 하였으나 2년 후에 다시 그의 전 주인이 그를 감금하고는 그 다음에 팔아버렸다. 그러한 비인간적인 행위가 다시는 일어나지 않게 하기 위해서 아프리카인 선원인 올로다 에퀴아노는 샤프로 하여금 법을, 그리고 인신보호영장을 공부하도록 재촉했다. 인신보호영장은 "자유롭게 태어난 영국인"의 가장 강력한 유산이었는데, 이것이 합당한 법절차와 배심원단에 의한 재판 없이 감금하거나 구속하는 것을 금지했으며 따라서 강제징병과 노예제에 공히 맞서는 것으로서 사용될 수 있기 때문이었다.

샤프는 법이 사람을 가려서는 안 된다고 믿었으며 1769년에 "영국의 관습법은…… 항상 인간의 자립과 자유에 유리하다"라고 결론지었다. 부두에서 일어나는 흑인 선원들의 투쟁에 특히 감동을 받은 그는 강제징병대에 의해서 종종 행해지는 재노예화에 저항하는 투쟁을 한 몇 명을 변호하기 위해 인신보호영장을 사용했다. 노예소유주가 영국에서 그들의 인간 재산을 소유하고 사용하는 능력을 법정이 제한한 1772년에 샤프는 제임스 쏘머셋을 법적으로 변호하였으며 오래 남을 승리를 했다. 그러나 인신보호영장제도는 일정한 반대에도 불구하고 1777년에 정지되었다. 런던의 〈로빈 홋 클럽〉은 "〈인신보호법〉의 정지가 이 국면에서 적절한 조치가 되지 않을 것인가?"라는 문제에 대해 논쟁했다. 반대파가 수적數的으로 월등하게 많았다. 그러는 동안 경찰 치안판사인 존 필딩은 보우 스트릿 러너즈Bow Street Runners라는 단체를 창설했는데, 이는 남부 농장들의 악명높은 노예순찰대를 대도시라는 환경에 옮겨놓은 것이었다. 그는 런던의 잡색 부대를 면밀히 주시하였으며 그 부대가 다시 서쪽의 카리브해 지역으로 되돌아 순환하며 반란을 일으키는 과정을 감시하였다.[17]

1775년에 선원들과 부두 프롤레타리아는 다른 각도에서 노예제를 공격하였는데, 리버풀에서 3천명의 성인들과 어린이들이 모여서 임금 삭감에 항의하는 시위를 하면서 파업을 벌였던 것이다. 당국이 시위대에게 발포를 하여 몇 명을 사살하였을 때 파업은 공개적인 반란으로 폭발하였다. 선원들은 "붉은 깃발을 계양하였고" 선박에 장착된 대포들을 시의 중심지로 끌고 왔으며 상업거래소Mercantile Exchange를 포격하여 "근처에 온전한 유리창 한 장" 남겨두지 "않았다." 그들은 또한 몇몇 부유한 노예무역상인들의 재산을 무차별 파괴하였다. 리버풀의 투쟁을 목격한 한 목격자는 이렇게 썼다. "나는 여기가 보스턴이라고 생각할 수밖에 없었다. 나는 이것이 단지 우리의 슬픔의 시작일까 봐 걱정이다."[18]

"선동의 중심지" 보스턴이 아메리카 혁명의 전야에 영국 항구들에 긴 그림자를 던지고 있다는 관찰에는 말 그대로의 진실이 들어있다. 익명의 목격자는 여러 인종으로 구성된 아메리카의 선원들이 1768년 런던에서 일어난 "최근의 소요에서 가장 능동적인 시위자들에 속했"음을 주목했다. 그들은 "잡종들," "자메이카의 직계 아들들, 혹은 아시아 흑백혼혈아에게서 태어난 아프리카 흑인들"이었다. 그러한 선원들이 1768년의 강상江上 파업 river strike 동안 "윌키스 없이는 왕도 없다!'를 외쳤을 때 그들은 대양 전체에 퍼진 그들의 행동들에 불어넣어진 독립적인 혁명의 정신을 과시했던 것이다. '화가 잭Jack the Painter이라고 더 잘 알려진, 탈출한 계약하인인 제임스 에잇큰James Aitken은 보스턴 차 사건에 가담했다가 영국으로 돌아와서 1775년 왕의 선박들과 조선소들에 혁명적 방화 투쟁을 벌였는데, 이로 인해 잡혀서 교수형을 당했다. 선원들과 기타 해상 고참병들의 이동성은 대립의 경험과 사상이 빠르게 전파되는 것을 보장하였다. 만일 <아메리카자유의 아들들>을 이루는 장인들artisans과 신사들이 그들의 반란을 "자유와 폭정 사이의 세계적 투쟁에서의 한 에피소드"로만 보았다면 폭정과 세계를 공히 훨씬 더 광범하게 경험한 선원들은 자신들의 투쟁을 대서양 지역에서 일어나는, 노예제와 자유 사이의 기나긴 싸움의 일환으로 보았다.[19]

노예들

노예제에 대한 새로운 대항의 파도가 1760년 자메이카에서 택키의 반란 Tacky's Revolt에 의해 시작되었는데, 이 반란은 사탕수수농장주이며 역사가인 에드워드 롱에 따르면 "서인도제도에서 이제까지 알려진 것 중에서 가장 끔찍한 [봉기]"였다. 반란은 의미심장하게도 부활절에 쎄인트메리 교구에서 일어났으며 사탕수수밭에 붙은 불처럼 확대되어 섬 전체에 걸쳐 수천 명이 참여하였다. 반란자들은 기독교에 의하여 움직인 것이 아니라 (자메이카 침례교와 감리교는 아직 생기기 전이고 1754년에 설립된 모라비아 선교회는 규모가 작았다) 아칸족의 신비스러운 종교에 의해 움직였는데 이는 1696년 이래 금지되었음에도 불구하고 계속되어 신들림, 초자연적 힘들에의 접근, 망자의 살아있는 현존을 강조하였다. 종교 의식을 진행하는 사람들 혹은 오베아* 진행자들은 자유를 위해 싸우는 투사들에게 불멸의 힘을 부여했는데, 이 투사들은 그들의 단결을 나타내기 위해서 머리를 밀었다.[20] 그들의 생각은 요새와 무기를 탈취하고 공장들을 파괴하는 것이었다. 선두에 섰던 사람들 중 하나인 아퐁가Aponga(일명 웨이저)는 영국 해군 전함 웨이저호Wager를 선원으로서 탔던 경험이 있었으며 1745년 보스턴에서 강제 징병대와 선원들의 부대 사이의 전투를 목격했을 가능성이 있는 사람이었다. 킹스턴에서는 여성 노예인 쿠바Cubah가 "여왕"이라는 이름을 부여받았다. 중심 지도자인 택키는(이 이름은 아칸어로 "추장"을 의미한다) 손으로 총알을 잡아서 다시 노예주들에게 되던졌다고 말해진다. 반란은 몇 달 동안 격렬하게 진행되었다. 그러다가 마침내 육지와 해상에서 반란토벌군—여기에는 스코츠홀의 마룬들the Scott's Hall Maroons**이 포함된다—이 조직되

---

* 오베아(Obeah)는 때로는 "Obi"라고도 철자되는데, 서인도제도에서 민속마술, 마법, 종교의식 등을 지칭하는 데 사용되는 용어이다. 중앙아프리카와 서아프리카에서 왔다고 한다. 팔로(Palo), 부두(Voodoo), 싼테리아(Santeria) 등과 유사하다.

** the Scott's Hall Maroons : 1739~40년에 영국 정부는 자메이카에서 마룬들과 협정을 맺게 되었으며, 마룬들은 5개 도시에서 머물 수 있게 되었다. 5개 도시들 중 하나가 스코츠홀(Scott's Hall)이다. 마룬은 원래는 탈주노예를 뜻하나, 나중에는 서인도제도의 산 중에 사는

었다. 택키는 체포되어 참수되었으며 그의 머리는 스패니쉬 타운Spanish Town의 한 기둥에 효수되었다. 반란군이 밤에 그의 머리를 밤에 탈환한 이후에 에드워드 롱은 "그런 식으로 겁을 주는 조처들은 효과가 의심스러움이 판명되었다"고 인정하였다. 게릴라전은 1년 동안 계속되었다. 살해된 숫자로 보면 노예반란들 중에서 지금까지 보았던 중에서 가장 큰 것에 해당한다. 60명의 백인들이 살해되었고 300~400명의 노예들이 전투에서 살해되었거나 자신들의 명분이 절망적이 되자 자살했다. 그리고 100명의 노예들이 처형되었다. 이러한 테러에 수반된 것이 입법과 치안, 집회에 대한 더 엄격해진 통제, 자유로운 흑인들의 등록, 모든 교구의 영속적인 요새화, 오베아 의식을 거행하는 사람들을 사형으로 처벌하기였다.[21]

자메이카에 질서가 재수립되었다. 그러나 반란이 터졌을 때 그곳에 있었고 봉기 진압을 돕기 위해 지역방위군으로 급속히 구성된 상인선원들 merchant seamen로부터의 도움은 명백하게도 거의 받지 않은 상태에서 그렇게 되었다. 토머스 티슬웃Thomas Thistlewood는 선원들이 한 농장에서 다른 농장으로 이동할 때에 공포에 질린 사탕수수농장주들의 그로그술과 은수저들이 사라지는 것 같았다고 설명했다. 에드워드 롱의 주장에 따르면 반란이 한창일 때, 한 체포된 노예반란군 지도자가 유태인 지역방위군에게 이렇게 말했다고 한다. "선원들에 대해서 말하자면, 그들은 우리와 적대적이지 않다. 그들은 흑인과 백인 중 누가 나라를 장악하고 있는가에는 신경쓰지 않는다. 그들에게는 그게 그거다." 이 반란군 지도자는 혁명이 끝나면 선원들이 "바다의 다른 쪽에서 물건들을 가져올 것이고, 그 대가로 우리의 재화를 기꺼이 가져갈" 것이라고 확신했다.[22]

혹인들을 말한다.

1747년 보스턴의 노울스 봉기처럼 택키의 반란도 윈스턴리와 영국 혁명으로 소급되는 혁명적 사상의 전통을 되살리고 그것에 기여했다. 반란이 발발하였으나 진압되지는 않았던 때인 1760년에 J. 필모어J. Philmore라고만 알려진 필자가 『인간무역에 대한 두 대화』Two Dialogues on the Man-Trade라는 팸플릿을 썼다. 자신을 영국의 시민이라기보다는 "세계의 시민"이라고 생각하는 필모어는 "모든 인간은 원래가 평등하다"고 주장하였으며 한 사람이 다른 사람의 재산이 되는 일이 있어서는 결코 안 된다고 주장하였다. 그는 기독교의 세계적 우월성을 부정하였으며 노예무역을 조직적 살인으로 보았다. 필모어가 부두에 자주 나가는 것을 자신의 일로 삼았던 것으로 보아 아마도 그는 상인선원들을 통하여 택키의 반란에 대해서 알았을 것이다. 노예무역에 대해서 그가 아는 많은 것 중 다수가 "선원들의 입을 통해서" 그에게 전달되었다.[23]

필모어는 "그들이 처한 비참한 노예상태로부터 스스로를 구원하려는" 택키와 그의 동료 반란자들의 노력을 지지했다. 그의 주된 결론은 명확하고 단도직입적이며 혁명적이었다. "부당한 힘에 의해서 자유를 박탈당해 노예상태에 있는 농장의 모든 흑인들은 이 땅에서 호소할 곳이 아무 데도 없기에 그 힘을 힘으로 물리치고 자유를 회복하며 억압자들을 분쇄하는 것이 합법적이다. 뿐만 아니라 노예상태로부터 스스로를 해방시키려고 노력하는 이 비참한 사람들을 가능하다면 돕고 잔인한 압제자들의 손으로부터 그들을 구하는 것이 흑백을 막론한 모든 다른 이들의 의무이다." 이렇듯 필모어는 이 자유롭게 태어난 사람들이 혁명적 자기방어에 종사하는 것을 지지하였는데, 필요하다면 무력을 써서라도 즉각적인 해방을 이룰 것을 요구하고 모든 선남선녀들이 이와 같은 일을 할 것을 요구하였다. 필모어의 사상이 평화주의적 퀘이커교도들을 전율케 할 것은 틀림없었지만(앤서니 베네젯(Anthony Benezet은 그의 저작에 의존하였으나 무력을 무력으로 물리치는 것에 관한 그의 주장은 삭제하였다) 그럼에도 불구하고 그 사상은 광범한 영향을 미쳤다. "모든 시민 사회의 지고의 힘인 입법조차도 사물의 본성을 바꾸거나 세상의 지고의 입법자이며 통치자인 하느님의 법을 거스르는 것을 합법적으로 만들 수는 없다"고 그는 썼다. 그의 '상위법' 이론은 다음 세기에 걸쳐서 노예제도에 대항하는 대서양을 가로지르는 투쟁에서 핵심적인 것이 될 것이었다. '인류 집단'에 대한 그의 포괄적이고 평등주의적인 사상은 반란 노예들의 집단적 행동에 의해 고취되었던 것이다.[24]

택키의 반란은 또한 노예제폐지사상에서 또 다른 돌파를 이루어내는 것을 도왔다. 이는 이전에 쌤 애덤스가 강제징병에 반대하는 법을 배웠던 바로 그 항구에서 일어났다. 1761년에 제임스 오티스 2세(James Otis, Jr.)가 영국 당국으로 하여금 뉴잉글랜드와 프랑스령 서인도제도 사이에 이루어지는 무역을 공격하도록 허용한 판결집행명령장에 반대하는 연설을 했을 때 그는 그의 공식적인 주제를 넘어서 "흑인들의 권리를 주장하는" 데까지 나아갔다. 오티스는 택키의 반란 직후에 전기로 감전시키는 듯한 연설을 했는데, 이 사건은 보스턴의 신문들에서 일련의 기사로 보도된 바 있었다. 존 애덤스는, 그날 오티스는 "불꽃"이었으며 이사야와 에스겔의 힘을 모두 가진 선지자였다고 나중에 회상했다. 그는 "자연 상태에서의 인간의 권리에 관한 논설"을 제시했는데, 이는 인간을 자신의 양심 속에 들어있거나 아니면 "자신의 마음에 쓰인 법 이외에는 그 어떤 법에도 종속되지 않는 자립적인 지고의 존재"로 보는 반율법주의적 사상이었다. 필라델피아의 그 어떤 퀘이커 교도도 "흑인들의 권리를 이보다 더 강한 말로 주장한" 적이 없었다. 오티스는 즉각적인 해방을 요구하였고 그것을 이루기 위해 무력을 사용하는 것을 옹호하였는데, 이는 조심스러운 애덤스를 전율하게 만들었다. 오티스가 『영국 식민지들의 권리의 주장과 입증』*The Rights of the British Colonies Asserted and Proved*, 1964을 출판했을 때 그는 모든 사람은 "희든 검든" "자연의 법칙에 의하여 자유롭게 태어났다"고 주장하였는데, 이럼으로써 그는 "자유롭게 태어난 영국인"이라는 말을 확대하고 탈인종화하였다.[25] 오티스가 실제로 필모어의 팸플릿을 읽었든 아니면 단순히 택키의 반란에서 유사한 결론을 도출했든 노예제폐지사상은 이제는 결코 전과 같지 않을 것이었다. 1640년대의 사상과 유사한 점이 있어서 일부에 의해 마사니엘로에 비견되기도 하는 오티스는 "정부의 벽을 허물어뜨리고 반란의 히드라를 들어오게 한 최초의 사람이었다."[26]

택키의 반란은 노예들의 저항사에서 새로운 국면을 개시하였다. 뒤이어 큼직한 모반들과 반란들이 버뮤다와 네비스(1761), 수리남(1762, 1763, 1768~72), 자메이카(1765, 1766, 1776), 영국령 온두라스(1765, 1768, 1773), 그레나다(1765), 몽쎄라Montserrat(1768), 쌩뱅상St. Vincent(1769~1773), 토바고(1770, 1771, 1774), 쌩크롸St. Croix와 쌩토마St. Thomas(1770 및 그 이후), 쎄인트키츠(1778)에서 일어났다. 택키의 반란에 참여한 경험 있는 투사들은 자메이카에서 1765년과 1766년에 일어난 반란들만이 아니라 영국령 온두라스(이곳으로 5백 명의 반란참여자들이 추방된 바 있다)에서의 봉기에도 참여했다.[27]

북아메리카 대륙에서는 제국 지배계급과 식민지 지배계급이 분열됨에 따라 생긴 새로운 기회를 노예들이 잡게 되자 1765년 이후에 반란의 반향들이 강렬해졌다. 모든 곳의 노예소유자들에게 경각심을 줄 정도의 비율로 탈주자들이 늘었으며 1770년대 중반쯤에는 노예들의 모반과 반란들이 빈발하여 백인들의 공포심이 높아졌다. 노예들은 1767년에는 버지니아의 알렉산드리아에서, 1772년에는 뉴저지의 퍼스 앰보이Perth Amboy에서, 1774년에는 쎄인트 앤드루스 교구, 싸우스캐럴라이나, 그리고 아프리카인들이 아일랜드인들과 함께 한 보스턴에서, 1775년에는 얼스터 카운티, 뉴욕, 도체스터 카운티, 메릴랜드, 노포크, 버지니아, 찰스턴, 싸우스캐럴라이나, 노쓰캐럴라이나의 타르강Tar River 지역에서 봉기를 조직하였다. 이것들 중 가장 마지막 봉기에서는 메릭Merrick이라는 이름의 노예가 한 백인 선원과 함께 모반을 하여 무기를 조달하고 의도한 반란을 가능하게 하였다.[28]

노예들의 저항은 아프리카 기독교Afro-Christianity의 발전과 긴밀하게 연관되어있다. 싸우스캐럴라이나의 쎄인트 바쏠로뮤 교구에서는 1776년 봄의 한 반란모의가 백인 주민들에게 공포심을 안겨주었다. 그 지도자들은 흑인 전도사들이었는데, 두 여성 선지자도 포함되어 있었다. 조지라는 이름의 목사는 영국의 "젊은 왕이 …… 막 세상을 바꾸어 흑인들을 해방시키려는 참"이라고 주장했다. 더 남쪽에 있는 조지아주의 써배너Savannah에서는 전도사 데이빗이 "하느님은 이스라엘의 자식들을 애굽의 속박으로부터 해방시키셨듯이 흑인들에게 노예주들의 권력으로부터의 해방을 선사하실 것이다"라고 출애굽에 대해 설명한 뒤에 거의 교수형을 당할 뻔했다. 그러는 동안, 새로운 세대의 복음주의 지도자들이 1760년대와 1770년대에 출현하였는데, 여기에는 조지 리일George Liel과 데이빗 조지David George(이상 침례교), 모지스 윌킨슨Moses Wilkinson과 보스턴 킹Boston King(이상 감리교)이 포함된다. 버지니아 출신의 노예로서 조지아에서 최초의 침례교 교회를 설립했던 리일은 영국 당국에 의하여 자메이카의 킹스턴으로 추방되었으며 거기서 또 다른 교회를 세웠다.[29]

우리가 주목한 바 있듯이, 혁명적인 사상은 항구 도시들에서 급속히 유통되었다. 유색인 탈주노예와 자유인들은 피난처와 화폐임금을 찾아서 항구로 모였으며 노동자와 선원으로 일했다. 노예들 또한 해양 부문에서도

<갈비뼈 부분이 묶여 교수대에 산 채로 매달린 검둥이>, 1773년경, 윌리엄 블레이크 그림. 스테드먼,
『5년 동안의 원정에 대한 이야기』.

일했는데, 일부는 선주들을 주인으로 두었고 다른 일부는 항해 때마다 임대되었다. 18세기 중반쯤에 찰스턴에서는 노예들이 해상 및 강상 교통의 대부분의 노동을 담당하였는데, 도시 성인노예들의 약 20%가 여기에 종사하였다. 이 "보트 검둥이들"의 자립성은 오랫동안 도시의 통치자들에게 우려를 안겨주었는데 (특히 전복적 행위들이 관계되었을 때 그랬다) 1775년 강상 수로안내인인 토머스 제레마이어Thomas Jeremiah가 혐의를 받았던 경우가 그 한 사례였다. 제레마이어는 "불쌍한 흑인들을 도울" 대對영국 전쟁을 기다리면서 총을 비축했던 일로 체포되었다. 아마도 선원들일 "두세 명의 백인들" 또한 체포되었다가 증거불충분으로 석방되었으며 최종적으로 그 지역으로부터 추방되었다. 흑인 수로안내인들은 "백인의 통제에 특히 저항적인, 반란의 무리들"이었다.[30]

노예들의 저항이 낳은 정치적 효과는 모순적이어서, 한편으로는 공포와 억압(경찰과 순찰대)을 가속시켰으며 다른 한편으로는 노예제에 대한 새로운 반대를 낳았다. 이는 노예제폐지 운동의 발전에서 새로운 단계를 나타내는 아메리카 혁명으로 이어지는 시기에 특히 해당된다. 아메리카의 주도적인 퀘이커교도 노예제폐지론자인 베네젯은 세계 전역의 노예 봉기들을 연대순으로 기록하였으며 그 소식을 통신, 팸플릿, 책 등을 통해 지칠 줄 모르고 전파했다. 그의 작업은 아래로부터의 저항과 함께 노예무역에의 새로운 공격들을 낳았는데, 이 공격들은 1767년 매사추세츠에서, 1774년 쯤에는 로드아일랜드, 델라웨어, 코네티컷, 펜실베이니아 그리고 대륙회의*에서 일어났다. 아메리카 최초의 공식적인 노예제반대 조직이 1775년

---

* 대륙회의(the Continental Congress)는 아메리카 혁명 시기에 아메리카 13식민지(독립 이후 주가 됨)의 통일적 행동을 군사·외교·재정에 걸쳐 지도한 기관으로, 사실상 미합중국의 최초의 정부였다.

필라델피아에서 설립되었다.[31]

혁명 과정에서 가장 인기있는 팸플릿 저자들 중 둘은 1770년대에 노예들의 전투성에 감동하여 인간의 자유를 위한 주장을 확대하면서 노예제를 공격하였다. 1760년대에 런던 스피톨필드Spitalfield의 비단직조공들의 봉기, 재판, 교수형 및 이산離散을 목격한 바 있는 침례교 목사 존 앨런John Allen은 1773년 선원들이 밀수감시정 가스피Gaspee호를 태운 이후에 「자유의 아름다움에 대한 연설」을 행하(고 그 다음에는 출판하)였다. "크게 빙 둘러서 있는 보통 사람들에게" 낭독한 그의 팸플릿 4판에서 앨런은 노예제를 비난하였는데, 그 이유 중 중요한 것에 포함되는 것이 노예제가 최근의 잦은 노예반란들을 불러일으켰고 이 반란들이 "너무 자주 시산혈해屍山血海를 야기했다"는 점이었다. 역시 공정하게 쓰고 자유를 열망하는 사람인 토머스 페인은 1774년 아메리카에 도착하자마자 바로 노예제를 비판하는 글을 썼다. 그는 자기해방에 대한 필모어의 주장을 희석된 형태로 반복했다. "진정한 소유자에게 훔쳐지고 팔려진 자신의 재화를 반환받을 권리가 있듯이, 자신의 자유의 본래 소유자인 노예도 아무리 자주 팔렸더라도 자신의 자유를 다시 반환받을 권리가 있다." 페인은 노예들을 "현재로서는 위험한"이라고 형용함으로써 아프리카계 아메리카인들의 저항의 상승을 자신이 알고 있음을 알렸다. 1765년과 1776년 사이에 벌어진 아프리카계 아메리카인 노예들의 투쟁은 혁명에 이르는 시기에 모든 영국 식민지에서 느껴지는 소란과 위기감을 증가시켰다. 그들은 이전의 혁명적 시기의 유산인 반율법주의적 노예제폐지론을 침례교도 앨런과 반쯤 퀘이커교도인 페인에게서 일깨웠던 것이다.[32]

시위대

선원들과 노예들의 반란의 궤적은 항구의 시위대들에서, 즉 북아메리카의 식민지들에서 위기를 낳은, 수천의 사람들이 시끌벅적하게 운집한 데서 교차하였다. 1741년 뉴욕의 모반자들처럼 선원들과 노예들은 필라델피아의 헬타운과 기타 장소의 선술집, 지하무도장 그리고 "무질서한 업소들"에서 친하게 사귀었다. 이는 그러한 모임들을 법률로 금지하고 방지하려는 당국의 노력에도 불구하고 진행되었다.[33] 그들은 1740년대 이래 보스턴의 북부 및 남부 시위대들로 모였던 적이 있었다. 혁명 시기의 아메리카에서 시위대를 부르는 말로 아마도 하나의 가장 흔한 것은 "청년들, 선원들, 흑인들의 무리"일 것이다. 더욱이, 군중이 독립운동의 온건한 지도자들의 계획된 목적을 넘어설 때 선원들이 그리고 종종은 노예들이 군중을 이끌었다. 잡색 시위대는 〈인지조례〉(1765), 〈숙식제공법들〉(1765, 1774),* 〈세수입법〉(1767),** 영국 세관의 권력 증가(1764~74), 〈차법〉(1773),*** 〈불관용법들〉(1774)****에 대항하는 항의운동에서 핵심적인 위치를 차지했다. 다민족적 시위대들이 옛 사상의 부활을 돕고 새로운 사상을 창출함에 따라 그들은 여러 머리 히드라라고 비난받게 되었다.[34]

---

* 숙식제공법들(the Quartering Acts)은 아메리카 식민지들에서 영국 군대에게 숙영지와 식량을 제공할 의무를 부과한 두 차례에 걸쳐 입법된 법을 말한다.

** 세수입법(the Townshend Revenue Act)은 유리, 페인트, 기름, 납, 종이, 차에 세금을 부과하여 식민지 행정부의 세수입을 증가시키려는 목적으로 만들어진 법이다. 타운센드는 그 당시 영국 재무상이었다.

*** 차법(the Tea Act)은 차에 소액의 세금을 부과한 법. 이것이 이른바 <보스턴 차 사건>(Boston Tea Party)을 낳았다.

**** 불관용법들(the Intolerable Acts)은 <보스턴 차 사건>으로 인해 입법된 법이다. 바다에 던져버린 차의 값을 물지 않으면 보스턴 항을 폐쇄하고 허가 없는 집회를 금지하는 등의 내용을 포함하는 세 개의 법과 1774년의 숙식제공법을 합한 4개의 법으로 구성되어 있다.

다인종적 시위대들은 혁명 운동의 여러 승리들을 거두는 데 도움을 주었다. 특히 우리가 보았듯이 강제징병에 맞선 싸움들에서 그랬다. 우리가 또한 보았듯이 이질적인 인종 및 민족 출신들로 구성된 보스턴의 봉기자들은 1747년에 새로운 사상을 고취하였다. 1765년에 "500명 이상의 선원들, 청년들, 흑인들"이 로드아일랜드의 뉴포트에서 강제징병대에 대항하여 봉기했으며 1767년에는 "모두 무장한 백인들과 흑인들"의 시위대가 노포크의 징병관련 봉기에서 제레마이어 모건Jeremiah Morgan 함장을 공격하였다. 1768년 보스턴에서 선원들, "억센 청년들, 흑인들"로 구성된 시위대가 리버티호 봉기를 일으켰다. 제스 레미치Jesse Lemisch는, 1763년 이후 "백인들과 흑인들의 무장 시위대가 계속해서 함장들, 관리들, 승무원들을 거칠게 다루고 그들의 생명을 위협했으며 그들을 징집된 사람들과 바꿀 인질로 잡았다"는 점을 주목한 바 있다. 뉴욕의 캣월래더 콜든Cadwallader Colden과 같은 당국자들은 국립 시설의 요새화가 "흑인들이나 시위대를 막아내기에 충분" 해야 함을 알고 있었다.[35]

왜 아프리카계 아메리카인들은 강제징병대와 싸우는가? 일부는 필경 강제징병을 사망선고로 간주하였고, 해군에 속해 있는 사람들을 황폐하게 하는 질병과 처벌을 피하려고 하였을 것이다. 다른 일부는 가족의 유대를 보존하기 위하여, 혹은 자신들이 스스로 쟁취한 일정 정도의 자유를 보존하기 위하여 강제징병반대 시위에 참여하였다. 그리고 다수는 강제징병에 반대하는 투쟁의 언어와 원칙들에 끌려서 싸우게 되었을 수 있다. 대서양 지역의 모든 부두, 모든 항구, 모든 곳에서 선원들은 강제징병을 명백한 노예제도라고 비난했기 때문이다. 마이클 코벳Michael Corbett과 그의 동료 선원들 여럿은 1769년 보스턴의 항구에서 강제로 전함에 태우려는 자들에 맞서서 싸웠다. "노예제도로 간주되는 것과 같은 삶을 사느니 죽겠다"는 것이 그들의 주장이었다. 침례교 목사 존 앨런은 수많은 선원들이 행동으로 표현했고 쌤 애덤스가 몇 년 전에 썼던 것을 다음과 같이 반복해서 말했다. 민중은 "하느님의 법, 자연의 법 그리고 민족의 법에 의해 그 어떤 군사적 혹은 해상의 세력에도 맞설, 심지어는 저항할 권리를 가지고 있다." 앨런은 그 다음에 노예상태의 여러 형태를 하나하나 비교하였다. 그는 강제징병대가 "아프리카 해안의 노예사냥대처럼 앞으로 가장 가증스런 경멸의 대상이 되어야 한다"고 그는 주장했다. 노예제반대운동의 조미료는 바다의 소금이었던 것이다.[36]

잡색 부대는 다양한 성분으로 구성된 민중대중을 〈인지조례〉에 저항하는 투쟁으로 이끌었는데, 이 법은 여러 상품들의 판매와 사용에 인지를 필수적으로 붙이게 함으로써 식민지 주민들에게 과세를 하였다. 이 투쟁에서 선원들이 그 지도력과 기백으로 인해 관찰자들에게 두드러졌지만, 이 조례는 모든 계급의 사람들에게 영향을 미쳤으므로 모든 사람들이 투쟁에 참여하였다. 사람들이 인지가 붙여진 문서를 사용하(어 세금을 내)기를 거부하자 상업활동이 둔해졌는데, 이는 임금 없이 뭍에 오른 일자리 없는 선원들이 모든 항구에서 폭발성을 띤 세력이 되었음을 의미했다. "들어오는 선원들에 의해서 수가 불어나고 줄지는 않으면서 날마다 힘을 증가시키고 모으며, 먹고사는 것을 전적으로 교역에 의존하기 때문에 이러한 경우에 가장 위험한 집단인 …… 시위대"의 힘을 본 뉴욕 세관 관리의 목격담에 모든 곳의 국가 관리들이 동의하였을 것이다. 피터 올리버Peter Oliver는 〈인지조례〉가 야기한 봉기들 이후에 "히드라가 일깨워졌고, 모든 당파들의 입은 대영제국에 대한 저주들을 토해냈으며 언론은 노예제에 반대되는 변화를 울리고 있"음을 주목했다.[37]

보스턴의 시위대는 1765년 8월 14일 분노에 차서 인지배포자인 앤드류

보스턴에서의 <인지조례> 봉기, 1765년. 마티아스 크리스티아나 스프렝겔, 『1784년용으로 북아메리카의 혁명의 역사를 담고 있는 …… 포켓북 일반사』(1783).

올리버의 재산을 공격하였다. 그런 다음 12일 후에 토머스 허친슨의 집과 품위 있는 소유물들에 더 맹렬한 분노를 퍼부었다. 허친슨은 군중을 향해서 "너희들은 마사니엘로들이다!"라고 외쳤다. 시위대를 싫어한 다른 이들은 나중에 그 지도자인 에버네저 맥킨토시Ebenezer MacIntosh를 따로 지적하여 나폴리의 신발 없는 어부의 화신으로 보았다. 선원들은 곧 보스턴의 소요의 소식과 경험을 항구로 날랐으며, 거기서 영국파들인* 토머스 모팻 Thomas Moffat과 마틴 하워드 2세Martin Howard, Jr.는 8월 28일에 허친슨과 똑같은 운명을 겪었다. 상업경제가 선원들과 부두노동자들의 노동에 의존하는 뉴포트에서 〈인지조례〉에의 저항은 존 웨버John Webber에 의해서 이끌어졌는데, 이 사람은 필경 선원이며, 한 소문에 따르면 "도망친 범죄자"였다. 그 다음에 〈넵튠의 아들들〉이라고 알려진 일단의 선원들이 3천명의 봉기자들을 이끌고 왕의 주요한 요새인 뉴욕의 포트조지를 공격하였다. 이 요새를 불태워 없애버리려 했을 때 그들은 1741년의 봉기의 사례를 따른 것이었다. 노쓰캐럴라이나의 윌밍턴Wilmington에서는 "선원 등으로 이루어진 성난 시위대"가 인지배포자를 그만두도록 강압했다. 선원들 또한 안티구아, 쎄인트키츠 그리고 네비스에서 〈인지조례〉에 반대하는 대중행동을 이끌었는데, 거기서 그들은 "젊은 사자처럼 행동했다." 시위대의 행동은 〈세수입법〉에 대한 그리고 1760년대 후반과 1770년대 초에 영국 세관의 갱신된 힘에 대한 저항의 형태로 계속되었다. 선원들은 해상의 풍습에 따라 영국 관리들의 몸에 타르를 칠하고 새 털을 붙여 놓는 식으로 겁을 주면서 정의의 병기고에 무기 하나를 추가하였다. "왕의 관리들은 나날이 더 겁을 먹었

---

* 영국파(loyalist) : 일반적으로 'loyalist'는 기존의 정부에 충성하는 사람을 말하는데 아메리카 혁명 시기에는 영국의 왕에게 충성하는 사람들을 말한다.

으며 업무를 수행하는 것을 더 두려워하게 되었다"는 1769년 토머스 게이지Thomas Gage의 발언 뒤에는 타르가 들어있는 두레박에서 솔이 두레박에 부딪쳐 내는 둥둥 소리가 메아리치고 있었다.[38]

1772년 뉴포트에서 일어난 세관 스쿠너 가스피호의 소각은 혁명 운동의 또 하나의 결정적인 계기로 판명되었다. "무법한 선원들"은 뉴포트와 기타 장소들에서 종종 세관원들에게 직접적인 공격행동을 취한 바 있었다. 가스피호가 암초에 얹히자 60명 내지 70명의 사람들이 3척의 대형 보트에서 몰려나와 배에 올라 선원들의 경멸대상인 윌리엄 더딩스턴William Dudingston 중위를 생포하고 그와 그의 승무원들을 육지로 끌고 가서 배에 불을 질렀다. 말썽을 일으킨 선원들은 이후에 "왕에게 전쟁을 행하는 대역죄"가 씌워졌는데, 이는 왕의 배들을 선원들이 불태우는 행위가 오랫동안 의미했던 바였다. 상인들, 농민들, 장인들도 가스피호 사건에 관련되어 있을 수 있다. 그러나 대니얼 호스맨던이 결론지은 바처럼 선원들이 명백하게 선두에 있었다. 호스맨던은 1741년 뉴욕 모반자들의 재판을 주재한 그의 경험을 바탕으로 이 새로운 사건을 조사하는 왕립위원회의 위원장을 맡았다. 그는, 배를 불태우는 행동은 "일단의 대담하고 과감하며 조급하고 모험적인 선원들에 의해 행해"졌다고 썼다. 호스맨던은 다른 누군가가 이 바다 사람들을 조직한 것인지, 혹은 단순히 "서로 단결했던" 것인지는 알지 못했다.[39]

선원들은 또한 뉴욕시의 골든힐Golden Hill 봉기와 냇소스트릿Nassau Street 봉기, 그리고 보스턴 대학살로 더 잘 기억되는 보스턴의 킹스트릿King Street 봉기를 모두 이끌었다. 두 항구 모두에서 선원들 및 기타 해양노동자들은 부둣가에서 보통의 경우보다 적은 임금으로 노동을 하는 영국 병사들을 원망했다. 뉴욕에서 그들은 또한 병사들이 58피트짜리 자유의 돛대(어떤 배의 돛대)를 공격한 것에 불만을 가졌다. 봉기와 가두투쟁이 계속해서 일어 났다. 토머스 허친슨과 존 애덤스는 뉴욕과 보스턴의 사건들이 어쩌면 양쪽 모두에 참여한 사람들 때문에 서로 연관되어 있다고 믿었다. 재판에서 영국 병사들을 변호했던 애덤스는 운명의 3월 5일에 킹스트릿에 모였던 시위대를 단지 "건방진 청년들, 검둥이들, 흑백혼혈인들, 아일랜드인들, 그리고 외국의 선원들로 이루어진 잡색 오합지졸"이라고 불렀다. 그들의 지도자는 아프리카계 아메리카인과 아메리카 원주민 사이에서 태어났으며 바하마제도 프로비던스의 조그맣고 자유로운 흑인공동체에서 살고 있는 탈주노예 크리스퍼스 애턱스Crispus Attucks였다. 선원들은 또한 몇몇의 '차 파티'* 직접 행동들에 참여했는데 이 이후에 토머스 램Thomas Lamb은 뉴욕에서 "우리는 완벽한 희년禧年을 맞고 있다"고 외쳤다.[40]

1775년 여름쯤에 선원들과 노예들은 열광적 분위기를 만들어내는 것을 도왔는데, 이 열광적 분위기에 대해 피터 티모시Peter Timothy는 "전쟁과 평화에 대해서 나는, 평민들은 여전히 선생을 원한다고, 그러나 귀족들은 완전히 평화주의라고 말할 수밖에 없다"고 논평하였다. 10년 동안 행해진 반란이라는 직접 행동은 식민지들을 혁명 직전의 상태로 가져갔다. 1765년의 〈인지조례〉 관련 투쟁 때 이미 토머스 게이지 장군은 시위대의 위협을 인식한 바 있었다. "이 반란은" 주위의 지역들로부터 온 많은 사람들뿐만 아니라 "사략선의 선장들을 필두로 한 많은 선원들로 구성되어 있"어서 전부 다 합하여 "수천"에 달했다. 1776년에서야 영국 육군의 배링턴경Lord Barrington은 북아메리카의 식민지 정부들이 "방어할 충분한 힘이 없었기 때

---

* '차 파티'(Tea Parties)는 1773년 12월 6일 〈자유의 아들들〉에 의해서 그리고 그 이후 다른 이들에 의해서 보스턴 항에 적재되어 있는 차를 강물에 던져 파기한 행동을 익살스럽게 부르는 말이다.

문에 지난여름에 반란들에 의해서 전복되었다"고 주장했다. 선원들, 노동자들, 노예들 및 기타 빈민들이 1765년 이후의 영국의 정책을 공격하기 위한 불꽃, 폭발성, 동력 및 지속적인 전투성의 많은 부분을 제공했다. 혁명전쟁 동안 그들은 영국파들을 괴롭히고 그들의 정치적 영향력을 감소시킨 시위대 행동들에 참여했다.[41]

　"보니까 끈으로 묶은 옷과 핼쓱한 얼굴을 한 비참한 처지의 사람들로 이루어진 잡색 부대가 나를 둘러싸고 있었다"라고 토머스 드링Thomas Dring 은 1782년 그 악명 높은 폐선 저지Jersey호에서의 구금생활을 시작하면서 썼다. 저지호는 영국 전함으로서 뉴욕의 이스트리버East River에서 감옥선 역할을 하고 있었다.[42] 수천 명의 사람들, 특히 선원들이 "해적" 혹은 "반역자"라는 죄목으로 기소당했으며 1776년 이후에 영국의 감옥들과 감옥선들에 몰아넣어졌다. 감옥선 스콜피온Scorpion호에서 2개월 있으면서 "기근, 족쇄, 절망이라는 저주스런 상황에 있"었던 필립 프르노Phillip Freneau는 1780년에 그 시대의 가장 위대한 시들 중 하나인 「영국 감옥선」을 썼다.

> 굶주림과 목마름이 결합하여 우리의 비통함을 만들어낸다
> 곰팡이 난 빵과 썩은 돼지고기가,
> 난도질당한 시체와 맞아 부서진 뇌가,
> 의사의 독과 선장의 단장(短杖)이,
> 병사의 소총과 사무장(steward)의 빚이,
> 밤의 족쇄가 낮의 협박이.

굶주림, 목마름, 부패, 핏덩이, 테러와 폭력의 와중에서, 그리고 전쟁 중에 동료 수감자들 7, 8천명이 죽어나가는 가운데, 수감자들은 평등주의적이고

집단주의적이며 혁명적인 원칙들에 따라서 스스로를 조직했다. 한때 선원들과 해적들 사이에 "해적율"로 기능했던 것은 이제 "자기조정과 자기통치를 위한 …… 내규"가 되었다. 쥐들과 천연두와 근위병의 칼 앞에 평등한 그들은 음식과 의복을 공평하게 분배하며, 의료를 제공하고, 죽은 자를 매장하는 등의 방식으로 민주주의를 실행했다. 한 배에서는 어떤 하급 선원이 일요일마다 갑판들 사이에서 "인간의 권리를 옹호하다" 죽어간 사람들을 기리는 연설을 하였다. 수감자들의 자기조직화를 놀란 마음으로 되돌아본 한 선장은, 선원들이 "쉽게 통제되지 않고 대체로 좋은 질서의 가장 열렬한 지지자들도 아닌 …… 그러한 계급에 속"한다고 말했다. 그러나 선원들은 그 시대의 질서를 실현하면서 히드라국의 전통에 기대었다. 즉 스스로를 통치했던 것이다.[43]

이렇듯 잡색 부대는 아래로부터의 혁명이라는 이미지를 제공했고, 이는 영국파들과 온건한 애국파*들에게 공히 두려움의 대상으로 판명되었다. 보스턴 대학살을 주제로 한 그의 유명한, 그러나 왜곡된 조각 작품에서 폴 리비어는 군중들로부터 흑인얼굴들을 빼버리고 너무 많은 신사들을 집어넣음으로써 "잡색 무리"를 점잖은 것으로 제시하려고 했다. 싸우스캐럴라이나 안전위원회the South Carolina Council of Safety는 1775년 12월에 선원들—"무장한 백인과 흑인" 모두—의 공격에 대해 크게 불만을 토로했다.[44] 엘리트층 식민지인들은 시위대를 '히드라,' '여러 머리 괴물,' '파충류,' 그리고 '여러 머리 권력'이라고 부르면서 괴물스러움의 이미지를 기꺼이 사용했다. 머리가 여럿이라는 것은 조지프 찰머스Joseph Chalmers가 설명했듯이 야생 상태의 민주주의를 의미했다. 지나치게 민주적인 정부는 "여러 머리

---

* 애국파(patriot)는 아메리카 혁명에서 아메리카 독립의 대의를 지지했던 사람들을 말한다.

<운명의 3월 5일>, 폴 리비어 그림. 『1770년 3월 5일 29연대의 한 무리에 의하여 보스턴 킹-스트릿에서 자행된 피의 학살』(1770).

괴물이 되며, 다수의 압제가 된다"는 것이다. 뱀의 깃발과 "나를 밟지 마라"라는 모토 아래서 싸웠던 혁명적 병사들과 선원들과는 반대로 존 애덤스는 헤라클레스를 새로운 국민의 상징으로 제안했다.[45]

해양노동자들이 이끄는 다인종적 시위대들은 이렇듯 1770년대 영국의 위기의 창출을 돕는 동시에 그에 대한 혁명적 해결책을 제시하였다. 보스턴, 뉴포트, 뉴욕, 그리고 찰스턴에서 보인 다인종적 노동자들의 전투성은 〈자유의 아들들〉 the Sons of Liberty의 결성을 낳았는데, 이는 식민지들을 가로질러 반反영국 저항운동을 연결·조정하는 가장 초기의 조직이었다. 리처드 B. 모리스Richard B. Morris는 뉴욕 선원들이 "명백하게도 〈자유의 아들들〉 이전에 〈넵튠의 아들들〉로 조직되었는데, 후자가 전자에 조직패턴을 제공했다고 볼 수 있다"고 썼다. 1772년의 가스피호 사건을 둘러싼 소란은 새로운 단계의 조직화를 가동했다고 할 수 있다. 이 대담한 행동의 여파로 또다른 혁명적 제도인 '교신위원회'가 식민지들 전체에 걸쳐서 수립되었기 때문이다. 영국파인 대니얼 레오나드Daniel Leonard에게는 이러한 위원회들이 "폭동의 알에서 나온 것 중에 가장 더럽고 간교하고 유독한 뱀"이었다.46 그러나 잡색 부대가 아메리카 혁명의 조직화의 역사를 형성하였다면 지성사에는 (우리가 보았듯이) 그보다 더 큰 영향을 미쳤다고 할 수 있다. 쌔뮤얼 애덤스, J. 필모어, 제임스 오티스 2세, 앤서니 베네젯, 토머스 페인, 존 앨런이 그 영향권 아래 있었다. 보스턴, 자메이카의 쎄인트메리 교구, 그리고 런던에서 취해진 아래로부터의 행동은 옛날의 사상을 영속화하였고 앞으로 수십년 동안 대서양 지역에서 유통될 새로운 사상을 생성하였다.

항구의 다인종적 군중에 의해서 살아있게 된 주된 사상들 중 하나는 도덕적 양심이 국가의 민법보다 상위에 있으며 따라서 억압에 대한 (영국의 부패한 수상에 대해서든, 포악한 노예소유주들에 대해서든, 배의 폭력적인 선장에 대해서든) 저항을 정당화한다는 반율법주의 사상이다. 데이빗 S. 러브조이는, 법률과 정부를 경시하는 반율법주의적 태도와 민주화하는 정신은 혁명적 시기의 상승하는 "정치적 열광" 안에서 일어난 것임을 설득력 있게 보여주었다. 폭발성을 띤 시위대들은 지속적으로 그러한 열광을 표현하였는데, 이는 벤저민 러쉬Benjamin Rush로 하여금 "자유에 대한 과도한 사랑"을 뜻하는 '아나키아'anarchia를 새로운 유형의 광기로 제시하도록 했다. 반율법주의와 연결된 상위법론the higher-law doctrine은 그 당시에는 "시민적

반율법주의'의 사례로 비난받은 「독립선언서」에서 비종교적인 형태로 나타날 것이었다.[47]

1760년대와 1770년대에 벌어진 강제징병에 대항하는 투쟁에서 잡색 부대는 영국 혁명에서부터 시작된 사상들에 기대었는데, 영국 혁명 당시 토머스 레인보로를 비롯한 1640년대의 혁명 운동세력은 노예제도를 비난한 바 있었다. 수평파들은 2차 『국민협정』(1649년 5월)에서 강제징병에 대한 자신들의 반대가 반율법주의적 토대를 가지고 있음을 설명한 바 있다. "우리 영국의 자유로운 국민"은 의회가 사람을 징집하여 전쟁에 보낼 권력이 없음을 세계에 선언하는데, 모든 사람은 그러한 전쟁의 정의로움에 관하여 자신의 양심에 따라 판단할 권리가 있어야 한다는 것이 그 이유였다. 수평파는 이렇듯 (시민이 아니라) 인간과 그 양심을 선언의 주체로 만들었으며 (민족 혹은 국가가 아니라) 삶을 선언의 목표로 만들었다. 피터 워런이 뉴잉글랜드의 선원들은 "거의 수평파"였다고 했을 때 그는 옳았다. 수평파로서 그들은 강제징병과 노예제에 대한 그들의 반대를 더욱 광범하게 표현했으며, 제퍼슨, 페인을 비롯한 한 세대의 사유가들 전체에게 영향을 미쳤고, 지배적 질서 내에서 일어난 1688년의 타협이 아니라 1640년대에 일어난 상층계급과 하층계급의 혁명적 대립이 1776년의 사건들의 진정한 선례였음을 보여주었다.[48]

영국파인 피터 올리버가 언론이 노예제에 반대되는 변화의 소리를 울리고 있다고 불평하고 있을 때 그는 종울리기를 지칭하고 있었고 종소리가 울릴 수 있는 경우의 모든 조합들을 지칭하고 있었다. 그는 황량한 단조로운 소리라고 했다. 그러나 우리는 자유의 명종술鳴鐘術을 생각해 볼 수 있다. 소리가 맞추어진 여러 개 중에서 하나의 종을 칠 때, 그 울려퍼지는 소리는 이웃들로 하여금 조화로운 상음*을 발하도록 한다. 그리고 급속하게 여러 개의 종을 치면 그 결과는 폭포처럼 퍼부어지는 흥분의 율동이다. 아메리카 혁명의 시대에 "노예제에 반대되는 변화"는 무엇이었는가? 점점 더 집요하게 울리는 애국의 종들이 있었고, 잡색 부대의 뚜렷이 구분되는 음조들—택키의 반란, 〈인지조례〉 위기—에 의하여 울리는 크고도 긴 소리들이 있었다. 애국파들은 노예제의 여러 의미들—대의 없는 과세, 자유무역의 부정, 언론규제, 종교의 부자유, 영국 상비군의 침입과 상비군에게 지출되는 경비—에 반대하여 종을 울렸다. 그러는 동안 선원들과 노예들은 다른 의미들—강제징병, 테러, 노동으로 인한 사망, 납치, 강제구금—에 반대했다. 양 집단은 자의적 체포와 배심원 없는 재판에 반대했다. 이렇게 울리는 종들은 멀고 깊은 영국 혁명의 기억들을 되살렸다. 따라서 인신보호영장 혹은 '적절한 법절차 없는 감금'으로부터의 자유가 중요한 것이다. 자유의 울림에 있어서 가장 깊은 음조이며 선원, 노예, 시민에게 근본적이기 때문이다. 아메리카 혁명의 주기에서 택키는 자유의 봉기라는 경종을 울렸으며, 필라델피아 콘벤션*은 그 조종을 울렸다. 비록 속삭이는 듯한 저음들은 점점 약하게, 그리고 산도밍그San Domingue**에서 계속될 것이지만.

---

* 상음(上音, overtone) : 여러 음들이 섞여있는 복합음에서 주파수가 제일 낮은 소리를 기음(基音)이라고 하며, 그 외의 성분음을 상음이라고 한다. 상음의 주파수가 기음의 정수배로 되어 있을 때에는 그 상음을 배음(倍音) 혹은 하모닉스(harmonics)라고 한다.
* 필라델피아 콘벤션은 1787년 5월 25일에서 9월 17일까지 열렸으며, 영국으로부터의 독립에 따른 미합중국의 문제점들을 다루었다. 원래는 <아메리카식민지동맹규약>(the Articles of Confederation)을 개정할 의도였으나 제임스 매디슨, 앨릭잰더 해밀튼 등 다수에 의해 새로운 정부를 창출하는 방향으로 움직였다. 대표자들은 조지 워싱턴을 컨벤션의 의장으로 선출하였다. 이 회의의 그 결과가 바로 미합중국 헌법이다.
** 산도밍그(San Domingue)는 아이티의 다른 이름이다. 이 책에서는 '쎄인트도밍고' 혹은 '쎄인트도미니크'라고도 불린다. 여기서 저자는 아이티 혁명(1791~1804)을 염두에 두고 있다.

반혁명

잡색 부대의 대담한 행동들이 독립을 향한 다계급 운동에 동력을 부여하기도 했지만, 또한 그 내부에서 소란—공포, 애증의 공존, 반대—을 일으켰다. 예를 들어 뉴욕에서 〈자유의 아들들〉은 1764년과 1765년 언론과 〈인지조례〉에 반대하여 일어난 자율적 봉기들의 "무질서의 위협"에 대한 반작용으로 생겼다. 〈아들들〉은 어디에서나 자신들을 좋은 질서의 보증자들이라고, 그들이 태어날 때부터 주변에 일어났던 격변에 대한 필연적인 대안이라고 선전하기 시작하였다. 1766년쯤에는 재산을 소유한 층으로서 영국 정책에 반대하는 사람들이 질서있는 저항에 찬성한다고 선언한 바 있었다. 1770년 보스턴 대학살 직후에 존 애덤스는 영국 군인들을 옹호했으며, 아프리카계 인도 선원인 크리스퍼스 애틱스의 인상이 "그 누구라도 겁먹게 할 정도로 무시무시할 것"이라고 주장하는 식으로 법정에서 명시적으로 인종주의적인 변론을 하였다. 그러나 1773년에 그는 자유에 관한 편지를 한 통 써서 토머스 허친슨에게 보내면서 "크리스퍼스 애틱스"라고 서명했다. 애덤스는 잡색 부대를 싫어했지만, 잡색 부대가 혁명적인 운동을 창출했다는 것을 알았던 것이다.[49]

유사한 모순들이 토머스 제퍼슨에게도 따라다녔다. 제퍼슨은 잡색 부대를 인정했지만 아메리카의 미래에 대한 자기 자신의 비전에 잡색 부대가 도전할까봐 두려워했다. 제퍼슨은 「독립선언서」 안에 조지 3세가 "해양에서 사로잡힌 동료 시민들로 하여금 친구들과 동포들을 처형하는 형리가 되거나 아니면 자기 손으로 자결하도록 강제한" 바 있다는 불평을 포함시켰다. 그(와 의회)는 혁명적 연합에 선원들을 포함시켰다. 그러나 그들의 역사와 운동 내에서의 역할을 고의로 단순화하여 계급전쟁을 누락시켰고 국가(민족)들 사이의 전쟁만을 강조하였다. 위의 대목은 또한 선언서의 다른 부분이 보여주는 우아한 표현과 고고한 어조를 결여하고 있다. 어색하고 혼란스럽게 보인다. 특히 선원들을 어떻게 분류할까(시민, 친구, 동포?)에 대해 주저하는 태도에서 그렇다. 칼 베커Carl Becker가 아프리카 노예제에 대한 초안 문구에 대해 말했듯이, 제퍼슨은 "가장 엄청난 단어들을 사용하였"지만 "그 대목은 왠지 열이 식게 한다." 그 안에는 "공들여 노력한 느낌, 효과가 나오지 않게 의도적으로 노력한 느낌"이 있다. 공교롭게도 제퍼슨은 강제징병에 대한 말들을 나중에서야 추가적으로 선언서의 초안에 밀어 넣었다. 노동시장이 저 중상주의 시대에는 심각한 문제였으며, 아메리카가 영국 제국 안에 남아있든 아니든 상업활동이 선원들에게 달려있음을 그는 알고 있었다.[50]

토머스 페인도 그것을 알고 있었다. 그 또한 강제징병을 비난했으나 그는 『상식』에서 혁명 후의 해양노동의 공급에 관하여 아메리카의 상인들을 안심시켜주는 것에 더 관심이 있었다. "함대에 인력을 배치하는 것에 관하여, 사람들은 일반적으로 큰 오류를 저지른다. 4분의 1이 선원들이어야 할 필요가 없는 것이다…… 몇 명의 능력있고 대인관계가 원만한 선원들이 곧 배의 일상적인 일을 감당할 충분한 수의 능동적인 신참 선원들을 가르치게 될 것이다." 이것이 7년 전쟁 동안 사략선인 테러블Terrible호를 탔을 때의 그의 경험이었는데, 이 경험으로 인하여 그는, 선원들, 조선造船 기사들 그리고 해양 부문 전체가 새로운 아메리카 국가를 위한 생명력 있는 경제적 토대를 구성한다고 주장할 수 있었다. (그는 배의 승무원들이 잡색이고 반란적이었다는 점을 언급하지는 못했다.) 남은 유일한 문제는 독립을 어떻게 이루는가였다. 위로부터, 의회의 법적 목소리에 의해서 이루어져야 하는가, 아니면 아래로부터, 봉기한 군중에 의하여 이루어져야 하는가? 여기서 페인은 그와 같은 위치에 있는 다른 이들과 공통적인 태도를 취했다. 그는 (비록 1790년대에는 다르게 생각할 것이었지만) 잡색 시위대를 두려워했다. 다중은 1776년에는 합리적이었지만 "덕"은 영속적인 것이 아니라고 그는 설명했다. "어떤 마사넬로*가 이후에 일어나서 민중의 동요를 이용하여 필사적인 상태에 있고 불만이 있는 이들을 모아서 정부를 참칭함으로써 대륙의 자유를 홍수처럼 쓸어버릴 수도 있다." 그의 가장 큰 두려움은 도시 노동자들, 아프리카 노예들, 아메리카 원주민들의 투쟁이 동시에 일어나는 것이었다.[51]

　잡색 부대는 혁명을 이루는 것을 도운 바 있으나, 1770년대와 1780년대에 혁명을 앞에서 이끌던 집단은 시위대들, 노예들, 선원들에게 반격함으로써 아메리카의 테르미도르라고 간주되어야 할 행동을 하였다. 시위대로부터 더 전투적인 요소들을 제거함으로써 시위대를 개량하려는 노력은 1766년부터 시작되었으며, 항상 성공적이지는 않았지만 혁명 시기, 그리고 그 이후까지 계속되었다. 애국적인 토지소유자들, 상인들 그리고 장인들은 점점 더 혁명적 군중들을 비난했으며 정치를 "옥외"로부터 의회 안으로 (무산자들은 투표권도 없고 목소리도 내지 못할 곳으로) 이동시키고자 했다. 페인은 1779년의 필라델피아의 포트 윌슨 봉기 이후에 군중에 등을 돌리게 된다. 쌔뮤얼 애덤스가 1786년에, 셰이의 반란Shay's Rebellion의 참여자들을 해산시키고 통제하기 위해 기획된, 매사추세츠의 〈봉기법안〉을 작성하는 것을 도왔을 때 그는 더 이상 시위대가 "정부조차도 심판의 대상으로 삼을 수 있는 인간 기본권을 구현한"다고 믿지 않았으며 몇 년 전에 그에게 그의 삶에서 최고의 사상을 주었던 창조적인 민주적 힘으로부터 스스로

---

* 앞에 거론된 마사니엘로를 말한다.

를 떼어냈다.52

온건한 애국파들은 1765년 운동의 시작부터 줄곧 노예들을 혁명적 연대로부터 배제함으로써 자유를 위한 투쟁을 제한하려고 했다. 버지니아의 총독인 던모어경Lord Dunmore이 식민지에서 질서를 재수립하기 위해, 영국군에 가담하는 하인들과 노예들에게 자유를 줌으로써 애국파 담배 농장주들을 공격했던 1775년까지, 운동에서 노예들의 위치는 모호한 것으로 남아있었다. 자유를 준다는 소식은 노예공동체들에 들불처럼 번졌으며, 수천명의 노예들이 농장을 탈출함으로써 엄청난 규모의 새로운, 이동적인 노예반란을 개시하였다. 이 노예들 중 일부는 던모어경의 에티오피아 연대聯隊로 조직되게 되며 무기소지를 허락받지 못한 노예들은 영국 군대의 보호를 구하게 된다. 이에 분노한 아메리카 지도자들은 징집자들이 탈주자들, "부랑자, 검둥이, 유랑자"를 취하지 말도록 1775년에 공지하고 자유롭든 노예신분이든 흑인들은 군인으로 복무할 수 없음을 그 다음 해에 재확인하면서 노예제를 보존하려고 노력했다. 그러나 인력의 부족으로 인해 특히 전쟁의 후반부에는 이 포고를 다시 고려할 수밖에 없게 된다. 5천명의 아프리카계 아메리카인들이 자유를 위해서 싸운 한편, 아메리카의 정치적, 군사적 지도층은 노예제도를 지키기 위해서 영국과 그리고 자신들의 병사들 중 일부와 싸웠던 것이다.53

선원들은 대륙 해군(미합중국 해군)에서 복무하도록 장려될 것이었다. 그러나 제임스 매디슨James Madison에 따르면 선원은 공화국의 훌륭한 시민이 아니었다. 선원이 가졌을 얼마 안 되는 덕은 바다에서 말없이 꾸준히 일하는 생활에 의해 죽었다. "지구를 가로지르고 두루두루 항해하는 것을 통해서 그는 자연의 동일한 모호한 사물들만을, 항구와 부두에서의 동일한 단조로운 일들만을 본다. 집과 같은 그의 배에 있으면서, 밧줄과 사다리의 변함없는 사용으로부터, 그와 마찬가지로 무식한 동료들로부터 어떤 새로운 생각들이 나오겠는가." 매디슨 자신의 무식, 오만, 혹은 부인否認은 그로 하여금 진실을 전도하도록 했으나, 그는 다른 무언가에 대해서는 옳았다. 그가 말한 대로, 공화국에서 선원들의 수가 많아질수록 그 정부는 덜 안전해진다는 점이다. 매디슨의 이러한 태도를 '코네티컷 재사才士들'(데이빗 험프리스David Humphreys, 조얼 발로우Joel Barlow, 존 트럼불John Trumbull, 르뮤얼 홉킨스 박사Dr. Lemuel Hopkins)*를 비롯한 다수가 함께했는데, '코네티컷 위츠'는 1787년에 셰이의 반란에 대한 반응으로, 그리고 1760년대와 1770년대의 일련의 반란들을 기억하며 「아나키아드」"Anarchiad"라는 이름의 시를 지었다. 시인들은 시위대와 그 사상에 대한 자신들의 증오를 표현했다. 그들은 "민주적 꿈," "인권," 그리고 모두를 "단지 하나의 수준"으로 환원하는 것을 조롱하였다. 가장 어두운 악몽들 중의 하나는 그들이 "지옥으로부터 온 젊은 민주주의"라고 부른 것이었다. 그들은 혁명에서 선원들이 했던 역할을 잊지 않았다. 그들이 상상한 무정부상태에서는 "강대한 잭타르가 키를 잡았다." 잭타르는 "바다에서, 거세게 몰아지는 돌풍 속에서 키워졌고 그의 심장은 대리석으로 되어있으며 그의 뇌는 납으로 되어있다." 자신의 일의 일부로서 "회오리바람 속에서" 항해하는 경험을 가진 이 둔한 인간은 자연 혁명의 "폭풍을 즐긴다." 시인들이 "끓는 타르의 바다"를 지칭했을 때** 그들은 선원들의 혁명적 행동을 넌지시 암시한 것이다.[54]

1780년대에는 막 출현하고 있는 정치적 국가를 만드는 사람들—상인들, 전문직들, 점원들, 장인들, 노예소유주들, 자영농민들—사이에 그러한

---

* 코네티컷 재사들(Connecticut Wits)은 18세기 후반에 결성된, 예일 대학교 학생들과 학장들의 비공식적 협회.
** '타르'(tar)에도 앞의 'Jacktar'처럼 '선원'의 의미가 있다.

사고방식이 지배적이 되었다. 한때 혁명적 동맹의 필요한 부분들이었던 선원들과 노예들은 이렇듯 혁명의 마지막 단계에서 제명되었다. 1770년 보스턴 대학살에서 살해당한 5인의 노동자들에 대해서 존 애덤스는 이렇게 썼다. "옳든 그르든 순교자들의 피는 회중의 씨앗이 되는 것으로 판명되었다." 그러나 크리스퍼스 애턱스—노예이자 선원이며 시위대를 이끄는 사람—가 영국 소총들이 발사되는 가운데에서 살아남았다고 하더라도, 창출 과정에서 자신이 한 몫을 담당했던 회중 혹은 새로운 국가에 합류하도록 허용받지 못했을 것이다. 애턱스와 같은 사람들의 배제는, 1760년대와 1770년대의 열기 속에서 형성되었으며 「독립선언서」에서 영원한 문장紋章으로 나타난 보편주의적인 혁명적 언어의 갑작스런 반동적 퇴보를 요약적으로 보여준다. 반동은 새 연방정부에 국내의 반란을 진압할 권력을 부여한 미합중국 헌법에서 성전聖典화되었다. 제임스 매디슨은 1787년에 "수평화하는 정신"과 "토지균분법"에* 관하여 우려했다.55 헌법은 또한 노예무역을 확대하고, 탈주노예들의 귀환을 규정하며 식민농장주층에게 국가적 정치권력을 부여함으로써 노예제도를 강화하였다.56 그러는 동안, "흑인"의 본성과 능력에 대한 맹렬한 논쟁이 1787년과 1790년 사이에 벌어졌다. 많은 침례교인들 및 감리교인들은 노예제에 반대하는 입장에서 물러났으며 그 대신에 "식민농장을 위해 안전하게 된 복음"을 추구했다.57 새로운 아메리카의 지배계급은 1780년대와 1790년대에 백인의 우월성에 입각하여 노예제에 관한 통합된 법을 입법함으로써, 잡색 부대의 분열과 주변화를 목적으로 "인종"과 "시민의 자격"을 재정의하였다. 잡색 부대의 행동들과 그에 대한 반작용들은 아메리카 혁명의 모순적이고 모호한 성격—그 전투

---

* 토지균분법(agrarian law)은 원래 로마 시대에 공적 토지(public land)의 분배를 조정하는 법이다.

적 기원, 급진적 동력 그리고 보수적인 정치적 결론—을 잘 드러내준다.[58]

혁명의 벡터들

그러나 1760년대와 1770년대의 투쟁들이 함축하는 바는 〈자유의 아들들〉, 제퍼슨, 페인, 애덤스 혹은 아메리카의 새 정부에 의해서 쉽게 봉쇄될 수 없었다. 전쟁에서 싸웠던 병사들이 혁명의 소식들, 경험들, 사상들을 유포하였다. 북아메리카에 배치된 프랑스 연대들에서 근무했던, 앙리 크리스토프Henry Christophe와 앙드레 리고드André Rigaud를 포함하는 몇몇 퇴역병들은 나중에 아이티에서 1791년에 시작되는 서대서양 지역의 다음 차례의 주된 혁명을 이끌게 될 것이었다. 다른 퇴역병들은 프랑스로 돌아갔는데, 1790년대의 유럽 혁명을 가속하였던, 봉건적 토지보유권에 반대하는 일련의 반란들을 이끌었을 가능성이 있다. 헤세인 병사들이* 고향으로 가지고 간 소식들은 궁극적으로 새로운 세대의 이주민들을 아메리카로 향하게 추동하였다. 그러나 새로운 저항을 창출하고 더 광범한 혁명의 시대를 세계 전체에 개시하는 데 가장 큰 기여를 한 사람들은 바로 잡색 부대, 즉 아메리카에서 패배하였고 그 이후에 흩어진 선원들과 노예들이었다.[59]

선원들은 북아메리카에서 바다로, 그리고 서쪽 카리브해 지역으로 움직인 벡터vector였다. 영국 해군의 선원들은 1776년 이후에 반항적이 되었는데, 부분적으로는 아메리카에서 강제징병대와 맞서서 그리고 왕의 권위와 맞서서 벌어진 전투들에 의해 고취되었다. 어림잡아 4만2천명의 선원들이 1776년과 1783년 사이에 해군 선박을 탈영하였다. 이 시기에 선원이

---

* 헤세인(Hessian)은 독립 전쟁 때 영국의 독일인 용병(傭兵)이다.

된 사람들 다수가 혁명적인 교육을 받았다. 자메이카의 스코틀랜드인 식민 농장주와 노예여성 사이에서 태어난 로벗 웨더번Robert Wedderburn은 1778년 반항의 기운이 팽배한 해군에 들어왔고, 그 이후에 해상의 투쟁들, 노예반 란들, 도시 봉기들에 참여하면서 선원, 재단사, 작가, 희년의 설교자로서 일했다. 줄리어스 스콧Julius Scott은, 흑인이든 백인이든 황인이든 선원이라 면 카리브해 지역의 영국, 프랑스, 스페인, 네덜란드 항구도시들에서 노예 들과 접촉을 했으며 노예반란, 노예제폐지 그리고 혁명에 관해 정보를 교 환했고 그 나름으로 물질적 힘이 된 소문들을 만들어냈음을 보여주었다. 선원들이 아메리카 혁명의 소식을 전달하여 1776년 자메이카의 하노버 교 구에서 일어난 노예반란들을 고취하는 것을 도왔는지 아닌지는 확실하지 않다. 그러나 "엄청난 거구의 아일랜드인"을 포함하여 "모든 인종으로 구 성된 50 혹은 60명"의 잡색 부대가 1793년에 명백히 아이티의 새 혁명정 부와 동맹하여 영국과 아메리카의 선박들을 공격한 것에는 의문의 여지가 없다.[60]

혁명 동안에 영국 육군으로 모여들었고, 그 다음에 1783년 이후에 대 서양 지역으로 흩어진 노예들과 자유로운 흑인들이 혁명의 두 번째, 다방 향적 벡터를 구성한다. 1만2천명의 아프리카계 아메리카인들이 1782년과 1783년에 육군에 의해서 써배너, 찰스턴, 그리고 뉴욕으로부터 축출되었 다. 한편, 8천 내지 1만 명이 영국과 주인들과 함께 떠났다. 그들은 씨에라 리온, 런던, 더블린, 노바스코시아, 버뮤다, 플로리다 동부, 바하마제도, 자 메이카, 모스키토 쇼어the Mosquito Shore, 벨리즈Belize로 갔다. 북아메리카로부 터 온 유색 자유인들은 1780년대 후반에 카리브해 지역 전체에 문제를 일 으켰다. 특히 자메이카와 윈드워드 제도the Windward Islands에서 그랬는데, 이 곳에서 그들은 노예사회에 새로운 정치적 시작과 제휴를 창출했으며 아이티 혁명으로 가는 길을 닦는 것을 도왔다. 1800년쯤 자메이카의 총독인 발카리스 백작Lord Balcarres은 서인도제도에서 열린 '판도라의 상자'에 대해서 쓰게 된다. "모든 나라의 광포한 사람들이 불법 무역에 참여했다. 모든 해악을 끼칠 수 있고 일반적인 수평화 정신이 철저하게 배인, 가장 타락한 계급인 흑인들이 킹스턴의 하층 부류를 특징짓는다." 그의 설명에 따르면 이곳이 혁명가들의 피난처이며 미래의 반란의 장소이고 "곧 …… 재가 될" 수 있는 장소이다.[61]

세 번째 강력한 혁명의 벡터는 동쪽으로 영국의 노예제폐지운동을 향하여 돌진하였다. 1760년대 후반과 1770년대 초에 아메리카 혁명에서 강제징병에 반대하는 활동을 했던 그랜빌 샤프는 더 나아가 대서양을 가로지르는 반노예제운동에서 주도적인 인물들 중 하나가 되었다. 1783년에 올로다 에퀴아노가, 선장이 보급물자를 아끼기 위해서 132명의 노예들을 배 밖으로 던져버리고 나서 죽은 자들에 대한 보험금을 타려고 했던 노예선 종Zong호에 대해서 말한 이후에 샤프는 이 대량살인을 효과적으로 홍보하였다. 그는 또한 1786년에 씨에라리온에 자유로운 흑인들의 국가를 세우기 위해 노력했으며, 1787년에는 〈노예무역폐지성취위원회〉the Committee for Effecting the Abolition of the Slave Trade에서 활동했다. F. O. 샤일런F. O. Shyllon과 피터 프라이어는 런던에서 흑인 인구의 자립적 실존을 단호하게 입증하였는데, 이 흑인들의 자체 조직이 노예제폐지론자 샤프를, 그리고 또한 1780년대에는 젊은 학자이자 활동가인 토머스 클락슨Thomas Clarkson을 뒷받침해주고 독려했다.[62]

아메리카 전쟁 이후에 클락슨은 노예무역에 관한 증거를 모으기 시작했다. 특히 무역이 선원들에게 미치는 영향에 관심을 가진 그는 노예선을 타고 항해해본 사람들과 말을 해보기를 원했으며 사망률을 재기 위해서 그런 배들의 승무원 명부를 조사하기를 원했다. 이를 성취하기 위해서 이 젊은 캠브리지의 학자는 선원으로 위장하고 부두를 걸었다. 그러나 어떻게 그가, 노예무역을 두려워하고 그것에 대해 말하기를 두려워하는 사람들로 하여금 낯선 사람에게 말하게 할 수 있을 것인가? 그는 아일랜드인인 도느 반Donovan이라는 사람이 운영하는 하숙집에서 자유로운 흑인 선원이며 그의 첫 번째 정보원인 존 딘John Dean을 발견했다. 딘은 수천 명의 다른 이들처럼 프롤레타리아층으로부터 보충이 이루어지는 거친 암흑가—지저분한 선원 선술집을 말하는데, 리버풀, 브리스틀, 혹은 런던에서는 노예매매를 하는 자들이 종종 밤1 2시에서 새벽 2시 사이에 이러한 선술집에 모여 있었다—를 통해 노예무역에 들어왔다. 딘은 개인적으로 해줄 이야기가 있었다. "자신은 결코 그에 대해 잘못이 없는 사소한 상황을 가지고 선장은 그의 배를 갑판에 대고 그를 묶었으며 이런 자세에서 그이 등에 뜨거운 역청pitch을 부었고 뜨거운 부젓가락으로 등에 자국을 새겼다." 딘이 그리고 그와 같은 수많은 다른 선원들이 개인적인 지식과 정보를 제공해주어서 이것이 중산계층의 반노예제 운동에 견실함을 부여하였다.[63]

한편으로 선원들과 노예제폐지운동의 관계, 그리고 다른 한편으로 노예상태와 선원으로서의 상태 사이의 애매성은 노예제폐지론자들의 저 배후인물인, 익보인* 노예이자 선원 올로다 에퀴아노의 삶에서 가장 잘 나타난다. 서아프리카에서 노예가 된 그는 노예선에 타자마자 백인 선원이 채찍질당해 죽는 것을 보았다. 나중에 그는 활대 끝에 목매달린 선원, 발뒤축으로 매달어진 병사, 타이번**의 교수대에 오른 사람을 보게 된다. 그 자

---

* 익보인(the Igbo)은 서아프리카의 민족집단이다.
** 타이번(Tyburn)은 런던 외곽의 공개처형장이다.

신도 두 번이나 매달려졌는데, 다행히도 목매달린 것은 아니었다. 테러가 선원들과 노예들의 공통된 운명임을 그는 즉각적으로 이해했다. 전함 이트너Aetna호를 타면서 그는 쓰고 읽는 법, 면도하는 법, 머리 손질하는 법을 배웠다. 식사를 함께 하는 사람인 아일랜드인 대니얼 퀸Daniel Quin은 그에게 성서읽기를 가르쳐 주었고 "자유롭게 되는 것"만을 생각하도록 가르쳐 주었다. 7년 전쟁이 끝날 때 이트너호는 템스강에 정박하고 있었는데, 이때 그의 주인은 에퀴아노가 최근에 숙련된 선원으로 승급한 것이 그를 노예로서 잡아두는 것을 더 어렵게 할까봐 걱정이 되어서 칼을 들이대고 강제로 그를 함재정으로 밀어넣었다. 익보인 선원은 용기를 내었다. "나는 그에게 나는 자유로우며, 그는 법에 의하여 나를 노예로 부릴 수 없다고 말했다." 서인도무역선 차밍 쌜리Charming Sally호의 도란Doran 선장에게 팔린 그는 이렇게 설명했다. "나는 그에게, 나의 주인은 나를 그에게든 다른 누구에게든 팔 수 없다고 말했다. '아니, 너의 주인이 너를 산 것이 아니냐'라고 그는 말했다. 나는 그가 산 것을 인정했다. 그러나 나는 그에게 여러 해를 봉사했으며, 그는 나의 모든 임금과 포획상금을 취했다. 나는 전쟁 동안 6펜스만을 가졌다. 이 외에도 나는 세례를 받았다. 나라의 법에 의하여 아무도 나를 팔 권리가 없다." 이러한 경제적이고 종교적이며 법적인 논증과 대면한 도란은 에퀴아노가 "너무 많은 영어를 한다"고 말했다고 에퀴아노는 보고했다. 그러는 동안, 에퀴아노의 동료선원들은 자신들이 할 수 있는 것을 하겠다고 약속했는데, 그에게 오렌지 몇 개를 주는 것 말고는 아무것도 한 게 없었다.

에퀴아노는 이제 서인도제도의 사탕수수 경제를 경험하게 된다. "나는 열심히 일하는 것이 무엇인지 이제 알았다. 나는 배에 짐을 싣고 내리는 것을 도와주는 일을 부여받았다." 그 자신의 상황은 좋아지기 시작했으나 그는 강간, 채찍질, 낙인찍기, 사지절단, 베기, 태우기, 사슬에 묶기, 재갈물리기, 엄지손가락죄기 등 다른 이들이 겪는 강렬한 고통을 목격하였다. 그는 영국의 지배자들에 대하여 "그대들에게 반란의 두려움이 시시때때로 찾아오지 않는가?"라고 의아해했다. 그 다음에 그는 존 밀턴이 썼고 정확하게 100년 전에 출판된 『실낙원』에서 마왕Beelzebub의 말을 인용했다. 에퀴아노가 가진, 자유에 대한 발전하는 생각의 많은 부분은, 따라서 그 자신의 자기정의自己定義의 일부는 다른 선원들에게서 도출되었다. 피고인들의 권리에 대한 그의 날카로운 인식에서부터 배심제도에 대한 그의 믿음까지, "사해동포들"에 대한 그의 언급에서부터 성서에 대한 그의 연구까지, 밀턴으로부터의 인용에서부터 "인간의 권리를 침해하는 극악무도한 자들," 노예상인들, 강제징병자들, 사기꾼들에 대한 그의 혐오까지.

에퀴아노는 1766년 〈인지조례〉의 폐지에 이어 기쁨의 시위들이 벌어지는 동안 찰스턴에 있었다. 그가 그 시위들에 참여하는 것을 상상하기는 쉽다. 왜 그가 그 사실을 영국의 그의 독자들에게 인정하지 않을 수 있는지를 상상하는 것도 마찬가지로 쉽다. 그 시위에서 선원들 중 다수는 흑인으로 분장하였다. 몇 년 후에 에퀴아노 자신은, 그 자신의 설명에 따르자면 전환점—자살을 생각하게 할 정도의 영적 위기의 원천—이 되는 한 사건에서 백인으로 분장을 해야 할 경우를 맞게 되었다. 1774년에 그는 흑인 요리사인 존 애니스John Annis를 터키행 배에 채용하는 것을 도왔다. 쎄인트키츠의 커크패트릭Kirkpatrick이라는 사람의 노예였던 애니스는 곧 그 자신의 이전 주인과 템스강의 일단의 협박꾼들에 의해 강제징집되었다. 에퀴아노는 서둘러 인신보호영장을 얻었으며 그것을 전달하기 전에 의심을 피하고자 얼굴을 하얗게 분장했던 것이다. 그런 다음 그는 그랜빌 샤프와 접촉하였으나 샤프의 법률대리인이 돈을 가지고 달아났으며, 애니스는

올로다 에퀴아노, 『올로다 에퀴아노의 생애에 대한 흥미로운 이야기』(1790). 뉴욕 공립도서관 희귀도서 디비전, <애스터, 레녹스와 틸든 재단>.

쎄인트키츠로 데려와져서 거기서 말뚝에 묶이고 베이고 채찍질을 당하여 죽었다. 에퀴아노는 애니스의 죽음을 자신의 개인적 패배로 간주했다. 그 것이 그를 절망의 구렁텅이에 빠뜨렸다. 그러나 그는 서서히 비단직조공의 사랑축제들,* 저녁의 찬송가부르기 등 1770년대 런던 프롤레타리아의 풍부한 정신적 자원을 발견하기 시작했다. 한 감옥개혁가이자 비국교도는 그에게 "신앙이 우리가 바라는 것의 바탕이며 보이지 않는 사물들의 증거이다"라고 지적했다. 한 반율법주의자("늙은 뱃사람")는 윌리엄 블레이크의 이사야를 참조하도록 했다. "이리와 어린 양이 함께 먹을 것이다."** 그는 「야고보서」와 거기에 나온 "너희는 자유의 율법대로 심판 받을 자처럼 말도 하고 행하기도 하라"라는 대목에 의해 인도되었다. 「이사야」, 「야고보서」, 「사도행전」 —예언적인 말씀, 사회적 복음 그리고 박해받은 자들을 다룬 부분—이 그에게 확신을 제공하기 시작했다. 그는 바다로 되돌아가서 공부를 하기 시작했다. 그는 자신의 처지를 비난받는 범죄자들, 곤궁한 자들, 가난한 자들과 동일시했다. 그는 개인적인 구원에서 해방신학으로 움직여갔다. 그는 절망, 감금, 노예화에 대한 시를 지었는데, 이 시는 마가복음에 대한 인유—"집을 짓는 자들이 거부한 돌이 주된 초석이 되었다"—로 끝맺는다. 이렇듯 그는 제퍼슨, 페인 그리고 그들이 잡색 부대에 대해 가졌던 두려움에 응대하였다. 그러나 참정권이 박탈된 사람들이, 노예가 된 사람들이, 투옥된 사람들이, 선원이, 요컨대 여러 머리 히드라가 '초석'이 될 수 있느냐 없느냐는 1790년대의 이야기가 될 것이었다.

---

* 사랑축제(love feast) : 아가페 축제(Agape feast)라고도 불리는 이 축제는 초기 기독교의 연회 혹은 공동으로 식사하기를 말하며 성찬식이 그 대표적인 예이다. 빵을 먹고 포도주를 마시는 것을 중심으로 한다.
** 「이사야」 65장 25절.

잡색 부대는 아메리카의 새 국가에서 한 자리를 차지하지 못했기 때문에 더 넓고 더 창조적인 형태의 동일시를 택할 수밖에 없게 되었다. 혁명 시대의 통일성을 종종 포착하곤 했던 어구들 중 하나는 '세계 시민'이었다. 필모어는 자신을 이런 식으로 불렀으며, 페인을 비롯한 다른 이들도 그랬다. 물론 필모어, 페인, 제퍼슨 그리고 나머지 중산층과 상류층의 혁명가들을 가르친 선원들과 노예들이야말로 세계의 진정한 시민들이었다. 이 다민족적 프롤레타리아는 단어의 원래적 의미에 있어서 '세계주의적'cosmopolitan 이었다. 고대의 노예 철학자인 디오게네스는 추방선고를 받은 것이 아니냐는 말에, 자신은 자신의 판사들에게 국내에 머물라는 선고를 내렸다고 말함으로써 응대하였다. 그리고 "어디서 왔느냐는 질문을 받자, '나는 세계의 시민이다'라고 대답했다." 세계주의자라는 말이다. 아일랜드인인 올리버 골드스미스Oliver Goldsmith는 1762년에 『세계의 시민』이라는 이름의, 민족주의에 대한 부드러운 비판서를 냈는데, 여기에는 나무다리를 한 선원이나 넝마옷을 입은 여성 민요가수와 같은 인물들이 나온다. 골드스미스는 불평 없이 비참한 시대를 견뎌낸 "가장 천한 영국 선원 혹은 병사"를 찬양했다. 그는 "가난하다는 이유로 유죄를 선고받아 뉴게잇으로* 보내졌고 결국 식민농장들로 추방되었"는데, 거기서 아프리카인들 사이에서 일하게 될 것이었다. 그는 런던으로 돌아와서 강제징병을 당해 플랑드르Flanders와 인도의 전쟁터로 보내지며, 수부장에게 구타당하고 투옥당하며, 해적들에게 사로잡힌다. 그는 병사이며, 노예이고, 선원이며, 수감자이고, 세계주의자이며 세계 시민이었다. 마사니엘로 반란을 서술한 역사가인 제임스 하우얼James Howell은 이미 17세기에, "모든 땅이 우리의 나라일 수 있는데, 이는 모든

---

* 뉴게잇(Newgate)은 런던의 감옥이다.

사람이 날 때부터 이 세상의 시민이기 때문이다"라고 썼다.[64]

네 번째이자 마지막 벡터는 아프리카로 향한다. 이산의 상태에 있는 아프리카계 아메리카인들은 1783년 이후 에퀴아노와 샤프의 도움으로 씨에라리온에 정착함으로써 근대적 범아프리카주의를 창시하게 된다. 아메리카 혁명 이후 대서양을 가로질러 동쪽으로 움직여온 그들의 분산은 1세기 반 전 영국 혁명 이후 급진주의자들이 대서양을 가로질러 서쪽으로 움직인 분산과 유사하였다. 두 운동 모두 노예제에 도전했지만 패배했다. 전자의 패배는 농장과 노예무역의 공고화를 허용하였고 후자의 패배는 노예제도가 확대되고 새로운 힘을 얻는 것을 허용하였다. 그러나 후자의 패배의 장기적인 귀결은 승리 즉 노예무역과 농장제도의 궁극적인 폐지가 될 것이었다. 17세기에 일어난 이산 속에서 대서양 주위 지역에 일반화된 반율법주의적 민주주의의 이론과 실제는 18세기에 되살아나서 더욱 깊어질 것이었다. 백인의 얼굴로 나갔던 것은 흑인의 얼굴로 돌아와서 영국에서 민주적 사상들에 대한 논의의 정지를 종식시키고 전세계의 혁명운동에 새로운 생명력을 부여했다. 나간 것은 대서양을 순환하는 바람과 조류를 타고 되돌아온다.

8

에드워드와 캐서린 데스파드의 모반

8

에드워드와 캐서린 데스파드의 모반
The Conspiracy of Edward and Catherine Despard

1803년 2월 22일의 신문 기사들에 따르면, 에드워드 마커스 데스파드 Edward Marcus Despard 대령은, "부츠를 신고, 어두운 갈색의 커다란 코트에, 가루를 뿌리지 않은 머리로," 처형대를 "엄청나게 단호히" 올라갔다. 그는 런던에서 권력을 잡고 공화국을 선포하는 것이 목적인 혁명적 군대를 조직하기 위해 영국과 아일랜드에서의 비밀 기도들에 중요한 역할을 했었다. 그는 이제 반역자로서 목매달리고 효수되는 것에 맞닥뜨렸다. 치안관은 그가 "선동적이거나 부적절한" 무엇을 말하면 발판이 즉각 떨어진다고 경고했었다. "완벽히 숨죽인"채 모여선 이천 여명을 마주하고, 데스파드는 이런 말들을 했다.

동료 시민들이여, 보시는 대로, 내 나라에 30년하고도 넘게 봉사하고 난 뒤—신실하게, 영예롭게, 그리고 유용하게 봉사하고, 내가 죄 없음을 주

8장 에드워드와 캐서린 데스파드의 모반 **387**

장하는 범죄 때문에 사형대에서 죽음을 맞으러, 여기 왔소이다. 지금 내 말을 듣고 있는 그대들 그 누구보다 거기에 대해 죄 없음을 엄숙 선언 하노이다. 하지만, 국왕 폐하의 대신들도 내가 죄 없음을 나만큼이나 잘 알면서도, 저들은 한 사람을, 그가 진실의, 자유의, 그리고 정의의 친구 였기에, 파괴하려는 법적 구실을 동원하고 있소. [이에, 한 신문은 "군중들 이 큰 환성을 질렀다고" 보도했다] 그가 가난한 자와 억눌린 자의 친구였기 때문이오. 하지만, 시민들이여, 내 운명과 틀림없이 곧 나를 따를 사람들 의 운명에도 불구하고, 자유의, 인간의, 그리고 정의의 원칙들이, 마침내 허위와 폭정, 그리고 기만, 그리고 인류의 이해에 적대하는 모든 원칙을 이기리라 나는 소망하고 믿소이다.

이런 중요한 어구—"인류"—에 대해 치안관은 그에게 그런 선동적인 언 어를 사용한다고 경고했다. "나는 더 덧붙일 것이 별로 없소"라며 데스파드 는 계속하길, "그대들 모두에게 건강, 행복, 그리고 자유를 기원하는 것 외 에는, 그것이 그대들과 인류 전체를 위해 확보되도록 내 힘이 닿는 만큼 내가 추구했던 바였소"라고 했다. 동료 모반자 존 맥나마라John MacNamara가 처형대로 끌려 오르면서 데스파드에게 "대령, 아무래도 우리가 나쁜 상황 에 처하게 된 것 같소"라고 말했다. 데스파드의 대답은, 신문들이 쓴 대로, 그 사람다웠다. "더 좋은 것도 많고, 그리고 일부는 더 나쁜 것도 있겠지." 그의 마지막 말은, "아주 춥군, 내 생각으론 비가 좀 올 것 같네"였다. 확실 하게, 그는 수감자들이 하늘이라 부르는 그 작은 푸른 색 조각을 볼 수 있 기를 희망하며 위를 올려다보고 있었을 것이다.[1]
데스파드는 오클레이 암스 선술집에서 가진 40명의 일꾼들의 모임에 참석했던 1802년 11월 16일에 체포되었다. 체포된 사람들에는 8명의 목수 들, 5명의 노동자들, 2명의 구두장이들, 2명의 모자공들, 1명의 석수, 1명의

호스멍거스 감옥에서의 교수형, 1805년경. 로빈슨, 『해상 업무들의 그림 역사』 존 헤이 도서관.

시계공, "바다에서 온지 얼마 안 된 미장공," 그리고 "나무를 패서 한 푼짜리 다발로 파는 사람" 하나가 포함되었다. 그들 다수는 또한 병사들로 일했다. 이들은 보통 노동자들, 부두 일꾼들, 병사들, 그리고 선원들—특히 런던 타워에 주둔한 병사들과 "국왕의 배들에 올라 복무하고 대포에 익숙한 아일랜드인들" 가운데서 조직되었다. 아일랜드 노동자들 가운데 몇몇은 "아일랜드에서 합류했는데," 이는 1798년의 아일랜드 반란에 뒤이은 살해, 고문, 그리고 추방의 대규모 테러가 통합 아일랜드의 서약 혹은 그것이 표현하는 권리들의 감정과 친교의 형제애를 소멸시키지 않았음을 보여주는 구절이다. 근자에 계선거들에서 해고된 5,000명의 일꾼들이 그 대의에 함께 할 것으로 기대되었다. 빈번한 정박의 시기임에도 불구하고, 그들은 수변 토목 공학의 직접적인 결과로 실직 상태로 되었거나, 주변 정비들로 인해 거주지가 없었다.

오클레이 암스는 윌리엄 블레이크의 집에서 몇 야드밖에 떨어지지 않은, 템스 강 남안의 램버스에 있는 허큘리스 빌딩스에 자리하고 있었다. 같은 해에 서사시적 비전을 가진 시인은 이런 질문들을 제기한다.

> 그리고 성스런 풍모가 진정으로
> 우리 구름 낀 언덕에 비추었나?
> 그리고 여기 예루살렘을 세웠나
> 이 어둑한 사탄의 공장들 사이에?

블레이크의 "사탄의 공장들"은 앨비온 밀스로, 런던 최초의 증기로 가동되는 공장이며, 허큘리스 빌딩스에서 바로 길 아래쪽이었다. 1791년에 세워진, 이 제분 공장은 그 해에, 산업혁명에 대한 익명의 직접적인 저항의 일부로 불타 잿더미가 되었다. 데스파드의 모반은 그 저항의 연속으로, 영국 서부의 광범위한 기계 파괴와 북부에서의 굶주림과 기술적 과잉에 맞서는 군사적 조직화의 와중에 발생했다. 블레이크는 2년 전인 1800년의 기근 동안 런던을 떠났다. 그때까지는, 그 선각자와 반란자가 같은 거리들을 걸었었다.

데스파드는 혁명적 세력을 "병사들, 선원들, 그리고 개인들"로 구성된 것으로 묘사했다. 그들은 런던의 세 장소 술집들에서 모집되었다. 실질적으로 자율적인 잡색의 프롤레타리아트 지역인 쎄인트가일스-인-더-필즈, 강의 남쪽으로 병사들이 집중되어 있던 곳, 그리고 이스트 엔드의 강 교구들로서, 선원들과 부두 노동자들의 동네였다. 이들은 "구속과 노예제의 사슬을 부숴 버리기 위해" 그리고 "우리가 잃은 자유들의 일부를 회복하기 위해" 운동에 합세했다. 그들은 의회를 "도둑들의 소굴"로 그리고 정부를 "사람 잡아먹는 자들"로 불렀다. 누구는 "윈저 성이 복음을 가르치고 가난한 사람들의 어린아이들을 수용하기에 알맞다"고 생각했다. 그들의 재판 동안, 수석 재판관이자 재판장인 엘런보로Ellenborough는 "이 강역의 오래된 제한적 군주제, 그 확립된 자유롭고 온전한 법률들, 그 입증된 관습들, 그 유용한 지위의 위계들, 그 바람직할 뿐 아니라 자연스럽고 불가피한 자산의 불평등 대신에," 데스파드와 그의 동료 혁명분자들은 "실행 불가능한 평등이란 무모한 계획으로 대체하려" 들었다고 설명했다.2

데스파드 자신은 "사람들이 어디에서건 공격의 순간을 향해 무르익었고 열망하고 있었다"고 주장했었다. 계획은 따라서 국왕이 의회로 연례 행차를 하는 길에 왕의 마차에 포환으로 불을 놓고, 그런 다음 런던 타워와 잉글랜드 은행을 손에 넣고, 의회를 장악하여, 나라의 나머지 부분들이 봉기하는 신호로 피카딜리에서 우편 마차들을 정지시킨다는 것이었다. 데스파드는 화기와 군사 전략과 전술에 능했다. 하지만 그 계획은 오클레이 암스에서의 체포로 좌절되었다. 15명의 사람들이 역모로 기소되었고 이는 그들이 국왕의 죽음을 "공모, 계획, 상상 그리고 의도했다"는 근거에서였다. 그들에 대한 유죄평결은 상상한 범죄에 대한 공소의 첫 번째 사례들이었다. 11명이 유죄로 판명되었다. 배심원은 사면을 권고하였으나, 데스파드와 다른 6명은 1803년 2월 21일 처형되었다.

기성 당국자 두 측, 교회목사와 치안 판사가 그의 마지막 날들에 데스파드를 노리고 맴돌았다. 먹이를 본 새처럼, 윌크워쓰Wirkworth 목사가 모의에 대해 더 알아내기 위해, 영적 의식을 제공하고, 그가 "하느님을 최고의 지배자로 공개적으로 인정"하도록 하기 위해 방문했다. 주된 목적은 데스파드가 "나로선—절대 아니니—아무것도 누설치 않겠소. 아니오, 국왕만큼의 가치가 있는 보물을 위해서도 아니니"라고 말하면서 이루어지지 않았다. 종교적 요구에 대해서 데스파드는 "그가 때로는 같은 날 여덟 군데의 다른 경배 장소에 있기도 했다고, 신의 존재를 믿는다고, 경배의 외형적 형식들은 정치적인 목적들에 유용할 뿐이며 그 외에는 국교도들, 비국교도들, 퀘이커들, 감리교도들, 가톨릭교도들, 야만인들, 심지어 무신론자들의 견해들도 똑같이 다름없다고 대답했다." 그런 다음 데스파드는 "성찬대와 회중이란 말들에 대한 다소의 비판들을 제기했고," 이는 윌크워쓰에게 토머스 페인의 『이성의 시대』*Age of Reason*을 연상시켰다. 목사는 "그러자 도더리지 Dodderidge 박사의 『기독성의 증거들』*Evidences of Christianity*을 주면서 그가 그것을 읽도록 간청했다." 데스파드는 "'그의 몸이 (그의 다리에 걸친 쇠를 가리키며) 그토록 억압당하고 있으니, 그의 마음에 족쇄를 채우려 들지 않겠노라고 청하고, '내 책을 그에게 읽도록 요청하는 만큼이나 나에게 그가 손에 들고 있는 책(논리에 관한 한 논고)을 읽도록 요구할 권리가 있다고 말했고,' 내가 대답을 하기도 전에 데스파드 부인과 또 다른 여인이 들어와서, 우리의 대화는 중단되었다."[3]

수석 치안 판사인, 리처드 포드Richard Ford경이 내무 장관에게 처형 전날 밤 "감옥 근처에 그날과 저녁 동안 모여들었던 아주 상당한 군중들"에 대한 그의 우려를 표하는 편지를 써 보냈다. 그는 처형대를 지을 일꾼들을 확보하는 어려움을 지적했다. 그는 간수들의 두려움, 감옥 근처에서 자려는 그 자신의 결정, 밤새 100명의 무장한 병사들을 배치하는 것을 언급했다. "사람들에게 봉기를 촉구하고" "이들 불운한 이들을" 구출하자는 전단들이 배포되어서, 포드는 지극히 자연스럽게도 다음 날의 소요의 가능성을 두려워했고 그것을 진압하려 준비했다.[4] 술집들은 감시되고 있었다. 런던 시장은 뉴게잇 감옥과 감옥선의 안전을 확인하고 거듭 확인했다. 하지만 수감자들의 계속된 저항, 무장한 구출의 위협, 그리고 자연발생적인 소요의 가망성 속에서, 경찰의 수뇌는 데스파드 부인으로 말미암아 가장 심란해 했다. 포드는 그의 편지를 숨김없이 불안해하는 것으로 끝맺었다. "데스파드 부인은 아주 골칫거리였지만, 종국에는 멀리 사라질 것이다."5 그렇게 압제적인 정부의 두 측인, 교회사와 치안 판사는 데스파드의 아내의 존재에 긴장했다. 그렇게 당국자들을 겁먹게 한 이 여인은 누구였는가?

캐서린 데스파드는 에드워드가 1790년 중앙 아메리카에서 런던으로 되돌아 항해할 때 그를 동반했던 아프리카계 아메리카인이었다. 영국의 제국 관리들은 항용 카리브해 지역에서 유색인종의 여인들과 관계를 맺었지만, 그들이 영국으로 돌아올 때는 대개 저들을 뒤에 남겨 두었다. 데스파드는 아니었다. 캐서린은 함께 왔지만 남편의 가족들에 의해 "그의 아내를 자처하는 불쌍한 검은 여자"로 경원당했다.6 그녀는 1790년대의 수감자 권리 운동에 특별히 적극적이었고, 후에 에드워드와 다른 수감된 혁명가들을 감옥 바깥에서의 활동가들과 연결시켰다. 그녀는 데스파드의 최후의 전날 밤 마지막 면회를 거절당했고 "그녀의 남편이 무릅쓴 대의에 관하여 강렬한 의견"을 격렬하게 피력했다. 대의란 말은 육체적이고 도덕적인 두 가지 뜻을 가지고 있었다. 모반이 그 결과인 하나의 동인이 있었고, 그것을 위해 투쟁하는 이상이 있었으며, 그 둘 모두에 캐서린은 남편과 함께 헌신했다. 수감 조건들을 폭로하고 개선하기 위해 지치지 않고 일하여, "생존의 공통된 필수적인 것들" —따뜻함, 신선한 공기, 음식, 공간, 책들, 펜, 잉크 및 종이, 그리고 가족, 친지 및 동지들에의 접근 등—을 위해 쓰고 청원했다. 전달자로서의 그녀의 일이 국가의 법무장관과 법무차관의 우려를 자아냈고, 그들은 그녀가 감옥 바깥으로 가져오는 "그 광범위하고 엄청난 편지"는 출판 이외의 다른 목적을 갖지 않는다고 믿었다. 그러나 그들은 또한 그녀가 감옥을 떠날 때 캐서린을 수색하려는 어떤 시도도 강렬한 항의를 촉발하리라고 두려워했다. 그래서 그들은 데스파드의 글들은 캐서린이 가져가도록 허용되기 전에 조사와 검열을 위해 압류되도록 내무장관에게 권고했다.7

　캐서린은 또한 사회와 정부의 최고위급에 대담하게 작업했다. 그녀는 그 재판에 대해 관대하게 말하고 있던 넬슨경Lord Nelson에게 "정부에 더 힘을 쓰도록" 접근했다. 나일강에서 나폴레옹을 이긴 국가의 영웅이 이제는 국가의 원흉의 편에서 증언하게 된 것으로, 23년 전에 "우리는 카리브해에 함께 출정했다. 옷을 입은 채 노지에서 수많은 밤들을 함께 유숙했다. 우리는 적들의 성벽의 높이를 함께 가늠했다. 그 모든 시기 동안, 데스파드 대령만큼 그의 군주와 국가에 더 열성적인 애정을 보인 사람은 없었다"고 그는 언급했다. 넬슨은 다음으로 코르시카의 전 총독 민토경Lord Minto과 말을 나누었고, 민토경은 후에 "데스파드 부인은 그녀의 남편을 격렬히 사랑하고 있었고, 그것은 그 비극의 마지막 장면을 실로 사무치게 만든다. 넬슨경이 그녀를 위해 연금, 혹은 어떤 부조금을 청원했고, 정부는 그것을 수여할 마음이 충분히 있었다. 그러나 [대령이 인류를 언급한] 처형대에서의 마지막 행위가 그의 가족들 누구에게도 은사의 기회를 무산시키는 것이 될 것이었다"라고 썼다. 캐서린 역시 군대 장교의 미망인으로서 그녀에게 합당한 연금을 몰수당했다. 그녀는 에드워드가 그의 마지막 말들을 주고받는 것을 도왔고, "대의" 혹은 "자유, 인간됨, 그리고 정의의 원칙들"을 가다듬는 것에 조력했다. 그녀는 그렇게 단순한 조직자 혹은 전달자 이상이었다. "그의 시간의 많은 부분이" "글쓰기에, 일부는 읽기에, 그리고 더 많은 부분이 데스파드 부인과 함께하는 것에 할애되었다"고 그의 마지막 날들에 대해 기록되어 있다.8

1802년의 자유, 인간됨, 그리고 정의를 위한 투쟁은 대서양적이었다. 그 모반의 전말은 재빠르게 파리, 더블린, 에든버러, 그리고 뉴욕에서 출간되었다. 하지만 최근의 역사적 해석들은 그 범위가 영국, 아일랜드, 그리고 프랑스에 제한되어 있다. 그것들은 캐서린 데스파드를 무시하고 있어, 그녀는 그림자(한 혁명적인 흑인 여성) 속의 그림자(한 흑인 여성) 속의 그림자(한 여성)로 남아있거나, 아니면 블레이크가 다름 아닌 앵글로아메리카인-아프리카인의 연합들 속에 깃든 해방에 관한 시인 「앨비온*의 딸들의 비전」 "Visions of the Daughters of Albion," 1793에서 쓴 대로, "비·존재란 주변에서 울부짖는 한 외로운 그림자"로 남았다. 성차별주의와 인종주의가 그녀를 그림자들 속에 남겨 놓았다. 18세기 말의 그 아프리카계 아메리카 노예의 경험은 남다른 것으로, C. L. R. 제임스가 지적하듯이, 인종에 의해서가 아니라 집단적인 "궁극적으로 산업화된 도시 사회로의 이행을 가능케 한 광범위한 토지의 개간"에 의해서이다. 토지의 대규모 개간자들은 또한 노예제에 반대하고 자유를 향한 투쟁의 집단적 체험을 제공하였고, 그 체험이 캐서린 데스파드 같은 이들에 의해 앨비온, 즉 영국의 산업적이고 도시적인 사회로 전달되었다. 그 모반에 대한 우리의 시야는 아이티와 자유를 향한 투쟁이 대서양의 산맥들을 뒤흔들었던 아메리카와 더불어 자메이카, 니카라과, 그리고 데스파드가 살고 캐서린을 만났던 벨리즈를 포함하는 것으로 넓혀져야 한다. 대서양적 관점은 마찬가지로 데스파드 자신의 생애를 이해하는 데도 필요한데, 그가 그의 어린 시절, 혹은 생애의 첫 16년을 아일랜드에서 보냈기 때문이다. 그는 그의 성인 시절, 혹은 다음 224년을

---

* 앨비온은 (프톨레마이어스에 의해 알루이온Alouion이라 불려서) 대영제국의 가장 고대에 알려진 이름이다.

북남아메리카에서 보냈다. 그는 그의 장년기, 혹은 마지막 12년을 런던에서 살았다. 캐서린과 에드워드 마커스 데스파드의 결합과 모반은 1790년대에 시작되었던 반역의 새로운 순환에 해당할 것이며, 거기로부터 혁명의 시대에 인종과 계급적 주제들뿐만 아니라 인류에 대한 새로운 규정이 자라나왔다.

아일랜드

에드워드 마커스 데스파드는 아일랜드인이었다. 그의 모반은, 제임스 코널리James Connolly가 정확히 주장한대로, 역시 1803년인 로벗 에멋Robert Emmet의 모반과 연결되어 있었다. 에멋과 마찬가지로, 그는 "자유, 평등 그리고 형제애를 향한 세계적 운동의 아일랜드인 사도"였다.[9] 1750년 아일랜드의 당시 퀸즈카운티(지금의 라오이스카운티)에 있는 슬리브 블룸 산맥 가운데, 마운트랫 근처, 도노어의 그의 가족 영지에서 태어난 그는 여섯 형제 중 막내였다. 마운트랫은 튜더왕조의 식민농장들 영내에 놓여 있었다. 17세기 초, 그 지역은 이매뉴얼 다우닝Emanuel Downing, 존 윈스롭John Winthrop, 그리고 다른 신교도들이, 무자비한 군인이자 그 식민농장을 피츠패트릭 일족의 소유권에 맞서 공격적으로 지배한 찰스 쿠트Charles Coote경에게 양도하고, 대서양을 가로질러 매사추세츠만으로 옮겨가기 전에 그들이 정착했던 곳이다. 데스파드의 선조들은 1640년대에 코트 측근의 일부로, 마운트랫에 스스로 정주했다.[10] 데스파드의 비서인 제임스 배넌틴James Bannantine은 1799년의 회고록에서, 한 조상이 보인 전투*의 공병이었다고 주장했다.

---

* 보인 전투는(아일랜드어로 Cath na Bóinne)인데 윌리엄 3세 및 추종자들이 영국 왕권에 대한

에드워드 토머스 데스파드 대령, 1803년경. 아일랜드 국립도서관의 게재허락.

18세기 중반에는, 마운트랫에 데스파드라는 이름을 가진 서기들, 직조공들, 소목장들, 그리고 목수들이 있었다. 에드워드의 직계 가족들은 병사들, 행정관들, 그리고 국교 교회의 목사들을 배출했다.[11]

오늘날의 마운트랫의 미려한 풍광은, 한때 그것을 뒤덮었던 삼림지대

요구에서 한 전환점이 되었다.

를 가리고 있는데, 이제는 그저 지역 명으로서만 암시될 뿐이다. 데릴라헌("넓은 오크 숲"), 로스 도라프("어두운 숲"), 그리고 데리나세라("자유민의 오크 숲") 등이다. 넓게 종획된 토지들, 배수된 소택지들, 몇 개의 강들, 그리고 초기 산업의 제철소와 제분소 등은, 모두 농업 "개척자" 아서 영Arthur Young이 영국적 풍광의 풍부함에 빗댄 집단적 노동의 자본주의적 동원의 표지들이었다.[12] 이런 풍광은, 정연한 도로와 토지들의 매끈한 18세기 지도들로 제시되었던 바, 자산을 박탈당한 농민들과 소작인들의 더러운 오두막들과 거주지들을 가리고 있었는데, 이 시기 이들의 생활 조건들은 심지어 서인도제도의 노예들이나 러시아 농노들의 그것보다 못했다. 아일랜드 가축들의 잉글랜드로의 수출에 대한 제한들이 1759년 해제되자, 지주들이 공유지를 종획하도록 움직였고, 고래의 마을(공동 농업의 단위)을 파괴하고, 경지를 목장으로 바꿔 놓았다. 토지는 산 산사나무 울타리로 잘 구획지어졌으며, 그 가운데 가장 두드러진 것이 도노어의 데스파드 영지에 있는 것들로, 거기서 그것들은 "가로대들과 더불어 극도로 정연하다"고 이야기되었다. 1761년 화잇보이즈로 알려진 농민 반란자들이 "개척자들"에 맞서 일어났다. 이런 외침이 솟아올랐다. "지주와 목사 사이에서 우리들 뼈로부터 바로 그 골수가 쥐어 짜인다. …… 그들은 우리를 가난한 자가 얼굴이 시커멓게 변하고, 등의 거죽이 바짝 마르도록 하는 그런 가혹한 억압들로, 그토록 비참한 상태로 몰아넣고 있다."[13] 치렁대는 흰색 도포에 흰색 꽃술로 차려입은, 수백의 사람들로 이루어진 야밤의 무리들이, 공유지들을 울타리친 담들을 무너뜨렸다. 정령들과 "퀸 씨브"'Queen Sieve'*같은 신화적 인

---

* 1763년 14,000명의 봉기자들이 티퍼러리에 살고 있었다고 보고되긴 했지만, 화잇보이즈의 전체 역량은 알려지지 않고 있다. 그들의 가장 큰 규모의 모임들은 오백에서 칠백을 헤아려 1762년 코크와 워터포드에서 발생했다. 군사적 기술을 사용하여, 가장 가난한 촌락민들과 노동자들

물들이 그들을 이끌었고, 퀜 씨브는 1762년 이렇게 썼다.

수평파들이자 가난한 자들에게 행해진 잘못들에 대한 복수자들인 우리
들은, 공유지들을 둘러치기 위해 만들어진 담장들과 도랑들을 무너뜨리
기 위해 익명으로 모였다. 이즈음의 신사들은 가난한 자들의 얼굴을 짓
밟아 그들이 살아가는 것이 불가능하도록 하는 법을 터득했다. 그들은
제 문간에 돼지나 닭 한 마리조차 치지 못한다. 우리는 그들이 우리가
파괴한 그 자리에 담장이건 도랑이건 다시 세우지 않도록, 그것들의 파
괴자들에 대해 캐묻지조차 않도록 경고한다. 그들이 그리 한다면, 그들
의 가축은 무릎이 분질러져 [불구가 되고] 그들의 양은 벌판에 풀어 놓아
지게 되리라.[14]

데스파드는 그렇게 긴장된 사회적 적대의 나라에서 성장했다. 찰스 코
트Charles Coote는 "농민들의 되돌릴 길 없는 야만성과 미개성"에 대해 불만을
토했다. 아서 영은 거기 사람들이 다른 곳보다 더 무도하다고 보았고, "도
둑질이 아주 흔하다"라고 썼다.[15] 1790년대에 슬리브 블룸에서 (비밀 농민
단체인) 〈리본 협회〉Ribbon Society가 만들어졌다. 그 회원 중 16명이 결국
목매달렸다. 같은 시기에 같은 지역에서, 산악 순찰대와 데스파드의 형이
모집한 연대를 포함한 왕당파의 연대들이 위로부터 만들어졌다.[16] 수년 후,
그의 질녀 제인은, "공포 속에 한 겨울을 나면서, 우리는 화잇핏 혹은 블랙
핏* 반란자에게 내몰렸다. 안전하게 인근 마을에 놓아두었던 금은 식기

이 (그들의 대다수는 공유지 노동자, 혹은 계절노동자들로) 중간 혹은 상층계급들과는 아주 별
개인 자율적인 조직으로 스스로를 형성했다. 기실 1691년 이후 프랑스 군대에 종군했던 수만
의 아일랜드이 겪은 프롤레타리아적 경험이 화잇보이 운동의 배면에 놓여있다. 필연적으로 그
들의 운동의 대부분은 익명이거나 신비로운 것으로 남았다.

모두를 잃었다. 우리가 살던 집을 불 놓아 타버렸고 불쌍한 내 아버지는 나라에서 고작 50파운드의 배상금을 받았다. 우리는 보호받으려 마운트 멜릭으로, 다음에는 마운트랫으로 옮겨갔다"라고 회상했다. 데스파드 일가는, 거대한 지주들은 아닐지라도, 여전히 지주들이었고, 1792년에서 1822년 사이에 그 군대의 크기를 두 배로 만든 군사 정권의 일부였다. 데스파드 일가는, 간단히 말해서, 식민주의자들과 억압받는 자들 사이의 계급투쟁의 최전선에 있었다.

소년 에드워드가 이 모든 것으로부터 어떤 영향을 받았는가? 1820년 대에 작성되고 데스파드 가족 문건들에 보존되어 있는, 그의 질녀의 회고록이 이와 연관될 법한 그에 대한 정보를 제공한다. 천성이 온순한 성격이고 온화한 태도를 지녔던 그는 모순을 태연히 받아들였다고 한다. 그는 축일에 불려오는 게일인 이야기꾼의 환상적인 "거짓말들"을 넋 놓고 들었다. 그는 "도련님, 커피가 준비되었습니다"라는 오후의 알림을 싫어했는데 그것은 그가 할머니에게 성서를 큰 소리로 읽어주어야만 한다는 뜻이기 때문이었다.[17] 가족의 전통에 따르면, 어린 시절임에도 그는 성서와 커피를 똑같이 싫어했다. 여덟 살의 나이에, "네드"는 헛포드Hertford 백작부인의 시동으로 임명되었는데, 당시 그녀의 남편은 아일랜드의 총독이었으며, "지금까지 영국 영토 내에서 그 누구보다 거만하고 부도덕한 가문"의 일원이었다. 데스파드는 라틴어와 프랑스어 학자이자 "대단한 문학자"로 알려졌다.[18]

열다섯에, 네드는 영국군의 50연대에 들어갔다. 크롬웰의 시대부터 아

---

* 여기서 젊은 여성, 제인은 그녀를 위협한 이들이 화잇핏(whitefeet)인지 블랙핏(blackfeet)인지 정확히 기억하지 못하고 있다. 이 말들은 1) 아일랜드 농민 반란자들과 2) 북쪽 평원들에서 온 북아메리카 원주민들을 가리키는 말이다.

일랜드는 영국육군과 해군을 절인 쇠고기와 버터로 먹여 살렸고, 또한 육군과 해군의 양성소이기도 해서, 그런 인력 혹은 병졸들을 필요한 만큼 제공했다. (일부 연대들이 반란을 진압하도록 신임 받을 만큼 충분히 "영국적"이라고 여겨지지 못하면서, 1798년 영국 정규군의 "아일랜드인화"hibernicization는 거의 역화逆火를 일으켰다.)19 데스파드 형제들 모두가, 가족 영지를 물려받은 장남을 제외하고는, 영국군에 입대했다. 그의 조국 땅에서의 네드의 형성기는 공유 토지들과 거기 연관된 문화를 둘러싼 새로워지고 격렬해진 계급투쟁의 시기 속에 흘러갔다. 그에게 뿌려졌을지도 모를 공감하는 어떤 씨앗도 수십 년 동안 잠들어 있게 되었다.

자메이카

1766년 1월, 데스파드의 연대는 자메이카에 상륙했다. 그 젊은 아일랜드인은 세계에서 가장 현저한 노예 사회들 가운데 하나에 발을 들여 놓았고, 거기서는 설탕 농장주들과 그들의 관리자들로 이루어진 적은 계층들이 약 2만 여명의 아프리카계 노예들의 노동에 의존하여 살고 있었다. 데스파드는 즉각 이 사회가 테러에 기초해 있음을 알아차렸을 법한데, 그가 택키의 반란의 후과가 미치는 가운데 도착했기 때문이다. 세 번의 노예반란들이 그 뒤를 이어, 1765년에 하나 그리고 1766년에 둘이 일어났다. 목매달기와 효시하기가 섬의 풍광에 점철되었다. 6년 만에 데스파드는 중위로 승진되었고 카리브해 지역의 영국 해군의 본부들인, 킹스턴과 포트로열의 해안 포대들과 요새 축성을 설계하는 데 조력하는 임무를 맡았다. 거의 20여 년이 되는 그의 자메이카 체류 동안, 세 가지 경험들이 결정적이었다. 데스파드는 죽음의 땅에서 살아남는 법을 배웠다. 그는 군사 문제들에 있어서 전략적 사고자가 되는 법을 터득했다. 그리고 그는 다인종의 노동자들 무리인, 잡색의 부대들을 조직하고 이끄는 법을 배웠다.

　카리브해 지역에서 영국 장교의 건강은 그가 자메이카 여성들로부터 받는 보살핌에 달려 있었다. "병사는 보살핌을 받아야만 한다"고 자메이카의 영국군 수석 군의관인 벤저민 모슬리Benjamin Moseley 박사는 천명하면서, 고된 일은 "검둥이들이 수행해야만 한다"고 덧붙였다.[20] 클래런든 교구의 한 식민농장주인, J. B. 모어튼Moreton은 근자에 도착한 영국군 장교나 신사에게 가능한 한 빨리 아프리카계 아메리카인 여성 하나를 찾으라고 조언했다. "당신이 그녀를 적절히 위무하고 비위를 맞추면, 그녀는 모든 옷들을 짓고 고치며, 아플 때면 간호하고, 할 수 있다면 힘의 범위 안에 드는 모든 일에서 그대를 도울 것이다." 카리브해 경제의 비공식적인 가사 용역의 부문은 (거기서 국제적으로 명성을 얻은 자메이카의 보육의 전통이 자라나오게 되는데) 이 시기에는 가정부, 연인 그리고 간호인 사이들에 딱 떨어지게 구분하지 않았다. 서인도제도의 하숙집은, 아일랜드 역사가 R. R. 매든Madden이 바베이도스에서 그런 집에서 산 이후 증언한 대로, 레스토랑이자 댄스홀이면서 병원 같은 곳이기도 했다.[21] 그런 장소들과 그것들이 나타내는 관계들은, 존 셀월John Thelwall 같은 영국계 개혁론자들 사이에서도 피부색에 따른 편견, 성에 대한 공포, 그리고 혁명에 대한 두려움을 부추겨서, 셀월은 주로 아이티에 배경을 둔 1801년의 소설 『입양된 딸, 현대의 한 이야기』 The Daughter of Adoption; A Tale of Modern Times에서 묘사한 대로 도발적이고 광란에 가까운 춤에 겁을 집어 먹었다. 킹스턴의 한 여성은 어느 자메이카의 발라드에 표현된 자유롭고 편한 접근을 잘 차용하기도 했던바, 이 노래는 1650년대의 반율법주의에 특징적인 어조로 끝맺고 있다. 그것은 「내가 엄마와 아빠에게 바라는 것」의 곡조에 따라 불려졌다.

> 난 아무 법도 모르네, 난 아무 죄도 모르네,
> 난 그저 그들이 나를 만드는 대로네.
> 이것이 그들이 나를 끌어넣은 방식이네.
> 그러니 신이든 악마든 날 맘대로!

그가 미래의 아내를 이 시기에 만났는지는 우리가 하나의 사실로 알지 못하지만, 데스파드가 그런 아프리카 혈통의 한 여성의 조력들에 의존했을 법하다. 의미심장하게도, 자메이카의 여성 노예들은 남자들 못지않게 자유를 위한 투사들이었다. 예컨대 "루시아 부근의 앞선 검둥이 여성들은, 백인 남성들에 의해 소유된 사람들이라 하더라도," 1776년의 하노버 교구의 노예반란에 "관심을 두었다."[22]

데스파드의 군사적 이력은, 그들 자신이 가난하고 다인종적인 영국인, 웨일즈인, 스코틀랜드인, 아일랜드인 등의 유럽인 병사들뿐만 아니라, 노예이든 자유롭든, 아프리카 혈통의 사람들에 의한 군사적 생산에 달려 있었다. 이 노동은, 1783년에 작성된 자메이카의 요새화에 대한 한 보고서에 설정된 대로, 두 개의 전략적 목표들을 가졌다. "봉기에 대한 첫 번째 안보" 그리고 "외부의 침략에 대한 두 번째 안보"이다. 그렇게 해서, "내부이건 외부이건, 적들에 맞서 정주를 안전하게 하는 포괄적 안보가 근본적인 원칙이 된다."[23] 어떤 침략 세력이건 노예반란을 부추길 수 있다고 여겨져서, 거기 맞서 당국자들은 지역방위군에 합세하는 노예들에게는 자유를 약속하면서, 흑인 주민들을 분할하는 정책을 추구했다. 경보가 발령되면 즉각 오천의 흑인 선봉대들이 동원되기로 되어 있었다. 데스파드는 협력, 분할,

그리고 봉기와 침략 사이의 관계를 연구했다.[24]

그의 죽음 이후 수년이 지난 다음 그의 질녀가, "불운한 에드워드는 탁월한 제도사, 수학자 그리고 공학자였다"고 썼다.[25] 다른 공학자들과 마찬가지로, 그는 도로들과 다리들을 놓는 노동을 감독했고, 포위 공격을 수행했고, 요새화를 유지했고, 지도들과 약도들을 준비했으며, 재정 보고서를 기록했다.[26] 자메이카에는, 장식 격자, 각보, 요새 혹은 비낀 제방이 있는 21개의 지점들이 주의를 요했다. 18세기 마지막 사반세기에 건립된 도로들, 다리들, 도수관들, 교회들, 묘지들, 거대한 집들, 그리고 요새들을 가리켜, E. K. 브라스웨잇Brathwaite은 쓰기를 "이들 물질적 채비들 속에 그 섬의 문화적 발전에 대한 백인의 기여가 놓여있다"고 했다. 이것은 "그 일꾼들을 노예로, 그 거주자들을 방탕한 사람들로" 만들려 "고안된" 건축이었다고 존 러스킨은 말했다. 여기에 우리는 그 군사적 기능을 덧붙여만 하겠는데, 그것이 사실상 다른 두 특성을 가능하게 만들었다.[27]

데스파드가 조직한 일의 많은 부분은 장작 패고 물 긷는 것과 유사해서, 그것을 위해 수천 명의 사람들이 동원되었다. 공병들, 광부들, 그리고 선봉대들이 곡괭이와 삽으로 하는 노역을 떠맡았다. 공병은 야전작업을 수행했다. 그는 요새들을 세우고 보수했다. 선봉대는 작은 분대로 다른 사람들과 일했다. 일은 세심하게 조율되었다. "곡괭이가 땅을 파헤치면, 두 개의 삽이 뒤를 따르면서, 흙을 내벽 쪽으로 던지고, 거기서 다른 두 삽들이 물매턱 위로 그것을 내던지고, 거기서 다시 두 개의 삽들이 이랑을 만들어 올린다." 말 한 마리가 하는 양의 흙을 나르는데 일곱 사람이 필요했다. 일에는 폭파하기, 파내기, 치우기, 일구기, 구부리기, 밀어내기, 펴기, 끌어내기 등이 포함되었고, 이는 피로fatigue란 말이 "군사적 비행에 대한 벌"이자 "육체적 소진"이란 두 가지 의미를 지니고 이 시기에 영어의 어휘에 들어오게 된 연유를 시사해 준다.[28] (그런 한편, 대서양의 다른 쪽에서는 게일어 시인이 그의 저주들에서 영국인들에게 "구토와 설사, 오한과 떨림 그리고 두통"에 더해서, ["수드 안 니드 구드힘시 쎽소니그"] "도랑 파기와 해자 만들기"가 내리기를 빌었다.)[29] 데스파드 자신은 가래 문화로부터 자메이카로 왔었고, 그것도 아일랜드가 그 역사상 가장 강도 높은 토지 개간에 착수하면서 1760년대에 고도로 동원된 그런 것이었다. 가래는 곡괭이, 도끼, 쇠지레, 나무메, 삽, 그리고 호미 등의 많은 기능들을 한데 결합했다. 그것은 대규모 배수 사업들과 소규모 개간 모두에 필수적이었다. 데스파드와 그의 부대들은 습지에서 산에 이르기까지 다양한 장소들에서 작업했다. 그는 작업의 위험들을 함께 했다. 미끄러짐, 불규칙함, 낙석들, 변하는 지반, 물이 차는 참호, 떨어지는 물체들, 주저앉는 말뚝들, 그리고 연약한 버팀목 등이었다.[30]

자메이카에서의 그의 체류 동안, 데스파드는 그의 군사적 이력이 진전되는 것을 보았다. 공병으로서의 그의 작업이 킹스턴과 그 섬 전체를 공히—카리브해에서의 영국의 본부들로서—아메리카 독립전쟁 중에 스페인의 공격으로부터 방어하는 데 조력했다. 그의 성공은 그가 특권 계급의 일부분이자 1783년 그에게 지역 연대의 소령이란 계급을 안긴 발탁과 승진에 있어 부유한 사탕수수 농장주들에 의존했다는 점에서, 노예제와 섬 사회의 테러 위에 기초했다. 아프리카계 여성들의 도움으로, 그는 열대지역에서 살아남았다. 저들의 노동이 그의 업적이 되는 일단의 일꾼들을 형성하고 조율하는 데 있어 다소간의 공감, 지력, 그리고 혜안을 계발하지 않았다면, 그는 다언어의 잡색 부대들을 조직할 수 없었을 것이다. 그런 식으로 그는 혼성화되었다.

니카라과

데스파드의 연대가 1776년 질병으로 무력화되고 전혀 온전한 힘을 갖지 못하게 되었는데도, 그는 아메리카 식민지들에 대한 영국군의 군사 공세에서 호우Howe 장군에 합류하도록 배치되지 않았고, 1779년, 스페인령 메인에 대한 원정에서 지휘 장교들 중 하나로 나중에 임명되었다. 목표는 니카라과를 가로질러 스페인 제국을 절반으로 자르고, 동시에 대서양과 태평양을 연결하면서 남아메리카로부터 북측을 분할하는 것이었다. 자메이카의 존 달링John Dalling 총독이 토머스 제프리스Thomas Jefferys의 『서인도제도 전도』를 놓고 꿈꾸면서 그 원정을 착상했고, 그는 성공하면 "사태의 새로운 질서"를 낳을 것이라 믿었다. 하지만 그 계획은 병참과 의사소통의 문제들을 제기했다. 병력들, 선박들, 그리고 보급품들이 자메이카에서 동원되어 수천 마일의 바다를 가로질러 이송되어야 했고, 작전의 기지는 미지의 해안에 설치되어야만 했다. 병력들은 물자와 보급품을 60마일 강 위로 옮기면서, 급류들, 여울목들, 그리고 알 수 없는 삼각주들을 건너, 상륙하여 강 선박들에 다시 모였다. 그런 다음 그들은 임매큘라다 요새를 포위했는데, 이 요새는 1655년 해적들에 맞서 방어하기 위해 지어진 것이었다. 일단 강을 따라 모든 유력한 지점들을 수중에 넣은 후, 이들은 선박들을 건조하여 니카라과 호수에서 작전을 위한 함대를 꾸렸다. 게다가 이 모든 작전들이 열대의 열기와, 5월 이후에는 맹렬한 비라는 쇠진하게 하는 환경 속에서 수행되어야만 했다.

원정 세력은 1780년 2월 계엄령 아래에서 킹스턴에서 꾸려졌다. 데스파드와 다른 장교들이 (십육 충성 아메리카인 부대, 칠십구 부대 혹은 리버풀 블루스 부대, 그리고 로열 아메리칸 풋 부대에서 온) 병사들의 몇몇

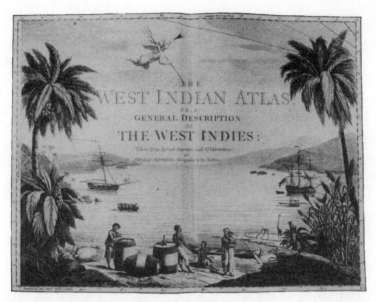

토머스 제프리스, 『서인도제도 전도 : 실제 조사와 관측에서 취한 서인도제도의 종합 기술』(1777). 윌리엄 L. 클레멘츠 도서관, 미시건 대학교.

대대들뿐만 아니라 자메이카에서 온 비정규군들의 더 큰 그룹—(대부분 선원들로 이루어진) 군단, 검은 연대, 로열 아이리시 중대, 로열 바토 병단, 그리고 로열 자메이카 지원자들의 잡색 분견대 등—을 이끌었다. 아치볼드 캠블Archibald Campbell 부총독이 출정 인사를 받았다. 그가 쓰기를, 비정규군들은 "반쯤 옷을 차려입고 반은 취한 채, 꾸불꾸불한 대열로 모여들어, 해적의 진면모를 띤 것처럼 보였고 그들의 절조가 그 얼굴들과는 같지 아니하리라 짐작하는 것은 자의적이 될 듯했다. 그들 1백여 명은 한데 모여 그토록 격하고 들떠있어, 나는 배에 올라 이송되는 동안 독주에 취하도록 십 기니를 배당하는 것이 맞춤한 정책이라고 생각했고 킹스턴 전체에 대단히 만족스럽도록 만세 삼창으로 그들을 배에 태웠다."

20년 전, 육해군 합동전에 대해 처음 출판한 영국의 권위자인 몰리뉴 Molyneux는 그 잡색의 부대들이 지닌 기술적/군사적 잠재력을 묘사한바 있었다. "몇 안 되는 담대하고 약삭빠른 사람들로, 작은 배들만으로도 엄청난 일들을 이루었다." "우리[대영제국]은, 많은 부대로도 제해권을 어떻게 휘두를지 알지 못하면서, 스스로를 바다의 신이라 칭한다" ─다른 말로 하면, 자신들이 "몇 안 되는 담대하고 약삭빠른 사람들"을 통제하는 것이 완벽하지는 못했음을 인정하는 것이다.[31] 그는 냉정하게 북아메리카와 서인도제도에서 그런 육해군 합동 기획 중 열이 성공하고, 열 셋은 실패했음을 지적했다. 1780년의 원정은 두 단계로 나뉘어졌다. 첫째는, 건기인 2월부터 4월 말까지 지속된 것으로 쎄인트존스 강 위쪽의 성에서 수비대를 패배시킨 데서 절정을 이루었다. 두 번째 단계는, 우기 동안, 질병, 엄청난 사상자, 그리고 마침내, 12월의 퇴각으로 특징져졌다. 첫 번째는 강 상류로의 서진 작전이었고, 두 번째는 강을 내려오는 동쪽으로의 것이었다. 첫 번째에서 우리는 대담하고 거침없는 병사로서의 데스파드를 보고, 두 번째에서는 살아남은 자로서의 그를 보게 된다. 그는 제일 먼저 도착한 사람이었고 마지막으로 떠난 사람이었다. 대개는, 데스파드와 어깨를 나란히 하고, 젊은 호레이시오 넬슨Horatio Nelson이 그의 군화를 진흙에 빠뜨린 채로 함께하다 뒤로 처졌다. 첫 번째 단계에서, 데스파드는 정찰하고, 공격을 계획하여, 첫 무리를 이끌어 발포했다. 4월 30일, 지휘 장교 존 폴슨John Polson은 달링 총독에게 "거의 모든 발사된 포들은 넬슨 아니면 데스파드에 의해 겨누어졌다"고 써 보냈다. 데스파드가 성벽들에 구멍을 내는 데 일군의 공병들을 조직했다. 포위는 성공적이었고, 수비대는 항복하여, 포로들을 사로잡았다.[32]

그 작전에는 어떤 정치경제가 있었다. 전쟁은 노역이었고, 데스파드는

데스파드가 그린 인매쿨라다 요새, 1780년. 로빈슨, 『해양 복무의 도판 역사』. 존 헤이 도서관.

지휘했다. 그는 사람들을 일에 투입했고, 그들의 일과를 정했으며, 그의 부관들 중 하나가 목격한대로 "진정으로 그들의 과업을 이해하는" 사람들에게 가외의 돈을 제공하는, 임금과 기술상의 위계를 만들었다. 그는 망가지거나 없어지는 도구들과 씨름했고, 이는 퇴각하기 전 스페인 요새를 폭파하려는 부대에게 어려움을 주는 문제였다. 그는 숙련된 석공들, 목수들, 톱장이들, 그리고 무엇보다 뱃사람들을 찾아 나섰다. 그는 권위와 훈육이 병사들에게 음식을 제공하는 것으로 유지되는 하나의 군사적 체계의 일부였다. 그들은 특히 "와루스 즉 야생 돼지들, 이구아나, 오리들, 비둘기들, 둘다 칠면조만큼 큰 큐라소 새들과, 큄 같은 사냥감"이 넘치는 숲속에서 스스로 조달하는 것을 저지당했는데, 그것이 그들의 자립성을 부추기기 때문이었다. 장교들은 병사들이 물건을 서로 바꾸거나, 식량으로 옷을 바꾸는 일, 또는 허가 없이 숲속에서 사냥하는 것을 허용하기를 거부했다. 군사들은 곧 모자라는 군량에 의존해야 했고, 그러면 그들의 지급 식량은 연체되었다. 환자들은 과일이나 야채를 먹지 못했다.[33] 6월 초가 되자, "굶주림의 암울한 결과들"이 섬에서 체감되기 시작했고, 식량 부족과 악화되는 조건들로 말미암아, 저항의 결과들인 좀도둑질, 절도, 그리고 탈영 또한 그러했다.[34] 선원들, 병사들, 기술병들, 뱃사람들, 그리고 노역자들이 원래 정원들이 죽거나 도망치면서 계속해서 교체되어야만 했다. 요새에 남아있는 병사들은 곧 너무 약해져서 기어가지도 못했다. 강 아래쪽, 그레이타운에서 병사들은 죽은 자들을 묻지도 못할 정도로 병들었다.

모스키토 인디언들이 영국인을 부른 대로, "회색 눈의 사람들"은 점점 더 수송과 음식물에서 원주민들에게 의존했다.[35] 현지 생태 환경을 아는 사람들은 세 대륙들의 산물이었다. 그들은 아메리카인, 아프리카인, 그리고 유럽인이었다. 17세기에는, 모스키토 인디언들이 유럽 측 해적들과 합동하여 아프리카 노예들을 그들의 공동체로 탈주시키거나 난파시켰다. 18세기가 되자, 그들은 블루필드, 펄키라군, 보카델토로, 콘아일랜드, 쎄인트안드레스, 그리고 올드프로비던스에 주요 정착지들을 가진 진전된 해양 민족이 되어 있었다. 올로다 에퀴아노Olaudah Equiano는 그들과 한 해를 보냈다. 그들은 가르시아스아디오스 곶 남쪽에 그의 집을 짓는데 힘을 보탰고, "그들은 꼭 아프리카인들처럼, 남자, 여자, 그리고 아이들의 협동 노동에 의해 그렇게 했다."[36] 그들은 "다른 민족들과 다른 피부색들로 이루어져 있음에도 불구하고, 무리의 어떤 사람에게서도 하등의 불화도 없이," 드릭봇dryckbot, 즉 (해적의 관습인) 술잔치로 축하했다. 에퀴아노는 런던에서 4명의 모스키토 인디언 추장들과 함께 자메이카로 항해했는데, 그들과 더불어 그는 투쟁과 박해의 방대한 16세기 개신교 텍스트인, 폭스Foxe의 『순교자의 서』Book of Martyrs를 연구했다. 찰스 네이피어 벨Charles Napier Bell은 19세기 초에 모스키토 인디언들 가운데서 성장해 니제르강 상류에서 온 무슬림인 노령의 만딩고 여성에게서 그들의 전승을 습득했다. 그는 작은 배들의 넘처남, 바다의 풍성함, 바나나 경작의 단순함, 그리고 어떻게 꽃들과, 새들, 그리고 크리키 진*이 한 역서▦▦의 모든 정보를 제공하는지를 묘사했다. 또 다른 관찰자는 쓰기를, 모스키토 인디언들은 "자산의 축적에 아무런 관심도 갖지 않으며, 따라서 부를 얻기 위해 노역하지 않는다. 그들은 가장 완벽한 평등 아래에 살며, 그런 까닭에 사회에서 엄청나고 지치지 않는 분발에로 이르는 경쟁의 정신에 의해 근면으로 내몰리지 않는다. 그들은 그들의 소박한 자산에 만족하여, 식민주의자들의 관습들이나 업무들을 흉내 내려 하는 욕구를 나타내지 않는다. 반대로 그들의 노역들과 관습들을 동정 혹은 경멸의 느낌으로 바라보는 것 같다."[37]

동정, 경멸에서인지 혹은 그들 자신의 나쁜 건강에서인지, 모스키토 인디언들은 쎄인트존스 원정에 점차 진력을 냈다. 하상 운송이 그들의 "기운찬 분발과 인내"에 의존했고, 그들의 사냥, 고기잡이, 그리고 거북잡기가 병사들을 먹이는데 도움을 주었기 때문에, 사태는 곧 허물어지기 시작했다.[38] 병참장교인 앨릭잰더 쇼Alexander Shaw는 그들의 계속되는 노역을 위해 교섭했고, 그들은 그들 자신들의 조건들에서만 거기 응했다. "어떤 모스키토 인디언 남자들이 어느 힘든 일에 고용된다면 그것은 오로지 그들 자신이 그렇게 고용되도록 선택한 조건에서만인데 강제될 수 없고, 그들의 노역에 대해 같은 노역에 고용된 다른 사람들과 같이 보수를 받으며 하등의 강제 없이 군대로나 그들의 집으로 되돌아가는 것이 자유로워야 한다." 장교들은 또한 "그들 측에서의 혐오의 가능성을 피하기 위해 병사들이 그들

---

* the cricky jeen은 벨리즈에만 있는 특산물질의 이름이다.

[인디언들과 거의 연계되지 않기 위해 모든 조처를 취하도록" 명령을 받았다.³⁹ 인디언들은 그럼에도 불구하고 집으로 가기로 결정했고, 그들의 배들을 함께 가지고 갔다. 그런 한편, 자메이카로 돌아온 이들은 "백인들의 하층 계급 사이에" 쎄인트존스 강으로 가는 것은 안전하지 않다는 "보고들을 퍼뜨렸다." 인디언들은 "가장 높은 자유의 이상들을 지녔다"고 장교들 중 하나가 4월에 썼다.

일단 인디언들이 탈영하자, 원정은 보급품들을 위해 거의 전적으로 "블랙 리버 검둥이들"—모스키토 해안에서 온 뱃사람들—에 의존했다. 그러나 그들 분견대의 지도자들 중 하나가 아프자, "거의 모든 검둥이들이 탈영했고, 가장 작고 제일 적합한 배들을 함께 가져가버려, 부대의 고충이 한껏 고조되었고, 어쩔 수 없이 후퇴하는 것 말고는 다른 전망이 거의 남지 않았다." 탈영은 5월과 6월까지 계속되었다. 9월이 되자, 데스파드는 쓰기를, 수비대가 "극도로 약해져서 필수적인 방어군을 유지하기에 충분한 사람들이 없다. 군대의 검둥이들의 탈영을 막고 그들이 일할 차비가 되게 하기 위해 나는 그들을 끊임없이 요새에서 지키지 않으면 안 되었고, 지난 얼마간 그들이 많은 남는 시간을 갖지 못했는데—하룻밤에 다섯이 탈영했는데 넷은 지원병들 중에서 하나는 군단에서였고 평저선 하나를 그들과 함께 가지고 갔다." 한 대위가 곧 파업을 보고했는데, 병사들이 "그들의 노역에 절대적인 거부"를 행하면서였다. 7월에는, 모스키토 해안에서 노예들이 폭동을 일으켜 블랙 리버 상의 주요 마을을 장악하면서 아래로부터의 저항이 한결 더 심각한 경향을 띠게 되었다.

2월과 11월 사이에 이천의 병사들이 쎄인트존스 강으로 올라갔고, 1백여 명이 되돌아 왔다. 또 다른 수천의 병사들이 또한 스러졌다. 1780년, 영국 전쟁상 조지 저메인George Germain경이 달링 총독을 질책하여 쓰면서,

"죽음이 군사들 사이에서 만들어 놓은 끔찍한 재앙을 엄청나게 개탄한다"고 했다. 69명의 다른 장교들과 달리, 넬슨과 데스파드는 살아남았는데ㅡ넬슨은 다만 착란 상태로 강 아래로 옮겨져서 나라 밖으로 간 다음, 쿠바 콘월리스Cuba Cornwallis라는 아프리카계 카리브해 여인에 의해 건강을 되찾았기 때문이었다. 데스파드는 남았다. 1780년 7월 자메이카의 총독은 영국 정규군에 대해 소망담긴 외국인 혐오의 상찬하는 변명으로 자신과 그의 상급자들을 만족시켰다. "우리가 최대의 우세함을 얻게 되는 것은 그들의 훈육의 우월함에 의해서이다. 이런 생각에 영향 받아, 그는 각각의 병사가 두드러지게 되도록 그리고 인디언들과 뮬래토들의 잡색 부대에 비해 얼마나 우월하게 훈육되고 반듯한 병력들인지를 보여주기 위해 노력하게 될 것임에 고무된다."40 데스파드는 그의 생존을 바로 그런 부대에 빚졌다.

쎄인트존스 원정의 파탄 이후, 모슬리 박사는 "그 사업의 실패는, 그 비슷한 것들 다수와 함께, 정부의 침묵하는 무덤 속에 묻혔다"41고 썼다. 데스파드의 개인적 승리는 그가 거의 18개월 동안 함께 살고 일했던 모스키토 인디언들, 흑인 뱃사람들, 광부들, 공병들, 건설자들을 포함하는 잡색의 부대와의 협력에 의해 가능했다. 제국적 오만을 향한 도착된 헌신에 내몰리고, 열대의 공동지들의 광대함을 부정하도록 강요되며, 사람들이 살해되는 상황(그러나 그 잡색의 구성으로 인해 그것을 정확하게 민족 학살이라 부르지도 못하는 상황)에 둘러싸여서도, 데스파드는 그럼에도 불구하고 한 민족ㅡ모스키토 인디언들ㅡ에 대한 애착을 형성했는데, 그들의 공유지에 대한 지식은 창의적이었으며, 해적들 사이에서의 그들의 연원이 자랑스레 받들어졌고, 그들의 자유에 대한 관념들은 드높았다. 캐서린이 그들 중 하나였던가?

벨리즈

니카라과로부터 데스파드가 떠나고 1784년 영국령 온두라스에서 영국 정부의 지도적 관리로 그가 임명되는 사이, 1760년대에 잡색의 부대에 의해 시발된 반역의 순환은 아메리카의 독립으로 귀결되었다. 바다에서의 선상반란들, 식민농장들에서의 반란들, 그리고 항구 도시들에서의 소요들이 제국적 위기와 그에 대한 대답으로 혁명적 움직임을 낳았지만, 우리가 이미 본바, 전쟁의 종결에도 많은 것들이 정치적 타결에서 제외되었다. 이들 가운데 수천의 스스로를 해방시킨 아프리카계 아메리카인들이 있었고—항용, 던모어 칙령(1755년)* 이후, 영국군으로 도망함으로써였다.[42] 레슬리의 흑인 기병과 브라운의 순찰대 같은 군사 대형들이 다인종적인 군사 조직으로 발전했고 1790년대의 서인도제도 연대들의 모습을 미리 보여주었다. 2만의 아프리카계 아메리카인들이 1782년 이후 북아메리카를 벗어나 캐나다, 서인도제도, 중앙아메리카, 영국, 그리고 아프리카로 옮겨갔다. 이산한 사람들은 그들의 여정 혹은 탈출을, 바하마제도를 떠돌았던 쌈보 스크리븐Sambo Scriven, 자메이카로 갔던 조지 리일, 그리고 런던과 노바스코시아에서 설교했던 존 매런트John Marrant에 의해 새롭게 힘을 얻어, 영국 혁명기 해방 신학의 갱신에 크게 빚진 구출의 담론으로 표현했다.[43] 북 대서양의 항구들과 항만들에서 전함에 올라, 해상과 해안의 감옥들에서, 그들은 새로운 예루살렘을 찾으면서 희년의 메시지를 전파했다. 사람들과 관념들의 이러한 움직임이 벨리즈에서 데스파드에게 영향을 주게 되었을 것이었다.

---

* 던모어 칙령(Dunmore's Proclamation) 1775년 11월 14일에 버지니아 왕당파 총독 존 머리(John Murray)가 발한 역사적 문헌이다. 칙령은 계엄법을 선언하고 그들 주인들을 떠나 영국세력들에 가담한 미 독립주의자들의 노예들에게 자유를 약속했다.

벨리즈는 서반구에서 가장 큰 산호초 환초에 의해 보호되는 빽빽한 열대우림이었다. 데스파드와 그의 동료인 데이빗 램David Lamb의 지도들에서조차, 사유재산의 경계들은 무성한 숲의 묘사 가운데에서 설득력 없는 지리적 선들을 드러내고 있었다.⁴⁴ 거의 이백년 동안 그 지역은 해적들, 약탈자들, 그리고 선원들, 이전 마야 개간지로부터 온 천년왕국설의 반대자들, 1715년과 45년의 1차, 2차 자코뱅 반란에서 이송된 반란자들, 난파한 노예선들의 생존자들, 그리고 이송된 자메이카 반란자들을 포함하는 인디언, 아프리카인, 그리고 유럽인 바다사람들, 배교자들, 그리고 표류자들의 터전이 되어왔다. 그들은 열기를 피하기 위해서 대개 밤에, 송진 소나무 횃불들에 의지해, 맹그로브 습지들에서 로그우드를 잘라냈다.⁴⁵ 그들은 로그우드를 자메이카 교역자들에게 팔았고, 이들이 그것을 다시 유럽으로 실어가, 섬유들을 염색하는데 매염제로 쓰였다. 그들은 "대체로 공동으로" 살았는바, "식량이나 술 비축분"을 소진하면 언제나 "그들은 이웃들과 함께 살러가기" 때문이었다. 외부인들에게 그들은 무법하게 비쳐졌지만, 실제로 그들은 "그들 자신이 만든 일정한 규율들이" 있었다라고 상인 백과사전가 포슬스웨잇Postlethwayte이 썼다. 벨리즈는 마야 개간지들과 연계된 히드라국의 육지화된 연장이었다. 그것은 인류에게 공동지에서의 집합적 자립과 위계적 원칙이 없는 자치, 그리고 다인종적인 연대의 한 사례를 제공했고, 이는 데스파드가 도착하던 무렵에는 이미 현지의 역사적 의식을 틀지웠고, 몇년 뒤 루이스 헨리 모건Lewis Henry Morgan이 방문했을 때 그것을 묘사하기위해 "원시적 공산주의"primitive communism라는 표현을 만들어 냈을 정도로강력하게 남아 있었다.⁴⁶

데스파드가 1786년 거기 상륙했을 무렵, 벨리즈 연안의 많은 부분은사적 소유로 전환되어 있었다. 1763년 7년 전쟁을 파리 조약이 종결지으면서, 영국계 정착자들에게 보다 안정된 토지 보유권을 부여했고 마호가니 벌목에의 길을 열었다. 더 부유한 정착자들이 그 지역으로 옮겨왔고, 그들과 함께 노예들과 새로운 생산 양식의 공격적인 소유의식을 가져왔다. 가축몰이꾼들, 쟁기꾼들, 말몰이꾼들, 요리사들, 설비자들로 이루어진 노예 무리들에 속하는 도끼꾼들에 의해 거대한 나무들이 베어졌다. 마호가니는 유럽인 가구상들에게 팔렸고, 그 가운데 토머스 치펜데일Thomas Chippendale 은 가장 기업적인 경우일 뿐이었다. 그의 출판물 『신사와 가구장이의 지침서』The Gentleman and Cabinet Maker's Director는, 400여 디자인들과 160장의 이절판 동판들과 더불어, 그 산업을 수공 생산에서 제조업으로 옮겨가는, 표준화를 향한 한 단계를 제시했다. 이제 유럽의 지배계급은 마호가니 식탁에서 밥을 먹고, 마호가니 서랍장에서 옷을 차려입고, 마호가니 틀로 된 거울들에 스스로를 비추어보며, 마호가니 서탁에서 편지들을 쓰고, 마호가니 성가대석에서 노래를 부르고, 그런 식이었다. 그런 한편, 공식적인 법률 규정을 확립하고 토지가 더 이상 공동으로 소유되지 않는다는 것을 선포하기 위해 윌리엄 바너비William Burnaby제독이 1765년 해군 전함과 함께 벨리즈에 도착했다. 같은 해 첫 번째 노예반란이 등장했고, 1768년과 1773년에 다른 반란들이 뒤이었다. 1780년에는 노예들이 자유민들에 비해 6 대 1로 그 수가 많았다. 야심적인 식민농장주들이 스스로를 이름 붙인 대로 열다섯의 "베이맨들"*이 모든 마호가니 생산을 독점했다.47

1786년 데스파드가 거기 배치된 것은, 런던 협약Convention of London이라

---

* 1650년대부터 벨리즈에 정착한 해적들로서 멕시코와 중앙아메리카에서 스페인 지배자들을 압도하려고 들었다. 그들은 로그우드를 베어 식민 모국에 파는 것으로 사업을 벌였다. 벨리즈에서 하인들이 로그우드를 베어내도록 하기 위하여 노예제를 설립한 것은 베이맨들이었다.

불린, 영국과 스페인 간의 새로운 합의와 우연히 시기가 겹쳤고, 이 협약의 시행은 벨리즈에서 토지와 노동을 둘러싼 무력 갈등을 촉발하고 대령의 삶을 결정적으로 바꿔놓게 될 것이었다. 협약은 그곳에서의 새로운 마호가니 벌채권과 맞바꿔 영국으로 하여금 이천 이상의 정착자들을 모스키토 해안에서 벨리즈로 소개시킬 것을 요구했다. 1787년 2월, 모스키토 해안으로부터 514명의 이주자들이 도착했다. 그들 대부분은, 데스파드가 보기에, 아메리카를 탈출한 "유색의 곤궁한 사람들"이었다. 5월에는 또 다른 1,740명의 사람들이 갑자기 수가 늘어나 많아진 정주지에 합류했다. 데스파드는 그들을 식민지에 통합하는 한편 새로운 정착자들에게 호구지책을 제공하도록 책임을 맡았다.[48] "장작 패고 물 긷는 자들"이 되기 위해 그 만으로 온 이 사람들은 누구였던가?[49] 첫 번째 집단에는 로열 아메리칸 레인저스의 구성원들이 있었고, 그들은 1780년에 대륙군의 탈영자들과 죄수들 중에서 뉴욕에서 모집되었고 1781년에 자메이카로 배치되었는데, 그 때 데스파드는 1782년 블랙 리버 상에서 스페인인들을 몰아내는데 "그들 대부분을 지휘하는 영예를 누렸다."

스페인과의 협약 조정안들은 음식물 재배를 금지하고 있었지만, 실제로는 이런 금지가 관철되기 불가능했다. 고기잡이와 거북잡이가 마야인들, 모스키토 인디언들, 그리고 해적들에게는 주요한 먹을거리를 제공했지만, 정착자들에게는 그렇지 못했다. 그들의 숫자가 늘어나자 그 중 탐욕스런 자들이 공동지를 사유화하기 시작했고, 식민지는 그렇게 점차 북아메리카로부터의 음식물 수입에 의존하게 되었다. "더 가난한 부류의 사람들"의 생존을 확보하기 위해서, 데스파드는 협약의 조건들을 무시하고, 바나나, 고구마, 옥수수, 파인애플, 그리고 멜론의 경작을 허용했다. 그는 특정 지역들은 "모든 정착자들이 공동으로 향유하도록" 제쳐두었고 지역 생태를 잘

아는 사람들과 연계를 강화했다. 그는 음식물에 부당한 가격을 부과함으로써, "사람들을 가난하게 만들고 전적으로 그들에 의존하게 하는" 아메리카인 상인들에 맞서 가차 없는 투쟁을 제기했다. 1788년, 그런 상인들이 교역 규칙들을 위반하자, 그는 그들의 배들을 몰수하고 심지어 팔아버리기를 주저하지 않았다.[50]

데스파드는 또한 새로운 정착자들이 어떻게 "그들의 노동과 근면으로 생존의 수단을 얻을지"를 결정해야만 했다. 새롭게 할양된 영토에서 그가 토지를 할당하는 방식은 기성의 마호가니 사업자들로 하여금 저항으로 아우성치게 만들었다. 그보다 이전에, 베이맨들은 죄수들의 배 하나를 상륙하도록 허락한 그의 결정에 반대했었고, 노예제로부터의 해방을 인정하는 그의 동기를 의심했었으며, 한 백인의 살해로 기소된 검둥이에게 관용을 베풀었을 때 모욕감을 느꼈었다. 이때 데스파드는 그들의 압력을 무시하고 추첨으로 토지를 나누어 주기를 제안했는바, 그것을 그는 "가장 균등하고 공평한 배분의 방식"이라고 여겼다. 베이맨들은 이것이 "가장 하층의 물래토나 자유로운 검둥이"에게 가장 부유한 사람들과 "균등한 기회"를 주게 되리라 보아 격하게 반응했다. 그들 중 하나는 어떻게 "막대한 자산을 지닌 사람이 가장 하층인 계급의 부류들과 동등한 자격으로 위치지워져야 하는지 그리고 에이블 테일러Able Tayler(이는 유색인이다) 같은 치보다 많지 않은 땅이 허락되는지"를 이해할 수 없었다. 그들이 불평하기를, 추첨은 토지를 "나이, 성별, 인품, 지위, 자산, 혹은 피부색에 있어 아무런 구별도 없이" 분배하게 되리라는 것이었다. 그들은 비난하기를, 데스파드는 사람들을 전혀 구별하지 않는 사람이라는 것이었다. 그는 "아주 다른 계급들의 사람들 사이에 하등의 구별도 할 수 없고 차별도 하지 않으리라"고 주장했다. 그는 구역 땅들을 열여섯의 여성들에게 뿐만 아니라 모든 계급과 피부색의 사람

들에게 배당했다.[51]

조슈어 존스Joshua Jones라는 한 "자유민 유색인"이 69번 구획지를 뽑고, 데스파드의 허가 아래, 그 토지 위에 세워져 있었던 부유한 정착자의 취사장을 허물어뜨리자 긴장이 고조되었다. 존스는 베이맨들을 대표하는 행정관에 의해 체포되었고 감옥에 처넣어졌다. 금세 "아주 하층 계급의 몇몇 백인들, 일단의 메스티조들, 뮬래토들, 그리고 자유민 검둥이들"이 존스를 석방시키리라 위협하면서, 북을 울려 "감비아 가락을 연주하며" "거리를 누비면서 무장을 갖추고 모여들기" 시작했다. 데스파드는 그들의 편에서 개입하여 존스의 석방을 요구했다. 그것은 한 시대를 조명하는 역사의 저 발화점들 중 하나였다. 베이맨들은 계급적 우월성과 결합한 인종적 우월성의 원칙을 표명하면서, "감독관이 채택한 분배의 방식은 검둥이들과 뮬래토들(서인도제도 모든 섬들에서, 전체 거주자들에 비해 아주 저열한 모습으로 여겨지는 일련의 사람들)을 그 나라를 떠받치는 사람들인, 신사들과 마호가니 벌목자들과 같은 입지에 놓아 한결같이 부당하고 부적절한 것"이라고 주장했다. 그럼에도 데스파드는 여전히 국왕과 국회라는 혼합된 정체에 부합하는 평등주의적 관점을 견지하면서, 데스파드는 "이 섬들의 입법적 권력이 백인들과 검둥이들이나 뮬래토들 사이에 얼마간 구별을 지워 놓은 것이 사실이다. 하지만 이 나라에 입법부가 없는 까닭에, 영국의 법에 의해 통치되어야 하는데, 영국법은 그런 구별을 알지 못하며, 그런 구별이 발생하는 영국령 식민지들의 지역들에서라도, 국왕의 토지를 분배하는 데는 결코 그렇게 하지 않았다. 그리고 이들 유색인들은 나라의 첫 번째 마호가니 벌목자들만큼이나 살아갈 장소들에 대등한 자격이 있었다"고 대응했다.[52] 베이맨들은 새로운 요구자들에 대한 도발을 계속해서, "유색인"들이 1787년 인종을 이유로 토지에서 배제되는 것에 맞서 청원을 하도록 유발했다.

모스키토 해안의 거주자들 우리 청원자들은 황송하게 지적하노니 작금에 우리에게 일어난 많은 정황들이, 우리가 영국의 신민들이란 특권이 허여되지 않음에 따라, 또 유색인 사람들이 극도의 경멸로 취급되고, 그런 목적을 위한 사람들이 임명한 위원회에 의해 만들어진 특정의 결의안에 서명하거나 동의하지 않는 경우 이 나라의 법들과 권리들을 박탈당하리라 위협받는 처지인지라, 이 나라에서 생존을 확보하는 것이 진정으로 불가능하리라 내다보게 되는 가장 확연한 이유를 제시하며, 이는 의견 상 이 나라의 감독관 데스파드 대령의 제안에도 그리고 그 어떤 영국 헌정에도 반하는 것입니다.

이 청원에 서명한 사람들 중에 조슈어 존스가 있었다.

같은 해, 데스파드는 행정관으로 선거에 입후보했다. 그는 투표수의 80퍼센트로 승리했다. 그의 적들은 투표권의 일부가 "무지한 거북잡이들"과 "하등의 자산이나 고정된 주거를 갖지 못한 유색인들"에 의해 행사되었다고 주장했다. 베이맨들의 대리인인 로벗 화잇Robert White은 1788년 런던의 시드니Sydney경에게 데스파드의 선출은 "사회의 모든 유대를 부셔버리고, 모든 질서, 신분 그리고 통치를 파괴하게 되리라"고 썼다. 여기에 데스파드는 베이맨들의 법이 부유한 사람들에게 편중되어 있음을 지적하는 것으로 대응했다.[53] 그들의 귀화에 관한 법은 유색인들을 배제하여, 그들에게 자립적인 생존을 불허하고 그들이 노복들이나 노예들이 되도록 강제하는 것이었다. 1789년 9월에 이르러 베이맨들의 불만은 북대서양 부르주아의 전체 대열을 포괄하는 것으로 확대되었다. 영국의 국무장관인 그렌빌Grenville경은 그해 10월 데스파드가 직위에서 정직되었다고 선언했다.

인종이 여기서 유일한 쟁점은 아니었다. 생존과 그리고 공유지와의 관계에서 계급이 어떻게 구성되는가 하는 것이 또한 문제였고, 거기에 내재하는 것이 재생산의 문제였다. 자메이카 식민농장의 노예제와 군사적 사회에서, 재생산은 기숙시설에서 살고 보살피는 혼혈화한 집단에 의해 가능했다. 1780년의 니카라과 원정에서는, 풍요로운 가운데서의 결핍이라는 엄격한 명령에 의존했고, 이는 불가피하게 파국으로 이끌려졌다. 벨리즈에서만 데스파드가 제 3의 해결책을 시도했다. 공유지에 대한 수용과 잡색의 부대와의 결합이었다. 하지만 데스파드는 잡색의 부대를 조직하기보다 그것에 의해 그가 조직되는 형국이었다. 데스파드와 캐서린이 자메이카나 니카라과에서 만났다는 것이 상정 가능하긴 해도, 그들의 결합을 벨리즈에서 이루었을 것으로 보는 것이 아마도 가장 그럴 법하다. 미혼인 채로 정착지에 도착했지만, 1790년 4월 영국으로 항해해 돌아갈 때 에드워드는 아내와 아들이 있었다.[54] 우리들의 이야기는 그렇다면, 중앙아메리카의 공유지가 평등주의적으로 변용되는 과정의 한 가운데서, 아일랜드인 장교와 결혼하여 혁명적 이산을 하였으나 혁명의 와중에 그들이 맞서려 하였던 제국의 상업적 욕망에 의해서 패배를 맞게 되는 한 아프리카계 아메리카인 여성에 관한 것이다.

인류

1790년 봄에 에드워드와 캐서린은 런던에 도착했는데, 이는 바스티유의 습격과 프랑스 혁명의 시발 1년 후였고, 아이티 혁명*을 촉발하게 되는

---

* 아이티 혁명(The Haitian Revolution, 1791~1804)은 서반구에서의 많은 아프리카계 노예들의

부아 케망에서의 부두 의식으로 휘몰아친 밤 한해 전이었다. 그들은 노예제를 폐지하기 위한 영국에서의 움직임이 일어나는 것을 보기 위해 도착했다. 서인도제도 노예제에 대한 중간 계급의 교육 프로그램은 잘못된 것일지언정 동정적인 인상을 불러 일으켰다. 조사이어 웨지웃Josiah Wedgwood의 무릎 꿇은 검둥이 문장이 "내가 한 인간이자 형제가 아닌가?"(1787)라는 설명문을 달고, 개인적 탄원의 자세를 드러냈다면, 폴리머스 위원회의 노예선 계획도의 이미지(1788)는 반복되는 무저항의 느낌을 전달했다(이 책의 249쪽을 보라). 에드워드와 캐서린은 진실을 알았고, 이는 아이티 혁명 이후에야 다른 사람들에게 분명해질 것이었다. 데스파드 부부는 "속박과 노예제의 사슬을 부숴버리고자" 런던에서 조직을 결성하고, "자유, 인류애, 그리고 정의의 원칙들"을 주창하게 되면서, 그리고 "인류"에 관한 그들의 관념을 발전시키게 되면서 이 진실을 사용하게 될 것이었다.

영국에서 에드워드와 캐서린은 노동자들이 노예제 폐지의 대의를 수용하는 나라를 발견했다. 769명의 셰필드 칼제조공들이 1789년 노예제 옹호로비의 기도들에 맞서 의회에 청원했다. "자유민에 의해 만들어진 식탁용 철물들은······ 상당량이 아프리카 해안으로 보내져, 일부분, 노예들에 대한 대가로 처분되니 ─ 전술한 노예무역이 철폐되어야 한다면 우리 청원자들은 우리들의 이해관계에 있어 편견을 가지리라 여겨질 것이다. 하지만 우리 청원자들은 언제나 아프리카의 원주민들이" ─ 그리고 여기서 그들은 올

반역들 가운데 가장 성공적인 것이었다. 이로써 아이티는 자유로운, 흑인 공화국으로 설립되었다. 혁명의 시점에, 아이티는 쎙-도밍그(Saint-Domingue)로 알려진 프랑스 식민지였다. 노예제 시기에 수백의 반란이 일어났지만, 1791년의 봉기만이 전체 섬을 해방시키는 데 성공했다. 전통적으로 역사가들은 혁명의 촉매를 1791년 부아 케망(Bois Caïman)에서 고위 주술사 뒤띠 부크망(Dutty Boukman)에 의해 시연된 특정한 부두 의식으로 지목하지만, 실제로는 일련의 복합적 사건들이 아프리카계 노예화의 역사에서 가장 중요한 이 반란의 무대를 만들었다.

로다 에퀴아노Olaudah Equiano가 노예제폐지 순회강연에서 연설하면서 그들과 나눈 대화를 유념했을 법한데—"외국 노예제에 심대한 반감을 가짐을 이해하고 있다." "아프리카 나라들의 사안을 그들 자체로 고려할 것"을 주장하면서, 그리고 원칙을 물질적 이해 앞에 놓으면서, 칼제조공은 노예제에 맞서는 특별한 공공의 입장을 취했고, 이는 거의 한 세기 반 동안 어느 영국 노동자들도 한 적이 없는 무엇이었다. 프롤레타리아적 셰필드의 시적 분석가, 조지프 매서Joseph Mather는 노래했다.

> 버지니아, 메릴랜드 혹은 기니의
> 검둥이들처럼,
> 그들처럼 나는 계속해서—
>   사고 또 팔려야만 하리니.
> 검둥이 배들이 채워지는 한
> 난 한 푼도 아끼지 못하리,
> 그리고 더 우스운 노릇은,
>   늙으면 극빈자는 죽을 수밖에 없는 노릇.

셰필드는 추수하는 낫들과 큰 낫들, 수출 시장의 가위들과 면도날들, 인민의 전쟁 도구인 미늘창을 만들어 내는 철강 도시였다. 노동자들의 조직인 〈셰필드 헌정회〉Sheffield Constitutional Society, 1791년 결성의 서기는 그 목적을 이렇게 설명했다. "민중을 계몽하기 위하여, 사람들에게 그들의 불만들과 고통들의 원인, 그 근거를 보여주기 위함. 한 사람이 하루 열셋 혹은 열네 시간을 일주일 내내 일해도 가족을 건사하지 못한다. 그것이 내가 사태를 이해하는 바이니, 사람들에게 이것의 근거를, 왜 할 수 없는지를 보여주는 것이다." 〈헌정회〉는 또한 〈런던교신협회〉London Corresponding Society와 아주 유사하게 노예제에 반대한다고 천명했는바, 후자는 우리가 나중에 보게 되 듯이, 일찍이 1792년 "모든 것들을 공동으로 하는" 논의 속에서 창립되었 고 "흑인이든 백인이든, 상층이든 하층이든, 부유한 자든 가난한 자든," 모 든 이들 사이의 평등에 대해 입장을 분명히 했다.

그러나 인종과 계급적 관심들의 통일은 금방 무너지기 시작했다. 〈교 신협회〉가 1792년 4월 2일 조심스럽게 시민적 영역에 발을 들여 놓았을 때, 그 공식적 성명은 노예제, 노예무역, 혹은 공유지에 대해 하등의 언급 도 하지 않았고―이는 의회가 노예무역을 다만 "점진적으로!" 철폐하는데 동의했던 "4월 타협"의 바로 그 날이었다. 1792년 8월이 되자, 〈런던교신 협회〉는 대영 제국의 거주자들 사이에서 그 지지자와 목적들을 규정하고 있었다. "부유한 자나 가난한 자, 상층이나 하층, 삶의 모든 처지와 모든 계층의 동료 시민들, 우리는 그대들 모두에게 우리 형제들로 대한다."55 더 이상 "흑인이거나 백인이거나"는 여기 없다. 인종의 평등은 회의 의제에서 사라져 버린 것이다. 무슨 일이 일어난 것일까? 그 답은, 한마디로, 아이티 이다. 1792년 4월, 프랑스에서, 의회는 유색인들에 대한 완전한 정치적 권 리를 천명했고, 그런 한편 아이티에서는 히아신스Hyacinth가 거침없는 노예 들을 이끌고 포르-또-프렝스를 포위하고, 투쌩 루베르뛰르Toussaint L'Ouverture는 퇴락한 노예들을 다음 10여 년에 걸쳐 3개의 유럽 제국 군대들 을 패퇴시킬 독립적인 군사력으로 조직하기 시작했다. 유사하게, 압살롬 존스Absalom Jones와 리처드 앨런Richard Allen은, 백인 교회에서 추방당하자, 그 경험이 비참했던 이전 노예들을 고양시키기 위해―그들이 표현했듯이, 가 시나무를 포도로 엉겅퀴를 무화과로 변화시키기 위해―필라델피아에서 그들 자신의 아프리카계 교회를 창립했다.56 인종은 그렇게 다루기 힘든 주제 그리고 영국에서는 많은 사람들에게 하나의 위협적인 주제가 되었고, 〈런던교신협회〉의 지도자들이 이제는 회피하려드는 그런 것이 되었다.

이런 혼란스럽고 급하게 변하는 상황 속에서, 에드워드와 캐서린 데스파드는 무엇을 기여할 수 있었을까? 우리는 감옥에서의 마지막 나날들 동안, 권력의 감시 아래에서도, 에드워드가 캐서린과 빈번히 그리고 긴장되게 소통하고 있었다는 것을 보았다. 우리는 그들의 모반이 대화 속에서 "함께 호흡하는 것"으로 보는데, 여기에는 그가 처형대에서 하게 될 연설의 말 다듬기("인류"라고 말해야 할까?)와, 지침들은 아니더라도 여러 대륙에 있는 공모자들에게 정보를 전달하는 것이 포함되어 있었다. 그들은 쿠데타를(나폴레옹의 브뤼메르 18일은 1799년이었던 바), 혹은 아일랜드에서의 프랑스의 상륙으로 주의가 돌려지는 것, 혹은 총봉기를 촉발할 반란, 혹은 대서양의 노예반란들의 확대를 예견했던 것일까? 이런 질문들에 답하기 위해서는, 먼저 모반의 정황들, 혹은 그것이 터져 나오고 그것이 호소했던 사회적 세력들을 살펴보아야 한다. 이것이 상황의 테제thèse de circonstance이다. 그런 다음 모반자들을 추동했던 관념들과 이상들을 탐색해보아만 한다. 그것은 모반의 테제thèse de complot이다.

노예들, 산업 노동자들, 선원들과 부두 노동자들, 그리고 아일랜드인들이 데스파드의 모반 배후에 주요 봉기 세력을 제공하고 있었다. 1800∼1803년의 국제적 국면 속에서, 노예들은 특별히 활동적이었다. 1800년에, 흑인 제8서인도 연대가 도미니카에서 반란을 일으켰고, 노예들은 토바고 섬에서 모반을 꾀했으며, 게이브리얼Gabriel은 버지니아 리치몬드에서 노예 봉기를 조직했는데, 거기에는 프랑스 혁명가들과 아마도 〈아일랜드인연합〉*이 관련되어 있었다. 뉴욕의 한 자산 보유자는 그 해에 이렇게 썼다. "우리가 우리나라에서 괴물을 키우게 된다면, 그것을 사슬에 묶어 두어야만 하리라." 자메이카에서는 총독이 대량학살을 구상했었다. 노예들은 1802년 3월 아이티를 공격한 르끌레르끄Leclerc(나폴레옹의 사위) 휘하의 원정군에 맞서 싸웠고, 과달루프에서의 노예제 재개시에 맞서 반란을 일으켰다. 1802년 여름에는, 그들의 지도부에 (투쎙은 체포되었고, 데쌀린스 Dessalines*는 여전히 프랑스인들을 위해 싸우고 있었는데) 배반당했다고 느낀 많은 이들이 1803년 2월 몇몇 도시들을 장악하게 되는 병사들, 농민들, 탈주노예들, 부두 노동자들, 그리고 선원들의 반역적 결합들 속에서 봉기했다. 바로 그 달에, 아프리카계 아메리카인들에 의한 파옥이 도시 방화의 발발과 결합해서, 펜실베니아의 요크를 거의 파괴했다. 1802년 말 런던의 올드 베일리 중앙형사법정에서 다루어진 사건들에는, 그 범대서양적 경험이 프로비던스, 뉴욕, 찰스턴, 킹스턴, 브리지타운, 그리고 벨리즈시에서의 체류들을 포함하고 있는 몇몇 흑인 선원들이 연루되어 있었다.[57] 그런 사람들이 허벗 앱쎄커Herbert Aptheker가 아메리카에서의 십여 년에 걸친 노예 모반들과 봉기들의 물결이라 부른 바의 소식들을 전달했고, 이는 1802년에 절정에 달했다. 버지니아의 흑인 반란자, 아서Arthur는 그 해에 "보통 사람들인 흑인과 백인 모두"에 호소하여 "가난한 백인들과 뮬래토들이 나와 함께 하여 자유로운 나라를 도우리라"고 했다.[58]

두 번째 세력은 영국의 박탈당한 평민들로, 데스파드의 모반을 통해서 "도둑들의 소굴"(의회)과 "사람-먹는 자들"(정부)에 대항해 봉기하여 "우

---

* <아일랜드인연합>은 18세기 아일랜드에서 의회개혁을 추구하는 자유주의적 정치조직으로서 창립되었으나 프랑스의 혁명적 상황과 연관된 혁명적인 공화주의적 조직으로 발전하였다. 이 조직은 대영제국의 아일랜드 지배를 종식시키고 독립된 아일랜드 공화국을 건립할 목적으로 1798년 아일랜드 반란을 일으켰다.
* 데쌀린스(Jean-Jacques Dessalines)는 아이티 혁명의 지도자이자 독립 아이티 최초의 통치자였다.

리가 잃은 저 자유들의 일부를 회복하려는" 이들이었다. 농업국은 1795년 공유지의 철폐를 주창한 바 있다. 토머스 맬서스Thomas Malthus는 수목 생태가 문명에 장애가 되리라 보았다. 숲들이 야만인들, 로마를 침략하고 파괴한 "히드라-머리를 한 괴물"에게 은신처를 제공했다는 것이다. 이에 따라, 공유지를 철폐하는 것은 히드라를 베어 넘기는 것이었지만, 이는 쉬운 과제가 아니었다. 수탈은 종종 박탈당한 자들을 동요하게 만드는 듯했다. 토머스 스펜스Thomas Spence는 대서양적 범위에서 논점을 분명히 했다. "해외 그리고 국내에서, 아메리카, 프랑스에서, 그리고 우리들 자신의 함대들에서, 우리는 …… 무한히 커진 난제의 방략을 달성하려는 공공의 정신을 충분히 보아왔다. …… 사람들은 그저 '토지가 우리의 것이라' 하기만 하면 그렇게 되리라는 것이다." 데스파드 자신은 아일랜드에서 폭력적인 종획과 저항을 목격했었고 벨리즈에서 그의 토지 재분배로 파벌들을 분노하게 만들었었다.[59]

1802년 11월 오클레이 암스 선술집에서 데스파드와 함께 체포된 사람들 중 상당수는 직인들이었는데, 1790년대에 그들의 지위 격하는 늘어난 고용 시간, 줄어든 휴일, 그리고 그들의 집단적인 노동일 전체에 걸쳐 강화된 노동 등에서 확연해졌다. 이런 것들은 기계류의 도입과 통제에 의해서 달성되었다. 씨아*와 증기기관은, 1790년대에 도입되어, 기계류가 노동을 단축시키기는커녕 사실상 부불노동을 증가시킨다는 것을 보여줌으로써 식민농장과 공장에 생명을 연장시켜주었다. 1802년, 임금 삭감이 이천의 템스 강 선박제조자들로 하여금 그들의 연장을 "놓게" 만들었다. 그런 다음 요크셔에서 소작인들이 파업을 일으켰고, 윌트셔에서는 "수평화하는 정신"

---

* 목화의 씨를 빼는 기구.

이 직조 기계에 대한 야간의 공격에 가세했다.[60] 공동의 권리들은 범죄시되었고, 노동자들은 분열되었다. 1802~3년 겨울, 런던의 선착장들에서 통상의 수입을 되찾으려는 투쟁은 격심했다. 스코틀랜드 상인이자 자메이카 농장주, 그리고 런던 경찰의 창립자인 카훈Colquhoun은 선착장들의 종획과 내륙 수로들의 건설을 주창했다. 그의 예방적인 통제 시스템은 "수상 노동자들," 혹은 그가 설명한대로, "그것이 나타내는 모든 다른 형태의 히드라"[61]의 통상의 권리들을 공격했다. 히드라를 죽이는 것은 그렇게 통상의 수입을 범죄화하는 것이었다.

데스파드는 세 번째 집단인, 선원들과 선착장 노동자들이 런던을 손에 넣고자 하는 그의 계획에 특별히 중요하다고 여겼다. 무엇보다도, 대부분 아일랜드인이고 아프리카인들인 그들 십만여 명이 있었고, 수년 동안 그들은 반역적이었다. 영국 해군 바운티Bounty호 선상의 반란은 서인도제도 식민농장들에서 노예로 일하던 아프리카에서 수입된 사람들을 먹이기 위해 태평양으로부터 식품(빵나무 열매)을 모으기 위한 1789년의 지구적 항해에서 일어났고, 이들은 그곳에서 유럽의 프롤레타리아들에게 헛배의 열량을 제공할 설탕을 만들었다. 1797년, 영국 해군 허마이어니온Hermione호는 아이티 연안에서, 벨파스트의 공화주의자와 뉴욕의 아프리카계 아메리카인이 이끄는 반란을 겪었다. 노어와 스핏헤드에서 1797년 5월과 6월에, 십수척의 배들이 모국 연해에서 반란을 일으키자, 잉글랜드 은행은 금 지불을 중단할 수밖에 없었으되 제국의 체제는 흔들렸지만 전복되지는 않았다. 수백 명이 군사재판에 회부되었지만, 그 이후로 회계관의 14온스가 아니라, 16온스가 1파운드를 구성했다. 캠블Campbell제독 전대의 13명의 반란자들이 1802년 1월에 재판을 받고 사형을 선고 받았다. 같은 달, 다른 16명이 포츠머스에서 처형되었다. 1802년 크리스마스이브에는, 지브롤터에서

포츠머스에서 …… 선상반란자들을 처형하는 실제 모습, 1802년. 로빈슨, 『해양 복무의 도판 역사』. 존 헤이 도서관.

수척의 배들이 반란을 일으켰다. 1803년 1월 말에는, 아머스 선원들이 파업을 일으켰다.

　데스파드의 장래 동료 수감자인 토머스 스펜스는 공동체주의적 계획인 『해양 공화국』*The Marine Republic, 1794*을 집필해서, 수상 노동자들 사이에 있는 자신의 독자들을 구체적으로 겨냥했다. 스펜스는 또 마사니엘로의 반란에 대한 17세기의 해석을 연속 출판했고, 그 결론에서 그는 "상처받고 격앙된 사람"의 자율적 권력을 강조하기 위해 손질을 가했다.[62] 억압에 직면해서도 조직화는 해안지구에서 계속되었다. 굳은살의 손에서 굳은살의 손으로 조용히 돌려지는 인쇄된 카드는 "더 이상 노예들이지 말라"고 행동을 요구했다. 1797년의 〈런던교신협회〉 회원 카드에는 멀리 정박한 배와 더불어 한 남자가 어느 배로 인도되는 모습의 만화가 묘사되어 있었다. "너 검둥이

풋내기들아 어서 따라오라"라고 으스대는 선원이 말하고 있다. "오 세상에 나! 기독교인들이 인간 피로 거래한단 말인가?"라는 것이 놀라워하는 응답이다.[63] 데스파드는 평선원들과 선착장 일꾼들 사이에 "어딘가에서 총독이 었다가 그의 수하들이 반란을 일으켰고 그가 그들을 처벌하지 않아서, 그렇게 자리에서 쫓겨난 사람"으로 알려져 있었다.[64]

네 번째는 아일랜드인들이었다. 데스파드의 모반은 어떤 의미에서는, 아일랜드인 선원들, 병사들, 그리고 노동자들이 영국 내에서 중심에 등장함에 따라, 아일랜드 반란의 연속이자 영국으로의 확대였다. 노예제와 인종에 반대하는 것 하나의 공통된 대의가 되었다. 1790년 벨파스트 개혁론자들의 한 행렬은 "잘 차려입고 자유의 모자를 높이 들어 올린 검둥이 소년"을 그린 반 노예제 깃발을 두드러지게 내세웠다. 연합 아일랜드인들의 노래책 『아일랜드인의 소창』*Paddy's Resource, 1795*은 "붙잡힌 검둥이"와 "검둥이의 탄원"을 포함하고 있었다.[65] 1795년, 서인도제도에서 아일랜드 연대들이 복무에 저항하여 반란을 일으켰다.[66] 토머스 러쎌Thomas Russell은 그의 『아일랜드 인민에게 고함』*Address to the People of Ireland, 1796*에서 노예제와 지주제를 통렬히 비난했다. 직설적이고 설교적인, 이 연합 아일랜드인은 대중문화를 안정시키기보다 정치화하는 것으로 그의 목표를 삼았다.[67] 여전히 이런 것은 아래로부터의 역사의 가장 오래된 전통의 언어인 게일어와 조화롭게 작용했고, 거기서 예언, 천년 왕국설, 그리고 뒤집힌 세상 등이 아일랜드의 자유를 형성하는데 보탬이 되었다. 연합 아일랜드인들은 걷고 또 걸었다. 권투 시합들, 헐링 경기들, 장례식들, 그리고 집단적인 감자 캐기에 그들은 『심판으로 오시는 승리의 그리스도』*Christ in Triumph Coming to Judgment, 1795*, 『빵을 향한 빈자의 외침』*The Cry of the Poor for Bread, 1796*, 그리고 『빈한한 자의 교리문답』*The Poor Man's Catechism, 1798* 등에서 발견한 메시지들을 가지고 갔다. 이는 고도를 기다리는 블라디미르와 에스트라공* 같은 떠돌이들에게마저 "모두에게 접근 가능한, 지식의 공동 저장고"였다. "그대들은 정치란 그대들이 절대 생각해서는 안 되는 주제라고 들어왔다. 통치의 사안에서 나라의 부유하고 위대한 사람들에게 그대들의 판단을 넘기라고. …… 누가 이런 조언을 하는가? …… 그대들의 무지와 부주의로 이익을 얻는 사람들이다. …… 왜 정치를 생각지 않는가? [그것을] 진지하게 생각하라, 너의 지배자들에 대해 생각하라, 공화국들에 대해 생각하라, 왕들에 대해 생각하라."[68]

1798년의 반역 이후, 학살은 광범위했다. 로베스피에르의 공포정치에서 죽은 숫자를 훨씬 넘긴, 3만 여명이었다. 연합 아일랜드인들의 많은 숫자가, 카슬레이Castlereagh가 추산하기로는, 자메이카로 이송되어서, 거기서 연대들에 징집되었다. "그들은 무기들을 손에 넣자마자 탈영했고, 산으로 도망갔으며, 섬의 프랑스인들과 많은 수의 원주민들이 그들에 합세했다. 이미 이런 측과 국왕의 군대들 사이에 모종의 교전들이 있었다. 양쪽에서 여럿이 죽고 다쳤다."[69] 윌리엄 커벳William Cobbett은 1789년 버지니아와 캐럴라이나에서, "일부 자유로운 검둥이들이 이미 연합 아일랜드인들의 모반에 받아들여졌다"는 믿음을 보고했다.[70] 후자의 이들은 아일랜드에서의 패배의 원인 중 하나가 수도 더블린을 장악하는데 실패한 데 있음을 알고 있었다.[71] 자메이카에서 내부 봉기와 외부 공격의 관계를 연구했었던, 데스파드는 혁명적 프랑스에 의한 침략이 임박해 보이던 시점에 동일한 전략적 사고를 런던에 적용했다. 하지만 런던은 무장한 상인들─자경원들─로

---

* 『고도를 기다리며』(*Waiting for Godot*, 1948~49) 쌔무얼 베켓의 희곡으로 등장인물들이 고도를 기다리나, 결코 오지 않는다. 여기서 필자들은 가난한 자와 떠돌이들의 대표적 인물로서 이들을 인유하고 있다. 원래 프랑스어 판으로 *En attendant Godot*라고 하고 원문에도 그렇게 인용되어 있다.

<킬메인험 감옥의 정문>, 1796년경. 피터 라인보우 사진.

가득 차있었는데, 이느 데스파드도 시를 차지하는 데는 1,500명이, 그것을
지키는 데는 5만 명이 필요하다고 말함으로써 인정하던 사실이었다. 해적
들의 지도자, 아프리카계 아메리카인의 남편, 중앙아메리카 인디언들의 친
구, 연합 아일랜드인 군대의 한 장교로서, 데스파드는 하나의 대서양인 부
대가 배치된 혁명선의 키를 잡았다.

　　어떻게 데스파드는 그 잡색의 부대를 만났을까? 일부 접촉들은 그가
여행을 하는 동안 만들었고, 다른 것들은 〈아일랜드연합인〉과 〈런던교신
협회〉 같은 정치적 조직들을 통해서였다. 그는 거리 시위에도 적극적이어
서―예를 들면, 1795년 다우닝가 10번지에서, "전쟁 반대, 피트Pitt 반대,
값싼 빵"을 외치면서 "피트 수상의 창문들을 깨뜨리던 군중들 가운데" 있었
다.[72] 다른 이들은 봉기를 위한 계획들이 만들어지던 선술집들에서 만났다.
하지만 아마도 가장 중요한 봉기자들의 만남의 장소는 감옥으로, 데스파드

가 1790년대의 많은 부분을 보냈던 히드라의 우리였다. 1792년에서 1794
년 사이, 그는 고등법정 감옥에 빚 때문에 감금되었다. 그는 콜드 배쓰 필
즈에 인신보호영장*의 선고 중지 후 16개월 동안 구치되었다. 1801년에
는 런던 타워에 구치된 다음 토트힐 필즈 브라이드웰에 구금되었다. 그가
"그토록 오래 바스티유**에 갇혀 있던" 동안 그는 반역적인 병사들과 선원
들, 스펜스 지지자들***, 장인들, 자코뱅주의자들, 그리고 민주주의자들을
만났다.[73] 데스파드는 조지프 제라드Joseph Gerrard가 보통 남성 선거권을 지
지하는 청원에 서명을 받고 있을 때 고등법정에 있었다.[74] 노어 지역에서
의 몇몇 반란자들이 데스파드와 함께 콜드 배쓰 감옥에 있었다. 실제로, 7
명의 반란자들이 그가 차지하고 있던 감방에서 이전에 도주했었다. 조지
고든George Gordon경은 "모든 계층들 …… 유태인과 기독교도, 입법자와 노동
하는 기계공, 장교와 병사 등이 다 함께 똑같이" 자리한 저녁식사들에 비용
을 치렀다. 이런 모임들에 포함되었던 이가 제임스 리지웨이James Ridgway로,
그는 1799년 버낸틴의 데스파드에 대한 비망록뿐만 아니라 노예제 철폐,
아일랜드 그리고 여성들의 권리에 대한 책들과 팸플릿들을 출판했다.[75] 감
옥들을 짓는 붐에 대해, 버크Burke****는 "우리는 뉴게잇을 다시 지었고 대저

---

* 인신보호영장 혹은 출정영장(habeas corpus)은 원래 불법적인 구금을 방지하기 위해 만들어
  진 제도이나 많은 사람들이 이로 인해 재판까지 일시적으로 잠정 구류되는 편법을 낳기도
  했다.
** 프랑스 혁명기의 바스티유는 영국인들 사이에서도 금세 그 명성을 얻어 런던의 감옥들을
  18~9세기에 많은 사람들이 그렇게 불렀다.
*** 급진적 민주주의자로 토지의 공동 소유를 주창했던 토머스 스펜스(Thomas Spence, 1750~
  1814)를 따르는 사람들을 가리킨다..
**** 에드먼드 버크(Edmund Burke, 1729~1797)를 가리키는 것으로 앵글로-아일랜드인 정치
  가, 작가, 연설가, 정치 이론가이자 철학자로 영국의 하원에 휘그당의 일원으로 여러 해를
  봉사했다.

택에 기거하고 있다"며 흡족해 했다. 대조적으로, 마사니엘로에 비교되던 조지 고든경은 "이 세상의 개명된 시기에, 우리들의 생명과 자유를 수호하여, 우리들 지하 감옥들과 감옥선들에서 크게 울부짖을 이유가 있다"고 썼다.[76] 데스파드는 그 울부짖음을 들었고 울부짖는 자들을 알게 되었다.

캐서린 데스파드 또한 그 울부짖음을 들었다. 그녀는 출정영장 수감자들의 아내들 및 친구들과 함께 일했고 그녀의 남편 및 다른 많은 이들이 감옥에서 고통 받고 있던 조건들을 개선하기 위해 싸웠다. 그녀는 의회와 신문들에서 변호 운동을 조직했다. 1802년 12월에는 수감자들의 아내들이 내무장관 펠험Pelham에게 편지를 써, "우리 남편들의 영에 따라 우리는 각하께 그들의 불만이 시정되어야 한다고 청원합니다. 분리된 감방들에 수감되어 추위와 배고픔으로 거의 죽어가는 그들인지라 우리는 갑절이나 무거워지고 가혹함을 넘어선 그들의 차꼬가 벗겨지거나 가벼워져야 한다고 각하께 간원합니다"라고 했다.[77] 고등법정 감옥의 소장, 토머스 에이리스Thomas Aris에 대한 존 헤런John Herron의 소송에 의해 드러났듯이, 조건들은 가혹했다. 헤런의 감방은 육 곱하기 팔 피트 너비였다. 그에게는 요강이 지급되지 않았다. 오물은 고작 일주일에 한 번 그의 감방에서 제거되었다. 그는 14온스의 빵과 "양철통의 주둥이를 통해" 두 모금의 물로 식사가 제공되었다.[78]

데스파드의 모반의 이념들과 이상들은 무엇이었던가? 엘런보로 판사가 1803년 국가의 기소를 요약했을 때, 그는 데스파드에게, 1789년 그가 "보편적 평등이라는 무모하고 수평파적인 원칙"을 주장한다는 베이맨들의 비난을 되풀이하여, "실현 불가능한 평등이란 광포한 계략"을 질책했다. 그러나 데스파드의 발상들이 (유토피아가 아무데도 없다는 뜻에서) 유토피아적이라는 암시는 잘못이다. 그것들이 많은 곳에서 자라나온다고 말하는 것이 더 정확할 것이다. 그것들은 다세계적이다. 데스파드의 처형대에서의 연설에서 강조되는 자유의 착상은 "자유에 대한 최고도의 이념들"을 지녔던 사람들, 즉 니카라과 해안의 모스키토 인디언들에게 얼마간 빚진 것이었다. 평등에 대한 그의 관념은 아메리카 혁명에서 잡색 부대의 투쟁들에 얼마간 빚진 것이었다. 정의에 대한 그의 확신은 연합 아일랜드인들에게 얼마간 빚진 것이었다. 그의 처형대 연설의 또 다른 판에서, 데스파드는 "내 비록 거룩한 변화의 축복들을 경험하도록 살지는 못하나, 확신컨대, 시민들이여, 자유의 영광된 대의가 마침내 승리하는 때, 그 시기가 오리라 그 것도 빨리"라고 말했다고 전해진다. 그는 그렇게 인류의 혁명적 투쟁을 신성의 작용에 비교하였다. 어린아이로서 성경에 거부감을 가졌지만, 그 이후로 데스파드는 신학을 공부하여 그런 진리의 다른 구도자들을 찾으려했다. 그는 런던에 돌아와서, 신발장이자 랍비인 데이빗 리바이David Levi를 핀스버리에서 만나 이 저명한 학자이자 희년의 주창자와 천년왕국설의 성서적 토론을 바로 시작했었다.[79]

데스파드의 비교 종교에 대한 관심은 윌리엄 해밀튼 리드William Hamilton Reid를 거슬리게 했을 법한데, 리드는 토머스 에드워즈의 1646년의 『타락』Gangraena에 비교할 만한 이단론에 대한 저작, 『이 수도에서의 불경한 회합들의 등장과 해체』The Rise and Dissolution of the Infidel Societies in this Metropolis를 1800년에 썼다. 천년왕국론자들과 반율법주의자들 뿐만 아니라, 무신론자들과 이신론자들의 대중 모임들을 우려해, 리드는 경고를 발하여, "이 히드라는 단번에 짓이기기에는 너무 많은 머리들을 갖고 있다"고 했다. 리드의 걱정거리가 된 이들 이단적 사상가들의 이념들은 한 세기 반 이전의 영국혁명으로 거슬러 올라갔다. 그들은 인간의 형상을 거룩한 것으로 만들었는바, (머글턴이 표현한 대로, "전체 신성은 예수 그리스도라는 사람 속에 그려진다.") 그리고 그들은 사람을 차별하지 않아, 1640년대처럼 1790년대에도 도제들도 설교할 수 있도록 허용했다. 17세기 반율법주의의 신학적 지표는 "영원한 복음"이었고, 그것은 이런 식으로 정의되었다. "예수의 죽음에 의해, 이 세상의 기독교인들뿐만 아니라 투르크인들, 이교도들, 모든 사람들이 도덕률과 첫 번째 계명에 반하여 저지른 모든 죄들은 실제로 사면되고 용서되었으며 이는 영원한 복음이다."[80] 아프리카계 아메리카인 도망자들은 이런 "영원한 복음"을 1783년 이후 런던에서 설파했다. 그런 사람 중 하나가 올드캘러버(1773) 출신 선상 조리사이자 설교자 존 지어John Jea로, 아일랜드 여성과 결혼해서 뉴욕, 코크, 리버풀과 맨체스터에서 말씀을 전파했다. 리처드 브러더스Richard Brothers는 1794년, "기독교인, 투르크인, 그리고 이교도 …… 모두가 하나의 사람들이 되리라"고 예언했다. 윌리엄 블레이크는 그의 『순수의 노래들』Songs of Innocence, 1789에서 이렇게 썼다.

> 그리고 모두는 인간의 형상을 사랑해만 하리니
> 이교도, 투르크, 혹은 유태인인.
> 자비, 사랑 그리고 연민이 깃드는 곳
> 그곳에 신께서 또한 함께 하나니.

블레이크는 뉴게잇 감옥이 아메리카인 노예였던 이들의 지도하에 공격받았던 1780년 고든 봉기에 참여했고, 원래 그레나다에서 노예로 있던 골드코스트 출신의 런던 하인, 오토바 쿠고아노를 알았다.

쿠고아노는 노예제 폐지론자로, 노련한 설교자이자 작가이며, 자유에 대한 강력한 대변자이고, "영원한 복음"을 경건히 믿는 자였다. 예언적 저주로 가득한 문체로 쓰인, 그의 『노예제의 악에 관한 사유들과 감정들』

Thoughts and Sentiments on the Evil of Slavery, 1787과 1791은 다른 인류들에 대해서라기보다, 갖가지 색의 많은 명암들에 주목하고 있다. 쿠고아노는 "거꾸로 뒤집힌 세상"을 환영했다. 그는 아메리카 인디언들을 옹호했다. 그는 사형 처벌의 확대에 반대했다. 그는 아프리카인들도 영국인들처럼 "자유롭게 태어났다"고 주장했다. 그는 거듭해서 그의 "동료 피조물들"을 언급했다. 그는 탐욕, 투기, 그리고 사유재산이 노예제를 향한다고 믿었다. 더 나아가, 그는 "교회란 사람들의 회합을 지칭한다. 하지만 나무, 벽돌 혹은 돌로 된 건물로 사람들이 서로 만나는 곳이 대개 그렇게 불린다. 사람들이 그들이 만나는 많은 혐오스러운 죽은 잔해들을 두려워한다면, 그는 다중들을 따라 들판들로, 계곡들로, 산들로, 섬들로, 강들로, 그리고 배들로 가야만 할 것이다"라고 설교했다.[81] 데스파드는 바로 이런 장소들로 사람들을 따라갔고, 그의 마지막 연설에서 예견한 "거룩한 변화"를 계획하고 난 뒤, 사람들이 그를 따라 호스몽거 레인 감옥 꼭대기의 처형대들로 따라왔다. 이것이 "인류"라는 그들의 착상에 부합하는, 그들의 "교회"에 대한 관념이었다.

데스파드의 인류에 대한 이념은 1790년대에 등장한 인종에 대한 상반된 발상에 대한 반대에서 그 힘의 많은 부분을 얻었다. 아일랜드에서 테러리스트 교회와 국왕측 폭도들*이 종교적인 편협성을 만들어내자 오렌지 체제Orange Order**가 형성되었다. 던다스Dundas는 노예제에서의 영국의 이해를 보호하고 확고히 하기 위해 1795년과 1797년 사이에 서인도제도로 대

---

* 교회와 국왕측 폭도들(church-and-king mob)은 국가와 기성교회의 대표자들이 고용하고 돈을 지급하여 모여든 관제 폭도들이다. 1790년대에 그들은 민주적인 대항자들에 대한 테러를 행하도록 영국 국가에 의해 형성되었다.

** 오렌지 체제(The Orange Order 혹은 The Orange Institution)는 거개가 북아일랜드와 스코틀랜드에 기반을 두고 영연방과 아메리카 전역에서의 지부들로 이루어진 개신교 우애 조직을 가리킨다.

규모 원정들을 조직했다. 그는 다만 10만 명의 영국 측 사상자들이란 대가로 "통상, 재정, 그리고 제해권이 …… 양양하게 확보"되면서 이들 목표들에서 성공을 거두었다.[82] 모든 사상자들에 대해, 슬퍼하는 관련자들이나 친구들이 그 죽음이 무슨 목적에 봉사했는지를 의아해하면서, 원정들은 그렇게 잉글랜드, 웨일즈, 스코틀랜드, 그리고 아일랜드의 많은 구성원들에게 직접적으로나 간접적으로 영향을 미쳤다. 대외국과 〈공화주의자 및 수평파들에 맞서 자유와 자산을 지키는 협의회〉Association for Preserving Liberty and Property against Republicans and Levellers의 수장인 존 리브스John Reeves는 인종주의의 교훈들을 전파하는데 그 경험을 이용했고,[83] 다른 한편 해너 모어Hannah More의 "저렴한 보관용 논고들"*이 내려다보기, 침묵하기, 그리고 인종적 고정 관념들을 가르쳤다.[84]

> 톰: 체! 저들이 프랑스에서 가진 것처럼 자유와 행복을 원한단 말일세.
> 잭: 뭐라, 톰, 우리가 저들을 흉내 내? …… 아니, 나라면 자유와 행복을 위해 프랑스인들에게 가느니 배움을 얻으려 검둥이들에게 가거나, 종교를 얻으려 투르크인들에게 가겠네.

쎄인트앤 교구(웨스트민스터)의 협의회는 1794년 "거주자들과 이방인들의 피부색, 나이, 직업 등"을 적시한 집집마다의 기록부를 작성했다. 엘리자벳 해밀튼Elizabeth Hamilton은 그녀의 소설 『현대 철학자의 비망록』Memoirs of a Modern Philosopher, 1800에서 급진주의자들이 새로운, 생각지도 못하던 혁명적

---

* 저렴한 보관용 논고들(the Cheap Repository Tracts)은 애국주의, 노동윤리, 종교적 믿음, 그리고 사회의 서열화된 계급구조에 대한 동의 따위를 주입시키기 위해 18세기 말과 19세기 초에 출판된 정치적·종교적 논고들을 말한다.

에너지가 미개인들에게 있다고 믿는다고 썼다.

　매번 주요한 봉기에 이어, 백인 우월주의의 인종주의적 교의가 그 잠행성의 진화에서 또 다른 발걸음을 떼었다. 택키의 반란 이후, 에드워드 롱 Edward Long은 그의 『자메이카의 역사』 History of Jamaica, 1774에서 조언 데이언 Joan Dayan이 "인간 분류에 있어 섬뜩한 정확성"[85]이라 부른 바에 대해 여러 면에 걸쳐 주의를 아낌없이 할애하였다. 아메리카 혁명 이후에는, 쌔뮤얼 스미스 Samuel Smith가 『인류의 피부색과 용모의 다양성의 원인들에 대한 시론』 An Essay on the Causes of the Variety of Complexion and Figure of the Human Species, 1787에서 인종주의를 재규정하는데 일조했다. 인종주의적 조사들이 과학의 외관을 띠고 행해져서, 논리로 세분하는 종 분화, 분류, 그리고 인종화에 의해 인간 존재들이 분석되었다. 1794년 4월에, 찰스 화잇 Charles White라는 이름의 맨체스터 외과의가, 쎄인트존스 원정의 서로 다른 사망률에 대한 존 헌터의 강연을 듣고, 리버풀의 정신과 병원에서 아프리카인들의 다양한 신체 부분들을 측정하였다. 그는 그런 다음 맨체스터의 산부인과 병원에서 20명의 여성의 가슴들을 조사했는데, 도발적인 표현을 인종적 우월성과 결합해서였다.[86] 화잇은 1795년 그 자신의 한 강연에서 백인 우월주의의 교의에 "과학적" 정당성을 부여했는데, 거기서 그는 흑인들이 인류의 다른 단계의 변화에 속한다고 결론지었다.

　총독들을 면직시키는 권리를 긍정하는 프라이스 Price의 1790년의 유명한 설교에서부터, 에드먼드 버크의 1791년의 『프랑스에서의 혁명에 대한 성찰들』 Reflections on the Revolution in France에서의 강력한 수사적 반론(거기서 그는 사람들을 "상스러운 다중"이라 이름 붙였다)에 이르기까지, 톰 페인의, 좀 밋밋할지라도 마찬가지로 수사적인 『인간의 권리』 Rights of Man에 이르기까지, 공적 토론은 대체로, E. P. 톰슨이 강조했던 대로, "영국의 민주주의를 위한······ 영국적 논의"인 것처럼 보였다. 그것은 메리 울스톤크래프트Mary Wollstonecraft의 『여성들의 권리들에 대한 옹호』*The Vindication of the Rights of Women, 1792*, 셀월의 『자연의 권리』*The Rights of Nature, 1976*, 그리고 스펜스의 『유아들의 권리』*The Rights of Infants, 1796*에서 더 진전되어 가면서 그렇게 남아있는 듯했다. 하지만 다른 중요한 목소리들도 있었다. 울프 톤은 『아일랜드의 가톨릭들 편에서의 주장』*An Argument on Behalf of the Catholics of Ireland*을 1791년 출판했다. 올로다 에퀴아노의 『흥미로운 이야기』*Interesting Narrative*는 1789년 처음 등장했고 이후 5년에 걸쳐 9판의 영어본들로 계속되었다. 꽁스땅땡 프랑수아 볼니Constantin François Volney의 『잔해들, 혹은 제국들의 혁명들에 대한 명상』*The Ruins; Or, Meditation on the Revolutions of Empires*은 1792년 영어 및 웨일스어 번역으로 입수 가능했다. 논쟁에서 가장 활기찬 것은, 영국이건 다른 나라건, 어느 단일한 국가의 경험으로부터 온 것이 아니었다. 많은 것들이 국외자들로부터 왔고, 이점에서 혁명적 이상들을 전 세계적으로 형성하는 데에서 에드워드와 캐서린 데스파드는 혼자가 아니었다. 1789년 이로퀘이 인디언들의 지도자, 조지프 브랜드Joseph Brand는 아일랜드 애국자, 에드워드 피츠제럴드Edward Fitzgerald에게, 오대호의 숲들을 함께 여행하면서 인간의 형제애에 대한 교훈을 제공했다. 피츠제럴드는 유토우스프링스 전투(1780) 이후 서인도제도에서 복무했었는데, 그 전투에서 그의 생명은 토니 스몰Tony Small이란 이름의 아프리카계 아메리카인에 의해 구출되었다. 존 오스월드John Oswald, 1760~1793는 『만국의 애국자』*Universal Patriot*를 위해 글을 썼다. 모잠비크 항로의 조애너아일랜드에서, 에티오피아 사제는 그에게 "영국인, 조애너 사람, 모두가 한 형제이다"라고 일러주었다.[87] 1791년 "그대와 모든 이를 위한 영원한 영광의 수많은 집들에 방, 방, 방을"이라 표현한 영적 체험의 결과로, 제미마 윌킨슨Jemima Wilkinson은 그녀의 이름을 "만인의 친구"로 바꾸었다. 1791년 세네카 호수에서 이로쿼이 인디언 여섯 민족들의 회의의 한 모임에서, 그녀는 "하느님께서 우리 모두를 창조하시지 않았던가?"에 대해 설교했다. 대서양의 한쪽에서의 질문들은 다른 한쪽에서 아주 유사한 질문들을 제기했다. "어떤 인간이 가장 진정으로 사랑스러운가, 친구―애국자―혹은, 세계의 시민?"이라고 1790년의 코치메이커스 홀Coachmakers Hall에서 연사들이 논란했다.[88] 데스파드 부부는 아래로부터의 "보편주의"를 진전시키는데 일조했다.

다른 기여자들에는 조지 고든경이 포함되는데, 그는 1772년 수습사관으로서 자메이카의 총독과 노예제에 대해 토론했다. 1792년 의회에 스코틀랜드 대표였고 그 자신이 정치범이었던 조지프 제라드Joseph Gerrad는 아일랜드인 농장주의 아들로, 쎄인트크리스토퍼에서 태어났다. 위대한 변호사 토머스 어스킨Thomas Erskine은 검둥이 노예들 및 영국인 뱃사람들과 서인도제도에서 선원으로서 함께 춤추었었다.[89] 1790년 메인 주의 포틀랜드에서 한 브리스틀 출신 선원이 미합중국의 연방정부에 의해 시행된 첫 번째 극형 처벌로 목매달렸다. 그는 서아프리카 연안에서 한 노예선 상의 선상반란을 도운 혐의로 유죄가 선고되었다. 데스파드와 블레이크의 동시대인인 리처드 브러더스는, 그를 감금시킨 교정소 위원회에 말한 대로, "나는 약탈, 유혈, 그리고 살해의 임금을 양심상 받을 수 없노라!"는 이유로 그가 "혐오!" 속에 그의 직위를 사임하기 전에, 아프리카와 서인도제도 해안 연안에서 해군 수습사관으로 12년을 복무했었다. 그는 런던이 1795년 6월 4일, 국왕의 생일에 지진으로 파괴되리라 예언했다. 국왕은 그를 아이슬링턴 정신병원에 서둘러 처넣었고, 거기서 생애의 나머지를 보냈다.

데스파드는 2월에 처형되었고, 투쌩 루베르뛰르Toussaint L'Ouverture는 알프스 산맥의 지하 감옥에서 몇 달 후 죽었으며, 로벗 에멋은, 그의 묘비명을 쓰기 전 우리에게 기다려 달라고 요청하며, "그의 생애를 다했다." 이 사람들은 대서양 산맥들의 봉우리들로서, 그들의 "자유와, 인류, 그리고 정의에 대한 원칙들"이 단일한 산맥에 속했다. 그 이상이 타락하고 반란들이 패배했을 때, 정복당한 사람들은 또다시 도망쳤다. 유려한 팸플릿들이 누군가의 선상 사물함에 넣어졌다. 싸움의 노래들은 진정시키는 가사들을 얻었다. 선동의 몸짓들은 다른 곳에서는 그저 특이하게만 보일 뿐이었다. 혁명은 진전되어 갔다. 뒤에 남겨진 것은 민족적이고 부분적이었다. 영국 노동계급, 검은 아이티인, 아일랜드인의 이산. 인류를 위한 에드워드와 캐서린 데스파드의 모반은 그렇게 잠정적으로 패배했다.

9

로벗 웨더번과 대서양의 희년

로벗 웨더번과 대서양의 희년
Robert Wedderburn and Atlantic Jubilee

로벗 웨더번은 1762년, 택키의 반란이 일어났던 직후, 자메이카에서 로재너Rosanna라는 이름의 여성노예와 제임스 웨더번이라는 노예소유주 사이에서 태어났다. 제임스 웨더번은 의사였는데, 웨스트모어랜드에 있는 그의 식민농장들—민트, 패러다이스, 리트리트, 인데버, 인버네스, 스프링 가든, 모어랜드, 그리고 마운트 에지코움—의 가치는 그가 죽을 당시 정확하게 302,628파운드 14실링 8펜스였다.[1] 웨더번의 자서전에 따르면 그의 아버지는 그의 어머니를 "모욕하고, 학대하고 유기하였다." "나는 나의 불쌍한 어머니가 임신한 상태인데도 손과 발이 묶이고 가장 비인간적인 방식으로 채찍질당하여 땅 위에 뻗어있는 것을 본 적이 있다!!! 어머니의 잘못은 여주인에게 읍에 있는 외할머니를 보러 가도록 주인어른이 허락해준 것을 알리지 않은 것이었다!"[2] 1766년 아버지가 어머니를 팔았을 때 웨더번은 그의 외할머니와 함께 살도록 킹스턴으로 보내졌는데, 이 외할머니는 주인을 위해

서 부두에서 치즈, 바둑판무늬천, 사라사 무명, 우유, 생강, 빵, 밀수품들을
파는 일을 했다. 웨더번은 나중에, "'토키* 에이미'라는 이름으로 불린 내
외할머니보다 킹스턴에 더 잘 알려진 여성은 아마 없을 것이다"라고 회상
했다. 열한 살이었을 때 웨더번은 이 일흔 살의 노파가 거의 죽을 정도로
채찍질을 당하는 것을 공포에 질려 쳐다보았다. 그녀의 주인은 마호가니를
밀수하던 그의 배들 중 하나가 1773년에 스페인인들에 의하여 나포되면서
같이 잡힌 이후로 사망하고 난 후였다. 여행 전에 이 주인은 노예들 중 다
섯을 자유인으로 풀어주었는데, 토키 에이미는 풀어주지 않았다. 그의 조
카(이자 상속인)는 웨더번의 외할머니가 배에 마법을 걸었다고 생각하고는
복수로서 그녀를 가혹하게 처벌했던 것이다.

웨더번이 목격한 것은 그 시기에 전형적인 규율이었다. 공장감독은 막
대기를 들고 다녔다. 식민농장감독은 채찍을 휘둘렀다. 학교 선생들과 부
모들은 자작나무 회초리를 아이들에게 휘둘렀다. 선주와 수부장은 선원들
에게 구승편九繩鞭** 혹은 등나무 지팡이를 사용했다. 실로 함대를 따라 채
찍질 당하기는 잔혹함의 장관壯觀이었다. 병사들은 장교들에게, 고수鼓手들
에게, 그리고 때로는 다른 병사들에게 채찍질을 당했다. 삼극三戟 형틀(도
끼창槍 세 개로 이루어진 삼각대로서 그 위에 채찍질 당하는 사람을 묶었
다)은 아일랜드에서 제국주의적 억압의 수단으로서 악명이 높았다. 규율의
폭력은 면밀하게 연구되었다. 고문대상을 살아있게 유지하는 것이 의무였
던 영국 군대의 한 의무관은 1794년에 이 주제에 관하여 70쪽 짜리 책을
출판했다.[3] 그러는 동안 여성에 대한 매질의 이론과 실제에 대한 교범이

---

* 토키(talkee)는 흑인 영어의 부정확한 어법 혹은 그러한 영어를 말한다.
** 구승편은 아홉 가닥으로 된 채찍이다.

로벗 웨더번. 로벗 웨더번, 『노예제의 끔찍함들』(1824).

아이티에서 1804년에 나왔다.[4] 베기, 멍들이기, 꿰뚫기, 묶기, 짓누르기, 잡기, 찢기가 노동력을 형성하기 위해서 권력을 가진 자들이 사용하는 테크닉들이었다. 윌리엄 커벳은 빵을 달라고 시위하는 병사들에게 5백대의 채찍질이 가해진 데 대해서 불만을 표현하고는 ("모두에게 5백대씩이라고! 그래, 옳다! 때리고, 때리고, 또 때려라!"라고 커벳은 외쳤다) 뉴게잇 감옥에 투옥되었다.[5]

그의 어머니와 토키 에이미에게 가해진 테러는 웨더번의 나머지 생애 내내 그의 기억 속에 남아있었다.[6] 아메리카 혁명이 일어나고 있는 중인 1778년에 17살의 웨더번은 영국 해군에 입대했다. 그는 아프리카계 아메리카인인 벤저민 바우시Benjamin Bowsey와 존 글로버John Glover가 이끈, 1780년의 고든 봉기에 참여했다. 여러 해 후인 1797년에 그는 노어Nore에서 일어난 해군 반란과 연관되게 된다.[7] 이 두 사건 사이의 시기에 웨더번은 수천 명의 다른 노동자들과 함께 감리교의 교도가 된다.[8] 19세기 초에 그는 토머스 스펜스를 만나며 〈런던교신협회〉 내의 다른 퇴역 병사들과 함께 스펜스의 혁명주의자 동아리를 확대한다. 그는 또한 가난한 수공업자들의 투쟁을 알았다. 그가 재단사의 기술을 습득하기는 했지만, 이 기술은 〈조합법〉 the Combination Act, 1799의 노동조합활동금지 조항에 의하여 천한 것으로 격하되었으며, 엘리자벳 여왕 재위시의 〈장인법〉 the Statute of Artificers, 1814의 도제조항들의 폐지에 의하여 호된 고생을 하게 될 것이었다. 그는 도체스터의 '콜드 바스 필즈'Cold Bath Fields 감옥에서, 그리고 '길트스퍼스트릿 프리즌즈'Giltspur Street Prisons에서 절도죄, 불경죄, 유곽遊廓을 경영한 죄로 복역했다. 그는 동료들 중 다수가 교수형 당하는 것을 보았으며 그 자신도 생애 중 많은 시간을 마치 "밧줄이 목에 둘러진" 것처럼 살았다.[9] 웨더번은 이렇듯 식민농장, 배, 거리, 예배당, 정치 클럽, 작업장 그리고 감옥을 프롤레타리아의 자기활동의 무대로서 알았다.

웨더번은 역사 연구에서 줄곧 경시되었던 인물, 혹은 기껏해야 부적합 자였다. 그는 노동사에서도 흑인사에서도 적절한 대상으로 보이지 않았다. 노동사의 분야에서 그는 범죄자와 포르노적 인물로서 나타난다. 흑인사의 분야에서 그는 교활하고 어리석은 인물로 나타난다.[10] 이러한 견해와 달리, 웨더번이 실상 혁명적 전통의 형성과 보급에서 전략적으로 중심적인 인물 이었다는 것, 대서양 프롤레타리아와 유기적 연관을 가진 지식인이었다는 것이 우리의 주장이다. 우리는 자유, 성서적 희년에 대한 그의 주된 생각 을, 그의 이복누이인 자메이카 마룬 엘리자벳 캠블Elizaberh Campbell과 계속 해온 놀라운 서신교환의 맥락 속에서 탐구해볼 것이다. 우리는 또한 역사 에 대한 그의 이해를 살펴보고, 그의 견해로는 대서양을 가로지르는 혁명 을 이룰 민중세력에 대한 그의 분석을 살펴볼 것이다. 우리는 웨더번이 급 진적 기독교와 페인적 공화주의를 종합하고 이 양자를 프롤레타리아적 노 예제폐지론과 결합시킴으로써 종교의 세속주의의 이원성을 극복하는 모습 을 볼 것이다. 웨더번은, 영국 혁명에서 기원해서 서쪽으로 식민농장과 아 메리카 흑인들에게로 퍼졌으며 마지막으로 1780년대와 1790년대에 런던 으로 되돌아온 해방신학을 이어받아 계속시켰다.

희년

웨더번의 주된 생각들의 하나는 희년이라는 성서적 전통에 놓여있다. 이는 가난, 노예상태, 공장 및 농장의 문제들을 풀려는 시도를 나타낸다. 해방의 계획인 희년은 구약에서는 토지재분배의 법적 의식으로서 나타나고, 신약에서는 이사야의 예언의 실현으로서 나타난다. 이 개념은 6개의 요소들을 포함했다. 첫째, 희년은 50년마다 왔다. 둘째, 토지를 원래의 소유주들에게 되돌려주었다. 셋째, 부채를 탕감해 주었다. 넷째, 노예들과 종들을 자유인으로 풀어주었다. 다섯째, 농사를 짓지 않는 해였다. 여섯째, 노동을 하지 않는 해였다.

캠블과의 서신교환에서 희년에 대해서 쓰면서 웨더번은 광범위한 논쟁에 참여했다. 조지3세는 자신이 왕위에 오른 지 50년을 기리는 왕당주의적 희년을 조직할 예정이었다. 이는 부채의 탕감이나 노예해방 혹은 토지재분배와는 무관한 것이 될 것이었다. 쌔뮤얼 테일러 코울리지는 실제적인 해방을 "비유적 언어" ─ 성서의 물어뜯는 입으로부터 혁명적 이빨을 빼내는 수사, 알레고리, 그리고 현학적이고 냉소적인 비판─로 바꾸는 기만적 희년을 옹호했다. 1794년에 코울리지는 젊은 급진주의자로서 「종교적 명상들」에서 이렇게 썼다.

> …… 〈사랑〉의 방대한 가족은
> 공통의 대지로부터 공통의 노고에 의해 길러져
> 동등한 생산물을 향유한다. 대지를 향해 퍼져가는
> 그러한 즐거움들이 방문자들에게 허용되는구나!
> 근엄한 희년의 어떤 시간에
> 〈낙원〉의 육중한 문이 활짝
> 열어젖혀질 때 ……

이러한 비전은 희망에 차있기는 하지만 모세의 토지균분법의 특수성을 결여하고 있었다. 웨더번은 프롤레타리아판 희년을 주장하였는데, 이는 한편으로는 토머스 스펜스의 저작 및 활동에 그 근대적 기원을 두고 있고, 다른 한편으로는 아프리카계 아메리카인들의 무명의 구전전통에 기원을 두고 있었다. 제임스 콘James Cone이 썼듯이 "피억압자들에게는 누가 성서를 썼는가는 거의 중요하지 않다. 중요한 것은 그것이 억압자들에 대한 무기로 사용될 수 있는가 아닌가이다."11 웨더번, 감리교도들 그리고 침례교도들은 이 두 전통을 합하여 귀족적이고 문학적인 희년에 도전했다. 웨더번의 희년은 대서양 프롤레타리아의 지성사의 대들보로서 한편으로는 1830년대의 총파업과 차티스트 토지정책을 낳고 다른 한편으로는 아메리카의 노예제 폐지를 낳았기 때문에, 이것을 상세하게 탐구하는 것이 바람직할 것이다.12

「레위기」는 6세기 말, 바빌론 포수捕囚* 이후에 랍비들이 법률, 노래들, 시들, 제의祭儀들, 전통들, 구전의 기억들을 모으고 필사하고 편집하여 구약의 첫 5편인 토라Torah를 만들었을 때 쓰였다. 레위기의 25번째 장은, 사람들이 계급의 차이를 가속화하는 과정의 와중에서 농업(곡식, 기름, 와인의 생산)과 목가적 경제(소, 양, 염소 돌보기)에 의해 살았던 더 평등주의적이었던 이전 시대의 기억을 담고 있었다. 희년은 선지자들 특히 이사야, 예레미야, 에스겔의 시적 비전에 입각한 정치에 중요했는데, 이 세 선지자는 사람들로 하여금 우상숭배와 탐욕을 멀리하게 하고자 노력하였으며 과거의 더 덕이 있는 삶을 지향하였다. 따라서 이사야는 지주들을 비판하였다.

가옥에 가옥을 이으며 전토에 전토를 더하여

---

* 바빌론의 포수(the Babylonian captivity): 고대 유다(Judah) 왕국의 유대인들이 기원전 6세기에 바빌론의 왕인 네브카드네자르(개역개정판 성경에는 '느부갓네살'이라고 옮겨져 있다)에 의하여 바빌론으로 추방된 것을 말한다.

빈 틈이 없도록 하고 이 땅 가운데에서 홀로 거주하려 하는
자들은 화 있을진저.
(「이사야」 5장 8절)

희년의 의미는 「이사야」에 설명되는 바대로 피억압자들의 경험 및 투쟁들
에 있었다.

주 여호와의 영이 내게 내리셨으니
이는 여호와께서 내게 기름을 부으사
가난한 자에게 아름다운 소식을 전하게 하려 하심이라
나를 보내사 마음이 상한 자를 고치며
포로된 자에게 자유를,
갇힌 자에게 놓임을 선포하며
여호와의 은혜의 해와
우리 하나님의 보복의 날을 선포하여
모든 슬픈 자를 위로하되.
(61장 1~2절)

이렇듯 이사야는 희년의 의미를 「레위기」의 개량주의적 관리管理로부터,
가난한 자, 마음이 상한 자, 포로된 자, 갇힌 자, 슬픈 자를 위한 보복의
날로 확대하였다. 더 이상 개량을 바라지 않고 오히려 정의를 요구하는 계
층에게 목소리를 부여했던 것이다. 예수는 나사렛으로 되돌아가서 설교를
시작할 때 유대교 회당에 들어가 두루마리에서 이사야의 이 대목을 펼쳤
다. 그런 다음 예수는 "이 글이 오늘 너희 귀에 응하였느니라"라고 말했다
(「누가복음」 4장 21절). 따라서 희년은 해석의 문제가 아니라 행동의 문제

였다. 토지의 재분배, 노예의 해방, 부채의 삭감, 노동의 중지를 요구하는 희년의 해방은 법(「레위기」)으로부터 시(「이사야」)를 거쳐 이행(「누가복음」)으로 옮겨가면서 존속되었던 것이다.

근대 시기에 희년은 제임스 네일러와 초기 퀘이커교도들, 그리고 제러드 윈스턴리와 디거파를 포함하는 1640년대의 영국 혁명가들에 의하여 수탈과 노예제 양자에 저항하는 수단으로서 사용되었다. 희년은 혁명 이후에도 살아있는 이념으로 남아있어서, 존 밀턴, 존 버넌, 제임스 해링튼(『오세나아나』*Oceana*에 의해 계승되었다. 18세기 말에 부활된 희년은 아메리카 혁명의 시기에 이따금씩 등장했으며 (1775년에 서인도제도에서 크리스마스 축제들을 본 재닛 쇼Janet Schaw라는 사람은 노예들이 축제일을 "만인의 희년"이라고 불렀다고 보고했다) 1780년대에는 대서양을 가로질러 광범한 힘을 행사했다.[13] 1769년에 『트린큘로의 희년으로의 여행』*Trinculo's Trip to the Jubilee*이 런던에서 상연되었다. 1782년에 토머스 스펜스는 「희년 찬가, 혹은 늦어도 천년왕국이 시작하는 때에 부를 노래」 "The Jubilee Hymn; Or, A Song to be sung at the Commencement of the Millennium, If Not Sooner"를 작사했다. 이는 국가國歌 「국왕폐하 만세」 "God Save the King"의 곡조에 맞추어져 있었다(혹은 나중에 아메리카에서는 「아메리카」의 곡조에 맞추어져 있었다).

> 들어라! 트럼펫의 소리가
> 주위의 땅에
>> 희년을 선포하는 것을!
>
> 이제 계속적으로
> 나라를 두들겨댄

홀^笏은 부서졌다!
아래로부터 지옥이 올라와,
가장 장려한 크기였다가
이제 아무 것도 아닌 것이 된
　　그대의 높은 눈을 만난다!

그러면 이 희년이
모두를 해방시키니
　　기뻐하자.
이제는 더 이상 지주들 옆에서
슬프게 한탄하는 수벌들 같지 않고,
모두가 자신의 것으로
　　되돌아가는 것을 보자.

　　스펜스는 1750년 뉴캐슬에서 태어났다. 19명의 아이들 중의 하나로 부
둣가에서 자란 젊은 스펜스는 존 글라스John Glas, 1695~1773의 회중에 들어
갔다. 글라스는 장로교 분리주의자로서 원시 기독교도들의 교리들을 자신
이 이해하는 바대로 신봉하여, 단순한 율법, 형법의 부재, 재산축적의 금지,
사랑축제, 스코틀랜드 수프*, 말의 재능, 많은 노래를 옹호하였다. 스펜스
의 선생은 제임스 머리James Murray 박사였는데 이 사람은 아메리카 혁명을
지지하고 종획에 반대했으며 자신의 「바보들에게 하는 설교」"Sermons To
Asses"에서는 "사람들이 자신들의 권리를 되찾고, 자신들의 재산을 자연의
이치에 어긋나게 침범한 자들의 손으로부터 그 재산을 되찾을 때 이는 어

---

* 스코틀랜드 수프: 고기·야채·보리가 든 진한 수프.

떤 신성한 율법에 반하는 것인가?"라고 물었다. 더 나아가 "유태인들의 희
년은 평등화하는 기획이었는가?"라고 물었다. 이 물음들은 뉴캐슬에 특히
적합했는데, 이곳에서는 부르주아지가 읍 공유지 89에이커를 임대하려고
하고 있었다. 평민들은 임차인의 집과 울타리를 무너뜨리고 그의 가축들을
쫓아버림으로써 이 계획을 저지했다. 이 승리에 고취된 스펜스는 1775년
에 〈뉴카슬 철학협회〉 Newcastle Philosophy Society에서 강연을 하였는데, 이 강
연에서 그는 사적 소유의 폐지를 제안하였다. "그 어떤 민중의 나라도 ……
당연하게 민중 모두의 것이다"라고 그는 설명했다. 그는 역사적 관점을 취
하면서, "최초의 지주들도" 그들의 상속자들만큼이나 "수탈자들이었고 압
제자들이었다"고 계속해서 말했다. 그들을 제외한 모든 이들은 자신이 태
어난 나라에서 이방인이 되었다는 것이었다. 그는 특정 날을 정해서 각 교
구의 주민들이 서로 만나서 "오랫동안 잃어버린 권리들을 차지할" 것을 권
고하였다. 스펜스는 곧 그 날을 희년이라고 부르게 되며, 〈철학협회〉는
"잘못되고 위험한 수평주의 원리들"을 가지고 있다는 이유로 그를 탄핵하
게 된다.[14]

희년은 '스펜스 계획'이라고 알려지게 되는 것에서 핵심적인 위치를 차
지하고 있다. 이 계획은 벽에 분필로 그려지고 토큰으로 주조되었으며 시
장에서 파는 반페니짜리 소책자로 출판되었고 선술집들에서 노래로 불렸
다. 스펜스는 이 계획을 만든 선동적인 사람이며 "위험한 골칫덩이"로 지목
되어 1790년대에 네 번 체포되었다. 투옥과 구금에도 불구하고, 〈공화주의
와 수평파로부터 자유와 재산을 보존하기 위한 협회〉 회원들의 모욕과 협
박에도 불구하고 스펜스는 자신의 주장을 고수하였다. 그는 1780년의 반
란자인 조지 고든경의 죽음을 기리는 토큰을 주조하였다. 『억압의 종말,
혹은 2펜스짜리 샌드위치용 빵—나이든 직공과 젊은 직공 사이의 대화』

*The End of Oppression; Or, a Quartern Loaf for Two-Pence; being a Dialogue between an Old Mechanic and a Young One*에서 그는, 혁명은 "잘 무장된 수천의 튼실하고 결단력있는 동지들"에 의해 성취될 수 있다고 썼다. 1802년쯤에 영국의 수상은, "스펜스 계획과 부른 배"라는 슬로건이 새겨져 있지 않은 벽은 런던에 거의 없다는 보고를 듣게 될 것이었다.

1792년 런던으로 옮긴 후에 스펜스는 대서양의 일들에 관심을 가졌다. 특히 선원들, 아메리카 원주민들, 아프리카계 아메리카인들이 세계 혁명운동에 무슨 기여를 할 수 있을까하는 문제가 그의 관심사였다. 그는 『해양공화국』*The Marine Republic*, 1794에서 히드라국에 대하여 썼는데, 여기서 한 죽어가는 사람이 그의 아들들에게 배를 물려준다. 그런데 이 사람은 이 배가 "공동의 재산이 되어야 하며 모두가 동등한 소유주가 되고 모두가 모든 항해의 이익들을 균등하게 나누어가져야 한다"는 조건을 붙인다. 그가 붙인 조건은 해적율처럼 문서로 작성된다. 해양공화국민들인 그의 아들들은 영국의 억압적 정부에 진력이 나서 "아메리카로 향하며 거기서 그들이 가진 평등성과 균등성의 이념들에 더 어울리게 운영되는 정부를 보기를 기대한다." 파선하여 한 무인도에 가게 된 그들은 스펜소니아 공화국the Republic of Spensonia을 세우는데, 이 공화국은 "뒤로는 중세의 코뮌을 향하고 그리고 앞으로는 국가의 사멸을 향한다."[15]

『행복의 지배』*The Reign of Felicity*, 1796에서 스펜스는 대화 장면을 하나 만들어냈다. 여기서 한 등장인물은 아메리카 인디언들이 "땅 위에 남아있는 유일한 자유인들"이라고 말한다. 다른 등장인물은 인디언들은 유럽의 노동자들과는 달리 "노예제도에 의해 왜곡되어 있지 않다"고 설명한다. 스펜스는, 그 세기 초반의 기독교도 고트리브 프리버Gottlieb Priber처럼, 아메리카 원주민들이 유럽 제국주의가 창출한 노예들과 권리를 박탈당한 노동자들을 끌어당겨서 그들을 해방으로 이끄는 것을 도우리라고 믿었다. 그는 쎄미놀족he Seminoles에게 존재했고 아메리카 남동부에 존재했던 3인종 공동체들에 대해 알았다.* 1814년에 그는 『거인퇴치자』*The Giant Killer*에서 체로키족의 땅들에 대한 기운찬 옹호를 하였다.** 같은 해에 일어난 신성한 반란*** —이는 한편으로는 테쿰세****의 연합 시도와 다른 한편으로는 아프리카계 아메리카인들의 해방투쟁의 정신에 기인하는 바가 크다—시기에 머스코기족*****은 호스호 벤드의 전투the Battle of Horsehoe Bend에서 절멸되게 된다. 묵시록적 가르침들("달이 피로 바뀔 때"), 많은 메티스들*의 존재, 1811년의 지진들, 패디 월치Paddy Walch와 피터 맥퀸Peter McQueen의 지도指導, 그리고 새로운 춤이 머스코기족을 단결시켜 에쿤나우눅술기ecunnaunuxulgee ("탐욕스럽게 땅을 차지하는 자들")에 대항하고 면화농장을 세우게 될 세력에 맞서서 필사적인 방어를 하도록 했던 것이다.16

스펜스는 또한 희년에 대한 아프리카계 아메리카인들의 관심을 이해했다.

그러나 천년왕국이 나의 가난한 머리에서

---

* 쎄미놀 국가(The Seminole nation)는 18세기에 생겼으며 조지아, 미시시피, 앨라배마의 아메리카 원주민들 및 싸우스캐럴라이나와 조지아의 노예제로부터 탈출한 아프리카계 아메리카인들로 구성되었다.
** 체로키족(the Cherokees)은 지금 미합중국의 동부와 남동부에 해당하는 곳에 살았다. 나중에 강제로 서쪽의 오작 고원(Ozark Plateau)으로 이주하게 된다.
*** 신성한 반란 : 백인에 대항하는 아메리카 원주민들의 반란을 지칭하는 말이다.
**** 테쿰세(Tecumseh, 1768~1813)는 유명한 쇼니족(the Shawnees)의 지도자이다. 흩어진 아메리카 원주민 부족들을 규합하는 데 생애의 많은 시간을 들였다. 1812년의 전쟁에서 사망한다.
***** 머스코기족(the Muskogees)은 아메리카의 남동부에 살던 아메리카 원주민으로서 크릭족(the Creek)이라고도 불린다.
* 메티스(métis)는 백인과 원주민의 혼혈인이다.

생겨날 수도 있지 않은가?
그리고 천년왕국이 서인도제도에 생기는 것을
하느님이 기뻐하실 수 있지 않은가?

그의 물음은 우리의 논의로 하여금 서인도제도 사람인 웨더번과 아프리카
계 아메리카인들의 희년 전통—이는 전복적 성서읽기에서 시작하여 여러
세대에 걸쳐 이 노선을 따라 지속되었다—으로 되돌아가게 한다. 이전에
도 이와 유사한 성경독해가 사람들에게 영감을 주거나 명백하게 발현된 바
있었다. 프랜시스라는 이름의 "흑인 하녀"의 혁명적 기독교에서 그랬고, 성
경에 기록된 이집트에서의 노예상태로부터의 해방에 대한 쌔러 와잇과 "흑
인" 여성 다이나의 대화에서 그랬으며, 대각성운동의 순회목사들의 급진적
인 메시지들을 노예들이 자신들의 목적을 위해 즉 자유를 위한 새로운 계
획을 정식화하기 위해 사용한 데서도 그랬다. 또한 아메리카 혁명의 시기
에 속박의 종식을 예언하기 위해서만이 아니라 그러한 종식을 이루는 데서
무력을 사용하는 것을 정당화하기 위해서 성서를 원용했던 노예들과 그 동
맹자들의 창조성에서도 그랬다. 1760년대와 1770년대의 노예들의 저항은
많은 이들을 감동시켜 "인간훔치기"와 노예제 자체에 반대하는 공적인 입
장을 취하도록 했다. 이들 중 하나가 감리교의 창립자이며 1774년에 『노
예제에 대한 생각들』*Thoughts on Slavery*을 출판한 존 웨슬리였다. 그는 (혁명가
인 J. 필모어와 다르지 않게) "자유는 모든 인간이 생명의 공기를 마시기
시작한 순간부터 갖는 권리이다. 그리고 그 어떤 인간의 법도 인간이 자연
법으로부터 받아 가진 권리를 박탈할 수 없다"라고 결론지었다. 이러한 소
견은 다음 50년에 걸쳐서 감리교도들의 복음주의사업 및 전도傳道사업의
정신을 이룰 것이었다. 침례교도들도 이와 유사한 입장을 취하였다.[17]

토머스 스펜스 로벗 로빈슨, 『토머스 비윅: 그의 생애와 시대』(1887).

그러나 그러한 교회인들이 순정한 노예제폐지론자들은 아니었다는 점은 웨슬리의 오른손이자 1780년대 감리교 전도사업의 창립자이며 자신의 생애 동안 18번 대서양을 건넜던 토머스 코크를 살펴보면 알 수 있다. 그는, 1798년 봄에 더블린을 점령하려고 했던 〈아일랜드인연합〉의 시도를 배반했던 아일랜드 감리교도들에게 자부심을 느꼈으며, 서인도의 노예들이 1790년대에 영국의 섬에서 봉기하는 것을 막는 데 감리교도들이 핵심적 역할을 했다고 믿고 있었다("만일 그들이 종교의 자유를 가지고 있다면 그들의 일시적인 노예제는 상대적으로 작은 것에 지나지 않게 될 것이다."). 그는 1800~1년에 영국 북부의 이름 없고 작은 교회들에서 벌어지는 선동 활동에 관하여 정부에 보고하였다.[18] 그러나 희년에 대한 논의가 너무 광범해서 그는 그의 『성경에 대한 논평』*Commentary on the Holy Bible,* 1801에서 모호하기는 하지만 상당한 주의를 「레위기」 25장에 기울였다. 코크의 논의는 땅은 휴식을 필요로 한다는 점에서 출발했다. 희년은 "하느님이 가진 비옥하게 하는 힘"을 입증할 것이었으며, 탐욕을 억제할 것이었고, 다른 이들을 억압하기 위해서 재산을 획득하는 개인들의 야심찬 계획을 막게 될 것이었다. 코크는 아래로부터의 희년을 옹호하지 않았다. 혹은 토지균분법을 인정하지 않았거나 이 제도를 영국의 공유지들 혹은 아메리카의 땅들과 연결시키지 않았다. 그는, 희년은 농신제農神祭를 낳았으며 이 농신제에서는 "모든 이가 머리에 왕관을 썼다"는 마이모니데스*의 해석을 승인하는 듯했다.[19]

　　감리교와 침례교 목사들은—일부는 정규 교육을 받았고 일부는 무일

---

* 마이모니데스(Moses Maimonides, 1135~1204)는 중세 안달루시아, 모로코, 이집트에서 랍비이자 의사이자 철학자였다. 비유태인 세계에도 영향을 미친 중세 유태인 철학자들 중 하나이다.

푼의 자천된 "비국교도 전도사"였다─1780년대에 영국, 카리브해 지역, 북아메리카의 대체로 가난한 편인 회중에게 희년을 설교하기 시작했다. 이 전도사들 중 아프리카계 아메리카인들의 수는 점차 늘고 있었다. 웨더번에 더하여, 모지스 베이커Moses Baker, 조지 리일, 모지스 윌킨슨, 존 매런트, 토머스 니콜러스 스위글Thomas Nicholas Swigle, 리처드 앨런Richard Allen, 압살롬 존스Absalom Jones, 존 지어, 조지 깁George Gibb이 포함되어 있었다. 모세의 이야기인 이집트의 노예상태로부터의 탈주와 희년은 모두 이 목사들과 그 지지자들에게 중요했다. 감리교 볼티모어회의는 1780년에 여러 인종이 섞여 있는 회중에게 "노예제도는 하느님, 인간, 자연의 법을 거스른다"고 선언했다(비록 6년이 지나고 나서는 노예소유자들이 회중에 들어오도록 허용함으로써 이 신념을 실제로는 정지시키고 있지만 말이다). 침례교도들 역시 일반적으로 노예제도를, 그리고 특별하게는 희년을 설교했다. 여러 목사들이 이 메시지를 널리 전했다. 예를 들어 리일은 1782년에 써배너를 떠나 자메이카의 킹스턴으로 향했으며 2년 후에 그 섬의 최초의 침례교 교회를 세웠다. "가난한 부류의 사람들, 특히 노예들에게는 설교가 매우 좋은 효과를 냈는데," 노예들 사이에서 그는 짐마차꾼으로 일했다. 다른 목사들은 영국군과 함께 북아메리카를 떠나서 그 혁명적 유산을 노바스코시아, 영국령 온두라스, 런던, 씨에라리온 등지로 전했다.[20]

이러한 대서양의 회로들 내에서 희년은 설교에 의해서 그리고 또한 노래에 의해서 가르쳐졌는데, 특히 19세기 초 '두 번째 대각성운동'이라고 불린 운동의 부흥집회들과 야외집회들에서 그러했다. 목사들, 권사들, 오베아* 진행자들은 '부르고 응답하기' 스타일의 노래부르기를 가르쳤다. 율동

---

* 7장 역주 참조.

적인 복합성, 갭트 스케일*, 신체율동, 짧은 멜로디 마디들의 확대된 반복이 이 노래부르기를 특징지었는데, 이는 또한 "샤우트"shout라고 불렸다. 음악학자들은 샤우트에서 엿보이는 아프리카 노래들, 노동요들, 인디언 춤들의 영향에 주목했다. '라이닝 아웃'lining out — 읽을 수 있는 누군가가 한 줄을 노래하면 읽을 줄 모르는 사람들이 같은 행을 따라 부르는 식으로 계속된다 — 에 의해서 노래와 춤을 가르치는 방식은 이끄는 이와 합창대 사이에 긴밀하고 열성적인 관계를 보장했다. 상류층의 딱딱하고 위계적인 종교의식 및 노래부르기와의 대조가 이보다 더 클 수는 없을 것이었다.[21]

노예들 그리고 웨더번 같은 자유로운 유색인들은 침례교 및 감리교 전도사들로부터 희년에 관련된 것과 같은 성서의 대목들을 받아서 새롭고 반란적인 방향으로 끌고 갔다. 게이브리얼Gabriel은 희년인 1800년에 버지니아의 리치먼드에서 노예반란을 조직했다. 그와 그의 동료 투사들은 아이티 혁명의 성공으로 인해 용기를 얻었으며 노예제폐지론자인 퀘이커교도들, 감리교도들, 침례교도들의 설교에 격려를 받았고 프랑스 혁명가들로부터 도움을 받았으며, 〈아일랜드인연합〉으로부터 도움을 받았을 가능성도 있다. 전도사이자 권사인 밍고Mingo는 모세와 여호수아의 이야기를 읽어주었다. 게이브리얼은 특히 「사사기」 15장을 좋아하였는데, 여기서 삼손은 "블레셋 사람들의 정강이와 넓적다리를 크게 쳐서" 죽였으며, "나귀의 턱뼈로" "천 명을" 죽였다. 게이브리얼의 선동계획은 폭풍우에 의해 망쳐졌는데, 나중에 27명이 교수형에 처해졌고** 회중들은 더 고립되었으며 밤 동안에 기

---

* 갭트 스케일(gapped scale)은 실제로는 쓰지 않는 불필요한 음을 뺀 음계이다.
** 게이브리얼은 1800년 8월 30일 노예들을 이끌고 리치몬드로 들어가려고 하였으나 폭우가 내려 반란을 지체시켰고 이후에도 밀고자들과 배반자들이 등장하여 반란을 성사시키지도 못해 도망치다가 사로잡혀 나중에 두 형제들 및 다른 노예들 24명과 함께 교수형당했다.

도집회를 금지하는 법들이 통과되었다.[22]

나이와 경험에서 웨더번에 근접해 있는 사람이 덴마크 베시]Denmark Vesey인데, 1767년에 카리브해 지역(버진아일랜드Virgin Islands의 쎄인트토머스St. Thomas)에서 태어났고 능력있는 선원이었으며 감리교로 개종한 사람이었다. 세계주의자인 그는 쎄인트도미니크St. Dominique에서 노예로 있었고 모라비아교도들과 공부를 했으며 여러 언어들을 배웠다. 그는 선장인 그의 주인과 함께 싸우스캐럴라이나의 찰스턴에 정착해 있었는데, 격동의 1790년대에 이곳에서 감리교도인 프랜시스 애즈베리가 「이사야」 61장과 "갇힌 자에게 놓임을 선포하"겠다는 약속에 대하여 설교했다. 베시는 자유로운 흑인공동체와 감리교회의 지도자가 되었다. 그는 또한 아이티에서의 성공에서 영감을 취했으며, 그와 같이 모반을 한 동료들 중 하나인 먼데이 겔 Monday Gell이 흑인공화국의 대통령과 서신교환을 했을 수도 있는 점으로 보아 아마 더 직접적인 도움도 받았을 수도 있다. 1809년에 미네르바호의 흑인 사환이 선동적 팸플릿을 찰스턴으로 몰래 들여왔으며, 베시는 이를 성서를 읽을 때처럼 소리 내어 낭독했다. 1820년에 농장주들은 "선동적 출판"을 금지하는 법을 통과시켰다. 2년 후에 베시는 봉기를 하나 이끌 계획을 세웠는데, 여기에는 속박으로부터의 해방에 대하여 말한 화가인 잭 글렌 Jack Glenn, 니제르강 하류 지역 출신의 익보인인 먼데이, 마술사인 '걸러인 잭'Gullah Jack, 배의 목수로서 영국으로부터 도움을 받을 수 있을 것이라고 믿는 피터 로야스Peter Royas가 가담하게 될 것이었다. 이렇듯 베시는 봉기를 조직하는 가운데 아프리카, 영국, 서인도제도, 아메리카의 상이한 전통들에서 성장한 다양한 노동자들 — 농업노동자, 장인artisan, 해양노동자 — 연합을 이루어냈다. 대서양을 가로지르는 범아프리카주의의 힘을 표현한 이 봉기는 노예를 소유하고 있는 지배계급에게 두려움을 안겨주었다. 이에 대한 대응으로 찰스턴의 지배자들은 곧 1822년의 〈흑인선원법〉the Negro Seaman Act을 통과시켰는데, 이 법은 치안관으로 하여금 찰스턴 항구에 들어오는 그 어떤 선박에도 승선할 수 있고, 배가 항구에 정박해 있는 동안 타고 있는 그 어떤 흑인 선원도 체포할 수 있도록 허용하였다.[23]

그로부터 10년이 채 지나지 않은 때에 선원들은 데이빗 워커David Walker의 『세계의 유색 시민들에게의, 무엇보다도 아메리카의 유색 시민들에게의 호소』Appeal to the Coloured Citizens of the World, but in particular, and very expressly, to those of the United States of America, 1829를 남부의 항구들로 몰래 들여오게 된다. 워커는 노예제에서 일어나는 학살, 잔혹, 살인을 폭로하고, 탐욕스런 억압자들과 위선적인 기독교도들을 비난하며, 토머스 제퍼슨의 인종주의적 주장들을 반박하고, 논파할 수 없는 논리로 무장해방전쟁을 요구하는 일에 아메리카 혁명과 아이티 혁명의 유산을 끌어와서 활용하였다. 에스겔과 이사야의 묵시록적 예언 전통에 강하게 의존하고 있는 그의 호소는 곧 범아프리카적 자유의 선언문이 되었다.[24]

윌리엄 로이드 개리슨William Lloyd Garrison은 희년을 노래한 또 하나의 인물이었으며 또한 선창가의 산물이었다. 그의 외조부모들은 채무노예노동자들*로서 리버풀에서 배를 타고 왔으며, 그의 아버지는 주정뱅이 선원이었고 그의 어머니는 냉혹한 '새 빛 침례교도'New Light Baptist였다. 그의 남자 형제도 선원이었다. 그의 어머니가 "정치의 히드라"에 가까이 가지 말라고 그에게 경고했지만 그는 정치무대에 들어서서 1649년의 반율법주의 정신을 부활시킴으로써 정치무대를 영원히 바꾸게 된다. 데이빗 워커와 벤저민

---

* 채무노예노동자들(bonded labourers)은 진 빚을 노동을 통해 갚는 처지가 된 노동자들을 말한다.

런디Benjamin Lundy — 런디는 자유인이 된 사람들을 아이티까지 호송하였다 — 에게 배운 개리슨은 워커의 『호소』가 나온 해의 7월 4일에 보스턴의 파크스트릿 교회Park Street Church에서 연설을 하였는데, 여기서 그는 "포로된 자에게 자유를, 갇힌 자에게 놓임을" 선포하였다. 이는 노예제폐지론자들의 연합에 있어서 전환점이었다. 개리슨은 대서양의 강점들 — 잡색 부대, 동포애, 사람을 가리지 않는 하느님 — 에 호소하였으며 자본가들, 노예주인들, 압제자들을 똑같이 비난하였다. 그는 버년의 「허영의 시장」*을 재인쇄하였고, 세계가 그의 나라라고 선언하였으며, "하느님의 손으로 사람들의 가슴 위에" 썼고, "마음이 상한 자를 고치며 포로된 자에게 자유를 줄" 것을 약속했다.[25]

1830년대쯤에 아프리카계 아메리카인들의 아이들은 「그대는 복음의 나팔수가 희년을 알리는 소리를 듣지 않는가?」와 같은 노래들을 부르고 있었다. 희년을 이행하려는 노력에 폭우처럼 가해진 억압과 테러에도 불구하고 아프리카계 아메리카인들의 기독교는 샤우트하기, 춤추기, 노래하기, 울기, 몸을 경련시키기, 방언하기로 특징지어지는 행동의 종교로 남아있었다. 노예제를 철폐하려는 운동은 노래를 부르며 자유를 향해 나아갔던 것이다. 스펜스는 이 희년 노래부르기를 시작했으며, 이는 킹스턴, 찰스턴, 뉴욕, 보스턴, 프로비던스 그리고 더블린의 선술집과 예배당에서 계속되었고, 8월 1일** 이후의 많은 즐거운 찬송가들 즉 웨슬리 형제들의 고전적인 찬송가들에서부터 남북전쟁의 행진곡들을 거쳐 헨리 워크의 "인기있는" 시트음악***인 「오고 있는 주의 나라」 —

---

* 버년(John Bunyun)의 『천로역정』(*The Pilgrim's Progress*)의 한 부분이다.
** 1619년 8월 1일에 최초의 아프리카 노예들이 버지니아의 제임스타운(Jamestown)에 도착했다.

오, 주인들이 달아나네, 하하!
검둥이들은 그냥 있네, 호호!
그럼 이제 오고 있는 것이 틀림없네 주의 나라가
희년과 함께

—까지의 찬송가들에서 계속 이어졌으며 마지막으로 전후戰後의 '피스크 주벌리 씽어즈'Fisk Jubilee Singers*에서 일종의 결론에 도달했다.26 감리교도 이자 스펜스를 따르는 웨더번은 그가 처한 상황으로 보아 희년이라는 대서 양의 혁명적 전통을 이해하고 진전시키기에 완전히 적합한 사람이었던 것 이다.

웨더번–캠블 서신교환

웨더번은 그의 이복누이이며 자메이카의 마룬인 엘리자벳 캠블에게 희년 에 대한 편지를 써 보냈다. 그의 주된 목적은 자메이카 섬 전체에 걸친 해 방의 서곡으로서 그녀 자신의 노예들을 해방시키는 것을 그녀와 논하는 것 이었다. 1817년 10월 웨더번이 기사를 쓰고 편집하는 신문인『뿌리를 끊 는 도끼, 혹은 억압자들에게의 치명적 일격—자메이카 섬의 식민농장주들 과 검둥이들에게 보내는 연설』Ax Laid to the Root, or a Fatal Blow to Oppressors, Being an Address to The Planters and Negroes of the Island of Jamaica에 처음 발표된 이 서신교환

*** 시트 음악(sheet music)은 한 장의 악보로 인쇄된 팝뮤직이다.
  * 1871년 처음 조직된 아프리카계 아메리카인들의 그룹이다.

은 대서양 프롤레타리아에 대한 지식의 특유한 원천이다.[27] 아메리카 혁명과 1791년 아이티 혁명 발발의 여파로 수천 명의 노예들과 자유로운 흑인들이 들어온 것이 아프리카계 자메이카인들 사이에서의 선동과 조직화를 위한 새로운 충동을 창출한 바 있는데, 이들은 1792년쯤에는 비밀스런 모임들을 형성하고 있었고 웨더번과 캠블 사이에서 이루어지는 것과 같은 서신교환을 하고 있었다. 캠블은, 19세기 초쯤에 "자유로운 흑백혼혈인들은 커벳의 신문을 읽고 있었고 쎄인트도밍고에 대해서 말하고 있었다"고 설명했다. 아메리카와 쎄인트도밍고에서의 혁명은 잡색 부대가 그 소식과 경험을 유럽과 라틴 아메리카로 전함에 따라 다른 운동들에게도 나아갈 길을 열어주었다. 웨더번과 캠블이 주고받은 편지들은 대륙, 제국, 계급, 인종의 경계를 가로질러 넘었던 것이다.[28]

『뿌리를 끊는 도끼』는 1817년의 또 다른 급진적 출판물인 토머스 울러Thomas Wooler의 『검은 난쟁이』 *The Black Dwarf*와 비교될 수 있다. 이 제목은 유럽의 현자를 지칭하는가 아니면 인도의 야만인을 지칭하는가? "우리는 그의 감옥의 모든 비밀을 마음대로 풀어놓을 수가 없다"라고 울러는 지분거린다. 여기에 그 형태, 누더기옷, 우스개짓 모두에서 잡색인 존재가 있다. 검은 난쟁이는 왕권과 제단에 반대하는 트릭스터*로서 "그 비가시성으로 인하여 안전하고 그 분열의 힘으로 인하여 위험한데" ─ 여기서 울러는 히드라를 묘사하고 있을지도 모른다 ─ "폴립처럼 스스로를 계속 나눌 수 있고 그렇게 분열된 개체는 완벽한 동물로 남아있기 때문이다." (린네는 1756년에 담수의 폴립속▓에 히드라라는 이름을 부여한 바 있다.) 『검은

---

* 트릭스터(Trickster)는 신화, 민속, 종교에서 장난을 치거나 아니면 규범들을 지키지 않는 신, 여신, 영, 남자, 여자, 사람을 닮은 동물을 가리킨다.

난쟁이』는 국제적이고 다민족적인 출판물로서, 『오루노코』에 대한 평들과 바베이도스의 야생적인 노예제폐지론적 춤들에 대한 소식, 그리고 남아메리카에서의 투쟁들에 대한 최근 소식들을 주요하게 다루었다. 권두 그림의 난쟁이는 오른손으로 승리의 주먹을 쥐고 있으며, 그의 왼손은 결의에 찬 몸짓으로 그의 허리에 굳건히 놓여있다. 가슴이 두툼한 목양신牧羊神, Pan이 동지적 연합의 표현으로 난쟁이의 팔을 잡고 있으며 패퇴한 권력의 상징들 ―왕의 홀笏, 돈더미, 대법관의 가발―을 가리키고 있다. 한편, 노예제의 수갑들과 족쇄들은 먼지 속에 풀린 채로 놓여있다. 이 신문은 신성동맹에 대항하는 세속적 인물들의 3대륙 연합을 상징했다.* 점잖은 여성층과 유산자층, 왕당주의자들과 부유층의 최악의 두려움들은 섹슈얼리티, 아프리카, 그리고 괴물들의 알레고리에서 실현되었다. 다른 두 신문인 『메두사』 *Medusa*와 『고곤』*Gorgon*도 마찬가지로 보이지 않고 위험한 다수성多首性을 불러냈다.

두 건의 반란―하나는 카리브해 지역에서 일어났고 다른 하나는 영국에서 일어났으며 모두 노예제를 반대하는 것이었다―이 웨더번의 서신교환의 배경을 제공했다. 1816년 부활절에 부싸의 반란Bussa's Rebellion이 바베이도스를 삼켰다. 씨몬즈 농장의 가내 노동자인 내니 그릭Nanny Grigg은 신문을 읽고 다른 노예들에게 아이티와 영국의 사태전개를 알려주었다. 중요한 소식 하나는 1815년의 〈제국등록법안〉 the Imperial Registry Bill과 관련된 것이었는데, 이 법안은 실제로 노예를 영국 식민지에 몰래 들여오는 것을 방지하기 위해 통과되었지만, 노예들의 소문에 의해서 해방법으로 바뀌었다. 이 소문에 따르면 "높은 주인"(왕)이 "자유의 문서"를 의회에 보냈으나 지

---

* 신성동맹은 러시아, 오스트리아, 프로이센 3국의 연합이다.

역의 농장주들이 그것에 따르기를 거부하고 있다는 것이었다. 수백 명이 들고 일어나 사탕수수 농작물의 거의 4분의 1을 불태우고 자유를 요구했다. 한 농장주는 윌리엄 윌버포스William Wilberforce와 노예제폐지의 기치를 내건 〈아프리카 인스티튜트〉African Institute*가 "우리 섬의 가장 깊숙한 곳까지 뚫고 들어와 흑인들의 정신에 깊고도 치명적인 상처를 입혔으며 히드라 즉 반란이 생기도록 했고 반란은 우리의 들판을 피로 적시다시피 했다"고 주장했다. 호러스 캠블Horace Campbell은 이렇게 썼다. "반란의 광범한 성격과 반란계획에 동원되는 조직화기술은 새로운 종류의 지도력의 결과였다. 이는 영어와 아프리카의 종교적 관행을 알고 있는 종교적 전도사의 지도력이었는데, 이 지도자는 해방의 이념과 저항의 이념을 결합하였다." 그러나 바베이도스에서 노예상태로부터의 해방은 1816년에 이루어지지는 않을 것이었다. 거의 1천명의 노예들이 전투 중에 사망하거나 봉기 후에 처형당했던 것이다.[29]

몇 달 후에 영국에서 스펜스를 따르는 이들이 스파필즈 봉기the Spa Fields Riots를 이끌었고 운하파는 노동자들, 짐꾼들, 석탄 및 바닥짐 하역부들, 병사들, 선원들, 부두노동자들, 공장노동자들이 여기에 참여했다. 지도자들 중에는 토머스 프레스턴Thomas Preston이 있었는데, 스펜스를 따르는 이 사람은 서인도제도로 여행을 갔다가 자신을 "등록되지 않은 노예"로 간주하게 된 바 있었다. 스펜스를 따르는 또 다른 사람인 소小 제임스 왓슨James Watson은 봉기 직전에 리치 법관Chancellor Leach의 하인제복을 입은 하인과 토론을 하였다. "그는 도망쳐 나온 검둥이 같았으며 불경의 표시가 났다. 그의 주인이 그의 재산을 잃을 시간이 곧 올 것이었으며 자신이 그의 주인과

---

* 윌버포스가 창설한 단체이다.

『검은 난쟁이』(1819). 셸리와 그의 동아리에 대한 칼 H. 포자이머 소장품, 뉴욕 공립도서관, <애스터, 레녹스와 틸든 재단>.

다름없는 어엿한 사람이 되리라는 것이었다." 스파필즈에서 왓슨은 모인 1만 명에게 "영국인들이 서인도제도의 아프리카 노예들처럼, 혹은 진흙이나 돌처럼, 자신들이 짓밟힘을 당하도록 계속 놔둘 것입니까?"라고 물었다. 봉기는 "기계의 폐지와 규제"의 문제와 노예제의 폐지의 문제를 동시에 제기하였다.[30] 이때는 러다이트 운동의 시대였다. 한편으로는 증기기관과 섬유기계들이 도입되어 노동을 단축시키고 값싸게 하였으며 다른 한편으로는 그 결과로 지위가 격하된 노동자들이 억압의 수단이 된 기계에 대하여 직접적이고도 격한 행동을 함으로써 항의를 하였다. 1816년 이전의 바이런과 그 이후의 셸리처럼, 웨더번은 기계화가 노동을 비인간화하는 데 사용되는 경우에는 반대하였다. 바이런의 상원에서의 처녀연설(1812년 2월 27일의 일로서 이때 그는 24살이었다)은 러다이트 운동가들에게 사형의 벌을 내리는 법안에 관한 것이었다. "당신들은 이들을 필사적이고 위험하며 무지한 폭도라고 부른다. 그리고 '여러 머리 짐승'을 조용하게 하는 유일한 길을 그 과다한 머리들 중 몇을 잘라버리는 것이라고 생각하는 듯하다'라고 그는 말했다. 그는 상원의원들에게 그 머리들이 생각을 할 수 있다는 점을 상기시켰다. 더욱이, '바로 그 폭도가 당신들의 밭에서 노동을 하고 당신들의 집에서 당신들을 섬겼으며—당신들의 해군이 되었고 육군이 되었으며—당신들이 세계에 도전할 수 있도록 했으며, 또한 홀대와 재앙이 그들을 절망으로 몰아간다면 당신들에게 도전할 수도 있는 것이다."

부싸의 반란과 스파필즈 봉기는 웨더번으로 하여금 정보의 유통이 서인도제도의 식민농장주들에게 위험을 가져옴을 보았다. 따라서 그는 『뿌리를 끊는 도끼』를 출판할 것을 결정한 것인데, 이 출판물은 명백하게도 원래 의도된 독자들 모두에게, 즉 식민농장주들과 노예들 모두에게 읽히게 되었다. 한 상인이 자메이카 의회에 그러한 출판물에 대해서 경각심을

<보통선거권 혹은 최상의 더께—!!!> 조지 크룩섕크 그림. 개인 소장품. 로드니 토드-화잇의 사진.

일깨운 바 있었다. "그 안에서 이 섬의 고요함을 파괴하는 견해들이 발견되는데, 이 견해들은 쎄인트 도밍고의 노예들을 닮으라는 직접적 선동을 담고 있고 노예소유자들에게 모든 불쾌한 형용어를 부여하고 있다." 캠블에게 보낸 첫 편지에서 웨더번은 캠블이 그의 나이든 어머니와 그의 남자형제를 해방시켰다는 소식에 노예제를 열렬하게 비난하고 나머지 노예들도 석방하라고 권고하며 역사—헤브라이인들의 출애굽, 초기 기독교도들, 자유를 사랑하는 마룬들—를 상기시키고 더 최근의 토머스 스펜스의 사상에 찬성하는 것으로 답했다. 캠블은 답장에서, 노예들에게 자유를 주고 토지를 다시 갖게 한 것, 그리고 이러한 일처리를 총독의 사무관이 기록하도록 노력한 것을 서술했다. 이 사무관은 이 문제를 총독에게 올렸고 총독은 아이티에 대해서 투덜대면서 기각하였다. 세 번째 편지에서 캠블은, 총독이 그녀가 노예에게 자유를 준 소식을 자메이카 의회로 가져갔는데, 거기서 맥퍼슨Macpherson이란 사람이 일어나서 토머스 스펜스의 견해들에 반대하는 발언을 했으며 비국교도 선교사들에게 주어진 허가가 취소되지 않는다면 왕의 권위에 대항하는 반란을 일으킬 것을 권했다고 설명했다. 맥퍼슨은 캠블이 광인으로 취급되어야 할 것과 정부가 그녀의 노예들과 토지를 몰수해야 할 것을 제안했다고 한다. 그는 또한 자메이카의 농장주들이 "노예들을 다룰, 굶고 있는 스코틀랜드인들"을 수입하고 "흑인들을 제압하는" 데 사용할 목적으로 영국에서 "빈궁으로 인하여 죽어가고 있는" 하인들을 수입할 것을 제안하였다. 그러고 나서 의회는 "스펜스에 열광하는 사람들에 의해 해방된 노예들과 토지는 기록에 들어갈 수 없다"는 이유로 캠블의 노예해방을 무효화하였다. 그러나 의회의 기록도 출판되어서는 안 되었는데, "그것이 노예들의 손에 들어갈 것을" 우려해서였다. 『뿌리를 끊는 도끼』가 이미 읽어서는 안 되는 사람들에게 읽히고 있다는 우려로 인해서 자메이카의 지배자들은 책을 신고하는 사람에게 보상을 해주게 되었다. 노예들에게는 자유가 보상이었고 자유인들에게는 캠블의 노예가 보상이었다. 웨더번과 캠블 사이의 서신교환은 『뿌리를 끊는 도끼』의 출판이 멈춰짐에 따라 "계속"이라는 말로 끝을 맺었다.[31]

웨더번은 "번성하는 사상들의 결합으로 인해서 노예들이 자유롭게 될 것이다"라고 예언했는데, 바로 이 사상들의 결합을 실현하는 것이 『뿌리를 끊는 도끼』의 의도였다. 비록 울러의 『검은 난쟁이』가 가진 것과 같은 세련된 어조나 커벳의 『폴리티컬 레지스터』*Political Register*가 가진 것과 같은 확신에 찬 명령은 결여하고 있지만, 웨더번의 신문은 그럼에도 불구하고 대서양을 가로지르는 지적 대화―이는 아프리카, 아메리카, 유럽의 목소리들을 한데 모았다―에 활력을 부여하였다. "뿌리를 끊는 도끼"는 장작 패는 사람들과 물 긷는 사람들에게 특별한 의미를 가지고 있었다. 이 말은 누가복음과 마태복음에서 왔는데, 여기서 이 말은 세례 요한이 계급적 오만을 향하여 퍼붓는 저주의 일부이다. 이 말은 또한 메시아와 불에 의한 세례에 대한 그의 고지告知의 일부이기도 하다. 이 어구는 영국 혁명에서 기꺼이 전유되었는데, 예를 들어서 지체 높은 자들에게 가지고 있는 부를 빈자들에게 내놓으라고 명령한 아비저 콥Abiezer Coppe은 그를 비판하는 자들에게 "도끼로 나무의 뿌리를 끊음"으로써 답했다.[32] 세례 요한의 혁명적 의미들과 "뿌리를 끊는 도끼"는 1790년대에 대서양의 양쪽에서, 복음주의자들과 세속적인 급진주의자들 모두에게서 부활되었다. 아메리카의 전도사인 모지스 베이커는 자메이카에서 아프리카인 노예들에게 침례교판 기독교를 가르치면서, 세례 요한과 성령의 깃듦을 강조하였고 이는 강의 영들을 영매로 삼는 아칸족과 요루바족Yorubas의 관행에 잘 부합하는 것으로 판명되었다. 이로부터 나온 마이얼리즘myalism*이라고 불리는 종교는 "노예반란의 온상"이 되었으며, 저항의 기억을 전송하는 수단이었다.[33] 뉴욕에서 노예였다가 탈출한 조지 화잇George White은 세례 요한과 "뿌리를 끊는 도끼"에 대한 설교를 들었다. 그는 바닥에 엎드렸으며, 밤에 부유한 사람들에게 일어날 고통들의 환상을 보고 감리교로 개종하였다. 토마스 페인은 "종교의 뿌리를 끊기" 위해서 1794년에 감옥에서 『이성의 시대』The Age of Reason를 썼다. 토머스 스펜스는 1801년에 『사회복구자』The Restorer of Society에서 그리고 그의 마지막 출판물인 『거인퇴치자 혹은 반反지주』The Giant Killer, Or, Anti-Landlord, 1814의 서두에서 이 어구를 반복했다. 또한 그 전해에 아메리카의 침례교 목사인 존 리랜드John Leland는 『뿌리에 가하는 일격』A Blow to the Root에서 노예제에 대한 반대를 표명했다.[34] 그리고 셸리는 『여왕 맵』Queen Mab에서 이렇게 설명했다.

> 왕들, 사제들, 정치가들로부터 전쟁은 생겼다.
> 이들의 안전이 인간의 깊은, 덜어지지 않는 슬픔이고
> 이들의 화려함이 인간의 격하이다. 도끼로
> 뿌리를 치자, 독나무가 쓰러질 것이다.
> 그리고 그 독기운이 든 날숨이
> 멸망, 죽음, 슬픔을 퍼뜨리는 곳에, 수백만 명이
> 뱀의 기근을 해소해주고 있으며, 그들의 뼈들이
> 독바람 속에서 묻히지 않은 채 바래가고 있는 곳에
> 정원이 세워지리라, 예쁘기가
> 이야기에 나오는 에덴을 능가하는.

---

* 아샨티족의 옛 부족종교

아메리카에서 태어난 노예 출신 조지 리일은 1790년대에 자메이카로 계급지도자 제도를 도입했다. 이 제도에서는 흑인 목사들이 그 제자들의 발을 씻어주었다.[35] "성서를 읽을 수 있는 노예들은 …… 위클리프에서 수평파에 이르는 영국 항의운동들의 재가裁可와 영감을 손에 쥐게 되었으며 몇몇은 거기서 선교사들이 가르치지 않은 가르침들을 발견하였다"라고 역사가 메리 터너Mary Turner는 썼다. 감리교도들과 침례교도들은 찬송가부르기와 라이닝 아웃을 통해서 성서를 가르쳤다. 웨더번은 그의 초기 팸플릿인『자활적인 진리』Truth Self-Supported, 1802에서 자기 나름의 찬송가들을 써서 출판했다. 존 지어는 1817년에 찬송가집을 썼다. 특히 감리교의 찬송가들은 희년에 대한 언급이 풍부했다. 침례교도인 모지스 베이커는 1796년에 그의 설교에서 아래의 찬송가를 포함시켰다는 이유로 선동죄로 체포되었다.

> 우리는 더 이상 노예들이 아니다
> 그리스도께서 우리를 해방시키고
> 압제자들을 십자가에 못박았으며
> 우리의 자유를 획득하셨기 때문이다

자메이카의 한 흑인 침례교도는 1816년에 반란을 조장한 죄로 교수형을 당했고 다른 흑인 침례교도는 추방되었다. 익보인들의 자메이카 왕이 선출되어 노래에서 찬양되었다.

> 오 나의 좋은 친구 윌버포스여, 우리를 해방시키라!
> 전능하신 하느님도 그대에게 감사하노라! 전능하신 하느님도 그

대에게 감사하노라!

전능하신 하느님이 우리를 해방시키노라!

이 나라의 주인은 우리를 해방시키지 않는구나.

검둥이는 무엇을 할 것인가? 검둥이는 무엇을 할 것인가?

힘으로 힘을 취하라! 힘으로 힘을 취하라!

이 노래를 부른 사람은 "검둥이의 친구이며 접시 위에 머리가 잘려 올랐던 …… 세례 요한에 의해 승인을 받았다고 자신의 황색인 사제가 확언해준 그러한 노래만을 부른다"고 설명했다. 영국의 스펜스 지지자들도 이와 유사하게 전복적 노래부르기를 좋아하는 성향을 가지고 있어서 혁명적 가사들을 「쌜리 인 디 앨리」 "Sally in the Alley"나 (불가피하게도) 「국왕폐하 만세」와 같은 널리 알려진 곡조와 결합시켰다.[36]

캠블에게 보낸 편지에서 웨더번은 초기 기독교에 대한 급진적 설명을 제시했다. 여기서 그는 그와 같은 스펜스 지지자인 토머스 에번스Thomas Evans의 영향을 많이 받았는데, 에번스 자신도 "연속적인 종획과 징세의 결과로 가난한 농군들이 개방된 농지에서 이삭을 줍지 못하게 되고, 공유지에 대한 권리를 박탈당하고, 한때 자신의 것이었던 집과 헛간을 잃고, 그의 창고에 비축해놓은 얼마 안 되는 물건과 돼지와 가금과 땔감을 강탈당하고 그럼으로써 거지, 노예가 되는 것"을 목격한 바 있었다. 자신의 『기독교 정책, 제국의 구원』Christian Policy, the Salvation of the Empire, 1816에서 에번스는, 수탈과 노예제에 대한 대답은 초기 기독교도들의 공산주의에 있으며, 이제 새로운 시대를 "희년으로 맞이해야" 한다는 견해를 가지고 있었다. "옛날의 기독교도들은 동포애 속에서 사는 이러한 행복한 삶의 방식을 시도했으나, 그리스도와 사도들의 죽음 이후에 국가의 사제들은 황제로 하여금 기독교

종교를 수립하도록 설득하였으며, 그들이 …… 교회의 재산을 차지했소 …… 그들은 그 재산을 가져가려고 감히 시도하는 사람들 모두를 죽음으로 벌하는 법들로 재산의 주위에 용의주도하게 울타리를 쳤소"라고 웨더번은 썼다. 캠블 또한, 에번스와 그의 아들이 투옥된 바 있음을 알고 있으며, 해방된 노예들이 "일을 하면서 하루 종일 토머스 스펜스에 대해서, 호스몽거 레인Horsemonger Lane 감옥에 있는 에번스 부자에 대해서 그리고 오라버니[웨더번을 말함—옮긴이]에 대해서도 노래를 하고 있고, 기도를 할 때마다 에번스 부자를 언급하고, 전능하신 하느님이 우리의 기도에 응답하시어 때가 되면 천사들을 보내실 것이며 자신들을 해방시킬 것이라고 말하고 있다"는 것을 알고 있다고 말함으로써 에번스의 사상에 대한 폭넓은 찬성을 표시하였다.[37]

웨더번과 캠블 사이의 마지막 편지는 감리교도들에 대한 토론을 담고 있다. 캠블은 총독의 사무관과 다툰 적이 있었는데, 이 사무관은 캠블에게 감리교도들의 말에 귀를 기울였다고 비난했다. 그의 우려 뒤에는 1815년 동부 자메이카의 농장들에서 황색인 감리교도들이 밤에 몰래 여는 모임들이 자리잡고 있었는데, 감리교도들은 섭정*과 윌버포스가 노예들이 해방되는 것을 원한다고 가르쳤다. 그보다 몇 해 전인 1807년과 1814년 사이에 당국은 킹스턴의 웨슬리예배당을 폐쇄한 바 있었다. 〈영국 및 외방 성서협회〉 the British and Foreign Bible Society가 1804년에 형성되었으며 1812년에 자메이카 지부가 생겼다. 그러나 『뿌리를 끊는 도끼』의 첫 호가 출판되기 겨우 한 달 전에 한 침례교 선교사가 노예들에게 우호적인 발언을 했다가 자신의 직위에서 쫓겨난 일이 있었다. 따라서 캠블이 "감리교도들에게 축

---

* 정신이상이 된 아버지 조지3세를 대신하여 통치했을 때(1811~1820)의 조지4세를 말한다.

복이 있으라고 나는 말하는데, 성서를 읽는 법을 그들이 우리에게 가르치기 때문이에요"라고 그 사무관에게 대답하는 데는 용기가 필요했다. 감리교도들은 희년을 가능하게 만드는 일을 도왔던 것이다.[38]

성서는 자유를 가져다 줄 "번성하는 사상들의 결합"의 한 원천이었다. 다른 원천은 자메이카의 마룬들과 영국의 스펜스 지지자들이었다. 웨더번에게 자메이카의 마룬들은 그의 확대된 가족으로서 개인적으로 중요했으며, 자유를 지향하는 세력으로서 역사적으로 더욱 중요했다. 그는 다음과 같이 캠블의 선조들에 호소함으로써 그녀에게 보내는 첫 편지를 시작한다. "누이는 누이의 원조인 마룬들의 순수성으로부터 퇴락하였소. 마룬들은 스페인들의 손으로부터 벗어나 숲으로 탈주한 이후에 그들을 다시 노예로 만들고자 하는 기독교도들에 맞서서 20년 동안 싸웠소." 여기서 웨더번은 1차 마룬 전쟁을 언급하고 있는데, 이 전쟁을 그는 디거파와 수평파가 증진하였던 자유쟁취운동에 상당하는 것으로 파악하였다. 영국 혁명에서 디거파와 수평파의 패배가 크롬웰의 자메이카 정복을 가능하게 했으며 마룬들의 투쟁이 요구되도록 했던 것이다. 크롬웰과 그의 지지자들은 한정된 "자메이카 본토인의 권리"를 주장하였으나 "그 당시 자유를 위하여 싸우는 너의[캠블의―옮긴이] 선조들을 죽이느라고" 바빴다고 웨더번은 그의 이복누이에게 말했다.[39]

이 역사를 이야기해주는 것은 캠블이 나중에 수행하게 될 노예해방의 행동들―희년―에 대해 서언의 역할을 했다.

그런 다음, 노예들을 불러 모아서 초승달 모양으로 둥글게 반원 모양을 짓게 하고 앉아서 진리의 목소리를 들으라고 하시오, 그들에게 말하시오, 잔인한 스페인들의 노예였던 그대들은 고명한 크롬웰에 의해 자신의 나라로부터 쫓겨나 여기에 오게 되었소, 크롬웰은 왕들을 무릎 꿇리고 왕들 중 하나는 단두대로 보냈으며 함대를 파견하였는데, 함대의 제독이 주인인 크롬웰을 즐겁게 할 무언가를 행하지 않고서는 감히 돌아가지 못하여 이곳으로 와서 스펜인인들을 몰아냈소, 나의 사람들인 노예들은 그 다음에 피난처를 구해 숲으로 달아났고 침입자들은 속박의 상태로 되돌아오라고 불렀으나, 노예들을 거부했소, 노예들은 20년 이상 동안 싸웠소, 속박은 죽음보다 끔찍한 것이오.

마룬들의 역사는 자유에의 필연적인 서곡이었는데, 자유는 1650년대, 1730년대, 그리고 1790년대의 세 차례의 전쟁에서 쟁취되고 갱신된 바 있었다.[40]

　"마룬이며 약한 여성인 나는 스펜스의 사상을 곧바로 이해했으며, 그것에 대해 듣고 따랐고, 노예들도 그 힘을 곧 느꼈습니다"라고 캠블은 썼다. 왜 캠블이 자신을 "약한 여성"이라고 했는지는 분명하지 않다. 그녀는 아팠던 것인지도 모르고, 아니면, 반어적 표현이거나 꾀병을 부리거나 무슨 의미를 나타냈는지도 모른다. 그녀가 총독을 대할 때 취해야 했던 태도였을 수도 있다. 총독은 "그럼, 아가씨, 좀 더 편한 시간에 이 점에 관해서 듣겠소"라고 말하면서 짐짓 생색을 내듯이 대답을 했던 것이다. 그러나 캠블과 총독은 둘 다 자메이카의 여성노동자들은 결코 싸우지 않고 굴복하는 일이 없다는 것을 알고 있었다. 실로 기억에 매우 생생한 것이 1816년의 한 파업인데, 여기서 한 농장의 여성들은 "모두 쓰레기를 치우는 것을 거부했던" 바 있다. 쓰레기는 으깨어진 사탕수수를 말하는 데 이것을 치우는 것이 "들판의 공장"의 가동에 필수적이었다. 공장은 멈추었고 사탕수수를 나르는 기사는 계속 일을 했다. 그리고 "사나운 젊은 악귀 같은 미스 화우니카

Whaunica라고 불리는 여성이 그에게 달려들어 그의 목을 조르려고 했다. 관리인을 부를 수밖에 없었으며 마침내 이 여성반란은 진압되었다."[41]

어떻게 마룬 부족의 여성이 "스펜스의 사상을 곧바로 이해할" 수 있었는가? 그 해답은 마룬 부족과 스펜스 지지자들에게 공통적인 '즉석에서 양식조달하기' 즉 즉각적인 사용을 위한 농산물 생산에 있다. 마룬들은 영국의 농업 공동체주의자들이 매우 찬탄했던 생계농업을 행했는데 "과일과 채소는 모든 집단에서 발견될 수 있었는데, 모든 마룬이 생존의 필요조건으로서 맨 먼저 하는 일이 텃밭provision ground*에" 질경이, 코코아, 바나나, 파인애플, 사탕옥수수, 카사바를 "심는 일이었기 때문이다." 마룬 부족과 스펜스 지지자들 모두 개별적 축적에 엄밀하게 집단적으로 제한을 가하는 것을 옹호했다. 가축들은 공동의 목초지에서 풀을 뜯어먹었으며, 할당된 땅들은 공동으로 유지되었다. 웨더번은 따라서 자메이카의 노동자들과 영국의 노동자들 사이의 이해利害의 공통성을 강조하였는데, 이는 공동의 역사에서 1세기 반 이전에 시작했던 것이었다.[42]

어떻게 캠블과 같은 여성이 무엇보다도 스펜스의 사상에 대해서 배울수가 있었을까? 그리고 또한 어떻게 영국의 스펜스는 마룬들의 역사를 배울 수가 있었을까? 자메이카의 총독은 스펜스의 사상이 인쇄된 말을 통하여 팸플릿과 신문을 통하여 유통되는 것을 알고 있었다. 로벗 싸우디Robert Southey는 『쿼털리 리뷰』*Quarterly Review* 1816년 10월호에서 '스펜스의 계획'에 대하여 썼다. 『쿠리어』*Courier*와 『폴리티컬 레지스터』도 이 계획을 출판했는데, 스펜스의 지지자들에게는 반란을 일으킬 준비가 되어있는 약 3십만 명의 사람이 있다는 이전 소식통의 주장도 덧붙여졌다. 캠블은 다소 놀라면

---

* 노예들에게 스스로 농작물을 키워 자급하도록 할당한 땅.

서 스펜스에 반대하는 신문기사들을 읽은 바 있다. 그녀는 웨더번에게 의회 개혁론자인 프랜시스 버뎃경Sir Francis Burdett의 견해를 물었다.[43] 이 시기에 걸쳐서 가장 중요하고 가장 전복적인 뉴스네트워크들은 해양에 있었다. 예의 총독의 사무관이 캠블을 설득하여 노예를 해방시키지 못하도록 하려고 했을 때 그녀는 그녀의 의도에 대한 소식이 이미 퍼졌다고 설명했다. "나는 그들[그녀의 노예들]에게 이에 대해서 말하지 말라고 했으나 그들은 더욱더 많이 말했어요. 소식은 오울드아보어Old Arbore와 쎄인트앤즈St. Anns까지, 블루마운틴스the Blue Mountains, 노스사이드North Side까지 전해졌으며, 농장의 배들이 소식을 포트모런트Port Morant와 모런트베이Morant Bay까지 전했어요." 토머스 시슬우드는 이렇게 해안을 따라 이루어지는 소통을 자세히 서술했다. "갈 길은 물길로서 도랑, 운하, 강, 해안선을 따라가는 것이었으며, 한 곳의 바카디어bacadier 즉 부두에서 다른 곳의 부두로, 소식을 듣고 전하는 노예들을 태운 모든 종류의 작은 배를 타고 갔다."[44]

실상, 웨더번과 캠블의 서신교환에서 전략적 연결고리는 선원이었다. 캠블은 통신 방식을 이렇게 설명한다. "나는 이 편지를 흑인 요리사를 통해 전해요. 우체국에 감히 맡기지는 못하지요. 우체국에서는 사람들의 편지를 열어보기 때문이에요." 나폴레옹 전쟁이 끝날 무렵에 영국해군의 대략 4분의 1이 흑인이었는데, 영국과 아메리카의 해운업에서의 흑인 비율은 필경 이보다 조금 낮을 뿐이었을 것이다.[45] 캘러버Calabar에서 태어나서 뉴욕인의 노예가 된 존 지 자신도 리버풀의 아이셋Iscet호가 1810년에 프랑스인들에 의해서 나포되기 전에 그 배의 요리사로서 일했다. 흑인 요리사는 매우 흔해서 해양문학에서 상투형이 되었으며, 프레드릭 메리엇Frederick Marryat의 『수습사관 이지씨』Mr. Midshipman Easy, 1836에서 그 정점에 도달했다.* 철도 시대 침대차의 사환만큼이나 항해의 시대에 범아프리카적 소통에 중요한 이

인물이 희년에 대한 소식을 전했다.[46]

캠블에게 보낸 첫 편지에서 웨더번은 그녀에게 희년이 자메이카에 올 것이라고 확언하였으며, 그가 의미하는 바를 그녀가 정확하게 알리라고 생각했다. "노예들은 만일 자기의 주인들이 기독교도들이라면 7년 이상은 노예로 잡아두지 않을 것이라고 말하기 시작했소. 7년이 모세의 율법이 정한 기간이기 때문이지요." 희년에 대한 모세의 율법의 일부는 이미 대서양을 가로지르는 노동정책의 일부가 되었다.[47] 아메리카로 이주한 많은 하인들은 예를 들어서 7년 동안 계약을 하였으며 해방된 유색인들은 7년 동안 유효한 자유증서를 발급받았던 것이다.

웨더번은 이사야를 인용하며 "가옥에 가옥을 이으며 전토에 전토를 더하여, 작은 농장을 큰 농장으로 바꾸며, 과부의 아이들과 그 유산을 삼키"고 있는 자들을 비난했다. 캠블은 희년이 요구하는 대로 자신의 노예들에게 자유를 주었으며, 그런 다음에 토지를 재분배함으로써 해방을 향한 다음 단계를 취했다. "캠블양은 그때, 이 땅은 당신들 것이다 …… 나는 하느님의 말씀을 읽었으며 그 말씀에는 주께서 땅을 인간의 자식들에게 주셨다고 되어있다고 외쳤다"고 한다. 또한 그녀는, "나는 스펜스의 계획에 맞게 당신들이 서있는 땅에 대한 당신들의 자연적 권리를 당신들에게 양도하도록 자연의 자식에 의하여 지시받았다"고 덧붙였다고 한다. 그녀는 그녀의 행동이 특유한 것이 아니라 단지 우호적임을 강조했다. "나는 그것을 당신들의 집사로서 스스로 관리할 것이며, 나의 남자형제가 우리를 도울 것이고, 우리는 모든 것을 공유했던 쎄인트메리 교구의 셰리어들the Shariers처럼

---

* 이 소설에서 주인공 이지(Easy)와 친해지는 메스티(Mesty)가 바로 탈주노예이며, 아프리카에서는 왕자였던 인물이다.

행복하게 살 것이다." 아마 그녀는 여기서 가족의 이름을 언급하고 있는 듯하다(1818년의 『자메이카 연감』에 의하면 셰리어가㳠, the Sheryers가 세 개의 농장을 소유하고 있었다). 아니면 아마도 그녀는 단지 이름이 붙여지지 않은 "공유자들"sharers에 대해서 생각하고 있는지도 모른다. 어떻든, 1817년에 자메이카에서 실행된 희년제가 적어도 또 하나 있었는데, 이 해에 "수사"修士 루이스"Monk" Lewis는 웨스트모어랜드에 있는 그의 사탕수수농장에서 노예들 사이에서의 불평등한 재산축적을 막기 위해서 희년제를 행했다. "나는 앞으로 그 어떤 흑인도 가족의 생계를 위해 충분한 땅이 딸린 집 하나 이상의 재산을 소유해서는 안 된다는 것을 공표했으며, 그 다음 일요일에 감독이 나의 명령을 받아서 마을을 돌아보았고, 너무 많이 가진 사람으로부터 뺏어서 너무 적게 가진 사람에게 주었으며, 가장 엄격한 토지균분법에 따라서 완전히 새롭게 재분배했다."[48]

1790년에서 1820년의 시기는 사회공학social engineering의 시기였으며 자메이카의 대농장주들이 촌락들을 그리고 텃밭을 재조직한 시기였다. 루이스와 캠블이 취한 행동은, 배리 힉먼Barry Higman 농장의 지도들과 도면들에 대한 그의 연구에서 보여주었듯이, 자메이카 토지균분법 역사의 주제들과 일치한다. 농장들은 1810년까지는 대체로 규칙적이고 선형線形이었는데, 그 이후에는 노예들과 농장주들 사이에 공간을 둘러싼 투쟁으로 말미암아 더 불규칙하게 되었다. 스펜스와 웨더번은 해방 이후 농업이, 선교사들이 북쪽 해안의 농장지대에 설립하였거나 무단거주자들이 버려진 농장들이나 충분히 이용되지 못한 벽지에 형성한 자유로운 촌락들에서 이루어지는 소자작 농업으로 변형되리라고 예측하였다. 이 자유로운 촌락들 중 일부는 해방 이전에 형성되었는데, 20세기까지 "가족의 땅"으로서 지속되는 관습을 세우기도 하였다. 클로드 맥케이Claude McKay*의 소설 『바나나 밑동』

*Banana Bottom*은 바로 그런 촌락에서의 희년에 관한 이야기이다.[49]

역사와 혁명

웨더번과 캠블 사이의 서신교환과 그 중심부에 놓여있는 희년의 역사를 탐구하였으므로, 이제 대서양 프롤레타리아의 이론가인 웨더번에 관해 몇 가지 물음을 던져보기로 하자. 첫째, 그의 역사관은 어떤 것이었는가? 둘째, 그는 혁명 전통을 어떻게 생각했는가? 셋째, 그는 어떤 요소들이 혁명을 이룰 사회·정치적 세력을 구성한다고 보았는가? 마지막으로, 그는 기독교, 공화주의, 노예제폐지론을 어떻게 결합시켰는가? 웨더번은 대서양의 양쪽에 있는 노동자들의 운명이 연결되어 있다는 것을 아마도 그의 시대의 어느 누구만큼이나 잘 알고 있었다. 그는 이 진실을, 그의 행동들, 그의 설교들 그리고 『뿌리를 끊는 도끼』를 비롯한 그의 저작들을 통하여 평생 가르치는 사람이 된다. 그는 전후의 급진적인 풍토의 일부였으며, 따라서 셸리의 『여왕 맵』이나 볼니Volney*의 『폐허』*Ruins* 둘 다 잘 알고 있었다.

웨더번은 역사를 수탈과 저항의 국제적 과정으로 보았다. 모든 나라들의 부유층은 그 경제적·정치적 힘을 이용하여 우선은 땅을 훔치고 그 다음에는 한때 그 땅을 차지했던 사람들을 짓밟았다. 그리고 이 과정에서 테러를 가하여 그들을 노예의 상태에서 노동을 하도록 강제했다. 웨더번은 "세계의 모든 국가의 대다수 사람들은 땅에 대한 권리를 박탈당했다"고 썼

---

* 클로드 맥케이(1889~1948)는 자메이카의 작가이며 '할렘 르네쌍스'라 불리는 것에 속한다.
* 볼니(Constantin François de Chassebœuf, comte de Volney, 1757~1820)는 프랑스의 철학자, 역사가, 동양학자, 정치가이다.

다. 그 결과로 나타나는 저항을 그는 "보편적 전쟁"이라고 불렀다. 1819년에 웨더번의 홉킨스스트릿 채플에서 토론된 문제는 "보편적 전쟁이 일어난다면 부유층과 빈곤층 중에서 어느 쪽이 이길 것 같은가?"였다. 웨더번은 "영국에는 두 계급만이 존재한다"고 논의를 시작했다. 그런 다음에 그는 모인 사람들에게 "어떻게 이런 일이 일어났는가?"하는 역사적 분석을 하라는 권유를 했다. 어떻게 웨더번은 그 자신의 물음에 답했을까하고 우리는 물을 수 있다.[50]

자메이카의 노예들에게 한 첫 번째 연설에서 웨더번은 토지를 둘러싼 투쟁의 핵심적 중요성을 설명했다.

무엇보다도, 그대들이 지금 노예로서 소유하고 있는 땅을 꼭 지키라. 땅이 없는 자유란 소유할 가치가 없다. 땅의 소유를 일단 포기하면 억압자들은 자신들의 편의를 위하여 법을 만들어서 그대들을 굶겨 죽일 것이고 그렇게 되면 그대들은 생계를 벌기 위해서 범죄를 저지를 수밖에 없기 때문이다. 유럽의 지주들이 땅을 박탈당한 사람들에게 했듯이 말이다. 수천의 가족들이 지금 아사상태에 있는 것이 사실이다. 감옥은 사람으로 바글대고, 인류애는 공권력으로 하여금 범죄자들에 대한 사형선고를 철회하라고 재촉하고 있지만, 다른 한편으로 지주들은 실상 삶에 필요한 모든 것으로 둘러싸여 있다. 유럽 빈민들의 고통을 보고 깨달으라. 그대들이 가진 땅을 결코 내놓지 말라. 하느님과 자연이 준 권리이기 때문이다. "땅은 인간의 자식들에게 주어졌기" 때문이다.

웨더번에게 출발점은 다음과 같은 생각이다. 땅은 하느님에 속하고, 하느님이 이 땅을 "인간의 자식들에게" 주셨으며 "피부색, 성격, 정당함과 부당함의 차이"를 허용하지 않았다. 그런데 땅에 울타리를 치는 자들과 땅을 빼앗는 자들이 땅을 사유재산으로 만들고 노예제도를 만들면서 폭력과 테러가 생겼다. "동포를 [땅에 대한] 권리로부터 처음 떼어낸 자는 압제자요, 강도요 살인자였다. 동포의 권리를 침해했기 때문에 압제자이며, 자신의 것이 아닌 것을 취했기 때문에 강도이고, 동포로부터 그 생존수단을 뺏었기 때문에 살인자이다. 그러면 약자는 악당의 노예가 되기를 간청할 수밖에 없는 것이다." 테러의 체제는 지주계층의 존재에서 영속화되는데, 이들은 "자연적이고 보편적인 정의正義에 부합되는 …… 권리증서"를 가지고 있지 못한데도 "무력이나 사기에 의해서 처음 얻은 것"을 팔거나 아니면 자식들에게 물려주었던 것이다. 자메이카에 있는 형제, 자매들에게 보내는 웨더번의 메시지는 영국에서 자신의 세대가 경험한 대대적인 수탈에 기반을 두고 있었는데, 영국에서는 1801년과 1831년 사이에만 3,511,770에이커*의 공유지가 농민들로부터 법적으로 박탈되었다. 이는 지주들로 이루어진 의회가 자행한 계급적 수탈의 사례이다. 아서 영은 이 과정을 한 사람이 다른 사람의 손수건을 훔친 다음에 그를 고용하여 새로운 소유주의 이름 머리글자를 그 손수건 위에 새기는 것에 비유했다.[51] 1816년 농촌생활의 상태는 너무 끔찍해서 정부는 『영국의 농업상태』 *The Agricultural State of the Kingdom*라는 제목의 연례 보고서의 발표를 금지하려고 했다. 많은 사람들이 종획과 빵의 높은 가격에 항의하다가 실제로 교수형을 당했다. (일리 성당 Ely Cathedral의 특별 순회재판에서 이들 중 24명에게 선고를 할 때에는 "왜 이교도들은 그토록 맹렬하게 함께 날뛰는가?"라는 가사를 가진 헨델의 『아리아』가 연주되었다.)

웨더번은 "소수가 땅을 경작할 것이냐 아니냐를 가릴 힘을 갖고 그럼

---

* 약 142억 제곱미터(약 43억평)이다.

으로써 전 인구의 생존을 쥐락펴락하는 것"은 옳지 못하다고 보았다. "그들은 기근을 야기할 수도 있고 풍요를 낳을 수도 있다"는 것이다. 아일랜드인들 사이에서 희화戲畵가 가장 분명하게 제시된다. "당신들의 해군과 육군에, 모든 식민지들에 병사를 공급할 수 있었던 나라인 아일랜드에서 기근이 큰 발걸음으로 활보하고 다닌 것에 대해, 그리고 이제 주민들이 먹을 게 없어서 죽어가고 있는 것을 누가 설명할 수 있는가?" 그는 "오, 아일랜드의 빈민들이여, 그대들의 굶어죽음은 지주들에게 그야말로 영원하고 영속적인 치욕의 기념비가 될 것이며, 토지의 사적 소유라는 사악한 체제가 쓰여있는 불멸의 책이 될 것이다"라고 외쳤다. 그러한 살인을 가리려는 새로운 학문인 인구학에 대한 응답으로 웨더번은 이렇게 썼다. "맬서스는 부유한 자들을 기쁘게 하기 위해서 과잉 인구는 하느님의 법칙인 자연의 법칙에 의하여 멸망한다고 말했다. 스펜스를 따르는 사람들은 신이 땅을 인간의 자식들에게 주셨으며 신은 사람을 가리지 않는다고 말한다."[52]

웨더번은 압제자들, 강도들, 그리고 살인자들이 영국과 아일랜드에서만 아니라 아프리카와 아메리카에서도 움직이면서 땅만이 아니라 노동을 착취하고 있음을 강조했다. 아프리카의 노예들은 "절취竊取된 인간," "절취된 인신人身들," "절취된 가족들," 그런 다음에 "가축처럼 시장에서 팔린" 사람들이라고 그는 주장했다. 그는 「출애굽기」 21장 16절을 인용했다. "사람을 납치한 자가 그 사람을 팔았든지 자기 수하에 두었든지 그를 반드시 죽일지니라." 그는 "모든 권력가들, 총독들, 그리고 모든 종류의 정부들이 중죄를 범했는데, 무력으로 혹은 다른 방식으로 사람들의 인신을 탈취하고 그 태어난 땅에서 끌어내며 그렇게 절취된 인신들과 자손들을 팖으로써 인간의 신성한 권리를 사악하게 침해했다"고 보았다. 한 스파이는 웨더번이 "흑인들을 고용하여 여성들을 훔쳐오게 한" 노예상인들을 비난하였다고 보고했다. "이들은 여성들을 자루에 넣어두며 만일 소리를 치거나 하면 살해하곤 했다. 배가 미리 준비되어 있었으며 그들을 싣고 떠나곤 했다." 그가 설명하기에 이는 "의회 사람들에 의해서 행해졌는데, 이들은 이익을 위해서 그렇게 했다." 마치 면화공장에서 노예들을 만들 듯이 말이다. 이것이 "그들을 의회로 들어가게 해줄 돈"을 버는 최우선적인 방식이었다.[53]

웨더번은, 부유층이 사람들을 땅으로부터 쓸어냈으며, 자신들을 보호하고 땅을 박탈당한 사람들을 범죄자로 만드는 법을 만들었고, 땅을 박탈당한 사람들의 생존을 위한 노력은 이제 채찍, 감옥, 교수대만을 가져올 뿐임을 자메이카의 노예들이 알기를 바랐다. 영국의 감옥들은 수탈당하고 범죄자가 된 사람들로 가득 차 있었다. 『뿌리를 끊는 도끼』에서 그는 앞으로 해방될 노예들에게 그들이 더 나은 사회를 조직할 때 "감옥을 두지 말라"고 말했다. "감옥은 단지 악을 키우는 학교이며 압제의 희생자들을 수용하는 곳이기" 때문이었다. 그는 더 나아가 감옥을 노예의 경험에 비유하며, 식민 농장주들에게 이렇게 경고했다. "나는 당신들의 현재의 안전을 위해서, 그리고 당신들의 자손의 미래의 행복을 위해서 즉각적으로 노예들을 풀어주는 것이 좋음을 알려줄 것이다. 그들이 있는 감옥에서, 풀어주라, 놔주라는 목소리가 들리기 때문이다." 이미 영국에 존재하고 있었던 감옥에 대해서 웨더번은 감옥문을 열어젖히는 것을 지지했다. 그는 "삼색위원회Tri-Coloured Committee"의 한 위원이 1816년에 "감금으로 고통받는 동포들"에게 말한 다음의 소감에 동의했을 것이다. "감옥의 문들이 열릴 것이며 당신들의 거대한 바스띠유는 재만 남을 것이다."[54]

웨더번은 또한 프롤레타리아 운동을 짓밟고 계급규율을 수립하는 데서 교수형이 행하는 역할을 강조했다. 그는 교수대의 올가미가 죄어진 3명의 투사들을 기억했다. 에드워드 마커스 데스파드, 스파필즈 봉기에서 한 역할 때문에 처형된 아일랜드 선원 캐쉬맨Cashman, 수상인 스펜서 퍼시벌 Spencer Perceval을 암살한 존 벨링엄John Bellingham이 그들이다.[55] 그는 엘리자 벳 캠블에게서 자메이카의 교수형에 관한 최근의 소식들을 들었다. "의회 에서 노예를 교수형에 처하는 법을 만들었다. 한 사람은 전도하고 가르치 고 권유했다는 이유로 교수형에 처해졌으며, 또 한 사람은 노예무역의 폐 지를 노예제의 폐지로 오인하여 괭이를 집어던지고 조지 왕의 이름을 축복 했다는 이유로 교수형을 당했다." 웨더번은 자서전의 끝에 자신의 두려움 을 표현했다. "나는 식민농장주들이 두렵지 않았다면 자메이카로 돌아갔을 것이다. 핏줄에 검은 피가 돌며, 자유인으로서 생각하고 행동하는 사람들 에 대한 그들의 증오는 매우 커서 그들은 틀림없이 무슨 죄목이든 날조하 여 나를 목매달 것이다."[56] 식민농장주들이 "할 수 있는 것은 거의 없다. 효모가 반죽 속에 너무 오랫동안 들어있었기 때문이다. 노예들이 그들의 빵이므로, 노예들 모두를 교수형에 처할 수는 없을 것이다"라는 주장에도 불구하고 영국의 정책은 (필요하다면 대규모로) 살인적인 것으로 남아 있 었다. 이는 1804년 다우닝스트릿에서 이전 총독인 조지 뉴전트경Sir George Nugent, 1801~6에게 보낸 사적인 기밀 메시지가 분명히 하고 있다. "쎄인트 도밍고에 있는 자유흑인정부의 영향력은 언제나 위험할 수 있다. 따라서 노예들 중에서 그 충성심에 의존할 필요가 없는 계층을 멸절하고, 어릴 때 의 습관과 교육에 의하여 우리를 따를 수 있는 계층을 번성시키는 것이 가 장 안전한 체제인 것으로 보인다."[57]

역사적 과정에서 새로운 단계가 웨더번의 팸플릿 『무쇠 목사들, 혹은 정치경제에 관하여 대중과 입법부에 보내는 조언』Cast-Iron Parsons, or Hints to the Public and the Legislature, on Political Economy에서 제안되었다. 런던의 셰드웰Shadwell의 〈쎄인트폴 교회〉Saint Paul Church를 방문하는 동안 그는 목사에게 교회가 벽

돌로 지어졌는지 아니면 돌로 지어졌는지 물은 바 있었다. "둘 다 아니다, 무쇠로 지어졌다"가 대답이었다. 나이든 사과장수 할머니가 대화를 엿듣고 는 덧붙였다. "목사들도 무쇠로 만들어졌기를." 웨더번은 이것이 훌륭한 생 각이라고 보았다. "정통 교회의 성직자들에게 요구되는 의무사항들이 완전 히 기계적이므로, 그리고 기계로 인간의 노동을 대치하는 것이 크게 유행 이므로 언젠가는 무쇠 목사를 대용하는 것이 가능하리라는 생각이 들었다." 이는 보통 때에는 기름을 발라 벽장 속에 잘 넣어두었다가 일요일에만 꺼낼 수 있다. 실상, 시계장치가 선생님이 되어 과학을 가르치도록 하는 것 또한 가능하듯이, 이 생각은 더 넓게 응용될 수 있었다. 이 발명을 웨더번은 "테 크니가톨릭오토마토팬토피돈"TECHNICATHOLICAUTOMATOPPANTOPPIDON이라 고 불렀다. 추가적으로 그는 무쇠 왕과 무쇠 국회의원들을 만들 것을 제안 했으며, 모독죄로 곧 감옥에 갇혔다. 그는 기계, 정치가들, 그리고 부의 원 천을 이해했다. "노예들과 불운한 사람들이 땅을 일구었으며, 건물을 짓고 모든 종류의 부로 채웠다. 그대들로 하여금 이 사람들을 일하게 만들 수 있게 하는 부는 어떤 것이든 사회로부터 얻어진 것이다. 홀로 사는 미개인 이 부유한 적이 있는가? 아니다. 모든 부는 사회로부터 온다. 노동하는 사 람들로부터 온다는 의미이다."[58]

웨더번이 역사의 자본주의적 측면을 수탈로 보았다면 프롤레타리아적 측면은 저항으로 보았다. 어릴 때 저항의 역사가 그의 의식 속에 강렬하게 불어넣어져 있었다. 그가 영국과 아메리카의 노동자들에게 주기를 가장 바 란 것은 바로 이 역사였다. 자신을 "가난하고 상속권이 박탈된 지렁이"라고 부른 이 독학자는 고대까지 거슬러 올라가서 역사를 다시 자신의 시대로 끌어왔다. 급진적 기독교, 농민반란, 노예봉기, 집단행동, 도시반란, 군사반 란, 파업이 이 역사에 중심적이듯이, 희년 또한 중심적이었다. 웨더번의 생애에 이러한 사건들은 프롤레타리아의 힘의 원천이었고, 혁명의 요소들이었다. 이를 수단으로 하여 그는 다른 이들과 함께 "세계를 납골당에서 낙원으로 전환시키"려고 하였다.[59]

웨더번과 캠블은 투쟁의 기억이 구비전통을 통하여 유지되고 엄격한 비밀의 규범에 의해 지배되는 기억도움장치들에 의하여 전해지는 전통에 속해 있었다. 『뿌리를 끊는 도끼』가 지닌 가치들 중 하나는 웨더번이 자메이카와 영국의 노동자들의 이해를 확대하기 위하여 이 지식을 기꺼이 출판하려는 데 있었다. 그는 이 두 장소에서 벌어지는 투쟁들의 공통의 기원, 그 연관관계들, 유사관계들을 수립하려고 했으며, 원시 기독교가 그 출발이었다. 따라서 웨더번의 역사의 시작은 그 끝처럼 공산주의적이었으며, "동포애 속에서 이렇게 행복하게 살아가려고 시도"했던 "옛날의 기독교도들"이 세운 본보기였다. 이 전통의 임시 상속자가 1381년 영국 농민반란의 지도자인 왓 타일러Wat Tyler였다. 타일러는 감옥 문을 열고 농노제를 폐지하도록 왕과 협상하였으며 나중에 런던의 치안판사들에 의하여 암살당했다. 저항과 반역은 둘 다 중요한 것으로서 자메이카의 마룬들과 다른 반란자들이 기억해야 할 것이었다.[60]

영국 혁명 또한 웨더번의 사상에서 중심적 위치를 차지했다. 데스파드의 모반이 있던 해(1802)에 웨더번은 『자활적인 진리』의 표지에 인용할 것으로 「고린도전서」 1장 27절을 선정했다. "하느님께서 세상의 미련한 것들을 택하사 지혜 있는 자들을 부끄럽게 하려 하시고 세상의 약한 것들을 택하사 강한 것들을 부끄럽게 하려 하시며." 웨더번은 또한 그의 만신전萬神殿에 "원시 퀘이커교도들"의 자리를 마련했다.[61] 서인도제도의 설탕생산에 관해서 그는 17세기 말투로 이렇게 썼다.

핏방울들, 풍성한 깡통을
달콤한 즙으로 채우는 끔찍한 거름
그러면 우리의 동포들은 비열한 장사를 위해서
고통의 모욕을 견뎌야 하는가?

그는 1655년 이후에 크롬웰에 의해서 자메이카에 재앙처럼 닥친 제국주의
와 노예제는 급진주의자들의 패배에 의해서 가능하게 된 것임을 이해했다.
(당시 급진주의자들의 전투는 해외에서는 엘리자벳 캠블의 마룬 선조들에
의해 수행되어 오고 있었다.) 자메이카의 식민지화는 영국이 노예무역으로
의 탐욕스런 돌진한 것과 긴밀하게 연결되어 있었다.

　　비록 웨더번이 그의 글에서 직접 택키의 반란을 언급한 적은 없지만
그가 그것에 영향을 받았음은 의심의 여지가 없다. 어렸을 때 웨스트모어
랜드와 하노버 교구에 살면서 (이곳에서 많은 싸움이 벌어졌다) 그는 싸움
에서 살아남았던 사람들이 전해주는 이야기를 들었을 것이다. 웨더번은 반
란으로부터 나온 생각들 중 하나로서, 필모어에 의해 처음 인쇄된 형태로
표현된 주장 즉 노예들은 반란을 일으켜 압제자들을 죽임으로써 스스로를
해방시킬 권리가 있다는 주장을 계승하였다. 1819년에 나온 웨더번의 전
단들 중의 하나에서 그는 "압제자를 죽이는 것이 살인일 수 있는가?"라고
묻고 이어서 연관된 질문 "자신에게 자유를 주기를 거부하는 주인을 죽일
타고난 권리가 노예에게 있는가?"에 대한 논의를 한다. 그 모임에 참가했
던 스파이들 중 하나는, 토론의 끝 무렵에 "방 안의 거의 모든 사람들이
그 질문에 네라고 대답하는 취지로 손을 들었다"고 보고했다. 웨더번은 "그
때, 여러분들, 나는 이제 고국에 편지를 써서 노예들에게 언제라도 마음이 일
때 주인들을 살해하라고 말하겠다고 외쳤다." 또 다른 스파이는 그 모임에

이중적 의미가 있음이 분명하다고 보고했다. 모인 사람들은 "자신들의 목표가 지배자들의 살해와 영국 정부의 전복인 셈이라고 공언했다"는 것이다.

근대사에서 최초의 성공적인 노동자 혁명인 아이티 혁명은 웨더번에게 깊은 인상을 남겼다. 비록 그는 자메이카의 형제, 자매들에게 아이티에서 일어났던 것과 같은 유혈을 경계시켰지만, 그는 분노가 테러와 착취에 대한 불가피한 대응임을 알고 있었으며 자메이카의 지배자들과의 신경전에서도 분노의 사용을 꺼리지 않을 생각이었다. 그리하여 그는 그 지배자들에게 "농장주들이여, 도망갈 준비를 하라, 쎄인트도밍고의 운명이 그대들을 기다리고 있다"고 권고하였다. 웨더번은 또한 1798년 〈아일랜드인연합〉의 패배에 주목하였는데, 비니거힐의 전투the Battle of Vinegar Hill에서의 군사전술을 비웃었다. 자메이카의 마룬들과 반란자들이라면 "어리석은 아일랜드 반란자들처럼 조직된 군대와 교전하는 것을 참지 못할 것"이라고 설명했다. 자메이카의 반란자들은 테크놀로지에 의존하지 않았으며(그들은 밀낫을 무기로 사용했다), 대로를 사용한 군대의 수송에 의존하지도 않았고, 식량공급의 병참술에 의존하지도 않았다.

바베이도스의 수백 명의 노예들이 속박에서 벗어나기 위해 일어선 부싸의 반란 또한 1819년 모임에서 "서인도제도의 일부에서 일어난 노예들의 반란"에 대해 웨더번이 보고한 내용에 분명히 들어있었다. 집회의 연설자들은 카리브해 지역의 노예제와 영국에서의 속박상태 사이에 연관을 지었으며, 양자의 폐지를 제안하였다. 이 사건과 1819년의 피털루 학살the Peterloo Massacre 이후에 웨더번은 영국 프롤레타리아의 무장을 요구했다. 일부는 준비가 되어 있었다. 핼리팩스의 직조공들이 그랬는데, 이들은 1819년에 "우리는 짐지고 신음하며 해방을 기다리지만 희년의 희망을 누린다"고 쓰인 깃발을 가지고 다녔다. 무장투쟁의 제안의 한 결과가 카토스트릿 모반the Cato Street Conspiracy이다. 여기서 주된 목적은 식사 중의 내각을 공격하여 압제자들을 죽이는 것이었는데, 대법관, 재무위원, 전쟁장관, 내무장관인 카슬레이Castlereagh, 재무장관, 조폐국장, 인도국장the president of the India Board, 웰링턴 공작이 이들이 노린 사람들이었다. 이 행동은 그 다음에 런던의 맨션 하우스the Mansion House* 및 영국은행에서 벌어질 또 다른 공격과 북부에서의 반란을 발화시킬 것이었다. 웨더번은 만일 모독죄로 감옥에 있지 않았다면 참가했을 것이다. 어떻든, 1816년의 사건들은 웨더번으로 하여금 노예반란과 도시반란이 저항의 극치인 거대한 희년을 산출할 수 있음을 보게 해주었다. 이 희년은 "억압자들에게 공포를 심어줄" 파업에 의하여 시작될 것이었다. 1820년쯤에 희년은 국제적이고 다민족적인 것이 되었다. 그것은 선동적 예언 및 행동들과 연관된, 프롤레타리아의 자기활동의 일부였다. 그것은 윌리엄 벤보우William Benbow가 표명한 바처럼 총파업의 토대가 되었다.[62]

웨더번의 프롤레타리아관은 킹스턴과 런던이라는 항구도시들에서 보낸 삶의 경험들에서 나왔다. 제임스 켈리는 1838년에 웨더번의 고향인 자메이카에서 "선원들과 검둥이들은 항상 가장 사이가 좋다"고 썼다. 노예들은 "선원과 교류하면서 자신이 자립적이라는 느낌"을 가지고 있으며, "선원이 있는 곳에서 검둥이는 자신이 사람이라고 느낀다"는 점에 그는 주목했다. 자메이카의 인구학을 볼 때 "부두에 고용된 노예들 사이에서는 유색인 아기가 태어나는 것이 가장 흔했다." 매든은 이러한 유대관계를 이해심을 가지고 기록하였다. 런던 동부의 선원들 지역에서는 "등장하는 모든 뱃놈이 크게 환영을 받았다. 피부색이나 국적은 장애로 여겨지지 않았다……

---

* 런던시장의 공관이다.

행복뿐이었다. 모두가 자유롭고 편했으며, 표현의 자유는 완벽하게 허용되었다. 실로 잡색 집단이었다. 인도인 선원들, 흑인들, 수병들, 석탄적재인부들, 청소부들, 유색 여인들, 드문드문 존재하는 한때에는 여염집 처녀였던 사람들 등 모두가 한데 어울리고 있었다."63 모두가 아메리카 흑인 선원이며 헤비급 권투 챔피언인 톰 몰리뉴Tom Molyneux를 알고 있었다. 1814년에 『오셀로』가 다트무어 감옥Dartmoor Prison의 아메리카 흑인 선원들에 의해서 공연되었다.64 1820년쯤에 런던은 물론이고 영국, 스코틀랜드, 아일랜드의 다른 곳들 또한 이미 잡색이거나 자유롭거나 편했다. 당국은 이러한 연합을 주의깊게 지켜보았으나 통제할 수 없었다. 아메리카의 경우, 특히 뉴올리언스의 콩고스퀘어Congo Square와 뉴욕의 캐서린마켓Catherine Market에서 이러한 어울림이 일어났다.65

선원들은 웨더번이 보기에 전위적인 혁명 세력이었다. 실제로 그는 1647년 마사니엘로의 반란을 잘 알았다. 그의 동지들 중 다수가 선창가 혹은 해양의 경험을 가지고 있었다. 아일랜드인 캐쉬먼Cashman은 어부와 선원으로 일했고 아홉 번 부상을 당했다. 전쟁이 끝날 무렵의 그의 임금에 대한 설명이 그의 친구들 중 한 명에 의해 『검은 난쟁이』(1817년 3월 19일)에 기고되었다

한 달에 1파운드로 계산한 4년 치 보수를 그가 일한 수송선의 소유주가 그에게 주어야 했다. 한 달에 3파운드 10실링으로 계산한 7개월 치 보수를 그가 나중에 일한 배에서 그에게 주어야 했다. 그리고 다른 배는 한 달에 5파운드 10실링으로 계산한 5개월 치 보수를 그에게 주어야 했다. 그는 나중에 프리깃함들인 씨호스Sea-horse호와 메이드스톤Maidstone호에서 일했다. 그는 씨호스호로부터 포획상금을 받을 권리가 있었으나 그의 모

든 서류를 한 스쿠너에서 잃었는데, 그 스쿠너를 타고 아메리카 해안 근처에서 교전 중에 붙잡혀 필라델피아로 데려가졌다. 그러는 와중에 부상을 당했으며 오랫동안 의사에게 맡겨져 있었다.

그의 아버지는 바다에서 살해당했으며, 그의 임금 중 어머니에게로 보내달라고 한 한 달에 1파운드가 없어졌기 때문에 그의 어머니는 구걸을 하여 생계를 벌어야 했다. 스파필즈 봉기에서 한 총기제작자의 가게가 약탈당했을 때 가담했다는 이유로 1817년 3월 행해진 그의 교수형은 "살인이다"와 "부끄러운 줄 알아라"와 같은 외침들을 불러일으켰다.

1786년 자메이카의 킹스턴에서 태어난 윌리엄 "블랙" 데이빗슨William "Black" Davidson 또한, 가구상이자, 제화공 노동조합의 서기이자, 웨슬리교파의 주일학교 선생인 동시에 선원이었다. 키가 거의 6피트인 그는 용기와 강인함으로 사람들의 감탄을 샀다. 한 시위에서 그는 히드라의 상징들 중 하나인 해골이 그려져 있고 "노예로 팔리지 말고 사내답게 죽자"라는 글이 쓰인 검은 깃발을 지켰다. 그는 카토스트릿 모반 이후에 교수형을 당했다. 아서 티슬웃Arthur Thistlewood도 같이 교수형 당했는데, 그는 "선원 같은 분위기를 많이 풍기고 있었다." 한 도시의 경찰은 스파필즈 봉기가 진행되는 동안 흑인 아메리카 선원인 리처드 씨몬즈Richard Simmonds가 "30분 동안 군중에게 열변을 토했으며, 그가 군중들 중에 가장 활발한 사람이었다"고 증언했다. 일주일 후에 해외로 나가는 이스트인디어맨*에서 체포된 그는 몇 명의 흑인들과 흑백 혼혈아들이 봉기에 관련되어 있다고 설명했다. 이 때문에 시당국은 낯선 자들을 체포하고 "외국인 및 흑인 선원들"을 억류했

---

* 이스트인디어맨(East Indiaman)은 동인도회사의 라이선스를 받아서 운영되는 배이다.

다.[66] 웨더번의 넓은 동지층에 속하는 이들로서 해양의 경험을 가진 다른 이들로는 아일랜드인 존 "자이언" 워드John "Zion" Ward와 리처드 브러더스가 있다. (실제로 웨더번은 자신의 운명 또한 정신병원에 갇히는 브러더스의 운명과 같게 되지 않을까 하고 생각했다.) 정부의 스파이들은 웨더번은 홉킨스스트릿 채플에서 선원들과 선원들의 말이 두드러짐을 주목했다.

웨더번은 길게 이어지는 대서양 반율법주의자들의 대열 중에서 하나의 고리에 불과하다. 1802년쯤에 그는 이미 "법적 정신상태에서 복음적 자유의 상태로" 상승하였다. 그는 "권력 혹은 법의 권위로부터의 해방"을 경험했으며 "자신을 법의 힘 아래 있는 것이 아니라 은총 아래 있다고 보았다." 일단 이 상태에 들어서게 되자, 그는 자유로워졌다. "이렇게 안정이 되자 그는 그가 들은, 서로 다른 시기에 제시된 여러 사상들을 과감하게 검토할 수 있게 되었다." 그는 땅을 소유하고 분배하는 데서 하느님의 지고함을 위반하는 법을 만드는 의회의 힘을 부인했다. 그리고 그는 억압적 법에 저항하는 데에는 하느님이 주신 정당성이 있다고 주장했다. 그는 그의 이복 누이에게 말했다. "오 처음에는 비인간적인 장사를 승인한 엘리자벳이여, 그대는 나의 죄를 없애줄 수 있소? 어떤 보이지 않는 존재가 낸 목소리가 외쳤소. 아니다, 비인간적인 법이 제안되었을 때 사람들이 저항했어야 했다고." 1820년 감옥에서 쓴 『성스러운 난쟁이를 위한 굽이 높은 신발』 *High-Heel'd Shoes for Dwarfs in Holiness*에서 그는 "우리로 하여금 세상을 극복하게 해줄 은총이라는 갑옷과 성령이라는 칼 그리고 신앙이라는 방패"의 필요성을 주장했다. 웨더번은 1810년대와 1820년대에 자메이카의 아프리카계 개신교도들 사이에서 반율법주의 사상을 장려하는 것을 도왔을 수도 있다. 원주민 침례교도들에게 (때로 이들은 "기독교도가 된 오베아 진행자들"로 간주된다) 기독교도로의 개종은 "기독교 도덕의 엄격한 규범을 수용하는 것

을 의미하지 않고 도덕을 넘어서는 것을 의미했다." 메리 터너가 쓴 바에
따르면 그 결과로 세례 요한이 "구원자의 형상으로서 예수를 대신하게 되
었다." 웨더번은 홉킨스스트릿에서의 토론에서 "웨슬리교파의 선교사들이
서인도제도의 가난한 흑인노예들에게 수동적 복종을 설교하는 것"과 그들
의 돈을 수탈하는 것 중에서 "어느 것이 더 큰 범죄인가"하고 물음으로써
자신을 보수적인 침례교 및 감리교 선교사들과 구분했다.67

　　웨더번은 그가 "우리 자코뱅주의자들"이라고 부른 사람들 거의 모두가
그렇듯이 페인의 저작들을 연구했다. 이 저작들은 평생 동안 그에게 영향
을 미쳤다. 그는 홉킨스스트릿 채플에서 "페인에게 영광을. 그의 『인간의
권리』는" "저 무식한 주름진 얼굴을 한 어리석은 바보"인 왕보다 "우리에게
더 잘 가르쳐주었다"고 외쳤다. 웨더번이 비록 페인의 책들이 "비속한 교수
형 집행자의 손에 불타더라도" "내 머릿속에 있는 책을 불태울 수는 없다"
고 공언하였을 때 그는 정부의 존재에 도전한 것이었다.68 그러나 스펜스
처럼 웨더번도 공화주의적 혁명 사상을 그의 동료들인 자코뱅주의적인 급
진적 장인들이 취한 입장 너머로 밀고 나아갔다. 이 급진적 장인들은 재산
의 자본주의적 재정의와 임금관계를 받아들이고 있었으며 『인간의 권리』
를 그들의 마니페스토로 간주하고 있었다. 메리 울스턴크래프트는 『여성들
의 권리에 대한 옹호』에서 이 입장의 한계들 중 하나를 지적해냈다. 그리
고 스펜스는 『아동들의 권리, 혹은 아이들에게 젖을 먹이고 아이들을 키울
수 있게 하기에 충분한 만큼의 양식을 공유할 수 있는, 어머니들의 미리
정할 수 없는 권리』*The Rights of Infants; Or, the Imprescriptable Right of MOTHERS to such
a Share of the Elements as is Sufficient to Enable them to Suckle and Bring up their Young*, 1796에서
또 하나의 한계를 지적해냈다. 스펜스가 다음과 같이 여성의 목소리로 영
국 프롤레타리아의 남성들을 부끄럽게 만들 때 그는 페인을 공격하고 있는

것이었다. "우리는 우리 남편들이 아내들과 아이들의 권리에 대해서만이 아니라 자신들의 권리에 대해서도 슬프도록 태만하고 모자라다는 것을 발견하였는데, 이는 남성들에게 씻을 수 없는 수치이다. 우리 여성들은 이 일을 우리가 떠맡고자 한다."

1817년에 웨더번은 "아메리카 정부는 땅의 일부를 원주민들에게 줌으로써 그들을 교화하는 데 사용한 수단과 관련하여 칭찬을 받아야 하는가 비난을 받아야 하는가?"라는 문제를 토론하였다. 웨더번은 "야만이 기독교보다 낫다…… 만일 하느님이 있다면 하느님은 기독교가 원주민들 사이에 퍼지는 것을 막을 것이다. 우리에게 자연을 달라. 그러면 우리는 하느님을 알고 싶지 않다. 우리는 태양을 섬길 수 있다." 한 스파이의 이해심 없고 글에 구두점이 찍혀 있지 않은 보고에 따르면, 볼니를 읽은 사람들은 이 대목에 담긴 웨더번의 생각을 알 것이었다. 종교적 모순에 관한 대대적 토론을 위해서 세계의 종교들을 반원 속에 모은 다음에(마치 캠블 부인이 노예들을 해방시키기 전에 모았듯이), 기독교는 그 상징들과 교리들이 일단 혼합적 파생관계에 의해 설명이 되고 나면 결국 "알레고리적 태양 숭배"임을 훌륭하게 입증한 사람이 바로 볼니이기 때문이다. 더욱이, 태양 중심의 신학의 기원은 나일강 상류 지역의 "검은 인종들에서"이다.[69] 웨더번은 그리스도의 가르침을 명령 셋으로 요약했다. "왕을 인정하지 말라. 성직자를 인정하지 말라. 아버지를 인정하지 말라." 부자관계와 상속의 문제를 둘러싸고 자신의 부유한 스코틀랜드인 아버지와 평생 동안 모질게 싸운 경험이 이렇듯 웨더번의 정치적 비전을 넓혀주었던 것이다. 물론 노예제와 땅으로부터의 축출에 대한 그의 초超대서양적 경험에 대해서도 마찬가지로 말할 수 있다. 이 경험으로 인해 그는 백인이고 남성이며 유산자인 시민층을 혁명적 목적을 이룰 수단으로 생각하지 않게 되었던 것이다.[70]

<런던 씨티의 선술집의 한 장면>, 조지 크룩생크 그림, 1817년: 오른쪽의 웨더번이 로벗 오언과 맞서고 있다. 대영도서관의 게재허락.

웨더번은 "하느님의 이름으로, 자연의 정의正義의 이름으로, 그리고 인류애의 이름으로 모든 노예들의 해방"을 요구하였다. 그는 가장 중요한 노예제폐지론자들은 노예들 자신들임을 알고 있었다. 노예들은 다른 대서양 지역의 노동자들처럼 필연적으로 필요한 모든 수단을 이용하여 노예제와

억압으로부터 스스로를 해방시킬 것이었다. 가장 중요한 수단은 직접 행동이지 (이 점을 그는 강조한다) 탄원이 정말로 아니었다. "억압자들에게 탄원하는 것은 정말로 인간 본성을 타락시키는 일이다." 웨더번은 "노예제의 끔찍함들"의 살아있는 증명서였는데, 이 어구는 그의 자서전의 제목으로 사용되었다. 이러한 연결이 가진 힘은 1820년 윌버포스에 의해서 인정되었는데, 윌버포스는 감옥에 있는 웨더번을 방문하여 운동을 위해 자신의 생애를 서술하는 책을 쓸 것을 제안하였다. 그리고 그 이전에는 이 힘이 중산층 노예제폐지론자들에 의해서 인정되었는데, 이들은 사다리를 통해 웨더번의 허름한 예배당 다락으로 들어가서 그가 노예제를 비판하는 것을 들었다.[71]

바퀴를 포가砲架의 축에 연결하여 배의 대포의 움직임과 화력을 가능하게 하는 조그만 금속 조각인 바퀴멈추개처럼, 웨더번은 무언가 더 크고 이동적이며 강력한 것의 필수적 부분이었다. 그는 시간의 차원에서는 고대 근동近東의 공산주의적 기독교도를 영국의 수평파와 연결시켰으며 자메이카의 원주민 침례교도와 연결시켰다. 공간의 차원에서는 노예와 마룬을 선원 및 부두노동자들과 연결시켰으며 평민, 장인 및 공장노동자들과 연결시켰다. 그는 복음주의자들을 페인주의자들과 연결시켰다. 노예를 노동계급 및 대도시의 중산층 중 노예제에 반대하는 사람들과 연결시켰다. 그는 "노예무역을 폐지한다는 생각이 체제를 민주화하고 인간의 권리를 민주화하는 것과 연결되어 있는" 그러한 종류의 사람이었다. 그는 영국의 울타리 쳐진 공유지에서 울리는 희년의 나팔 소리를 자메이카의 "소라나팔" 희년과 연결시켰다. 그는 배의 포수砲手였으며, 바퀴멈추개가 어떻게 작동하는지 정확하게 알고 있었다. 자신과 같은 인간 바퀴멈추개가 없다면 쌤 샤프 Sam Sharpe와 1831년 자메이카의 침례교도 전쟁the Baptist War*이 결코 가능하지 않았으리라는 것을 그는 알고 있었다. 메리 터너가 쓴 바에 따르면 샤프는 "영국 혁명 시기의 급진주의자들의 정신, 그리고 노예제반대 운동을 하는 그 후예들의 정신을 채웠던 이념에 고취되어, 투쟁적 행동의 정당화를 정식화하였다."[72] 이러한 정당화는 그리고 직접 행동들은 우선 희년의 약속(1834년 8월 1일)을 받는 것을 도왔으며, 그 다음에는 희년의 실재(1838년 8월 1일) 즉 영국령 카리브해 지역에서의 노예제의 종식을 이루는 것을 도왔다. 웨더번은 전자를 목격할 (그리고 틀림없이 찬양할) 만큼은 살았다. 그러나 후자는 보지 못했다.

---

* 침례교도 전쟁은 1831~32년의 자메이카 노예봉기를 말한다. 크리스마스 봉기라고도 불린다. 10일 동안 진행되었으며 자메이카의 30만 명의 인구 중에서 6만 명이 참가했다. 샤프가 바로 봉기의 지도자이다.

The shadowy daughter of Urthona stood before red Or...
When fourteen suns had faintly journeyd o'er his dark abode:

결론: 호랑이! 호랑이!

결론 : 호랑이! 호랑이!
Conclusion : Tyger! Tyger!

자본주의에 대한 최초의 포괄적인 이론가인 애덤 스미스(1723~1790)와 자본주의의 가장 심오한 비판자인 칼 맑스(1818~1883)는 세계화에 대한 접근에서는 견해가 일치했다. 양자는 세계화가 해양에 기원을 두고 있음을 이해하여 아메리카와 동인도로 가는 해로의 발견이 인간의 역사에서 새로운 단계를 표시했다고 주장했다. 그리고 양자는 그 사회적 결과 즉 상품생산의 확대(스미스는 이를 시장의 확대라고 불렀으며 맑스는 분업이라고 불렀다)가 지구를 재편하였으며 노동의 경험을 변형하였다는 사실을 이해하고 있었다. 스미스는 부의 축적이 증가하는 분업에 의존하며, 분업은 다시 노동자들로 하여금 "인간으로서 가능한 한 가장 어리석고 무지하게" 되도록 한다는 점을 주목했다. 맑스도 식민지 체제와 세계시장의 확대가 "노동자를 불구의 괴물로" 전환시켰다고 주장했다. 그는 공장규율의 부과를 "헤라클레스적 기획"으로 간주하였다.[1] 바꾸어 말하자면, 작업장의 독재와 세계시장의 무질서는 함께 발전하여, 노동을 강화하고 맑스가 "잡색의 패턴"이라고 불렀던 형태로 노동자들을 재분배하였던 것이다. 이 책은 이 괴물이 자기 나름의 머리를—실로 여러 개의 머리를—가지고 있었으며 이 머리들은 정말로 잡색이었다는 것을 보여주었다.

이전 장들에서 우리는 헤라클레스적인 세계화 과정과 여러 머리 히드라가 이 과정에 던진 도전을 살펴보았다. 우리는 여기서 다루어진 거의 2세기 반의 기간을 순차적이고 특징적인 투쟁장소들을 거론함으로써 나누어 볼 수 있다. 공유지, 식민농장, 배, 그리고 공장이 그 장소들이다. 자본주의가 영국에서 시작되어 무역과 식민화를 통해 대서양 지역에 퍼진 1600~1640년의 시기에는 테러와 항해 선박들로 이루어진 체제들이 아프리카, 아일랜드, 영국, 바베이도스 그리고 버지니아의 평민을 수탈하는 것을 도왔으며 그들을 장작 패고 물 긴는 사람들로서 일하도록 만들었다. 둘째 시기인 1640~1680년 동안에는 히드라가 영국의 자본주의에 저항하여 머리를 들었는데 처음에는 대도시에서의 혁명에 의해서 그리고 그 다음에는 식민지에서의 노예들의 전쟁에 의해서 그렇게 했다. 반율법주의자들은 하느님은 사람을 가리지 않는다는 성서의 가르침을 실천하기 위하여, 스스로를 조직하여 사악한 바빌론에 대항하는 '새 예루살렘'을 세웠다. 그들의 패배는 여성들의 종속을 심화하였으며 대양을 가로질러 아일랜드, 자메이카, 서아프리카에서 행해지는 노예매매로 가는 길을 열었다. 아메리카의 식민농장들로 뿔뿔이 흩어진 급진주의자들은 바베이도스와 버지니아에서 두 번째로 패배하였으며, 이는 지배계급이 식민농장을 새로운 경제적 질서의 토대로 확보하는 것을 가능하게 하였다.

세 번째 시기인 1680~1760년에는, 대서양의 시장들을 획득하고 작동시킬 목적으로 수립된 재정적·해양적 체제인 해양국가를 통하여 대서양 자본주의의 공고화 및 안정화가 이루어졌다. 이 시기 세계화의 특징적 기계인 항해 선박은 공장의 특징과 감옥의 특징을 결합시켰다. 이에 대한 대항으로 해적들은 자율적이고 민주적이며 다인종적인 사회질서를 바다에 건설하였으나 이 대안적 삶의 방식은 노예무역을 위험에 빠뜨려 근절되게 되었다. 그 다음으로 혁명의 파도가 1730년대의 아메리카의 노예사회들을 강타하였으며 1741년 뉴욕에서 일어난 노동자들의 다민족적 모반에서 정점을 이루었다.

1760~1835년에는 잡색 부대가 대서양 지역에서 혁명의 시대를 개시하였는데, 이는 자메이카의 택키의 반란에서 시작하여 지구의 반에 걸치는 일련의 봉기들로 계속되었다. 새로운 봉기들은 인간의 실천에 돌파구들을 창출하였으며—인간의 권리, 파업, 상위법론—이는 결국 강제징병과 농장노예제를 폐지하는 것을 돕게 될 것이었다. 이 봉기들은 더 직접적으로는 아메리카 혁명을 창출하는 것을 도왔는데, 이 혁명은 미합중국의 건국자들이 인종, 민족, 시민권을 사용하여 혁명 운동을 개시하고 추동하였던 사람들인 선원들과 노예들에게 규율을 가하고 그들을 분할하고 배제하게 되면서 반동으로 끝나게 되었다. 그러나 자유의 나무는 1790년대에 다른 곳 즉 아이티, 프랑스, 아일랜드, 영국에서 가지를 뻗게 되었다.

이 책 전체에 걸쳐서 프롤레타리아는 이중적 측면으로 나타난다. 첫째, 순응적이고 노예적일 때에는 장작 패고 물 긷는 사람들로 서술되었다. 아일랜드 혁명가인 울프 톤은 1790년대에, 아일랜드는 영원히 "장작 패고 물 긷는 사람들로 이루어진 종속된 나라"가 될 것이라고 걱정을 표했다.[2] 마찬가지로, 혁명적이었던 1640년대를 생각나게 하는 사람이면서 노예제폐지론자인 모건 존 라이스Morgan John Rhys도 웨일스어로 출판된 최초의 정치 잡지인 *Cylchgrawn Cymraeg*(『웨일스 저널』, 1793년 11월)에서 웨일스인들이 항상 장작 패고 물 긷는 사람들이 되도록 저주받은 것은 아닌지를 물었다.[3] 시인이자 〈런던교신협회〉(영국 최초의 자립적이고 정치적인 노동계급 조직)의 주된 연설가인 존 셀월은 1795년 영국 정부의 탄압에 직면하여 "인류의 족속들 열에 아홉은 짐 나르는 짐승이 되어 나머지 족속들에게 봉사하도록, 장작 패고 물 긷는 사람들이 되도록 태어났다"고 걱정하였다.[4] 아프리카의 노예제폐지론자인 오토바 쿠고아노는 가나안 사람들이 노예가 되었음을—즉 장작 패고 물 긷는 사람들이 되었음을—알았으나, 그는 서인도제도의 노예제가 훨씬 더 나쁘다는 것을 보여주었다.[5] 아일랜드인, 웨일스인, 영국인 그리고 아프리카인 모두가 장작 패는 사람들과 물 긷는 사람들을 해방시키기 위해 투쟁했던 것이다.

반대로 프롤레타리아가 반란적이고 자기활동적일 때에는 괴물로서, 여러 머리 히드라로서 서술되었다. 그 머리들에는 (셰익스피어에 따르면) 식량 봉기자들, 이교도들(토머스 에드워즈), 군대 선동자들(토머스 페어팩스), 반율법주의자들과 자립적인 여성들(코튼 매서), 마룬들(모리시우스 총독), 잡색 도시 군중(피터 올리버), 총파업자들(J. 커닝엄), 공유지의 농촌 미개인들(토머스 맬서스), 수상 노동자들(패트릭 카훈Patrick Colquhoun), 자유사상가들(윌리엄 리드William Reid), 파업하는 섬유노동자들(앤드류 유어)이 포함된다. 이름없는 논평자들은 농민반란자들, 수평파들, 해적들, 노예선동자들을 긴 목록에 추가했다. 그 에너지, 이동성 그리고 통제를 넘어선 사회 세력의 성장이 두려운 작가들, 이단사냥꾼들, 장군들, 성직자들, 관리들, 인구이론가들, 경찰들, 상인들, 제조업자들, 그리고 식민농장주들은 저주를 퍼부었으며 이것이 헤라클레스적 파괴—아일랜드 정복, 해적들의 근절, 지상의 국가에서 내쫓긴 자들의 절멸—를 히드라의 머리들에 불러왔다.

헤라클레스는 디오도루스*의 시대 이래 처형집행자로 알려져 왔다.

---

* 디오도루스(Diodorus Siculus)는 기원적 1세기에 활약했던 그리스의 역사가이다.

교수형, 화형, 사지절단형, 굶겨죽이기, 참수형 등이 이 자본주의의 검은 책의 모든 장들을 채워왔다. 예를 들어서 데스파드의 머리는 어떻게 될 것이었는가? "감옥에 있는 죄수들의 머리들을 처리하는 일과 관련하여 국왕 폐하에게 무슨 조언을 드릴지 숙고하기 위해서 대법관의 요청에 의하여 내각 회의가 소집되었다"고 보도된 바 있다.[6] 아이티 봉기의 맹렬하고도 비타협적인 지도자인 데쌀린스는 아이티의 토지소유를 확대하려고 하였는데, 이 야심으로 인해 1806년 사지절단형을 받아 죽음에 이르게 된다. 그는 혁명적인 롸lwa 혹은 라오lao를 구현했으며*, 콩고어를 했고 자신의 민중들을 '태양의 잉카들'이라고 불렀다. 데필레Défilé는 그의 시신의 해체된 부분들을 옮겨서 매장을 위해 다시 합치려고 하였다.[7] 10일 동안의 프롤레타리아 봉기 동안 갤리선 노예들, 여자 생선장수들, 매춘부들, 직조공들, 학생들, 그리고 나폴리의 라짜로니들(하층민들)의 지도자였던 마사니엘로는 1647년 7월 16일에 살해되어 신체가 절단되었다. 그 다음날 그의 지지자들이 시신 조각들을 모으고 머리 부분을 시신에 다시 붙여서 전투 사령관에 걸맞은 장례를 지내주었다.[8] 월트 휫먼은 리처드 파커Richard Parker가 1797년 노어에서 반란을 이끈 것으로 인해 교수형을 당했을 때 그의 미망인이 그의 시신을 찾아다녔던 것에 관하여 이야기를 쓸 예정이었다. 이렇듯 우리의 첫 발걸음은 프롤레타리아의 몸을 기억하는 것이었다. 우리는 그것을 괴물성이라는 관용어 바깥으로 옮겨놓아야 했다.

18세기 말과 19세기 초에 와서 일부 노동자들은 그들의 계급의 적에 대하여 형세를 역전시키기를 원했으며, 이길 힘을 가진 그리고 새로운 질서를 부과할 권위를 가진 주체로서 자신들을 제시하였다. 그들은 헤라클레

---

* 라오 혹은 롸는 아이티 및 기타 지역에서 실행되는 부두교의 영들(spirits)이다.

스의 외투를 썼으며 다른 여러 머리 괴물과 싸우기 시작했다. 1790년대에 코울리지는 반혁명세력을 히드라로 지칭하였다. 〈런던교신협회〉는 타인강의 뉴카슬Newcastle-upon-Tyne에 있는 한 유사한 협회에 "압제와 사기를 자행하는 히드라는 곧 진리와 이성의 단두대 아래 쓰러질 것이다"라고 예언했다. 1793년 11월 프랑스의 혁명적 예술가인 다빗David은 프랑스 민중을 나타내기 위해서 거대한 헤라클레스 상을 세워 자유의 여성적 인격화인 '마리안느'Marianne를 대치하자고 국민공회에 제안하였다. 1795년쯤 프랑스 공화국의 경화硬貨들은 헤라클레스의 형상이 있는 은전들과 '마리안느'의 형상이 있는 동전들로 나뉘어졌다. 11월에 노트르담 성당에서 열린 '이성 축제'the Festival of Reason 동안에 급진적 대표자들은 "공포정치는 행진하고 있는 민중이며 적을 퇴치하는 헤라클레스이다"라고 하며 또다시 헤라클레스를 거론하였다. 19세기 초에 찰스 램Charles Lamb은 이렇게 썼다. 고르곤들*과 히드라들 그리고 키메라들은 "사본들, 유형들이다. 원형들은 우리 속에 있으며 영원하다. 이 끔찍한 것들은 신체 이전으로 거슬러 올라간다 …… 혹은, 신체가 없더라도 같았을 것이다."9

영국에서 급진적 노동계급의 지도자들도 마찬가지로 헤라클레스와 히드라에 매료되었다. 셸리는 상품형태를 통한 인간의 타락의 목록인 『여왕 맵』에서 "모든 것들이 팔린다"라는 구절로 시작한다. 빛, 자유, 사랑―이 모든 것들이 가격을 가지고 있으며

…… 한편, 향유할 줄 모르는 선정주의로부터 나온
역병이 히드라처럼 여러 머리를 가진 비애로

---

* 고르곤은 머리가 뱀이며, 보는 사람을 돌로 변화시켰다는 세 자매 괴물이다.

모든 인간의 삶을 채웠다.

리처드 칼라일Richard Carlisle은 그의 1페니짜리 주간지를 『고르곤』이라고 불렀으며 그 첫 회(1818)에서 "비록 타락의 히드라가 아직 그 저주받은 고개를 우리들 사이에서 들고 있지만, 우리는 그것이 궁극적으로 모두의 분노와 경멸 아래 쓰러질 것이라고 확신하고 있다"고 주장했다. 헨리 헌트Henry Hunt는 『메두사 혹은 싸구려 정치가』Medusa; Or, Penny Politician라는 이름의 주간지를 냈으며 1819년 2월 20일에 "사내답게 죽을지언정 노예로 팔리지 말자"라는 모토 아래 나온 그 첫 호는 독자로서 "대중, 일명 무지스럽게 참을성 없는 다중에게" 향해져 있었다. 북부 공장들에서 싹트기 시작하는 여성 및 아일랜드인 섬유프롤레타리아에 대한 전국적 차원의 지도력을 제공하려는 남성숙련공 조합활동가들의 시도의 일환으로서, 런던의 선공船工인 존 가스트John Gast는 영국에서 피털루 학살(1819)이 일어나기 직전인 1818년 12월에 〈박애주의자 헤라클레스〉를 구성하였다. 아메리카에서는 헤이마켓 대학살(1886)이 일어나기 전에 배포된 전단傳單 "복수復讐"는 노동계급이 헤라클레스처럼 일어날 것을 요구하였다. 이렇듯 영국과 아메리카의 노동역사에서 결정적인 순간들은 노동계급이 이 신화적 영웅을 언급하는 것에 의존하였다.

헤라클레스를 수용하는 것은 숙련 장인들—이들을 면밀히 살펴보면 종종 십장들이나 소관리자들로 판명되었다—과 도시로 이주한 대중들(여기에는 젊은 고아 노동자들, 여성 프롤레타리아들, 퇴역 병사들, 공장, 작업장, 배에서 부상당한 사람들이 포함된다) 사이의 깊은 균열을 반영했다. 증기에 의해 추동되는 스크루 프로펠러와 배를 짓는 데 있어서 쇠와 강철이 목재를 대치한 것이 낳은 기술적 변화는 잡색 부대의 물질적 기반을 무너뜨렸으며 대서양 지역의 부두 및 해양노동의 분화를 강화하였다. 이와 대조적으로 장인은 종종 재산 소유자였으며 온건하고 신중하며 착실하고 글을 읽을 줄 아는 시민이었다. 그의 애국심은 쉽게 민족주의가 되었다. 그는 종종 규율주의자였으며 경찰의 옹호자였다. 예의 균열은 문화적, 정치적 의의를 가지고 있었다. 에이서 브릭스Asa Briggs가 주목한 대로 19세기 초에는 "숙련 노동자들과 미숙련 노동자들 사이의 간격이 매우 커서, 한 정확한 관찰자는 이것을 마치 두 분리된 인종 사이의 간격과 같은 것이라고 말할 정도였다."10 토머스 페인, 칼 맑스, 에드워드 톰슨(톰슨은 "노동자들이 인종차별의 상태로 밀려들어갔다"고 생각했다)은 빈민층이 자립적인 인종이 되고 있는 것은 아닌가 하고 생각했다.

근대 노동의 역사에서 백인이고 남성이며 숙련된 기술을 갖고 있고 임금을 받으며 재산이 있는 장인/시민 혹은 산업노동자에게 두어지는 강조는 17, 18세기와 19세기 초의 대서양 지역 프롤레타리아의 역사를 가려왔다. 이 프롤레타리아는 괴물이 아니었으며 통일된 문화적 계급도 아니었고 인종이 아니었다. 이 계급은 익명, 무명이었다. 로벗 버튼Robert Burton은 『우울의 분석』The Anatomy of Melancholy, 1624에서, "전투에서 죽음을 당한 1만5천명의 프롤레타리아 중에서 15명도 채 역사서술에 기록되지 않거나 아니면 지도자 한 명 정도가 기록되는데, 조금 지나면 이들의 이름도 마찬가지로 지워지고 전투 자체가 몽땅 잊힐 것이다"라는 점에 주목했다. 이 프롤레타리아는 땅이 없고 수탈을 당한 계급이었다. 이들은 자신들의 욕구를 감당하고 보호해줄 공유지라는 외피를 잃었다. 이들은 재산, 돈, 혹은 그 어떤 종류의 물질적 부도 결여하고 있어서 가난했다. 이들은 종종 임금을 받지 못하는 상태에 있었고 어쩔 수 없이 자본주의의 부불노동을 수행할 수밖에 없었다. 이들은 종종 배를 곯았으며 생존수단이 불확실했다. 이들은 이동적이었으며, 대서양을 가로질러 존재했다. 이들은 세계적 규모의 수송업에 동력을 공급하였다. 이들은 고향을 떠나 농촌에서 도시로, 지역에서 지역으로, 대양을 가로질러, 한 섬에서 다른 섬으로 이주하였다. 이들은 테러를 당했고 강압에 종속되었다. 이들의 피부는 계약노동, 갤리선에서의 노예생활, 식민농장에서의 노예생활, 죄수호송, 구빈원, 감화원에 의해 굳어졌다. 이들의 기원은 종종 정신적 외상을 남긴다. 종획, 포획, 투옥이 지속되는 흔적을 남겼던 것이다. 이들은 여성과 남성을 포함했으며 모든 연령대를 포함했다. (실로, 프롤레타리아라는 용어 자체가 원래 아이를 낳음으로써 국가에 봉사하는 가난한 여성들을 지칭했다.) 이들은 청년에서 노인들까지, 배의 사환 아이들에서부터 노련한 수부들까지, 도제(견습공)에서부터 경험 있는 늙은 장인까지, 젊은 매춘부들에서부터 늙은 "마녀들"까지 모든 사람을 포함했다. 이들은 다수였고 여럿이었으며 그 수가 점점 증가하였다. 광장에서든, 시장에서든, 공유지에서든, 부대에서든, 깃발을 날리고 북을 치는 전함에서든 이들이 모여있는 모습은 당대인들에게는 경이로웠다. 이들은 숫자가 매겨지고 무게가 달리고 측정되었다. 개인들로서는 혹은 이름에 의해서는 알려지지 않은 이들은 과세, 생산, 재생산의 목적으로 객체화되어 계산되었다. 이들은 협동적이었으며 노동을 담당하였다. 일자의 숙련노동이 아니라 다수의 집단적 힘이 가장 강력한 에너지를 산출하였다. 이들은 짐을 옮겼으며 땅을 옮기고 풍경을 변형하였다. 이들은 잡색이었는데, 누더기를 입고 있었기도 하고 외모가 각양각색이기도 하였다. 캘리번처럼 이들은 유럽, 아프리카, 아메리카에서 기원하였다. 이들은 광대들 혹은 촌뜨기들을 포함하였다. 이들은 계보학적 통일성이 없었다. 이들은 서민적이었다. 이들은 속어, 변말, 은어, 혼합어에서 온 독특한 발음, 어휘, 문법으로 자신의 말을 하였다. 일터, 거리, 감옥, 무리, 부두에서 온 말이었다. 이들은 그 기원, 움직임, 의식에 있어서 행성적이었다. 마지막으로, 이 프롤레타리아는 자기활동적이며 창조적이었다. 이들은 살아있었고 현재도 살아있다. 이들은 늘 움직인다'onamove'.11 *

이 프롤레타리아의 경험이 오늘날 우리에게 무엇을 주는가? 이 문제에 답하기 위해서 방기된 인류의 세 친구들 즉 〈런던교신협회〉의 창립자인 토머스 하디와 그의 아내 리디아 하디 그리고 우리가 이전 장들에서 만났던 올로다 에퀴아노에 관한 이야기로 관심을 돌려보자. 우리는 혁명적 학자인 볼니와 비전을 형상화한 시인인 윌리엄 블레이크의 삶과 저작들에 대한 성찰로 결론을 맺을 것이다. 잊혀진 사람, 유토피아주의자, 몽상가인 셋 모두가 대서양을 가로지르는 경험의 유통과 아프리카/아메리카의 투쟁들이 유럽의 사회정치적 사태전개에 미친 영향을 예증하는 사례들이며, 또한 셋 모두 평등주의적이고 다민족적인 인류관을 표현하였는데, 이는 (우리가 주장하고 싶은 바이지만) 그들 시대와 우리 시대 모두의 최고의 가능성을 나타냈다. 1790년대 초 중요한 몇 년 동안의 시기에 그들의 공통적인 이념이 패배함으로써 계급, 인종, 민족에 대한 두 내러티브들이 생겼는데, 이들은 우리가 이 책에서 복구하려고 시도한 역사를 숨기는 데 봉사해왔다.

그 하나는 단일한 '노동계급'이라는 이야기이다. 1790년 상승하는 물가, 외부용역, 기계화가 가하는 경제적 압박에 직면한 런던의 장인들은 프랑스혁명의 정신과 그들 자신의 비국교도적이고 수공업적인 전통에 고취되어

---

* MOVE는 1972년 필라델피아에서 존 아프리카(John Africa)와 도널드 글래시(Donald Glassey)에 의해서 조직된 아프리카계 아메리카인 활동가들의 단체이다. MOVE는 머리글자로 된 단어가 아니라 '움직여라'가 의미하는 모든 것(일하라, 생성하라, 활동적이 되어라 등등), 즉 모든 삶의 활동을 의미한다고 한다. 그래서 이 단체의 활동가들은 서로 인사할 때 'on the move'라고 하는데 이것이 변형되어 'Ona Move'라고도 한다. 이 단체의 홈페이지(http://onamove.com/)를 참조하라.

막 생겨나는 영국 북부의 공장 프롤레타리아와 교류를 하게 되는데, 북부에서는 1789년 맨체스터에서 증기를 동력으로 하는 최초의 면화가공공장이 가동을 시작했다. 장인들은 의회의 개혁을 공통의 목적으로 제안하였다. 국내의 억압과 조합결성의 금지에도 불구하고 영국 노동계급은 나폴레옹전쟁(1815) 이후에 힘찬 지적, 정치적, 도덕적 문화(급진주의)를 가지고 출현하였으며, 그 산업적, 입헌적 맞상대로 하여금 처음에는 조합을 허용하고 그 다음에는 선거권을 확대하도록 강제할 수 있는 뚜렷하고도 지속적인 계급구성체가 되었다. 이 이야기의 결정판 문서는 1819년 『작은 난쟁이』에 실린 「한 직인 면화방적공의 연설」 "Address of a Journeyman Cotton Spinner"이었는데, 이는 면화가공공장들에서의 계급관계를 노동일의 길이, 아동 노동, 묽은 죽gruel,* 증기기관 그리고 블랙리스트의 관점에서 서술하였다.12 「연설」은 공장노동자를 농장노예들과 대조한다. "서인도제도의 검둥이 노예는 살을 태울 듯이 뜨거운 햇볕 아래에서 일을 하더라도 때로 불어오는 조그만 미풍이 부채질을 해준다. 그는 일정한 넓이의 땅과 그것을 경작할 시간도 허용받는다. 영국의 방적공은 노천의 공기와 창공의 미풍들을 즐기지 못한다." 이러한 견해는—30년 전 셰필드의 직인 칼제조공이 표명한 유대의 서약과는 반대로—노동계급이 가진 고립성과 인종주의적 호소에 쉽게 말려드는 속성을 보여준다.

두 번째는 '흑인의 힘'이라는 내러티브이다. 아프리카로부터 이산된 사람들은 아메리카의 노예제, 계획적인 지위격하, 비인간화, 그리고 이름, 계보, 문화, 조국의 파괴에 대항해서 싸웠다. 탄광에서 혹은 농장에서 집단으

---

* 찰스 디킨스의 소설 『올리버 트위스트』(*Oliver Twist*)에서 보듯이, 묽은 죽은 아동 노동자들의 음식이었다.

로 조직된 흑인 혹은 범아프리카적 의식은 피와 정신의 저항으로부터 생겼으며, 이 저항은 1790년대의 역사적으로 기억될 성공들을 거두었다. 정신의 저항은 오베아, 부두, 흑인교회(1788년에 조지아에서 창설된 써배너 아프리카인 침례교회, 1787년의 〈필라델피아 자유 아프리카인 협회〉, 1800년의 뉴욕 아비시니아 침례교회)를 포괄했다. 피의 저항은 도미니카, 쎄인트빈센트, 자메이카 및 버지니아에서의 봉기를 포괄했으며 가장 의미심장하게는 1791~1804년의 아이티 혁명을 포괄했다. 아이티가 바로 원조 '흑인의 힘'이었다. 만일 영국 노동계급의 독특한 성취가 노동언론이었다면, 흑인의 자유의 특이한 성과는 음악이었다. 이데올로기적 저항은 데이빗 워커와 윌리엄 로이드 개리슨에로 이르며, 무장저항은 덴마크 베시와 냇 터너에게로 이른다. 구원의 장소를 아프리카로 보기 때문에 에티오피아주의라고 불리는 섭리의 이데올로기는 지배계급의 인종주의적 신화들과 노동계급의 인종적 배제들에 대립해서 양성되었다.[13] 우리가 이 두 내러티브들을 한데 모으기를 바란다고 하더라도 이는 불가능하다. 그것들이 속한 시간과 그 이후에 대해서는 진실된 이야기들이기 때문이다. 그러나 우리는 그들이 분리되기 이전의 시간을 기억할 수는 있다.

전 인류의 세 친구들

올로다 에퀴아노, 리디아 하디(처녀 때의 성은 '프리스트'Priest였다) 그리고 토머스 하디는 1790년 8월에서부터 1792년 2월까지 런던, 커벤트 가든, 찬도스스트릿의 테일러즈 빌딩에서 함께 살았다. 아침마다 계절 과일들과 야채들—방풍나물, 당근, 콩, 사과, 딸기—이 템스강 상류의 종묘원과 정원들로부터 왔으며, 저녁마다 쓰레기 더미들이 수거되었다. 이 세 친구들은 흙냄새나는 공유지로부터의 분리의 경험을 공유하였으며 그래서 시장에서 상품을 사거나 아니면 찌꺼기음식을 찾아야 했다. 그들 중 누구도 돈을 많이 벌지 못했으며, 물가는 상승하고 있었다. 그들은 물건들을 구하기 위해서 자리를 이동하기 했지만 (그 당시에는 도시 제품들의 일상적인 폐품들에 의존하였다) 불안정한 삶을 살았다. (물론 늘 궁핍한 삶을 산 것은 아니었다.) 그들은 에드먼드 버크가 그 얼마 전에 프랑스 혁명에 대한 그의 비방에서 민중에게 붙였던 이름인 "돼지 같은 다중"에 속했다.[14] 그들은 상류층의 눈에는 돼지들이었으며 게다가 잡색이었다. 올로다는 아프리카인이고 리디아는 영국인이며 토머스는 스코틀랜드인이었기 때문이다.

올로다는 농장 노예였기도 하고 선원으로도 일했다. 리디아의 사회적 역할은 출산이었다. 따라서 그녀는 프롤레타리아였고 어머니였으며 아이를 키우는 사람이었다. 토머스는 장인, 제화공이었다. 노예/선원, 프롤레타리아와 장인은―그들에게 그 경제적 유형들에 따라 거칠게 정체성을 부여하자면―친구들이었으며 1792년에 같이 자유를 찾으려 하였다. 올로다는 10살에 누이와 함께 납치되어 노예로 팔려서 "춤추는 사람들과 음악가들과 시인들의 나라"로부터 떼어내어졌다. 그는 서아프리카의 공유지를 이렇게 묘사했다. "우리의 경작은 큰 평원 혹은 공유지에서 이루어졌다 …… 그리고 모든 이웃들이 직접 그곳으로 모였다." 그는 모두가 공동의 재산에 무언가를 기여한다는 점을 주목했다.[15] 리디아의 고향인 버킹엄셔에서는 의회의 법들이 공유지들을 종획했다. 한 익명의 민요가 상실과 범죄를 이렇게 요약했다.

법은 공유지로부터 거위를 훔친

남자 혹은 여자를 감금한다.
그러나 거위로부터 공유지를 훔친
더 큰 악당을 풀어놓는다.

수탈에 대한 저항은 그녀의 고향 지역에서도 강했는데, 수장 파우치,*
1607년의 미들랜즈 반란 그리고 영국 혁명의 디거파 부락들에까지 소급된
다. 토머스도 자본주의적 농업가들이 밭에 울타리를 치고, 공동보유지를
통합하고 공유지를 취하면서 스코틀랜드의 "농민 가장"과 날품팔이 농부를
무토지소유층에 합류하게 만듦에 따라 조상 대대로 물려오던 소작지를 떠
날 수밖에 없었다.[16] "아, 인간은 슬퍼할 운명이구나!"라고 스코틀랜드의 시
인 로벗 번즈Robert Burns는 탄식했다.

셋 모두는 공유지를 잃고 나서 그들의 노동의 가치가 감소되는 것을
보았다. 올로다는 대서양을 가로질러 (약 140만 명의 다른 익보인들 중에
서) 그를 수송하는 노예수송선을 타고 가면서 상인자본주의merchant capitalism
가 가하는 끔찍한 테러들을 경험했다. 그는 바다에서, 사탕수수밭에서, 그
리고 담배밭에서 노동을 하였다. 그는 그의 동료들—잉글랜드 은행, 의회,
그리고 국가의 많은 부분이 이들의 노동을 착취하여 번성한다—에게 가
해지는 테러를 보았으나 중지시키지 못했다. 그러는 동안 리디아는 런던에
서 여섯 번 임신을 하였는데, 런던에서는 모든 아이들의 74퍼센트가 5살이
되기 전에 사망하였다.[17] 그녀는 5명의 아이를 아동으로 크도록 양육하려
고 하였으나 가난, 기근, 불안정 및 질병의 와중에서 다섯 아이 모두 어려

---

* 수장 파우치(Captain Pouch)는 본명은 존 레이놀즈(John Reynolds)로서 17세기 초에 영국에서
종획에 반대하는 운동을 이끌었던 사람이다.

서 사망했다. 토머스는 태어난 곳에서 멀지 않은 캐런Carron 무기제작소에서 벽돌공으로 일했다. 상인자본주의의 전함들에게 파괴적인 화력을 선사했던 "캐런 함포"carronades는 불꽃이 튀고 석탄이 빨갛게 타고 쇠가 녹는 화산 같은 조건에서 생산되었다. 발판이 무너지는 바람에 중상을 입은 토머스는 상처에서 회복되고 나서 1774년에 호주머니에 18펜스를 넣고 런던으로 오는 배를 탔다.

이렇게 수탈과 착취라는 공통의 경험에 기반을 둔 세 친구들은 방과 생각을 공유했다. 올로다는 영국 혁명의 반율법주의적 노예제폐지론으로 거슬러 올라가서 밀턴의 『실낙원』(2:332~40)을 통하여 아메리카 노예제에 대한 그 자신의 경험을 표현했다.

> ······ 노예가 된 우리에게 엄한 속박과 채찍질,
> 그리고 독단적인 처벌을 가하는 것 말고
> 무슨 평화가 주어지겠는가?
> 그리고 우리의 힘으로 적대감과 증오를
> 길들여지지 않은 반항을, 느리지만 엄연한 복수를,
> 그러나 항상 정복자가 정복의 수확을 가장 적게 거두도록,
> 그리고 우리가 고통 속에서 가장 많이 느끼는 것을 행하는 일을
> 정복자가 가장 적게 즐거워하도록 꾀하면서
> 돌리는 것 말고 무슨 평화를 돌려줄 수 있겠는가?

올로다가 이 "길들여지지 않은 반항"을 가지고 가는 곳마다 사회적 연합의 기적들이 이어졌다. 그는 〈아일랜드인연합〉, 영국 노동계급, 스코틀랜드 의회운동을 구성하는 데서 촉매 역할을 하였다. 그의 삶의 이야기인 『아프

리카인 올로다 에퀴아노 혹은 구스타부스 바싸의 흥미로운 이야기』*The Interesting Narrative of Olaudah Equiano or Gustavus Vassa the African*는 "노예제 폐지를 위한 운동에 책 한 권으로서 가장 중요한 기여"를 했다.[18] 리디아 및 토머스와 함께 살면서 그는 이 책의 4판을 준비하였는데, 이 4판을 1791년 5월 아일랜드로의 여행에 가지고 갔다. 『흥미로운 이야기』의 아일랜드 구독자 60명에는 나중에 그 해에 〈아일랜드인연합〉의 일원이 되는 많은 수의 급진주의자들이 속했다.[19] 울프 톤은 올로다와 거의 비슷한 시기에 벨파스트로 와서 그의 『아일랜드의 가톨릭교도들을 위한 주장』*Argument on behalf of the Catholics of Ireland*을 집필하였는데, 이 책은 에퀴아노의 『흥미로운 이야기』와 여러 생각들을 공유하고 있었다.[20]

리디아 하디는 다른 여성들처럼 노예제폐지운동에서 열심이었는데, 의회의 의원들에게 로비를 한다거나 노예제폐지론자들의 전국적 위원회의 회의들에 참가하는 방식이 아니라 교구의 공동우물이나 부엌의 아궁이 앞에서 활약을 했다. 1792년 4월 2일 그녀는 토머스에게 편지를 써서 고향인 체섬Chesham에서의 노예제폐지론의 진전에 관해 알려주었다. "당신이 활동하는 곳에서는 어떻게 되고 있는지 좀 알려주세요. 그리고 마찬가지로 우리는 노예무역에 관하여 의회에서 행해진 [알 수 없는 단어들]* 여기 사람들은 다른 누구만큼이나 그것에 반대합니다. 그리고 내 생각에는······ 을 넣고 차를 마시는 사람들보다 설탕 없이 차를 마시는 사람들이 여기는 더 많아요." 여기서 수신자를 포함하는 '우리'는 가장 효과적인 운동들 중 하나였던 설탕불매운동을 하는 사람들을 가리키는데, 이 운동은 그 이전 가을에 시작되었다. 같은 편지에서 리디아는 올로다(그는 그들의

---

* 사료(史料) 자체의 문장을 이 책의 저자들로서도 알아보기 힘든 대목.

공동숙소에서 스코틀랜드로 가지고 갈 그의 책 5판 집필에 열중하고 있었다)에게 "스코틀랜드 여행을 잘 하라"는 말을 전해달라고 토머스에게 부탁한다. 그녀는 체섬에 있는 그녀의 친구들이 "바싸의 책을 매우 좋아한다"는 말을 전해달라고 토머스에게 부탁하기도 했다.

토머스 하디는 전개되고 있는 아메리카 혁명이 모든 정치적 논의의 주제인 때에 런던에 도착했다. 잡색 부대의 조직적·지적 혁신(교신위원회들과 노예제폐지론 문헌들)에 영향을 받은 토머스는 "그의 마음은 항상 자유에 대한 사랑으로 이글거렸으며 그의 동포들의 고통을 민감하게 느끼고 있었다"고 설명했다. 그는 "인류 전체의 미래의 행복"에 대한 관심을 발전시켰다. 1790년쯤에 그는 커벤트 가든의 숙소에서 겨우 몇 야드 떨어진 피카딜리Piccadilly에서 제화점을 하고 있었는데, 이곳은 서쪽으로―바스Bath나 브리스틀로―가는 마차들의 탑승장이었다(바스나 브리스틀에서 사람들은 다시 서인도제도로 가는 배를 타게 된다). 여기서 그는 〈런던교신협회〉를 구성하였는데, 이 단체는 비록 "범죄에 의하여 자격을 잃은" 사람들을 배제했지만, 소득에 있어서(1페니의 회비) 그리고 지위에 있어서(사회적 직함은 금지되었다) 평등주의적이었다. 1792년 1월의 첫 모임 이후에 하디와 다른 창립자들은 스트랜드the Strand에 있는 벨the Bell이라는 선술집으로 가서 저녁을 먹었으며 "한 집에서 같이 살면서 모든 것을 공유하는 어떤 동포들"에 관한 윌리엄 프렌드의 이야기를 들었다. 이렇듯 토론들이 처음 시작되던 때부터 〈런던교신협회〉는 공유지와 노예제를, 전자의 이상과 후자의 악행을 숙고의 대상으로 삼았던 것이다. 〈런던교신협회〉는 교신을 할 다른 유사한 협회들을 찾아 나서기 시작했다. 그런데 어디에서 찾을까? 올로다는 조지 3세에 의하면 "매우 나쁜 고장"인 셰필드를 제안했다.[21]

토머스는 이 제안을 따랐다. 1792년 3월 8일 그는 셰필드의 토머스 브라이언트 목사Reverend Thomas Bryant에게 다음과 같이 편지를 썼다. "당신이 노예무역이라는 저 저주 받은 장사의 폐지를 열망하는 사람이라는 말을 구스타부스 바싸에게 듣고서 나는 당신이 인간의 권리라는 넓은 토대 위에서 자유의 친구라고 생각했는데, 이는 원리상 흑인의 자유를 원하는 사람이라면 누구나 백인의 권리를 열심히 증진하고 지지할 것이며 또 그 역도 마찬가지라고 단단히 확신했기 때문입니다." 에퀴아노는 하디에게 셰필드의 철강 노동자들 및 칼제조공들에게로 가는 문을 열어주었다. 브라이언트 목사가 이끈 회중은 곧 "톰 페인 감리교도들"이라고 불렸으며 그 구성원들 다수가 투쟁적이었다. 1791년 6월에 셰필드와 그 인근에서 6천 에이커의 땅이 의회의 법안에 따라 종획된 바 있었다. 평민들, 광부들, 칼제조공들은 분노하여 감옥의 죄수들을 풀어주고 치안판사의 헛간을 불태우는 것으로 대응했다.[22] 하디의 1794년 반역죄 재판의 목격자는 "불만의 원래 원인은 공유지를 종획한 것이었다. 이는 전 민중의 반대를 샀다"라고 뿌리를 끊는 말을 했다.[23] 관습적 권리를 위한 투쟁은 들판과 작업장에 공통된 것이었다. 1787년의 한 노래는 수탈과 법률에 의한 처벌의 상호관계를 잘 보여주었다. 조너선 왓킨슨Jonathan Watkinson과 〈커틀러스 회사〉Cutlers Company의 장인들masters은 그들이 가질 몫을 계산하여 앞으로 13개의 칼이 12개로 계산될 것이라고 선언하였다. 12개에는 관습적으로 노동자 몫인 "흠있는 물건이 속할 것이기" 때문이었다. 사람들은 이에 항의하여 이렇게 노래했다.[24]

> 저 압제, 비열 그리고 오만의 후예가
> 우리의 권리를 침해하고 거의 파괴하였다.
> 악행을 가리거나 잘난 왓—— 및 그의 13의
> 편을 드는 사람은 추방되기를 바란다.

물론 이는 공통적 권리에 관한 것이었다. 노래는 왓킨슨을 파라오에 비유하며 강하게 계속된다.

> 그러나 정의는 그를 격퇴하였고 우리를 해방시켰다,
> 그 옛날 희년의 속박된 노예들을 해방시켰듯이.
> 13을 내세우는 잘난 왓——을 위하여 일하는 사람들은
> 추방되거나 바다로 보내지기를 바란다.

이렇듯 희년은 제조공들의 권리의 회복을 의미했다.

하디가 브라이언트에게 편지를 썼을 때 그는 토머스 페인의 책을 염두에 두고 "인간의 권리라는 넓은 토대"를 언급했는데, 이 책의 2부가 그 당시 막 출판된 상태였다. 『인간의 권리』는 모든 아이들을 위한 공공 교육, 50세 이상의 사람들의 사회적 안정, 그리고 모든 사람들을 위한 건강관리의 경제적 실현가능성을 입증하였다. "인간의 권리"에 포함되는 권리들은 점점 늘고 있었다. 여성의 권리와 유아들의 권리가 곧 포함되게 되었다. 셰필드의 의사인 윌리엄 부컨William Buchan은 공기, 물, 햇빛이 "인간의 지식과 권리의 가장 필수적인 품목들에 속"하는 것으로 보았다.[25] 하디 자신의 "그 역도 마찬가지"라는 말은 생계, 공유지, 신선한 공기, 깨끗한 물, 의회에서의 대의에 대한 노동자의 권리를 옹호하는 사람이라면 노예제에도 대항할 것이며 흑인들에게도 마찬가지의 권리를 옹호할 것임을 시사했다.

4월에 하디는 이렇게 썼다. "한데 모이고 서로 소통하여 우리의 생각들과 결의들이 한 점에 모이도록, 즉 인간의 권리가 특히 이 나라에서 다시 수립되도록 할 절대적인 필요가 있다. 그러나 인간의 권리에 대한 우리의 견해는 이 작은 섬에만 국한되지 않으며 흑과 백, 높고 낮음, 빈과 부를

막론하고 전 인류를 향해 확대된다."26 그보다 앞서 J. 필모어가 그랬고 그보다 뒤에 데스파드가 그랬듯이 그는 전 인류의 해방을 추구했다. 이 생각은 그의 동숙인들로부터, 그의 독서로부터, 런던의 비국교도들로부터, 카리브해 지역의 증가되는 노예반란들에 대한 그의 지식으로부터 왔다.

1792년 4월 2일은 역사적인 날이었다. "〈런던교신협회〉는 대중들 앞에 겸허하게 자신과 자신의 견해들을 밀어 내놓는다"는 선언이 있었던 것이다. 그러나 섬세한 말로 작성된 이 선언은 노예제, 노예무역, 공유지에 대해서는 아무 말도 하지 않았다. 같은 날, 가족을 방문하러 간 리디아는 토머스에게 채섬에서 편지를 써서 이 협회에 대해서 공손하게 물어보았으나 강조한 것은 노예제폐지와 올로다에 보내는 소식들이었다. 다음 날 아침 일찍 의회는 영국의 노예제폐지의 역사에서 4월 타협이라고 불리는 것에 동의하였다. 윌버포스는 4월 2일에 노예무역이 "폐지되어야 한다"고 결정할 것을 의회에 요청한 바 있었다. 한밤중이 지나서 내무장관이 '점진적으로'라는 단어를 추가함으로써 결의를 수정할 것을 제안하였다. 그 이른 시간에 수상은 웅변적이 되었다. 밤새 토론한 후에 (여기에는 평등화 원칙들에 대한 토론도 주요한 것으로 포함된다) 의원들은 아침 식사를 하러 갔는데, 그들 중 한, 둘은 아마도 그 해에 널리 퍼진 노래인 「친애하는 그대여! 도대체 무엇이 문제인가?」를 즐겁게 콧노래로 부르고 있을 것이었다.27 노예무역의 확대를 위한 길이 이제 트였던 것이다.28

이 사건들의 우연한 일치는 시간이 가면서 더 명확해지는 배반을 시사했다. 5월에 〈런던교신협회〉에 가입한 올로다는 토머스에게 편지를 써서 "당신의 협회의 나의 친구들에게 안부"를 전해달라고 했다. 대명사들의 혼란스러운 사용은 심화되는 문제를 암시했다. 여름쯤에 하디는 노예제폐지 운동이 협회를 그 주된 목적인 의회 개혁으로부터 벗어나도록 할지도 모른다고 걱정하기 시작했다. 1799년의 시점에서 이 조직의 역사를 되돌아보면서 하디는 협회의 설립강령을 준수하는 데 있어서 인종의 평등을 언급한 것이라면 다음과 같이 모두 뺐다. "한결같은 규칙이 있었는데, 이에 따르면 모든 회원들은 높고 낮음, 빈과 부를 막론하고 허용되었다." 세 친구는 곧 헤어졌다. 올로다는 결혼을 하고 운동에서 빠져나갔다. 리디아는 관제폭도들에게 시달림을 당한 후에 아이를 낳다 사망했다. 토머스는 정부의 공격을 받고 투옥되었으며 석방된 후에 살아남아 1832년에 그의 회고록을 출판했는데, 이 책은 〈런던교신협회〉의 탄생의 산파로서 올로다가 한 역할을 최소로 축소하였다.

우리가 데스파드의 상황을 고찰하면서 보았듯이 아이티 혁명이 작은 갈래들로 분화한 것은 예의 세 친구들이 전형적으로 나타낸 혁명적 잠재력을 무너뜨렸다. 노예제폐지운동을 분열시켰기 때문이다. 1791년 11월에 코치메이커즈 홀에서 아이티의 노예반란에 관한 토론이 있었다. "여기 모인 사람들은 쎄인트도밍고에서의 사태전개를 듣고 공황상태에 빠졌다"고 윌버포스는 썼다. 그러나 그에게 "사람들"people은 중간계급을 의미했다.[29] 괴물스러움이라는 관용구는 폭력적이고 항상적인 억압을 승인했다. 상원에서의 토론에서 아빙던Abingdon은 "질서와 복종, 사람이 사는 전체 세계의 행복이" 노예제폐지에 의해 "위협을 받고 있다," "흑인이든 백인이든, 프랑스인이든 영국인이든, 늑대든 양이든 모든 존재가 모두 '즐거운 친구들로서' 난잡하게 같이 우글거리며 살고, 이 새로운 철학의 산물로서 새로운 종의 인간을 …… 낳는다는 것이다"라고 주장했다.[30] 노예무역을 철폐하면 다른 것들의 철폐—중범들의 보태니베이Botany Bay로의 이송, 병사들에 대한 채찍질, 선원들의 강제징집, 공장노동자들의 착취—가 판도라의 상자에서 튀어나올 것이라고 그는 경고했다. 런던 은행가들과 상사商社들은 괴물스러움에 대한 베이컨의 주장을 수용하여 정부로 하여금 아이티 혁명을 진압하는 시도를 온전하게 속행하라고 촉구하였으며 자신의 도시에 망명온 프랑스 식민농장주들을 열심히 도왔다. 17개의 은행들이 곧 포틀랜드 공작에게 반란을 일으킨 노예들을 절멸시키고 근절해줄 것을 청원했다.[31] 그러는 동안 리즈Leeds의 가난한 상인들은 1792년의 프로퍼갠더의 효과들을 인정하였다. "우리들은 민중의 친구라기보다는 괴물들로 간주된다"고 그들은 1792년에 〈런던교신협회〉에 썼다.[32] 서인도제도에서 태어난 헨리 레드헤드 요크Henry Redhead Yorke는 1794년 봄 셰필드에서 열린 예배모임에서 노예제에 반대하는 연설을 하였다. 이 연설로 인해 그는 체포되어 감옥에 갇혔고 재판을 받았다. 재판에서 그는 괴물스러움의 수사修辭로 다시 당국을 공격함으로써 스스로를 훌륭하게 변호하였다. "더 많은 희생이 치러지고 더 많은 순교자들이 나올수록 자유의 아들들은 더 많아지게 될 것입니다. 자유의 아들들은 히드라처럼 번성할 것이며 당신들의 머리 위에 복수를 가할 것입니다."[33]

볼니의 잡색 군중

혁명적 학자인 꽁스땅땡 프랑수아 볼니는 종교적 인류학과 세계사에 대한 학식있고 식견이 있으며 열광적인 저작인 그의 『잔해들, 혹은 제국들의 혁명들에 대한 명상』을 1791년에 출판했다.[34] 이 책의 가장 유명한 대목은 "민중"과 "특권층" 사이의 대화이다.

　민중: 당신들은 우리 사회에서 무슨 노동을 행하는가?

특권층 : 없다. 우리는 일하도록 태어나지 않았다.

민중 : 그러면 어떻게 당신들은 부를 획득하였는가?

특권층 : 당신들을 지배하는 수고를 함으로써이다.

민중 : 뭐라고! 이것이 당신들이 지배라고 부르는 것인가? 우리는 고역을
담당하고 당신들은 즐기는 것이! 우리는 생산하고 당신들은 써버
리는 것이! 부는 우리로부터 나오고 당신들은 그것을 흡수한다.
특권을 가진 자들이여! 민중이 아닌 자들이여, 따로 나라를 만들
어 그대 자신들을 지배하라.

"특권층"은 법률가, 병사, 성직자를 보내 각각 자신의 특징적인 주장으로
"민중"과 논쟁하도록 하지만, 누구도 "민중"을 이기지 못한다. 그런 다음
에 인종 카드를 꺼내 든다. "우리는 다른 인종에 속하지 않는가? 이 제국
의 정복자들의 고결하고 순수한 후예들이 아닌가?" 그러나 "특권층"의 역
사적 계보를 공부한 "민중"은 질풍 같은 웃음을 터뜨린다. 마지막으로 "특
권층"은 시인한다. "우리에게 모든 것이 끝났다. 이 돼지 같은 다중은 개화
되었다."

접근할 수 있는 자유로운 문체로 쓰인 볼니의 『잔해』는 페인의 『인간
의 권리』만큼이나 혁명의 시대에 중요했다. 파리에서 처음 출판된 이 책은
1792년에 독일어와 영어로 번역되었으며 얼마 후에 미국판들이 나왔고 다
른 곳에서는 많은 전단들, 팸플릿들, 축약본들의 형태로 배포되었다. 셰필
드에서는 웨일스어본으로 인쇄되었다. "새 시대"에 대한 비전을 내용으로
하는 15장은 종종 따로 재인쇄되었다. 1794년 5월 인신보호영장이 정지되
고 토머스 스펜스가 뉴게잇으로 끌려나간 바로 그날 그는 "새 시대"를 그의
『돼지의 고기 혹은 돼지 같은 다중을 위한 교훈』*Pig's Meat; Or, Lessons for the*

*Swinish Multitude*의 2권에 포함시켰다. 〈런던교신협회〉는 15장을 『횃불』*The Torch*이라는 이름으로 재인쇄했는데, 이는 "런던을 불태우겠다는 의도에 대한 소문을 은근히 장려하기 위해 활용된" 일이었다.[35] 브라질의 바히아Bahia에 서는 백인들, 황인들, 흑인들의 1797년 모반의 와중에서 한 흑백혼혈아의 손에서 이 책의 한 부가 발견되었다.[36] 〈아일랜드인연합〉은 이 책을 가두 판매되는 저렴한 책으로 다시 제작하여 벨파스트의 공장노동자들에게 배 포했다.[37] 조얼 발로우Joel Barlow가 토머스 제퍼슨으로부터 익명의 조력을 얻어 준비한 두 번째 혹은 세 번째 영어본은 1802년에 나왔는데, 이때 볼 니는 아마 영국을 방문하는 중이었을 것이다.[38]

볼니는 프랑스 혁명의회에서 노예제를 폐지하는 쪽에 표를 던졌다. 그 는 새로운 시대를 예견하였으며 톰 페인과 〈아일랜드인연합〉처럼 그 시대 가 서쪽에서 동터온다고 보았다. "서쪽으로 눈을 돌리면…… 먼 나라로부 터 오는 자유의 외침이 오래된 대륙에 울린다." 그는 그의 "특권층"으로 하 여금 "우리는 민중을 민족적 질시嫉視에 의하여 나누고 소요, 전쟁, 정복으 로 바쁘도록 해야한다"라고 말하게 함으로써 지배적인 민족주의 논리를 공 격했다. 그는 가부장적 가족을 비판했다. "아내와 딸들이 모든 집의 고된 일을 하는 동안 왕은 잠자거나 담배를 피운다." 그는 "모든 국가의 가슴에 내전을 조장하는" 탐욕에 맞섰는데, 이 내전에서는 "신분들, 계급들, 가족 들로 이루어진 서로 대적하는 군대들로 분열된 시민들이 지고의 권력의 이 름 아래 모든 것을 약탈하는 능력을 자기 것으로 만들기 위해 끊임없이 투 쟁했다." 이로부터 "카스트들, 인종들의 구분이 생겼으며 이 구분이 무질서 의 유지를 정규적인 제도로 만들었으며" 억압의 과학을 완결했다.[39]

볼니는 문명은 아프리카에서 시작되었다고 설명했다. "바로 그곳에서 그 이래 잊혀진 한 족속이 모든 다른 사람들은 미개했을 때에 과학과 예술의 요소들을 발견하였으며, 바로 그곳에서 이제는 머리가 꾸불꾸불하고 피부가 검다는 이유로 사회의 쓰레기로 간주되는 한 인종이 자연의 현상 속에서 그 이후 인류에게 경외심을 일으킨 바의 세속적이고 종교적인 체계들을 탐구하였다."[40] 볼니는 인류에 내재하는 변이들을 관찰한 행성적 방랑자였다. "나는 밝은 연분홍에서 거의 마찬가지로 밝은 갈색으로, 진한 갈색으로, 흙갈색으로, 황동색으로, 올리브색으로, 납색으로, 동색으로 변하여 마지막으로는 흑단黑檀과 흑석에 이르는 이 색채의 단계적 변화를 놀라움을 갖고 숙고하였다." 그는 "도대체 누가, 모든 인류에게, 흑인들에게와 마찬가지로 백인들에게, 유태인에게, 이슬람교도들에게, 기독교도들에게, 이교도들에게 태양으로 하여금 햇빛을 비추도록 하는 것인지" 궁금해 했다. 그는 인류는 하나의 거대한 가족이라고 믿었다. 그는 이렇게 썼다

그때 새롭고 놀라운 성격의 장면이 내 시야에 들어왔다. 지구의 모든 사람들과 민족들이, 상이한 지방에서 온 모든 인종들이, 모든 쪽에서 앞으로 나아가면서 울타리 친 한 장소에 모여들어 뚜렷이 구분되는 집단들이 되어 하나의 거대한 회합을 구성하는 것 같았다. 상이한 복색과 용모와 피부색으로 인한 이 수많은 군중의 잡색의 외모는 가장 이례적이고 가장 매력적인 장관을 보여주었다.

볼니는 잡색 군중을 보편적인 이상으로 끌어올렸던 것이다.

볼니는 비록 로베스피에르의 단두대는 피했지만 톰 페인처럼 감옥에 들어갔다. 그는 1794년 테르미도르 9일에 페인과 함께 석방되었다. 그는 곧 아메리카를 향했으며, 선상에서 한 베니스의 선원으로부터 그의 첫 영어수업을 받았다. 1795~96년 겨울에 그는 필라델피아의 아프리카 교회

건너편에서 살았는데, 이 교회는 혁명적이었던 쎄인트도밍고로부터 도망쳐온 사람들로 가득 차 있었다. 볼니는 입구 위에 새겨진 글 "흑암에 행하던 백성이 큰 빛을 보도다"(『이사야』 9장 2절)를 좋아했다. 그는 "개화된" 사람들 사이에서 어울렸는데, 그의 태도는 명백하게 백인우월주의의 규범들을 침범하였다. 그는 1796년 여름 몬티첼로에 있는 토머스 제퍼슨을 방문하였으며 나중에는 그가 거기서 노예제를 개인적으로 경험했던 것에 대하여 이렇게 썼다.

식사 후에 주인[제퍼슨]과 나는 노예들이 콩을 심는 것을 보러 갔다. 흑색이라기보다 더러운 갈색인 그들의 몸, 그들의 더러운 넝마옷들, 그들의 비참하고 끔찍한 반나체 상태, 야윈 모습들, 은밀하고 조바심하는 태도, 증오에 찬 소심한 표정들—이 모든 것들이 나를 처음에 공포와 슬픔으로 사로잡아서 나는 얼굴을 돌려야만 했다. 괭이로 땅을 파올릴 때의 그들의 나태함은 극단적이었다. 주인은 채찍을 들어 그들에게 겁을 주었으며 곧 우스운 장면이 벌어졌다. 무리의 한 가운데에서 그는 움직이고 을러대고 위협하였으며 모든 방향으로 크게 돌았다. 이제 차례차례 얼굴을 돌릴 때 흑인들이 태도를 변화시켰다. 그가 바로 보고 있는 흑인들은 일을 가장 잘 했다. 반쯤 보고 있는 흑인들은 일을 가장 조금 했다. 그에게 보이지 않는 흑인들은 아예 일을 안 했다. 만일 그가 뒤로 돌면 괭이를 눈에 보이게 들었으나 그의 등 뒤에서는 괭이가 놀고 있었다.[41]

윌리엄 커벳은 볼니를 무신론자이며 식인종이라고 비난하였다. 조지프 프리스틀리Joseph Priestly는 그를 호텐토트주의자라고 비난했다.* 존 애덤스

---

* '호텐토트'(Hottentot)는 남아프리카에 사는 족속의 이름이나 그들의 언어를 지칭한다.

가 아메리카는 "세상에서 쫓겨난 자들을 위한, 악의와 소란의 피난처"가 되고 있다고 불평했을 때 필경 그는 볼니를 염두에 두고 있었을 것이다. 제퍼슨 자신도 볼니가 1798년의 〈이방인법〉the Act Concerning Aliens의 주된 표적이라고 믿고 있었는데, 이 법은 "국민성의 순수성"을 증진하기 위해 계획되었으며 프랑스인들로 하여금 다시 유럽으로 돌아가도록 강제하였다.42

블레이크의 아프리카 오크

윌리엄 블레이크William Blake는 1793년에 그의 예언시 『아메리카』America를 지었다. 그 서시는 봉건 시대의 원고의 첫 자처럼, 혁명의 상징인 오크Orc가 날개를 편 채로 큰 대자로 땅에 묶여서 빠져나오려고 노력하는 모습으로 장식이 되어 있다. 블레이크는 이 이미지를 4년 동안 수리남에서 마룬들―열대의 다우림을 인디언들 및 다른 새로운 삼림거주자들과 공유하였던 탈주노예들―과 싸우고 살아남아서 이야기를 해주게 된 용병인 존 게이브리얼 스테드먼 대위Captain John Gabriel Stedman에서 가져왔다. 스테드먼은 "이야기"를 하나 썼으며 100편의 수채화 작품을 그려서 1790년에 출판업자인 조지프 존슨Joseph Johnson에게 보냈다. 존슨이 다시 블레이크를 고용하여 동판화 제작을 돕도록 했던 것이다.43 1791년에서 1794년까지 블레이크는 조각칼과 동판에 매달려 아메리카 노예반란의 이 이미지들을 그리는 데 심혈을 기울였다. 이 시기의 그의 시들―『앨비온의 딸들의 비전』Visions of the Daughters of Albion, 『천국과 지옥의 결혼』The Marriage of Heaven and Hell, 『경험의 노래들』Songs of Experience, 『아메리카, 하나의 예언』America a Prophecy, 『네 조아들』Four Zoas ―과 그의 정치활동은 (그는 해방노예의 상징인 붉은 자유의

<오크>, 윌리엄 블레이크 그림. 윌리엄 블레이크, 『아메리카, 하나의 예언』(1793).

모자*를 쓰고 행진하였다) 스테드먼의 텍스트, 그림들, 우정에 깊게 채색되었다. 『형대에 놓고 부러뜨리는 형벌』 *The Execution of Breaking on the Rack*이라는 제목이 붙은 동판화가 붉은 오크에 대한 그의 묘사의 토대를 제공하였다.

1776년 여름에 스테드먼은 사바나평원까지 한 무리의 군중을 쫓아가서 아프리카계 아메리카인 3명의 처형을 지켜보았다. 그들 중 하나인 넵튠 Neptune은 감독을 살해하였다. 그는 땅 위의 형대에 묶였다. 처형집행자인 동포 흑인이 그의 왼손을 저며 냈으며 그런 다음에 쇠몽둥이를 사용하여 그의 뼈들을 부러뜨리고 박살냈다. 넵튠은 살아있었다. 그는 형대에서 굴러 내려와서 "그들 모두를 야만스런 악당들의 무리라고 욕하였다. 동시에 이빨을 이용해서 오른손을 빼내고는 머리를 목재의 일부 위에 뉘였으며 구경하는 사람들에게 담배를 좀 달라고 청하였다. 사람들은 발로 차고 침을 뱉는 것으로 응하였다." 이 마지막 모욕은 스테드먼과 몇몇 아메리카 선원들이 동정심에서 끼어들어 중지시켰다. 넵튠은 죽여달라고 청하였으나 거부되었다. 그는 친구들에게 작별을 고하기 위해 노래를 하나 불렀고, 그가 곧 만나게 될 그의 사망한 친척들에게 말하기 위해 두 번째 노래를 불렀다. 그는 지키고 있던 보초병에게 "어떻게 백인인 그가 고기가 없을 수 있냐'고 물었다. 병사는 "그렇게 부자가 아니기 때문이야'라고 대답했다. 넵튠은 대답했다. "그렇다면 선물을 주겠소. 우선 뼈까지 깨끗하게 잘려나간 내 손을 주워서 배부르게 드시오. 그러면 당신은 당신에게 어울리게 빵과 고기를 갖게 될 겁니다." 그는 웃었다. 스테드먼이 그날 나중에 다시 처형 장소에 돌아왔을 때 그는 넵튠의 머리가 막대기 끝에서 그를 향해 고개를 끄덕거리고 있는 것을 보았다. 혼비백산한 그는 머리를 쪼고 있던 독수리가 고개를

---

* 고대 로마에서 해방된 노예에게 준 삼각 두건. 현대 세계에서 자유를 상징한다.

＜형대에 놓고 부러뜨리는 형벌＞, 1776년경, 윌리엄 블레이크 그림. 스테드먼, 『5년 동안의 원정에 대한 이야기』.

움직인 것이라는 것을 알고 나서야 정신을 차렸다.

14년 후에 그 경험을 회고하면서 스테드먼은 선지자 다니엘이 섬의 노예무역을 거론하면서, 한 군주에 의한 해방을 예언하는 대목을 인용하였다. 블레이크는 다니엘의 구원하는 전사戰士에 아프리카계 아메리카인 반란자 넵튠을 합하여 에너지, 욕망, 자유의 혁명적 상징인 오크를 창조하였다. 넵튠의 운명과는 대조적으로 블레이크의 『아메리카』에서는 흑인 처녀가 음식과 마실 것을 오크에게 가져오며, 자유로워지도록 그에게 영감을 불어넣어준다. 그들은 사랑을 한다. 그녀는 외친다.

나는 그대를 알아요, 그대를 발견했어요. 그리고 놓지 않을 거예요. 그대는 아프리카의 어둠 속에 사는 신의 모습이에요.

이 무아경의 외침으로 블레이크는 아메리카 혁명에 대한 그의 찬가를 시작한다. 이 시에서 "아메리카"는 아메리카의 13개 주에 더 이상 국한되지 않는다. 마찬가지로 "혁명"의 의미는 아프리카계 아메리카인들을 마치 신체를 절단하듯이 각각 인간의 5분의 3만큼으로 취급했던 미합중국 헌법에 국한되지 않는다. 블레이크의 아메리카는 아프리카계의 아메리카였으며 그의 혁명은 인신(몸) 전체의 해방을 포함했다.

분쇄기를 돌리고 있는 노예를 들판으로 달려나가게 하라.
하늘을 쳐다보고 밝은 공기 속에서 웃게 하라.
30년의 피곤한 세월 동안 웃음을 본적이 없는 얼굴을 한
어둠과 한숨에 갇힌 사슬에 묶인 영혼으로 하여금
일어나 내다보게 하라. 사슬은 풀렸고 감옥 문은 열려 있다.

그리고 아내와 아이들로 하여금 억압자의 저주로부터 돌아오게 하라.

블레이크의 비전은 호랑이라는 단일한 강력한 상징으로 더욱 응축된다. 스테드먼은 호랑이를 비롯하여 수리남의 다른 고양이과 동물들에 대하여 쓴 바 있었다. 수리남에서 그와 그의 동료 병사들은 병아리 우리에 재규어를 잡아넣고 익사시킨 적이 있었다. 그는 쿠거(퓨마)와 "지극히 아름다운 고양이과 동물이며 …… 눈에서 불빛이 뿜어져 나오는 매우 활발한 동물이지만 사납고 유해하며 다른 것들처럼 길들일 수 없는 호랑이"를 묘사했다. "붉은 호랑이"에 대해서 그는 "머리는 작고 몸은 호리호리하며 사지는 길고 엄청난 하얀 발톱을 가지고 있으며 이빨 또한 매우 크고 눈은 튀어나왔으며 별처럼 번쩍이고 있다"고 묘사했다. 이 관찰들이 1793년에 발표된 블레이크의 『경험의 노래들』의 일부인 「호랑이」에 영감을 주었던 것이다.[44]

> 호랑이, 호랑이, 밤의 숲속에서
> 밝게 불타는 호랑이.
> 어떤 불멸의 손 혹은 눈이
> 그대의 끔찍한 대칭형을 만들 수 있었는가?

호랑이는 숲에서 살았으며 사납고 길들일 수 없는 공유지의 동물이었다. 강약격 리듬*으로 되어있는 시에서 우리는 해머 내리치는 소리들 혹은 병사들의 행진 소리 혹은 아마도 넵튠의 몸에 가해지는 타격소리를 듣는다.

---

* 강한 강세가 먼저 오고(ty-) 다시 약한 강세가 오는(-ger) 순서로 단어들이 계속적으로 배열되는 패턴을 말한다.

데마라라 노예봉기의 후과, 1823년. 조슈어 브라이언트, 『데마라라 식민지에서의 검둥이 노예들의 봉기에 관한 보고』(1824).

> 그리고 어떤 어깨, 어떤 예술이
> 그대의 심장의 심줄을 비틀 수 있었는가?
> 그리고 그대의 심장이 뛰기 시작할 때
> 어떤 무서운 손이? 어떤 무서운 발이?
>
> 어떤 해머? 어떤 사슬?
> 그대의 뇌는 어떤 용광로 속에 넣어졌는가?
> 어떤 모루? 어떤 무서운 거머쥠이
> 그 치명적인 공포를 감히 쥐는가?

스테드먼은 이 동물을 존경했다. 그러나 죽이려는 사냥꾼의 소망만을 가지고서였다. 블레이크 또한 사냥꾼과 사냥감의 관계에 대해 궁금해 했으나 그는 그것을 넓혀서 억압자와 피억압자라는 더 광범한 사회적 세력들을 포함하도록 했다.

스테드먼의 『이야기』는 『아프리카와 아메리카의 지원을 받는 유럽』으로 끝맺는데, 이는 3명의 이상적인 나체 여인들—백인, 흑인, 황인—이 저 멀리 산들을 배경으로 하여 풀밭 위에 팔짱을 끼고 서있는 모습을 그린 동판화이다. 스테드먼은 그것을 "세 여인들이 우애있는 모습으로 제시되었으므로 앞으로 그리고 영원히 그들이 서로 버팀목이 되어주기를 바라는 열렬한 소망을 수반하는" 상징적 그림이라고 불렀다. "나는 '아시아'를 포함했을 수도 있었다. 그러나 현재의 이야기와는 상관이 없기 때문에 뺐다. 우리는 모두 단지 피부색이 다를 뿐 분명히 같은 손에 의해서 같은 주형에 따라 창조되었다." 이는 "영원한 복음"에 대한 블레이크 자신의 믿음을 메아리치게 하는 행들이며, 그로 하여금 「호랑이」의 초고를 작성하는 것을 도운 행들이었다. 「호랑이」는 묻는다.

어떤 진흙 그리고 어떤 주형 속에서
그대의 열화와 같은 눈들이 굴렀는가?

스테드먼 자신은 자유를 상대로 해서 싸웠다. 그러나 그럼에도 불구하고 그는 아메리카의 혁명을, 동일한 시기에 블레이크가 오토바 쿠고아노 및 여타 노예제폐지론자들로부터 배웠을 것과 일치하는 방식으로 블레이크에게 가져왔다. 블레이크는 아메리카의 노예들의 반란에서 혁명적 에너지, 정치, 그리고 비전을 발견했다.

1795년 이후 블레이크는 아메리카의 투쟁들에 의거하는 시를 계속해서 썼다. 그러나 그는 10년 동안 단 한 행도 발표하지 않는다. 1797년에 그는 『베일러 혹은 네 조아들』*Vala, or the Four Zoas*을 써서 회전 숫돌을 돌리고

<아프리카와 아메리카의 부축을 받는 유럽>, 윌리엄 블레이크 그림. 스테드먼, 『5년 동안의 원정에 대한 이야기』.

있는 아이들의 노동과 벽돌가마에서 일하는 노동자들을 묘사하였다.

그때 넓은 세상의 모든 땅으로부터 온 모든 노예들이
혼란을 익사시키는 새로운 노래를 행복한 곡조로 불렀다.

이 '새로운 노래'는 아프리카인에 의해서 불릴 것이라고 블레이크는 썼다. 이 어구는 하프 연주자들과 '유다의 사자獅子'에 의해서 두루마리가 펼쳐지는 「요한계시록」 4장을 참조하거나, 정의가 모든 인종을 비추고 "이방의 빛이 되게 하리니, 네가 눈먼 자들의 눈을 밝히며 갇힌 자를 감옥에서 이끌어 내"는 「이사야」 42장을 참조한다. "모든 나라의 행복이 그대 앞에 있다. 신비는 더 이상 존재하지 않기 때문이다"라고 블레이크는 계속 말한다. 그는 이데올로기적 족쇄가 내던져지게 될 것임을 의미했다.[45] 『이사야』 42장은 히브리어 성경에서 대서양의 프롤레타리아가 가장 많이 읽는 부분이다. 이 대목은 써배너 아프리카 침례교도들, 이로쿼이Iroquois* 사람들로서 조지프 브랜트Joseph Brant를 따르는 사람들, 필라델피아의 〈자유 아프리카 협회〉의 참가자들, 킹스턴에 있는 조지 리일의 회중들, 혹은 셰필드의 "토머스 페인 침례교도들"이 보면 즉각적으로 이해가능했을 것이다. 그들은 희년, 보편주의, 그리고 "항해하는 자들과 바다 가운데의 만물과 섬들과 거기에 사는 사람들"에게 하는 이사야의 호소에 대해서 알고 있었을 것이다. 이 사람들은 블레이크 자신에게도 영향을 미쳤는데, 블레이크는 1793년에 남아메리카의 한 식민지에 있었던 한 아프리카인 고문희생자를 통해 자유에 대한 자신의 희망을 표현한 바 있었다. 그러나 10년 후에 그는 영어를 말

---

* 북아메리카 원주민으로서 다시 여러 종족으로 나뉜다.

하는 세계의 비공식적 성가인 「예루살렘」에서 이렇게 물을 수 있었다.

> 그리고 옛날에 저 발들이
> 영국의 푸른 산들을 걸어다녔는가?
> 하느님의 신성한 양의 모습이
> 영국의 즐거운 목초지에 보였는가?

세계는 자유가 단지 영국에 국한된 것이 아니었던 10년 전에는 달랐었던 것이다.

"불을 잡아라"

1790~1792년은 혁명적인 국면이었다. 평등주의적이고 다민족적인 인류관은 고립적으로 발전된 것이 아니라 유대와 연결을 통해서, 사회적 운동들과 개인들 안에서 그리고 그들 사이에서 발전되었다. 블레이크는 분명 에퀴아노와 만났을 것이다(필경 둘 모두를 아는 쿠고아노가 그들을 서로 소개시켰을 것이다). 〈런던교신협회〉는 『잔해』의 저렴한 보급판을 냈는데, 하디는 이를 호주머니에 넣고 다녔다. 블레이크는 볼니를 공부했다. 올로다 에퀴아노와 토머스·리디아 하디의 우정은 대서양 지역의 연합—아프리카인이자 스코틀랜드인, 영국여성, 그리고 아프리카계 아메리카인—이 강력한 것이었으며 역사적 의의를 가지고 있는 것임을 입증했다. 볼니는 웃음의 힘을 입증했으며, 문명 일반에 대해 그리고 특히 특권층과 민중 사이의 싸움에 대해 아프리카가 핵심적인 중요성을 가지고 있음을 입증했다. 블레이크는 17세기 급진주의의 추억을 구현했으며, 감옥에 갇힌 이들과 노

예가 된 이들의 해방이 자유를 위한 모든 투쟁들에 필요함을 역설했다. 이모든 것은 1790년대 초가 인간이 된다는 것이 의미하는 바를 정의하는 데있어서 지평의 확장이 일어난 때였음을 보여준다. 그러나 그 때가 지속되지는 않게 된다.

1795~96년 대영제국의 아이티 정벌이 있은 후에 사상자들이 증가하기 시작하자 공황상태—와 인종주의—가 사회 전체에 퍼졌다. 이는 바로, 우리가 보았듯이, 대영제국과 아메리카에서 인종이라는 생물학적 범주가 형성되고 유포되던 때였다. 또한 그 못지않게 계급이라는 정치적·경제적 범주가 형성되던 때이기도 했다. 〈런던교신협회〉와 같은 조직은 노동계급이 민족적 즉 영국적이 되면서 결국 국가와 타협을 하게 된다. 범아프리카주의의 발생과 함께 이산한 사람들은 망명 중인 고결한 인종이 된다. 세 친구들은 민족적, 민족주의적 역사서술 내에서는 사고할 수 없는 것이되었다. 볼니는 그의 저작을 계속 인쇄한 범아프리카주의자들 및 "에티오피아주의자들" 사이에서 말고는 급진적 학문에서 사라졌다.[46] 이렇듯 억압으로 시작된 것이 우리의 역사를 가려왔던 상호배제적인 내러티브들로 발전하였던 것이다.

영국 선원들과 평민들은 버지니아로 계속 항해하느니 버뮤다에 머물고싶어했으며, 일부는 버지니아에 도착한 이후에 알곤퀸족의 부락으로 도망갔다. 디거파는 버킹엄셔에 빛이 비추자* 조지즈 힐 위의 "땅의 보물" 위에 공동체들을 지었다. 노예제에 대한 저항은 푸트니 공유지로부터 감비아강 어귀의 물결들에로 확대된다. 버지니아의 노예제에 반대하여 베이컨과

---

* 디거파의 가장 주목할 만한 팸플릿은 『버킹엄셔에서 빛나는 빛』(*A Light Shining in Buckinghamshire*)이라는 제목을 달고 있다. 이에 대해서는 이 책의 3장 참조.

싸웠던 '배교자'들은 로아노크의 습지 공유지로 도망갔다. 심해를 누빈 해적들은 서아프리카 노예매매의 진전을 방해하였으며 때때로 피난처를 제공하였다. 내쫓긴 자들은 뉴욕에 있는 존 휴슨의 선술집에 모여 웃으며 서로 사귀었다. 흑인 선교사들은 새 예루살렘을 지을 곳을 찾아서 대서양 지역을 뒤졌다. 셰필드의 칼제조공들은 "흠있는 물건"들을 챙겼다. 에드워드 마커스 데스파드 대령은 벨리즈에서 땅을 재분배했다. 엘리자벳 캠블은 자메이카에서 작은 희년을 거행했다. 선상반란자들은 바운티호의 통치를 피해서 타히티의 아름다운 생태와 사람들을 향해 탈주했다. 그들 중 하나인 피터 헤이웃Peter Heywood은 발에 문신을 잔뜩 한 채로 「꿈」이란 시를 지어서 그가 타히티에서 맺은 우정어린 관계들의 "아름다운 도덕," 소박함, 관대함을 찬양하였고 이것들을 그 자신의 속한 문명에서 자행되는 수탈, 착취, 그리고 소유욕에 기반을 둔 개인주의와 대조하였다. 그는 하늘을 바라보면서 거기서 히드라라고 알려져 있으며 항해자들을 위한 오래된 표시인 (행성의 방랑자들에게는 나일강 유역에서 들판이 보여주는 신호들보다도 앞서는) 남쪽의 별자리를 보았을 것이다. 그러기 위해서 그는 땅 위에 앉았다기보다는 태평양 지역에서 양분을 공급하는 공유지인 빵나무의 뿌리 위에 앉았을 것이다. 그는 1791년의 희망찬 순간에 토머스와 리디아 하디처럼, 뚜쌩 루베르뛰르처럼, 울프 톤처럼, 꽁스땅땡 프랑수아 볼니처럼, 에드워드와 캐서린 데스파드처럼, 그리고 윌리엄 블레이크처럼 생각에 잠겼을 것이다. 그러나 태평양에는 헤이웃만이 앉아있었다. 윌리엄 블라이 선장은 대서양 지역의 노예제를 지탱하는 데 태평양의 빵나무를 사용하였다. 그는 헤이웃을 잡아서 사형을 받을 죄로 재판받게 하였다. 세계화하는 힘들은 넓은 범위의 영향권과 끝없는 인내력을 가졌다. 그러나 행성적인 방랑자들은 잊지 않을 것이며, 아프리카에서 카리브해 지역을 거쳐 씨애틀까지 노예제에 대항하고 공유지를 복구할 준비가 언제나 되어있다.

> 호랑이, 호랑이, 밤의 숲속에서
> 밝게 불타는 호랑이.
> 어떤 불멸의 손 혹은 눈이
> 그대의 끔찍한 대칭형을 만들 수 있었는가?

> 어떤 먼 심해들과 하늘에서
> 그대의 눈의 불꽃은 타올랐는가?
> 그는 어떤 날개를 달고 날아오르려 하는가?
> 어떤 손이 감히 불을 잡으려 하는가?

"메르카토르 투영법에 따르며 카울리 선장의 세계 항해여행의 항로를 보여주는 새로운 세계 전도"의 일부. 윌리엄 핵 선장 편, 『신기한 항해여행 모음』(1699). 네덜란드의 지도제작자 메르카토르를 따라 이름이 붙여졌는데, 이 사람은 1569년에 이 도법을 창안하였으며 투영은 종이 원통을 적도와만 접하면서 지구 위를 굴려서 이루어지며 이에 따라 종이 위에 지역과 방향이 투영된다. 투영은 적도에 상대적으로 가까운 나라들(아프리카와 카리브해 지역의 나라들)에 비해서 유럽 나라들의 크기를 확대한다. 이러한 왜곡은 유럽 세계화의 제국주의적 상상력을 우쭐하게 해주었으며 다른 한편 항해자들로 하여금 좌표를 직선들을 이용하여 잡도록 허용했다. 여러 머리 히드라는 이러한 지도그리기에 맞서서 번성했다.

:: 후주

서론

1. Stephen B. Baxter, "William III as Hercules: The Political Implications of Court Culture", in Lois G. Schwoerer ed., *The Revolution of 1688-1689: Changing Perspectives* (Cambridge: Cambridge University Press, 1992).
2. Frank H. Sommer, "Emblem and Device: The Origin of the Great Seal of the U. S.," *Art Quarterly* 24 (1961): 57-76, esp. 65-67. Also Gaillard Hunt, *The History of the Seal of the United States* (Washington D. C., 1909), 9.
3. 모리시우스의 말은 Richard Price, ed., *To Slay the Hydra: Dutch Colonial Perspectives on the Saramaka Wars* (Ann Arbor, Mich.: Karoma, 1983), 15에 인용되어 있다.
4. Andrew Ure, *The Philosophy of Manufactures: Or, an Exposition of the Scientific, Moral; and Commercial Economy of the Factory System of Great Britain* (London, 1835), 367.
5. Cotton Mather, *Magnalia Christi Americana* (London, 1702), book 7.

1장 씨벤처호의 파선

1. William Strachey, *A true Reportory of the Wreck and Redemption of Sir Thomas Gates, Knight, upon and from the Islands of the Bermudas*(London, 1625), and Silvester Jourdain, *A Discovery of the Bermudas, Otherwise Called the Isle of Devils*(London, 1610), both republished in Louis B. Wright, ed., *A Voyage to Virginia in 1609* (Charlottesville, Va.: University of Virginia Press, 1964), 4-14, 105-7; *A True Delcaration of the Estate of the Colonie in Virginia*(London, 1610), republished in Peter Force, comp., *Tracts and Other Papers Relating Principally to the Origin, Settlement, and Progress of the Colonies in North America, from the Discovery of the Country to the Year 1776* (1836; reprint, Gloucester, Mass.: Peter Smith, 1963), 3:14, 20.
2. Jourdain, *Discovery of the Bermudas,* 106
3. Samuel Purchas, *Hakuytus Posthumus, or Purchas His Pilgrimes, Contayning a History of the World in Sea Voyages and Lande Travells by Englishmen and Others* (Glasgow: MacLehose and Sons, 1906), 16:111-12.
4. Jourdain, A Discovery of the Bermudas, 109; Strachey, A True Reportory, 40; John Smith, *The Generall Historie of Virginia*, New England, and the Summer Isles(1624), in Edward Arber, ed., *Travels and Works of Captain John Smith, President of Virginia, and Admiral of New England, 1580-1631* (New York: Burt Franklin, 1910), 2:633, 637.
5. Quoted in Alexander Brown, ed., *Genesis of the United States* (Boston: Houghton Mifflin, 1890), 1:86-87.
6. Robert Rich, *Newes From Virginia, The Lost Flocke Triumphant* (London, 1610), republished in Wesley F. Craven, ed., *A Good Speed to Virginia (1609) and Newes From Virginia (1610)* (New York: Scholars Facsimiles and Reprints, 1937); *True Declaration,* 14, 20.

7. [Richard Johnson], *Nova Britannia*: Offering Most Excellent fruites by Planting in Virginia (London, 1609), republished in Force, *Tracts and Other Papers*, 1:8; "The Relation of Lord De-La-Ware, 1611," in Lyon Gardiner Tyler, ed., *Narratives of Early Virginia, 1606-1625* (New York: Charles Scribner's Sons, 1907), 213.

8. Strachey, *A True Reportory*, 41: George Percy, "A Trewe Relacyon of the Procedings and Ocurrentes of Momente wch have hapned in Virginia (1612)," *Tyler's Quarterly Historical and Genalogical Magazine* 3 (1921-22): 260-82 (quotation on 269); Emanuel van Meteren in John Parker, Van Meteren's Virginia, 1607-1612 (Mineapolis: University of Minnesota Press, 1961), 67; Edmund S. Morgan, *American Slavery, American Freedom: The Ordeal of Colonial Virginia* (New York: W. W. Norton, 1975), 73; J. Frederick Fausz, "An 'Abundance of Blood Shed on Both Sides': England's First Indian War, 1609-1614," *Virginia Magazine of History and Biography* 98 (1990): 55-56.

9. 메이플라워호에서 홉킨스는 치안판사의 힘들이 제한되고 일단 뭍에 오르면 승객들이 "자신들의 자유"를 따를 권리가 있어야 한다고 주장했다. 이 경우에 그의 항의는 사형선고로 이르지 않고 <메이플라워 맹약> 즉 청교도단의 시민적 자기통치의 헌법적 틀의 작성을 낳았다. Captain Thomas Jones, "The Journal of the Ship Mayflower," in Azel Ames, ed., *The "Mayflower" and Her Log* (Boston: Houghton Mifflin, 1907), 254-58; Charles Edward Banks, The English Ancestry and Homes of the Pilgrim Fathers (Baltimore: Genealogical Publishing Company, 1968), 61-64 참조.

10. 이 모반들에 관한 증거는 Strachey, *True Reportory*, and J. Smith, *General Histories*, 638, 640에 들어있다. 이에 따르면 섬에 남기로 한 이 셋 사이에 갈등이 발생했다고 한다.

11. 영국에 있는 투자자들은 "여름 섬들에서 이주자들이 누리고 있는 향연들과 영원한 크리스마스"에 대해서 불평했다. Edmund Howe, *Annals of John Stowe* (London, 1614), 942(quotation); *True Declaration*, 21; Strachey, *True Reportory*, 87; Henry Wilkinson, *The Adventurers of Bermuda: A History of the Island from its Discovery until the Dissolution of the Somers Island Company in 1684* (London: Oxford University Press, 1933), 87 참조.

12. Victor Kiernan, *Shakespeare: Poet and Citizen* (London: Verso, 1993); Robert Ralston Cawley, "Shakespeare's Use of the Voyages in *The Tempest*," *Publications of the Modern Language Association* 41(1926): 688-726.

13. Welsey Frank Craven, "An Introduction to the History of Bermuda," *William and Mary Quarterly*, 2d ser., 17 (1937): 182.

14. Wesley Frank Craven, *Dissolution of the Virginia Company: The Failure of a Colonial Experiment* (Gloucester, Mass: Peter Smith, 1932; reprint, 1964), 24.

15. [Johnson], Nova Britania, 10; Raphe Hamor, *A True Discourse of the Present Estate of Virginia and the successe of the affaires there till the 18 of Iune 1614* (London, 1615), 19; Brown, Genesis, 1:252; Rich, *Newes from Virginia*; [Richard Johnson], : *New Life of Virginea: Declaring the Former Sucesse and Present State of that Plantation, Being the Second part of Nova Britannia* (London, 1612), republished in Force, comp. *Tracts and Other Papers*, 1:10.

16. Karl Marx, *Capital*, ed. Dona Torr, vol. I, chap. 26, "The Secret of Primitive Accumulation." 워디(J. R. Wordie)는 영국 땅의 2퍼센트가 16세기에 종획되었으며, 17세기에는 24퍼센트가, 18세기에는 13퍼센

트가, 그리고 19세기에는 11.6퍼센트가 종획되었다고 추산한 바 있다. 그의 "The Chronology of English Enclosure, 1500-1914," *Economic History Review*, 2d ser., 36(1983): 483-505 참조. 또한 Roger B. Manning, *Village Revolts: Social Protest and Popular Disturbances in England, 1509-1640* (Oxford: Oxford University Press, 1988), 92; E. K. Chambers, *William Shakespeare: A Study of Facts and Problems* (London: Sidgwick and Jackson, 1925), 2:144-52 참조.

17. 윌리엄 해리슨(William Harrison)은 그의 *The Description of England* (1587; reprint, ed. Georges Edelen, Ithaca, N. Y.: Cornell University Press, 1968)에서 약 7만2천 명의 부랑자들이 헨리 8세의 재위 동안 교수형을 당했다고 보고하고 있다(193면).

18. A. V. Judges, ed., *The Elizabethan Underworld: A Collection of Tudor and Early Stuart Tracts and Ballads* (New York: E. P. Dutton, 1930); Gamini Salgado, *The Elizabethan Underworld* (London: J. M. Dent, 1977).

19. A. L. Beier, *Masterless Men: The Vagrancy Problem in England, 1560-1640* (London: Methuen, 1986), 4; Manning, *Village Revolts*, 208.

20. Karl Marx and Frederick Engels, "The German Ideology" (1845-46) in Marx and Engels, *Collected Works* (New York: International Publishers, 1976), 5:69.

21. Christopher Hill, "The Many-Headed Monster," in *Change and Continuity in Seventeenth-Century England* (Cambridge, Mass.: Harvard University Press, 1974), 189; Bacon, "Of Seditions and Troubles," in *The Essayes or Counsels, Civill and Morall*, ed. Michael Kiernan (Cambirdge, Mass.: Harvard University Press, 1985), 45; Beier, *Masterless Men*, 161-64; A. Roger Ekirch, *Bound for America: The Transportation of British Convicts to the Colonies, 1718-1775* (Oxford: Clarendon Press, 1987), 8.

22. Robert Gray, *A Good Speed to Virginia* (London, 1609), republished in Craven, ed., *A Good Speed to Virginia and Newes From Virginia*, 7.

23. 곤잘로의 말을 구성함에 있어서 셰익스피어는 미셀 드 몽떼뉴(Michel de Montaigne)의 에세이 「카니발에 대하여」를 크게 참조하였는데, 이 에세이는 1579년에 쓰였으며 1603년에 영어로 번역되었다. 많은 이들이 '카니발'(cannibal)이란 말이 '카리브'(Carib)의 전와(轉訛)라고 알고 있는데, 이는 유럽의 북남미 침범에 격렬하게 저항하였고 이러한 노력의 대가로 고기를 먹는 괴물스러움의 이미지를 계속적으로 갖게 되었던 인디언들의 이름이다. 그러나 몽떼뉴는 이 이미지를 거꾸로 세워서 많은 유럽인들이 통상적으로 '미개인'이라고 부른 사람들의 용기와 소박함과 덕성을 칭송하였다. *The Essays of Michel de Montaigne*, ed. Jacob Zeitlin (New York: Alfred A. Knopf, 1934), I:178-90 참조.

24. Ronald Hutton, *The Rise and Fall of Merry England: The Ritual Year, 1400-1700* (Oxford: Oxford University Press, 1996); A Feuillerat and G. Feuillerat, eds., *Documents Relating to the Revels at Court in the Time of King Edward VI and Queen Mary* (Louvain: A. Uystpruyst, 1914), 89. 또한 Sandra Billington, Mock Kings in Medieval Society and Renaissance Drama (Oxford: Clarendon Press, 1991) and Hal Rammel, Nowhere in America: The Big Rock Candy Mountain and Other Comic Utopias (Urbana and Chicago: University of Illinois Press, 1990) 참조. 셰익스피어와 동시대인이 뒤집어진 세상의 서민적 전통들을 풍자한 것으로는 [Joseph Hall], *Mundus Alter et Idem* (1605), reprinted as *Another World and Yet the Same*, trans, John Millar Wands (New Haven: Yale University Press, 1981) 참조.

25. Gray, *A Good Speed to Virginia*, 19; William Strachey, *The Historie of Travell into Virginia Britania*

(London, 1612), reprint ed. Louis B. Wright and Virginia Freund (London: Hakluyt Society, 1953), 92; "The Voyage of Sir Henry Colt" (1631), in V. T. Harlow, ed., *Colonising Expeditions to the West Indies and Guiana*, 1623-1667, 2d ser., no. 56 (London: Hakluyt Society, 1925), 93. 이에 관하여 우리는 William Brandon, *New Worlds for Old: Reports from the New World and Their Effect on the Development of Social Thought in Europe, 1500-1800* (Athens, Ohio: Ohio University Press, 1986), chap. 1의 도움을 받았다.

26. Montaigne, "Of Carnibals," in *Essays*, 1:181. 몽떼뉴는 Andre Thevet, *Singularitez de la France Anarctique* (1558)를 참조하였고 특히 Jean de Lrey, *Historie d'un Voyage Fait en la Terre du Bresil* (1578)을 참조하였다.

27. Cawley, "Shakespeare's Use of the Voyagers," 703-5; 키플링은 Charles Mills Gayley, *Shakespeare and the Founders of Liberty in America* (New York: Macmillan, 1917), 74에 인용되어 있다.

28. Strachey, *Historie of Travell*, 24, 26; Hamor, *A True Discourse*, 16, 23-24; Sumner Chilton Powell, *Puritan Village: The Foundation of a New England Town* (New York: Doubleday, 1963).

29. J. Smith, *General Historie*, 638-39; Parker, *Van Meteren's Virginia*, 67.

30. Alden T. Vaughan and Virginia Mason Vaughan, *Shakespeare's Caliban: A Cultural History* (Cambridge: Cambridge University Press, 1991). 또한 Ronald Takaki, "The Tempest in the Wilderness: The Racialization of Savagery," *Journal of American History* 79 (1992): 892-912 및 Vaughan, J. R. Pole, Takaki 사이의 서신교환, letters to the editor, *Journal of American History* 80 (1993): 764-72 참조.

31. Chambers, *William Shakespeare*, 2:334-35.

32. Peter Fryer, *Staying Power: The History of Black People in Britain* (London: Pluto, 1984), 6-7; C. H. Herford, Percy Simpson, and Evelyn Simpson, eds., Ben Jonson (Oxford: Clarendon Press, 1941), 7:173; Walter Raleigh, *The Discovery of the Large, Rich and Beautiful Empire of Guiana* (1596), in Gerald Hammond, ed., *Sir Walter Raleigh: Selected Writings* (London: Fyfield Books, 1984), 98; K. G. Davis, *The Royal African Company* (New York: Atheneum, 1970), I, 9; R. Porter, "The Crispe Family and the African Trade in the Seventeenth Century," *Journal of African History* 9 (1968): 57-58; Ira Berlin, *Many Thousands Gone: The First Two Centuries of Slavery in North America* (Cambridge, Mass.: Harvard University Press, 1998), chap I.

33. Kenneth R. Andrews, *The Spanish Caribbean: Trade and Plunder, 1530-1630* (New Haven: Yale University Press, 1978), 141.

34. *True Declaration*, 9; "Instruccons orders and constitucons ··· issued to Sir Thomas Gates Knight Governor of Virginia" (1609), in Susan Myra Kingsbury, ed., *The Records of the Virginia Company of London* (Washington, D. C.: Government Printing Office, 1933), 3:16.

35. W. G. Perrin, ed., *Boterler's Dialogues* (London: Navy Records Society, 1929), 16: Manning, *Village Revolts*, 199, 207-10. John Cordy Jeaffreson, *Middlesex County Records* (London, 1887), 2:xvii; Michael R. Watts, *The Dissenters: From the Reformation to the French Revolution* (Oxford: Clarendon Press, 1978): John Nichols, ed., *The Progresses, Processions, and Magnificent Festivities of King James the First* (London, 1828), 1:69.

36. Michael Roberts, "The Military Revolution," in *Essays in Swedish History* (London: Weidenfeld and Nicolson, 1967), 195-225; Geoffrey Parker, *The Military Revolution: Military Innovation and the Rise of the*

West, 1500-1800 (Cambridge: Cambridge University Press, 1988), 18-22.

37. Wikinson, *Adventurers of Bermuda*, 65, 114; John Pory, Secretary of Virginia, to Sir Dudley Carlton, in Lyon Gardiner Tyler, ed., *Narratives of Early Virginia, 1606-1625* (New York: Charles Scribner's Sons, 1907), 283 (second quotation); Darrett B. Rutman, "The Histrian and the Marshal: A Note on the Background of Sir Thomas Dale," *Virginia Magazine of History and Biography* 68 (1960): 284-94, and "The Virginia Company and Its Military Regime," in *The Old Dominion: Essays for Thomas Perkins Abernathy* (Charlottesville, Va.: University of Virginia Press, 1964), I-20. 또한 Stephen Saunders Webb, *The Governors-General: The English Army and the Definition of the Empire, 1569-1681* (Chapel Hill, N. C.: University of North Carolina Press, 1979), 5-6, 67, 78, 437 참조.

38. *True Declaration*, 15; Percy, "A Trewe Relacyon," 67; John Smith, *A Map of Virginia* (1612), in Philip L. Barbour, ed., *The Jamestown voyages under the First Charter, 1606-1609* (Cambridge: Cambridge University Press, 1969), 3:333; Henry Spelman, "Relation of Virginea" (c. 1613), in Arbet, ed., *Travels and Works*, I:ciii, Fausz, "Abundance of Blood Shed," 55-56; Nicholas Canny, "The Permissive Frontier: The Problem of Social Control in English Settlements in Ireland and Virginia, 1550-1650," in K. R. Andrews, N. P. Canny, and P. E. H. Hair, eds., *The Westward Enterprise: English Activities in Ireland, the Atlantic, and America, 1480-1650* (Detroit: Wayne State University Press, 1979), 32 (Smith quoted). 또한 Canny의 *The Elizabethan Conquest of Ireland: A Pattern Established, 1565-1576* (New York: Harper and Row, 1976) 참조.

39. William Strachey, comp., *For the Colony in Virginea Britania: Lawes Divine, Morall and Martiall, etc.*, ed. David Flaherty (Charlottesville, Va.: University of Virginia Press, 1969); Craven, *Dissolution of the Virginia Company*, 32; Wilkinson, *Adventurers of Bermuda*, 65; J. Smith, *Generall Historie*, 654, 666 (quotation); Morgan, *American Slavery, American Freedom*, 79-81; Rutman, "The Historian and the Marshal," 15; Stephen Greenblatt, "Martial Law in the Land of Cockaigne," in *Shakespearean Negotiations; The Circulation of Social Energy in Renaissance England* (Berkeley, Calif.: University of California Press, 1988), 129-63.

40. Smith, *A Map of Virginia*, 2:370; Percy, "A Trewe Relacyone," 266; Helen C. Rountree, *The Powhatan Indians of Virginia: Their Traditional Culture* (Norman, Okla.: University of Oklahoma Press, 1989), and *Pocahantas's People: The Powhatan Indians of Virginia through Four Centuries* (Norman, Okla.: University of Oklahoma Press, 1990). See also Kirkpatrick Sale, *The Conquest of Paradise: Christopher Columbus and the Columbian Legacy* (New York: Alfred A. Knopf, 1990), 271, 301; James Axtell, "The White Indians of Colonial America," *William and Mary Quarterly*, 3d ser., 32 (1975): 55-88. 라운트리(『버지니아의 파우허탠 인디언들』, 87)는 파우허탠 사회를 "시초적인 계급사회"라고 부르지만, 이에 대한 증거는 설득력이 없다. 거기에 존재했던 매우 경미한 사회적 구별들은 경제적 기능이나 재산 보유의 차이에서 자라나온 것이 아니라, 사냥 능력이나 지도자로서의 능력에 기반을 둔 것이었다.

41. 마컴(Markham 혹은 Marcum)에 관해서는 [Captain Gabriel Archer?], A relatyon···written···by a gent of ye Colony (1607), in Barbour, ed., *Jamestown Voyages*, 1:82; J. Frederick Fausz, "Middlemen in Peace and War: Virginia's Earliest Indian Interpreters, 1608-1632," *Virginia Magazine of History and Biography* 95 (1987): 42 참조.

42. Percy, "A Trewe Relacyon," 280.

43. J. Smith, *General Historie*, 646-48; Craven, "Introduction to the History of Bermuda," 177.

2장 장작 패는 자들과 물 긷는 자들

1. Joyce Appleby, *Economic Thought and Ideology in Seventeenth-Century England* (Princeton, N.J.: Princeton University Press, 1978), 132.

2. Stephen B. Baxter, "William III as Hercules: The Political Implications of Court Culture," Lois G. Schwoerer, ed. *The Revolution of 1688-1689: Changing Perspectives* (Cambridge: Cambridge University Press, 1992), 95-106.

3. Francis Bacon, *Of the Wisdom of the Ancients* (1609).

4. Katharine Park and Lorraine J. Daston, "Unnatural Conception: The Study of Monsters in Sixteenth- and Seventeenth-Century France and England," *Past & Present* 92 (1981).

5. 유럽에서의 프롤레타리아화에 대한 견해에 있어 수확성의 "자연적" 증가를 강조하고 종획을 무시하며, 테러를 배제하는 찰스 틸리(Charles Tilly)에 맞서, 우리는 맑스의 해석으로 돌아가는데 그는 수취가 "인류의 연대기에 피와 불의 글자로 씌어있다"라고 한다. 실제로 (피와 불이 뒤섞여져 만들어진 글자로) 반항자라 낙인찍는 일은 테러의 일부였다. 틸리가 노예제를 무시하는 지점에서 맑스는 "정복, 노예화, 강탈, 살인, 간단히 말해 폭력이 가장 큰 역할을 했다"라고 쓴다. Charles Tilly, *As Sociology Meets History* (New York: Academic Press, 1981), 7장과 "Demographic Origins of the European Proletariat," in David Levine, ed., *Proletarianization and Family History* (New York: Academic Press, 1984).

6. *On the Spirit of Patriotism* (1736).

7. *Northern Star* (1838), Gareth Stedman-Jones, *Languages of Class: Studies in English Working-Class History, 1832-1982* (Cambridge: Cambridge University Press, 1983), 104에서 재인용.

8. C. Osborne Ward, *The Ancient Lowly: A History of the Ancient Working People from the Earliest Known Period to the Adoption of Christianity by Constantine* (Chicago, 1888), I:39.

9. George Jackson, *Soledad Brother: The Prison Letters* (New York: Bantam, 1970), 123. H. N. Brailsford, *The Levellers and the English Revolution* (Palo Alto, Calif.: Stanford University Press, 1961); 또한 Norah Carlin, "Liberty and Fraternities in the English Revolution: The Politics of London Artisans' Protests, 1635-1659," *International Review of Social History* 39 (1994): 252; George Unwin, *Industrial Organization in the Sixteenth and Seventeenth Centuries* (Oxford: Clarendon Press, 1904), 207-10; Swift, *On the Wretched Condition of Ireland* (1729); James Connolly, *Erin's Hope ··· The End & The Means* (Dublin, 1909); Cyril Brigg의 *Crusader*, April 1921; 넬슨 만델라의 1991년 7월 <아프리카민족회의> 폐막 연설.

10. Robert Albion, *Forests and Seapower: The Timber Problem of the Royal Navy*, 1652-1862 (Cambridge, Mass.: Harvard University Press, 1926), 127.

11. [Richard Johnson], *Nova Britannia: Offering Most Excellent fruites by Planting in Virginia* (London, 1609), Peter Force, 편찬., *Tracts and Other Papers Relating Principally to the Origin, Settlement, and Progress of the Colonies in North America, From the Discovery of the Country to the Year 1776* (1836; 재판, Gloucester, Mass.:

Peter Smith, 1963)에 재출판, 1:14; David Freeman Hawke, *Everyday Life in Early America* (New York: Harper and Row, 1988), 15; Charles F. Carroll, *The Timber Economy of Puritan New England* (Providence, R.I.: Brown University Press, 1973), 54; Patricia Seed, *Ceremonies of Possession in Europe's Conquest of the New World, 1492-1640* (Cambridge: Cambridge University Press, (1995),19-23.

12. *Polyolbion* (1613). Michael Williams, *The Draining of the Somerset Levels* (Cambridge: Cambridge University Press, 1970); Joan Thirsk, ed., *The Agrarian History of England and Wales*, vol. 5, *1640-1750: Agrarian Change* (Cambridge: Cambridge University Press, 1985), 323.

13. Jeremy Purseglove, *Taming the Flood: A History and Natural History of Rivers and Wetlands* (Oxford: Oxford University Press, 1988); Oliver Rackham, *The History of the Countryside* (London: J. M. Dent, 1986), 390; Keith Lindley, *Fenland Riots and the English Revolution* (London: Heineman, 1982), 34, 38, 72, 77.

14. Rackham, *History of the Countryside*; 또한 Raymond Williams, *The Country and the City* (New York: Oxford University Press, 1975), 32, 48을 참조.

15. John Merrington, "Town and Country in the Transition to Capitalism," *New Left Review*, no. 93 (September-October 1975).

16. Adam Ferguson, *An Essay on the History of Civil Society* (Edinburgh, 1787).

17. *New Life of Virginea: Declaring the Former Successe and Present State of that Plantation* (London, 1612), republished in Force, comp., *Tracts and Other Papers*, 1:14에 재출판; A. W Lawrence, *Trade Castles and Forts of West Africa* (Palo Alto, Calif.: Stanford University Press, 1964), 293.

18. J. M. Postma, *The Dutch in the Atlantic Slave Trade, 1600-1815* (Cambridge: Cambridge University Press, 1990), 158.

19. "The Woman's Brawl," *Samuel Pepys' Penny Merriments*, ed. Roger Thompson (New York: Columbia University Press, 1976), 247-52.

20. Bridget Hill, *Women, Work, and Sexual Politics in Eighteenth-Century England* (Oxford: Blackwell, 1989), 103ff.

21. Anna Davin, *Growing Up Poor: Home, School, and Street in London, 1870-1914* (London: Rivers Oram Press, 1996), 186-89.

22. *Man: A Paper for Ennobling the Species*, no. 25 (18 June 1755).

23. E. P. Thompson, *Customs in Common* (London: Merlin Press, 1991), 그리고 R. H. Tawney, *The Agrarian Problem in the Sixteenth Century* (London: Longman, 1912).

24. William Fennor, *The Counter's Commonwealth; Or, A Voyage made to an Infernal Island* (London, 1617); Historical Manuscript Commission, *Rutland MSS*, I:334; J. A. Sharpe, *Crime in Early Modern England, 1550-1750* (London: Longman, 1984), 150; Pieter Spierenburg, *The Prison Experience: Disciplinary Institutions and Their Inmates in Early Modern Europe* (New Brunswick, N.J.: Rutgers University Press, 1991).

25. *Taylor's Travels of Hamburgh in Germanie* (1616) and *The Praise and vertue of a Jayle and Jaylers with the most excellent mysterie and necessary use of all sorts of Hanging*, in *All the Works of John Taylor the Water Poet 1630* (facsimile edition, London, 1977).

26. J. S. Cockburn, *A History of English Assizes, 1558-1714* (Cambridge: Cambridge University Press, 1972), 98; King James the First, *Daemonologie in Forme of a Dialogue, Diuided into three Bookes* (1597), ed. G. B. Harrison (London: John Lane, 1924); Silvia Federici, "The Great Witch Hunt," *The Maine Scholar* I (1988): 31-52; Frederic A. Youngs, Jr., *The Proclamations of the Tudor Queens* (Cambridge: Cambridge University Press, 1976), 76; Edmund Spenser, *A View of the Present State of Ireland* (1596), ed. W L. Renwick (Oxford: Clarendon Press, 1970), 63.

27. 『뉴게잇의 검은 개』는 1596년 처음 출판되었다. 그것은 1638년 *The Discovery of London Monster*로 또 다른 판이 출판되었다.

28. A. V. Judges, ed., *The Elizabethan Underworld: A Collection of Tudor and Early Stuart Tracts and Ballads* (New York: E. P. Dutton, 1930), 506-7.

29. Spenser, *View of the Present State of Ireland.*

30. Michael Taussig, *Shamanism, Colonialism, and the Wild Man: A Study in Terror and Healing* (Chicago: University of Chicago Press, 1987).

31. Sir George Peckham, "A true Report of the late discoveries, and possession taken ill the right of the Crowne of England of the Newfound Lands, By that valiant and worthy Gentleman, Sir Humfrey Gilbert Knight," in Richard Hakluyt, ed., *The Principal Navigations, Voyages, Traffiques & Discoveries of the English Nation* (1589; reprint, New York: AMS Press, Inc., 1965), 3:102-3, 112; A. L. Beier, *Masterless Men: The Vagrancy Problem in England, 1560-1640* (London: Methuen, 1985), 150.

32. Cockburn, *English Assizes*, 126; M. Oppenheim, ed., *The Naval Tracts of Sir William Monson* (London: Navy Records Society, 1923), 4:109.

33. James Horn, "Servant Emigration to the Chesapeake in the Seventeenth Century," in Thad W. Tate and David L. Ammerman, eds., *The Chesapeake in the Seventeenth Century* (New York: W. W. Norton, 1979), 72; Richard S. Dunn, "Servants and Slaves: The Recruitment and Employment of Labor in Colonial America," in J. R. Pole and Jack P. Greene, *Colonial British America: Essays in Early Modern History* (Baltimore: Johns Hopkins University Press, 1984); Abbot Emerson Smith, *Colonists in Bondage: White Servitude and Convict Labor in America, 1607-1776* (New York: W. W. Norton, 1947), 8-12, 13, 16; Eric Williams, *Capitalism and Slavery* (New York: Capricorn Books, 1966), 19.

34. Scott Christianson, *With Liberty for Some: 500 Years of Imprisonment in America* (Boston: Northeastern University Press, 1998), 16. 18.

35. Jill Sheppard, *The "Readings" of Barbados: Their Origins and History* (Millwood, N. Y.: KTO Press, 1977), 12; Carl and Roberta Bridenbaugh, *No Peace beyond the Line: The English in the Caribbean, 1627-1690* (New York: Oxford University Press), 27; *A Publication of Guiana Plantation* (London, 1632), quoted in Smith, *Colonists in Bondage*, 285-86; Rafael Semmes, *Crime and Punishment in Early Maryland* (Baltimore: Johns Hopkins University Press, 1938), 81; John Donne, "A Sermon Preached to the Honourable Company of the Virginian Plantation," in *The Sermons of John Donne*, ed. George R. Potter and Evelyn M. Simpson (Berkeley, Calif.: University of California Press, 1959), 4:272.

36. 1640년대와 1650년대에 홀림꾼과 유괴꾼들에 맞서는 일련의 반란이 하인 교역을 규제하기로 하는 법제 정과 그에 따른 최초의 기록들을 남기는 데로 이끌었고, 이는 1654년 브리스틀에 처음 보존되어 그 무역

의 통계적 분석이 거기에 기초하게 된다.

37. Robert C. Johnson, "The Transportation of Vagrant Children from London to Virginia, 1618-1622," in Howard S. Reinmuth, ed., *Early Stuart Studies: Essays in Honor of David Harris Willson* (Minneapolis: University of Minnesota Press, 1970), 137-51; Walter Hart Blumenthal, *Brides from Bridewell: Female Felons Sent to Colonial America* (Rutland, Vt.: Charles E. Tuttle Co., 1962), 65, 105, 107; Smith, *Colonists in Bondage*, 69-70.

38. James Revel, *The Poor Unhappy Transported Felon's Sorrowful Account of his Fourteen Years Transportation at Virginia in America* (London, n.d.), edited by John Melville Jennings and republished in the *Virginia Magazine of History and Biography* 56 (1948): 180-94 (Jennings shows that Revel arrived in Virginia between 1656 and 1671); "The Trapanned Maiden," *Virginia Magazine of History and Biography* 4 (1896-97): 218-21.

39. [Johnson], *Nova Britannia*, republished in Force, comp., *Tracts and Other Papers*, 1:27-28, 19.

40. E. D. Pendry, *Elizabethan Prisons and Prison Scenes* (Salzburg: Institut für Englische Sprache und Literature, 1974), 1:2, 15.

41. [Samuel Rid], *Martin Markall, beadle of Bridewell, His Defense and Answers to the Bellman of London* (London, 1610).

42. *The American Anthropologist* 90 (1988): 406.

43. Jane Ohlmeyer, "The Wars of Religion, 1603-1660," in Thomas Bartlett and Keith Jeffery, eds., *A Military History of Ireland* (Cambridge: Cambridge University Press, 1996), 168.

44. Francis Bacon, *The New Atlantis* (London, 1629).

45. P. Dan, *Histoire de la Barbarie et de ses Corsaires* (Paris, 1637), quoted in Stephen Clissold, *The Barbary Slaves* (Totowa, N. J.: Rowman and Littlefield, 1977), and Peter Lamborn Wilson, *Pirate Utopias: Moorish Corsairs and European Renegadoes* (New York: Autonomedia, 1995).

46. Thomas Harman, *A Caveat for Common Cursitors Vulgarly Called Vagabonds* (1567).

47. Page Dubois, "Subjected Bodies, Science, and the State: Francis Bacon, Torturer," in Mike Ryan and Avery Gordon, eds., *Body Politics: Disease, Desire, and the Family* (Boulder, Colo.: Westview Press, 1994), 184.

48. *Appius and Virginia* (1625-27?).

49. Brian Manning, *The English People and the English Revolution, 1640-1649* (London: Heineman, 1976), 292.

50. Anne Chambers, "The Pirate Queen of Ireland: Grace O Malley," in Jo Stanley, ed., *Bold in Her Britches: Women Pirates across the Ages* (London: HarpersCollins, 1995), 104.

51. Thomas Edwards, *Gangraena, or, A Catalogue and Discovery of Many of the Errors, Heresies, Blasphemies, and pernicious Practices of the Sectaries of this time* (1646-47).

52. Thomas Nashe, *The Unfortunate Traveller; Or, the Life of Jacke Wilton* (1594).

53. Edwards, *Gangraena*, 121.

54. *The Kingdomes Faithfull and Impartiall Scout*, 6-13 April 1649, in Edwards, *Gangraena*, 268.

55. *The True Informer*, 21-28 February 1646, in Edwards, *Gangraena*, 262.

56. Cyril Outerbridge Packwood, *Chained on the Rock: Slavery in Bermuda* (New York: Eliseo Torres & Sons, 1975), 85.

57. Manning, *The English People and the English Revolution*, 92. Hobbes, *Behemoth: The History of the Causes of the Civil Wars in England*, quoted in Christopher Hibbert, *Charles I* (New York: Harper and Row, 1968), 149-50을 참조.

58. Hibbert, *Charles I*, 149-50.

3장 "프랜시스라는 이름의 검둥이 하녀"

1. Christopher Hill, *The World Turned Upside Down: Radical Ideas during the English Revolution* (London: Penguin, 1972), and H. N. Brailsford, *The Levellers in the English Revolution* (Palo Alto, Calif.: Stanford University Press, 1961), 11.

2. Robert Brenner, *Merchants and Revolutions: Commercial Change, Political Conflict, and London's Overseas Traders, 1550-1653* (Princeton, N.J.: Princeton University Press, 1993); Phyllis Mack, *Visionary Women; Ecstatic Prophecy in Seventeenth-Century England* (Berkeley, Calif.: University of California Press, 1992); and David Sacks, *The Widening Gate: Bristol and the Atlantic Economy, 1450-1700* (Berkley, Calif.: University of California Press, 1991).

3. Nigel Smith, *Perfection Proclaimed: Language and Literature in English Radical Religion, 1640-1690* (New York: Oxford University Press, 1989), and Peter Fryer, *Staying Power: The History of Black People in Britain* (London: Pluto, 1984).

4. Christopher Hill, *The English Bible and the Seventeenth-Century Revolution* (London: Viking, 1993), 200. 또한 C. R. Cragg, *Puritanism in the Period of the Great Persecution of 1660-1688* (Cambridge University Press, 1957)을 참조.

5. 브로드미드 기록은 언더힐(E. B. Underhill)에 의해 1847년에 출판되었다. 너새니얼 헤이크로프트(Nathaniel Haycroft)에 의해 1865년에 인쇄된 2판은 원본의 철자법, 강조 활자, 대문자, 단락구분을 많이 보존하고 있었다. 이는 로저 헤이든(Roger Hayden)이 편집하고 긴 학문적인 해설을 달아 1974년에 출판된 3판의 토대를 이룬다. 우리의 분석은 브리스틀의 브로드미드 교회에 있는 원고 텍스트를 꼼꼼하게 검토한 것에 기반을 두고 있다.

6. Roger Hayden, introduction to *The Records of a Chruch of Christ in Bristol. 1640-1687* (Bristol: Bristol Record Society, 1974).

7. Bridget Hill, *Women, Work, and Sexual Politics in Eighteenth-Century England* (Oxford: Blackwell, 1989), 133.

8. Alice Clark, *Working Life of Women in the Seventeenth Century* (London: Routledge, 1919), and Susan Dwyer Amussen, *An Ordered Society: Gender and Class in Early Modern England* (Oxford: Blackwell, 1988), 158. 또한 Elliot V. Brodsky, "Single Women in the London Marriage Market: Age, Status and Mobility, 1598-1619," in R. B. Outhwaite, ed., *Marriage and Society: Studies in the Social History of Marriage* (New York: St. Martin's, 1981), and P. J. P. Goldberg, *Women, Work, and Life Cycle in a Medieval Economy:*

Women in York and Yorkshire, c. 1300-1520 (New York: Oxford University Press, 1992) 참조.

9. Paul Bayne, *An Entire Commentary upon the Whole Epistle of the Apostle Paul to the Ephesians* (1643).

10. Nell Painter, *Sojourner Truth: A Life, a Symbol* (New York: W. W. Norton, 1996), 71.

11. A. S. P. Woodhouse, ed., *Puritanism and Liberty* (Chicago: University of Chicago Press, 1951), 103.

12. Patricia Crawford, *Women and Religion in England, 1500-1720* (London, Routledge, 1993), 123.

13. David Harris Sacks, "Bristol's 'Wars of Religion,'" in R. C. Richardson, ed., *Town and Country in the English Revolution* (Manchester: Manchester University Press, 1992), 103.

14. Hayden, introduction to *Records of a Church of Christ in Bristol*, 27:85.

15. Claire Cross, "He-Goats Before the Flocks': A Note on the Part Played by Women in the Founding of Some Civil War Churches," in G. J. Cuming and Derek Baker, eds., *Popular Belief and Practice* (Cambridge: Ecclesiastical History Society/Cambridge University Press, 1972).

16. G. F. Nuttall, *Visible Saints; The Congregational Way, 1640-1660* (Oxford: Blackwell, 1957), 35.

17. Ian Gentles, *The New Model Army in England, Ireland, Scotland, 1645-1653* (Oxford: Blackwell, 1992), 103.

18. J. F. McGregor, "The Baptists: Fount of All Heresy," in J. E. McGregor and B. Reay, eds., *Radical Religion in the English Revolution* (New York: Oxford University Press, 1984), 44.

19. 19세기 편집자인 언더힐은 'Libertisme'(자유사상)을 'libertinism'(자유주의)으로 바꾸었는데, 후자는 1640년대에 그 신봉자들이 없지는 않았지만 'Libertisme'과는 확실히 다른 것이었다. 아비저 콥(Abiezer Coppe)은 *A Fiery Flying Roll*, I: 1-5에서 하느님을 모시는 일은 "완전한 자유이며 순수한 자유주의"라고 가르쳤다.

20. Laurence Clarkson, *Generall Charge* (1647).

21. Edwards, *Gangraena* 3:27, 163.

22. G. F. Nuttall, *The Welsh Saints, 1640-1660* (Cardiff: University of Wales Press, 1957), 34;1-37.

23. C. Hill, *The World Upside Down*, 40.

24. Karen Kupperman, *Providence Island, 1630-1641: The other Puritan Colony* (New York: Cambridge University Press, 1993), 179. 유용한 개관으로는 Elaine Forman Crane, *Ebb Tide in New England: Women, Seaports, and Social Change, 1630-1800* (Boston: Northeastern University Press, 1998) 참조.

25. *The Law of Righteousness* (1649), 216; *The Law of Freedom* (1652), 524.

26. Lodovick Muggleton, *Joyful News from Heaven* (1658: reprinted 1854), 45.

27. N. Smith, *Perfection Proclaimed*, 2.

28. Human Nature (1640): *Works*, 4:40-41.

29. Woodhouse, ed., *Puritanism and Liberty*, 390-6.

30. Eikon *Basilike*, chap 9.

31. Underhill은 Alfred Cave, *The Pequot War* (Amherst, Mass.: University of Massachusetts Press, 1996), 152에 인용되어있다.

32. 그리고 "성서가 만물의 창조주께서는 사람을 가리지 않는다고 말하지만 이 왕권은 사람을 가리는 일만을 하며 부유하고 오만한 자들을 더 좋아한다 …… " *The Law of Freedom* (1652), 508, 530.

33. Hugh Barbour and Arthur O. Roberts, *Early Quaker Writings*, 1650-1700 (Grand Rapids, Mich.: Eerdmans, 1973), 165. 또한 *The Quaker's Catechism* (1655) 참조.

34. John F. Mackeson, *Bristol Transported* (Bristol: Redcliffe, 1987).

35. Mack, *Visionary Women*.

36. *The Exceeding Riches of Grace Advanced* (1651 and 1658), 122-25. Barbara Ritter Dailey, "The Visitation of Sarah Wright: Holy Carnival and the Revolution of the Saints in Civil War London," *Church History* 55, no. 4 (December 1986): 449-50.

37. William Haller, *The Rise of Puritanism* (New York: Columbia University Press 1938), 79.

38. John Saltmarsh, *Smoke in the Temple* (1600s), quoted in Woodhouse, *Puritanism and Liberty*, 179.

39. Woodhouse, ed., *Puritanism and Liberty*, 184.

40. Emery Battis, *Saints and Sectaries: Anne Hutchinson and the Antinomian Controversy in Massachusetts Bay Colony* (Chapel Hill, N. C.: University of North Carolina Press, 1962), 69.

41. Cava, *The Pequot War*, 139.

42. Carol Karlsen, *The Devil in the Shape of a Woman: Witchcraft in Colonial New England* (New York: Vintage, 1987).

43. John Winthrop, *A Short Story of the Rise, Reign, and Ruine of the Antinomians, Familists, and Libertines* (London, 1644), reprinted in David D. Hall, T*he Antinomian Controversy, 1636-1638: A Documentary History*, 2d ed. (Durham, N. C.: Duke University Press, 1990), 139.

44. Ibid., 218; Edward Johnson, *Johnson's Wonder-Working Providence, 1628-1651*, ed. J. Franklin Jameson (London, 1654; reprint, New York: Charles Scribner's Sons, 1910), 125-125.

45. Silvia Federici, "The Great Witch Hunt," *The Maine Scholar* 1 (1988): 32.

46. Ibid.

47. Mack, *Visionary Women*, 123.

48. Ibid., 104; Woodhouse, ed., *Puritanism and Liberty*, 367.

49. 또한 Leo Damrosch, *The Sorrows of the Quaker Jesus: James Nayler and the Puritan Crackdown on the Free Spirit* (Cambridge, Mass.: Harvard University Press, 1996), 2 참조.

50. *A Publicke Discovery of the Open Blindness of Babel's Builders* (1656).

51. *A Few Words Occassioned* (1654).

52. James Nayler, *Saul's Errand to Damascus* (London, 1653), *A Discovery of the First Wisdom* (London, 1653), *An Answer to the Book called the Perfect Pharisee* (London, 1653), 22.

53. James Jayler, *The Lamb's Warre* (1657).

54. H. N. Brailsford. *A Quaker from Cromwell's Army* (London, 1926).

55. C. Hill, *The English Bible*, 165-66; Cragg, *Puritanism in the Period of the Great Persecution*.

56. Nathaniel Ingelo, *The Perfection, Authority, and Credibility of the Holy Scripture* (1659), and *A Discourse Concerning Repentance* (1677).

57. Christopher Hill, *The Experience of Defeat: Milton and Some Contemporaries* (New York: Viking, 1984), 164.

58. Richard Ligon, *A True & Exact History of the Island of Barbadoes* (London, 1657).

59. Hilary Beckles, *A History of Barbados: From Amerindian Settlement to Nation-State* (Cambridge: Cambridge University Press, 1990), 43.

60. 우리는 그것을 *The Exceeding Riches of Grace Advanced*의 1658년판에서 다이나를 "영국에서 태어나지 않은 무어인"이라고 소개한 헨리 제시에게서도 볼 수 있다. 이 어구는 1647년 초판이 나온 지 11년 이후 추가

된 민족 표시이다.

61. Christopher Hill, *A Tinker and a Poor Man: John Bunyan and His Church, 1628-1688* (New York: Alfred A. Knoof, 1988).

62. James H. Cone, *For My People: Black Theology and the Black Church* (Maryknoll, N. Y.: Orbis, 1984), 71, 파농(Fanon)에 대한 언급.

63. Marcus Garvey, *Vanity Fair; Or the Tragedy of White Man's Justice* (1926), in Robert A. Hill and Barbara Bair, eds, *Marcus Garvey: Life and Lessons* (Berkeley, Calif.: University of California Press, 1987), 115-39.

64. Lodovick Muggleton, *The Acts of the Witnesses of The Spirit* (1699, reprinted 1764), 73-74.

65. Painter, *Sojourner Truth*, 30.

66. Andrew Hopton, ed., *Tyranipocrit Discovered with his wiles, wherewith he vanquisheth* (1649; reprint, London: Aporia Press, 1991), 29.

67. "아틀라스 산맥"이라는 용어에 대해서는 Peter Linebaugh, "All the Atlantic Mountains Shook," *Labour/Le Traailleur*, no, 10 (1982): 87-121 참조. 이 글의 제목은 윌리엄 블레이크(William Blake)의 장시 『예루살렘』(*Jerusalem*, 1804), book 2의 첫 시를 인용하고 있다. [윌리엄 블레이크는 영국 낭만주의 초기의 급진적 시인이다. 이 책의 결론 부분에서 비교적 상세하게 소개된다. ─옮긴이]

68. *Three Guineas* (New York: Harcourt Brace, 1938), 103.

4장 푸트니 논쟁의 확산

1. Daniel Lysons, *The Environs of London* (1791).

2. *A Vindication of the Army* (1647); *Short Memorials of Thomas Lord Fairfax* (1699), 104-6.

3. Dan M. Wolfe, *The Purple Testament: Life Stories of Disabled Veterans* (Garden City, N. Y.: Doubleday, 1946).

4. *Clarke Manuscripts with supplementary documents*, 1st ed. (London: Dent, 1938) 가운데 A. S. P. Woodhouse, ed., *Puritanism and Liberty: being the Army debates* (1647-9),; 그리고 1974년 판과 1986년 에브리맨 출판사 판에 부친 Ivan Roots의 서문들을 보라.

5. 프레드릭 엥겔스의 사후에 에두아르트 베른스타인은 *Socialism and Democracy in the Great English Revolution* (1895)을 출간했다.; 영어 번역은 H. J. Stenning, *Cromwell & Communism: Socialism and Democracy in the Great English Revolution* (London, 1930).

6. Thompson의 "Edgell Rickword," *Persons & Politics* (London: Merlin, 1994)을 보라.

7. "Celticus" [Aneurin Bevan], *Why Not Trust the Tories?* (London: Gollancz, 1945); Raphael Samuel, "British Martxist Historians, 1880-1980, Part One," *New Left Review* 120 (1980): 27-28.

8. Ras Makonnen, *Pan-Africanism from Within,* ed. Kenneth King (Oxford: Oxford University Press, 1973), 170.

9. Ivan Roots, ed., *Puritanism and Liberty: Being the Army Debates* (1647-9), 3d ed. (London: Dent, 1986).

10. Scott MacRobert, *Putney and Roehampton: A Brief History* (Putney: The Putney Society, 1992). 리치몬드 파크의 종획에 대해서는 Clarendon의 *History of the Rebellion and Civil Wars*를 보라; Lysons, *Environs of*

London, 314; Christopher Hill, *Puritanism and Revolution* (London: Secker and Warburg, 1958), 267ff.

11. Ian Gentles, *The New Model Army in England, Ireland and Scotland, 1645-1653* (Oxford: Blackwell, 1992), 35; Dan M. Wolfe, *Leveller Manifestoes of the Puritan Revolution* (New York: Nelson and Sons, 1944).

12. William Bullock, *Virginia Impertially Examined* (1649), 47.

13. Vincent Harlow, *A History of Barbados, 1625-1685* (Oxford: Clarendon Press, 1926), 300.

14. *A Remonstrance of Many Thousand Citizens* (1646).

15. E. C. Pielou, *Fresh Water* (Chicago: University of Chicago Press, 1998), 109.

16. *Taylor on Thame Isis* (1632); *A Dialogical Brief Discourse between Rainborough and Charon* (1648).

17. Vittorio Dini, *Masaniello: L'eroe e il mito* (Rome, 1995), trans. Steven Colatrella; Rosario Villari, *The Revolt of Naples*, trans. James Newell (Cambridge, Mass.: Polity Press, 1993).

18. Wolfgang Goethe, *Italian Journey* (1786-88).

19. Francis Midon, *The History of the Rise and Fall of Masaniello, the Fisherman of Naples* (1729), 95.

20. Francis Haskell, *Patrons and Painters: A Study in the Relations between Italian Art and Society in the Age of the Baroque* (New Haven, Conn.: Yale University Press, 1980), 199.

21. Midon, *Masaniello*, 199.

22. Gigliola Pagano de Divitiis, *English merchants in Seventeenth-Century Italy*, trans. Stephen Parkin (Cambridge: Cambridge University Press, 1997); H. G. Koenigsberger, *Estates and Revolutions: Essays in Early Modern European History* (Itchca, N.Y.: Cornell University Press, 1971).

23. James Howell, *The Exacte historie of the late Revolutions in Naples, and of their Monstrous Successes* (1650).

24. N. A. M. Rodger, *The Safeguard of the Sea: A Naval History of Britain 660-1649* (London: HarperCollins, 1998), 401.

25. John Colerus, *The Life of Benedict de Spinosa* (London, 1706).

26. James Tyrrell, *Biblioteca Politica* (1694), 3d dialogue; Locke, *First Treatise of Government* (1690), para, 79.

27. Christopher Hill, "The English Revolution and the Brotherhood of Man," in *Puritanism and Revolution: Studies in Interpretation of the English Revolution of the Seventeenth Century* (New York: Schocken Books, 1958), 123-152.

28. C. H. Firth, ed., *The Clarke Papers* (London: Camden Society, 1894), 2:153-63.

29. *Pseudodoxia Epidemica* (1646); *Works*, ed. Geoffrey Keynes, vol. 2.

30. Samuel Chidley, *A Cry against a Crying Sin: Or, a just Complaint to the Magistrates, against them who have broken the Statute Laws of God, by Killing of men merely for Theft* (London, 1652), William Oldys and Thomas Park, eds. *Harleian Miscellany* (London, 1811)에 재출판, 8:485.

31. *An Appeale to All Englishmen*, March 1649, and *A Letter to the Lord Fairfax*, June 1649; Lewis H. Berens, *The Digger Movement in the Days of the Commonwealth* (London: Merlin, 1961); Andrew Hopton, ed., *Digger Tracts, 1649-1650* (London: Aporia Press, 1989).

32. George H. Sabine, ed., *The Works of Gerrard Winstanley* (New York: Russel and Russell, 1965), 492. 리처드 오버튼은 그의 *An Appeal from the Commons to the Free People* (1647)에서 도둑질에 대한 목매달기에 반대하는 데로 병사들을 이끌었다.

33. *A New-Yeers Gift for the Parliament and Armie* (1 January 1650), in Sabine, ed., *Works, 388; A Mite Cast into the Common Treasury* (1649), ed. and with an introduction by Andrew Hopton (London: Aporia

Press, 1989).

34. Chidley, *A Cry against Crying Sin,* 481; Anon., *More Light Shining in Buckinghamshire* (1649); Robert Zaller, "The Debate on Capital Punishment during the English Revolution," *American Journal of Legal History* 31, no. 2 (1987):126-44.

35. Hawke, *The Right of Dominion, and Property of Liberty* (1656), 77-78.

36. James Connolly, *Labour in Irish History* (Dublin, 1910), and Christopher Hill, "Seventeenth-Century English Radicals and Ireland," in his *A Nation of Change and Novelty: Radical Politics, Religion and Literature in Seventeenth-Century England* (London: Routledge, 1990), 133-51.

37. Chris Durston, " 'Let Ireland be quiet': Opposition in England to the Cromwellian Conquest of Ireland," *History Workshop Journal* 21 (1986): 105-21; Norah Carlin, "The Levellers and the Conquest of Ireland in 1649," *Historical Journal* 22 (1987).

38. G. J. Simms, "Cromwell at Drogheda, 1649," in his *War and Politics in Ireland, 1649-1730,* ed. D. W. Hayton and Gerard O'Brien, (London, Hambledon Press, 1986), 1-10; T. W. Moody et al., eds., *A New History of Ireland* (Oxford: Clarendon Press, 1976), vol. 3, *Early Modern Ireland, 1534-1691,* 339-41.

39. Richard Bagwell, *Ireland under the Stuarts and during the Interregnum* (London: Longman, 1909-16), 2:194. C. H. Firth, *Cromwell's Army: A History of the English Soldier during the Civil Wars, the Commonwealth, and the Protectorate* (London: Methuen, 1901), 337.

40. Bagwell, *Ireland under the Stuarts,* 2:329, 330; S. R. Gardiner, "The Transplantation to Connaught," *English Historical Review* 14 (1899): 703; John Davis, *A Discovery of the True Causes why Ireland was never entirely subdued* (1612), 169.

41. John P. Prendergast, *Cromwellian Settlement of Ireland,* 3d ed. (Dublin: Mellifont Press, 1922), 427.

42. Firth, ed., *Clarke Papers,* 2:208.

43. F. H. A. Aalen et al., *Atlas of the Irish Rural Landscape* (Toronto: University of Toronto Press, 1997), 60, 74, 80.

44. Joseph J. Williams, *Whence the "Black Irish" of Jamaica?* (New York: Dial Press, 1932), 36.

45. Theodore Allen, *The Invention of the White Race* (New York: Verso, 1994), 1:258.

46. Eogan Ruaadh O' Sullivan quoted in James Clarence Mangan, *The Poets and Poetry of Munster* (Dublin, 1885), 181.

47. Robert Boyle, *The Excellency and Grounds of the Corpusular or Mechanical Philosophy* (1674), in Mari Boas Hall, ed. *Robert Boyle on Natural Philosophy: An Essay with Selections from His Writings* (Bloomington, Ind.: Indiana University Press, 1965), 195.

48. Richard Ligon, *A True & Exact History of the Island of Barbados* (London, 1657), 45-6.

49. Geroge Downing to John Winthrop, Jr., 26 August 1645, in Elizabeth Donnan, *Documents Illustrative of the History of the Slave Trade to America,* vol. 1, 1441-1700 (Washington, D.C.: Carnegie Institution, 1930, 1969); George Gardyner, *A Description of the New World* (1651); Ligon, *A True & Exact History,* 86.

50. Alexander Gunkel and Jerome S. Handler, "A German Indentured Servant in Barbados in 1652: The Account of Heinrich von Uchteritz," *Journal of the Barbados Museum and Historical Society* 33 (1970): 92;

George Fox, *To the Ministers, Teachers, and Priests (So called, and so Stleing your Selves) in Barbados* (London, 1672), 5; Gary A. Puckrein, *Little England: Plantation Society and Anglo-Barbadian Politics, 1627-1700* (New York: New York University Press, 1984), 98, 106.

51. *Great Newes from Barbados, or, a True and Faithful Account of the Grand Conspiracy of the Negroes against the English* (London, 1676), 6-7.

52. David Watts, *Man's Influence on the Vegetation of Barbados, 1627-1800* (Hull: University of Hull, 1966); Edward Kamau Brathwaite, *Mother Poem* (Oxford: Oxford University Press, 1977); Hilary McD. Beckles, *White Servitude and Black Slavery in Barbados, 1627-1715* (Knoxville, Tenn.: University of Tennessee Press, 1989), 5, 64, 77, 78.

53. "Extracts of the Minute Book of the Council of Barbados (1654-9)," in the Reverend Aubrey Gwynn, ed., "Documents Relating to the Irish in the West Indies," *Analecta Hibernica* 4 (1932): 236-37; Father Andrew White, "A Briefe Relation of the Voyage unto Maryland," in Clayton Colman Hall, ed., *Narratives of Early Maryland, 1633-1684* (New York: Charles Scribner's Sons, 1910), 34를 참조.

54. "Extracts of the Minute Book," in Gwynn, ed., "Documents Relating to the Irish," 234; *Beckles, White Servitude*, 111.

55. *The Negro's and Indians Advocate* (1680).

56. Puckrein, *Little England*, 113; Beckles, *White Servitude*, 168-76.

57. K. G. Davies, *The Royal African Company* (New York: Artheneum, 1970), 1; John C. Appleby, "A Guinea Venture, c. 1657: A Note on the Early English Slave Trade," *The Mariner's Mirror* 79, no. 1 (February 1993): 84-88; George Frederick Zook, *The Company of Royal Adventurers Trading into Africa* (1919; reprint, New York: Negro University Press, 1969), 6; J. M. Gray, *A History of the Gambia* (1940; reprint, New York: Barnes and Noble, 1966), 31; Davies, *Royal African Company*, chap. 1; David Eltis, "The British Transatlantic Slave Trade before 1714: Annual Estimates of Volume and Direction," in Robert L. Paquette and Stanley Engerman, eds., *The Lesser Antilles in the Age of European Expansion* (Gainesville, Fla.: University Press of Florida, 1996), 182-205.

58. Léopold Senghor, *On African Socialism*, trans. Mercer Cook (New York: Praeger, 1967).

59. Richard Jobson, *The Golden Trade; Or, A Discovery of the River Gambra* (1623), 124.

60. Charlotte A. Quinn, *Mandingo Kingdoms of the Senegambia: Traditionalism, Islam, and European Expansion* (Evanston, Ill.: Northwestern University Press, 1972), 7-8; Abdallah Laroui, *The History of the Maghrib: An Interpretative Essay* (Princeton, N. J.: Princeton University Press, 1977); Jamil M. Abun-Nast, *A History of the Maghrib* (Cambridge: Cambridge University Press, 1971).

61. J. W. Blake, "The Farm of the Guinea Trade," in H. A. Cronne, T. W. Moody, and D. B. Quinn, eds., *Essays in British and Irish History in Honour of James Eadie Todd* (London: Frederick Muller, 1949), 86-106.

62. Donald R. Wright, *The World and a Very Small Place in Africa* (Armonk, N. Y.: M. E. Sharpe, 1997), 121-22; Ligon, *A True & Exact History*, 57; The Guinea Company to James Pope, 17 September 1651, in Donnan, *Documents Illustrative*, 1:128; Robert Farris Thompson, *Flash of the Spirit: African and Afro-American Art and Philosophy* (New York: Vintage, 1984), chap. 4.

63. Eliot Warburton, *Memoirs of Prince Rupert, and the Cavaliers*, vol. 3 (London, 1849), 358.

64. Donald R. Wright, *Oral Traditions from the Gambia*, vol. 1, *Mandinka "Griots,"* Ohio University Africa ser. no. 37 (1979): 104, 144.

65. Bernard Capp, *Cromwell's Navy: The Fleet and the English Revolution 1648-1660* (Oxford: Clarendon Press, 1989), 236.

66. Patrick Morrah, *Prince Rupert of the Rhine* (London: Constable, 1976), 269.

67. Richard Ollard, *Man of War: Sir Robert Holmes and the Restoration Navy* (London: Hodder and Stoughton, 1969), 89.

68. Ibid, 67-68; Donnan, *Documents Illustrative*, 177-80; Wright, *The World and a Very Small Place in Africa*.

69. *The Pleasant History of the Life of Black Tom* (1686); Roger Thompson, ed., *Samuel Pepy's Penny Merriments* (New York: Columbia University, 1976), 212.

70. John Towill Rutt, ed., *Diary of Thomas Burton, Esq., Member in the Parliaments of Oliver and Richard Cromwell, from 1656 to 1659* (New York: Johnson Reprint Corporation, 1974), 255.

71. Ibid., 256.

72. Ibid., 257.

73. Ibid., 259, 273, 308.

74. Ibid., 260, 262, 265, 268.

75. Ibid., 264, 270, 271, 304.

76. Christopher Hill, *The Experience of Defeat: Milton and Some Contemporaries* (New York: Viking, 1984), 285-87.

77. Richard L. Greaves, *Deliver Us from Evil: The Radical Underground in Britain, 1660-1663* (New York: Oxford University Press, 1986), 31, 38, 40, 53; Philip F. Gura, *A Glimpse of Sion's Glory: Puritan Radicalism in New England, 1620-1660* (Middle town, Conn.: Wesleyan University Press, 1984), 143.

78. Hilary McD. Beckles, "English Parliamentary Debate on 'White Slavery' in Barbados, 1659," *Journal of the Barbados Museum and Historical Society* 36 (1982): 344-52.

79. Geaves, *Deliver Us from Evil*, 33, 40, 58, 92 (quotation), 166, 229; Abbot Emerson Smith, *Colonists in Bondage: White Servitude and Convict Labor in America, 1607-1776* (New York: W. W. Norton, 1947), 170; Gura, *A Glimpse of Sion's Glory*, 4, 39, 78, 86.

80. "The Servants Plot of 1663," *Virginia Magazine of History and Biography* 15 (1908): 38-43.

81. Philip Ludwell to George Chalmers, 17 July 1671, Chalmers Collection, vol. 1, f. 49; *Virginia Magazine of History and Biography* 19 (1911): 355-56; William Waller Hening, ed., *The Statues at Large, being a Collection of all the Laws of Virginia* (1819-23 reprint, Charlottesville, Va.: University of Virginia Press, 1969), 2:509-11; 2:195; 3:398-400.

82. Joseph Douglas Deal III, *Race and Class in Colonial Virginia: Indians, Englishmen, and Africans on the Eastern Shore during the Seventeenth Century* (New York: Garland Press, 1993), chap. 3.

83. Warren M. Billings, "A Quaker in Seventeenth-Century Virginia: Four Remonstrances by George Wilson," *William and Mary Quarterly*, 3d ser., 33 (1976): 127-40.

84. "An Account of Our Late Troubles in Virginia, Written in 1676, by Mrs. An. Cotton, of Q. Creeke," in Peter Force, ed., *Tracts and Other Papers Relating Principally to the Origin, Settlement, and Progress of the*

Colonies in North America, from the Discovery of the Country to the Year 1776 (1836; reprint, Gloucester, Mass.: Peter Smith, 1963).

85. *Strange News from Virginia; Being a Full and True Account of the Life and Death of Nathanael Bacon, Esquire* (London, 1677).

86. "A True Narrative of the Late Rebellion in Virginia, by the Royal Commissioners," in Charles M. Andrews, ed., *Narratives of the Insurrections, 1675-1690* (New York: Charles Scribner's Sons, 1915), 140.

87. Aphra Behn, *The Window Ranter* (1690).

88. Defense of Col. Edward Hill, *Virginia Magazine of History and Biography* 3 (1895-96): 239; *Archives of Maryland* (Baltimore: Maryland Historical Society, 1885), 15:137; 5:153-54; 281-82; Notley to Baltimore, Chalmers Collection, Papers Relating to Virginia, vol. 1, f. 50; William Berkeley to Colonel Mason, 4 November 1676, *William and Mary Quarterly* 3 (1894-95): 163; in Andrews, ed., *Narratives of the Insurrections*, 31.

89. Riva Berleant-Schiller, "Free Labor and the Economy in Seventeenth-Century Montserrat," *William and Mary Quarterly*, 3d ser., 46 (1989): 550; Richard S. Dunn, *Sugar and Slaves: The Rise of the Planter Class in the English West Indies 1624-1713* (Chapel Hill, N. C.: University of North Carolina Press, 1972), 244.

90. 안티구아(1677), 세인트 킷츠(1679), 바베이도스(1682, 1688, 1696), 몬스트랫(1693), 싸우스캐럴라이나 (1698), 네비스(1701), 그리고 자메이카(1672, 1701, 1703)에서 식민농장주들은 하인을 특권화하려 추구했고, 이들은 자산의 생산자라기보다 보호자가 되어가고 있었다. David W. Galenson, *White Servitude in Colonial America: An Economic Analysis* (Cambridge: Cambridge University Press, 1986), 154; K. G. Davis, *The North Atlantic World in the Seventeenth Century* (Minneapolis: University of Minnesota Press, 1974), 98.

91. Hening, *Laws of Virginia*, 2:481-82, 492-93; 3:447-62. 또한 Kathleen M. Brown, *Good Wives, Nasty Wenchs, and Anxious Patriarchs: Gender, Race and Power in Colonial Virginia* (Chapel Hill, N. C.: University of North Carolina Press, 1996), part 2 참조.

92. Hugo Prospero Leaming, *Hidden Americans: Maroons of Virginia and the Carolinas* (New York: Garland, 1995), xv, 35, 48, 51, 68-71, 109, 116, 125; Hugh F. Rankin, *Upheaval in Albemarle: The Story of Culpeper's Rebellion* (Raleigh, N. C.: The Carolina Charter Tercentenary Commition, 1962), 10, 35, 40-41, 55; "Representation to the Lords Proprietors of Carolina Concerning the Rebellion in that Country," in William L. Saunders, ed., *The Colonial Records of North Carolina* (Raleigh, N. C.: P. M. Hales, 1886), 1:259, 261; Sir Peter Colleton, "The Case [of] Thomas Miller," in Andrews, ed., *Narratives of the Insurrections*, 1677, *Virginia Magazine of History and Biography* 14 (1906-7), 286.

93. *True Levellers Standard Advanced* (1649) and *A Watch Word to the City of London* (1649).

94. Christopher Hill, introduction to *Winstanley: The Law of Freedom and Other Writings* (London: Penguin, 1973), 35.

95. R. J. Dalton, "Winstanley: The Experience of Fraud, 1641," *The Historical Journal* 34, no. 4. (1991): 973.

96. Ibid., 983.

97. *A Declaration from the Poor oppressed People of England* (June 1649).

98. *Truth Lifting Up Its Head* (October 1648).

99. Ibid.

100. 영국에서의 경제적 발전 혹은 민주적 관행에서의 일시적 휴지는 ─ 가령, 구치, 브레일스포드, 톰슨, 오웰, 홉스봄, 그리고 앤더슨 등에 의해 오래도록 주목되어 왔다.

101. *Truth Lifting Up Its Head* (October 1648), s. 101, and *The New Law of Righteousness* (1649), s. 169.

5장 히드라국 : 선원들, 해적들 그리고 해양국가

1. Richard Brathwaite, *Whimzies* (London, 1631), quoted in Christopher Lloyd, *The British Seaman, 1200-1860: A Social Survey* (Rutherford, N.J.: Fairleigh Dickinson University Press, 1970), 74.

2. Bernard Capp, *Cromwell's Navy: The Fleet and the English Revolution, 1648-1660* (Oxford: Clarendon Press, 1989), 42, 58, 66, 72, 396; L. A. Wilcox, *Mr. Pepys' Navy* (New York: A. S. Barnes and CO., 1966), 77.

3. Capp, *Cromwell's Navy*, 76; Lawrence A. Harper, *The English Navigation Laws* (New York: Columbia University Press, 1939), 38, 48-49, 53, 57, 60, 341; Ralph Davis, *The Rise of the English Shipping Industry in the Seventeenth and Eighteenth Centuries* (London: Macmillan, 1962), 17-20.

4. Capp, *Cromwell's Navy*, 219; J. D. Davies, *Gentlemen and Tarpaulins: The Officers and Men of the Restoration Navy* (Oxford: Clarendon Press, 1991), 95-96, 227; Maxwell P. Schoenfeld, "The Restoration Seaman and His Wages," *American Neptune* 25 (1965): 285.

5. Sir William Petty, *A Treatise of Taxes* (London, 1662), chap. 10, 12.

6. Sir William Petty, *Political Anatomy of Ireland* (London, 1691), 1:102.

7. Sir William Petty, *Political Arithmetick* (London, 1690), republished in C. H. Hull, ed., *The Economic Writings of Sir William Petty* (London, 1899), 1:259-60.

8. J. H. Parry, *Trade and Dominion: The European Overseas Empires in the Eighteenth Century* (New York: Praeger, 1971), 19, 13; P. K. Kemp and Christopher Lloyd, *Breathren of the Coast: Buccaneers of the South Seas* (New York: St. Martin's, 1960), 128; C. H. Haring, *The Buccaneers in the West Indies in the Seventeenth Century* (1910; reprint, Hamden, Conn.: Archon Books, 1966), 233.

9. *Gloria Britannia: Or, the Boast of the British Seas* (London, 1689), quoted in J. D. Davies, Gentlemen and Tarpaulins, 1.

10. Ernest Fayle, *A Short History of the World's Shipping Industry* (London: George Allen & Unwin, 1933), 207; Harper, *The English Navigation Laws*, 61, 161; Ian K. Steele, *The Politics of Colonial Policy: The Board of Trade in Colonial Administration 1696-1720* (Oxford: Clarendon Press, 1968), 44, 54; James A. Rawley, *The Transatlantic Slave Trade: A History* (New York: W. W. Norton, 1981), 163; Barry Supple, *Royal Exchange Assurance: A History of British Insurance, 1720-1970* (Cambridge: Cambridge University Press, 1970), 3.

11. 이는 우리가 Peter Linebaugh, "All the Atlantic Mountains Shook"에서 주장했고 *Labour/Le Travail* 10 (1982): 87-121 and 14 (1984): 173-81과 Marcus Rediker, *Between the Devil and the Deep Blue Sea: Merchant Seamen, Pirates, and the Anglo-American Maritime World, 1700-1750* (Cambridge: Cambridge

University Press, 1987)에서 로벗 스위니(Robert Sweeny)에게 응답을 하면서 주장한 바와 같다.

12. Conrad Gill, *Merchants and Mariners of the Eighteenth Century* (London: Edward Arnold, 1961), 91; Edward Ward, *The London Spy* (1697; reprint, London: Cassell, 1927); Barnaby Slush, *The Navy Royal: Or a Sea-Cook Turn'd Projector* (London, 1709); C. L. R. James, "The Atlantic Slave Trade," in his *The Future in the Present* (London: Allison and Busby, 1977).

13. 참고자료인 팸플릿에는 George St.-Lo, *England's Safety* (London, 1693); *England's Interest, Or, a Discipline for Seamen* (London, 1694); Robert Crosfield, *Truth Brought to Light* (London, 1694); *Encouragement for Seamen and Manning* (London, 1695); *William Hodges, Dialogue concerning the Art of Ticket-Buying* (London, 1695); *Great Britain's Groans* (London, 1695); *Misery to Misery* (London, 1965); *Humble Proposals for the Relief, Encouragement, Security, and Happiness of the Seamen of the Seaman of England* (London, 1695); John Perry, *Regulation for Seamen* (London, 1695); *Discourse upon Raising Men* (London, 1696); Thomas Mozin and Nicholas Jennings, *Proposal for the Incouragement of Seamen* (London, 1697); and *Ruin to Ruin* (London, 1699)이 포함된다.

14. J. R. Jones, *The Anglo-Dutch Wars of the Seventeenth Century* (London: Longman, 1996); J. D. Davis, *Gentlemen and Tarpaulins*, 15; John Ehrman, *The Navy in the War of William III, 1689-1697: Its State and Direction* (Cambridge: Cambridge University Press, 1953).

15. Harper, *English Navigation Laws*, 55 ; E. H. W. Meyerstein, ed., *Adventures by Sea of Edward Coxere: A Relation of the Several Adventures by Sea with the Dangers, Difficulties, and Hardships I met for Several Years* (New York and London: Oxford University Press, 1946), 37; Petty, *Political Arithmetick*, 281; Ehrman, *Navy in the War of William III*, 115.

16. Michael Cohn and Michael K. H. Platzer, *Black Men of the Sea* (New York: Dodd, Mead, 1978).

17. "Richard Simons Voyage to the Straits of Magellan & S. Seas in the Year 1689," Sloane MSS. 86, British Library, f. 57; William Matthews, "Sailors' Pronunciation in the Second Half of the Seventeenth Century," *Anglia: Zeitshift für Englische Philologie* 59 (1935): 193-251.

18. Robert McCrum, et al., *The Story of English* (New York: Viking, 1986), chap. 6; B. Traven, *The Death Ship: The Story of an American Sailor* (New York: Collier, 1962), 237.

19. J. L. Dillard, *All-American English* (New York: Random House, 1975)는 해양언어라는 주제를 다루고 있다. 또한 Nicholas Faraclas, "Rivers Pidgin English: Tone, Stress, or Pitch-Accent Language?" *Studies in the Linguistic Sciences* 14, no. 2 (fall 1984): 75 참조. Ian F. Hancock, "A Provisional Comparison of the English-based Atlantic Creoles," *African Language Review* 8 (1969).

20. Nicholas Faraclas, "Rumors of the Demise of Descartes Are Premature," *Journal of Pidgin and Creole Languages* 3 (1988): 119-35. Robert C. Ritchie, *Captain Kidd and the War against the Pirates* (Cambridge, Mass.: Harvard University Press, 1986), 86; Mechal Sobel, *Trabelin' On: The Slave Journey to an Afro-Baptist Faith* (Westport, Conn.: Greenwood Press, 1979), 30.

21. Arthur L. Hayward, ed., *Lives of the Most Remarkable Criminals* ⋯ (London, 1735), 37.

22. Ritchie, *Captain Kidd*, 147-51.

23. Jones, *The Anglo-Dutch Wars; Capp, Cromwell's Navy*, 259, 264, 287-88; *To his Highness Lord Protector* (London, 1654).

24. Richard Overton, *A Remonstrance of Many Thousand Citizens* (London, 1646); Don M. Wolfe, ed., *Leveller Manifestoes of the Puritan Revolution* (New York: T. Nelson and Sons, 1944), 80, 95, 227, 287, 347, and 405.

25. Kemp and Lloyd, *Brethern of the Coast;* Carl Bridenbaugh and Roberta Bridenbaugh, *No Peace beyond the Line: The English in the Caribbean, 1624-1690* (New York: Oxford University Press, 1972); Haring, *Buccaneers in the West Indies*, 71, 73; J. S. Bromley, "Outlaws at Sea, 1660-1720: Liberty, Equality, and Fraternity among the Caribbean Freebooters," in *History from Below: Studies in Popular Protest and Popular Ideology in Honour of Geroge Rudé,* ed. Frederick Krantz (Montreal: Concordia University, 1985), 3.

26. A. L. Morton, *The English Utopia* (London: Lawrence & Wishart, 1952), chap. 1; F. Graus, "Social Utopias in the Middle Ages," *Past and Present* 38 (1967): 3-19; William McFee, *The Law of the Sea* (Philadelphia: Lippincott, 1951), 50, 54, 59, 72 참조.

27. Kemp and Lloyd, *Breathren of the Coast*, 3; Rridenbaugh and Bridenbaugh, *No Peace Beyond the Line*, 62, 176; Richard Price, ed., *Maroon Societies: Rebel Slave Communities in the Americas*, 2d ed. (Baltimore: Johns Hopkins University Press, 1979). 해적들은 1720년대까지 그들이 "탈주생활"(marooning life)이라고 부르는 것을 계속적으로 영위했다. Examination of Thomas Jones, Feb., 1724, High Court of Admiralty Papers (HCA) 1/55, fo. 52, Public Record Office, London.

28. Christopher Hill, "Radical Pirates?" in *The Origins of Anglo-American Radicalism,* ed. Margaret Jacob and James Jacob (London: George Allen & Unwin, 1984), 20; William Dampier, *A New Voyage around the World* (London, 1697), 219-20; Kemp and Lloyd, *Brethren of the Coast*, 17; Bromley, "Outlaws at Sea," 6, 8, 9.

29. "Simsons Voyage," Sloane MSS 86, 43; Bromley, "Outlaws at Sea," 17; Marcus Rediker, "The Common Seaman in the Histories of Capitalism and the Working Class," *International Journal of Maritime History* 1 (1989): 352-53.

30. James Boswell, *The Life of Samuel Johnson* ⋯ (London, 1791), 86; Jesse Lemisch, "Jack Tar in the Streets: Merchant Seamen in the Politics of Revolutionary America," *William and Mary Quarterly*, 3d ser., 25 (1968): 379, 375-76, 406; Richard B. Morris, *Government and Labor in Early America* (New York: Columbia University Press, 1946), 246-47, 257, 262-68; Captain Charles Johnson, *A General History of the Pyrates,* ed. Manuel Schonhorn (1724, 1728; reprint, Columbia, S. C.: History of South Carolina Press, 1972), 244, 359 (hereafter cited as C. Johnson, *History*); A. G. Course, *The Merchant Navy: A Social History* (London: F. Muller, 1963), 61; Davis, *Rise of the English Shipping Industry*, 144, 154-55.

31. Gov. Lowther to Council of Trade, in W. Noel Sainsbury et al., eds., *Calendar of State Papers, Colonial Series, America and the West Indies* (London, 1860-), 39:350; *Piracy Destroy'd* (London, 1700), 3-4, 12; R. D. Merriman, ed., *Queen Anne's Navy: Documents concerning the Administration of the Navy of Queen Anne, 1702-1714* (London: Navy Records Society, 1961), 170-72, 174, 221-22, 250; C. Lloyd, *The British Seaman*, 124-49; Peter Kemp, *The British Sailor: A Social History of the Lower Deck* (London: Dent, 1970), chaps. 4, 5.

32. Course, *Merchant Navy*, 84; C. Lloyd, *The British Seaman*, 57. Edward Cooke, *A Voyege to the South Sea* (London, 1712), v-vi, 14-16; Woodes Rogers, *A Cruising Voyage Round the World*, ed. G. E. Manwaring

(1712; reprint, New York: Longmans, Green and Co., 1928), xiv, xxv; George Shelvocke, *A Voyage Round the World* (London, 1726), 34-36, 38, 46, 157, 214, 217; William Betagh, *A Voyage Round the World* (London, 1728), 4.

33. Rediker, *Between the Devil and Deep Blue Sea*, Chap 6.

34. C. Johnson, *History*, 213, 423; Examination of John Brown (1717) in John Franklin Jameson, ed., *Privateering and Piracy in the Colonial Period: Illustrative Documents* (New York: Macmillan, 1923), 294; William Snelgrave, *A New Account of Some Parts of Guinea and the Slave Trade* (1734; reprint, London: Frank Cass, 1971), 199; Hayward, ed., *Lives of the Most Remarkable Criminals*, 37; C. Johnson, *History*, 42, 296, 337.

35. *An Account of Conduct and Proceedings of the Late John Gow, alias Smith, Captain of the Late Pirates* ··· (1725; reprint, Edinburgh: Gordon Wright Publishing, 1978), introduction 참조.

36. C. Johnson, *History*, 338, 582; "Proceedings of the Court held on the Coast of Africa," HCA 1/99, fo, 101; *Boston Gazette*, 24-31 October 1720, 21-28 March 1726; Snelgrave, *New Account*, 225, 241; *Boston News-Letter*, 14-21 November 1720; Testimony of Thomas Chekley (1717), in Jameson, ed., *Privateering and Piracy*, 304; *The Trials of Eight Persons Indited for Piracy* (Boston, 1718), 11.

37. *An Account of* ··· *the Late John Gow*, 3; C. Johnson *History*, 244, 224. 바쏠로뮤 로벗츠의 선원들은 1722년에 붙잡혔는데, 교전할 때가 되었는데도 다수가 술에 취해 있었기 때문이었다. C. Johnson, *History*, 243, and John Atkins, *A Voyage to Guinea, Brazil & the West Indies* ··· (1735; reprint, London: Frank Cass, 1970), 192 참조.

38. C. Johnson, *History*, 129, 135, 167, 205, 209, 211, 212, 222, 280, 308, 312, 343, 353, 620; *American Weekly Mercury*, 17 March 1720; Snelgrave, *New Account*, 233-38.

39. Walter Hamilton to Council of Trade and Plantations, 6 January 1718, Colonial Office Papers (CO) 152/12, fo. 211, Public Record Office, London; *Boston Gazette*, 6-13 July 1725; James Vernon to Council of Trade and Plantations, 21 December 1697, *Calendar of State Papers, Colonial Series* (1697-98), 70; *Tryals of Thirty-Six Persons for Piracy* (Boston, 1723), 3; Clive Senior, *A Nation of Pirates: English Piracy in Its Heyday* (New York: Crane, Russak & Co., 1976), 22; Kenneth Kinkor, "From the Seas! Black Men under the Black Flag," *American Prospects* 10 (1995): 27-29.

40. *American Weekly Mercury*, 17 March 1720; C. Johnson, *History*, 82; Information of Josehp Smith and Information of John Webley (1721), HCA 1/18, fo. 35; Information of William Voisy (1721) HCA 1/55, fo. 12. 훨씬 적은 수이기는 하지만 아메리카 원주민도 또한 해적선의 선원들이었다. 또한 *The Trials of Five Persons for Piracy, Felony, and Robbery* (Boston, 1726) 참조.

41. 리처드 호킨스(Richard Hawkins)의 증언, *Political State of Great Britain* 28 (1724): 153; *Boston News-Letter*, 17-24 June 1717; *The Tryals of Major Stede Bonnet and Other Pirates* (London, 1719), 46; C. Johnson, *History*, 173, 427, 595. 또한 *Boston News-Letter*, 29 April-6 May 1717 참조.

42. *Boston News-Letter*, 4-11 April 1723.

43. John Gay, *Polly, An Opera* (London, 1729).

44. R. Reynall Bellamy, ed., *Ramblin' Jack: The Journal of Captain John Cremer* (London: Jonathan Cape, 1936), 144; Hugh F. Rankin, *The Golden Age of Piracy* (New York: Holt, Rinehart and Winston, 1969),

82. Virginia Council to the Board of Trade, 11 August 1715, CO 5/1317 참조.

45. C. Johnson, *History*, 273.

46. H. Ross, "Some Notes on the Pirates and Slaves around Sierra Leone and the West Coast of Africa, 1680-1723," *Sierra Leone Studies* 11 (1928): 16-53; C. Johnson, *History*, 131; L. G. Carr Laughton, "Shantying and Shanties," *Mariner's Mirror* 9 (1923): 48-50; Trial of John McPherson and others, Proceedings of the Court of Admiralty, Philadelphia, 1731, HCA 1/99, fo. 3; Information of Henry Hull (1729) HCA 1/56, fo. 29-30.

47. Marcus Rediker, "Liberty beneath the Jolly Roger: The Lives of Anne Bonny and Mary Read, Pirates," in Margaret Creighton and Lisa Norling, eds., *Iron Men, Wooden Women, Gender and Atlantic Seafaring, 1700-1920* (Baltimore: Johns Hopkins University Press, 1995). Dianne Dugaw, *Warrior Women and Popular Balladry, 1650-1850* (Cambridge: Cambridge University Press, 1989), and Jo Stanley, *Bold in Her Breeches: Women Pirates across the Ages* (London: HarperCollins, 1995).

48. Cotton Mather, *Instructions to the Living, From the Condition of the Dead: a Brief Relation of Remarkables in the Shipwreck of above One Hundred Pirates* ⋯ (Boston, 1717), 4; Meeting of 1 April 1717, in H. C. Mexwell Lyte, ed., *Journal of the Commissioners for Trade and Plantations* ⋯ (London: H. M. S. O., 1924), 3:359; C. Johnson, *History, 7; American Weekly Mercury,* 24 November 1720; *New England Courant,* 19-26 March 1722.

49. C. Johnson, *History*, 115-6; "Proceedings," HCA 1/99, fo. 158; Snelgrave, *New Account*, 203.

50. C. Johnson, *History*, 244; Bromley, "Outlaws at Sea," 11, 12; Atkins, *Voyage*, 191.

51. *Parker v. Boucher* (1719), HCA 24/132; *Wise v. Beekman* (1716), HCA 24/131. 법정까지 오게 된 갈등들의 다른 사례에 대해서는 *Coleman v. Seamen* (1718) and *Desbrough v. Christian* (1720), HCA 24/132; *Povey v. Bigelow* (1722), HCA 24/134; *Wistridge v. Chapman* (1722), HCA 24/135, All, Public Record Office, London 참조.

52. Information of Alexander Thompson (1723), HCA 1/55, fo. 23; 또한 Petition of John Massey and George Lowther (1721), CO 28/17, fo. 199 참조.

53. "Proceedings," HCA 1/99, fo. 4-6. 또한 Atkins, *Voyage*, 91, 186-87 참조.

54. Philip D. Curtin, *The Atlantic Slave Trade: A Census* (Madison, Wisc.: University of Wisconsin Press, 1969), 150. "The Memoriall of the Merchants of London Trading to Africa" (1720), Admiralty Papers (ADM) 1/3810, Public Record Office, London; *American Weekly Mercury*, 30 March-6 April 1721.

55. *Boston Gazette*, 13-20 June 1720; "Anonymous Paper relating to the Sugar and Tobacco Trade" (1724), CO 388/24, fo. 186-87.

56. Atkins, *Voyage*, 98; Rawley, *The Transatlantic Slave Trade*, 155; *Boston Gazette*, 27 August- 3 September 1722; *New England Courant*, 3-10 September 1722.

57. "Proceedings," HCA 1/99, fo. 98; Stanley Richards, *Black Bark* (Llandybie, Wales: C. Davies, 1966), 107.

58. Rawley, *The Transatlantic Slave Trade*, 162.

59. Ibid., 164, 165; Curtin, *Atlantic Slave Trade*, 150.

60. 더글러스 노스(Douglas North)와 게리 B. 월턴(Gary B. Walton)은 해적행위의 파괴가 18세기 해운업의

생산성 증가의 주된 원천이었음을 강조한다. Douglas North and Gary B. Walton, "Sources of Productivity Change in Colonial American Shipping," *Economic History Review* 67 (1968): 67-78 참조.

61. C. Johnson, *History*, 43; Leo Francis Stock, *Proceedings and Debates of the British Parliaments respecting North America* (Washington, D. C.: Carnegie Institute, 1930), 3:364, 433, 453, 454; Ritchie, *Catptain Kidd*, 235-37. Walpole's direct involvement can be seen in Treasury Warrant to Capt. Knott, T52/32 (10 August 1722), P. R. O., and in *American Weekly Mercury*, 1-8 July 1725. Anne Pérotin-Dumon, "The Pirate and the Emperor: Power and the Law on the Seas, 1450-1850," in James D. Tracy, ed., *The Political Economy of Merchant Empires* (Cambridge: Cambridge University Press, 1991), 196-227, and Janice E. Thomson, *Mercenaries, Pirates, and Sovereigns: State-Building and Extraterritorial Violence in Early Modern Europe* (Princeton, N. J.: Princeton University Press, 1994).

62. W. E. May, "The Munity of the *Chesterfield*," *Mariners' Mirror* 47 (1961): 178-87; Aimé Césaire, "Nursery Rhyme," in *The Collected Poetry of Aimé Césaire*, trans. Clayton Eshleman and Annette Smith (Berkeley, Calif.: University of California Press, 1983), 265.

6장 "지상의 나라들에서 내쫓긴 자들"

1. Daniel Horsmanden, *A Journal of the Proceedings in the Detection of the Conspiracy formed by Some White People, in Conjunction with Negro and other Slaves, for Burning the City of New-York in America, and Murdering the Inhabitants* (New York, 1744), edited and republished by Thomas J. Davis in *The New York Slave Conspiracy* (Boston: Beacon Press, 1971), 15, 443, 16, 452, 448-49. (이후의 모든 참조는 이 판에 따르며, 앞으로 Horsmanden, *Journal*로 표기한다.)

2. Horsmanden, *Journal*, 15, 16, 155, 409, 446-47, 448; *Boston Gazette*, 15-22 June 1741; Lieutenant Governor George Clarke to Lords of Trade, 24 August 1741, in E. B. O'Callaghan, ed., *Documents Relative to the Colonial History of the State of New York* (Albany: Weed, Parsons & Co., 1855), 4:201-3.

3. Horsemanden, *Journal*, 29. 또한 T. J. Davis, *A Rumor of Revolt: The "Great Negro Plot" in Colonial New York* (New York: The Free Press, 1985), 78을 보라.

4. Horsmanden, *Journal*, 112, 160, 159, 42, 198, 418, 313, 246, 458, 436.

5. Ibid., 441, 432, 6, 10, 11, 12.

6. Anonymous letter to Cadwallader Colden, 23 July (?) 1741, in Letters and Papers of Cadwalder Colden, 1715-1748, *Collections of the New-York Historical Society* (1937), 8:270-72; Winthrop Jordan, *White over Black: American Attitudes toward the Negro, 1550-1812* (Chapel Hill, N. C.: University of North Carolina Press, 1968), 116, 121, 118, 119; Edgar J. McManus, *A History of Negro Slavery in New York* (Syracuse, N. Y.: Syracuse University Press, 1966), 13-139.

7. William Smith, Jr., *The History of Province of New York* (1757; reprint, ed. Michael Kammen, Cambridge, Mass.: Belknap Press of Harvard University Press, 1972), 1:24-59; Ferenc M. Szasz, The New York Slave Revolt of 1741: A Re-examination," *New York History* 48 (1967): 215-30; Leopold S. Launitz-Schurer, Jr., "Slave Resistance in Colonial New York: An Interpretation of Daniel Horsmanden's New York

Conspiracy," *Phylon* 41 (1980): 137-52.

8. T. J. Davis, *Rumor of Revolt*, xii, xiii, 44, 226, 250, 258, 260, 277.

9. Gary B. Nash, *The Urban Crucible: Social Change, Political Consciousness, and the Origins of the American Revolution* (Cambridge, Mass: Harvard University Press, 1979), chap. 5; Jacob Price, "Economic Function of American Port Towns in the Eighteenth Century," *Perspectives in American History* 8 (1974): 173; Horsmanden, *Journal*, 217, 34, 204, 211, 288, 258.

10. Horsmanden, *Journal*, 58, 59. George William Edwards, *New York as an Eighteenth-Century Municipality* (New York: Columbia University Press, 1917), 2:109. 또한 Lawrence Leder, "Dam'me Don't Stir a Man': The Trial of New York Mutineers in 1700," *New York Historical Society Quarterly* 42 (1958): 261-83를 보라.

11. Horsmanden, *Journal*, 322; 68, 93, 93, 190, 194; 119, 271, 296, 302, 102; 33, 120, 413.

12. Samuel McKee, *Labor in Colonial New York, 1664-1776* (New York: Columbia University Press, 1935), 65, 66; *New York Gazette*, 3-10 July 1738; Lieutenant Governor Clarke to Lords of Trade, 2 June 1738, in O'Callaghan, ed., *Documents*, 115.

13. Horsmanden, *Journal*, 77-78; 459; 277; 282.

14. *The Colonial Laws of New York, from the Year 1664 to the Revolution* (Albany: James B. Lyon, 1894), 2:679; Horsmanden, *Journal*, 229; 41, 44; 418. 무기들에 대해서는 *Colonial Law*, 2:687; 218; 174; 72, 132; 263, 231, 417, 418, 253, 417; 263; 417; 301; 217; 318-19; 257; 152, 169; 453를 보라.

15. *New York Gazette*, 31 January-7 February 1738; Horsmanden, *Journal*, 66, 448, 323, 13.

16. Horsmanden, *Journal*, 419; 82; 81; 148, 174; 210; 81; 191, 196; 461; 59; 210; 143; 191; 81; 173; 268; 255.

17. Ibid., 239. 이들 핵심 조직자들을 "수장"이라 부름으로써, 휴슨과 다른 이들은 18세기 중반에 이 말이 가진 도드라진 의미에 호소했다. 수장은 한 인종 집단의 지도자였다. *Oxford English Dictionary*, s.v. "headman"을 볼 것.

18. Horsmanden, *Journal*, 245. 193. 파파, 혹은 파우파우 노예들은 1712년의 노예 봉기에 주요한 역할을 했다. Kenneth Scott, "The Slave Insurrection in New York in 1712," *New-York Historical Society Quarterly* 45 (1961): 43-74를 볼 것. 뉴욕에서의 아프리카계 아메리카인 공동체의 초기 발전에 대한 설명으로는 Joyce D. Goodfriend, *Before the Melting Pot: Society and Culture in Colonial New York City, 1664-1730* (Princeton, N. J.: Princeton University Press, 1992), 111-32를 볼 것

19. Horsmanden, *Journal*, 118, 120, 460, 461; Monica Schuler, "Akan Slave Rebellions in the British Caribbean," *Savacou* 1 (1970): 15, 16, 23; 그리고 같은 저자의 "Ethnic Slave Rebellions in the Caribbean and the Guianas," *Journal of Social History* 3 (1970): 374-85; Ray A. Kea, *Settlements, Trade, and Polities in the Seventeenth-Century Gold Coast* (Baltimore: Johns Hopkins University Press, 1982), 92-93, 131, 149; Kwame Yeboa Daaku, *Trade and Politics on the Gold Coast: A Study of the African Reaction to European Trade* (Oxford: Clarendon Press, 1970), 그리고 J. K. Fynn, *Asante and Its Neighbours, 1700-1807* (London: Longman, 1971); John Thornton, "African Dimensions of the Stono Rebellion," *American Historical Review* 96 (1991): 1101-13.

20. Horsmanden, *Journal*, 437, 284, 297; Z. Maurice Jackson, "Some combination of Villains: The

Unexplored Organizational Sources of the New York Conspiracy of 1741," unpublished paper, Georgetown University, 1993; Orlando Patterson, "The Marron War," in Richard Price, ed., *Maroon Societies: Rebel Slave Communities in the Americas* (Baltimore: John Hopkins University Press, 1979), 262; *A Genuine Narrative of the Intended Conspiracy of the Negroes at Antigua* (Dublin, 1737), 7; David Barry Gaspar, *Bondmen and Rebels: A Study of Master-Slave Relations in Antigua, with Implications for Colonial British America* (Baltimore: Johns Hopkins University Press, 1985); Fynn, *Asante*, 58-60. 번개와 천둥에 대한 동시대의 논평들과 그것들이 골드코스트에서 갖는 문화적 의미들 일부에 대해서는 P. E. H. Hair, Adam Jones, and Robin Law, eds., *Barbot on Guinea: The Writings of Jean Barbot on West Africa, 1678-1712* (London: The Hakluyt Society, 1992), 2:398, 458, 579, 581, 589, 674를 보라.

21. Horsmanden, *Journal*, 59; Governor Hunter to the Lords of Trade, 23 June 1712, in O'Callaghan, *Documents*, 5:341-42. McManus, *History of Negro Slavery*, 122-26; Scott, "The Slave Insurrection," 62-67, 57 (quotation); David Humphreys, *An Historical Account of the Incorporated Society for the Propagation of the Gospel in Foreign Parts* (London, 1730), 240-242 참조.

22. Horsmanden, *Journal*, 106, 547, 549, 200, 204; Scott, "The Slave Insurrection," 52, 54-56; *New York Weekly Journal*, 7 March 1737.

23. Horsmanden, *Journal*, 106, 59, 182, 80, 18, 111, 118, 120, 163, 172, 228.

24. Ibid., 277, 279, 281, 282, 285, 292, 293, 305, 341, 346-7, 460; Susan E. Klepp and Billy G. Smith, eds., *The Infortunate: The Voyages and Adventures of William Moraley, an Indentured Servant* (1743; reprint, University Park, Pa.: Penn State University Press, 1992), 94-96.

25. Audrey Lockhart, *Some Aspects of Emigration from Ireland to the North American Colonies between 1660 and 1775* (New York: Arno Press, 1976), 17, 22, 23; David Noel Doyle, *Ireland, Irishmen, and Revolutionary America, 1760-1820* (Dublin and Cork: Mercier Press, 1981), 62, 64; Kerby A. Miller, *Emigrants and Exiles: Ireland and the Irish Exodus to North America* (New York: Oxford University Press, 1985), 142; *New England Courant*, 4-11 January 1725 (quotation).

26. Lockhart, *Some Aspects of Emigration*, 98, 102, 152.

27. Kenneth Coleman and Milton Ready, eds., *The Colonial Records of the State of Georgia* (Athens, Ga.: University of Georgia Press, 1982), 20,:365, 366; Edwards, *New York as an Eighteenth-Century Municipality*, 113; Lockhart, *Some Aspects of Emigration*, 90.

28. Miller, *Emigrants and Exiles*, 147; the Reverend Aubrey Gwynn, ed., "Documents Relating to the Irish in the West Indies," *Analecta Hibernica* 4 (1932): 281-82; Lockhart, *Some Aspects of Emigration*, 130.

29. Horsmanden, *Journal*, 28, 93, 182, 319.

30. Ibid., 167, 117, 179, 81.

31. Ibid., 179, 81, 147; 또한 199, 197, 181을 보라.

32. Ibid., 180, 151, 28; 또한 173, 181, 182를 보라. 카리브해 지역에서의 화구의 초기 사용에 대해서는 예를 들어 *The Buccaneers of America* (1678; reprint, ed. Robert C. Ritchie, Annapolis, Md.: Naval Institute Press, 1993), 178, 180을 보라.

33. Horsmanden, *Journal*, 350-51, 370; 교회의 음모에 대한 언급들로는 341, 350, 387, 413, 420, 431-32를 보라. 오글쏘프의 편지는 또한 O'Callaghan, *Documents*, 6:198-99에 발췌되어 있다.

34. 대각성운동에 대한 역사적 문헌은 방대하다. Nash, *The Urban Crucible*, 206, 211, 216, 219; Charles Hartshorn Maxson, *The Great Awakening in the Middle Colonies* (Chicago: University of Chicago Press, 1920); Frank Lambert, *"Pedlar in Divinity": George Whitefield and the Transatlantic Revivals* (Princeton, N.J.: Princeton University Press, 1994)를 보라. 노예 제임스 앨벗 우코쏘 그로니오쏘(James Albert Ukawsaw Gronniosaw)는 몇 년 후 "화잇필드씨를 아주 잘 안다 — 그가 뉴욕에서 설교하는 것을 들었었다"라고 썼다. 그의 *A Narrative of the Most Remarkable Particulars in the Life of James Albert Ukawsaw Gronniosaw, An African prince, Written by Himself* (Newport, R.I., 1774)를 보라.

35. J. Richard Olivas, "Great Awakenings: Time, Space, and the Varieties of Religioius Revivalism, in Massachusetts and Northern New England, 1740-1748" (Ph. D. diss., University of California, Los Angeles, 1997); Nash, *The Urban Crucible*, 208, 210, 482; Charles Chauncey, *Seasonable Thoughts on the State of Religion* (Boston, 1742), iii-xxx; Carl Bridenbaugh, ed., *Gentleman's Progress: The Itinerarium of Dr. Alexander Hamilton, 1744* (Chapel Hill, N. C.: University of North Carolina Press, 1948), 33.

36. Horsmanden, *Journal*, 105, 158, 203, 267, 300, 386. 노예들에 관한 종교적 가르침은 뉴욕에서 노예 소유주들이 퀘이커교도들, 침례교도들, 심지어 영국 국교회의 보수적인 이방지역에서의 복음 전파를 위한 협회 등의 모임들과 전언들을 두려워하면서, 오랫동안 논란 많은 쟁점이 되었다. 전직 선원이자 갤리선 노예였던 그 협회의 전도사 일라이어스 뉴(Elias Neau)는 1712년의 노예반란 때문에 비난받았다. McManus, *History of Negro Slavery*, 70, 73, 75; Humphreys, *An Historical Account*, 235-43; Nash, *The Urban Crucible*, 211를 보라.

37. George Whitefield, "Letter to the Inhabitants of Maryland, Virginia, North and South Carolina," in *Three Letters from the Reverend G. Whitefield* (Philadelphia, 1740). 또한 Kenneth P. Minkema, "Jonathan Edwards on Slavery and the Slave Trade," *William and Mary Quarterly*, 3rd ser., 54 (1997): 823-34를 보라.

38. *South Carolina Gazette*, 10-17 and 17-24 April 1742, Alan Gallay, "The Great Sellout: George Whitefield on Slavery," in Winfred B. Moore and Joseph F. Tripp, eds. *Looking South: Chapters in the Story of an American Region* (New York: Greenwood Press, 1989), 24에 인용됨; Alexander Garden, *Regeneration, and the testimony of the Spirit* (Charleston, 1740); *George Whitefield's Journals* (Guildford: Banner of Truth Trust, 1960), 442; William Smith, *A Natural History of Nevis and the rest of the English Charibee Islands* … (Cambridge, 1745), 230.

39. Horsmanden, *Journal*, 360; Daniel Horsmanden to George Clarke, 20 May 1746, in Minutes of the Council in Assembly, Parish Transcripts, New-York Historical Society, ff. 24-25. 윌리엄 D. 피어슨 (William D. Piersen)은 적절히 쓰기를 "때로 보수주의자들에게는 [목사 H.A.] 브록웰(Brockwell)과 [목사 찰스] 천시의 최악의 공포들이 실현된 것처럼, 그리고 은혜를 받은 상태의 노예들이 스스로 저들 주인들의 법 위에 있다고 생각하는 예전의 반율법주의 교설이 검은 빛 속에 되돌아온 성싶었다"라고 했다. 그의 *Black Yankees: The Development of an Afro-American Subculture in Eighteenth-Century New England* (Amherst, Mass.: University of Massachusetts Press, 1988), 71을 보라.

40. 원래 *Weekly Miscellany*, 27 June 1741에 간행되었고 *New Weekly Miscellany*, 15 August 1741과 *Scots Magazine*, August 1741, 367-368에 재간행됨. 화잇필드 자신은 그의 설교가 반란을 촉발했다고 걱정했고, 익명으로 출간된 *Letter to the Negroes Lately Converted to Christ in America* (London, 1743)에서 그는 자

신의 주인에게 불복종하느니 죽는 것이 낫다고 노예들에게 일렀다. 이어지는 몇 년 동안, 그는 노예소유주가 되어 조지아에서의 노예제 법제화를 위해 운동을 벌이고, 그리하여 악마와 평화를 맺으려 했다. Galley, "The Great Sellout," in Moore and Tripp, eds., *Looking South*, 24-27과 Stephen J. Stein, "George Whitefield and Slavery: Some New Evidence," *Church History* 42 (1973): 243-56를 보라.

41. 노예제에 대한 역사지에 대해 쓰면서, 피터 H. 우드(Peter H. Wood)는, "1730년대 후반 혹은 1790년대 초반과 같은, 대서양 지역사회 전체에 걸친 강렬한 노예 저항의 시기를 분석한 성공적인 종적 연구가 없었다"고 보았다. 그의 " 'I Did the Best I Could for My Day': The Study of Early Black History during the Second Reconstruction, 1960 to 1976," *William and Mary Quarterly*, 3d ser., 35 (1978): 185-225. 그 주제에 대한 두 개의 좋은 연구가 그 이후 씌어졌다. David Barry Gaspar, "A Dangerous Spirit of Liberty: Slave Rebellion in the West Indies during the 1730s," *Cimarrons* I (1981): 79-91, 그리고 Julius Sherrard Scott III, "The Common Wind: Current of Afro-American Communication in the Era of the Haitian Revolution" (Ph.D. diss., Duke University, 1986).

42. Herbert Aptheker, *American Negro Slave Revolts* (New York: International Publishers, 1943, 1974), 80, 191, 191-92, 189; *American Weekly Mercury*, 26 February-5 March 1734; Peter H. Wood, *Black Majority: Negroes in Colonial South Carolina from 1670 through the Stono Rebellion* (New York: W. W. Norton, 1974), 308-26; "A Ranger's Report of Travels with General Oglethorpe, 1739-1742," in Newton Mereness, ed., *Travels in the American Colonies* (New York: Macmillan, 1916), 223.

43. Charles Leslie, *A New and Exact Account of Jamaica* (Edinburgh, 1739), 80; Mavis Campbell, *The Maroons of Jamaica, 1655-1796: A History of Resistance, Collaboration, and Betrayal* (South Hadley, Mass: Bergin and Garvery, 1988), 76, 6, 59-61.

44. Michael Craton, *Testing the Chains: Slave Resistance in the British West Indies* (Ithaca, N.Y.: Cornell University Press, 1983)은 자메이카 의회 의사록을 인용하고 있다. 3:98, 100. 또한 Campbell, *Maroons of Jamaica*, 54, 61, 78, 101, 143-44를 보라.

45. Craton, *Testing the Chains*, 90; Campbell, *Maroons of Jamaica*, 151.

46. Richard Price, ed., *To Slay Hydra: Dutch Colonial Perspectives on the Saramaka Wars* (Ann Arbor, Mich.: Karoma, 1983), 15; Cornelius CH. Goslinga, *The Dutch in the Caribbean and the Guianas, 1680-1791* (Assen/Maastricht, Netherlands: Van Gorcum, 1985), 541, 554, 676.

47. Coleman and Ready, eds., *Colonial Records of the State of Georgia*, vol. 20, quotations at 365, 271, 366, 241, 272, 284, 285, 270-71, 246; James Oglethorpe to George Clarke, 22 April 1743, Parish Transcripts, f. 20; Miller, *Emigrants and Exiles*, 146-47. 아일랜드인들의 저항의 다른 사례들로는 *A Genuine Narrative of the Intended Conspiracy of the Negroes at Antigua*, 15; *Boston News-Letter*, 24 May 1739; Aptheker, *American Negro Slave Revolts*, 187; Doyle, *Ireland, Irishmen, and Revolutionary America*, 49; *Boston Evening-Post*, 7 January 1745; Philip D. Morgan and George D. Terry, "Slavery in Microcosm: A Conspiracy Scare in Colonial South Carolina," *Southern Studies* 21 (1982): 121-45를 보라. 프리버에 대해서는 Vender W. Crane, "A Lost Utopia of the First American Frontier," *Sewanee Review* 27 (1919): 48-60과 Knox Mellon, Jr.의 두 논문: "Christian Priber and the Jesuit Myth," *South Carolina Historical Magazine* 61 (1960): 75-81 및 "Christian Priber's Cherokee 'Kingdom of Paradise,'" *Georgia Historical Quarterly* 57 (1973): 310-31를 보라.

48. 그원, 바스티안, 그리고 조노(Jonneau)는 제과장 존 바크 소유였고, 톰은 제과장 디버티 브라트(Divertie Bradt), 파블로(Pablo)는 양조장인 프레데릭 벡커(Frederick Becker), 프리머스(Primus)는 증류장인 제임스 드브로시스(James Debrosses) 소유였다. 법정에서 "제과장의 노예들은 그들 일의 성격 상 …… 언제나 불을 맘대로 다루었다"고 지적되었다. Horsmanden, *Journal*, 390을 보라. 식민지 뉴 잉글랜드에서의 방화에 대해서는 Lawrence W. Towner, "A Good Master Well Served: A Social History of Servitude in Massachusetts, 1620-1750" (Ph.D. diss., Northwestern University, 1955), 279를 보라.

49. Gaspar, "A Dangerous Spirit of Liberty," 87; *American Weekly Mercury*, 26 February-5 March 1734; Coleman and Ready, *Colonial Records of Georgia*, 20:241, 246, 258, 270; *American Weekly Mercury*, 19-26 May and 23-30 June 1737; *New England Weekly Journal*, 10 October 1738.

50. *South Carolina Gazette*, 11-18 August 1739; *Boston News-Letter*, 20 Nomember 1740; *American Weekly Mercury*, 22-29 January 1741; *London Evening Post*, 10 January 1741; *Boston Gazette*, 29 June-6 July 1741; *Boston News-Letter*, 7-14 May 1741; *American Weekly Mercury*, 10-17 September 1741; *Boston News-Letter*, 1 October 1741; Morgan and Terry, "Slavery in Microcosm," 122.

51. *South Carolina Gazette*, 1-7 January 1741, Gallay, "The Great Sellout," in Moore and Tripp, eds., *Looking South*, 23에 인용되어 있는 대로 (찰스턴에서의 화재는 노예들이 불붙인 것이 아니라고 최종 결론 내려졌다.) J. H. Easterby, R. Nicholas Oldsberg, and Terry W. Lipscomb, eds., *The Colonial Laws of South Carolina: The Journal of the Commons House of Assembly* (Columbia, S. C., 1951-), 3:461-62, quoted in Gallay, "The Great Sellout," 24.

52. Horsmanden, *Journal*, 387. 포트조지 화재의 일주년을 맞아 뉴욕시에 대한 기도에 대해서는 the Minutes of the Council in Assembly, 18 March 1742, Parish Transcripts, folder 162, f. 171을 보라.

53. Bridenbaugh, *Gentleman's Progress*, 41, 44, 46 (quotation), 48, 221.

54. William I. Davisson and Lawrence J. Bradley, "New York Maritime Trade: Ship Voyage Patterns, 1715-1765," *New-York Historical Society Quarterly* 35 (1971): 309-17; Colden quoted in Michael Kammen, *Colonial New York: A History* (New York: Charles Scribner's Sons, 1975), 169. 또한 Goslinga, *The Dutch in the Caribbean*, 220를 볼 것.

55. James G. Lydon, "New York and the Slave Trade, 1700 to 1774," *William and Mary Quarterly*, 3d ser., 35 (1978): 375-94; Ira Berlin, "Time, Space, and the Evolution of Afro-American Society on British Mainland North America," *American Historical Review* 85 (1980): 49, 50; McManus, *History of Negro Slavery*, 27.

56. Gaspar, *Bondmen and Rebels*, 35-37.

57. Lydon, "New York and the Slave Trade," 35; McManus, *History of Negro Slavery*, 35; Governor Rip Van Dam to the Lords of Trade, 2 November 1731, in O'Callaghan, *Documents*, 5:927-28; Governor William Cosby to House of Assembly, April 1734, Parish Transcripts, ff. 30-31. 또한 two articles by Darold D. Wax, "Negro Resistance to the Early American Slave Trade," *Journal of Negro History* 61 (1966): 13-14, and "Preferences for Slaves in Colonial American," *Journal of Negro History* 58 (1973): 374-89 참조. 일부의 불평은, 뉴욕의 상인들이 "드러나게 난폭한" 노예들을 "남부 식민지들에 팔도록" 데려가기도 하면서, 위선적이었다. McKee, *Labor in Colonial New York*, 123을 볼 것.

58. McManus, *History of Negro Slavery*, 35; Lydon, "New York and the Slave Trade," 385; James A. Rawley,

The Transatlantic Slave Trade: A History (New York: W. W. Norton, 1981), 334.

59. Horsmanden, *Journal*, 9-10, 107; *Pennsylvania Gazette*, 26 February 1745.

60. Horsmanden, *Journal*, 212; Ray A. Kea, "When I die, I shall return to my own land': An 'Amina' Slave Rebellion in the Danish West Indies, 1733-1734," in John Humwick and Nancy Lawler, eds., *The Cloth of Many Coloered Silks: Papers on History and Society Chanaian and Islamic in Honor or Ivor Wilks* (Evanston, Ill.:; Northwestern University Press, 1996), 159-93.

61. Horsmanden, *Journal*, 267.

62. Ibid., 259, 319, 70, 249, 118, 54, 419, 59-60, 283; Clarke to Lords of Trade, 20 June 1741, in O'Callaghan, *Documents*, 6:197.

63. *New York Weekly Journal*, 23 June 1741; Horsmanden, *Journal*, 271, 269, 266, 224, 210-11, 290; 61, 98, 166, 282, 297, 440.

64. Jane Landers, "Gracia Real de Santa Teresa de Morse: A Free Black Town in Spanish Colonial Florida," *American Historical Review* 95 (1990): 9-30; idem, "Spanish Sanctuary: Fugitives in Florida, 1687-1790," *Florida Historical Quarterly* 62 (1984): 296-313; John J. TePaske, "The Fugitive Slave: Intercolonial Rivalry and Spanish Slave Policy, 1687-1764," in Samuel Proctor, ed., *Eighteenth-Century Florida and Its Borderlands* (Gainesville, Fla.: The University Presses of Florida, 1975), 1-12.

65. Güemes to Montiano, 2 June 1742, and (for more evidence of the plan of Spanish authorities to use North American slaves) Montiano to José de Campillo, 12 March 1742, both in *Collections of the Georgia Historical Society* 7 (1913): 33-34, 26 (이것들은 세르비아의 서인도제도 일반 문서고에 있는 원본 문헌들의 번역이다.) 또한 Larry E. Ivers, *British Drums on the Southern Frontier: The Military Colonization of Georgia, 1733-1749* (Chapel Hill, N. C.: University of North Carolina Press, 1974), 151, 242를 보라.

66. 봉기를 위한 5월 초 시점에 대해서는 *Boston News-Letter*, 7-14 May 1741, and *American Weekly Mercury*, 7 May 1741; Horsmanden, *Journal*, 111을 보라. 쿽의 원한에 대해서는 T. J. Davis, *A Rumor of Revolt*, 90, 148을 보라.; 스페인 사략선에 대해서는 *Daily Gazette*, 7 July 1741, and Carl E. Swanson, *Predators and Prizes: American Privateering and Imperial Warfare, 1739-1748* (Columbia, S. C.: University of South Carolina Press, 1991), 144, 148을 보라. 뉴욕시 의회는 시를 방어하기 위해 400파운드의 특별비를 가결하는 것으로 사략선의 위협을 인정했다.

67. Hormanden, *Journal*, 82, 411.

68. Ibid., 389, 411-12. 당국자들은 시의 우물들도 통제했는데, 여기서 물 긷는 자들이 봉기의 계획들과 소식들을 주고받았다.

69. Lydon, "New York and the Slave Trade," 378, 388. 싸우스캐럴라이나의 노예 무역자들과 소유주들의 유사한 반응에 관해서는 Darold D. Wax, "The Great Risque We Run': The Aftermath of Slave Rebellion at Stono, South Carolina, 1739-1745," *Journal of Negro History* 67 (1982): 136-47를 보라.

70. "Petition of Sundry Coopers of New York touching Negroes in the Trade," 1743, Parish Transcripts, folder 156, f. 1; Horsmanden, *Journal*, 19, 16; 309; 49; 311. 문화적 정의로서의 "백인"은 상대적으로 새로운 것으로, 북아메리카 대륙에서(버지니아에서) 처음 공식적으로 등장한 것이 1680년에 와서야 이루어졌다. 백과 흑의 이분법이 서서히 영국적인 것/아프리카적인 것, 기독교적인 것/이교도적인 것 혹은 미개인적인 것 그리고 문명화된 것/야만적인 것 같은 문화적 차이에 대한 이전의 이분법을 대체하기 시작했

다. Jordan, *White over Black*, 95을 볼 것.

71. Horsmanden, *Journal*, 346; 284; 81; 101; 282; 54; 311, 309.

72. Ibid., 12, 82, 137, 383, 419, 431. 뉴욕에서 "백인다움"에 대한 가르침의 장기적인 성공은 재판들을 둘러싼 법률적 자료들의 출판 내력에서 찾아 볼 수 있다. 호스맨든의 수집 문헌의 첫 판은, 위에서 적은 대로, *A Journal of the Proceedings in the Detection of the Conspiracy formed by Some White People, in Conjunction with Negro and other Slaves, for Burning the City of New-York in America, and Murdering the Inhabitants*로 제목이 붙여졌다. 원래 뉴욕에서 1744년 출판되고 1747년 런던에서 재간행된 그 책은, 제목을 통해서, "일부 백인들"을 모반의 중심 행위자들로 만들고, 더 나아가 "검둥이"와 "노예"를 완벽한 상대자들로 만들기를 거부했는데, "다른" 노예들(정확히 하자면 인디언들)이 또한 모의에 가담했기 때문이다. 다음 판은, 1810년에 등장하는데, *The New-York Conspiracy, or a History of the Negro Plot, with the Journal of the Proceedings against the Conspirators at New-York in the Years 1741-2*이라 불렸다. 이후 19세기에, 그 사건은 단순히 거대한 검둥이 모의로 알려지게 되는데, 그 이름 자체가 그렇게 유럽 (혹은 아메리카 원주민) 혈통의 모반자들의 참여를 지워버렸다.

73. Hormanden, *Journal*, 273, 11, 276.

7장 아메리카 혁명의 잡색 부대

1. Henry Laurens to J. B. Esq., 26 Oct. 1765, Laurens to John Lewis Gervais, 29 January 1766, and Laurens to James Grant, 31 January 1766, all in George C. Rogers, Jr., David R. Chesnutt, and Peggy J. Clark, eds., *The Papers of Henry Laurens* (Columbia, S. C.: University of South Carolina Press, 1968-), 5:38-40, 53-54, 60; Bull quoted in Pauline Maier, "The Charleston Mob and the Evolution of Popular Politics in Revolutionary South Carolina, 1765-1784," *Perspectives in American History* 4 (1970): 176.

2. Jesse Lemisch, "Jack Tar in the Streets: Merchant Seamen in the Politics of Revolutionary America," *William and Mary Quarterly* (hereafter *WHQ*), 3d ser., 25 (1968): 371-407; Marcus Rediker, *Between the Devil and the Deep Blue Sea: Merchant Seamen, Pirates, and the Anglo-American Maritime World, 1700-1750* (Cambridge: Cambridge University Press, 1987), chap. 5.

3. Dora Mae Clark, "The Impressment of Seamen in the American Colonies," *Essays in Colonial History Presented to Charles McLean Andrews by His Students* (New Haven, Conn.: Yale University Press, 1931), 217. Richard Pares, "The Manning of the Navy in the West Indies, 1702-1763," *Royal Historical Society Transactions* 20 (1937): 48-49; Daniel Baugh, *British Naval Administration in the Age of Walpole* (Princeton, N. J. Princeton University Press, 1965), 162.

4. Peter Warren to the Duke of Newcastle, 18 June 1745, in Julian Gwyn, ed., *The Royal Navy and North America: The Warren Papers, 1736-1752* (London: Navy Records Society, 1973), 126.

5. Charles Knowles to?, 15 October 1744, Admiralty Papers (hereafter ADM) 1/2007, f. 135, Public Record Office, London; "The Memorial of Captain Charles Knowles" (1743), ADM 1/2006; Peter Warren to Thomas Corbett, 2 June 1746, in Gwyn, ed., *The Warren Papers*, 262.

6. Thomas Hutchinson, *The History of the Colony and Province of Massachusetts Bay,* ed. Lawrence Shaw Mayo

(Cambridge, Mass.: Harvard University Press, 1936, 1970), 2:330-31; William Shirley to Lords of Trade, 1 December 1747, Shirley to Duke of Newcastle, 31 December 1747, Shirley to Josiah Willard, 19 November 1747, all in Charles Henry Lincoln, ed., *Correspondence of William Shireley, Governor of Massachusetts and Military Commander of America, 1731-1760* (New York: Macmillan, 1912), 1:415, 416, 417, 418, 421, 422; John Lax and William Pencak, "The Knowles Riot and the Crisis of the 1740s in Massachusetts," *Perspectives in American History* 19 (1976): 182, 186 (Knowles quoted, our emphasis), 205, 214; Douglass Adair and John A. Schutz, eds., *Peter Oliver's Origin and Progress of the American Rebellion: A Tory View* (Palo Alto, Calif: Stanford University Press, 1961), 41, 39; William Roughead, ed., *Trial of Captain Porteous* (Toronto: Canada Law Book CO., 1909), 103.

7. Lax and Pencak, "The Knowled Riot," 199; John C. Miller, *Sam Adams: Pioneer in Propaganda* (Palo Alto, Calif.: Stanford University Press, 1936), 15-16.

8. *Independent Advertiser*, 4 January 1748; Shirley to Lords of Trade, 1 December 1747, in *Correspondence of William Shirley*, 1:412; Resolution of the Boston Town Meeting, 20 November 1747, and Resolution of the Massachusetts House of Representatives, 19 November 1747, both in the *Boston Weekly Post-Boy*, 21 December 1747; Hutchinson, *History of Massachusetts Bay*, 2:332; William Douglass, *A Summary, Historical and Political, of the First Planting, Progressive Improvements, and Present State of the British Settlements in North America* (Boston, 1749), 254-55; *Independent Advertiser*, 28 August 1749; Amicus Patriae, *An Address to the Inhabitants of the Province of Massachusetts-Bay in New-England; More Especially, To the Inhabitants of New England; Occasioned by the Illegal and Unwarrantable Attack upon their Liberties* (Boston, 1747), 4.

9. *Independent Advertiser*, 8 February 1748; 6 March 1749; 18 April 1748; 25 January 1748; 14 March 1748; 11 January 1748.

10. Jonathan Mayhew, *A Discourse Concerning Unlimited Submission* (Boston, 1750), reprinted in Bernard Bailyn, ed., *Pamphlets of the American Revolution: 1750-1776*, vol 1, 1750-1765 (Cambridge, Mass.: Belknap Press of Harvard University Press, 1965), 213-247; Charles W. Akers, *Called unto Liberty: A Life of Jonathan Mayhew*, 1720-1766 (Cambridge, Mass.: Harvard University Press, 1964), 53, 67, 84.

11. Lord Colvill to Philip Stephens, 9 September 1764 and 30 November 1764, ADM 1/482, ff, 386, 417-419; Neil R. Stout, "Manning the Royal Navy in North America, 1763-1775," *American Neptune* 23 (1963): 175.

12. Rear Admiral Colvill to Mr. Stephens, 26 July 1764, in John Russell Bartlett, ed., *Records of the Colony of Phode Island and Providence Plantations in New England* (Providence: Knowles, Anthony & Co., 1861), 6:428-29; Thomas Hill, "Remarks on board His Maj[esty]'s Schooner St. John in Newport Harbour Rhode Island," ADM 1/482, f. 372; Thomas Langhorne to Lord Colvill, 11 August 1764, ADM 1/482, f. 377. 또한 *Newport Mercury*, 23 July 1764; Colvill to Stephens, 12 January 1765, ADM 1/482, f. 432 참조

13. Governor Samuel Ward to Captain Charles Antrobus, 12 July 1765, in Bartlett, ed., *Records of the Colony of Rhode Island*, 6:447; Lords of Admiralty to Mr. Secretary Conway, 20 March 1766, in Joseph Redington, ed., *Calendar of Home Office Papers of the Reign of George III, 1760-1768* (London, 1879), 2:26;

Hutchinson, *History of Massachusetts Bay*, 3:138; Donna J. Spindel, "Law and Disorder: The North Carolina Stamp Act Crisis," *North Carolina Historical Review* 57 (1980):10-11; *Pennsylvania Journal*, 26 December 1765; Adair and Schutz, eds., *Peter Oliver's Origin*, 69; Lemisch, "Jack Tar in the Streets," 392; David S. Lovejoy, *Rhode Island Politics and the American Revolution, 1760-1776* (Providence: Brown University Press, 1958), 157; Paul A. Gilje, *The Road to Mobocracy: Popular Disorder in New York City, 1763-1834* (Chapel Hill, N.C.: University of Pennsylvania Press, 1987), 63.

14. *Oxford English Dictionary*, s. v. "strike"; C. R. Dobson, *Masters and Journeymen: A Prehistory of Industrial Relations, 1717-1800* (London : Croom Helm, 1980), 154-70; Oliver M. Dickerson, *The Navigation Acts and the American Revolution* (Philadelphia: University of Pennsylvania Press, 1951), 218-19.

15. J. Cunningham, *An Essay on Trade and Commerce* (London, 1770), 52, 58. Wilkes에 대해서는 Pauline Maier, *From Resistance to Revolution: Colonial Radicals and the Development of American Opposition to Britain, 1765-1776* (New York: Vintage Books, 1972), 162-69; Goerge Rudé, *Wilkes and Liberty: A Social Study of 1763-1774* (Oxford: Clarendon Press, 1962) 참조.

16. Nauticus, *The Rights of Sailors Vindicated, In Answer to a Letter of Junius, on the 5th of October, wherein he asserts The Necessity and Legality of pressing men into the Service of the Navy* (London, 1772); William Ander Smith, "Anglo-Colonial Society and the Mob, 1740-1775" (Ph. D. diss., Claremont Graduate School and University Center, 1965), 108; Nicholas Rogers, "Liberty Road: Opposition to Impressment in Britain during the War of American Independence," in Colin Howell and Richard Twomey, eds., *Jack Tar in History: Essays in the History of Maritime Life and Labour* (Fredericton, New Brunswick: Acadiensis Press, 1991), 53-75.

17. Prince Hoare, *Memoirs of Granville Sharp* (1820); Edward Lascelles, *Granville Sharp and the Freedom of Slaves in England* (London: Oxford University Press, 1928); John Fielding, *Penal Laws* (London, 1768).

18. R. Barrie Rose, "A Liverpool Sailors' Strike in the Eighteenth Century," *Transactions of the Lancashire and Cheshire Antiquarian Society* 68 (1958): 85, 89, 85-92; "Extract of a Letter from Liverpool, Sept. 1, 1775," *The Morning Chronicle and London Advertiser*, 5 September 1775, republished in Richard Brooke, *Liverpool as it was during the Last Quarter of the Eighteenth century, 1775 to 1800* (Liverpool, 1853), 332.

19. *A Letter To the Right Honourable The Earl of T---e: or, the Case of J--- W---s, Esquire* (London, 1768), 22, 39; Maier, *From Resistance to Revolution*, 161; Adair and Schutz, eds., *Peter Oliver's Origin*, 56; *The Trial at Large of James Hill ⋯ , Commonly known by the Name of John the Painter* ⋯, 2d edition (London, 1777).

20. Edward Long, *The History of Jamaica, or General Survey of the Antient and Modern State of that Island; Reflections on its Situation, Settlements, Inhabitants, Climate, Products, Commerce, Laws, and Government* (London, 1774), 2:462; Mervyn Alleyne, *Roots of Jamaican Culture* (London: Pluto, 1988), chap. 4.

21. Douglas Hall, ed., *In Miserable Slavery: Thomas Thistlewood in Jamaica, 1750-1786* (London: Macmillan, 1989), 106; Michael Craton, *Testing the Chains: Resistance to Slavery in the British West Indies* (Ithaca, N. Y.: Cornell University Press, 1982), 125-39.

22. Long, *History of Jamaica*, 2:460; Hall, ed., *In Miserable Slavery*, 98. 영국 해군의 선원들은 두세 지역에서는 반란을 진압하는 것을 도왔음이 명백함을 주목해야 할 것이다. Craton, *Testing the Chains*, 136, 132-33 참조

23. J. Philmore, *Two Dialogues on the Man-Trade* (London, 1760), 9, 7, 8, 10, 14; David Brion Davis, *The Problem of Slavery in the Age of Revolution, 1770-1823* (Ithaca, N. Y.: Cornell University Press, 1975), and idem, "New Sidelights on Early Antislavery Radicalism," *WMQ*, 3d ser, 28 (1971): 585-94.

24. Philmore, *Two Dialogues*, 45, 51, 54; Anthony Benezet, *A Short Account of that Part of Africa Inhabited by the Negros* ···(Philadelphia, 1762); idem, *Some Historical Account of Guinea* (Philadelphia, 1771); D. Davis, *Problem of Slavery*, 332.

25. James Otis, *The Rights of the British Colonies Asserted and Proved* (Boston, 1764), republished in Bailyn, ed., *Pamphlets of the American Revolution*, 1:419-82; *Boston News-Letter*, 19 June, 10 July, 18 September, and 30 October 1760, 2 February 1761.

26. Charles Francis Adams, ed., *The Works of John Adams* (Boston: Little, Brown, 1856), 10:247, 272, 314-16; Adair and Schutz, eds., *Peter Oliver's Origin*, 35.

27. Craton, *Testing the Chains*, 138, 139, 140; O. Nigel Bolland, *The Formation of a Colonial Society: Belize, from Conquest to Crown Colony* (Baltimore: John Hopkins University Press, 1977), 73.

28. Peter Wood, " 'Taking Care of Business' in Revolutionary South Carolina: Republicanism and the Slave Society," in Jeffrey J. Crow and Larry E. Tise, eds., *The Southern Experience in the American Revolution* (Chapel Hill, N.C.: University of North Carolina Press, 1978), 276, and idem, " 'The Dream Deferred': Black Freedom Struggles on the Eve of White Independence," in Gary Y. Okihiro, ed., *In Resistance: Studies in African, Caribbean, and Afro-American History* (Amherst, Mass.: University of Massachusetts Press, 1986), 170, 172-3, 174-5; Jeffrey J. Crow, "Slave Rebelliousness and Social Conflict in North Carolina, 1775 to 1802," *WMQ*, 3d ser., 37 (1980): 85-86; Herbert Aptheker, *American Negro Slave Revolts* (New York: International Publishers, 1943, 1974), 87, 200-202; Benjamin Quarles, *The Negro in the American Revolution* (Chapel Hill, N. C.: University of North Carolina Press, 1961), 14 참조.

29. Sylvia R. Frey, *Water from the Rock: Black Resistance in a Revolutionary Age* (Princeton, N. J.: Princeton University Press, 1991), 38, 61-62, 202.

30. Gary B. Nash, *Forging Freedom: The Formation of Philadelphia's Black Community, 1720-1840* (Cambridge, Mass.: Harvard University Press, 1988), 72; Quarles, *Negro in the American Revolution*, 84; Lemisch, "Jack Tar in the Streets," 375; Shane White, " 'We Dweill in Safety and Pursue Our Honest Callings': Free Blacks in New York City, 1783-1810," *Journal of American History* 75 (1988): 453-54; Ira Dye, "Early American Merchant Seafarers," *Proceedings of the American Philosophical Society* 120 (1976): 358; Philip D. Morgan, "Black Life in Eighteenth-Century Charleston," *Perspectives in American History*, new ser., 1 (1984): 200; Wood, " 'Taking Care of Business'," in Crow and Tise, eds., *The Southern Experience*, 276; Crow, "Slave Rebelliousness," 85; Henry Laurens to John Laurens, 18 June and 23 June 1775, in *Papers of Laurens*, 10:184, 191.

31. F. Nwabueze Okoye, "Chattel Slavery as the Nightmare of the American Revolustionaries," *WHQ*, 3d ser., 37 (1980): 12; Anthony Benezet to Granville Sharp, 29 March 1773, in Roger Bruns, ed., *Am I Not a Man and a Brother: The Antislavery Crusade of Revolutionary America, 1688-1788* (New York: Chelsea House Publishers, 1977), 263.

32. John M. Bumsted and Charles E. Clark, "New England's Tom Paine: John Allen and the Spirit of

Liberty," *WHQ*, 3d ser., 21 (1964): 570; Burns, ed., *Am I Not a Man and a Brother*, 257-62; Thomas Paine, "African Slavery in America" (1775), in Philip S. Foner, *The Collected Writings of Thomas Paine* (New York: The Citadel Press, 1945), 17, 19. Wood, "The Dream Deferred," 168, 181.

33. Sharon Sailnger, *"To Serve Well and Faithfully": Indentured Servitude in Pennsylvania, 1682-1800* (Cambridge: Cambridge University Press, 1986), 101-2; Morgan, "Black Life," 206-7, 219.

34. Arthur Meier Schlesinger, "Political Mobs and the American Revolution, 1765-1776," *Proceedings of the American Philosophical Society* 99 (1955): 244-50; Lemisch, "Jack Tar in the Streets"; Pauline Maier, "Popular Uprisings and Civil Authority in Eighteenth-Century America," *WHQ*, 3d ser., 27 (1970): 3-35; Dirk Hoerder, *Crowd Action in Revolutionary Massachusetts, 1765-1780* (New York: Academic Press, 1977).

35. Hutchinson, *History of Massachusetts Bay*, 2:332; Carl Bridenbaugh, *Cities in Revolt: Urban Life in America, 1743-1776* (New York: Capricorn Books, 1955), 309; Jeremiah Morgan to Francis Fauquier, 11 September 1767, ADM 1/2116; Miller, *Sam Adams*, 142; Lemisch, "Jack Tar in the Streets," 386, 391; Colden to General Gage, 8 July 1765, in Colden Letterbooks, Letters and Papers of Cadwallader Colden, 1760-1765, *Collections of the New-York Historical Society* (1877), 23; Elaine Forman Crane, *A Dependent People: Newport, Rhode Island in the Revolutionary Era* (New York: Fordham University Press, 1985), 113.

36. Oliver Morton Dickerson, ed., *Boston Under Military Rule, 1768-1769, as revealed in A Journal of the Times* (Boston: Chapman and Grimes, Mount Vernon Press, 1936), entry for 4 May 1769, 94, 95, 110; John Allen, *Oration on the Beauties of Liberty* (1773), in Bruns, ed., *Am I Not a Man*, 258, 259 (emphasis in original).

37. Gary B. Nash, *The Urban Crucible: Social Change, Political Consciousness, and the Origins of the American Revolution* (Cambridge, Mass.: Harvard University Press, 1979), 366; Schlesinger, "Political Mobs," 244; Edmund S. Morgan and Helen M. Morgan, *The Stamp Act Crisis: Prologue to Revolution* (Chapel Hill, N.C.: University of North Carolina Press, 1953), 162, 208, 231-39; Adair and Schutz, eds., *Peter Oliver's Origin*, 51.

38. Hutchinson quoted in Anthony Pagden, *Spanish Imperialism and the Political Imagination: Studies in European and Spanish-American Social and Political Theory, 1513-1830* (New Haven, Conn.: Yale University Press, 1990), 66; Lovejoy, *Rhode Island Politics,* 105; Redington, ed., *Calendar of Home dffice Papers*, 1:610; Morgan and Morgan, *Stamp Act Crisis,* 196; Lloyd I. Rudolph, "The Eighteenth-Century Mob in America and Europe," *American Quarterly* 11 (1959): 452; Spindel, "Law and Disorder," 8; *Pennsylvania Journal*, 21 November and 26 December 1765; Alfred F. Young, "English Plebeian Culture and Eighteenth-Century American Radicalism," in Margaret Jacob and James Jacob, eds., *The Origins of Anglo-American Radicalism* (London: George Allen and Unwin, 1984), 193-94; Gage quoted in Schlesinger, "Political Mobs," 246.

39. Lemisch, "Jack Tar in the Streets," 398; Lovejoy, *Rhode Island Politics*, 156, 159, 164.

40. Lee R. Boyer, "Lobster Backs, Liberty Boys, and Laborers in the Streets: New York's Golden Hill and Nassau Street Riots," *New-York Historical Society Quarterly* 57 (1973): 289-308; Hiller B. Zobel, *The*

Boston Massacre (New York: W. W. Norton, 1970); L. Kinvin Wroth and Hiller B. Zobel, eds., *Legal Papers of John Adams* (Cambridge, Mass.: Belknap Press of Harvard University Press, 1965), 3:266; Hoerder, *Crowd Action*, chap. 13.

41. Timothy quoted in Maier, "Charleston Mob," 181; Edward Countryman, *A People in Revolution: The American Revolution and Political Society in New York, 1760-1790* (Baltimore: John Hopkins University Press, 1981), 37, 45; Gage to Conway, 4 November 1765, in Clarence Edwin Carter, ed., *The Correspondence of General Thomas Gage, with the Secretaries of State, 1763-1775* (New Haven, Conn.: Yale University Press, 1931), 1:71; Barrington quoted in Tony Hayter, *The Army and the Crowd in Mid-Georgian London* (Totowa, N.J.: Rowman and Littlefield, 1978), 130; Charles G. Steffen, *The Mechanics of Baltimore: Workers and Politics in the Age of Revolution, 1763-1812* (Urbana, Ill.: University of Illinois Press, 1984), 73.

42. Albert G. Greene, *Recollections of the "Jersey" Prison-Ship from the Original Manuscripts of Captain Thomas Dring* (Morrisania, N.Y., 1865).

43. Jesse Lemisch, "Listening to the 'Inarticulate': William Widger's Dream and the Loyalties of American Revolutionary Seamen in British Prosons," *Journal of Social History* 3 (1969-70): 1-29; Larry G. Bowman, *Captive Americans: Prisoners during the American Revolution* (Athens, Ohio: Ohio University Press, 1976), 40-67; John K. Alexander, "Forton Prison during the American Revolution: A Case Study of the British Prisoner of War Policy and the American Prisoner Response to That Policy," *Essex Institute Historical Collections* 102 (1967): 369.

44. Clarence S. Brigham, *Paul Revere's Engravings* (Worecester, Mass.: American Antiquarian Society, 1954), 41-57; Quarles, *Negro in the American Revolution*, 125.

45. Steffen, *The Mechanics of Baltimore*, 73; Gouverneur Morris to Mr. Penn, 20 May 1774, in Peter Force, ed., *American Archives*, 4th ser., 1 (Washington, D. C., 1837): 343; Maier, "Charleston Mob," 185; Leonard W. Labaree, ed., *The Papers of Benjamin Franklin* (New Haven, Conn.: Yale University Press, 1961), 3:106; Adair and Schutz, eds., *Peter Oliver's Origin*, xv, 35, 51-55, 88, 107; Joseph Chalmers, *Plain Truth* (Philadelphia, 1776), 71.

46. Richard B. Morris, *Government and Labor in Early America* (New York: Harper and Row, 1946), 189; Lovejoy, *Rhode Island Politics*, 159; Leonard quoted in Esmond S. Wright, *Fabric of Freedom, 1763-1800*, rev. ed. (New York: Hill and Wang, 1978), 77-78.

47. Rush quoted in Eric Foner, *Tom Plane and Revolutionary America* (New York: Oxford University Press, 1976), 138; David S. Lovejoy, *Religious Enthusiasm in the New World: Heresy to Revolution* (Cambridge. Mass.: Harvard University Press, 1985), 223-24; D. Davis, *Problem of Slavry*, 333.

48. Don M. Wolfe, *Leveller Manifestoes of the Puritan Revolution* (New York: Thomas Nelson and Sons, 1944), 227, 300, 125, 287, 320, 405. 또한Robin Blackburn, *The Overthrow of Colonial Slavery, 1776-1848* (London: Verso, 1988), chap. 1 참조 독립선언서에 대한 최근의 고찰은 실망스러울 정도로 협소하며, 잡색 부대, 수평파들, 그리고 17세기의 엄청난 양의 관련된 문헌들을 무시하고 있다. Pauline Maier, *American Scripture: Making the Declaration of Independence* (New York: Alfred A. Knopf, 1997), 51ff; Garry Wills, *Inventing America: Jefferson's Declaration of Independence* (Garden City, N.Y.: Doubleday,

1978) 참조

49. Maier, *From Resistance to Revolution*, 76, 97-100; Gilje, *Road to Mobocracy*, 48; Wroth and Zobel, eds., *Legal Papers of John Adams*, 3:269; C. Adams, ed., *Works of John Adams*, 2:322.

50. Carl Becker, *The Declaration of Independence: A Study in the History of Political Ideas* (New York: Harcourt Brace, 1922), 214.

51. Alyce Barry, "Thomas Paine, Privateersman," *Pennsylvania Magazine of History and Biography* 101 (1977): 459-61.

52. Maier, "Charleston Mob," 181, 186, 188, and idem, "Popular Uprising and Civil Authority," 33-35; Hoerder, *Crowd Action*, 378-88; Gordon S. Wood, *The Creation of the American Republic, 1776-1787* (Chapel Hill, N. C.: University of North Carolina Press 1969), 319-28.

53. Charles Patrick Neimeyer, *America Goes to War: A Social History of the Continental Army* (New York: New York University Press, 1996), chap. 4; Quarles, *Negro in the American Revolution*, 15-18; Frey, *Water from the Rock*, 77-80.

54. James Madison, "Republican Distribution of Citizens," *National Gazette*, 3 March 1792, republished in *The Papers of James Madison*, ed. William T. Hutchinson and William M. E. Rachal (Chicago: University of Chicago Press, 1962-85), 14:244-46; David Humphreys, Joel Barlow, John Trumbull, and Dr, Lemuel Hopkins, *The Anarchiad: A New England Poem* (1786-1787), ed. Luther G. Riggs (Gainesville, Fla.: Scholars' Facsimiles & Reprints, 1967), 29, 56, 38, 69, 14, 15, 34.

55. Madison's Notes and Abraham Yates's Notes, 26 June 1787, in Max Farrand, ed., *The Records of the Federal Convention of 1787* (New Haven, Con., Yale University Press, 1937), 1:423, 431.

56. Staughton Lynd, "The Abolitionist Critique of the United States Constitution," in his *Class Conflict, Slavery, and the United States Constitution* (Indianapolis: Bobbs-Merrill, 1967), 153-54.

57. James D. Essig, *The Bonds of Wickedness: American Evangelicals against Slavery, 1770-1808* (Philadelphia: Temple University Press, 1982), 132.

58. Barbara Jeanne Fields, "Slavery, Race, and Ideology in the United States of America," *New Left Review* 181 (1990): 101; Frey, *Water from the Rock*, 234-36. Adams quoted in Schlesinger, "Political Mobs," 250.

59. Sidney Kaplan and Emma Nogrady Kaplan, *The Black Presence in the Era of the American Revolution*, rev. ed. (Amherst, Mass.: University of Massachusetts Press, 1989), 68-69; Forrest McDonald, "The Relation of the French Peasant Veterans of the American Revolution to the Fall of Feudalism in France, 1789-1792," *Agricultural History* 25 (1951): 151-61; Horst Dippel, *Germany and the American Revolution, 1770-1800: A Sociohistorical Investigation of Late Eighteenth-Century Political Thinking*, trans. Bernard A. Uhlendorf (Chapel Hill, N. C.: University of North Carolina Press, 1977), 228, 236.

60. Arthur N. Gilbert, "The Nature of Mutiny in the British Navy in the Eighteenth Century," in Daniel Masterson, ed., *Naval History: The Sixth Symposium of the U.S. Naval Academy* (Wilmington, Del.: Scholarly Resources, Inc., 1987), 111-21; Richard B. Sheridan, "The Jamaican Slave Insurrection Scare of 1776 and the American Revolution," *Journal of Negro History* 61 (1976): 290-308; Julius Sherrard Scott III, "The Common Wind: Currents of Afro-American Communication in the Era of the Haitian

Revolution," (Ph. D. diss., Duke University, 1986), 19, 204, 52.

61. Lord Balcarres to Commander-in-Chief, 31 July 1800, CO 137/104, quoted in Scott, "The Common Wind," 33.

62. Hoare, *Memoirs of Granville Sharp*; Lascelles, *Granville Sharp and the Freedom of Slaves in England*.

63. Thomas Clarkson, *The History of the Rise, Progress, and Accomplishment of the Abolition of the African Slave-Trade by the British Parliament* (London, 1808), 2:297.

64. Diogenes Laertius, 6:63, and Oliver Goldsmith, *Citizen of the World* (London, 1762); David Hancock, *Citizens of the World: London Merchants and the Integration of the British Atlantic Community, 1735-1785* (Cambridge: Cambridge University Press, 1995); Alfred F. Young, "*Common Sense and The Rights of Man* in America: The Celebration and Damnation of Thomas Paine," in K. Gavroglu, ed., *Science, Mind, and Art* (Amsterdam: Kluwer Academic Publishers, 1995), 411-39.

8장 에드워드와 캐서린 데스파드의 모반

1. *Morning Post*, 22 February 1803. 데이빗 워럴(David Warrall)에 의한 데스파드의 연설에 대한 분석은 *Radical Culture: Discourse, Resistance and Surveillance, 1790-1820* (Detroit: Wayne State University Press, 1992), 58을 보라.

2. P.C. 1/3553; *The Trial of Edward Marcus Despard, Esquire*, 94, 126; T.B. Howell, *A Complete Collection of State Trials* (1820); Examination of John Emblin, TS 11/121/332.

3. Chaplain's Letters and Notes, Despard Family MSS., London.

4. PRO, P.C. 1/3564, 14 February 1803.

5. PRO, HO 42/720, 20 February 1803; Political Register, 26 February 1803; A. Aspinall, ed., *The Later Correspondence of George III* (Cambridge: Cambridge University Press, 1968), 4:80.

6. Despard Family MSS., [Elizabeth Despard], *Recollections on the Despard Family* (c. 1850), 22.

7. Bodleian Library, Burdett Papers. Ms. English History, c. 296, fols. 9-11; M. W. Patterson, *Sir Francis Burdett and His Times 1770-1844*, (1931), 1:68; PRO, P.C. 1/3553, Examination by Richard Ford; Valentine Lord Cloncurry, Personal Recollections (Dublin, 1847), 45. *Authentic Memoirs of the Life of Col. E. M. Despard* (London, 1803), 22; *The Annual Register*, 1803; 142-43.

8. Joseph Farington, *Farington Diary*, ed. James Geig (London: Hutchinson, 1923), 2:83; *Authentic Memoirs*, 22.

9. *Labour in Irish History* (1910), chap. 9.

10. Rolf Loeber, "Preliminaries to the Massachusetts Bay Colony: The Irish Ventures of Emanuel Downing and John Winthrop, Sr.," in T. Barnard, D. ó Cróinin, and K. Simms, eds., *A Miracle of Learning: Studies in Manuscripts and Irish Learning: Essays in Honor of William O'Sullivan* (Brookfield, Vt.: Ashgate, 1998).

11. James Bannantine, *Memoirs of Edward Marcus Despard* (London, 1799), Communication of Archdeacon H. H. J. Gray, St. Peter's Rectory, Mountrath. PRO of Northern Ireland (Belfast), T. 1075/34. Genealogical notes.

12. John Feehan, *Laois: An Environmental History* (Ballykilcavan, 1983), 289-91.

13. Angus Calder, *Revolutionary Empire: The Rise of the English-Speaking Empires from the Fifteenth Century to the 1780s* (New York: Dutton, 1981), 672-75.

14. Maurine Wall, "The Whiteboys," in Desmond T. Williams, ed., *Secret Societies in Ireland* (Dublin: Gill and Macmillan, 1973), 16; James S. Donnelly, Jr., "The Whiteboy Movement, 1761-5," *Irish Historical Studies* 21 (1978-9): 28.

15. Charles Coote, *Statistical Survey of Queen's Country* (1801).

16. John Feehan, *The Landscape of Slieve Bloom: A Study of Its Natural and Human Heritage* (Dublin: Blackwater, 1979), 116.

17. Despard Family MSS., Jane Despard, *Memoranda connected with the Despard Family recollections* (1838).

18. [Elizabeth Despard], *Recollections on the Despard Family*.

19. Thomas Bartlett and Keith Jeffery, eds., *A Military History of Ireland* (Cambridge: Cambridge University Press, 1996), 257.

20. Benjamin Moseley, *A Treatise on Tropical Diseases; on Military Operations; and on the Climate of the West Indies*, 2d ed. (London, 1789), 184. Kenneth F. Kiple, *The Caribbean Slave: A Biological History* (Cambridge: Cambridge University Press, 1984), 5.

21. R. R. Madden, *A Twelvemonth's Residence in the West Indies during the Transition from Slavery to Apprenticeship* (London, 1835), 2:117; Barbara Bush, *Slave Women in Caribbean Society, 1650-1838* (Kingston, Jamaica: Heinemann, 1990).

22. Douglas Hall, ed., *In Miserable Slavery: Thomas Thistlewood in Jamaica, 1750-1786* (London: Macmillan, 1989).

23. Anonymous, "Observations on the Fortifying of Jamaica, 1783," Add. Ms. 12, 431, fo. 8, British Library.

24. Major General Archibald Campbell, "A Memoir Relative to the Island of Jamaica" (1782), King's 214, British Library.

25. [Elizabeth Despard,] *Recollections on the Despard Family*, 22.

26. Douglas W. Marshall, "The British Engineers in America, 1755-1783," *Journal of the Society of Army Historical Research* 51 (1973): 155.

27. Edward K. Brathwaite, *The Development of Creole Society in Jamaica*, 1770-1820 (Oxford: Oxford University Press, 1971), 126-129; J. G. Links, ed., *The Stones of Florence* (New York: Hill & Wang, 1960), 244-45.

28. Henry Rule, Fortification (London, 1851), 145; *Peter Way, Common Labour: Workers and the Digging of North American Canals, 1780-1860* (Cambridge: Cambridge University Press, 1993), 47.

29. Kevin Whelan, *Fellowship of Freedom: The United Irishmen and 1798* (Cork: Cork University Press, 1998), 6.

30. J. K. Budleigh, *Trench Excavation and Support* (London: Telford, 1989), 62.

31. Thomas More Molyneux, *Conjunct Operations* (1759).

32. *Collections of the New-York Historical Society* (1884), entries for 23 April, 27 May, 21 June.

33. *Narrative of Sir Alexander Leith, Lieut. Col. 88th Regiment*, 49, Germain MSS., William L. Clements

Library, University of Michigan.

34. Edward Davis to Kemple, 28 September, Kemple MSS., vol. 1, William L. Clements Library, University of Michigan.

35. 피터 흄(Peter Hulme)은 바비큐와 카누는 둘 다 어원적으로 카리브해 지역 어휘라고 지적한다. 그의 *Colonial Encounters: Europe and the Native Caribbean, 1492-1797* (London: Routledge, 1986), 201-11를 보라.

36. Olaudah Equiano, *The Interesting Narrative of the Life of Olaudah Equiano* (1789), chap. 11.

37. Bell, *Tangweera: Life and Adventures among Gentle Savages* (1899; reprint Austin, Tex.: University of Texas Press, 1989); George Pinkard, *Notes on the West Indians* (1816); 또한 Eduard Conzemius, *Ethnographical Survey of the Miskito and Sumu Indians of Honduras and Nicaragua* (Washington, D. C.: Government Printing Office, 1932) 참조.

38. Thomas Dancer, *A Brief History of the Late Expedition Against Fort San Juan So Far as it Relates to the Diseases of the Troops* (Kingston, 1781), 12.

39. *Collections of the New-York Historical Society* (1884), entry for 21 March.

40. 그의 역할에 대한 달링 총독의 변호는 그의 *Narrative of the Late Expedition to St. Juan's Harbour and Lake Nicaragua*, 13; German MSS., vol. 21을 보라.

41. Moseley, *Treatise on Tropical Diseases*.

42. Silvia R. Frey, *Water from the Rock: Black Resistance in a Revolutionary Age* (Princeton, N. J.: Princeton University Press, 1991), chap. 4.

43. John Marrant, *A Narrative of the Lord's Wonderful Dealing with John Marrant, a Black* (1785); Graham Hodges, ed., *The Black Loyalist Directory: African Americans in Exile after the American Revolution* (New York: Garland, 1996).

44. C. O. 700/13.

45. Grant D. Jones, *Maya Resistance to Spanish Rule: Time and History on a Colonial Frontier* (Albuquerque: University of New Mexico Press, 1989), 21, 274; George Henderson, *An Account of the British Settlement of Honduras* (London, 1811), 70; Wallace R. Johnson, *A History of Christianity in Belize, 1776-1838* (Lanham, Md.: University Press of America, 1985), 12.

46. William Dampier, "Mr. Dampier's Voyages to the Bay of Campeachy," in his *A Collection of Voyages*, 4th ed. (London, 1729), 89; Anonymous, "A Voyage to Guinea, Antego, Bay of Campeachy, Cuba, Barbadoes, &c., 1714-1723," Add. Ms. 39, 946, British Library; Malachy Postlethwayt, *Universal Dictionary of Trade and Commerce* (London, 1755?).

47. Robert A. Naylor, *Penny Ante Imperialism: The Mosquito Shore and the Bay of Honduras, 1600-1914, A Case Study in British Informal Imperialism* (Rutherford, N. J.: Associated University Presses, 1989), 41; F. O. Winzerling, *The Beginning of British Honduras, 1506-1765* (New York: North River Press, 1946), 81; Edwin J. Layton, *Thomas Chippendale: A Review of His Life and Origin* (London: J. Murray, 1928).

48. "Convention of London," 14 July 1786, in Sir John Alder Burdon, *Archives of British Honduras* (London: Sifton, Piraed and Co., 1931), 1:154-57.

49. Narda Dobson, *A History of Belize* (London: Longman, 1973), 67에 인용됨; 또한 José A. Calderón

Quijano, "Un Incidente Militar en los establecimientos ingleses in Rio Tinto (Honduras) en 1782," *Annuario de Estudios Americanos* 2 (1945): 761-84를 보라; Robert White, *The Case of the Agent to the Settlers on the Coast of Yucatan; and the late Settlers on the Mosquito Shore* (London, 1793), 10.

50. Henderson, *An Account*, 134; CO 123/5, 24 August 1787; Burdon, *Archives of British Honduras*, 1:161; Despard to ?, 11 Janurary 1788, CO 123/6.

51. Despard to Lord Sydney, 23 August 1787, CO 123/4, fo. 49; Despard to Lord Sydney, 24 August 1787, CO 137/50; Burdon, ed., *Archives of British Honduras*, 1:159, 161.

52. Despard to Sydney, 24 August 1787, CO 123/5; Edward Marcus Despard, "A Narrative of the Publick Transactions in the Bay of Honduras from 1784 to 1790," 8 March 1791, CO 123/10.

53. O. Nigel Bolland, *The Formation of a Colonial Society: Belize from Conquest to Crown Colony* (Baltimore: Johns Hopkins University Press, 1977), 38에 인용됨. Burdon, ed., *Archives of British Honduras*, 1:159; Despard to Lord Sydney, 24 August 1787, CO 137/50.

54. Despard, "Appendix to the Narrative of Publick Transactions in the Bay of Honduras 1784-1790," CO 123/11. 아마도 모스키토 해안에서 온 "유색의 가난한 사람들"의 명부에 포함된 사람은 캐서린 어니스트였을 것이다. 그녀의 이름은 데스파드에 의해 수개월 후 분배된 벨리즈 역내의 토지들을 부여받은 새로운 정착자들의 명부에 등장하지 않는데, 캐서린이 그 동안 그의 아내가 되었으리라는 가설과 부합하는 사실이다. Robert White, *The Case of the Agent to the Settlers on the Coast of Yucatan*을 볼 것.

55. Mary Thale, ed., *Selections from the Papers of the LCS 1792-1799* (Cambridge: Cambridge University Press, 1983), 8, 18.

56. *A Narrative of the Proceedings of the Black People during the late awful calamity in Philadelphia in the year 1793* (1794).

57. *The Proceedings at the Old Bailey*, February 1790, 15 September 1802, April 1803, Dec. 1802, 27 October 1802, 4 July 1802, 15 September 1802.

58. Herbert Aptheker, ed., *A Documentary History of the Negro People in the United States* (New York: Citadel Press, 1951); and idem, *American Negro Slave Revolts* (New York: International Publishers, 1943, 1974).

59. Worrall, *Radical Culture*; Iain McCalman, *Radical Underworld: Prophets, Revolutionaries, and Pornographers in London, 1795-1840* (New York: Cambridge University Press, 1993); and Roger Wells, *Wretched Faces: Famine in Wartime England, 1793-1803* (New York: St. Martin's 1988); Malcolm Chase, "The People's Farm": *English Radical Agrarianism, 1775-1840* (Oxford: Clarendon Press, 1988).

60. Carolyn Fick, *The Making of Haiti: The Saint Domingue Revolution from Below* (Knoxville: University of Tennessee Press, 1990); 217-24; Iowerth Prothero, *Artisans and Politics in Early Nineteenth-Century London: London: John Gast and His Times* (Baton Rough, La.: Lousiana State University, 1979).

61. *A Treatise on the Commerce and Police of the River Thames* (1800), 210.

62. *Pig's Meat*, iii, 56, 212-13, and W. H. Reid, *The Rise and Dissolution of the Infidel Societies in the Metropolis* (1800), 14, 93. 또한 Olivia Smith, *The Politics of Language, 1791-1819* (Oxford: Clarendon Press, 1984)를 보라.

63. P. C. 1/3514 f. 100.

64. R. R. Madden, *The Life and Times of Robert Emmet* (New York, 1896), 13. Thomas Spence, *The Restorer of*

   Society to its Natural State (1801). PRO, P. C. 1/3117, pt. 1, fol. 87; T. S. 11/121/332. f. 37.

65. *Paddy's Resource Being a Select Collection of Original and Modern Patriotic Songs, Toasts and Sentiments Complied for the use of the People of Ireland* (Belfast, 1795).

66. Jim Smyth, *The Men of No Property: Irish Radicals and Popular Politics in the Late Eighteenth Century* (New York: St. Martin's, 1992), 151.

67. Kevin Whelan, *The Tree of Liberty: Radicalism, Catholicism and the Construction of Irish Identity, 1760-1830* (Cork: University of Cork Press, 1996).

68. Thomas Russel, *Address to the People of Ireland* (1796).

69. Viscount Stewart Castlereagh, *Memoirs and Correspondence*, ed. Charles Vane II (London, 1850), 417.

70. *Detection of a Conspiracy Formed by the United Irishmen* (Philadelphia, 1798), 28ff.

71. Roger Wells, *Insurrection: The British Experience* (Gloucester: Alan Sutton, 1983), 134.

72. 데스파드의 형은 군중 속에서의 그의 역할을 "지극히 어리석은 것이며, 그가 통상의 분별만 있었다면 지금쯤 편안한 처지에 있었을 것"이라 보았다. Despard Family MSS., Letter to Andrew Despard from Despard, 28 May 1796.

73. Examination of Authur Graham, TS 11/221/332, f. 46. Iain McCalman, "Newgate in Revolution: Radical Enthusiasm and Romantic Counterculture," *Eighteenth-Century Life* 22, no. 1 (1998).

74. Joyce M. Bellamy and John Saville, eds., *Dictionary of Labour Biography* (Clifton, N. J.: A. M. Kelley, 1972).

75. Ralph Manoque, "The Plight of James Ridgway, London Bookseller and Publisher, and the Newgate Radicals, 1792-1797," *Wordsworth Circle* 27 (1996).

76. Doug Hay, "The Laws of God and Laws of Man: Lord George Gordon and the Death Penalty," in John Rule and Robert Malcolmson, eds., *Protest and Survival: Essays for E. P. Thompson* (London: Merlin, 1993), 60-111.

77. PRO, P. C. 1/3553, Examination by Richard Ford.

78. PRO. KB 1/31, pt. 1.

79. David Levi, *Dissertations on the Prophecies of the Old Testament*, 3 vols. (1793-1800).

80. A. L. Morton, *The Everlasting Gospel: A Study in the Sources of William Blake* (London: Lawrence and Wishart, 1958), 36. E. P. Thompson, *Witness against the Beast: William Blake and the Moral Law* (New York: The New Press, 1994).

81. Quobna Ottobah Cugoano, *Thoughts and Sentiments on the Evil of Slavery*, ed. Vincent Carretta (London: Penguin, 1999), 93, 110, 111.

82. Michael Duffy, *Soldiers, Sugar, and Seapower: The British Expeditions to the West Indies and the War against Revolutionary France* (London: Oxford University Press, 1987), 387.

83. O. Smith, *Politics of Language*, 71.

84. Will Chip, *Village Politics, addressed to all the mechanics, journeymen and day labourers in Great Britain, by Will Chip, a country carpenter* (1793).

85. Joan Dayan, *Haiti, History, and the Gods* (Berkeley, Calif.: University of California Press, 1995).

86. John Hunter, *Observations on the Disease of the Army in Jamaica* (1788), and Charles White, *An Account of the Regular Gradation in Man* ··· (1799).

87. David V. Erdman, *Commerce des Lumières: John Oswald and the British in Paris, 1790-1793* (Columbia, Mo.: University of Missouri Press, 1986).

88. Donna T. Andrew, *London Debating Societies, 1776-1799* (London, London Record Society, 1994), 281.

89. Alan Wharam, *The Treason Trials 1794* (London: Leicester University Press, 1992). 110.

9장 로벗 웨더번과 대서양의 희년

1. Inventory Book, 1B/11/3, vol. 135, National Archives, Spanish Town, Jamaica.

2. Robert Wedderburn, *The Horrors of Slavery* (London, 1824), republished in Iain McCalman, ed., *"The Horrors of Slavery" and Other Writings by Robert Wedderburn* (Edinburgh: Edinburgh University Press, 1991). 웨더번은 영국의 인쇄 관례를 깨고 활자에서 이탤릭체, 굵은체, 대문자들을 사용한다. 영국의 인쇄와 글쓰기의 관행이 (그리고 정치적 사고의 관행이) 변화되어 자신과 같은 사람들의 목소리를 전달할 여지를 만드는 것이 그 자신의 성격이나 유형상 필요하다는 것을 느끼기 때문이다. 이러한 식의 인쇄는 크룩섕크의 판화『런던 씨티 선술집의 한 장면』에 묘사된 웨더번의 비관례적인 개입과 유사하다. 501쪽을 참조.

3. Robert Hamilton, *The Duties of a Regimental Surgeon Considered*, 2 vols. (1794).

4. Joan Dayan, *Haiti, History, and the Gods* (Berkeley, Calif: University of California Press, 1995).

5. The *Political Register*, July 1809; 또한 The *Examiner*, September 1810 참조. 처벌은 공포를 심어주고 침묵시키기 위해서 가해졌다. 애너 클락은 오울드 베일리(영국 중앙형사법원)의 『재판기록』을 검토하여, 1795년 이후에는 법원이 폭력, 강간, 구타에 대한 여성들의 증언을 금지하기 시작했다고 결론지었다. 데보러 발렌즈는 이 시대는 여성노동의 가치가 격하되는 시기인데, 여성들에 대한 폭력이나 여성들의 불만을 잠재우는 것은 여성들의 임금을 생존선 이하로 내리고 여성들의 노동을 극도로 복종적이 되게 하며 여성들 자신들을 공장의 끔찍함들이 가해지는 이상적인 대상으로 만드는 수단이었음을 보여주었다. Anna Clark, *Women's Silence, Men's Violence: Sexual Assault in England, 1770-1845* (London: Pandora, 1987), 17; Deborah Valenze, *The First Industrial Woman* (New York: Oxford University Press, 1995), 89 참조.

6. Wedderburn, *Horrors of Slavery*.

7. Iain McCalman, "Anti-Slavery and Ultra-Radicalism in Early Nineteenth-Century England: The Case of Robert Wedderburn," *Slavery and Abolition* 7 (1986): 101-3.

8. 그의 *Truth-Supported; or A Refutation of Certain Doctrinal Errors Generally Adopted in the Christian Church* (c. 1802), republished in McCalman, ed., *"The Horrors of Slavery" and Other Writings* 참조.

9. *The Axe Laid to the Root*, no. 4 (1817).

10. Ian McCalman, *Radical Underworld: Prophets, Revolutionaries, and Pornographers in London, 1795-1840* (Cambridge: Cambridge University Press, 1988); Henry Lewis Gates, Jr., *The Signifying Monkey: A Theory of African American Literary Criticism* (New York: Oxford University Press, 1988).

11. James Cone, *A Black Theology of Liberation*, 2d ed. (Maryknoll, N. Y.: Orbis, 1986), 31.

12. *Political Register*, October 1809; Malcolm Chase, "From Millennium to Anniversary: The Concept of Jubilee in Late Eighteenth- and Nineteenth-Century England," *Past and Present* 129 (1990): 132-47. 1795년에 코울리지는 깊은 학식으로 희년에 대해 강연했으며, 빈자들에게 공감어린 우정을 열어보여 주

었다.

13. Peter Linebaugh, "Jubilating; Or, How the Atlantic Working Class Used the Biblical Jubilee against Capitalism, with Some Success," *Radical History Review* 50 (1991): 143-80; James Harrington, *Oceana* (London, 1656), and idem, *The Art of Lawgiving* (London, 1659); John Bunyan, *The Advocateship of Jesus Christ* (London, 1688).

14. P. M. Ashraf, *The Life and Times of Thomas Spence* (Newcastle upon Tyne: Frank Graham, 1983), 101. 또한 Thomas R. Knox, "Thomas Spence: The Trumpet of Jubilee," *Past and Present* 76 (1977); Malcolm Chase, *"The People's Farm": English Radical Agrarianism, 1775-1840* (Oxford: Clarendon Press, 1988); Alan Dean Gilbert II, "Landlords and Lacklanders: The Radical Politics and Popular Political Economy of Thomas Spence and Robert Wedderburn" (Ph. D. diss., SUNY Buffalo, 1997) 참조.

15. "The Marine Republic (1794)," in *Pig's Meat*, 2d ed., 2:68-72 (emphasis in original); A. L. Morton, *The English Utopia* (London: Lawrence and Wishart, 1952), 164, 165 (quotation) 참조.

16. Joel W. Martin, *Sacred Revolt: The Muskogees' Struggle for a New World* (Boston: Beacon Press, 1991). In his last published writing, *The Giant Killer* (1814), Spence wrote about slavery. Ashraf, *Life and Times* 참조.

17. John Wesley, *Thoughts Upon Slavery* (London, 1774), 55-56.

18. John Rylands Library (Deansgate, Manchester), Methodist Archives Center, Thomas Coke Papers, PLP/28/4/10.

19. *Commentary*, 481-83.

20. Nathan O. Hatch, *The Democratization of American Christianity* (New Haven, Conn.: Yale University Press, 1989), 102-13.

21. Sterling Stuckey, *Slave Culture: Nationalist Theory and the Foundations of Black America* (New York: Oxford University Press, 1987), chap I.

22. Douglas R. Egerton, *Gabriel's Rebellion: The Virginia Slave Conspiracies of 1800 and 1802* (Chapel Hill, N. C.: University of North Carolina Press, 1993).

23. Edward A. Pearson, eds., *Designs against Charleston: The Trial Record of the Denmark Vesey Slave Conspiracy of 1822* (Chapel Hill, N. C.: University of North Carolina Press, 1999); Douglas R. Egerton, *He Shall Go Out Free: The Lives of Denmark Vesey* (Madison, Wisc.: Madison House, 1999).

24. David Walker, *Appeal to the Coloured Citizens of the World, but in particular, and very expressly, to those of The United States of America* (1829; reprint ed. James Turner, Baltimore: Black Classic Press, 1993); Peter H. Hinks, *To Awaken My Afflicted Brethren: David Walker and the Problem of Antebellum Slave Resistance* (University Park, Pa.: Pennsylvania State University Press, 1997).

25. Henry Mayer, *All on Fire: William Lloyd Garrison and the Abolition of Slavery* (New York: St. Martin's Press, 1998), 188.

26. Vicki L. Eaklor, *American Antislavery Songs: A Collection and Analysis,* Documentary Reference Collections series (New York: Greenwood Press, 1988).

27. 엘리자벳 캠블은 트릴로니 마룬들 중, 2차 마룬 전쟁 이후에 계략에 넘어가 노바스코시아로 퇴거된 몇몇 캠블 성을 가진 사람들과 인척관계일 수 있다. 다른 마룬들은 마룬의 지위를 포기하지 않고 그들의 공동

체들 외부에서 살았다. Mavis C. Campbell, *Nova Scotia and the Fighting Maroons: A Documentary History*, no. 41 (January 1990) of *Studies in Third World Societies*, 196, 207, 211, 238 참조. 1818년의 『자메이카 연감』에는 트릴로니에 있는 애머티 홀의 엘리자벳 캠블이 15명의 노예의 소유주로 등록되어 있다. *Inventory Book*, volume 130, page 236 (20 August 1818), and *Index to Manumissions*, volume 1, number 47, National Library (Kingston) 참조. 퍼타도 수고(Feurtado Manuscript)는 1826년 엘리자벳 캠블이라는 사람이 33살의 나이로 사망했음을 기록하고 있으며, 그녀를 킹스턴의 공립병원의 간호사라고 적고 있다. National Archive (Spanish Town) 참조.

28. Alfred Hasbrouck, *Foreign Legionaries in the Liberation of Spanish South America* (New York: Columbia University Press, 1928); Mavis Campbell, *The Dynamics of Change in a Slave Society: A Sociopolitical History of the Free Coloureds of Jamaica, 1800-1865* (Rutherfold, N. J.: Fairleigh Dickinson University Press, 1976), 71.

29. *Barbados Mercury and Bridgetown Gazette*, 7 September 1816, quoted in Hilary McD. Beckles, *Black Rebellion in Barbados: The Struggle against Slavery, 1627-1838* (Barbados: Antilles Publications, 1987), 95-113; Horace Campbell, *Rasta and Resistance from Marcus Garvey to Walter Rodney* (Trenton, N. J.: Africa World Press, 1987), 28; Seymour Drescher, *Capitalism and Antislavery: British Mobilization in Comparative Perspective* (New York: Oxford University Press, 1987), 107; Robin Blackburn, *The Overthrow of Colonial Slavery, 1776-1848* (London: Verso, 1988), 323-25.

30. *A Correct Report of the Trial of James Watson, Senior, for High Treason* (1817); *The Left and Opinions of Thomas Preston* (1817); *The Trial of James Watson* (1817), 172; Malcolm Chase, "Thomas Preston," in Joyce M. Bellamy, John Saville, and David Martin, eds., *Dictionary of Labour Biography*, vol. 8 (London, Mcmillan, 1987).

31. *Votes of the Honourable House of Assembly*, 28 October-16 December 1817, 127, National Library of Jamaica.

32. Andrew Hopton, ed., *Abiezer Coppe: Selected Writings* (London: Aporia, 1987), 72에 나온 캅의 응답 참조.

33. Mervyn C. Alleyne, *Roots of Jamaican Culture* (London: Pluto Press, 1988), 83-96; Erna Brodber, *Myal, A Novel* (London: New Beacon, 1988). 또한 Edward Long, *History of Jamaica* (London, 1774); Monica Schuler, *"Alas, Alas, Kongo": A Social History of Indentured African Immigration into Jamaica, 1841-1865* (Baltimore: Johns Hopkins University Press, 1980), 33-36; and John Thornton, *Africa and Africans in the Making of the Atlantic World, 1400-1680* (Cambridge: Cambridge University Press, 1992) 참조.

34. *A Brief Account of the Life, Experience, Travels and Gospel Labours of George White, An African Written by Himself and Revised by a Friend* (New York, 1810); J. Ann Hone, *For the Cause of Truth: Radicalism in London, 1796-1821* (Oxford: Clarendon Press, 1982), 225; Thomas Paine, *The Age of Reason*, part I, reprinted in *The Thomas Paine Reader*, ed. Michael Foot and Issac Kramnick (London: Penguin, 1987), 413; Thomas Spence, *The Restorer of Society to its Natural State* (London, 1801), 16-18; HO 42/199 (29 November 1819), PRO.

35. Violet Smythe, "Liberators of the Oppressed: Baptist Mission in Jamaica 1814-1845" (B. A. thesis, University of the West Indies [Mona], 1983). 또한 Albert J. Raboteau, *Slave Religion: The "Invisible Institution" in the Antebellum South* (New York: Oxford University Press, 1978) 참조.

36. Mary Turner, *Slaves and Missionaries: The Disintegration of Jamaican Slave Society, 1784-1834* (Urbana, Ill.:

University of Illinois Press, 1982), 88; *The Life, History and Unparalleled Sufferings of John Jea, the African Preacher* (Portsea, 1817); Matthew Gregory Lewis, *Journal of a West India Proprietor* (London, 1834), 187.

37. Thomas Evans, *Christian Policy, the Salvation of the Empire* (London, 1816), 19; *The Axe Laid to the Root*, no. 4 (1817).

38. Lewis, *Journal*, 173-74. Donald G. Mathews, *Slavery and Methodism 1780-1845* (Princeton, N. J.: Princeton University Press, 1965); Wesley, *Thoughts Upon Slavery; M. Turner, Slaves and Missionaries; Edward K. Brathwaite, The Development of Creole Society in Jamaica, 1770-1820* (Oxford: Clarendon Press, 1971), 259.

39. Orlando Patterson, "Slavery and Slave Revolt: A Sociological Analysis of the First Maroon War, 1655-1740," *Social and Economic Studies*, 1970, and Mavis C. Campbell, *The Maroons of Jamaica, 1655-1796: A History of Resistance, Collaboration & Betrayal* (South Hadley, Mass.: Bergin and Garvey, 1988); *The Axe Laid to the Root*, no. 4 (1817).

40. *The Axe Laid to the Root*, no. 4 (1817).

41. Lewis, *Journal*, 39, 179; *The Axe Laid to the Root*, no. 6 (1817).

42. Campbell, *The Maroons*. 앞의 4장 참조.

43. M. W. Patterson, *Sir Francis Burdett and His Times*, 2 vols. (London: Macmillan, 1931).

44. Douglas Hall, ed., *In Miserable Slavery: Thomas Thistlewood in Jamaica, 1750-1786* (London: Macmillan, 1989), 26; M. Turner, *Slaves and Missionaries*, 47; Julius Scott, "Afro-American Sailors and the International Communication Network: The Case of Newport Bowers," in Colin Howell and Richard J. Twomey, eds., *Jack Tar in History: Essays in the History of Maritime Life and Labour* (New Brunswick: Acadiensis Press, 1991)

45. Ira Dye, "Physical and Social Profiles of Early American Seafarers, 1812-1815," in Howell and Twomey, eds., *Jack Tar in History*.

46. *The Axe Laid to the Root*, no. 6 (1817). 또한 Graham Hodges, ed., *Black Itinerants of the Gospel: The Narratives of John Jea and George White* (Madison, Wisc.: Madison House, 1993); W. Jeffery Bolster, *Black Jacks: African American Seamen in the Age of Sail* (Cambridge, Mass.: Harvard University Press, 1997), 33, 211 참조.

47. Brathwaite, *Development of Creole Society*, 170 (quoting 1 Geo. III c. 22 [1760]); *The Axe Laid to the Root*, no. 1 (1817).

48. *The Axe Laid to the Root*, no. 4 (1817); Lewis, *Journal*, 405. 셰리어가에 대한 시사들에 관해서는 자메이카 국립도서관의 케네스 잉그럼 박사(Dr. Kenneth Ingram)와 메이비스 캠블(Mavis Campbell) 교수에게 감사드린다.

49. Berry Higman, *Jamaica Surveyed: Plantation Maps and Plans of the Eighteenth and Nineteenth Centuries* (Kingston: Institute of Jamaica Publications, Ltd., 1988), 261-62; Sidney W. Mintz, "The Historical Sociology of Jamaican Villages," in Charles V. Carnegie, ed., *Afro-Caribbean Villages in Historical Perspective* (Kingston: African-Caribbean Institute of Jamaica, 1987).

50. Examination of William Plush (1819), *Rex V. Wedderburn* (TS 11/45/167, PRO, reprinted in MaCalman, ed., "*Horrors of Slavery*," 120); *The "Forlorn Hope," or A Call to the Supine* (n. d., 1800s).

51. A. J. Peacock, *Bread or Blood; A Study of the Agrarian Riots in East Anglia, in 1816* (London: Gollancz, 1965), 18.

52. *"Forlorn Hope,"* 15; *The Axe Laid to the Root*, no. 5 (1817).

53. HO 42/195, PRO, published in McCalman, ed., *"Horrors of Slavery,"* 111.

54. *The Axe Laid to the Root*, no. 4 (1817); E. P. Thompson, *The Making of the English Working Class* (London: Gollancz, 1963), 632.

55. *Old Bailey Proceedings*, 15 January 1817; *Political Register*, No. 21 (1817).

56. *The Axe Laid to the Root*, no. 6 (1817); *The Horrors of Slavery*.

57. National Library (Kingston), Nugent Papers, MS 72, Box 3 (1804-1806), fol. 279.

58. *The Axe Laid to the Root*, no. 2 (1817).

59. Ibid., ibid., no. 5 (1817).

60. *The Axe Laid to the Root*, no. 4 (1817).

61. Wedderburn, *Truth Self-Supported*, in MaCalman, ed., *"Horrors of Slavery,"* 57, 100.

62. Ibid., 82; Hone, *For the Cause of Truth*, 307; Iowerth Prothero, "William Benbow and the Concept of the 'General Strike,' " *Past and Present* 63 (1974): 147; McCalman, ed., *"Horrors of Slavery,"* 81, 116.

63. James Kelly, *Voyage to Jamaica*, 2d ed. (Belfast, 1838), 29-30; Barry M. Higman, *Slave Population and Economy in Jamaica, 1807-1834* (Cambridge: Cambridge University Press, 1976), 147; Pierce Egan, *Life in London* (1821), 320-21.

64. Benjamin Waterhouse, *A Journal of a Young Man of Massachusetts* (Boston, 1816) reprinted in the *Magazine of History*, no 18 (1911).

65. Michael Ventura, "Hear that Long Snake Moan," in *Shadow Dancing in the U. S. A.* (Los Angeles: Jeremy P. Tarcher, 1985), 103-162; W. T. Lhamon, Jr., *Raising Cain* (Cambridge, Mass.: Harvard University Press, 1998).

66. *Old Bailey Proceedings*, 15 January 1817, and McCalman's introduction to *"Horrors of Slavery,"* 15; Stanley Palmer, *Police and Protest in England and Ireland, 1780-1850* (Cambridge: Cambridge University Press, 1988), 169; Iowerth Prothero, *Artisans and Politics in Early Nineteenth-Century London: John Gast and His Times* (Baton Rouge, La.: Louisiana State University, 1979), 90.

67. Wedderburn, *Truth Self-Supported*, in McCalman, ed., *"Horrors of Slavery,"* 67, 82, 98; *The Axe Laid to the Root*, nos. 1 and 4 (1817); Robert Wedderburn, *High-Heel'd Shoes for Dwarfs in Holiness*, 3d ed. (London, 1820), 8; M, Turner, *Slaves and Missionaries*, 58.

68. Examination of William Plush, in McCalman, ed., *"Horrors of Slavery,"* 120; Wedderburn, *The Address of the Rev. R. Wedderburn*, in ibid. 134.

69. Chapters 20-22. 이 이론은 Charles DuPuis, *Originse de toutes les Cultes* (1795)에서 유래한다.

70. *King v. Wedderburn*, TS 11/45/167 in McCalman, ed., *"Horrors of Slavery,"* 125.

71. *The Axe Laid to the Root*, no. 1 (1817); McCalman, "Anti-Slavery and Ultra-Radicalism," 112; Julius S. Scott, "A Perfect Air of Slavery: British Sailors and Abolition," unpublished manuscript, courtesy of the author. 노동자들과 노예제폐지론에 대한 유용한 논쟁에 대해서는 James Walvin, "The Impact of Slavery on British Radical Politics, 1787-1838," in Vera Rubin and Arthur Tuben, eds., *Comparative*

Perspectives on Slavery in New World Plantation Societies (New York: New York Academy of Sciences, 1977), 343-67; Patricia Hollis, "Anti-Slavery and British Working-Class Radicalism in the Years of Reform," in Christine Bolt and Seymour Drescher, eds., *Anti-Slavery, Religion, and Reform: Essays in Memory of Roer Anstey* (Folkstone: Archon Books, 1980), 297-311; Drescher, *Capitalism and Anti-Slavery* 참조

72. Walvin, "Impact of Slavery," 346; M. Turner, *Slaves and Missionaries*, 200.

결론 : 호랑이! 호랑이!

1. Adam Smith, *The Wealth of Nation* (1776), book 5, chapter 1, part 3, article 2; and Karl Marx, *Capital*, trans. Ben Fowkes (London: Penguin, 1976), chap. 14, 476, 549.

2. Thomas Bartlett, ed., *Life of Wolfe Tone* (Dublin: Lilliput, 1998), 437.

3. Gwyn A. Williams, *Search for Beulah Land* (New York: Holmes and Meier, 1980), 71.

4. *Rights of Nature* (1796), in Gregory Claeys, ed., *Political Writings of the 1790s* (Brook-field, Vt.: Pickering and Chatto, 1995), 4:407.

5. *Thoughts and Sentiments on the Evil of Slavery* (1787, 1791), 36-37. 1934년에 쌔뮤얼 베케트는 '네그리뛰드'가 영어권에서 확대될 때에 한 편의 글을 번역하였다. "만약에 흑인종이 내일 사라진다면 틀림없이 백인들은 흑인의 부재를 비난할 것이다. 대서양을 가로지르는 화부로서, 장작 패고 물 긷는 사람들로서, 이들을 대신할 사람들을 찾기란 꽤 어려울 것이다." Nancy Cunard, *The Negro Anthology* (London: Nancy Cunard at Wishart, 1934), 580 참조.

6. Brit. Lib., Add. MSS 33122 (Pelham Papers), "Minutes Relating to the Trial of Col. Despard."

7. Joan Dayan, "Haiti, History, and the Gods," in Gyan Prakash, ed., *After Colonialism: Imperial Histories and Postcolonial Developments* (Princeton, N. J.: Princeton University Press, 1995), 83ff.

8. Francis Midon, *The History of the Rise and Fall of Masaniello, the Fisherman of Naples* (1729), 204-5.

9. Lura Pedrini, *Serpent Imagery and Symbolism: A Study of the Major English Romantic Poets* (Utica, N. Y.: State Hospitals Press, 1962), 31.

10. *A Social History of England* (London: Penguin, 1983), 198; *Agrarian Justice* (1795).

11. Mnmia Abu-Jamal, *Live from Death Row* (Reading, Mass.: Addison Wesley, 1995) 참조

12. The address is reprinted in E. P. Thompson, *The Making of the English Working Class* (London: Gollancz, 1963), 199-202. Iowerth Prothero, *Artisans and Politics in Early Ninteenth-Century London; John Gast and His Times,* (Baton Rough, La.: Louisiana State University, 1979), 68, 182. Peter Gaskell described the factory proletariat as "but a Hercules in the cradle," in *The Manufacturing Population of England* (1833), 6.

13. William Jeremiah Moses, *Afrotopia: The Roots of African American Popular History* (Cambridge: Cambridge University Press, 1998).

14. *Reflections on the Revolution in France* (1790).

15. Olaudah Equiano, *The Interesting Narrative and other Writings*, ed. Vincent Carretta (New York: Penguin, 1995), 38.

16. T. C. Smout, *A History of the Scottish People, 1560-1830* (London: Collins, 1969), 302.

17. M. D. George, *London Life in the Eighteenth Century* (New York: Alfred A. Knopt, 1925).

18. Peter Fryer, *Staying Power: A History of Black People in England* (London: Pluto Press, 1984).

19. R. B. McDowell, *Ireland in the Age of Imperialism and Revolution* (New York: Oxford University Press, 1979), 348; Kevin Whelan, *The Tree of Liberty: Radicalism, Catholicism and the Construction of Irish Identity, 1760-1830* (Cork: University of Cork Press, 1996), 100.

20. Nini Rodgers, "Equiano in Belfast: A Study of the Anti-slavery Ethos in a Northern Town," *Slavery and Abolition* 18 (1997), 80.

21. Thomas Hardy, *Memoir of Thomas Hardy* (London, 1832), 8-9.

22. Albert Goodwin, *The Friends of Liberty: British Democratic Movements at the Time of the French Revolution* (Cambridge, Mass.: Harvard University Press, 1979).

23. *State Trials for High Treason*, part 2, *The Trial of John Horne Tooke* (1794), 53.

24. John Wilson, ed., *The Songs of Joseph Mather* (Sheffield, 1862), 63-66.

25. Roy Porter, *Doctor of Society: Thomas Beddoes and the Sick Trade in Late-Enlightenment England* (London and New York: Routledge, 1992).

26. "Original Letter Book of the Corresponding Society." British Library Add. MS. 27, 811, The Place Papers, fols. 4v-5r에 나와 있다.

27. Roger Anstey, *The Atlantic Slave Trade and British Abolition, 1760-1810* (Atlantic Highlands, N. J.: Humanities Press, 1975), 276.

28. 리디아의 편지는 Clare Midgley, *Women against Slavery: The British Campaigns, 1780-1870* (London and New York: Routledge, 1992), 39에 인용되어있다. David Brion Davis, *The Problem of Slavery in the Age of Revolution, 1770-1823* (Ithaca, N. Y.: Cornell University Press, 1975), 429-39; Philip D. Curtin, *The Atlantic Slave Trade: A Census* (Madison, Wisc.: University of Wisconsin Press, 1969), 136, 140.

29. R. Coupland, *Wilberforce: A Narrative* (Oxford: Clarendon Press, 1923), 159.

30. David Erdman, *Blake: Prophet against Empire*, 3d ed. (Princeton, N. J.: Princeton University Press, 1977), 238. Seymour Drescher, *Capitalism and Antislavery* (New York: Oxford University Press, 1987), 84, 220, 229; J. R. Oldfield, *Popular Politics and British Anti-Slavery: The Mobilisation of Public Opinion against the Slave Trade, 1787-1807* (Manchester: Manchester University Press, 1995), 3.

31. Carl Ludwig Lokke, "London Merchant Interest in the St. Domingue Plantations of the Émigrés, 1793-1798," *American Historical Review* 43, no. 4 (1938): 799-800.

32. Adrian Randall, *Before the Luddites: Custom, Community, and Machinery in the English Woollen Industry, 1776-1809* (New York: Cambridge University Press, 1991), 265.

33. T. B. Howell, ed., *State Trials* 25:1099.

34. C. F. Volney, *The Ruins, Or, Meditation of the Revolution of Empires: and The Law of Nature* (reprint, Baltimore: Black Classic Press, 1991), 66.

35. Mary Thale, ed., *Selections from the Papers of the LCS 1792-1799* (Cambridge: Cambridge University Press, 1983), entry for April 1798, 435.

36. A, Ruy, *A primeira revoluçao social brasileria 1798* (1942), quoted in R. R. Palmer, *The Age of the Democratic Revolution: A Political History of Europe and America, 1760-1809* (Princeton, N. J.: Princeton University

Press, 1964), 2:512.

37. *The Patriot*, 21 May 1793; Gwyn A. Williams, "Morgan John Rhys and Volney's *Ruins of Empires*," *Bulletin of Celtic Studies* 20 (1962); Whelan, *Tree of Liberty*, 63, 78, 80.

38. Henry Redhead Yorke, *Letters from France in 1802* (London, 1802), 2:328; C. F. Volney, *The Ruins: Or, A Survey of the Revolutions of Empires* (London: J. Johnson, 1795), 146-48. 토머스 제퍼슨이 처음 20개의 장들을 옮겼으며 이것이 조엘 발로우의 1801~2년 영어본의 토대를 형성했다. 제퍼슨은 볼니에게 자신의 번역원고를 태워달라고 부탁했다. Gilbert Chinard, *Volney et l'Amérique* (Baltimore: Johns Hopkins University Press, 1923), 110-11 참조.

39. Volney, *The Ruins*, 39.

40. 이는 1802년 번역본이 아니라 1795년 번역본의 29면에서 인용한 것이다.

41. Jean Gaulmier, *Un Grand Témoin de la Révolution et de l'Empire: Volney* (Paris: Hachette, 1959), 21.

42. James Morton Smith, *Freedom's Fetters: The Alien and Sedition Laws and American Civil Liberties* (Ithaca, N. Y.: Cornell University Press, 1956), 50-51, 160. Adams quoted at 162; James Morton Smith, ed., *The Republic of Letters: The Correspondence between Thomas Jefferson and James Madison, 1776-1826* (New York: Norton, 1995), vol. 2, entry for 3 May 1798.

43. Erdman, *Blake*; and John Gabriel Stedman, *Narrative of a Five Years Expedition against the Revolted Negroes of Surinam — Transcribed for the First Time from the Original 1790 Manuscript*, ed. Richard Price and Sally Price (Baltimore: John Hopkins University Press, 1988).

44. Stedman, 359.

45. E. P. Thompson, *Witness against the Beast: William Blake and the Moral Law* (New York: The New Press, 1993), 212.

46. William Wells Brown, *The Black Man, His Antecedents, His Genius, His Achievements* (1863), 32-33. 4장의 거의 반이 문명이 아프리카에서 시작되었다는 명제를 입증하는 주석들로 되어있다. 아메리카에서 출간된 판들은 볼니가 아프리카 문명에 부여한 우선성을 삭제하였다. "누가 테베의 7개의 문들을 만들었는가?"라고 브레히트는 1935년 에티오피아 침공의 결과를 다룬 그의 시 「노동자가 역사를 읽다」에서 묻는다. 조지 W. 윌리엄스는 볼니가 가장 소중하게 여기는 대의(大義)를 발전시켜서 "인류에 대한 범죄"라는 표현을 만들어냈다.

:: 감사의 글

우리의 협력 작업은 크리스토퍼와 브리짓 힐에게 경의를 표하여 펜실베이
니아 대학교와 초기 미국 미국학 필라델피아 센터의 도움으로 1981년에
열린, "뒤집어진 세상"에 대한 한 학회에서 연원했다. 우리는 그 협력을 마
이애미, 볼티모어, 클레먼트, 밀라노, 애틀랜타, 뉴올리언스, 노바스코시아
의 핼리팩스, 보스턴, 모스크바, 시카고, 암스테르담, 런던, 디트로잇, 피츠
버그, 톨레도, 더럼, 그리고 로스앤젤레스로 이어진 후속 학회들에서 진전
시켰다. 그 모임들을 조직했던 사람들과 우리의 작업에 논평해준 사람들에
게 감사한다. 우리는 또 우리의 초기 발견들의 일부를 출판할 기회를 준
브라이언 팔머와 그레고리 킬리와 우리가 사고하는 데 도움을 준 미드나잇
노츠 컬렉티브에 감사한다. 우리는 그들의 유사한 프로젝트가 우리에게 아
주 중요했던 사람들, 줄리어스 스콧, 로빈 D. G. 켈리, 로빈 블랙번, 마이
클 웨스트, 폴 길로이, 수전 페니백커, 제임스 홀스턴, 데이브 로디거에게
감사한다. 스토튼과 앨리스 린드 그리고 영스타운 노동자 연대 클럽에 감
사한다. 우리는 우리가 끝을 내기 전에 운명을 달리하여 동지애를 기억하
게 하는 사람들, 존 메링튼, 조지 래윅, 래피얼 쌔뮤얼, 에드워드 톰슨, 짐
소프, 그윈 윌리엄스에게 감사한다. 우리는 특히 비컨 출판사의 우리 동료
들, 언제나 도움이 된 에드나 치앙, 친절하고 세심한 원고정리를 맡은 도로

시 스트레잇, 그리고 이 프로젝트에 관해 7년 전에 우리를 처음 접촉했고 그때 이후 그것에 촉매제가 되는 지성, 열정, 유머, 그리고 지혜를 주어온 우리의 편집자 뎁 체이스먼에게 감사한다. 우리는 심심한 감사를 표한다.

나, 피터 라인보우는, [소소한 일을 도왜 늘 작은 배로 준비가 되어있던 가족—특히 진 할머니, 닉과 조앤, 앤디와 린다, 리사와 스콧, 데이브, 톰과 샤를롯, 그리고 케잇—에게 감사한다. 재닛 위더스와 그녀가 후하게 맞아준 것에 감사한다. 데니스와 에드나에게 백악의 절벽들을 다시 보여준 데 감사한다. 댄 코플린과 데이브 리커에게 닻감개에서의 노역, 영화 「라 치우다드」[데이브 라이커가 만든 영화로 스페인어 '그 도시'란 뜻이다—옮긴이], 그리고 헤어짐과 만남의 뱃노래들에 대해 감사한다. 실비아 페데리치, 조지 카펜치스, 낸시 쉬헌, 존 윌셔, 낸시 켈리, 몬티 닐, 그리고 마씨모 드 안젤리스에게 그들의 "닻감아라!" 하는 맞춤소리에 대해 감사한다. 베티나 버치에게 벨리즈의 사주沙柱들 뒤편에서의 환대에 감사한다. 카리브해에서 아일랜드해에 이르기까지 경험 많은 동료선원으로 함께한 릴리 앤, 그리고 문서고의 바다들에 우리가 함께 자맥질했던 곳들인 스패니시 타운, 벨리즈, 대영박물관, 더블린, 큐 가든스, 그리고 챈서리 레인에서 어깨를 함께하고 방향을 틀던 미카엘라 브레넌에게 감사한다. "땅바닥에서부터 위로의 역사"는 불경스런 부딪힘도 포함하는바, 그녀는 데스파드 선대의 집을 마운트랫의 구두장이와의 웃음과 말을 통해 발견해냈다.

나는 1982년에 리오 데 자네이로, 상파울로, 그리고 바히아를 방문하는 데 풀브라잇 연구여행 펠로우쉽을 얻은 것에 감사하는데, 거기서 나는 남녘 하늘과 히드라를 보았다. 톨레도 대학의 아프리카나 연구 프로그램과 〈흑인 급진 회의〉의 압둘 알칼리맛과 더불어 인문자연대학과 역사학과에서의, 특히 캐롤 메닝, 앨 케이브, 로저 레이, 그리고 루쓰 헌든으로부터의 지원에 감사한다. 민첩하게 돛대줄들 사이를 기며 수동 펌프에 손을 보탠 내 학생들 타이 리즈, 제프 하위슨, 제이슨 리벌, 그리고 매뉴얼 양에게 감사한다. 하버드 칼리지의 문학과 역사학과에, 특별히 재니스 싸더스, 노엘 이그나티에브, 브렌다 코플린, 조너선 테일러, 그리고 필리페 디 왐바에게 감사한다. 대단한 선원들이었다! 항구에 가까이로는, 매사추세츠 대학교의 리처드 호슬리 그리고 찰리 쉬블리에게 안개 낀 상황들에서의 분명한 종소리들에 대해 특별히 감사한다. 보스턴에서는 캐럴 플린과 그녀의 사분의四 分儀에 에드워드 카마우 브래스웨잇과 그의 뿔고둥에 감사한다. 빌 존스, 빌 W. 그리고 그레이스의 내 친구들에게 감사한다. 버클리의 〈반론 모임〉의 조력자들과 논평자들 아이언과 길리언 보올에게, 필립 코리건, 짐 홀스턴, 립 라먼 2세, 조 스탠리, 류 댈리, 윈스턴 제임스, 앨런 딘 길벗 3세, 데보러 발렌지, 스티븐 콜래트렐라, 마티 글래버만, 페루치오 갬비노, 올리비아 스미스, 그리고 도로시 톰슨에게 감사한다. 옥스퍼드의 버넷 문서고에서의 작업에 대해 존 루사에게 감사한다. 아씨지스 기록들에 대한 도움에 피터 킹에게 감사한다. 얀 물리에 부땅에게 『임금 노예제에 대하여: 강제된 임금의 역사적 경제』De l'esclavage au salariat: Économie historique du salariat bridé (파리 : 프랑스 대학 연합 출판부, 1998)에 대해 감사한다. 케빈 휠런에게 〈초록 대서양회〉를 소개해 준 것에 감사하고, 1998년의 연구기금을 받게 하고 벨파스트와 더블린에서의 200주년 기념 학회에 기꺼이 맞아준 루크 깁슨, 토미 그래엄, 그리고 데어 커프에게 감사한다. 뉴욕 대학교의 아이리쉬 하우스의 로벗 스캘리, 괴팅엔의 막스 플랑크 연구소의 알프 뤼트케와 한스 메딕, 그리고 마르티니끄의 리처드 프라이스와 쌜리 프라이스에게 감사한다.

글린 두건에게 브리스틀의 브로드미드 침례교회의 공문서실에서의 도움에 대해, 런던, 푸트니의 사목관에서의 도움에 대해 D. 비들러 목사에게, 그리고 성 바오로 교회의 사서인 J. 조지프 위즈덤에게 그들의 기록과 지식을 관대히 베풀어 준 것에 대해 심심한 감사를 드린다. 런던 첼시에서 데스파드 가족 문서를 이용하도록 허락한 것에 대해 M. H. 데스파드씨와 부인에게 감사한다. 보스턴 공립도서관의 직원들, 윌리엄 L. 클레멘츠 도서관(미시건 대학교)의 알린 샤이, 휴튼 도서관(하버드 대학교), 역사조사연구쇼(런던), 웰콤 의약사 연구소, 프렌즈 도서관(런던)의 맬컴 토머스, 디트로이트 공립도서관, 브라질 국립문서고(리오), 아일랜드 국립도서관, 아일랜드 국립문서고, 자메이카 국립도서관(킹스턴) 그리고 스패니시 타운의 국립문서고, 북아일랜드 공립기록관(벨파스트), 맨체스터의 리랜즈 도서관, 옥스퍼드의 보들레이언 도서관, 그리고 톨레도와 노트르 데임의 대학 도서관들의 특별 컬렉션들에 감사한다.

나, 마커스 레디커는 위 기관들과 사람들에 대해 감사하는 데 피터와 함께하며, 챈서리 레인과 큐 가든스의 대영제국 공립기록관, 대영도서관과 수고手稿 컬렉션, 미 의회도서관, 뉴욕 공립도서관, 뉴욕 역사학회, 버지니아 주립도서관, 피츠버그의 카네기 도서관, 피츠버그 대학교의 힐먼과 달링턴 도서관에서 도와준 많은 사람들을 그 목록에 더한다. 또한 인문학을 위한 국립수혜기금, 존 사이먼 구건하임 기념 재단, 앤드류 P. 멜론 재단, 그리고 피츠버그 대학교(특히 리처드 D. 및 메리 제인 에드워즈 출연 출판 기금)에서 이 프로젝트를 지원한 연구비들에 대해 감사한다.

수년에 걸쳐 나를 아끼지 않고 도와준 친구들인, 조지프 아자예, 리드 앤드류스, 아이러 벌린, 에릭 셰이피츠, 짐 콜린스, 수전 G. 데이비스 씨이모어 드레셔, 데이빗 콜드프랭크, 그레이엄 호지스, 샨 홀트, 데이빗 존슨, 폴라 케인, 제시 레미쉬, 존 마코프, 게리 B. 내쉬, 로벗 리쉬, 롭 럭, 쎄이

턴과 애덤(스틸링 매기와 애덤 거쏘우), 샤런 쌜린저, 댄 쉴러, 하샵 샤라비, 리처드 셸든, 데일 토미치, 주디스 터커, 대니얼 F. 비커스, 쉐인 화잇, 알프레드 F. 영, 그리고 마이클 주커먼에게 감사한다. 대서양 프롤레타리아에 대한 긴 토론 후에 흡족하여, "그래도 움직여 도네!"*라고 말해 준 노먼 O. 브라운에게 감사한다. 피츠버그의 노동계급 역사 세미나의 우리 패들, 웬디 골드먼, 모린 그린월드, 마이클 히메네즈, 리처드 오이스트라이처, 스티븐 씨폴스키, 싸바 토쓰, 그리고 조 화잇에게 감사한다. 과거와 현재의 내 학생들, 토머스 바렛, 토머스 부캐넌, 앨런 갤리, 게이브리얼 고트리브, 더글러스 R. 이거튼, 릭 핼펀, 포리스트 힐튼, 모리스 잭슨, 크레이그 마린, 마가렛 맥컬리어, 찰스 니마이어, 스콧 스미스, 그리고 코넬 워맥에게 그들 자신의 작업이 하나의 영감이 되어준 것에 감사한다. 잡색의 무미아 석방 운동원, 그리고 특히 무 그 자신에게 감사하는데 특히 무는, 편지로써, SCI-그린 교도소(웨인스버그, 펜실베이니아)의 작은 방문자 면담창구에서의 강렬한 논의들로써, 그리고 사형집행을 대기하면서 수감된 채로도 자유롭게, 용감하게 그리고 즐겁게 사유하는 것의 모범을 보여줌으로써 이 프로젝트를 북돋아 준 것에 감사한다.

그리고 마지막으로, 내 아내 웬디 골드먼에게 특별한 감사를 보내는데, 이 책이 가능하도록 도와주어, 비단 끝도 없는 초고들을 읽어주고 늘 내가 듣고 싶어하는 것만이 아닌, 진정으로 그녀가 어떻게 생각하는지를 말해준 것에 대해서이다. 그리고 이제키얼과 에바에게, 내 동생 셰인에게 감사한

---

* 이탈리아어 구절 "Eppur si muove"는 그런데도 움직여 도네(솔직히 하자면, 그건 움직이네)란 뜻이다. 전하는 이야기로는 이탈리아의 수학자, 물리학자이자 철학자인 갈릴레오 갈릴레이가 1633년 종교재판에서 태양의 주위를 지구가 돈다는 그의 믿음을 취소하도록 강요당한 뒤 이 말을 중얼거렸다고 한다.

다. 내 어머니 페이 폰더는 이 책이 완성되는 것을 못보고 돌아가셨지만, 그럼에도 추념하여 그녀에게 "[가르치신 대로—옮긴이] 원은 깨지지 않았다"라고 말씀드리고 싶다.

---

* "Will the Circle be Unbroken"은 컨츄리 송의 이름으로 삶의 연속성과 산자와 죽은 자 사이의 연결들을 가리킨다.

끝이 보일 것 같지 않던 번역 작업이 마침내 종착점에 이르렀다. 비록 표면적으로는 책과 컴퓨터에 묶인 골방지기의 시간이었지만, 다른 한편으로는 수많은 사람들, 장소들, 날짜들, 지명들, 그리고 힘차고 처절한 싸움들이 있는 과거로의 긴 여행의 과정이었다. 그리고 이 긴 여행의 과정에서 우리는 그 동안 가려졌던 자본주의 초기, 이른바 시초 축적 시기의 프롤레타리아의 피어린 투쟁의 역사를 접하였다.

이 투쟁은 놀랍게도 국가 혹은 민족의 경계에 갇히지 않는 다민족적, 다인종적, 다문화적인 투쟁이었고, '사람을 가리지 않고' 민주주의와 평등을 지향하는 투쟁이었으며, 법률이 되었든 재산이 되었든 권력이 되었든 종교가 되었든 그것이 인간의 자유로운 삶보다 더 소중할 수는 없다는 생각에 기반을 둔 투쟁이었다.

이제 이 여행의 끝에서 우리는, 이제까지 현대 자본주의의 조건과 주로 연관을 지었던 '다중'이 결코 역사상 전적으로 새로운 형상이 아니라 사실은 원래의 프롤레타리아의 모습이었으며, 다만 그 모습이 자본의 '승리' — 결코 전일하지만은 않은 승리 —에 의해 억눌리고, 그러한 패배의 상황에서 그 당시로서는 최선의 모색으로서 발전해 나온 단일한 계급주의('노동자의 힘')와 전투적 정체성주의('흑인의 힘')에 의해 의도치 않게 가려져 왔음을 알게 되었다.

또한 우리는 프롤레타리아의 역사는 공식적인 역사에서는 시간이 갈수록 지워지고 마모되게 마련이며, 공식적인 역사는 반혁명이 오히려 혁명으로 기록되는 식의 아이러니로 가득 차있다는 것도 알게 되었다. 이제 우리는 공식적인 역사책들은 모두 집어던지라고 말한다. 그리고 이 책에서, 장작 패고 물 긷는 사람들, 흑인 하녀 프랜시스, 토머스 레인보로 대령, 블랙비어드 해적 선장, 연인들인 그윈과 페그, 아메리카 혁명의 잡색 부대, 에드워드 데스파드 대령, 로벗 웨더번, 올로다 에퀴아노, 윌리엄 블레이크 등등을 만나보라고 권한다.

물론 이 만남이 어떤 결과를 가져올지는 독자들 자신에게 달려있다. 다만, 우리는 이 만남이 이 지구에서의 공통의 삶을 지향하는 다중의 투쟁들이 더욱 넓은 지평에서 서로 만나는 데 기여할 수 있기를 바랄 뿐이다.

이 책의 서론, 1장, 3장, 5장, 7장, 9장, 결론 부분은 정남영이 옮겼고, 2장, 4장, 6장, 8장 부분은 손지태가 옮겼다. 두 사람의 문체의 차이가 존재하는데, 이는 그대로 놔두었다. 원래 저자들도 두 명이지만, 그보다 앞서서 문체의 차이란 지극히 자연스러운 것이기 때문이다. 더 완벽하게 책을 냈으면 하는 아쉬움이 있지만, 자본주의는 항상 우리에게 충분한 시간을 주지 않는다.

2008년 4월 17일
〈다중지성의 정원〉에서
정남영, 손지태

:: 인명 찾아보기

12. 배반당한 혁명

레온 뜨로츠키 지음 / 김성훈 옮김

혁명적 마르크스주의의 입장에서 통계수치와 신문기사 등 구체적인 자료를 바탕으로 소련 사회와 스딸린주의 정치 체제의 성격을 파헤치고 그 미래를 전망한 뜨로츠키의 대표적 정치분석서.

14. 포스트모더니즘 이후의 정치와 문화

마이클 라이언 지음 / 나병철·이경훈 옮김

마르크스주의와 해체론의 연계문제를 다양한 현대사상의 문맥에서 보다 확장시키는 한편, 실제의 정치와 문화에 구체적으로 적용시키는 철학적 문화 분석서.

15. 디오니소스의 노동·I

안토니오 네그리·마이클 하트 지음 / 이원영 옮김

'시간에 의한 사물들의 형성'이자 '살아 있는 형식부여적 불'로서의 '디오니소스의 노동', 즉 '기쁨의 실천'을 서술한 책.

16. 디오니소스의 노동·II

안토니오 네그리·마이클 하트 지음 / 이원영 옮김

이딸리아 아우또노미아 운동의 지도적 이론가였으며 『제국』의 저자인 안토니오 네그리와 그의 제자 이자 가장 긴밀한 협력자이면서 듀크대학 교수인 마이클 하트가 공동집필한 정치철학서.

17. 이딸리아 자율주의 정치철학·1

쎄르지오 볼로냐·안또니오 네그리 외 지음 / 이원영 편역

이딸리아 아우또노미아 운동의 이론적 표현물 중의 하나인 자율주의 정치철학이 형성된 역사적 배경과 맑스주의 전통 속에서 자율주의 철학의 독특성 및 그것의 발전적 성과를 집약한 책.

19. 사빠띠스따

해리 클리버 지음 / 이원영·서창현 옮김

미국의 대표적인 자율주의적 맑스주의자이며 사빠띠스따 행동위원회의 활동적 일원인 해리 클리버 교수(미국 텍사스 대학 정치경제학 교수)의 진지하면서도 읽기 쉬운 정치논문 모음집.

20. 신자유주의와 화폐의 정치

워너 본펠드·존 홀러웨이 편저 / 이원영 옮김

사회 관계의 한 형식으로서의, 계급투쟁의 한 형식으로서의 화폐에 대한 탐구, 이 책 전체에 중심적 인 것은, 화폐적 불안정성의 이면은 노동의 불복종적 권력이라는 것을 이해하는 것이다.

21. 정보시대의 노동전략: 슘페터 추종자의 자본전략을 넘어서

이상락 지음

슘페터 추종자들의 자본주의 발전전략을 정치적으로 해석하여 자본의 전략을 좀더 밀도있게 노동의 관점에서 분석하고 또 이로부터 자본주의를 넘어서려는 새로운 노동전략을 추출해 낸다.

22. 미래로 돌아가다

안또니오 네그리·펠릭스 가따리 지음 / 조정환 편역

1968년 이후 등장한 새로운 집단적 주체와 전복적 정치 그리고 연합의 새로운 노선을 제시한 철학? 정치학 입문서.

23. 안토니오 그람시 옥중수고 이전

리처드 벨라미 엮음 /김현우·장석준 옮김

『옥중수고』 이전에 쓰여진 그람시의 초기저작. 평의회 운동, 파시즘 분석, 인간의 의지와 윤리에 대한 독특한 해석 등을 중심으로 그람시의 정치철학의 숨겨져 온 면모를 보여준다.

24. 리얼리즘과 그 너머: 디킨즈 소설 연구

정남영 지음

디킨즈의 작품들에 대한 치밀한 분석을 통해 새로운 리얼리즘론의 가능성을 모색한 문학이론서.

31. 풀뿌리는 느리게 질주한다

시민자치정책센터

시민스스로가 공동체의 주체가 되고 공존하는 길을 모색한다.

32. 권력으로 세상을 바꿀 수 있는가

존 홀러웨이 지음 / 조정환 옮김

사빠띠스따 봉기 이후의 다양한 사회적 투쟁들에서, 특히 씨애틀 이후의 지구화에 대항하는 투쟁들에서 등장하고 있는 좌파 정치학의 새로운 경향을 정식화하고자 하는 책.

피닉스 문예

1. 시지프의 신화일기
석제연 지음

오늘날의 한 여성이 역사와 성 차별의 상처로부터 새살을 틔우는 미래적 '신화에세이'!

2. 숭어의 꿈
김하경 지음

미끼를 물지 않는 숭어의 눈, 노동자의 눈으로 바라본 세상! 민주노조운동의 주역들과 87년 세대, 그리고 우리 시대에 사랑과 희망의 꿈을 찾는 모든 이들에게 보내는 인간 존엄의 초대장!

3. 볼프
이 헌 지음

신예 작가 이헌이 1년여에 걸친 자료 수집과 하루 12시간씩 6개월간의 집필기간, 그리고 3개월간의 퇴고 기간을 거쳐 탈고한 '내 안의 히틀러와의 투쟁'을 긴장감 있게 써내려간 첫 장편소설!

4. 길 밖의 길
백무산 지음

1980년대의 '불꽃의 시간'에서 1990년대에 '대지의 시간'으로 나아갔던 백무산 시인이 '바람의 시간'을 통해 그의 시적 발전의 제3기를 보여주는 신작 시집.

Krome…

1. 내 사랑 마창노련 상, 하
김하경 지음

마창노련은 전노협의 선봉으로서 87년 노동자 대투쟁 이후 민주노총이 건설되기까지 지난 10년 동안 민주노동운동의 발전을 이끌어 왔으며 공장의 벽을 뛰어넘은 대중투쟁과 연대투쟁을 가장 모범적으로 펼쳤던 조직이다. 이 기록은 한국 민주노동사 연구의 소중한 모범이자 치열한 보고문학이다.

2. 그대들을 희망의 이름으로 기억하리라

철도노조 KTX열차승무지부 지음 / 노동만화네트워크 그림 / 민족문학작가회의 자유실천위원회 엮음

KTX 승무원 노동자들이 직접 쓴 진솔하고 감동적인 글과 KTX 투쟁에 연대하는 16인의 노동시인·문인들의 글을 한 자리에 모으고, 〈노동만화네트워크〉 만화가들이 그린 수십 컷의 삽화가 승무원들의 글과 조화된 살아있는 감동 에세이!

3. 47, 그들이 온다

철도해고자원직복직투쟁위원회 지음 / 권오석, 최정희, 최정규, 도단이 그림 / 전국철도노동조합 엮음

2003년 6월 28일 정부의 철도 구조조정에 맞서 총파업을 하고 완강히 저항하다 해고된 철도노동자 47명, 그들이 부산에서 서울까지 순회·도보행군에 앞서 펴낸 희망의 에세이!